Verleitung zum Vertragsbruch

AF874661

Europäische Hochschulschriften

Publications Universitaires Européennes
European University Studies

Reihe II
Rechtswissenschaft

Série II Series II
Droit
Law

Bd./Vol. 3226

PETER LANG
Frankfurt am Main · Berlin · Bern · Bruxelles · New York · Oxford · Wien

Edgar Steinle

Verleitung zum Vertragsbruch

Eine rechtsvergleichende Untersuchung des deutschen und US-amerikanischen Rechts

PETER LANG
Europäischer Verlag der Wissenschaften

Die Deutsche Bibliothek - CIP-Einheitsaufnahme

Steinle, Edgar:

Verleitung zum Vertragsbruch : eine rechtsvergleichende Untersuchung des deutschen und US-amerikanischen Rechts / Edgar Steinle. - Frankfurt am Main ; Berlin ; Bern ; Bruxelles ; New York ; Oxford ; Wien : Lang, 2001
(Europäische Hochschulschriften : Reihe 2, Rechtswissenschaft ; Bd. 3226)
Zugl.: Konstanz, Univ., Diss., 2001
ISBN 3-631-38280-4

D 352
ISSN 0531-7312
ISBN 3-631-38280-4

© Peter Lang GmbH
Europäischer Verlag der Wissenschaften
Frankfurt am Main 2001
Alle Rechte vorbehalten.

Das Werk einschließlich aller seiner Teile ist urheberrechtlich geschützt. Jede Verwertung außerhalb der engen Grenzen des Urheberrechtsgesetzes ist ohne Zustimmung des Verlages unzulässig und strafbar. Das gilt insbesondere für Vervielfältigungen, Übersetzungen, Mikroverfilmungen und die Einspeicherung und Verarbeitung in elektronischen Systemen.

www.peterlang.de

Meinen Eltern

Vorwort

Diese Arbeit wurde von der Universität Konstanz im Wintersemester 2000/2001 als Dissertation angenommen. Die mündliche Prüfung erfolgte am 26.04.2001.

Die vorliegende Fassung ist im wesentlichen auf dem Stand von November 2000. Rechtsprechung und Literatur jüngeren Datums konnten nur noch vereinzelt berücksichtigt werden.

Für das Gelingen der Arbeit gilt mein Dank vor allem Herrn Prof. Dr. Werner F. Ebke, LL.M., der die Arbeit als Betreuer und Erstgutachter stets mit Engagement begleitet und gefördert hat. Für die Erstellung des Zweitgutachtens bin ich Herrn Prof. Dr. Rainer Hausmann zu Dank verpflichtet. Dank schulde ich auch dem DAAD, mit dessen Hilfe für das Gelingen der Arbeit notwendige Recherchen an der Emory University in Atlanta/Ga. möglich wurden.

Mein ganz persönlicher Dank gilt schließlich meinen Freunden, Herrn Rechtsanwalt Dr. Steffen Cramer und Herrn Rechtsanwalt Dr. Christoph Hülsmann für die Durchsicht des Manuskripts sowie insbesondere meiner Frau Christiane und meinen Töchtern Sarah Elena und Jana Lisa für die stets geduldige Hinnahme der mit der Erstellung dieser Arbeit verbundenen zeitlichen Belastungen.

Dreieich, den 25. Mai 2001

Edgar Steinle

Inhaltsverzeichnis

Abkürzungsverzeichnis

A.	Atlantic Reporter
A.2d	Atlantic Reporter, Second Series
a.A.	anderer Ansicht
ABGB	Allgemeines Bürgerliches Gesetzbuch
Abs.	Absatz
AcP	Archiv für civilistische Praxis
a.F.	Alte Fassung
AfP	Archiv für Presserecht
aff'd.	affirmed
Ala.	Alabama Supreme Court Reports/Alabama
Alab.L.Rev.	Alabama Law Review
ALR	Allgemeines Preußisches Landrecht/ American Law Reports
ALR3d	American Law Reports, Third Series
ALR4th	American Law Reports, Fourth Series
Am.J.Int.L.	American Journal of International Law
Am.Jur.	American Jurisprudence
AP	Arbeitsrechtliche Praxis, Nachschlagewerk des Bundesarbeitsgerichts
Arch.Bürg.R.	Archiv für Bürgerliches Recht
Ark.	Arkansas Supreme Court Reports
Ark.L.Rev.	Arkansas Law Review
Art.	Artikel
BAG	Bundesarbeitsgericht
BB	Der Betriebsberater
BGB	Bürgerliches Gesetzbuch
BGBl.	Bundesgesetzblatt
BGH	Bundesgerichtshof
BGHSt	Entscheidung des BGH in Strafsachen
BGHZ	Entscheidung des BGH in Zivilsachen
BR	Bürgerliches Recht
BT	Besonderer Teil
BT-Drucks.	Bundestags-Drucksachen

Bus.Law.	The Business Lawyer
BVerfG	Bundesverfassungsgericht
bzw.	beziehungsweise
C.A.	Court of Appeal
Cal.App.	California Appelate Reports
Cal.App.2d	California Appelate Reports, Second Series
Cal.2d	California Supreme Court Reports, Second Series
Cal.3rd	California Supreme Court Reports, Third Series
Cal.4th	California Supreme Court Reports, Fourth Series
Cal.L.Rev.	California Law Review
Cal.Rptr.	California Reporter
Cal.W.L.Rev.	California Western Law Review
Can. Bar Rev.	Canadian Bar Review
C.C.	Circuit Court
cert. denied	Certiorari denied
Cir.	Circuit
C.J.S.	Corpus Juris Sekundum
Current Leg.Probs.	Current Legal Problems
Co.	Company
Colo.	Colorado
Col.Law.	Colorado Lawyer
Col.L.Rev.	Columbia Law Review
Conn.	Connecticut Reports
Conn.Supp.	Connecticut Supplement
Constr.L.J.	Construction Law Journal
Corn.L.Rev.	Cornell Law Review
D.	District
DB	Der Betrieb
D.C.	District of Columbia
De Paul L.Rev.	De Paul Law Review
ders.	derselbe

Dist.	District
DJZ	Deutsche Juristen Zeitung
Drake L.Rev.	Drake Law Review
DtZ	Deutsch-Deutsche Rechts-Zeitschrift
Edw.	King Edward
E.D.	Eastern District
EGBGB	Einführungsgesetz zum Bürgerlichen Gesetzbuch
EGV	Vertrag zur Gründung der Europäischen Gemeinschaften (früher EWGV)
Einf.	Einführung
Einl.	Einleitung
El.& Bl.	Ellis & Blackburn's Queen's Bench Reports
Eng.Rep.	English Reports
Ent. & Sports Law.	The Entertainment & Sports Lawyer
EU	Europäische Union
EuGH	Europäischer Gerichtshof
EuGHE	Entscheidungen des Europäischen Gerichtshofs
EuZW	Europäische Zeitschrift für Wirtschaftsrecht
EWiR	Entscheidungen zum Wirtschaftsrecht
EWS	Europäisches Wirtschafts- und Steuerrecht
f.	folgende
ff.	fortfolgende
F.	Federal Reporter
F.2d	Federal Reporter, Second Series
FTCA	Federal Tort Claims Act
Fordham L.Rev.	Fordham Law Review
F.Pr.Dig.	Modern Federal Practice Digest
FS	Festschrift
F.Supp.	Federal Supplement
Ga.	Georgia Supreme Court Reports
Ga.App.	Georgia Appelate Reports

GewA	Gewerbearchiv
GewO	Gewerbeordnung
GRUR	Zeitschrift für den gewerblichen Rechtsschutz und Urheberrecht
GS	Gedächtnisschrift
GWB	Gesetz gegen Wettbewerbsbeschränkungen
Harv.L.Rev.	Harvard Law Review
Hen.	King Henry
HGB	Handelsgesetzbuch
Id.	Identisch
Ill.	Illinois
Ill.App.3d	Illinois Appellate Reports, Third Series
Ill.B.J.	Illinois Bar Journal
Ill.L.Rev.	Illinois Law Review
Inc.	Incorporation
Ind.App.	Indiana Appelate Reports
Ind.Rel.L.J.	Industrial Relations Law Journal
Int.	International
IPR	Internationales Privatrecht
IPRax	Praxis des Internationalen Privat- und Verfahrensrechts
i.S.	im Sinne
i.V.m.	in Verbindung mit
J.Leg.Stud.	Journal of Legal Studies
JW	Juristische Wochenschrift
JZ	Juristenzeitung
Kan.	Kansas Supreme Court Reports
Kap.	Kapitel
K.B.	Kings Bench
KO	Konkursordnung
Ky.	Kenntucky Supreme Court Reports
Ky.L.Rev.	Kenntucky Law Review

La.	Louisiana Supreme Court Reports/Louisiana
La.Ann.	Louisiana Annual Reports
La.L.Rev.	Louisiana Law Review
Law & Contemp.Probs.	Law and Contemporary Problems
L.Q.R.	Law Quarterly Review
Marq.L.Rev.	Marquette Law Review
Mass.	Massachusetts Supreme Court Reports
Md.	Maryland Reports
M.D.	Middle District
Mich.	Michigan
Mich.App.	Michigan Court of Appeals Reports
Mich.L.Rev.	Michigan Law Review
Minn.	Minnesota Supreme Court Reports
Minn.L.Rev.	Minnesota Law Review
Misc.	Miscellaneous Reports (New York)
Misc.2d	Miscellaneous Reports (New York), Second Series
Miss.	Mississipi Supreme Court Reports
m.w.N.	mit weiteren Nachweisen
Mont.	Montana Supreme Court Reports
Mon.L.Rev.	Monash Law Review
Mrd.	Milliarden
MünchKomm	Münchener Kommentar
N.D.	Northern District
Nebr.L.Rev.	Nebraska Law Review
N.E.	North Eastern Reporter
N.E.2d	North Eastern Reporter, Second Series
n.F.	Neue Fassung
N.J.	New Jersey
N.J.Eq.	New Jersey Equity Reports
N.J.L.	New Jersey Law Reports
NJW	Neue Juristische Wochenschrift

NJW-RR	Neue Juristische Wochenschrift, Rechtsprechungsreport
No.	Number
Nr.	Nummer
N.W.	North Western Reporter
N.W.2d	North Western Reporter, Second Series
Nw.U.L.Rev.	Northwestern University Law Review
N.Y.	New York Court of Appeals Law Reports/ New York
N.Y.2d	New York Court of Appeals Law Reports, Second Series
N.Y.L.Rev.	New York Law Review
N.Y.L.S.L.Rev.	New York Law School Law Review
N.Y.S.C.	New York Supreme Court Reports
N.Y.S.C.2d	New York Supreme Court Reports, Second Series
N.Y.Sup.Ct.	New York Supreme Court
N.Y.U.L.Rev.	New York University Law Review
OLG	Oberlandesgericht
Ore.	Oregon Supreme Court Reports
Ore.App.	Oregon Appelate Reports
P.	Pacific Reporter
P.2d	Pacific Reporter, Second Series
Pa.	Pennsylvania Supreme Court Reports/ Pennsylvania
Public Contract L.J.	Public Contract Law Journal
Q.B.	Queens Bench
Q.B.D.	Queens Bench Division
RabelsZ	Rabels Zeitschrift für ausländisches und internationales Privatrecht
Rev.Lit.	The Review of Litigation
RG	Reichsgericht

RGRK	Reichsgerichtsrätekommentar
RGZ	Entscheidung des Reichsgerichts in Zivilsachen
R.I.	Rhode Island
RIW	Recht der Internationalen Wirtschaft
Rn.	Randnummer
S.	Seite
S.C.	South Carolina Reports
S.Cal.L.Rev.	South California Law Review
S. Carolina L.Rev.	South Carolina Law Review
SchuldR	Schuldrecht
S.Ct.	Supreme Court/Supreme Court Reporter
S.D.	Southern District
S.E.	Southeastern Reporter
S.E.2d	Southeastern Reporter, Second Series
SEA	Securities Exchange Act von 1934
SEC	Securities and Exchange Commission
sog.	sogenannt
S.W.	South Western Reporter
S.W.2d	South Western Reporter, Second Series
So.	Southern Reporter
So.2d	Southern Reporter, Second Series
Southern L.Rev.	Southern Law Review
Stan.L.Rev.	Stanford Law Review
StGB	Strafgesetzbuch
Syracuse L.Rev.	Syracus Law Review
Tenn.	Tennessee
Tenn.App.	Tennesse Appeals Reports
Tenn.B.J.	Tennesse Bar Journal
Tenn.L.Rev.	Tennesse Law Review
Tex.	Texas
Tex.App.	Texas Civil Appeals Cases
Tex.Tech.L.Rev.	Texas Tech Law Review
The Ent. & Sports Law.	The Entertainment and Sports Lawyer

Tul.L.Rev.	Tulane Law Review
Tulsa L.J.	Tulsa Law Journal
U.Chi.L.Rev.	University of Chicago Law Review
U. Miami L.Rev.	University of Miami Law Review
U.S.	United States Supreme Court Reports
U.S.C.	United States Code
Ufita	Archiv für Urheber-, Film-, Funk- und Theaterrecht
Urt.	Urteil
USLW	United States Law Week
UWG	Gesetz gegen den unlauteren Wettbewerb
Vand.L.Rev.	Vanderbilt Law Review
Va.L.Rev.	Virginia Law Review
VersR	Versicherungsrecht
v.	versus; vom
v.Chr.	vor Christus
Vol.	Volume
Vt.	Vermont Reports
Wake Forest L.Rev.	Wake Forest Law Review
Washburn L.J.	Washburn Law Journal
Wash.App.	Washington Appellate Reports
W.D.	Western District
Will.Mitch.L.Rev.	William Mitchell Law Review
Wis.2d	Wisconsin Reports, Second Series
WM	Wertpapiermitteilungen
WRP	Wettbewerb in Recht und Praxis
WUW	Wirtschaft und Wettbewerb
WUW/E	Wirtschaft und Wettbewerb, Entscheidungssammlung
W.Va.	West Virginia Reports
Wyo.	Wyoming Reports
WZG	Warenzeichengesetz

Yale L.J.	Yale Law Journal
Y.B.	Year Book
z.B.	zum Beispiel
ZIP	Zeitschrift für Wirtschaftsrecht
ZPO	Zivilprozeßordnung
ZVglRWiss	Zeitschrift für Vergleichende Rechtswissenschaft

Einleitung

Die von Getty Oil an Texaco gerichtete Anfrage, ob man für die Übernahme einer Unternehmensbeteiligung bereit sei, einen höheren Preis zu bieten als das Konkurrenzunternehmen Pennzoil, leitete einen Schadensersatzprozeß von einzigartigem Ausmaß ein[1]. Der im Rennen um Getty Oil ausgestochene Konzern Pennzoil antwortete auf die Übernahme von Getty Oil durch Texaco mit einer Schadensersatzklage, der in erster Instanz in Höhe von über zehn Milliarden Dollar stattgegeben wurde[2]. Grundlage dieser Entscheidung war die Überzeugung des Gerichts, daß Texaco die Übernahmevereinbarung trotz Kenntnis einer bereits bestehenden vertraglichen Verpflichtung von Getty Oil gegenüber Pennzoil getroffen und somit in ein fremdes vertragliches Recht eingegriffen hatte. Vom Volumen der ausgesprochenen Schadensersatzforderung her gesehen, stellt die Entscheidung *Texaco, Inc. v. Pennzoil Co.*[3] sicher einen der bedeutendsten Fälle der Rechtsgeschichte dar. Aus materiellrechtlicher Sicht markiert sie nur die Spitze eines Eisbergs von Fällen, in denen sich die Gerichte heute mit der Frage zu befassen haben, ob dem Schutz vertraglicher Rechte vor Eingriffen Dritter oder der Ausübung der allgemeinen Handlungsfreiheit bzw. Wettbewerbsfreiheit Vorrang zu gewähren ist.

Vor allem in den USA hat der Schutz vertraglicher und vorvertraglicher Beziehungen Ausmaße angenommen, die eine Reihe von Autoren dazu bewogen haben, die amerikanische Deliktshaftung als unnötig komplex, zu unbestimmt und viel zu weitreichend zu kritisieren[4]. In Deutschland findet sich

---

1 Pennzoil Co. v. Texaco, Inc. No. 84-05905 (Dist. of Harris Country, 151st Judicial Dist. of Texas, Dec. 10, 1985).

2 Zugesprochen wurden 7,53 Mrd. Dollar für Mehraufwendungen als Ersatz für die entgangenen Öl- und Gasreserven Getty Oils sowie 3 Mrd. Dollar als "punitive damages", die in der Berufungsinstanz auf 1 Mrd. Dollar reduziert wurden, Texaco, Inc. v. Pennzoil Co., 729 S.W. 2d 768, 866 (Tex.App. 1987); cert. den. 485 U.S. 994 (1988). Auf die darauf folgenden juristischen Manöver Texacos einigten sich die Parteien schließlich außergerichtlich auf eine Schadensersatzleistung von immer noch 3 Mrd. Dollar. Im einzelnen hierzu siehe unten S. 171 f.

3 Zu einer übersichtlichen Erörterung der Entscheidung siehe *Weintraub*, 9 Rev.Lit. 372 ff. (1990).

4 Siehe *Perlman*, 49 U.Chi.L.Rev. 61, 64 (1982); *Dobbs*, 34 Ark.L.Rev. 335, 376 (1980); *Sales*, 22 Tex.Tech.L.Rev. 123, 124 (1991); *Anderson*, 9 Rev.Lit. 409, 410 (1990); *Grothe*, 15 Will.Mitch.L.Rev. 453, 474 (1989); *R.S. Epstein*, 18 Stan. L.Rev. 1406, 1414 (1966); *R.A. Epstein*, 16 J.Leg.Stud. 1, 7 (1987); *Freund*, 11

ein erhebliches Haftungsrisiko vor allem im wettbewerbsrechtlichen Bereich. Allein das "bewußte, zu Wettbewerbszwecken erfolgende Hinwirken eines Dritten darauf, daß jemand vertragsbrüchig wird", wird in heute einheitlicher Rechtsprechung als mit den Grundsätzen des lauteren Wettbewerbs unvereinbar angesehen[5]. Eine solch′ strenge Haftung birgt jedoch die Gefahr in sich, Wettbewerb unnötig zu hemmen und individualvertragliche Rechte auf Kosten des Wohls der Allgemeinheit über Gebühr zu schützen. Die vorliegende Arbeit will daher rechtsvergleichend der Frage nachgehen, inwieweit die in den Rechtsordnungen der USA und Deutschlands vorgesehene Haftung wegen Verleitung zum Vertragsbruch gerechtfertigt ist.

Rechtsvergleichung genießt den Vorteil, nicht in die Gefahr zu geraten, Probleme einseitig aus eingefahrenen Bahnen einer nationalen Rechtsordnung heraus zu betrachten. Sie trägt vielmehr dazu bei, Lösungen der einheimischen Rechtsordnung durch den Vergleich mit anderen Rechtsordnungen besser verstehen zu lernen[6]. Dabei bietet vor allem der Vergleich mit den Rechtsordnungen der US-amerikanischen Bundesstaaten, welche noch weitgehend vom common-law[7] charakterisiert sind, die Gewähr dafür, bekannte Probleme vom Standpunkt einer grundsätzlich verschiedenen Rechtsmethode behandelt zu finden. Unabhängig davon eignet sich die Wahl der US-amerikanischen Rechtsordnungen für den hier vorzunehmenden Vergleich auch deshalb in besonderer Weise, weil das Problem der Haftung wegen Verleitung zum Vertragsbruch gerade in der Rechtsprechung der Vereinigten Staaten besondere Bedeutung erlangt hat.

Die Vielzahl der von US-amerikanischen Gerichten getroffenen Entscheidungen ist heute allerdings kaum noch zu übersehen. Eine Recherche unter dem Stichwort "interference with contractual relations" bietet eine Auswahl von mehreren Tausend Entscheidungen, in denen das Problem der Haftung Dritter wegen des Eingriffs in fremde vertragliche Beziehungen behandelt wird. Etwa ein Viertel dieser Fälle betrifft die spezielle Fallgruppe "inducing breach of contract". Angesichts der Fülle dieser Entscheidungen

---

Harv.L.Rev. 449, 463 f. (1898); *Estes*, 23 Drake L.Rev. 341, 349 (1974); a.A. *Partlett*, 66 Tul.L.Rev. 771, 774, 795 ff. (1992).

5 BGH GRUR 1956, 273, 276. So auch schon RGZ 81, 86, 91 zu § 826 BGB; a.A. dagegen die Entscheidungen RGZ 88, 361, 366; 103, 419, 421, in denen das Hinzutreten besonderer verwerflicher Umstände gefordert wurde.

6 *Großfeld*, Rechtsvergleichung, S. 23-36, insbesondere S. 31.

7 Siehe unten Seite 148.

kann es nicht Ziel der vorliegenden Arbeit sein, eine lückenlose Darstellung der Rechtslage in den USA mit allen zum Teil marginalen Unterschieden in den Rechtsordnungen der 50 Einzelstaaten und des Bundes zu bieten. Herausgearbeitet werden sollen vielmehr die wesentlichen Grundzüge, die als Grundlage für eine Rechtsvergleichung herangezogen werden können. Soweit ersichtlich ist dieser Versuch zuletzt von Vygen[8] im Jahr 1970 unternommen worden. Angesichts der Vielzahl der seither ergangenen Entscheidungen sieht der Verfasser hinreichend Anlaß, diese Frage einer erneuten Untersuchung zu unterziehen.

In Kapitel 1 soll der Schutz vertraglicher Beziehungen vor Störungen Dritter nach deutschem Recht und in Kapitel 2 nach einer US-amerikanischen Rechtsordnung aufgezeigt werden. In Kapitel 3 folgt daraufhin eine vergleichende Gegenüberstellung der in den beiden Rechtsordnungen gewählten Lösungswege sowie die Klärung der Frage, inwieweit der dem Forderungsrecht in Deutschland gewährte deliktsrechtliche Schutz gerechtfertigt ist.

---

8 *Vygen*, Die Verleitung zum Vertragsbruch im anglo-amerikanischen und deutschen Recht, 1970.

Erster Teil: Rechtslage in Deutschland

§ 1 Die deliktsrechtliche Haftung nach dem BGB

Im deutschen Schuldrecht gilt das Präventionsprinzip. Das bedeutet, daß nicht derjenige der ein Recht durch Abschluß eines schuldrechtlichen Vertrages als erster begründet hat, sondern derjenige, der es durch Erfüllung als erster verwirklicht, Inhaber des Rechts wird[9]. Allein der Abschluß eines schuldrechtlichen Vertrages bietet daher aufgrund des Abstraktionsprinzips und der damit verbundenen strikten Trennung von Verpflichtungs- und Verfügungsgeschäften noch keine Sicherheit für die Verwirklichung des Rechts. Verpflichtet sich ein Schuldner also gegenüber mehreren Gläubigern zu einer Leistung, die er nur einmal zu erbringen imstande ist, so genießt der Gläubiger, demgegenüber die Verpflichtung zuerst begründet worden ist, grundsätzlich keine Vorrechte gegenüber etwaigen späteren obligatorisch Berechtigten[10].

Dies hat zur Folge, daß bei kollidierenden Rechtspositionen ein Wettlauf der Gläubiger um die Verwirklichung des Rechts beginnt[11]. Denn ein schneller Verfügungskläger ist in der Lage, die Verwirklichung älterer Rechte zu vereiteln, wenn es ihm gelingt, dem Schuldner rechtzeitig ein Veräußerungsverbot und dem konkurrierenden Gläubiger ein Erwerbsverbot zur Kenntnis zu bringen[12]. Die Verwirklichung eines Rechts scheitert jedoch nicht nur dort, wo die Erfüllung eines Vertrages unmöglich wird, sondern auch in Fällen, in denen der Schuldner grundsätzlich noch zur Erbringung der geschuldeten Leistung imstande ist, er zur Erbringung der Leistung aber nicht mehr gezwungen werden kann[13]. Dies hat zwar zur Folge, daß der schuldhaft zur Erbringung der vereinbarten Leistung nicht mehr fähige Schuldner gegenüber dem enttäuschten Gläubiger schadensersatzpflichtig

---

9 Siehe näher hierzu unten S. 48.

10 Von diesem Grundsatz auszunehmen sind Sondersituationen, wie sie etwa bei der Vormerkung oder einem dinglichen Vorkaufsrecht vorliegen.

11 *Kohler*, JZ 1983, 586, 591.

12 *Koziol*, S. 84 ff; *Krasser*, Der Schutz vertraglicher Rechte, S. 92. Siehe hierzu auch Nachweise unten in Fn. 223.

13 Siehe §§ 888, 890 ZPO.

ist. Ob dies auch für einen außerhalb des Vertrages stehenden Dritten gilt, der den Schuldner zum Vertragsbruch verleitet hat, ist aber fraglich.

Mögliche Rechtsgrundlagen für eine Haftung des Dritten wegen aus einer störenden Handlung resultierender Nachteile sind dabei mangels einer vertraglichen Einbindung des Dritten in die betroffene Vertragsbeziehung aus Vertragsrecht nicht herzuleiten. Denn das Prinzip der Vertragsfreiheit, das dem einzelnen freistellt, mit wem er vertragliche Beziehungen eingeht, bewirkt andererseits, daß nur derjenige, der Vertragspartei wird, aus dem Vertrag berechtigt und verpflichtet sein soll[14]. Nur ausnahmsweise wird in bestimmten Situationen, wie z.B. in den Fällen des Vertrages zugunsten Dritter gemäß § 328 BGB oder Verträgen mit Schutzwirkung zugunsten Dritter, einem nicht am Vertragsschluß beteiligten Dritten ein Leistungsanspruch bzw. ein Schadensersatzanspruch gegen einen der Vertragspartner zuerkannt. Eine Haftung des Dritten wird in diesen Ausnahmesituationen nicht begründet. Folglich kann sich nur der Vertragspartner einer vertraglichen Pflichtverletzung schuldig machen, nicht aber ein außenstehender Dritter[15]. Diese der Vertragsfreiheit korrespondierende Schranke, welche die Vertragswirkungen grundsätzlich auf die am Vertrag beteiligten Parteien beschränkt, schließt indes nicht von vornherein aus, daß eine Haftung des Dritten möglicherweise aufgrund besonderer, von einem Vertrag unabhängiger gesetzlicher Vorschriften begründet werden kann[16]. Im Rahmen der vorliegenden Arbeit interessiert deshalb besonders die deliktische Haftung wegen Verleitung zum Vertragsbruch.

Hierbei ist insbesondere an die allgemeinen deliktsrechtlichen Vorschriften §§ 823, 826 BGB und, sofern ein Handeln zu Zwecken des Wettbewerbs vorliegt, an § 1 UWG zu denken. Das Deliktsrecht des BGB enthält im Gegensatz zu der wettbewerbsrechtlichen Generalklausel des § 1 UWG keine "große" Generalklausel, aufgrund derer ganz allgemein eine rechtswidrige und schuldhafte Schadenszufügung sanktioniert wird[17]. Das deutsche Deliktsrecht zeichnet sich vielmehr durch ein System spezieller Deliktstatbestände aus, welches mit den grundlegenden Haftungsnormen

---

14 BGH NJW 1981, 2184, 2185; NJW 1992, 2152, 2153; NJW 1994, 128.

15 *Krasser*, Der Schutz vertraglicher Rechte, S. 89; *Larenz*, S. 37; *Flume*, Rechtsgeschäft, S. 8, 9.

16 *Krasser*, Der Schutz vertraglicher Rechte, S. 90.

17 Diese beinhaltet das Problem der Haftungsbegrenzung nur mittelbar Geschädigter, siehe *Medicus*, SchuldR II BT, Rn. 741.

§ 823 Abs. 1 und Abs. 2 BGB sowie § 826 BGB drei sogenannte "kleine" Generalklauseln zur Verfügung stellt[18]. Der beschränkte Generalklauselcharakter dieser Tatbestände ergibt sich dabei im Hinblick auf § 823 Abs. 1 BGB aus dem Schutz "sonstiger Rechte" neben den explizit aufgeführten Rechtsgütern, bezüglich § 823 Abs. 2 BGB aus der Tatsache, daß ein Schutzgesetz verletzt sein muß und hinsichtlich § 826 BGB aus der Sanktionierung nur vorsätzlicher und sittenwidriger Schädigungen[19]. Wie die Verletzung eines Forderungsrechts durch Dritte in das System der scharf abgrenzenden Deliktstatbestände des BGB einzuordnen ist, war bis in die 70er Jahre heftig umstritten[20].

A. Historische Grundlagen

Vor der Klärung der Frage, wie die Verletzung eines Forderungsrechts durch Dritte im Rahmen dieser Deliktstatbestände zu würdigen ist, soll jedoch zunächst ein kurzer Blick auf die historischen Grundlagen der Haftung wegen Verleitung zum Vertragsbruch im deutschen Recht geworfen werden. Bis etwa ins 3. Jahrhundert vor Christus fanden sich in den kontinental-europäischen Rechtskreisen zunächst überhaupt keine allgemeinen Regelungen, die ein schadenstiftendes Verhalten sanktionierten. So erfolgte insbesondere nach älterem römischem Recht eine ausschließlich kasuistische Anknüpfung an genau definierte Schädigungshandlungen[21]. Eine allgemeinere Regelung erfolgte erst durch die vermutlich auf das Jahr 286 v. Chr. zu datierende "lex Aquilia", nach der das unmittelbare gewaltsame Einwirken auf eine Person oder einen Gegenstand sanktioniert wurde. Die Ahndung nicht unmittelbar begangener Verletzungshandlungen blieb hingegen lange Zeit ausgeschlossen und setzte sich nur langsam im Rahmen kasuistisch entwickelter Haftungsgrundsätze durch[22].

---

18 Anders noch § 704 Abs. 1 des 1. Entwurfs des BGB, der allerdings in Abs. 2 wieder erheblich eingeschränkt wurde.

19 *Medicus*, SchuldR II BT, Rn. 744.

20 Siehe hierzu unten S. 37 ff.

21 So zum Beispiel das Brechen von Knochen, das Fällen von Bäumen oder das Verbauen fremder Stoffe, *Kötz*, Rn. 18.

22 Im einzelnen siehe *Fischer*, S. 20-27; *Kötz*, Rn. 18; *Kaser*, §§ 41, 118, 142 ff.

Ein allgemeiner Deliktsanspruch wegen der Verletzung des Forderungsrechts durch Verleitung zum Vertragsbruch war allerdings auch dem älteren deutschen Recht unbekannt. Eine besondere Regelung haben lediglich die speziellen Fälle des Abwerbens von Arbeitskräften und der Doppelverkauf erfahren. Wegen "Entmiethen des Gesindes" war derjenige mit Strafe bedroht, der Gesinde in der Absicht es selbst "anzumiethen", dazu verleitete, den bisherigen Dienst zu verlassen. Zivilrechtlich wurde dieses Verhalten in alter deutschrechtlicher Tradition ergänzend mit der Zahlung einer Geldbuße geahndet[23]. Der ebenfalls mit Strafe bedrohte Doppelverkauf wurde zivilrechtlich durch die Gewährung eines direkten Herausgabeanspruchs des Ersterwerbers gegen den Zweiterwerber sanktioniert[24].

Nach der Rezeption des römischen Rechts fanden jedoch auch im deutschen gemeinen Recht im wesentlichen die Grundsätze der "lex Aquilia" Anwendung, die weitestgehend den Bedürfnissen der Neuzeit angepaßt wurden[25]. Danach war der Schutz des Gläubigers gegen Verletzungen des Leistungsgegenstands durch den Schuldner auf Ansprüche beschränkt, die allgemein für Vertragsverletzungen zugebilligt wurden[26]. Die Privatstrafen bestanden nur vereinzelt fort[27]. Hinsichtlich der Frage, inwieweit sich aus der "lex Aquilia" ganz allgemein Ansprüche wegen Vermögensschädigungen herleiten ließen, die durch den Forderungsberechtigten gegen Dritte geltend gemacht werden konnten, herrschte in Lehre und Rechtsprechung Uneinigkeit[28]. Dem bloß obligatorisch Berechtigten wurde ein eigener Anspruch indes häufiger versagt als zugebilligt. Für die Geltendmachung von Ersatzansprüchen wegen Schädigungshandlungen Dritter mußte sich der obligatorisch Berechtigte daher im Regelfall die Ansprüche des Verkäufers abtreten lassen[29]. Abgesehen von dem Anspruch wegen des "Entmiethen des Gesindes", der auch unter der "lex Aquilia" weiter Geltung besaß[30], war somit

---

23 *Fischer*, S. 38; *Sickel*, S. 115, 116; *Löning*, S. 474, 475. Allgemein zur Entwicklung der Privatstrafe *Großfeld*, Die Privatstrafe, 1961.

24 *Sickel*, S. 81, 82.

25 *Zweigert/Kötz*, S. 598.

26 *Fischer*, S. 39.

27 *Fischer*, S. 40.

28 Zum Streitstand siehe *Fischer*, S. 44, 45.

29 Id.

30 *Sickel*, S. 117; *Löning*, S. 468; *Fischer*, S. 46.

auch dem gemeinen deutschen Recht ein umfassender Schutz der Forderung gegen Dritte im Prinzip unbekannt.

Unter dem Einfluß der Aufklärung erfolgte dann allerdings im 18. und 19. Jahrhundert die Entwicklung und Kodifikation genereller deliktsrechtlicher Prinzipien. Das unübersichtlich gewordene Recht römischen Ursprungs wurde durch neue und umfassende Gesetzeswerke ersetzt[31]. Deren deliktsrechtliche Regelungen unterschieden sich von dem zuvor vornehmlich kasuistisch geprägten Haftungssystem durch die Einführung deliktischer Generalklauseln, die jeden schuldhaft verursachten Schaden sanktionierten. So sah das Allgemeine Preußische Landrecht von 1794 eine allgemeine Schadensersatzverpflichtung für jeden rechtswidrigen Eingriff in die Rechtssphäre eines anderen vor[32]. Aus dieser Generalklausel konnte sogar ein unmittelbarer Anspruch des geschädigten Gläubigers wegen der Verletzung eines Forderungsrechts gegen einen Dritten hergeleitet werden[33]. Typische Beispiele derartiger Generalklauseln finden sich in den heute noch gültigen Art. 1382 des französischen Code Civil von 1804 und § 1295 des österreichischen ABGB von 1811.

B. Schutz des Forderungsrechts nach § 823 Abs. 1 BGB?

Nach heutiger Auffassung ist Aufgabe des Deliktsrechts Rechtsgüterschutz[34]. Dem Vermögen als solches wird nur ausnahmsweise Schutz gewährt. Der Grundtatbestand § 823 Abs. 1 BGB ist daher bewußt eng gefaßt und schützt nur die Rechtsgüter Leben, Körper, Gesundheit, Freiheit, Eigentum und sonstige Rechte. Das Forderungsrecht selbst ist demgegenüber nicht ausdrücklich als geschütztes Rechtsgut genannt.

---

31 *Kötz*, Rn. 20.

32 ALR §§ 1 ff I. 6.; *Zweigert/Kötz*, S. 597 ff.

33 Für den besonderen Fall der Doppelveräußerung gewährte das preuß. ALR über die Zubilligung eines "ius ad rem" dem Ersterwerber einen direkten Anspruch auf Herausgabe gegen den Zweiterwerber (§§ 5, 6, I. 19.), *Fischer*, S. 50.

34 *Fikentscher*, Rn. 1204.

I. Das Forderungsrecht als "sonstiges Recht" i.S. § 823 Abs. 1 BGB?

Voraussetzung für die Anwendbarkeit des § 823 Abs. 1 BGB ist folglich die Qualifizierung des Forderungsrechts als "sonstiges Recht" im Sinne der Vorschrift. Für den Geschädigten wäre eine solche Einordnung des Forderungsrechts in den Schutzbereich des § 823 Abs. 1 BGB insofern vorteilhaft, als dieser eine Haftung bereits für fahrlässige Verletzungshandlungen begründet. § 826 BGB fordert demgegenüber als Korrektiv zu seiner tatbestandlich weiten Fassung Vorsatz sowohl im Hinblick auf die Verletzungshandlung als auch bezüglich des eingetretenen Schadens. Aus der enumerativen Aufzählung der geschützten Rechtsgüter in § 823 Abs. 1 BGB wird jedoch ersichtlich, daß nicht jeder Eingriff in die Rechtssphäre einer anderen Person eine Schadensersatzpflicht auslösen soll[35].

1. Rechtsprechung und überwiegende Auffassung in der Lehre

Die Rechtsprechung und auch die überwiegende Auffassung in der Literatur gehen bis heute davon aus, daß § 823 Abs. 1 BGB neben den explizit aufgeführten Rechten als "sonstige Rechte" nur solche schützt, denen eine absolute, "eigentumsähnliche" Wirkung zuzuerkennen ist[36]. Begründet wird diese Auffassung unter anderem mit der Gleichstellung der Begriffe des "sonstigen Rechts" und des "Eigentums", die vom Gesetz in direkter Folge genannt werden. Aus dem engen Zusammenhang dieser Begriffe wird die Folgerung hergeleitet, daß dem "sonstigen Recht" ebenfalls dingliche Wirkung zukommen müsse[37].

So versagte schon das Reichsgericht unter Berufung auf die Motive des Gesetzgebers[38] in ständiger Rechtsprechung dem Forderungsrecht, mangels

---

35 Id.

36 RGZ 57, 353, 59, 236, 237; 111, 298, 302, BGHZ 12, 308; *Kiss*, DJZ 1908, Sp. 684, 685, Palandt-*Thomas*, § 823 Rn. 31; Erman-*Schiemann*, § 823 Rn. 35, 36; Soergel-*Zeuner*, § 823 Rn. 44; *Fikentscher*, Rn. 1204; *Medicus*, BR, Rn. 610, 625. Zum Begriff des "sonstigen Rechts" siehe grundlegend *Habersack*, Die Mitgliedschaft - subjektives und "sonstiges" Recht, 1996.

37 BGHZ 41, 123.

38 Siehe die Ausführungen in Motive II, S. 727:
"Widerrechtlich ist auch die Verletzung des Rechtes aus einem Schuldverhältnisse. Aber wie aus einem solchen nur ein Recht gegen den Schuldner entsteht, so kann

der geforderten dinglichen Wirkung, die Anerkennung als "sonstiges Recht" im Sinne § 823 Abs. 1 BGB[39]. Das Reichsgericht vertrat dabei die Ansicht, daß sich eine andere Auffassung nicht mit dem in § 241 BGB bestimmten Grundsatz vereinbaren lasse, wonach das Schuldverhältnis, dem Relativitätsgrundsatz folgend, ausschließlich die vertragsschließenden Parteien verpflichte und daher auch nur von diesen beachtet werden müsse. Im Gegensatz hierzu sei den in § 823 Abs. 1 BGB aufgezählten Rechtsgütern gerade gemeinsam, daß ihnen Ausschlußwirkung zukomme, sie also gegen jeden wirkten und von jedem zu beachten seien[40]. Das Schuldverhältnis könne auch, anders als die in § 823 Abs. 1 BGB aufgezählten Rechtsgüter, schon begrifflich nicht verletzt werden[41]. Eine deliktische Verletzung sei daher allenfalls bei einer Einwirkung auf den Leistungsgegenstand oder Leistungsschuldner, nicht aber bei einer Einwirkung auf das Forderungsrecht selbst denkbar.

Überdies wird gegen die Anerkennung des Forderungsrechts als "sonstiges Recht" im Sinne § 823 Abs. 1 BGB eingewandt, daß die Haftungsnormen §§ 844, 845 BGB als Ausnahme des Grundsatzes der Nichtverletzbarkeit von Forderungsrechten durch Dritte obsolet würden, wenn sich der Schutz relativer Rechte bereits aus § 823 Abs. 1 BGB ergäbe[42]. Gleiches gelte für die Fälle des § 281 BGB[43]. Weiterhin wird eingewandt, daß das BGB auch einen ausreichenden Schutz des Forderungsrechts nach §§ 816 Abs. 2, 817 Satz 1, 687 Abs. 2, 281 BGB gewährleiste sowie mögliche deliktische Ansprüche nach § 823 Abs. 2 BGB bei Verletzung eines Schutzgesetzes und nach § 826 BGB im Fall eines Sittenverstoßes zur Verfügung

---

auch nur der Schuldner einer Verletzung dieses Rechts sich schuldig machen. Diese Rechtsverletzung ist überhaupt nicht Gegenstand der Vorschriften über die Schuldverhältnisse aus unerlaubten Handlungen... Wohl kann auch ein Dritter, wenn er in die obligatorischen Rechte eines anderen schädigend eingreift (z.B. durch Zerstörung des Gegenstands des obligatorischen Rechts), dem anderen zum Schadensersatz verpflichtet werden, aber nur, wenn seine Handlungen aus einem anderen Grunde als wegen der Schädigung des obligatorischen Rechtes als eine widerrechtliche sich darstellt."

39 RGZ 57, 353, 356; RG JW 1906, 465 (Dienstbotenwerbung).

40 RGZ 95, 283, 284.

41 RG JW 1913, 866; JW 1935, 3300.

42 RGZ 61, 293, 295; BGH VersR, 1956, 572.

43 *Krasser*, Der Schutz vertraglicher Rechte, S. 122.

stelle[44]. Eine ausnahmsweise Anerkennung des Forderungsrechts als "sonstiges Recht" findet sich in der Rechtsprechung daher nur dann, wenn eine gewisse Verdinglichung des obligatorischen Rechts, wie beispielsweise beim Vorbehaltskauf, bei der Vormerkung oder bei dem Besitzrecht, feststellbar ist[45].

2. *Abweichende Auffassungen*

Die vom Reichsgericht entwickelte und vom BGH fortgeführte Rechtsprechung[46] fand in der Literatur keine ungeteilte Zustimmung. Angesichts der gestiegenen Bedeutung des Forderungsrechts als Existenzgrundlage bzw. als Mittel der Daseinsvorsorge wurde mehrfach die Forderung erhoben, auch das Forderungsrecht als "sonstiges Recht" im Sinne § 823 Abs. 1 BGB anzuerkennen. Die Forderung nach Anerkennung eines umfassenden Schutzes des Forderungsrechts ist dabei nicht neu. Sie war bereits vor der Jahrhundertwende Gegenstand juristischer Diskussion[47].

Vor dem Inkrafttreten des BGB waren es vor allem *Neuner* und *Staub*, die sich für die Anerkennung einer allgemeinen Rechtspflicht aussprachen, fremde Forderungsrechte zu beachten. *Neuner* leitete diese Verpflichtung aus der allgemeinen Rechtsordnung ab[48]. Nach seiner Ansicht erzeugt diese für jeden Dritten die allgemeine Rechtspflicht, Forderungsrechte nicht zu verletzen. Die Aufrechterhaltung der üblichen Unterscheidung von absoluten und relativen Rechten war aus *Neuners* Sicht daher nicht gerechtfertigt. Diesen Gedanken *Neuners* aufgreifend, führte *Staub* die allgemeine Pflicht, fremde Verträge nicht zu stören, darauf zurück, daß es gerade im Wesen der Rechtsordnung liege, daß ein Recht, eben weil es ein "Recht" sei, von jedem Dritten respektiert werden müsse[49]. In der Plicht, fremde Forderungsrechte nicht zu stören, erblickte *Staub* daher eine allgemeine Menschenpflicht. Aus

---

44 MünchKomm-*Mertens*, § 823 Rn. 124, 131; *Medicus*, SchR II BT, Rn. 812; *Otte*, JZ 1969, 253 ff.

45 MünchKomm-*Mertens*, § 823 Rn. 133, *Medicus*, BR, Rn. 607; *Otte*, JZ 1969, 253, 258.

46 BGHZ 3, 270, 278; 12, 317, 318.

47 Ein ausführlicher Überblick über die älteren Lehren findet sich bei *Krasser*, Der Schutz vertraglicher Rechte, S. 142-148 und *Koziol*, S. 25-29.

48 *Neuner*, S. 70 ff., 151 ff.

49 *Staub*, Arch.Bürg.R. 5 (1891), S. 12 ff.

der Erwägung, daß die Menschenpflicht als Absolutheit des Rechts bezeichnet werde, zog er den Schluß, daß jedes Recht absolut sei. Hieraus leitete *Staub* wiederum eine allgemeine Verpflichtung des einzelnen ab, einen Berechtigten nicht in der Verwirklichung seines Rechts zu beeinträchtigen[50].

Nach dem Inkrafttreten des BGB konzentrierte sich die Forderung nach dem deliktsrechtlichen Schutz des Forderungsrechts auf die Frage der Auslegung des Begriffs des "sonstigen Rechts" in § 823 Abs. 1 BGB[51]. Vor allem in den 70er Jahren hat eine Reihe von Autoren den Versuch unternommen, die Berechtigung eines weitreicherenden Schutzes des Forderungsrechts nach § 823 Abs. 1 BGB nachzuweisen[52]. Grundlage dieser Versuche ist überwiegend die Prämisse, daß das Forderungsrecht nicht als ein rein relatives Recht aufgefaßt werden dürfe, sondern Außenwirkungen habe, die den explizit in § 823 Abs. 1 BGB genannten Rechtsgütern gleichwertig seien.

a) Die Lehre von der obligationsmäßigen Willensrichtung

Auf dieser Überlegung beruht vor allem die Ansicht *Koziols*[53]. Den Schutz des Forderungsrechts nach § 823 Abs. 1 BGB sieht *Koziol* in dem Maße als gerechtfertigt an, in dem nach der Rechtsordnung über das Vertragsverhältnis hinausgehende Außenwirkungen des Forderungsrechts begründet sind[54]. In diesem Zusammenhang weist *Koziol* insbesondere auf zahlreiche, den Relativitätsgrundsatz durchbrechende Vorschriften der Gläubigeranfechtung, der Vermögensübernahme, des Erbschaftskaufs, des Vermögensnießbrauchs und der Gewerbeordnung hin, die ohne auf dinglichen Elementen zu beruhen, Außenwirkungen des Forderungsrechts begründen[55]. Aber auch in dem umfangreichen Schutz der dem Forderungsrecht im Wettbewerb zuteil wird,

---

50 Gegen diese Ansichten wendet *Koziol* ein, daß sie im wesentlichen nur auf dem Argument beruhen, daß das Schuldverhältnis ein von der Rechtsordnung anerkanntes Rechtsverhältnis sei, die Frage, ob die Rechtsordnung auch ein an jedermann gerichtetes Gebot enthalte, aber ungeklärt bleibe, S. 26.

51 Zum Begriff des "sonstigen Rechts" siehe insbesondere *Habersack*, S. 127-135.

52 *Löwisch*, S. 76 ff.; *Koziol*, S. 140; *Mincke*, JZ 1984, 864 ff.; *Ficker*, S. 152 ff., 178 ff.; *Rehbein*, S. 235.

53 Ausführlich besprochen von *Krasser*, Der Schutz vertraglicher Rechte, S. 151-154.

54 *Koziol*, S. 140, 185.

55 *Koziol*, S. 85-133; siehe im einzelnen hierzu auch unten S. 113 f.

glaubt *Koziol* den Nachweis erblicken zu können, daß der Forderung Außenwirkung zukommt. Da seiner Ansicht nach häufig ein Sittenverstoß nicht feststellbar ist, sieht er die Haftung nach § 1 UWG letztlich nicht in einem gegen die guten Sitten verstoßenden Verhalten, sondern in dem Bestehen des Forderungsrechts selbst begründet[56]. Daraus folgert er, daß auch das Forderungsrecht ein mit absoluter Wirkung ausgestattetes Recht sei.

Die fehlende Befugnis des Gläubigers, über die Handlung oder den Willen des Schuldners verfügen zu können, sieht er für die Annahme einer absoluten Wirkung als unschädlich an. Den absoluten Charakter des Forderungsrechts leitet *Koziol* nämlich aus der Erwägung ab, daß das Forderungsrecht ein Recht auf eine "obligationsmäßige Willensrichtung" des Schuldners enthalte[57]. Dieser müsse seinen Willen in eine ganz bestimmte Richtung betätigen, um seiner Leistungspflicht nachkommen zu können. Damit sei der Wille des Schuldners gebunden und der Gläubiger könne aufgrund des Forderungsrechts ein Tun oder Unterlassen fordern. Dritten dürfe es daher, um das dem Gläubiger zugewiesene Recht auf die obligationsmäßige Willensbetätigung des Schuldners nicht leerlaufen zu lassen, nicht erlaubt sein, diese Willensrichtung zu ändern[58]. *Koziol* erkennt jedoch an, daß es, weil ein Schuldverhältnis für Dritte häufig nicht erkennbar sei, zu untragbaren Ergebnissen führen würde, wenn jede Beeinträchtigung eines fremden Forderungsrechts eine Schadensersatzpflicht hervorrufen würde. Dieser Konsequenz versucht *Koziol* zu entgehen, indem er einen Schutz des Forderungsrechts nur gegen wissentliche Eingriffe befürwortet[59].

b) Die Lehre von der Gegenständlichkeit der Forderung

Ficker glaubt den absoluten Charakter aus der "Gegenständlichkeit" der Forderung herleiten zu können. Diese Gegenständlichkeit der Forderung erblickt er in dem Umstand, daß die Forderung dem Gläubiger zu ausschließlicher Rechtsmacht zugewiesen sei. Indem allein der Gläubiger das Recht habe, die in der Forderung bestimmte Leistung für sich zu beanspruchen und

---

56 *Koziol*, S. 74-76.

57 *Koziol*, S. 153.

58 *Koziol*, S. 159, 160. Ähnlich wie *Koziol*, aber unter stärkerer Betonung eines rechtsvergleichenden Ansatzes *Rehbein*, S. 230-246.

59 *Koziol*, S. 175.

dadurch den in der Forderung enthaltenen Vermögenswert zu realisieren, sei die Forderung in demselben Maße Zuordnungsobjekt, wie das Sacheigentum[60]. Darüber hinaus sieht *Ficker* in der Forderung alle Merkmale eines Herrschaftsrechts aber auch insofern als erfüllt an, als die Forderung übertragbar und verpfändbar sei, als Haftungsobjekt diene und sie in Zwangsvollstreckung (§ 771 ZPO) und im Konkurs (§ 43 KO[61]) Schutz genieße[62]. Im übrigen stützt *Ficker* seine Forderung auf die neuere Entwicklung der Rechtsprechung zu § 823 Abs. 1 BGB. In der Einbeziehung wertungsbedürftiger Rechte wie des "Rechts am eingerichteten und ausgeübten Gewerbebetriebs" sowie des "Allgemeinen Persönlichkeitsrechts" unter den Begriff des "sonstigen Rechts" erblickt er eine deutliche Verlagerung des deliktischen Schwerpunkts von der tatbestandsmäßigen Verletzung bestimmter Rechte und Rechtsgüter zur Widerrechtlichkeit des schadensstiftenden Verhaltens[63]. Damit ist aus seiner Sicht für die Haftung nach § 823 Abs. 1 BGB nicht mehr die Qualifizierung eines Rechts, sondern die Bewertung eines bestimmten Verhaltens entscheidend[64]. Wie *Koziol* will aber auch *Ficker* zur Vermeidung einer zu weitreichenden Haftung, die Anwendung des § 823 Abs. 1 BGB auf vorsätzliche Eingriffe beschränkt sehen[65].

c) Die Lehre von der Schutzbedürftigkeit des Rechts

Einen grundsätzlich anderen Ansatzpunkt wählt *Löwisch*, der nicht entscheidend auf die Art des betroffenen Rechts bzw. Rechtsguts, sondern auf die Zielrichtung der Handlung abstellt. *Löwisch* geht davon aus, daß die Begründung für die haftungsrechtliche Inanspruchnahme nicht an der Struktureigenschaft eines bestimmten Rechts festgemacht werden dürfe. Die Haftungsfrage müsse vielmehr an der Schutzbedürftigkeit des Rechts ausgerichtet werden, die nicht von der Zugehörigkeit eines Rechts zu den Sachenrechten abhängig sei[66]. *Löwisch* will daher einen Schutz von Forderungsrechten

---

60 *Ficker*, S. 179.
61 Nunmehr in § 47 der seit dem 01.01.1999 geltenden Insolvenzordnung geregelt.
62 *Ficker*, S. 179.
63 *Ficker*, S. 155, 183, 184.
64 Id.
65 *Ficker*, S. 182.
66 *Löwisch*, S. 36, 47.

nach § 823 Abs. 1 BGB immer dann gewähren, wenn die Verletzungshandlung gerade auf die Verletzung des Rechts gerichtet ist[67]. Ausgehend von der finalen Handlungslehre will Löwisch somit "dasjenige menschliche Verhalten, dem die Zweckrichtung auf das in Frage stehende geschützte Recht anhaftet zum Ausgangsfall der unerlaubten Handlung im Sinne des § 823 Abs. 1 BGB" nehmen[68]. *Löwisch* geht hierbei davon aus, daß in Handlungen dieser Art eine besondere Gefährdung für die betroffenen Rechte liege. Er hält es deshalb für zumutbar, wenn der Rechtsverkehr Sanktionen für Handlungen zu tragen habe, deren Zweck die Rechtsbeeinträchtigung ist[69]. Als solche Handlungen will er regelmäßig all diejenigen Handlungen verstanden wissen, die mit einer subjektiven Zielrichtung gegen das Recht eingesetzt werden. Der Dritte soll daher auch nach *Löwischs* Auffassung grundsätzlich nur für vorsätzliche Eingriffe in das Gläubigerrecht einstehen müssen, was insbesondere für die Haftung wegen Verleitung zum Vertragsbruch gelten soll[70]. Vorsatz in Form des dolus eventualis soll hierbei allerdings genügen[71].

In diese Richtung weist im Grundsatz auch die Auffassung von *Fezer*. Ausgehend von der Annahme, daß alle in einer Gesellschaft berührten und beteiligten Interessen prinzipiell gleichwertig seien und die Güterverteilung nach der jeweiligen situativen Lage der Rechtsgüter organisiert werde, folgert *Fezer*, daß ein allgemeiner Rechtgüterschutz einer Unrechtsermittlung bedürfe[72]. Aus diesem Grunde sieht er die restriktive Handhabung des Begriffs des "sonstigen Rechts" in § 823 Abs. 1 BGB als ungenügend an. Aus seiner Sicht ist nicht der der Schutz der personalen und materiellen Güter des einzelnen, sondern der Schutz der personalen Freiheit primäre Aufgabe des § 823 Abs. 1 BGB. *Fezer* will daher für eine deliktische Haftung den Einbruch in den Rechtsbereich einer personalen Teilhabe ausreichen lassen[73]. Auf den ersten Blick betrachtet, scheinen diese Ansätze ebenfalls für eine Qualifizierung des Forderungsrechts als "sonstiges Recht" im Sinne § 823 Abs. 1 BGB zu sprechen. Eine ausdrückliche Erwähnung erfährt das

---

67 *Löwisch*, S. 61, 66, 76, 132, 134 ff.
68 *Löwisch*, S. 61.
69 *Löwisch*, S. 66.
70 *Löwisch*, S. 91 ff.
71 *Löwisch*, S. 88.
72 *Fezer*, Teilhabe und Verantwortung, S. 532.
73 Id.

Forderungsrecht in den Ausführungen *Fezers* indes nicht. Es kann daher nicht unterstellt werden, daß *Fezer* auch mittelbare, durch Verleitung zum Vertragsbruch initiierte Eingriffe in vertragliche Beziehungen dem Anwendungsbereich des § 823 Abs. 1 BGB unterstellen will[74].

d) Die Lehre von der Forderungszuständigkeit

Der Vollständigkeit halber ist zu erwähnen, daß sich in der Literatur neben diesen Auffassungen eine beachtliche Zahl von Stimmen findet, die einer vermittelnden Lösung, der sog. "Lehre von der Forderungszuständigkeit", zuneigt[75]. Deren Vertreter unterscheiden zwischen dem Schutz des Forderungsrechts selbst und der Forderungszuständigkeit, d.h. der Berechtigung zur Inempfangnahme der geschuldeten Leistung[76]. Danach soll über den Bereicherungsanspruch des § 816 Abs. 2 BGB hinausgehend eine Schadensersatzpflicht des Dritten auch dann begründet sein, wenn dieser als Unberechtigter eine Forderung einzieht und der wahre Gläubiger infolge der Schuldnerschutzvorschriften §§ 407, 408, 793 Abs. 1 Satz 2, 807, 808 BGB seine Forderung verliert. Nachdem die Verleitung zum Vertragsbruch aber gerade nicht den Eingriff in die Rechtszuständigkeit durch unberechtigtes Einziehen von Forderungen betrifft, ist der Ansatzpunkt dieser Lehre für die vorliegende Arbeit nicht von weiterem Interesse.

---

74 Hiergegen spricht insbesondere, daß *Fezer* eine Inflation subjektiver Privatrechte im Deliktsrecht für nicht wünschenswert erachtet, Teilhabe und Verantwortung, S. 538.

75 Siehe *Larenz/Canaris*, § 76 II 4. g), S. 398; *Fikentscher*, Rn. 581, 1214, 1215; *Oertmann*, AcP 123 (1925), 129, 145; *von Caemmerer*, FS Rabel 1954, S. 355; *Esser/Weyers*, § 55 I 2 b), S. 550; a.A. *Krasser*, Der Schutz vertraglicher Rechte, S. 192; *Medicus*, BR, Rn. 610 und FS Steffen 1995, 333, 339-347; *Otte*, JZ 1969, 253.

76 Auch dieser Auffassung sind die Gerichte nicht gefolgt. Ihr wird entgegengehalten, daß man die Forderung als relatives Recht nicht von ihrer Zuständigkeit trennen könne, insofern ansonsten der nach § 407 BGB gewollte Schutz leerliefe. Siehe *Medicus*, BR, Rn. 610; kritisch auch *Otte*, JZ 1969, 253 ff.

3. *Diskussion*

Für eine Qualifizierung des Forderungsrechts als "sonstiges Recht" im Sinne § 823 Abs. 1 BGB spricht sicherlich die gestiegene Bedeutung des Forderungsrechts als Existenzgrundlage. So ist es kaum zu bestreiten, daß obligatorischen Rechten im Verhältnis zum Sacheigentum heute aus Sicht weiter Teile der Bevölkerung eine ungleich größere Bedeutung für die Daseins- und Zukunftsvorsorge zukommt, als zur Zeit der Entstehung des BGB[77]. Eine Forderung darf daher als Bestandteil des Vermögens grundsätzlich nicht als weniger schutzwürdig angesehen werden, als das Eigentum an Sachen[78]. Ob allein eine Erwägung von solch allgemeiner Natur für eine Einbeziehung des Forderungsrechts in den Schutzbereich des § 823 Abs. 1 BGB genügen kann, ist allerdings zweifelhaft[79]. Gegen eine solche Annahme spricht gerade die enumerative Aufzählung der geschützten Rechtsgüter in § 823 Abs. 1 BGB. Aus dieser Gesetzessystematik läßt sich der eindeutige Grundsatz ableiten, daß nicht jeder Eingriff in die Rechtssphäre einer anderen Person eine Schadensersatzpflicht auslösen soll[80].

a) *Außenwirkungen des Forderungsrechts*

Für die Einordnung des Forderungsrechts in den Schutzbereich des § 823 Abs. 1 BGB läßt sich zwar der Gedanke ins Feld führen, daß auch das Forderungsrecht in gewissem Umfang Außenwirkungen aufweist, die möglicherweise dessen Qualifizierung als "sonstiges Recht" im Sinne des § 823 Abs. 1 BGB rechtfertigen könnten. Insbesondere *Koziol* hat in seiner Untersuchung eine ganze Reihe von Situationen aufgezeigt, in denen das Forderungsrecht Außenwirkungen entfalten kann[81]. Angesichts der Vielzahl der von *Koziol* angeführten Normen[82] darf aber nicht in Vergessenheit geraten, daß es sich bei allen den Relativitätsgrundsatz durchbrechenden und damit

---

77 *Koziol*, S. 1; *Rehbein*, S. 3; *Ficker*, S. 180.

78 *Ficker*, S. 179; *Koziol*, S. 1; *Rehbein*, S. 3. So auch schon *Kiss*, DJZ 1908, Sp. 684; ders. FS Zitelmann 1913, S. 16.

79 *Krasser*, Der Schutz vertraglicher Rechte, S. 142.

80 *Fikentscher*, Rn 1204.

81 Siehe oben Seite 41.

82 *Koziol*, S. 85-129.

eine Außenwirkung konstituierenden Normen um Vorschriften handelt, die auf speziell gelagerte Sachverhalte zugeschnitten sind und folglich Ausnahmecharakter haben. Eine generelle Außenwirkung, wie sie dem Eigentumsrecht zu eigen ist, kann daher für das Forderungsrecht nicht bejaht werden. Gegen die Auffassung *Koziols* ist des weiteren einzuwenden, daß die Lehre von der "obligationsmäßigen Willensrichtung" entgegen dem Wortlaut des § 241 BGB nicht mehr das Recht des Gläubigers, die vereinbarte Leistung zu verlangen, sondern das Recht auf eine bestimmte Willensbetätigung in den Vordergrund rückt. Die Rechtsfolgen des Rechts der Leistungsstörungen richten sich aber nicht nach dem Willen des Schuldners, sondern nach der Leistung, für die er einzustehen hat[83].

Allerdings hat *Krasser* in einer eingehenden Untersuchung der Gesetzgebungsmaterialien zum BGB nachgewiesen, daß eine Absicht des Gesetzgebers als "sonstige Rechte" nur eigentumsähnliche Rechte anzuerkennen, nicht feststellbar ist[84]. Allein das Fehlen einer generellen Außenwirkung des Forderungsrechts wird daher umgekehrt nicht genügen, dem Forderungsrecht die Anerkennung als "sonstiges Recht" im Sinne § 823 Abs. 1 BGB grundsätzlich zu verweigern. Wenig überzeugend ist daher das vielfach anzutreffende Argument, daß Forderungen schon begrifflich nicht verletzt werden könnten. Zu Recht wird deshalb eingewandt, daß auch bei absoluten Rechten nur eine inhaltliche Entwertung denkbar sei[85] und bereits die Forderungs- bzw. Eigentumsentwertung eine Rechtsverletzung im Sinne des Gesetzes darstelle[86]. Streng genommen ist nämlich sowohl bei relativen als auch bei absoluten Rechten die Verletzung des Rechts als solches kaum denkbar. Aus der Frage nach der Verletzbarkeit eines Rechts läßt sich daher im positiven wie im negativen Sinne kein brauchbarer Anhaltspunkt zur Lösung der Frage der Qualifizierung des Forderungsrechts als ein "sonstiges Recht" im Sinne des § 823 Abs. 1 BGB gewinnen.

---

83 So zutreffend *Vygen*, S. 150.

84 *Krasser*, Der Schutz vertraglicher Rechte, S. 158-162.

85 *Fischer*, S. 81; *Koziol*, S. 5.

86 *Fabricius*, AcP 160 (1961), 273, 279.

b) *Die Gegenständlichkeit des Forderungsrechts*

Auch das Argument *Fickers*, daß der Forderung wie anderen absoluten Rechtspositionen eine gewisse "Gegenständlichkeit" zukomme, insofern sie wie das Sacheigentum Zuordnungsobjekt sei, ist nicht tragfähig genug, um eine Qualifizierung des Forderungsrechts als "sonstiges Recht" zu stützen. Gegen eine solche Annahme spricht entscheidend, daß obligatorische Rechte anders als absolute Rechtspositionen für Dritte gerade nicht ohne weiteres erkennbar sind. Den Forderungsrechten fehlt die für absolute Rechte typische soziale Offenkundigkeit, die die Respektierung des Rechts durch jedermann rechtfertigen könnte[87]. In diesem Zusammenhang ist zudem die dem BGB eigene strikte Trennung von Verpflichtungs- und Verfügungsgeschäften zu berücksichtigen, die dem Schuldrecht als wirtschaftliche Aufgabe die Vorbereitung von Vermögensverschiebungen zuweist[88]. Eine unanfechtbare Stellung wird durch diese Zuordnung noch nicht erreicht[89]. Die schuldrechtliche Verpflichtung stellt lediglich den Rechtsgrund für die spätere Vermögensverschiebung dar[90].

c) *Das Forderungsrecht als Herrschaftsrecht*

Auch das weitere Argument *Fickers*[91], daß das Forderungsrecht Merkmale eines Herrschaftsrechts aufweise, indem es das alleinige Recht des Gläubigers beinhaltet, eine bestimmte Leistung für sich zu beanspruchen und den darin enthaltenen Vermögenswert zu realisieren, vermag die Einordnung des Forderungsrechts in den Schutzbereich des § 823 Abs. 1 BGB nicht zu begründen. Allein die Verpfändbarkeit und Übertragbarkeit des Rechts läßt nicht den Schluß zu, daß das Forderungsrecht alle Merkmale eines Herrschaftsrechts erfüllt. Denn im Gegensatz zu absoluten Rechtspositionen, die grundsätzlich gegen jeden wirken, enthält das obligatorische Forderungs-

---

87 *Habersack*, S. 129-132. Zum Prinzip der sozialtypischen Offenkundigkeit siehe *Fabricius*, AcP 160 (1961), 273, 290-304, insbesondere S. 301, 302 (zum Forderungsrecht).

88 *Fikentscher*, Rn. 48.

89 Zum Präventionsprinzip siehe oben Seite 33 f.

90 *Fikentscher*, Rn. 48.

91 *Ficker*, S. 179.

recht nur die Befugnis, eine bestimmte Leistung von einem bestimmten Verpflichteten zu fordern[92]. Eine Herrschaftsbefugnis, die zur Verfügung über den Leistungsgegenstand, die Leistungshandlung oder gar den Leistungsverpflichteten berechtigt, enthält das Forderungsrecht im Gegensatz zu absoluten Rechten nicht[93]. Mangels Ausschlußwirkung des Forderungsrechts ist eine Gleichstellung mit den Herrschaftsrechten des § 823 Abs. 1 BGB daher zu verneinen[94].

d) Unterscheidung von relativen und absoluten Rechten

Gewichtiger erscheint dagegen der Hinweis, daß der von der Rechtsprechung vertretene Grundsatz der strikten Trennung von relativen und absoluten Rechten bereits an anderen Stellen Durchbrechungen erfahren hat. So hat das Reichsgericht schon frühzeitig das "Recht am eingerichteten und ausgeübten Gewerbebetrieb" als "sonstiges Recht" im Sinne § 823 Abs. 1 BGB anerkannt und auch der BGH hat mit der Anerkennung des "allgemeinen Persönlichkeitsrechts"[95] die grundsätzlich scharfe Unterscheidung von relativen und absoluten Rechten durchbrochen. Damit sind Rechtspositionen in den Schutzbereich des § 823 Abs. 1 BGB aufgenommen worden, denen es sowohl an einem dem absoluten Recht eigenen Zuweisungsgehalt, wie auch an der Übertragbarkeit und Verpfändbarkeit fehlt[96]. Insbesondere *von Caemmerer* ist deshalb der Ansicht, daß mit der Einbeziehung dieser Rechte nicht der Schutz von Rechtsgütern im Sinne des § 823 Abs. 1 BGB Anerkennung gefunden habe, sondern eine Norm derart ausgeweitet worden sei, daß eine rechtswidrige Beeinträchtigung des Gewerbebetriebs oder der Persönlichkeit, also wertungsbedürftiger Rechte, Ansprüche nach § 823 Abs. 1 BGB begründe. Folglich indiziere nicht mehr die Erfüllung des Tatbestandes

---

92 So in einer neueren Untersuchung zum "sonstigen Recht" insbesondere *Habersack*, Die Mitgliedschaft- subjektives und "sonstiges" Recht, 1996, S. 133.

93 *Habersack*, S. 133; *Krasser*, Der Schutz vertraglicher Rechte, S. 186.

94 *Medicus*, FS Steffen 1995, 333, 340; *Habersack*, S. 133.

95 BGHZ 13, 334; 30, 7 m.w.N.; anders noch das Reichsgericht in RGZ 113, 413, 414.

96 *von Caemmerer*, FS Rabel 1954, S. 50 ff, 83, 89, 90.

die Rechtswidrigkeit, entscheidend sei vielmehr die Widerrechtlichkeit des Verhaltens[97].

e) *Stellungnahme*

Spätestens mit dieser generalklauselartigen Ausdehnung des Begriffs des "sonstigen Rechts" in § 823 Abs. 1 BGB dürfte es nicht mehr zu bestreiten sein, daß es keine denknotwendige Folge ist, relative Rechtspositionen nicht als "sonstige Rechte" anzuerkennen. Auch der bloße Wortlaut des § 823 Abs. 1 BGB schließt es begrifflich nicht aus, das Forderungsrecht als ein "sonstiges Recht" aufzufassen[98]. Aus der Systematik des BGB ist zwar herzuleiten, daß Sondervorschriften wie §§ 281, 844, 845 BGB weitgehend leerliefen, wollte man das Forderungsrecht unter dem Begriff des "sonstiges Rechts" subsumieren[99]. Auch bliebe zu berücksichtigen, daß das BGB einen Schutz des Forderungsrechts bereits in zahlreichen anderen Vorschriften gewährleistet[100]. Darüber hinaus dürfte auch davon auszugehen sein, daß es der Gesetzgeber wie z.B. in den §§ 365, 413, 437 BGB besonders zum Ausdruck gebracht hätte, wenn auch der Schutz obligatorischer Rechte gewollt gewesen wäre. Der entscheidende Grund für die Begrenzung des Rechtsschutzes auf absolute Rechte dürfte aber letztlich in der rechtspolitischen Erwägung zu sehen sein, unbegrenzbare Risiken im Rechtsverkehr und Schwierigkeiten in der Grenzziehung zu vermeiden.

Denn eine generelle deliktisch sanktionierte Rechtspflicht in fremde vertragliche Beziehungen nicht einzugreifen, ließe unter Mißachtung des Relativitätsgrundsatzes[101] die Gefahr entstehen, Ersatzansprüchen nur mittelbar Geschädigter ausgesetzt zu sein[102]. Aus diesem Grund ist auch die

---

97 *von Caemmerer*, FS Rabel 1954, S. 400; ders., FS "Hundert Jahre dt. Rechtsleben" 1960, S. 80, 90; *Ficker*, S. 155; *Medicus*, SchuldR II BT, Rn. 1223.

98 Siehe hierzu *O.C. Fischer*, S. 69, 71 ff, wonach jedes subjektive Recht ein "sonstiges Recht" sein könnte.

99 Gegen dieses Argument wendet allerdings *Richtering* ein, daß speziell die Sondervorschriften §§ 844, 845 BGB historisch bedingt eine klarstellende Funktion haben und wegen ihrer besonderen Bedeutung und besonderen Art der Ersatzleistung hervorgehoben sind, S. 46-48.

100 Siehe oben Seite 38 f.

101 Siehe hierzu ausführlich unten S. 266 ff.

102 MünchKomm-*Mertens*, § 823 Rn. 109, 132.

Auffassung *Löwischs* abzulehnen. Dessen Auffassung läuft im Ergebnis gerade auf die Anerkennung einer allgemeinen Rechtspflicht hinaus, fremde Forderungsrechte zu beachten[103]. Dies würde ein unerträgliches Handlungsrisiko aufbauen und ließe eine unangemessene Behinderung und Hemmung des wirtschaftlichen Verkehrs befürchten[104]. Aus diesem Grund sind letztlich auch die zu einem Schutz des Forderungsrechts nach § 823 Abs. 1 BGB neigenden Auffassungen bemüht, die Sanktionierung von Forderungsverletzungen zur Vermeidung der Uferlosigkeit der Haftung tendenziell auf vorsätzliche Eingriffe zu beschränken[105]. Der Vorteil dieser weitreicherenden Auffassungen findet sich letztlich nur im Wegfall der Sittenwidrigkeitsprüfung, die ansonsten nach § 826 BGB erforderlich würde. Die Haftungsbeschränkung auf vorsätzliche Eingriffe widerspricht aber eindeutig dem Wortlaut des § 823 Abs. 1 BGB, der ausdrücklich auch eine fahrlässige Verletzungshandlung genügen läßt. Eine Qualifizierung des Forderungsrechts als "sonstiges Recht" im Sinne des § 823 Abs. 1 BGB wird daher von der Rechtsprechung zutreffend verneint.

II. Schutz des Forderungsrechts über das "Recht am eingerichteten und ausgeübten Gewerbebetrieb"?

Wie bereits festgestellt, findet sich schon früh in der Rechtsprechung des Reichsgerichts als Ausnahme von der grundsätzlich scharfen Unterscheidung zwischen absoluten und relativen Rechten eine Ausdehnung des Begriffs des "sonstigen Rechts" auf das "Recht am eingerichteten und ausgeübten Gewerbebetrieb"[106]. Hintergrund dieser vom BGH[107] in ständiger Rechtsprechung fortgeführten Entscheidung war, daß der Schutz des Unternehmens über den Begriff des "Eigentums" und damit die Vorschriften der §§ 823 Abs. 2, 824, 826 BGB sowie einige spezialgesetzliche Normen wie den §§ 1, 16 UWG und den §§ 24, 25 des früheren WZG als unzureichend emp-

---

103 So zutreffend *Vygen*, S. 150. Siehe auch *Habersack*, S. 128.

104 Id.

105 Siehe *Ficker*, S. 182; *Löwisch*, S. 66; *Koziol*, S. 174 ff, 185.

106 RGZ 58, 24, 29 f. Zum Schutz vertraglicher Rechte gegen Eingriffe Dritter über das Recht am Gewerbebetrieb siehe *Buchner*, S. 149, 150.

107 BGHZ 3, 270, 278.

funden wurde[108]. Damit war zugleich die Frage aufgeworfen, ob in Anlehnung an den Schutz des "Rechts am eingerichteten und ausgeübten Gewerbebetrieb" zumindest solchen Forderungsrechten Schutz nach § 823 Abs. 1 BGB gewährt werden soll, die für einen Betrieb wirtschaftlich von Bedeutung sind[109].

Diesen Bestrebungen liegt die Erwägung zugrunde, daß nach der Rechtsprechung des BGH der Gewerbebetrieb wie das Eigentum nicht nur in seinem eigentlichen Bestand, sondern auch in seinen einzelnen Erscheinungsformen geschützt ist. Hierzu gehört auch der gewerbliche Tätigkeitskreis[110]. Der Gewerbebetrieb ist dabei als all das aufzufassen, was in seiner Gesamtheit den Wert des konkreten Betriebs ausmacht[111]. Aus der Tatsache, daß eine wirtschaftlich wertvolle Forderung den Wert eines Betriebs ganz erheblich zu beeinflussen vermag, wird zudem vereinzelt auch noch die Schlußfolgerung hergeleitet, daß zumindest wirtschaftlich bedeutsame Forderungen in den Schutzbereich des "Rechts am eingerichteten und ausgeübten Gewerbebetriebs" bzw. des "Rechts am Unternehmen"[112] einzubeziehen seien[113].

Aber auch der Gedanke, das Forderungsrecht über das "Recht am eingerichteten und ausgeübten Gewerbebetrieb" in den Schutzbereich des § 823 Abs. 1 BGB einzubeziehen, fand keinen fruchtbaren Boden[114]. Die Rechtsprechung erkannte zwar an, daß der ursprünglich dem Gewerbebetrieb als solchem gewährte Schutz zu erweitern sei, indem der Gewerbebetrieb nicht mehr nur in seinem bloßen Bestand, sondern in all seinen Erscheinungsformen vom Schutzbereich des § 823 Abs. 1 erfaßt werde. Die Einführung eines generellen Schutzes von Forderungsrechten über den Umweg des "Rechts am eingerichteten und ausgeübten Gewerbebetriebs" war damit aber nicht beabsichtigt. Hinsichtlich des Eingriffs in Forderungsrechte fehlt es nach der Rechtsprechung gerade insofern an dem Merkmal der Unmittelbar-

---

108 *Kötz*, Rn. 77.

109 Vgl. *Koziol*, S. 24; *Fabricius*, AcP 160 (1961), 273, 304; *Krasser*, Der Schutz vertraglicher Rechte, S. 123.

110 BGHZ 3, 270, 279, 280; 29, 65, 69.

111 BGH NJW 1957, 630, 631.

112 Zum Begriff des "Rechts am Unternehmen" bzw. zur Frage, ob es ein Recht am Unternehmen gibt, siehe *Buchner*, S. 4-9 sowie *Habersack*, S. 134-136.

113 Siehe hierzu Nachweise in Fn. 105.

114 BGHZ 7, 30. Ablehnend auch *Buchner*, S. 147-165.

keit, als § 823 Abs. 1 BGB Schutz nur gegen Eingriffe gewähre, die irgendwie gegen den Betrieb als solchen gerichtet sind und nicht vom Gewerbebetrieb ohne weiteres ablösbare Rechte oder Rechtsgüter betreffen[115]. Die auf die "Dreigroschenroman"-Entscheidung[116] gestützte gegenteilige Behauptung *Koziols*[117], wonach für den BGH das Forderungsrecht dann zu einem verletzbaren und zu beachtenden Recht werde, wenn die Forderung zu einem Gewerbebetrieb gehöre, ist daher unzutreffend. Diesbezüglich weist *Krasser* zutreffend darauf hin, daß es sich bei dem in der genannten Entscheidung in Streit stehenden Verlagsrecht gerade um kein obligatorisches Recht gehandelt habe[118]. Maßgebend für die vom BGH getroffene Entscheidung war ausschließlich der Gesichtspunkt der Urheberrechtsverletzung. Berücksichtigt man den lückenausfüllenden Charakter des "Rechts am eingerichteten und ausgeübten Gewerbebetrieb", so ergibt sich, daß dieses als Ausnahmeregelung grundsätzlich restriktiv zu handhaben und ein Schutz des Forderungsrechts abzulehnen ist.

Auch eine jüngst ergangene Entscheidung des BGH[119] in der die Verleitung zur Beendigung von Vertragsbeziehungen als Eingriff in den eingerichteten und ausgeübten Gewerbebetrieb angesehen wurde, läßt einen anderen Schluß nicht zu. Denn wesentliche Entscheidungsgrundlage war nicht per se der Eingriff in bestimmte Forderungsrechte, sondern eine gezielte Beeinträchtigung der Geschäftsbeziehungen der Geschädigten, indem das Eingehen von Geschäftsbeziehungen mit ihr als ein wirtschaftliches Risiko dargestellt wurde[120].

III. Verkehrspflichten

Schließlich stellt sich die Frage, ob ähnlich wie bei Verkehrssicherungspflichten zur Abschirmung von Gefahrenquellen eine allgemeine Verkehrspflicht zum Schutz fremden Vermögens besteht[121]. Denn in den Fällen von

---

115 BGHZ 29, 65, 69.
116 BGH GRUR 1959, 331.
117 *Koziol*, S. 24.
118 *Krasser*, Der Schutz vertraglicher Rechte, S. 125.
119 BGH NJW 1999, 279, 282.
120 BGH NJW 1999, 279, 281.
121 Siehe grundlegend hierzu *von Bar*, Verkehrspflichten, 1980, der die Verkehrspflichten auch als Polizeigesetze des Privatrechts bezeichnet, S. 201, 319. Auf-

auf einen Vertragsbruch gerichteten Verleitungshandlungen eines Dritten liegen regelmäßig mittelbare Verletzungen vor, weil die unmittelbare Verletzung vertraglicher Rechte erst aus dem nachfolgenden vertragswidrigen Verhalten des untreuen Vertragspartners resultiert. Zur Begründung der Rechtswidrigkeit von mittelbaren Verletzungshandlungen wird das Bestehen einer Verkehrspflicht für erforderlich erachtet[122]. In einer eingehenden Untersuchung zu diesem Fragenkreis hat *von Bar* jedoch nachgewiesen, daß eine allgemeine Verkehrspflicht zum Schutz fremden Vermögens oder des Rechts am eingerichteten und ausgeübten Gewerbebetrieb bzw. dem Unternehmen nicht besteht[123]. Insbesondere zum Recht am eingerichteten und ausgeübten Gewerbebetrieb hat *von Bar* darauf hingewiesen, daß es sich bereits um ein Schutzrecht im Sinne von § 823 Abs. 1 BGB handele und folglich nicht selbst nochmals über eine allgemeine Verkehrspflicht geschützt werden könne[124]. Im Ergebnis ist damit festzuhalten, daß ein Schutz des Forderungsrechts nach § 823 Abs. 1 BGB grundsätzlich ausscheidet[125].

C. Schutz des Forderungsrechts nach § 823 Abs. 2 BGB?

Auch wenn das Bestehen einer allgemeinen Verkehrspflicht zum Schutz des Forderungsrechts nicht feststellbar ist, kann sich in speziell gelagerten gesetzlichen Sonderfällen eine Haftung des Dritten aus § 823 Abs. 2 BGB ergeben, wenn die Verleitungshandlung gegen ein Schutzgesetz im Sinne der Vorschrift verstößt[126]. Als Schutzgesetz ist dabei jede Rechtsnorm aufzufassen, die dem Schutz der Interessen anderer dienen soll, also neben dem Schutz der Allgemeinheit auch dem einzelnen Schutz vor einer Verletzung

---

grund ihrer schutzgesetzähnlichen Funktion befürwortet *von Bar* gegen die vorherrschende Meinung in der Literatur (siehe hierzu Staudinger-*Hager*, § 823 E 4 m.w.N.) die selbständige Regelung der Verkehrs(sicherungs)pflichten in § 823 Abs. 2 BGB, S. 157-168, 319.

122 *von Bar*, Verkehrspflichten, S. 79.

123 *von Bar*, Verkehrspflichten, S. 79-81.

124 Id.

125 Auf eine Darstellung der weiteren Haftungsvoraussetzungen des § 823 Abs. 1 BGB kann daher an dieser Stelle verzichtet werden.

126 Gegenüber der Haftung nach § 823 Abs. 2 BGB wegen Verletzung eines Schutzgesetzes ist die Haftung wegen der Verletzung einer Verkehrs(sicherungs)pflicht ohnehin subsidär, *von Bar*, Verkehrspflichten, S. 81.

von Rechten, Rechtsgütern oder rechtlich geschützten Interessen gewährt[127]. Da jedoch in all denjenigen Fällen, in denen die Verleitungshandlung ein Schutzgesetz im Sinne des § 823 Abs. 2 BGB verletzt, auch regelmäßig das Unwerturteil der Sittenwidrigkeit im Sinne § 826 BGB oder § 1 UWG begründet sein wird, soll im folgenden nur ein kurzer Überblick über die Situationen gegeben werden, in denen im Bereich des Wettbewerbs eine Verleitungshandlung typischerweise auch ein Schutzgesetz verletzen kann.

I. Geheimnisverrat

Von besonderer Bedeutung ist in diesem Zusammenhang die Verleitung zu einem nach § 17 UWG strafbaren Geheimnisverrat[128], der regelmäßig nur unter Bruch dienstvertraglicher Treuepflichten stattfindet. Wird dabei zum Verrat von Geschäfts- oder Betriebsgeheimnissen im Sinne des § 17 Abs. 1 UWG angestiftet, ist, sofern der Angestiftete vorsätzlich gehandelt hat, der Anstifter gemäß § 26 StGB wie ein Täter[129] zu bestrafen[130]. Zivilrechtlich wird dieser strafrechtliche Geheimnisschutz durch § 19 UWG ergänzt, der

---

127 BGHZ 12, 146. Zur Auslegung des Begriffs "Schutzgesetz" siehe insbesondere *von Bar*, Verkehrspflichten, S. 163 sowie Schulz-Schaeffer, das subjektive Recht im Gebiet der unerlaubten Handlung, 1915.

128 Definiert ist ein Geschäfts- oder Betriebsgeheimnis als "jede Tatsache, die in Zusammenhang mit einem Geschäftsbetrieb steht, nur einem eng begrenzbaren, vom Betriebsinhaber bestimmten Personenkreis bekannt oder zugänglich ist und deren Geheimhaltung dem Willen und dem berechtigten wirtschaftlichen Interesse des Betriebsinhabers entspricht", BGH GRUR 1961, 40, 43 (Wurftaubenpresse). Den Gegensatz hierzu bilden offenkundige Tatsachen, deren Kenntnis ohne besondere Mühe aufgrund des vorbekannten und jedermann zugänglichen Fachwissens erarbeitet werden kann, *Emmerich*, UWG, S. 113.

129 Der Kreis der nach § 17 Abs. 1 UWG in Betracht kommenden Täter ist, um einen wirksamen Schutz zu gewährleisten, sehr weit gezogen. Er schließt nach h.M. auch Vorstands- und Aufsichtsratsmitglieder einer AG oder die Geschäftsführer einer GmbH ein Baumbach/*Hefermehl*, § 17 UWG Rn. 10. a.A. *Nordemann*, der diese in Ermangelung eines Abhängigkeitsverhältnisses nicht vom Begriff des Angestellten erfaßt sieht und daher in einer Anwendung des § 17 Abs. 1 BGB auf diese Personen einen Verstoß gegen das strafrechtliche Analogieverbot erblickt, Rn. 459. Gesellschafter einer OHG oder KG und Aktionäre sind hingegen nicht von dem in § 17 Abs. 1 UWG genannten Personenkreis umfaßt.

130 Darüber hinaus wird der in den §§ 17, 18 verankerte Geheimnisschutz in § 20 Abs. 1 UWG dahingehend ergänzt, daß auch der Versuch des Verleitens und Erbietens zum Geheimnisverrat unter Strafe gestellt wird.

für Verstöße gegen die §§ 17, 18 UWG eine Schadensersatzverpflichtung begründet. Daneben ergibt sich, weil § 17 UWG vorwiegend individualschützenden Charakter hat und daher als Schutzgesetz im Sinne der Vorschrift anerkannt ist, eine zivilrechtliche Verantwortlichkeit des Dritten auch aus § 823 Abs. 2 BGB[131]. Dies gilt allerdings nur, wenn eine der in § 17 Abs. 1 BGB genannten Personen während des Bestehens des Dienstverhältnisses zum Geheimnisverrat oder zu einer der in § 17 Abs. 2 UWG genannten Angriffsarten verleitet wird. Erfolgt die Verleitung zur Preisgabe von Geschäftsgeheimnissen nach der Beendigung des Arbeitsverhältnisses, verbleibt als zivilrechtliche Sanktion nur der Rückgriff auf die §§ 826 BGB, 1 UWG[132]. In solchen Fällen kann es sich nur noch um eine strafrechtlich nicht sanktionierte Verleitung zur Verletzung nachvertraglicher Treuepflichten handeln.

II. Vorlagenfreibeuterei

Eine ähnliche Form des Vertrauensbruchs erfaßt § 18 UWG, der die unbefugte und damit vertragswidrige Verwertung oder Mitteilung von im geschäftlichen Verkehr zur Verfügung gestellten Unterlagen zu Zwecken des Wettbewerbs unter Strafe stellt. Die strafrechtliche Verantwortlichkeit des zu einem solchen Verhalten verleitenden Dritten ergibt sich ebenfalls über § 26 StGB. Wie § 17 UWG trägt auch § 18 UWG als Strafvorschrift Schutzgesetzcharakter[133], so daß zur zivilrechtlichen Verantwortlichkeit das zum Geheimnisverrat Gesagte entsprechend gilt.

III. Bestechung

Erfolgt die Verleitung zum Vertragsbruch durch die Zahlung von Schmiergeldern kann sich eine zivilrechtliche Verantwortlichkeit des Dritten auch aus § 823 Abs. 2 BGB i.V.m. § 12 Abs. 1 UWG ergeben. Als Schutzgesetz

131 BGH GRUR 1966, 152, 153 (Nitrolingual).

132 BGH GRUR 1955, 402, 403 (Anreißgerät); GRUR 1963, 367, 369 (Industrieböden). Siehe hierzu unten S. 60 ff. zu § 826 BGB und S. 83 ff. zu § 1 UWG.

133 Staudinger-*Hager*, § 823 BGB Rn. 657.

zugunsten der Mitbewerber bedroht § 12 UWG[134], unabhängig vom Vorliegen eines Vertragsbruchs[135], denjenigen mit Strafe, der im geschäftlichen Verkehr zu Zwecken des Wettbewerbs einem Angestellten oder Beauftragten eines geschäftlichen Betriebes für die unlautere Bevorzugung bei dem Bezug von Waren oder gewerblichen Leistungen als Gegenleistung einen Vorteil anbietet, verspricht oder gewährt. Daneben ergeben sich Ansprüche auf Unterlassung und Schadensersatz auch direkt aus § 13 Abs. 1 und Abs. 6 Ziff. 2 und § 1 UWG[136].

IV. Verleumdung

Die Haftung aus § 823 Abs. 2 BGB trifft auch denjenigen, der einen anderen zum Vertragsbruch verleitet, indem er über die Person oder das Erwerbsgeschäft des Vertragspartners verleumderische Äußerungen im Sinne des ebenfalls als Schutzgesetz anerkannten[137] § 15 Abs. 1 UWG verbreitet. In diesem Zusammenhang ist auch § 187 StGB zu beachten, der sich von § 15 UWG dadurch unterscheidet, daß er einerseits nicht auf den gewerblichen Tätigkeitskreis beschränkt ist, andererseits aber die Eignung der Äußerung verlangt, eine Herabwürdigung in der öffentlichen Meinung zu bewirken.

---

134 Baumbach/*Hefermehl*, § 12 UWG, Rn. 23. Im Gegensatz hierzu handelt es sich bei den allgemeinen strafrechtlichen Vorschriften der §§ 331 bis 335 StGB um keine Schutzgesetze im Sinne § 823 Abs. 2 BGB. Siehe hierzu RGZ 146, 194, 204 sowie bezugnehmend hierauf Herausgabeansprüche von Bestechungslohn verneinend BGHSt 30, 46, 48.

135 Für die Strafbarkeit nach § 12 UWG ist nicht entscheidend, ob der Vorteilsnehmer gegenüber dem Geschäftsherrn pflichtwidrig gehandelt hat. Mit dem Begriff "unlauter" wollte der Gesetzgeber lediglich eine Grenze zwischen verbotenen und erlaubten Zuwendungen ziehen.

136 Da § 12 UWG nur die Bestechung von Mitarbeitern eines geschäftlichen Betriebes betrifft, gewinnt die Haftung aus § 1 UWG vor allem dann an Bedeutung, wenn die Bestechung auf private Hausangestellte gerichtet ist. Entscheidender Gesichtspunkt ist hierbei die Ausnutzung der menschlichen Schwäche, *Nordemann*, Rn. 218.

137 Baumbach/*Hefermehl*, § 15 Rn. 9.

Eine Haftung für den Eingriff in fremde vertragliche Beziehungen aus § 823 Abs. 2 BGB kann auch dann begründet sein, wenn sich der Vertragsbruch als Folge eines kartellrechtlich verbotenen Boykottaufrufs darstellt. Das im allgemeinen Zivil- und Wettbewerbsrecht über §§ 826 BGB und 1 UWG[138] anerkannte Boykottverbot hat im Kartellrecht bis zum 31.12.1998 in § 26 Abs. 1 GWB bzw. inhaltsgleich seit dem 01.01.1999 in § 21 Abs. 1 GWB eine spezialgesetzliche Regelung erfahren[139]. Wie die allgemeinen Boykottverbote setzt auch das kartellrechtliche Boykottverbot nicht voraus, daß durch den Boykottaufruf bereits bestehende Verträge gebrochen werden. § 21 Abs. 1 GWB n.F. läßt vielmehr unabhängig von den tatsächlich eingetretenen Folgen die Absicht der unbilligen Beeinträchtigung genügen. Aus einem rechtswidrigen Boykottaufruf resultierende Vertragsbrüche führen daher, da auch § 26 Abs. 1 GWB a.F. anerkanntermaßen Schutzgesetzcharakter hatte und dies für § 21 Abs. 1 GWB n.F. unverändert fortgilt, zwangsläufig zu Schadensersatzansprüchen nach § 35 Abs. 1 GWB a.F. bzw. § 33 GWB n.F. und § 823 Abs. 2 BGB. Die Ansprüche aus § 33 GWB n.F. und § 823 Abs. 2 BGB schließen sich dabei nicht aus, sondern stehen gleichberechtigt nebeneinander. Der in § 823 Abs. 2 BGB enthaltene Rechtsgedanke wird, wie dies bereits bei § 35 GWB a.F. der Fall war, in § 33 GWB n.F lediglich für das Kartellrecht wiederholt und erweitert. § 33 GWB n.F. kommt im Hinblick auf individualschützende Gesetze somit nur klarstellender Charakter zu.

Gegenüber der Haftung nach § 1 UWG hat der Haftungsanspruch nach § 823 Abs. 2 BGB bzw. § 33 GWB n.F. i.V.m. § 21 Abs. 1 GWB n.F. allerdings den Vorteil eines breiteren Anwendungsbereichs[140]. Das kartellrechtliche Boykottverbot geht über den Anwendungsbereich des § 1 UWG hinaus, indem das Bestehen eines Wettbewerbsverhältnisses nicht gefordert wird[141]. Im Ergebnis könnte eine Haftung nach § 823 Abs. 2 BGB i.V.m. § 21

---

138 Sofern sich ein Boykott als Maßnahme des Behinderungswettbewerbs darstellt, ist dieser nach § 1 UWG unzulässig.

139 Die Änderung erfolgte auf Grund des Art. 3 des Sechsten Gesetzes zur Änderung des Gesetzes gegen Wettbewerbsbeschränkungen vom 26. August 1998 (BGBl. I S. 2521).

140 Zur Haftung nach § 1 UWG siehe auch unten S. 89 ff.

141 *Bechtold*, § 21 Rn. 1.

Abs. 1 GWB n.F. also Vorteile bieten, wenn eine Haftung nach § 1 UWG in Ermangelung eines Wettbewerbsverhältnisses scheitert und sich eine Boykottmaßnahme zwar als rechtswidrig im Sinne des § 21 Abs. 1 GWB n.F. darstellt, aber nicht als sittenwidrig im Sinne des § 826 BGB zu qualifizieren ist. Letztere Voraussetzung wird in einem Boykottfall indes kaum jemals erfüllt sein, weshalb der Haftung über § 823 Abs. 2 BGB i.V.m. mit § 21 Abs. 1 GWB n.F. keine Praxisrelevanz zukommt.

VI. Sonstige wettbewerbsbeschränkende Maßnahmen im Sinne des GWB

Eine ähnliche Situation findet sich in den Fällen, in denen ein Unternehmen durch Androhung von Nachteilen oder durch Versprechen bzw. Gewähren von Vorteilen zu einem Verhalten gezwungen wird, das nicht zum Gegenstand einer vertraglichen Bindung im Sinne des § 25 Abs. 2 GWB a.F./§ 21 Abs. 2 GWB n.F. gemacht werden darf[142]. Resultiert aus einem solchen Verhalten ein Vertragsbruch des verleiteten Unternehmens, so ergibt sich neben möglichen Ansprüchen aus §§ 1 UWG, 826 BGB, 33 GWB n.F. auch ein Anspruch aus § 823 Abs. 2 BGB. Denn § 25 Abs. 2 GWB a.F. hatte wie § 26 Abs. 1 GWB a.F. individualschützenden Charakter und war somit als Schutzgesetz im Sinne des § 823 Abs. 2 BGB anerkannt. Dies gilt in Ermangelung inhaltlicher Änderungen auch für § 21 Abs. 1 und Abs. 2 GWB in der seit dem 01.01.1999 geltenden Fassung fort.

VII. Verstöße gegen § 1 UWG

Zuletzt bleibt zu erwähnen, daß vereinzelt auch eine Anerkennung des § 1 UWG als Schutzgesetz befürwortet wird[143], um auch zugunsten von Verbrauchern bei Verstößen gegen die später[144] noch genauer zu besprechende wettbewerbsrechtliche Generalklausel zugleich eine Haftung nach

---

142 Auch diese Änderung erfolgte auf Grund des Art. 3 des Sechsten Gesetzes zur Änderung des Gesetzes gegen Wettbewerbsbeschränkungen vom 26. August 1998 (BGBl. I S. 2521).

143 *Sack*, NJW 1975, 1303.

144 Siehe unten S. 86 ff.

§ 823 Abs. 2 BGB zu begründen[145]. In der Rechtsprechung blieb § 1 UWG die Anerkennung als Schutzgesetz im Sinne § 823 Abs. 2 BGB bislang allerdings versagt.

D. Schutz des Forderungsrechts nach § 826 BGB?

Nachdem ein Schutz des Forderungsrechts nach § 823 Abs. 1 BGB nicht zu gewährleisten ist und über § 823 Abs. 2 BGB nur in speziell gelagerten Sonderfällen geholfen werden kann, verbleibt als deliktsrechtliche Sanktion nur noch der Rückgriff auf § 826 BGB. Als generalklauselartiger Auffangtatbestand schützt § 826 BGB unmittelbar das Vermögen, und zwar gegen jede vorsätzliche und sittenwidrige Schadenszufügung. Weder bedarf es hierzu wie bei § 823 Abs. 1 BGB einer vorherigen Rechtsgutsverletzung, noch, wie bei § 823 Abs. 2 BGB, einer Schutzgesetzverletzung. Die Beschreibung des § 826 BGB als Auffangtatbestand ist dabei jedoch nicht so zu verstehen, daß § 826 BGB nur dann zur Anwendung gelangt, wenn die Voraussetzungen speziellerer Haftungsnormen nicht erfüllt sind. Vielmehr greift § 826 BGB in Ergänzung zu § 823 Abs. 1 und Abs. 2 BGB überall dort ein, wo ein schädigendes Verhalten dem Gerechtigkeitsgedanken widerspricht[146]. Schutzzweck des § 826 BGB ist es, einem illoyalen Verhalten im Verkehrsleben entgegenzuwirken[147]. Sanktioniert werden insoweit Verstöße gegen elementare außerrechtliche Verhaltensanforderungen[148].

I. Der Sittenwidrigkeitsbegriff des § 826 BGB

Entscheidende Voraussetzung für eine Haftung nach § 826 BGB ist ein gegen die guten Sitten verstoßendes Verhalten. Wann ein Verhalten als sittenwidrig zu qualifizieren ist, ist aus sich heraus jedoch weitgehend unverständlich. Der Begriff der Sittenwidrigkeit ist als unbestimmter Rechtsbegriff auslegungsbedürftig. In Anlehnung an die Motive[149] zum BGB sieht die Recht-

---

145 *Sack*, NJW 1975, 1303, 1305.
146 RGRK-*Steffen*, § 826 Rn. 1, 2, 5.
147 RGZ 48, 114, 124.
148 BGHZ 17, 327, 332; Jauernig-*Teichmann*, § 826 Rn. 1.
149 Siehe bei *Mugdan*, S. 406.

sprechung den Begriff der Sittenwidrigkeit dann als erfüllt an, wenn die in Frage stehende Handlungsweise gegen das "Anstandsgefühl aller billig und gerecht Denkenden" verstößt[150]. Zur Lösung der Frage, ab wann das schädigende Verhalten als sittenwidrig zu mißbilligen ist, trägt diese allgemeine Formulierung jedoch nur wenig bei. Der Begriff der Sittenwidrigkeit bedarf daher weiterer Konkretisierung. Dies stellt eine der schwierigsten Aufgaben bei der Anwendung des § 826 BGB dar[151].

1. Konkretisierungsmethoden

Zur Konkretisierung des Begriffs der Sittenwidrigkeit bieten sich grundsätzlich drei Wege an. Denkbar ist neben einer Begriffscharakterisierung aus der Rechtsordnung heraus, die repräsentative moralische Beurteilung durch die Gerichte sowie die wertempirische Ermittlung der Einstellung maßgeblicher Bevölkerungskreise[152].

a) Induktive Methode

Nach der letztgenannten induktiven Methode wäre damit zu ermitteln, ob ein bestimmtes Verhalten einer tatsächlichen Übung in den betroffenen Verkehrskreisen entspricht. Der entscheidende Nachteil dieser Methode ist, daß auch eine allgemein verbreitete Unsitte wegen der tatsächlichen Übung nicht mehr als sittenwidrig im Sinne des Gesetzes bewertet werden könnte. Aber auch im übrigen ist die ursprünglich noch als tragfähig erachtete Bezugnahme auf den außerrechtlichen Maßstab der Wertvorstellungen bestimmter Verkehrskreise heute grundsätzlich abzulehnen. Zum einen wird ein homogenes Wertbewußtsein wie es im gebildeten und wohlhabenden Bürgertum in den Jahrzehnten der Jahrhundertwende anzutreffen war, heute als nicht mehr vorhanden angesehen. Zum anderen wird es als unzulässig erachtet,

---

150 RGZ 48, 114, 124; 80, 219, 221 zu § 138 BGB; 128, 92, 96 zu § 138 BGB; 120, 144, 148; 150, 1, 3 zu § 138 BGB; BGH NJW 1956, 337 zu § 138 BGB; BGHZ 17, 327, 330.

151 *Esser/Weyers*, § 56 II 2., S. 583.

152 Id.

die Moralvorstellungen einzelner Bevölkerungsgruppen als allgemeinverbindlich zu verstehen[153].

Trotzdem darf nicht übersehen werden, daß es auch heute noch bestimmte Wertvorstellungen gibt, die von nahezu der gesamten Bevölkerung als sittenwidrig bewertet werden. So verstoßen beispielsweise Schmiergeldzahlungen, Betrügereien und sonstige Täuschungshandlungen in den Augen der Allgemeinheit regelmäßig gegen die guten Sitten[154]. Für eine Vielzahl von Fragestellungen, die häufig komplizierte Rechtsfragen zum Gegenstand haben, läßt sich eine Einigkeit in der Beurteilung jedoch kaum erreichen. Häufig entscheiden deshalb weniger Moralgrundsätze als rechts- und wirtschaftspolitische Erwägungen, die nicht in Kollission zur bereits bestehenden Rechtsordnung stehen dürfen[155].

b) *Moralvorstellungen des Gerichts*

In diesem Zusammenhang gewinnt auch die aus § 826 BGB hergeleitete Ermächtigung des Richters zur Rechtsfortbildung Bedeutung[156]. Diese erfordert allerdings eine vorrangige Orientierung an der Rechtsordnung, um den Richter vor vorschnellen subjektiven Urteilen zu bewahren[157]. Die eigene moralische Beurteilung durch den Richter hat also hinter die Prüfung anhand der bestehenden Rechtsordnung zurückzutreten.

c) *Ermittlung des Sittenwidrigkeitsurteils aus der Rechtsordnung*

Zur Ableitung des Sittenwidrigkeitsurteils aus der Rechtsordnung, ist neben dem Rückgriff auf die konkrete Entscheidungsnorm und sonstige Verfassungs- und Gesetzesnormen aber auch die Berücksichtigung sozialethisch fundierter rechtlicher Wertungsprinzipien erforderlich[158]. Als ein solches

---

153 Id.

154 BGH NJW 1962, 1099 (Schmiergeldzahlung); BGHZ 57, 108, 110 (Täuschung).

155 *Esser/Weyers* weisen in diesem Zusammenhang beispielsweise auf die Problematik der Zulässigkeit eines Erfolgshonorars für Rechtsanwälte und den Konflikt zwischen Sicherungszession und verlängertem Eigentumsvorbehalt hin, S. 583.

156 Soergel-*Hefermehl*, § 138 Rn. 1.

157 MünchKomm-*Mertens*, § 826 Rn. 13, 14.

158 MünchKomm-*Mertens*, § 826 Rn. 15.

Prinzip gilt insbesondere die Gewährleistung der grundlegenden, freiheitssichernden, friedensbewahrenden und machtbrechenden Institutionen einer offenen Gesellschaft. Zu diesen Institutionen gehören aber auch vertragliche Verpflichtungen, so daß auch der Einbruch in fremde Vertragsbeziehungen das Urteil der Sittenwidrigkeit begründen kann[159]. Dies gilt jedenfalls dann, wenn in dem Eingriff in eine fremde Vertragsbeziehung die Mißachtung des Vertrages als Institution zum Ausdruck kommt[160].

2. *Sittenwidrigkeit der Mitwirkung an fremden Vertragsbruch*

Berücksichtigt man hierbei, daß die rein obligatorische Rechtsposition keinen deliktischen Schutz genießt, darf die bloße Schadenszufügung als solche und auch die bloße Mitwirkung an fremdem Vertragsbruch allein nicht als sittenwidrig verstanden werden[161]. Die sich hieraus ergebende Haftungsgrenze ist Ausfluß des Relativitätsgrundsatzes, d.h. der mangelnden Drittwirkung von obligatorischen Rechtspositionen und der Erkenntnis, daß die letzte Entscheidung über den Vertragsbruch beim Vertragsbrüchigen selbst liegt[162]. Um der Gefahr einer Ausweitung des grundsätzlich beschränkten Schutzes des Forderungsrechts zu einer absoluten Schutzposition zu begegnen, ist die Verleitung zum Vertragsbruch daher erst durch das Hinzutreten besonderer Umstände als Sittenverstoß zu werten[163]. In welchen Fällen derartige Umstände anzunehmen sind, wird im folgenden noch zu untersuchen sein[164].

II. Vertragsverletzung

Eine Haftung wegen "Verleitung zum Vertragsbruch" setzt des weiteren schon terminologisch den Bruch eines Vertrages voraus, wobei unter Ver-

---

159 BGH WRP 1971, 24; *Esser/Weyers*, S. 584.

160 MünchKomm-*Mertens*, § 826 Rn. 26, 27.

161 RGZ 103, 419, 421 (Doppelkauf); *Kötz*, Rn. 692.

162 BGH DtZ 1996, 26, 29; *Esser/Weyers*, S. 585.

163 Eine andere Ansicht vertritt hierzu soweit ersichtlich nur *Herrmann*, der Sittenwidrigkeit schon immer dann annehmen will, wenn ein Dritter bewußt auf einen Vertragsbruch hingewirkt hat, GRUR 1955, 21, 23.

164 Siehe unten S. 67 ff.

tragsbruch grundsätzlich die Verletzung einer Hauptleistungspflicht zu verstehen ist[165]. Die Verletzung vertraglicher Nebenpflichten ist für eine Haftungsbegründung regelmäßig nicht ausreichend. Gegen diese Differenzierung wendet *Vygen*[166] ein, daß es allein vom Willen der Parteien abhänge, ob eine vertragliche Verpflichtung als Haupt- oder Nebenleistungspflicht anzusehen sei und sich hieraus die unbefriedigende Situation ergeben könne, daß ein und dieselbe Pflicht einmal Gegenstand einer Verleitungshandlung sein kann und ein anderes mal nicht. *Vygen* folgert daraus, daß allein darauf abgestellt werden müsse, ob der Dritte den Schuldner zur Verletzung einer bestehenden Pflicht verleitet habe. Die Frage, ob es sich bei dieser Pflicht um eine Haupt- oder Nebenleistungspflicht handele, sei dabei gleichgültig[167]. Dem ist jedoch entgegenzuhalten, daß sich die wesentlichen Hauptleistungspflichten eines Vertrages zumeist unproblematisch ermitteln lassen und es gerade Ausfluß der Vertragsfreiheit ist, ob die Parteien die eine oder andere Nebenpflicht eines Vertrages im Einzelfall stärker ausgestalten.

Nicht tatbestandsmäßig ist im Regelfall auch das Hinwirken auf das ordnungsgemäße Beendigen einer Vertragsbeziehung, weil es in diesen Fällen an einem Vertragsbruch fehlt. Liegen jedoch erschwerende Umstände vor, so kann in Ausnahmefällen auch die Verleitung zur ordnungsgemäßen Beendigung einer Vertragsbeziehung als sittenwidrig zu qualifizieren sein[168]. Vom Schutzbereich erfaßt sind alle rechtswirksamen Verträge jedweder Art[169]. Auf sittenwidrige oder anderweitig nichtige Verträge brauchen Dritte indes keine Rücksicht zu nehmen. Diese stellen nichts weiter als sinnentlehrte Hüllen dar[170].

---

165 BGH NJW 1960, 1853 = GRUR 1960, 558, 560 (Volkswagen).

166 *Vygen*, S. 83.

167 Id.

168 Siehe unten S. 114 ff.

169 Auch bloße Erwerbsaussichten können nach § 826 BGB Schutz genießen. Diese sind zwar mangels Vorliegen eines Vertrages nicht unter der speziellen Fallgruppe "Verleitung zum Vertragsbruch" zu erfassen, sanktioniert wird aber jeder auf das Vermögen gerichtete sittenwidrige Angriff.

170 BGH GRUR 1971, 121 ff; *Friedrich*, AcP 178 (1978), 468, 478, 479; *Piper*, GRUR 1990, 643 m.w.N.

III. Verleitungshandlung

Der Begriff der Verleitungshandlung erfährt als zentrale Haftungsvoraussetzung eine sehr weite Interpretation. Ein Verleiten kann in jedem erdenklichen Verhalten des Dritten zu sehen sein, das darauf gerichtet ist, einen Vertragspartner zum Vertragsbruch zu veranlassen. Denkbar ist sowohl die Ausübung von Zwang, Gewalt oder Drohung als auch die Ausübung wirtschaftlichen oder bloß moralischen Drucks. Aber auch das Herantreten an einen anderen, das diesem die freie Entscheidung darüber beläßt, ob er seinen vertraglich vereinbarten Verpflichtungen nachkommen will oder nicht, ist als Verleitungshandlung anzusehen[171]. Diese extensive Auslegung des Verleitungsbegriffs findet ihre Wurzel in der Rechtsprechung des Reichsgerichts, welches die Verleitungshandlung als ein "bewußtes Daraufhinwirken, daß ein anderer einen Vertragsbruch begeht, mag der Widerstand, den er überwindet, noch so gering sein" definierte[172]. Für die Bejahung einer Verleitungshandlung ist es daher ohne Bedeutung, ob der vertraglich Gebundene auf das Ansinnen des Dritten widerstrebend oder spontan reagiert[173]. Darüber hinaus soll eine Verleitung selbst dann noch möglich sein, wenn der Vertragspartner bereits fest zum Vertragsbruch entschlossen war[174]. Unbeachtlich ist weiterhin, von wem die Anregung zum Vertragsbruch ausging. Eine Verleitung ist nach Auffassung der Rechtsprechung daher auch dann noch möglich, wenn die Initiative zum Bruch eines Vertrages von dem vertraglich Gebundenen ergriffen wird.

Auf das Erfordernis einer kausalen Verursachung des Vertragsbruchs durch den Dritten verzichtet die Rechtsprechung dabei ausdrücklich. Begründet wird der Verzicht auf das Kausalitätserfordernis mit der unterschiedlichen Bedeutung der Begriffe der Verleitung im zivilrechtlichen und der Anstiftung im strafrechtlichen Sinne[175]. Hiergegen wendet *Vygen* jedoch

---

171 MünchKomm-*Mertens*, § 826 Rn. 126.

172 RG GRUR 1939, 562, 566 (Zeiss-Brillengläser); BGH GRUR 1956, 273, 274 (Drahtverschluß); GRUR 1960, 558, 559 (Eintritt in Kundenbestellung); GRUR 1975, 555, 556 (Speiseeis).

173 BGH GRUR 1994, 447, 448 (Sistierung von Aufträgen).

174 Siehe oben Fn. 172.

175 BGH GRUR 1956, 273, 274 (Drahtverschluß); GRUR 1960, 558, 559 (Eintritt in Kundenbestellung); GRUR 1969, 474 (Bierbezug I). Unzutreffend insoweit – wohl versehentlich - *Pauly*, der feststellt, daß mit dem Begriff des Verleitens die erfolg-

zutreffend ein, daß, auch wenn der Begriff der "Verleitung" kein Gesetzesbegriff wie der der "Anstiftung" sei, er als von der Rechtsprechung und Lehre entwickelter Terminus doch einer deutlichen und vertretbaren Auslegung bedürfe[176]. Schon sprachlich darf der Begriff der Verleitung folglich nicht ein Verhalten erfassen, welches für den Vertragsbruch nicht kausal sein kann[177]. Ein solcher Kausalzusammenhang wird deshalb nur dann zu bejahen sein, wenn durch das Verhalten des Dritten der Tatentschluß zum Vertragsbruch hervorgerufen oder zumindest bestärkt wird. Ein zum Vertragsbruch bereits fest Entschlossener kann demgegenüber in seinem Handeln nicht mehr bestärkt werden, so daß sich das Verhalten des Dritten nur noch als ein bloßes Ausnutzen fremden Vertragsbruchs darstellen kann.

1. Abgrenzung zum Ausnutzen

Die Begriffe des Verleitens und des Ausnutzens scharf voneinander zu trennen, ist indes kaum möglich. Der Übergang zwischen der Verleitung zum Vertragsbruch und dem Ausnutzen desselben ist fließend[178]. Dementsprechend findet sich zwischen dem durch Einsatz massiver Mittel erfolgenden Hinwirken auf den Vertragsbruch durch den Dritten und dem mit Nachdruck vorgetragenen Angebot des Schuldners vertragsbrüchig zu werden, ein breites Spektrum von Handlungen aus denen letztlich ein Vertragsbruch resultieren kann[179]. Diese werden häufig im Grenzbereich zwischen Verleiten und Ausnutzen angesiedelt sein und sich nur schwer eindeutig zuordnen lassen. Insoweit kann auch die von *Schramm*[180] ausgeführte Differenzierung nach zeitlichen Kriterien nicht in allen Fällen weiterhelfen. Ein Dritter kann zwar sicherlich nicht mehr zu einem bereits vollzogenen Vertragsbruch verleiten, so daß sich in diesen Fällen die Annahme einer Verleitungshandlung schon denknotwendig verbietet. Umgekehrt wird aber nicht jedes Verhalten das

---

reiche Anstiftung im Sinne der strafrechtlichen Terminologie gemeint sei, MDR 1996, 1102, 1103. Ausreichend ist vielmehr ein Verleiten im Sinne einer versuchten Anstiftung.

176 *Vygen*, S. 84, 85.

177 Zum Problem der Kausalität zwischen Schaden und Verleitungshandlung siehe unten S. 70 f.

178 *Semler*, GRUR 1983, 625, 626.

179 Id.

180 *Schramm*, GRUR 1961, 328, 330.

einem Vertragsbruch zeitlich vorausgeht, als Verleitung bewertet werden dürfen. Dies wird besonders deutlich, wenn man sich den Fall des fest zum Vertragsbruch Entschlossenen vor Augen hält. Auch wenn dieser den Vertragsbruch erst nach dem Eingreifen des Dritten vollzieht, wird man eine Verleitungshandlung nicht bejahen können.

Die Erkenntnis, daß eine eindeutige Abgrenzung zwischen Verleiten und Ausnutzen kaum möglich ist, dürfte letztlich auch der Hintergrund der sehr weiten Interpretation des Verleitungsbegriffs durch die Rechtsprechung sein. Angesichts der Weite des Verleitungsbegriffs gelangt *Semler* deshalb im Ergebnis auch zu dem Schluß, daß es sich bei der Fallgruppe der Verleitung zum Vertragsbruch um einen einheitlichen Tatbestand der Mißachtung vertraglicher Bindungen Dritter handelt[181]. Tatsächlich stellt die Rechtsprechung häufig nicht entscheidend darauf ab, ob ein Verhalten als Verleitung oder bloßes Ausnutzen zu bewerten ist, sondern versucht unter Vernachlässigung der begrifflichen Abgrenzung anhand einer Gesamtwürdigung der Umstände im Einzelfall die Frage der Sittenwidrigkeit zu klären[182]. So läßt die Rechtsprechung die Frage, ob eine Verleitungshandlung anzunehmen ist, bisweilen offen, wenn sich ein Verhalten auch unter dem Gesichtspunkt des Ausnutzens fremden Vertragsbruchs als sittenwidrig erweist[183]. Grundsätzlich ist eine scharfe Abgrenzung der Begriffe des Ausnutzens und Verleitens im Hinblick auf die unterschiedlichen Kriterien, die ein Verleiten bzw. Ausnutzen als sittenwidrig erscheinen lassen, jedoch von größter Bedeutung.

2. *Besondere, die Sittenwidrigkeit begründende Umstände*

Die Frage, wann eine Verleitungshandlung als sittenwidrig im Sinne des § 826 BGB zu bewerten ist, bedarf immer besonderer Prüfung und ist etwa bei bloßem Herantreten an einen Vertragspartner, das eine freie Willensentschließung beläßt, wie beispielsweise durch schlichtes preisliches Unter-

181 *Semler*, GRUR 1983, 625, 626.

182 BGH NJW-RR 1999, 1186, 1187. In dieser Entscheidung stellt der BGH zwar fest, daß der Beklagte durch das Versprechen einer überhöhten Gegenleistung die Bereitschaft zum Vertragsbruch ausgenutzt habe. Tatsächlich hat in dem entschiedenen Fall der Kläger jedoch zum Vertragsbruch verleitet. Dies ergibt sich eindeutig aus dem historischen Geschehensablauf, insofern der Vertragsbruch dem überhöhten Angebot zeitlich nachgefolgt ist.

183 BGH GRUR 1967, 138, 141 (Streckenwerbung).

oder Überbieten, nicht zu bejahen[184]. Erst erschwerende Umstände wie Täuschung[185], Betrug, Zwang, Androhung von Nachteilen[186], Bestechung[187], Bieten überhöhter Gegenleistungen[188], Absicht der wirtschaftlichen Vernichtung, bewußtes und kollusives sowie in Schädigungsabsicht erfolgendes Zusammenwirken des Dritten mit dem Vertragsbrüchigen[189] oder die Freistellung von Vertragsstrafe- bzw. Regreßansprüchen[190] qualifizieren eine Verleitungshandlung als sittenwidrig. Sogar das Handeln zu Wettbewerbszwecken kann nach der Rechtsprechung als ein die Sittenwidrigkeit im Sinne § 826 BGB begründender besonderer Umstand anzusehen sein[191]. Eine derartige Übernahme wettbewerblicher Ordnungsprinzipien in den Haftungsrahmen des § 826 BGB führt allerdings insofern zu weit, als sich die Sittenwidrigkeitsbegriffe aufgrund ihres unterschiedlichen funktionellen Zusammenhangs nicht decken und die Grenzen zwischen allgemeiner Deliktshaftung und Wettbewerbsrecht verwischt würden[192]. Von entscheidender Bedeutung sind deshalb letztlich immer die Umstände des Einzelfalls, unter Berücksichtigung der Interessen des Dritten, des verfolgten Zwecks, der verwendeten Mittel bzw. der Mittel-Zweck-Relation[193]. Ist dabei ein Schädigungsvorsatz feststellbar, indiziert dieser regelmäßig die Sittenwidrigkeit.

Das bloßes Ausnutzen der Bereitschaft des Schuldners zum Vertragsbruch oder die bloße Mitwirkung eines Dritten an der Vertragsverletzung durch den Schuldner ist demgegenüber grundsätzlich nicht sittenwidrig im Sinne des § 826 BGB[194]. Anderes gilt nur dann, wenn erschwerende Umstände, wie planmäßiges Vorgehen oder kollusives Zusammenwirken von Drittem und Vertragsbrüchigen vorliegen[195]. In diesen Fällen kann aus-

---

184 Staudinger-*Oechsler*, § 826 Rn. 227, 228.
185 BGH GRUR 1975, 555 = DB 1975, 1595 (Speiseeis).
186 BGH NJW 1979, 1704, 1705.
187 BGH NJW 1962, 1099 (Schmiergeldzahlung).
188 Siehe oben Fn. 182.
189 BGH DtZ 1996, 26, 29.
190 RG JW 1931, 2238; RGZ 81, 86, 90; BGH NJW 1981, 2185, 2186; als Gegenbeispiel OLG Hamm VersR 1987, 509.
191 RGZ 148, 364, 369; BGH NJW 1960, 1853, 1854.
192 RGRK-*Steffen*, § 826 Rn. 110.
193 *Schlechtriem*, Rn. 809.
194 BGH NJW 1994, 128.
195 BGHZ 12, 308, 317; 14, 313, 317; BGH NJW 1979, 1704, 1705; MünchKomm-*Mertens*, § 826 Rn. 128.

nahmsweise auch das bloße Ausnutzen eines fremden Vertragsbruchs den Vorwurf der Sittenwidrigkeit begründen.

IV. Schaden

Weitere Voraussetzung für eine Haftung nach § 826 BGB ist, daß dem Gläubiger aus dem Verhalten des Dritten ein Schaden entstanden ist. Als ersatzfähiger Schaden ist dabei jede Vermögensminderung anzusehen[196]. Ob dem Gläubiger durch das Verhalten des Dritten aber überhaupt ein Schaden entstehen kann, mag auf den ersten Blick als zweifelhaft erscheinen. *Koziol* führt hierzu aus, daß die Beantwortung dieser Frage entscheidend von dem Schicksal abhänge, das die Forderung im Fall der Unmöglichkeit nach § 325 BGB erfahre[197]. Ausgangspunkt seiner Überlegung ist, daß ein Vermögensschaden nur dann zweifelsfrei anzunehmen sei, wenn man mit der heute nicht mehr vertretenen Surrogationstheorie[198] davon ausgeht, daß das ursprüngliche Forderungsrecht, d.h. der Erfüllungsanspruch des enttäuschten Vertragspartners nach dessen Wahl einfach durch einen Schadensersatzanspruch ersetzt würde. In diesem Fall ginge dem Gläubiger das ursprüngliche Recht verloren und ein neues entstünde, so daß der Schaden in dem Wert des untergegangenen ursprünglichen Erfüllungsanspruchs erblickt werden könne.

Nicht ganz so eindeutig läßt sich nach *Koziol*[199] die Frage des Vermögensschadens nach der Differenztheorie beantworten[200]. Nach dieser bleibt das Forderungsrecht dem Inhalt nach unverändert, mit der Folge, daß das ursprünglich begründete Recht erhalten bleibt und sich der Erfüllungsanspruch nur in einen gleichwertigen Schadensersatzanspruch gegen den Schuldner verwandelt. In dem Schadensersatzanspruch aus § 325 BGB ist nach dieser Theorie kein eigenständiger Anspruch zu erblicken, sondern eine sekundäre Leistungspflicht, die im Rahmen des Schuldverhältnisses an die

196 Zur Beeinträchtigung von Erwerbsaussichten siehe RGZ 79, 55, 58; 111, 156 (Erbschaftsaussicht); Soergel-*Hönn*, § 826 Rn. 76 ff; Palandt-*Thomas*, § 826 Rn. 14; *Krasser*, Der Schutz vertraglicher Rechte, S. 215.

197 *Koziol*, S. 79-81.

198 Zur Surrogationstheorie siehe MünchKomm-*Emmerich*, § 325 Rn. 67, 69, 70.

199 *Koziol*, S. 79-81.

200 Zur strengen und abgeschwächten Differenztheorie siehe MünchKomm-*Emmerich*, § 325 Rn. 71, 72.

Stelle der primär geschuldeten Leistung tritt. *Koziol* folgert hieraus, daß wenn sich nicht das Recht selbst, sondern nur dessen Inhalt ändere und der Schadensersatzanspruch gegen den Schuldner realisierbar sei, der Wert der Forderung der gleiche bleibe und dem Gläubiger somit kein Vermögensschaden entstehe[201]. Gegen das Argument, daß mit dem Verlust des Primäranspruchs eine Entwertung des Forderungsrechts einhergehe[202], wendet er ein, daß gerade der Wert der Erfüllung ersetzt werden müsse und somit höchstens ein ideeller, nicht aber ein wirtschaftlicher Schaden eintreten könne. Zu einem anderen Ergebnis gelangt *Koziol* nur dann, wenn dem Schuldner die Erfüllung des Ersatzanspruchs nicht möglich ist[203].

Diese Auffassung verkennt jedoch, daß im Falle der Nichterfüllung eines Vertrages das Gesetz selbst das Bestehen von Schadensersatzansprüche feststellt. Aus § 325 BGB wie aus den allgemeinen Vorschriften der §§ 249 ff BGB geht unmißverständlich hervor, daß die Nichterfüllung der Primärleistungspflicht einen Schaden auf der Seite des Gläubigers darstellt. Angesichts der klaren Aussage des Gesetzes kann es daher nicht darauf ankommen, ob eine Identität zwischen Primär- und Sekundäranspruch anzunehmen ist. Das Interesse an der Primärleistung ist folglich auch nicht als ein lediglich ideelles Interesse zu bewerten. Die von *Koziol* aufgeworfene Frage, ob bei Leistungsfähigkeit des Schuldners überhaupt ein Schaden entstehen könne, behandelt daher ein Scheinproblem. Im Ergebnis erkennt letztlich auch *Koziol* den Verlust des Primäranspruchs als Schaden an. Er begründet dies jedoch mit den unterschiedlichen Entstehungsgründen des Primär- und Sekundäranspruchs. *Koziol* verneint schließlich die Identität der Ansprüche, weil der Sekundäranspruch nicht allein das Bestehen des Primäranspruchs, sondern auch ein schuldhaft herbeigeführtes Unvermögen voraussetzt[204].

V. Kausalität

Ein Tatbestandsmerkmal das in der Rechtsprechung durchweg übergangen wird, ist das Erfordernis der Kausalität. So wird nicht nur der Verleitungsbegriff sehr extensiv ausgelegt, indem jedes auf einen Vertragsbruch zielen-

201 *Koziol*, S. 80.
202 So *Fabricius*, AcP 160 (1961), 273, 280.
203 Id.
204 *Koziol*, S. 189, 190.

des Verhalten, unabhängig von der Stärke des zu überwindenden Widerstands, als ausreichend angesehen wird[205], sondern auch häufig nicht darauf abgestellt, ob ein Verhalten als Verleitung oder bloßes Ausnutzen zu werten ist[206]. Ist ein Verhalten im Ergebnis als sittenwidrig zu bewerten, erfolgt eine weitere Prüfung des Kausalzusammenhangs zwischen Verletzungshandlung und eingetretenem Schaden nicht.

1. Kausale Schadensverursachung

Aus dem Gesetzeswortlaut des § 826 BGB ergibt sich jedoch ausdrücklich, daß sich die Schadenszufügung als eine kausale Folge der Verletzungshandlung darstellen muß. Dies bedeutet für die hier zu untersuchende Fallgruppe der Verleitung zum Vertragsbruch, daß der aus dem Vertragsbruch resultierende Schaden gerade durch die Handlung des Dritten verursacht worden sein muß. Eine kausale Verursachung des Vertragsbruchs und in dessen Folge des eingetretenen Schadens kann aber nur in den Fällen unproblematisch angenommen werden, in denen durch das Eingreifen des Dritten erst der Entschluß zum Vertragsbruch geweckt wurde.

2. Kausalzusammenhang bei feststehendem Entschluß zum Vertragsbruch

Wesentlich größere Schwierigkeiten bereitet die Frage des Kausalzusammenhangs dagegen in Fällen, in denen der Verleitete bereits fest zum Bruch des Vertrages entschlossen war oder diesen sogar bereits gebrochen hatte[207]. Im Gegensatz zu den Fällen, in denen der Vertragsbrüchige seine vertraglichen Pflichten ohne das Eingreifen des Dritten grundsätzlich erfüllt hätte, kann nicht ohne weiteres davon ausgegangen werden, daß der Vertragsbruch durch die Handlung des Dritten kausal verursacht wurde. Eine kausale Verursachung kann, unabhängig von der Frage der Zurechenbarkeit des Erfolgs nach der Adäquanztheorie, im Sinne der "conditio sine qua non-Formel" nur dann angenommen werden, wenn das Verhalten des Dritten nicht hinwegge-

---

205 Siehe Nachweise oben in Fn. 172.

206 Siehe oben S. 66 f.

207 Siehe hierzu oben S. 65 f.

dacht werden kann, ohne daß das Schadensereignis entfiele. War ein Vertragspartner bereits fest zum Vertragsbruch entschlossen, wird man von einer äquivalenten Verursachung nur dann ausgehen können, wenn der Vertragsbrüchige bei Ausbleiben einer günstigeren Gelegenheit den Vertrag ordnungsgemäß erfüllt hätte.

War der Vertragsbrüchige aber unabhängig vom Vorliegen eines besseren Angebots fest entschlossen, den Vertrag zu den ursprünglich ausgehandelten Bedingungen nicht zu erfüllen, kann von einer kausalen Verursachung des Vertragsbruchs durch das Eingreifen des Dritten keine Rede mehr sein. In dieser Situation kann eine Verleitungshandlung des Dritten weder einen Willen zum Vertragsbruch erwecken noch diesen verstärken. Die Besonderheit dieser Situation ergibt sich lediglich aus der Tatsache, daß sich der schon endgültig gebildete Wille zum Vertragsbruch noch nicht nach außen dokumentiert hat. Im Ergebnis unterscheidet sich diese Situation daher in keiner Weise von der des bloßen Ausnutzens eines bereits vollzogenen Vertragsbruchs[208]. Denn weder in dem einen noch in dem anderen Fall ist eine Willensbeeinflussung des Vertragsbrüchigen noch als möglich anzusehen. Im Fall des Ausnutzens eines bereits vollzogenen Vertragsbruchs wird dies nur besonders deutlich, weil die Handlung des Dritten dem Vertragsbruch zeitlich nachfolgt. Im Ergebnis nützt der Dritte jedoch in beiden Fällen nur eine bereits feststehende Situation zu seinen Gunsten aus, weshalb auch eine Mitursächlichkeit zu verneinen ist.

3. *Grundsatz der überholenden Kausalität*

Ein Kausalzusammenhang läßt sich in derartigen Fallgestaltungen auch nicht über die Grundsätze der überholenden Kausalität begründen[209]. Nach diesem Grundsatz haftet ein Täter für einen eingetretenen Schaden auch dann, wenn ein späteres Ereignis denselben Schadenseintritt zur Folge gehabt hätte. Aus dieser Voraussetzung wird bereits ersichtlich, daß eine Anwendung des Grundsatzes der überholenden Kausalität auf den Fall des bloßen Ausnutzens eines Vertragsbruchs ausgeschlossen ist. Von einer überholenden Kausalität kann nur dann gesprochen werden, wenn ein vorheriges Ereignis

---

208 Siehe hierzu oben S. 66 f.

209 Im Ergebnis ebenfalls ablehnend erörtert von *Koziol*, S. 78.

überhaupt einen Schaden verursacht hat. Nützt ein Dritter aber nur eine vorgegebene Situation, d.h. den vollzogenen Vertragsbruch aus, so haftet allein der Vertragsbrüchige dem enttäuschten Vertragspartner für die ihm entstandenen Schäden. Auf die Frage, ob der Nachweis des Dritten, daß der Vertragsbrüchige den den Interessen des Gläubigers widersprechenden Vertrag auch mit einem anderen abgeschlossen hätte, die Kausalität der Handlung des Dritten ausschließen kann, kommt es somit nicht an.

4. *Kausale Schadensverursachung durch Ausnutzen des Vertragsbruchs*

Ebenso verfehlt wäre es, bei einem Ausnutzen eines Vertragsbruchs von einer grundsätzlich haftbarmachenden Beihilfehandlung zu sprechen[210]. Auch hiergegen spricht entscheidend, daß das Verhalten des Dritten dem Vertragsbruch nachfolgt. In dieser Situation läßt sich, in Anlehnung an die strafrechtliche Terminologie, allenfalls eine Begünstigungshandlung erblicken, die den Vertragsbrüchigen darin unterstützt, die Früchte aus seinem vertragswidrigen Verhalten zu ziehen. Dieses Verhalten ist aber bestenfalls kausal für einen Mehrgewinn auf Seiten des Vertragsbrüchigen, nicht aber für den auf Seiten des enttäuschten Vertragspartners entstandenen Schaden[211].

VI. Subjektiver Tatbestand

In subjektiver Hinsicht setzt eine Haftung nach § 826 BGB immer vorsätzliches Handeln voraus. Ausreichend ist allerdings Vorsatz in Form des dolus eventualis, d.h. der Dritte muß in Kenntnis der wesentlichen Tatumstände zumindest billigend in Kauf nehmen, daß sein Verhalten geeignet ist, Schaden zu stiften. Dies bedeutet, daß dem Dritten nicht nur die bereits bestehende vertragliche Bindung des Dritten bekannt sein muß, sondern auch, daß aus seinem Verhalten ein Bruch dieser vertraglichen Bindung resultieren

---

210 *Koziol*, S. 77. Zum Problem, ob eine tatsächlich erfolgte Unterstützungshandlung, die für die Haupttat nicht kausal geworden ist, haftungsbegründend sein kann, siehe *Lange*, S. 76.

211 Allgemein zu Problemen der Mittäterschaft im Schadensrecht siehe *Bydlinski*, AcP 158 (1959/60), 410.

kann. Nicht erforderlich ist hingegen die Kenntnis über die genaue Person des Geschädigten[212] und auch die Einzelheiten des Schadensverlaufs müssen nicht vorhergesehen werden[213]. Vom Vorsatz umfaßt sein müssen jedoch alle Schadensfolgen sowie die wesentliche Richtung des Kausalverlaufs[214]. Auch ein Bewußtsein des Dritten sittenwidrig zu handeln, ist, um besonders laxen Moralvorstellungen keinen Vorschub zu leisten, nicht erforderlich. Kennt jemand die Umstände, die sein Verhalten aus der Sicht des redlichen Verkehrs als sittenwidrig erscheinen lassen, entlastet ihn selbst die Einholung eines unrichtigen Rates eines Rechtsanwalts nicht vom Vorwurf der Sittenwidrigkeit[215]. Die Bewertung des schädigenden Verhaltens durch den Täter selbst muß also nicht mit der Wertung des Gerichts übereinstimmen. Der Gedanke an eine Haftung für fahrlässiges Verhalten scheitert bereits am Wortlaut der Norm.

VII. Fallgruppen

Im folgenden soll noch ein kurzer Blick auf die typischerweise im Rahmen des § 826 BGB auftretenden Situationen geworfen werden, in denen die Frage der Haftung wegen Verleitung zum Vertragsbruch relevant werden kann.

1. Doppelverkauf

Eine Fallgruppe, in der die Problematik des Eingriffs Dritter in fremde Vertragsbeziehungen besonders augenfällig in Erscheinung tritt, betrifft den Fall des Doppelverkaufs[216]. In einer Wettbewerbsgesellschaft ist es grundsätzlich selbstverständlich, daß eine Ware an denjenigen verkauft wird, der bereit ist, den besten Preis zu bezahlen. Kann dies aber nur unter Verletzung anderweitiger vertraglicher Verpflichtungen geschehen, so stellt sich die Frage, ob dem Erstkäufer neben den vertraglichen Schadensersatzansprüchen gegen

---

212 BGH WM 1966, 1150, 1152.
213 BGHZ 74, 281, 287 ff.
214 BGH NJW 1963, 148, 150.
215 BGH DtZ 1996, 26, 29; BGHZ 74, 281, 284 f.
216 Siehe hierzu BGHZ 12, 308 (Doppelverkauf) und BGH NJW 1981, 2184.

den Verkäufer auch Schadensersatz- oder gar Herausgabeansprüche gegen den Zweitkäufer zustehen. Ausgehend von der Annahme, daß das Risiko der Leistungsunfähigkeit des Schuldners ausschließlich in der Risikosphäre des Gläubigers liegt, ist dies im Grundsatz zu verneinen. Die Rechtsprechung geht daher davon aus, daß allein die schuldhafte Verletzung vertraglicher Ansprüche noch keine deliktsrechtliche Schadensersatzpflicht zur Folge hat[217]. Deshalb kann auch die bloße Beteiligung an einem fremden Vertragsbruch durch Abschluß eines neuen Kaufvertrages und der Übereignung einer bereits anderweitig verkauften Sache keine Schadensersatzverpflichtung des Zweitkäufers begründen[218]. Das bloße Bieten eines höheren Preises ist daher noch nicht als sittenwidrig anzusehen[219]. Eine andere Beurteilung erfolgt nach der Rechtsprechung erst nach einem besonders massiven Einwirken, wie beispielsweise dem Angebot der Übernahme von Regreßansprüchen[220].

Die in der Literatur vereinzelt anzutreffende Ansicht, daß schon das bewußte Hinwirken auf den Vertragsbruch eine Haftung wegen eines Sittenverstoßes nach § 826 BGB begründen soll[221], ist abzulehnen. Eine solch weitreichende Auffassung hätte zur Folge, daß entgegen der sich aus dem Abstraktionsprinzip ergebenden strikten Trennung von schuldrechtlichem und dinglichem Rechtsgeschäft, ein "ius ad rem"[222] Anerkennung fände, das in bewußter Abwendung vom Preußischen Allgemeinen Landrecht nicht in das BGB übernommen wurde[223]. Sofern der Zweitkäufer gegen die guten Sitten verstoßen hat, kann sich ein Recht auf Herausgabe des Gegenstandes gleichwohl über den Grundsatz der Naturalrestitution ergeben. Denn nach § 249 BGB ist der Zustand herzustellen, der bestünde, wenn das schädigen-

---

217 RGZ 103, 419, 421 (Doppelkauf); BGHZ 12, 308, 317 (Doppelverkauf); siehe auch BGH GRUR 1989, 673, 674 sowie BGH GRUR 1982, 617, 618 (Flughafenverkaufsstelle) zum Verstoß gegen wertneutrale Rechtsnormen.

218 Id.

219 RGRK-*Steffen*, § 826 Rn. 109.

220 RGZ 81, 86, 91.

221 *Hein*, S. 132; *Herrmann*, GRUR 1955, 21, 23.

222 Nach diesem erwarb der Käufer bereits mit dem Abschluß des Kaufvertrages ein Recht zur Sache woraus sich zu seinen Gunsten ein Recht auf Herausgabe des Gegenstandes gegen den Zweitkäufer ergab. Siehe hierzu *Dubischar*, JuS 1960, 6 ff.

223 *Monjau*, DB 1961, 98, 99. Zur Diskussion, ob über die Möglichkeit der Erwirkung einstweiliger Veräußerungs- und Erwerbsverbote im Wege vorläufigen Rechtsschutzes im Ergebnis mittelbar nicht doch ein "ius ad rem" existiert, siehe *Wieling*, JZ 1982, 839-842 und JZ 1983, 592-593 einerseits sowie *Kohler*, JZ 1983, 586-592 andererseits.

de Ereignis nicht eingetreten wäre[224]. Dieses Ergebnis steht, insofern nicht jeder Doppelverkauf durch einen Dritten initiiert wird und zudem nicht jede Verleitungshandlung als sittenwidrig im Sinne § 826 BGB zu qualifizieren ist, auch im Einklang mit dem Abstraktionsprinzip.

2. *Globalzession*

Von besonderer Bedeutung ist der Aspekt der Verleitung zum Vertragsbruch auch in Fällen, in denen die praktisch wichtigsten Varianten der Sicherungsabtretung, die Globalzession und der verlängerte Eigentumsvorbehalt, aufeinandertreffen. Die Globalzession betrifft als typisches Sicherungsmittel des Geldkreditgebers die Abtretung der Gesamtheit oder einer Vielfalt künftiger Forderungen aus einem bestimmten Geschäftsbereich[225]. Der verlängerte Eigentumsvorbehalt betrifft dagegen als typisches Sicherungsmittel des Warenkreditgebers eine Vereinbarung, die es dem Käufer zweckmäßigerweise gestattet, die unter Eigentumsvorbehalt gekaufte Ware weiterzuverkaufen, wobei die Forderung aus dem Verkauf an die Stelle des Eigentumsvorbehalts tritt. Der Käufer tritt hierzu seine Forderungen aus Warenlieferungen an seine Anschlußkunden im Wege der Vorausabtretung an seinen Lieferanten zur Sicherheit ab. Aus Gründen der Praktikabilität erteilt der Lieferant, analog § 185 BGB, dem Abtretenden zugleich vorweg die Ermächtigung zur Einziehung der Forderungen, die folglich beim Zessionar verbleiben[226]. Aufgrund des Prioritätsgrundsatzes sind aber Vereinbarungen über verlängerte Eigentumsvorbehalte gegenüber einer zeitlich vorgelagerten Globalzession, die ebenfalls Forderungen aus dem Weiterverkauf oder der Weiterverarbeitung von Waren erfassen, nach § 398 Satz 2 BGB unwirksam[227]. Ein Schuldner, der im Wege der Globalzession seine sämtlichen gegenwärtigen und künftigen Forderungen gegenüber seinen Kunden abgetre-

---

224 RGZ 108, 58, 59.

225 MünchKomm-*Roth*, § 398 Rn. 124; zu einer weiteren Form des erweiterten Eigentumsvorbehalts, dem Konzernvorbehalt, siehe Rn. 127.

226 Der Einziehungsermächtigte Zedent ist nicht nur befugt, die Forderung im eigenen Namen geltend zu machen und Zahlung an sich oder den Zessionar zu verlangen, er ist auch berechtigt, die Forderung im Wege der gewillkürten Prozeßstandschaft gerichtlich geltend zu machen, sofern er hieran ein berechtigtes Interesse hat, BGHZ 30, 162, 166.

227 BGHZ 30, 149, 151; BGH ZIP 1999, 997, 998.

ten hat, sieht sich daher nicht nur zur Aufrechterhaltung seines Geschäftsbetriebs gezwungen, sondern auch dazu, die Zulieferer über die Wirksamkeit vereinbarter verlängerter Eigentumsvorbehalte zu täuschen. Dies hat zur Folge, daß der Vorbehaltskäufer Warenlieferungen nur noch unter Bruch der vertraglichen Vereinbarungen beziehen kann ("Vertragsbruchtheorie")[228].

Weil davon auszugehen ist, daß dieses Verhalten von Geldkreditgebern einkalkuliert oder zumindest billigend in Kauf genommen wird, sind derartig weitgefaßte Globalzessionen unter dem Gesichtspunkt der Gläubigerbenachteiligung durch Verleitung zum Vertragsbruch nach § 138 BGB sittenwidrig und nichtig[229]. Sofern der Sicherungsnehmer im Zusammenwirken mit dem Schuldner den Warenlieferanten zur Kreditgewährung bestimmt, obwohl der Sicherungsnehmer durch die Abtretung seiner gesamten Ansprüche kreditunwürdig geworden ist, bewegen sich Fälle dieser Art regelmäßig in der Nähe des Kreditbetrugs [230]. Ist die Globalzession unwirksam, kann der Vorbehaltsverkäufer gegen den Globalzessionar folglich sowohl Ansprüche aus § 816 Abs. 2 BGB als auch aus § 826 BGB geltend machen[231].

Anderes gilt nur bei Vereinbarung dinglicher Verzichtsklauseln, die den Ansprüchen aus verlängerten Eigentumsvorbehalten ohne weiteres den Vorrang gewähren[232]. Ausreichend ist hierbei die Beschränkung auf branchenübliche Eigentumsvorbehalte, weil es im Hinblick auf etwaige Kollisionen mit verlängerten Eigentumsvorbehalten, die der Globalzessionar für ausgeschlossen halten darf, am Vorliegen der subjektiven Sittenwidrigkeitsmerkmale fehlt[233]. Nicht ausreichend sind dagegen Klauseln, die dem Schuldner die Pflicht zur Befriedigung der Vorbehaltsverkäufer auferlegen[234]. Gleiches gilt für die sogenannte schuldrechtlichen Teilverzichtsklauseln, die einen

228 Id.

229 BGHZ 30, 149, 153; BGH BB 1970, 821, 822; NJW 1971, 1311, 1313; NJW 1999, 940, 941; MünchKomm-*Mayer-Maly*, § 138 Rn. 87; *Nirk*, NJW 1971, 1913, 1914; *Flume*, NJW 1959, 913, 918. Die Globalzession bleibt jedoch insoweit wirksam, als sie nicht geschützte Ansprüche betrifft, BGHZ 72, 308, 315. Kritisch hierzu MünchKomm-*Roth*, § 398 Rn. 144 und *Nirk*, NJW 1971, 1913, 1914.

230 RGZ 133, 234, 239; BGHZ 10, 228, 233; 75, 96, 114; Staudinger-*Oechsler*, § 826 Rn. 340, 342; *Schwerdtner*, NJW 1974, 1785 ff.

231 BGH NJW 1999, 940; MünchKomm-*Roth*, § 398 Rn. 138.

232 BGH NJW 1991, 2147; ZIP 1999, 997, 998; Palandt-*Heinrichs*, § 398 Rn. 25.

233 BGHZ 98, 303, 314 f.; BGH NJW 1999, 940; ZIP 1999, 997, 998; Palandt-*Heinrichs*, § 398 Rn. 25.

Anspruch des Vorbehaltsverkäufers auf Freigabe der Forderung gegen den Globalzessionar vorsehen[235]. Eine solche Klausel erschwert nach Ansicht des BGH[236] die Durchsetzung der Rechte des Vorbehaltsverkäufers in unangemessener Weise, weil das Risiko der Insolvenz des Globalzessionars auf ihn übergewälzt würde[237]. Dem ist zuzustimmen.

3. *Factoring*

Eine auf den ersten Blick ähnliche Problemlage findet sich im Fall der Kollision eines verlängertern Eigentumsvorbehalts mit einer Factoring-Vereinbarung[238]. Denn auch die Factoring-Abrede hat eine Vorausabtretung von Forderungen zum Gegenstand. Im Gegensatz zum verlängerten Eigentumsvorbehalt, der nur die Abtretung einzelner Forderungen bewirkt, beinhalten auch Factoring-Vereinbarungen eine umfassende Abtretung von Forderungen des Factor-Kunden an das Factoring-Unternehmen[239]. Diese vorweggenommene Globalzession hat für den Factor-Kunden den Vorteil, daß er den Gegenwert der abgetretenen Forderungen abzüglich einer Provision sofort vergütet erhält[240]. Bedenken gegen diese Art der Forderungsabtretung bestehen insofern, als der Factor-Kunde mit der Vereinbarung eines Factorings notwendigerweise seine vertraglichen Verpflichtungen hinsichtlich der zugunsten der Warenlieferanten vereinbarten verlängerten Eigentumsvorbehalte verletzen muß. Wie im Fall der oben besprochenen Globalzession ist davon auszugehen, daß das Factor-Unternehmen um diese Umstände weiß oder zumindest mit der Verletzung branchenüblich vereinbarter verlängerter Eigentumsvorbehalte rechnet. Die Frage, ob auch die Vereinbarung eines Factoring-Vertrages als eine auf einen Vertragsbruch gerichtete Verleitungshandlung des Factor-Unternehmens anzusehen ist, wird unterschiedlich beurteilt.

---

234 BGH NJW 1974, 942, 943; Palandt-*Heinrichs*, § 398 Rn. 25; a.A. noch BGH NJW 1960, 1003, 1004.

235 BGHZ 72, 308; BGH DB 1980, 683; NJW 1999, 940, 941.

236 Id.

237 Zur Kritik an dieser Rechtsprechung siehe MünchKomm-*Roth*, § 398 Rn. 144-148.

238 Zum Factoring siehe Palandt-*Heinrichs*, § 398 Rn. 35-37.

239 MünchKomm-*Roth*, § 398 Rn. 152.

240 Ein weiterer Vorteil liegt in der Übernahme der Buchhaltung und der Einziehung der Forderung durch das Factor-Unternehmen.

Differenziert wird zwischen zwei grundsätzlich verschiedenen Factoring-Varianten, dem "echten" und dem "unechten" Factoring. Der wesentliche Unterschied dieser beiden Arten des Factorings findet sich in der Verteilung des Liquiditätsrisikos. Beim echten Factoring handelt es sich rechtlich um einen Forderungskauf. Dies bedeutet, daß das Factor-Unternehmen das Risiko der Zahlungsunfähigkeit der Abnehmer des Factor-Kunden übernimmt. Dagegen behält sich beim unechten Factoring das Factor-Unternehmen das Recht vor, bei Zahlungsunfähigkeit des Kunden die an den Factor-Kunden geleistete Vorauszahlung zurückzubelasten. Beim unechten Factoring handelt es sich daher, weil die Vorauszahlungen mit dem Rückholrisiko des Factor-Unternehmens belastet sind, um ein Darlehensgeschäft[241]. Diese Unterscheidung hat, wie im folgenden zu sehen sein wird, erhebliche Konsequenzen für die Beurteilung einer Factoring-Abrede als sittenwidrig.

a) Echtes Factoring

Für das echte Factoring gilt, daß der Forderungskauf, auch wenn die Factoring-Vereinbarung zeitlich vor dem verlängerten Eigentumsvorbehalt liegt, anders als die zuvor besprochenen Globalzession nicht als sittenwidrig bewertet wird. Für die Anwendung der Vertragsbruchtheorie[242] besteht, solange die Interessen des Warenkreditgebers hinreichend geschützt sind, kein Bedürfnis[243]. Denn ob der Kunde des Vorbehaltskäufers oder das Factor-Unternehmen den Kaufpreis an den Vorbehaltskäufer leistet, ist für den Warenkreditgeber grundsätzlich ohne jede Bedeutung[244]. Eine Schlechterstellung des Warenkreditgebers ist durch die Forderungsabtretung nicht ersichtlich. Dies ergibt sich aus der Überlegung, daß wenn der Warenkreditgeber den Käufer zur Einziehung ermächtigt, er auch das Risiko der Erlösverwendung in Kauf nimmt[245]. Im Ergebnis wird man sogar davon ausgehen dürfen, daß sich das Liquiditätsrisiko des Vorbehaltskäufers aufgrund der garantierten Forderungserfüllung durch das Factor-Unternehmen zugunsten des Wa-

---

241 BGHZ 82, 50 = NJW 1982, 164, 166, BGH WM 1981, 1350, 1351.

242 Siehe oben S. 76 ff.

243 BGHZ 69, 254, 258.

244 Dies setzt allerdings immer voraus, daß die Forderung auch durch eine unbedingte Zahlung realisiert wird, OLG Koblenz, WM 1988, 45.

245 BGH NJW 1987, 1878, 1879.

renkreditgebers erheblich verringert. Hieran wird der Warenkreditgeber naturgemäß sogar ein vitales Interesse haben. Dies gilt selbst unter Berücksichtigung der Tatsache, daß das Factor-Unternehmen die jeweilige Forderungssumme um das vereinbarte Entgelt abzinst. Denn geht man davon aus, daß ein Händler die erworbene Ware grundsätzlich nur unter Aufschlag einer Gewinnspanne weiterveräußert, so wird selbst die abgezinste Gutschrift des Factor-Unternehmens regelmäßig die Forderung des Warenkreditgebers übersteigen.

Im Ergebnis identisch ist die Sachlage dann, wenn die Factoring-Abrede der Vereinbarung des verlängerten Eigentumsvorbehalts nachfolgt. Zwar ist in diesem Fall nach dem Prioritätsprinzip der Warenkreditgeber Gläubiger der Forderung des Vorbehaltskäufers gegen seinen Kunden, jedoch ist die von dem Warenkreditgeber erteilte Einziehungsermächtigung nach Treu und Glauben so auszulegen, daß der Vorbehaltskäufer seine Forderung auch über den Weg der Abtretung im Rahmen einer echten Factoring-Abrede einziehen kann. Eine Beeinträchtigung der Sicherungsinteressen des Warenkreditgebers ist auch in diesem Fall aus den obengenannten Gründen zu verneinen[246].

b) Unechtes Factoring

Eine grundsätzlich andere Auffassung vertritt der BGH demgegenüber in den Fällen des unechten Factorings. Eine Gleichbehandlung des unechten und des echten Factorings hält der BGH für ausgeschlossen, weil der Vorbehaltskäufer mit dem Rückholrisiko des Factor-Unternehmens belastet werde und man daher nicht davon ausgehen könne, daß die Vereinbarung eines unechten Factorings von der Einziehungsermächtigung noch gedeckt sei[247]. Der BGH greift hierbei die von *Serick*[248] aufgeworfene Überlegung auf, wonach damit gerechnet werden müsse, daß das Factor-Unternehmen im Konkurs[249] des Vorbehaltskäufers als weiterer Gläubiger der Konkurs-/Insolvenzmasse auftrete und somit die Quote verkürze. Aus dieser Erwä-

246 BGHZ 72, 15, 20 ff.

247 BGHZ 82, 50, 61; a.A. noch OLG Bremen, BB 1980, 803 (Vorinstanz).

248 *Serick*, BB 1979, 845, 850.

249 Mit Inkrafttreten der Insovenzordnung zum 01.01.1999 ist der Begriff des Konkurses durch den Begriff der Insolvenz ersetzt worden.

gung läßt der BGH wie im Fall der Globalzession auch beim unechten Factoring die Vertragsbruchtheorie zur Anwendung gelangen. Das heißt, auch bei zeitlicher Priorität des unechten Factorings wird der Warenkreditgeber wegen Sittenwidrigkeit der Factoring-Vereinbarung bevorzugt[250]. Gegen die auf *Serick* zurückgehende Auffassung hat vor allem *Canaris*[251] erhebliche Bedenken vorgetragen. Ausgangspunkt der Überlegungen *Canaris'* ist der Gedanke, daß der verlängerte Eigentumsvorbehalt den Warenkreditgeber vor einer abredewidrigen Verwendung des Forderungsbetrages grundsätzlich nicht schützen könne und die Rechtsstellung des Warenkreditgebers nicht allein deshalb günstiger sein dürfe, weil der Vorbehaltskäufer das Inkasso seiner Forderungen nicht selbst übernehme, sondern stattdessen ein Factoring-Geschäft abschließe[252]. Diese Überlegung hat nach *Canaris'* Auffassung nicht nur Gültigkeit für das echte, sondern auch für das unechte Factoring, weshalb er die "Barvorschußtheorie" auf beide Arten des Factorings angewendet wissen will[253].

Für diese Auffassung spricht, daß der Warenkreditgeber unabhängig von dem Bestehen des Rückholrisikos auf seiten des Vorbehaltskäufers regelmäßig die gleiche Aussicht hat, daß die zugunsten des Vorbehaltskäufers gutgeschriebenen Forderungen zur Tilgung seiner Kaufpreisansprüche eingesetzt werden. Sind diese aber erst beglichen, ist es für den Warenkreditgeber ohne Belang, ob eine spätere Saldierung der Gutschrift zuungunsten des Vorbehaltskäufers durch das Factor-Unternehmen erfolgt. Von Bedeutung ist die Rückbelastungsmöglichkeit des Factor-Unternehmens für den Warenkreditgeber nur dann, wenn der Vorbehaltskäufer selbst zahlungsunfähig ist und die Rückbelastung vor der Auskehrung des Forderungsbetrages an den Warenkreditgeber erfolgt. Zu beachten ist hierbei insbesondere, daß ein Factor-Unternehmen regelmäßig von einem Rückbelastungsrecht nur dann Gebrauch machen kann und wird, wenn die abgetretene Forderung bestritten oder nicht einziehbar ist. Liegen solche Umstände vor, ist es im Ergebnis für den Warenkreditgeber völlig unerheblich, ob der Vorbehaltskäufer oder das Factor-Unternehmen die Forderung nicht einziehen kann. Im Ergebnis ist

---

250 BGHZ 82, 50, 61.

251 *Canaris*, NJW 1981, 249. Die Veröffentlichung des vorgenannten Aufsatzes zog einen höchst unterhaltsamen und lesenswerten Disput zwischen *Serick*, NJW 1981, 794 und *Canaris*, NJW 1981, 1347 nach sich.

252 *Canaris*, NJW 1981, 249, 250.

253 Id.

eine Forderung durch den Warenkreditgeber selbst nicht besser und nicht schlechter verwertbar. *Canaris* weist insoweit zutreffend darauf hin, daß eine schlechte Forderung ohnehin keine Sicherheit biete und eine gute Forderung "endgültig" bevorschußt werde[254].

Darüber hinaus übersieht nach *Canaris* die Gegenansicht, daß ein Rückbelastungsrecht nicht nur beim unechten, sondern auch beim echten Factoring vorgesehen ist, sofern die Forderung vom Drittschuldner bestritten wird[255]. Im Hinblick auf das von *Serick*[256] aufgeworfene Argument, daß die Vereinbarung eines unechten Factorings beim Vermögensverfall des Vorbehaltskäufers die Teilnahme eines weiteren Gläubigers an der Konkurs-/Insolvenzmasse zur Folge haben könne, führt *Canaris* aus, daß eine rückbelastete Forderung nicht in die Konkurs-/Insolvenzmasse falle. Denn die Rückbelastung habe zugleich zur Folge, daß die mangels Verfügungsbefugnis gescheiterte Verfügung des Vorbehaltskäufers zugunsten des Warenkreditgebers über § 185 Abs. 2 Satz 1 Fall 2 BGB Wirksamkeit erlange und über § 140 BGB gleich einem Pfandrecht vorrangig zu befriedigen sei[257].

Selbst wenn man diesem Argument nicht folgen wollte, sollte man sich bei der Gewichtung des "Insolvenz"-Arguments vor Augen halten, daß noch unter Geltung der Konkursordnung bis zum 31.12.1998 rund drei Viertel aller Konkursverfahren mangels Masse erst gar nicht eröffnet wurden und in den verbleibenden Verfahren im Durchschnitt Konkursquoten in Höhe von 3 % erzielt wurden[258]. Weshalb angesichts der von *Canaris* vorgetragenen Argumente das unechte Factoring als sittenwidrig zu qualifizieren sein soll und das Risiko der Zweckentfremdung vom Warenkreditgeber auf das Factor-Unternehmen abgewälzt werden sollte, ist nicht ersichtlich. In Anbetracht der Tatsache, daß die Vereinbarung eines unechten Factorings, wie das echte Factoring, regelmäßig gerade dazu dient, die Forderungen des Vorbehaltskäufers zu erfüllen, läßt sich das Unwerturteil der Sittenwidrigkeit nicht begründen. Die Auffassung des BGH ist daher grundsätzlich abzu-

---

254 *Canaris*, NJW 1981, 249, 251.

255 Id.

256 *Serick*, BB 1979, 845, 850.

257 *Canaris*, NJW 1981, 249, 252.

258 Siehe hierzu Beschlußempfehlung und Bericht des Rechtsausschusses, BT-Drucks. 12/7302 vom 19.04.1994, zu dem Gesetzentwurf der Bundesregierung (BT-Drucks. 12/443).

lehnen, so daß eine Haftung wegen Verleitung zum Vertragsbruch analog der Rechtslage beim echten Factoring in diesen Fällen auszuscheiden hat.

§ 2 Die sonderprivatrechtliche Haftung nach dem UWG

Neben der allgemeinen Haftung aus § 826 BGB kann sich eine Haftung des Dritten, sofern ein Handeln zu Zwecken des Wettbewerbs vorliegt, auch aus der Generalklausel des § 1 UWG ergeben. Diese gewährt ebenfalls umfassenden Schutz gegen jedwede sittenwidrige Schädigung, und zwar unabhängig vom Grad des Verschuldens oder der Verletzung eines konkreten Rechtsguts bzw. Schutzgesetzes. Im Gegensatz zu den beschränkten Generalklauseln des BGB hat sich der Gesetzgeber im Bereich des Wettbewerbsrechts damit für die Schaffung einer großen Generalklausel entschieden[259]. Deren Schutzzweck ist es, "das Verhalten der Marktteilnehmer, die miteinander in Wettbewerb stehen, in den Bahnen des Anstands, der Redlichkeit und der kaufmännischen Sitten zu halten"[260]. Ziel des § 1 UWG ist also - kurz gesagt - die Sicherung der Lauterkeit und Freiheit des Wettbewerbs.

A. Abgrenzung zum Deliktsrecht des BGB

Ein wesentliches Merkmal für die Abgrenzung des Anwendungsbereichs des Wettbewerbsrechts zum allgemeinen Deliktsrecht des BGB ist in persönlicher Hinsicht das Erfordernis des Handelns "im geschäftlichen Verkehr". Funktional entspricht dieses Merkmal dem Kaufmannsbegriff des HGB sowie dem Unternehmensbegriff des GWB und dient somit der Abgrenzung zur rein privaten oder hoheitlichen Tätigkeit[261]. Erforderlich ist daher immer eine irgendwie der Förderung eines Geschäftszwecks dienende Tätigkeit des

---

259 Diese Konsequenz zog der Gesetzgeber aus den negativen Erfahrungen, die mit der ursprünglichen Fassung des UWG aus dem Jahre 1896 gemacht wurden. Dieses enthielt lediglich eine geringe Zahl von Einzeltatbeständen, um den krassesten Auswüchsen zu begegnen, die aus dem mit der Reichsgründung im Jahre 1871 resultierenden wirtschaftlichen Aufschwung einhergingen. Siehe hierzu *Emmerich*, UWG, S. 8-11.

260 BVerfG NJW 1972, 573 (Grabsteinwerbung).

261 *Rittner*, Rn. 3 ff.

Handelnden[262]. Neben dem Handeln im Geschäftsverkehr ist für die Anwendbarkeit des § 1 UWG erforderlich, daß das Handeln "zum Zwecke des Wettbewerbs" erfolgt. Nach der Auffassung des BGH ist ein Handeln zu Zwecken des Wettbewerbs anzunehmen, "wenn das Verhalten objektiv geeignet ist, den Absatz oder den Bezug einer Person zum Nachteil einer anderen zu begünstigen, und wenn der Handelnde in subjektiver Hinsicht zusätzlich in der Absicht vorgegangen ist, den eigenen oder fremden Wettbewerb zum Nachteil eines anderen zu fördern, sofern diese Absicht nicht völlig hinter anderen Beweggründen zurücktritt"[263]. Das in Frage stehende Verhalten muß also nicht notwendig einem eigenen Wettbewerbszweck dienen[264].

Darüber hinaus fordert die Rechtsprechung das Vorliegen eines Wettbewerbsverhältnisses zwischen dem benachteiligten und dem geförderten Unternehmen. Diesen Schluß zieht die Rechtsprechnung aus der Formulierung "zu Zwecken des Wettbewerbs". Daraus sei zu entnehmen, daß eine Wettbewerbshandlung auch eine Wettbewerbsabsicht voraussetzt, die nur im Rahmen eines Wettbewerbsverhältnisses unter Konkurrenten denkbar sei[265]. Vom Vorliegen eines Wettbewerbsverhältnisses ist auszugehen, wenn durch die mögliche Förderung eigenen Wettbewerbs fremder Wettbewerb beeinträchtigt werden kann[266]. Der Begriff des Wettbewerbsverhältnisses wird dabei in der Praxis sehr großzügig ausgelegt. Er umfaßt nicht nur horizontale, sondern auch vertikale Wettbewerbsverhältnisse auf der Ebene Händler/Hersteller[267]. Entscheidend ist allein, daß beide Parteien gleichartige Waren innerhalb derselben Verbraucherkreise abzusetzen versuchen[268].

Gleiches gilt auch für die Förderung fremden Wettbewerbs. Zu beachten ist jedoch, daß anders als bei der Förderung eigenen Wettbewerbs, das Wettbewerbsverhältnis nicht zwischen dem Verletzer und dem Verletzten, sondern zwischen dem durch die fragliche Handlung Begünstigten und dem

---

262 RGZ 108, 272, 274; BGHZ 19, 299, 303; 67, 81 (Auto-Analyzer).

263 So BGH GRUR 1986, 812, = NJW 1987, 1082, 1083 (Gastro-Kritiker); siehe auch BGHZ 67, 81, 84 (Auto-Analyzer) und BGH GRUR 1983, 379, 380 (Geldmafiosi).

264 Baumbach/*Hefermehl*, Einl. UWG Rn. 214, 233 mit zahlreichen weiteren Nachweisen.

265 RGZ 50, 107, 108; BGH NJW 1992, 3093, 3094.

266 BGHZ 86, 898, 899 (Frank der Tat).

267 BGH GRUR 1986, 618, 620 (Vorsatz-Fensterflügel); GRUR 1962, S. 34, 36 (Torsana); GRUR 1962, 45, 47 (Betonzusatzmittel).

268 Id.

Geschädigten vorliegen muß[269]. Verleitet also D den A seinen mit B geschlossenen Vertrag zugunsten des C zu brechen, ohne dabei eigenen Wettbewerb zu fördern, so ist für die Anwendbarkeit des § 1 UWG zumindest erforderlich, daß ein Wettbewerbsverhältnis zwischen C und B feststellbar ist. In diesem Fall ist es also denkbar, daß auch ein Nichtgewerbetreibender wegen einer Verleitungshandlung von dem Geschädigten aus § 1 UWG auf Unterlassung oder Schadensersatz in Anspruch genommen werden kann[270]. Die Absicht fremden Wettbewerb fördern zu wollen, muß jedoch immer das das Verhalten des Dritten beherrschende Motiv sein. Ist die Förderung fremden Wettbewerbs lediglich als unbeabsichtigte Nebenwirkung des Handelns des Dritten anzusehen, scheidet eine Anwendbarkeit des § 1 UWG aus[271]. Eine zu Sanierungszwecken abgegebene Empfehlung einer Bank, den Steuerberater zu wechseln ist daher grundsätzlich, auch wenn ein anderer Steuerberater hierdurch gefördert wird, nicht als Wettbewerbshandlung aufzufassen[272].

B. Verhältnis des § 1 UWG zu § 826 BGB

Der Schutzbereich des § 1 UWG deckt sich mit dem des § 826 BGB[273]. § 1 UWG stellt jedoch als Teil des Wettbewerbsrechts eine dem allgemeinen Deliktsrecht des BGB vorgehende Spezialregelung dar. Das Deliktsrecht des BGB ist daher neben § 1 UWG nur subsidiär, also für den Fall anwendbar, daß das UWG keine erschöpfenden Spezialnormen enthält[274]. Das bedeutet also etwa auch, daß ein nach § 21 UWG verjährter Wettbewerbsverstoß, der sich zugleich als Eingriff in den Gewerbetrieb im Sinne § 823 Abs. 1 BGB erweist, nicht mehr nach dem allgemeinen Deliktsrecht geltend gemacht werden kann[275]. Gleiches gilt z.B. auch, wenn bereits das

---

269 BGHZ 3, 270, 277 (Constanze I); 14, 163, 170 ff (Constanze II); 19, 392, 393 f (Anzeigenblatt); kritisch hierzu *Knöpfle*, Ufita 93, 25, 30 ff.

270 Zur Förderung fremden Wettbewerbs durch die Presse siehe BGH GRUR 1973, 203 (Badische Rundschau).

271 OLG Stuttgart ZIP 1997, 235, 236; *Piper*, GRUR 1996, 147, 152.

272 OLG Stuttgart ZIP 1997, 235, 236; siehe auch Besprechung von *van Look*, EWiR 1997, 255.

273 Siehe unten S. 86.

274 *v.Gamm*, UWG, Einf. A Rn. 36.

275 BGHZ 36, 252, 254; 115, 210, 212.

Schutzgesetz im Sinne § 823 Abs. 2 BGB eine Schadensersatzverpflichtung begründet. Die dreijährige Verjährungsfrist des § 852 BGB wird in diesen Fällen von der sechsmonatigen Frist des § 21 UWG verdrängt. Liegen die obengenannten Voraussetzungen hingegen nicht vor, findet, um eine Privilegierung des in Wettbewerbsabsicht Handelnden auszuschließen, § 852 BGB Anwendung. Dies gilt insbesondere dann, wenn neben der Verletzung wettbewerbsrechtlicher Vorschriften auch eine Verletzung eines anderen in § 823 Abs. 1 BGB genannten Rechts, des § 824 BGB oder des § 826 BGB vorliegt[276].

C. Schutzbereich

Schutzobjekt des § 1 UWG ist nicht der Vertrag als solcher, sondern die Lauterkeit des Wettbewerbs. Auch im Rahmen der wettbewerbsrechtlichen Generalklausel genießen deshalb vertragliche Beziehungen nur Schutz gegen die Art und Weise des Vorgehens eines Mitbewerbers[277]. Gleichwohl setzt eine Haftung wegen Verleitung zum Vertragsbruch nach § 1 UWG analog der Haftung nach § 826 BGB grundsätzlich das Bestehen eines rechtswirksamen Vertrages voraus. Unter besonderen Umständen können allerdings auch bereits durch Vorverhandlungen gefestigte wirtschaftliche Erwartungen in den Schutzbereich des § 1 UWG einbezogen sein[278]. Die bloße Aussicht auf einen Vertragsschluß ist regelmäßig nicht schutzwürdig[279]. Während laufender Vertragsverhandlungen, die noch nicht in einen Vertragsschluß mündeten, sind Dritte daher nicht zur Rücksichtnahme verpflichtet. Die Haftung nach § 1 UWG setzt weiterhin, ebenfalls im Gleichlauf zu § 826 BGB, die Verletzung einer vertraglichen Hauptleistungspflicht voraus. Die Verletzung bloßer Nebenpflichten ist auch nach § 1 UWG nicht ausreichend[280].

---

276 BGH GRUR 1977, 539, 543 (Prozeßrechner); *Fikentscher*, Rn. 1224; *v. Gamm*, UWG, § 21 Rn. 3, *Emmerich*, UWG, S. 361.

277 *v. Gamm*, Wettbewerbsrecht, Kap. 33 Rn. 4.

278 BGH GRUR 1967, 104, 106 (Stubenbierhändler).

279 RG GRUR 1939, 728, 730 (Versicherungsmakler); BGH GRUR 1965, 310, 312 (Speisekartoffeln); GRUR 1960, 558, 560 (Eintritt in Kundenbestellung).

280 BGH GRUR 1967, 104, 106 (Stubenbierhändler).

D. *Die Sittenwidrigkeit im Sinne § 1 UWG*

Zentrales Haftungselement des § 1 UWG ist wie bei § 826 BGB das Erfordernis eines Sittenverstoßes. Der Sittenwidrigkeitsbegriff des § 1 UWG deckt sich jedoch nicht mit dem des § 826 BGB. Während § 826 BGB das Auseinandergleiten von moralischer Überzeugung und bloß formaler materieller Gerechtigkeit verhindern will, zielt § 1 UWG auf die Erhaltung und das Funktionieren eines freien und lauteren Wettbewerbs. Was genau unter dem mehrdeutigen Begriff der "guten Sitten" im Sinne des § 1 UWG zu verstehen ist, erscheint fraglich.

I. *Begriff und Schutzzweck*

Allein aus dem Wortsinn des Begriffs der "guten Sitten" ließe sich sowohl eine Bezugnahme auf tatsächlich bestehende Sitten, Gebräuche oder Gewohnheiten als auch eine Verweisung auf die Sittlichkeit im Sinne allgemeiner Moralvorstellungen ableiten. Im Grundsatz ist jedoch davon auszugehen, daß der vom Gesetz zur Verfügung gestellte Maßstab, von schwerwiegenden Verstößen gegen allgemeingültige Wertvorstellungen abgesehen, weder eine moralische Wertung noch eine Geschmackszensur enthält[281]; er ist normativ. Die nach § 1 UWG vorzunehmende sittlich rechtliche Wertung nimmt dementsprechend auch nicht auf tatsächlich herrschende Sitten oder Unsitten Bezug. Eine nach § 1 UWG als sittenwidrig zu qualifizierende Handlung muß daher nicht notwendigerweise auch von den beteiligten Bevölkerungskreisen[282] als sittenwidrig bewertet werden. Gleichwohl kommt es bei der Prüfung der Frage der Sittenwidrigkeit auch auf die Auffassung der beteiligten Verkehrskreise an[283]. In der Rechtsprechung des Reichsgerichts fand dies in Anlehung an § 826 BGB in der allgemeinen Formel Ausdruck, daß als "gute Sitte" das anzusehen sei, "was dem Anstandsgefühl al-

281 *v. Gamm*, Wettbewerbsrecht, Kap. 7 Rn. 3; BGH GRUR 1970, 557, 558 (Erotik in der Ehe).

282 Deren Abgrenzung erfolgt nach den jeweiligen durch die Wettbewerbsordnung geschützten Interessen. Maßgebend kann hierbei die Auffassung der Mitbewerber, anderer Marktbeteiligter und auch der Allgemeinheit sein, *v.Gamm*, UWG, § 1 Rn. 31.

283 BGHZ 19, 392, 396 (Freiburger Wochenbericht); BGHZ 81, 291, 296 (Bäckerfachzeitschrift).

ler billig und gerecht Denkenden entspricht"[284]. Diese Formel wurde im folgenden in der Rechtsprechung des BGH dahingehend modifiziert, daß zur Klärung der Frage der Sittenwidrigkeit auf das "Anstandsgefühl des verständigen und anständigen Durchschnittsgewerbetreibenden" abzustellen sei[285].

Trotz des Rekurses auf die Auffassungen bestimmter Personengruppen ist festzuhalten, daß die Entscheidung des Richters auf einer normativen Wertung eines am Rechtsbegriff der "guten Sitten" gemessenen Verhaltens beruht. Die Anschauungen der beteiligten Verkehrskreise bestimmen sich anhand einer objektiv wertenden Feststellung dessen, was nach der Verkehrsauffassung unter Berücksichtigung des Schutzzwecks des UWG zu fordern ist[286]. Eine außerrechtliche Wertung, wie es der Rückgriff auf das "Anstandsgefühl" suggerieren mag, findet nicht statt. Entscheidender Maßstab ist vornehmlich die Rechtsethik der herrschenden Wettbewerbsordnung. Wie der Rechtsbegriff der "guten Sitten" nun im Einzelfall zu konkretisieren ist, ist im Wege einer Abwägung der einander widerstreitenden Interessen zu ermitteln. Die Gewichtung der jeweiligen Interessen hat dabei unter Berücksichtigung der von der Rechtsordnung vorgegebenen Wertprinzipien zu erfolgen. Besondere Bedeutung ist hierbei naturgemäß den den einzelnen Grundrechten innewohnenden Wertentscheidungen beizumessen.

Ergänzt wird diese sittlich-rechtliche Wertung durch eine an Sinn und Zweck des Leistungswettbewerbs ausgerichtete Wertung, in deren Rahmen auch übergeordnete Allgemeininteressen Berücksichtigung finden[287]. Unter dem Begriff des Leistungswettbewerbs ist dabei ein mit der Güte und Preiswürdigkeit der eigenen Leistung werbender Wettbewerb zu verstehen[288]. Während der positiv ausgerichtete Leistungswettbewerb grundsätzlich als lauter zu bewerten ist, widerspricht der negativ ausgerichtete Nichtleistungswettbewerb regelmäßig den "guten Sitten" im Sinne des § 1 UWG. Unter den Begriff des Nichtleistungswettbewerb fällt sowohl die individuelle als auch die allgemeine Marktbehinderung[289] sowie der Einsatz von Werbe- und Anlockmitteln von einem Ausmaß, das den Leistungswettbewerb er-

284 RGZ 48, 114, 124; 65, 333, 337; 80, 219, 221.

285 BGHZ 15, 356, 364 (Progressive Kundenwerbung): Baumbach/*Hefermehl*, UWG Einl. Rn. 86.

286 *v. Gamm*, Wettbewerbsrecht, Kap. 7 Rn. 3, Kap. 4 Rn. 12.

287 *v. Gamm*, UWG, § 1 Rn. 30.

288 BGHZ 51, 236, 243 ff. (Stuttgarter Wochenblatt).

289 Zum Vernichtungswettbewerb siehe RGZ 134, 342, 351 ff (Benrather Tankstelle).

setzt[290]. Es ist somit das Leistungsprinzip, das über die Bewertung eines Verhaltens als lauter oder unlauter entscheidet.

II. Besondere, die Sittenwidrigkeit begründende Umstände

Die Frage, unter welchen Umständen ein Eingriff in fremde Vertragsbeziehungen als sittenwidrig zu beurteilen ist, wurde vom Reichsgericht noch unterschiedlich beantwortet. Während das Verleiten zum Vertragsbruch teils noch in Anlehnung an die Rechtsprechung zu § 826 BGB einerseits nur bei Vorliegen besonderer Umstände als sittenwidrig bewertet wurde[291], stellte das Reichsgericht andererseits auch häufiger fest, daß allein das bewußte Handeln zu Wettbewerbszwecken ein besonderer, den Begriff der Sittenwidrigkeit erfüllender Umstand ist[292]. Der BGH hat sich der letztgenannten Auffassung angeschlossen und das bloße Verleiten zum Vertragsbruch regelmäßig als einen wettbewerbswidrigen Umstand gewertet, der den Vorwurf der Sittenwidrigkeit begründet[293]. Dennoch ist festzustellen, daß auch den eine Haftung wegen Verleitung zum Vertragsbruch bejahenden Entscheidungen des BGH regelmäßig weitere Umstände zugrundelagen, die über die bloße Verleitungshandlung hinausgingen. So ist beispielsweise in der führenden "Drahtverschluß"-Entscheidung des BGH der Verleitende planmäßig und mit besonderer Hartnäckigkeit vorgegangen[294]. Daraus jedoch zu schließen, daß ungeachtet der weitreichenden Formulierung des BGH das bloße Handeln zu Zwecken des Wettbewerbs für eine Haftung tatsächlich nicht ausreichend ist, wäre jedoch verfehlt. In der oben zitierten "Drahtverschluß"-Entscheidung weist der BGH nämlich ausdrücklich darauf hin, daß er der Rechtsprechung des Reichsgerichts, die für die Begründung der Sittenwid-

---

290 BGHZ 110, 278, 293 (Werbung im Programm); BGH GRUR 1991, 150, 151 (Laienwerbung für Kreditkarten).

291 RGZ 78, 14, 17 f.; 103, 419, 421; 133, 330, 335.

292 RGZ 148, 364, 369 (4711) mit zahlreichen weiteren Nachweisen zu § 1 UWG; RGZ 81, 86, 91 zu § 826 BGB.

293 BGH GRUR 1956, 273, 276 (Drahtverschluß); GRUR 1961, 482, 483 (Spritzgußmaschine); BGHZ 40, 135, 137 f (Trockenrasierer I).

294 BGH GRUR 1956, 273. Auch in der "Speiseeis"-Entscheidung zerstreute der Verleitende die Bedenken des vertraglich Gebundenen in Unkenntnis über die tatsächlichen Verhältnisse mit der Auskunft, daß ein weiterer Vertragsschluß zulässig sei, BGH GRUR 1975, 555, 556.

rigkeit das Vorliegen besonderer Umstände forderte, nicht folgen wollte[295]. Er betonte, daß, anders als beim bloßen Ausnutzen fremden Vertragsbruchs, bei dem der Dritte am Vertragsbruch selbst unbeteiligt ist, das Verleiten zum Vertragsbruch auch ohne Hinzutreten weiterer Umstände den Anschauungen eines anständigen Gewerbetreibenden widerspreche.

Gleichwohl ist nicht jedes Wettbewerbsverhalten, das einen Vertragsbruch zur Folge hat, notwendigerweise sittenwidrig[296]. Beschränkt sich der Mitbewerber auf ein Verhalten, das inhaltlich nicht mehr als das bloße Angebot enthält, in eine kollidierende Vertragsbeziehung einzutreten, hält sich sein Verhalten noch im Rahmen des Erlaubten. Denn die freie Willensentschließung des Umworbenen auf ein derartiges Angebot einzugehen, bleibt unangetastet[297]. Allein das Wissen des Mitbewerbers, daß der Umworbene sein Angebot nur unter Bruch bereits bestehender Verträge annehmen kann, ist daher nicht sittenwidrig. Es ist als bloße Werbemaßnahme noch wettbewerbseigen im Sinne § 1 UWG[298]. Sittenwidrig wird das Angebot erst dann, wenn es eine Verlockung enthält, die die Annahme trotz des Vertragsbruchs als lohnend erscheinen läßt[299]. Dies ist anzunehmen, wenn das Angebot über den Rahmen dessen hinausgeht, den derartige Angebote üblicherweise haben. Entscheidende Bedeutung kommt daher immer der Prüfung der maßgeblichen Vertragsbedingungen zu. Ein Anreizcharakter wurde insbesondere für Vereinbarungen bejaht, die Geldzuwendungen enthalten, die Freistellung von Schadensersatzansprüchen vorsehen oder eine Abwälzung der durch den Vertragswechsel entstehenden Kosten zum Gegenstand haben[300]. Im übrigen führen alle die Sittenwidrigkeit im Sinne § 826 BGB begründenden Umstände auch zur Sittenwidrigkeit im Sinne des § 1 UWG.

Angesichts des Umstands, daß ein Vertragsbruch nur dann in Erscheinung treten wird, wenn der untreue Vertragspartner sich hieraus Vorteile erhoffen kann, ist im Ergebnis davon auszugehen, daß praktisch jede Verleitungshandlung, die zu einem Vertragsbruch führt, als sittenwidrig im Sinne

---

295 BGH GRUR 1956, 273, 276.

296 *Piper* in Köhler/Piper, § 1 Rn. 385.

297 BGH GRUR, 1968, 95, 100 (Büchereinachlaß).

298 BGH GRUR 1966, 263, 265 (Bau-Chemie).

299 BGH NJW 1981, 2184; GRUR 1975, 555, 556 (Speiseeis); *Piper*, GRUR 1990, 643, 646; *v. Gamm*, Wettbewerbsrecht, Kap. 33 Rn. 6.

300 BGH GRUR 1971, S. 121, 123 (Automatenaufstellverträge); GRUR 1975, 555, 556 (Speiseeis).

des § 1 UWG anzusehen ist. Denn nur wenn entsprechende Anreize geboten werden können, deren Vorliegen nach der Rechtsprechung die Sittenwidrigkeit der Verleitungshandlung begründet, wird das Bestreben eines Dritten in bestehende Vertragsbeziehungen einzubrechen, erfolgreich sein können. Diese sehr strenge Haftung wird durch die neuere Rechtsprechung des BGH[301] nur scheinbar aufgeweicht[302]. In erfreulicher Klarheit hat der BGH zwar bestätigt, daß die Sittenordnung Außenstehende grundsätzlich nicht dazu verpflichtet, die eigenen Interessen oder die des Ehepartners zugunsten dritter Vertragsparteien, die nur ein abgeleitetes Recht haben, zurückzustellen. Eine Auflockerung der bisher sehr strengen Rechtsprechung zur Sittenwidrigkeit einer Verleitungshandlung ist jedoch nicht erkennbar.

In dem entschiedenen Fall verfolgte der als Automatenaufsteller tätige Kläger Ansprüche gegen den Vermieter eines Lokals nach den §§ 1 UWG, 826 BGB. Der Kläger hatte mit dem Pächter des Lokals für die Dauer von fünf Jahren einen Automatenaufstellvertrag geschlossen, durch welchem ihm das alleinige Recht eingeräumt wurde, Geldspiel- und Unterhaltungsautomaten in dem Lokal aufzustellen und zu betreiben. Die Vertragslaufzeit des Automatenaufstellvertrages überschritt die Laufzeit des Mietvertrages. In dem für einen kürzeren Zeitraum befristeten Mietvertrag war lediglich eine Verlängerungsklausel vorgesehen, wonach sich der Vertrag jeweils um ein Jahr verlängern sollte, wenn nicht eine der Vertragsparteien spätestens sechs Monate vor Ablauf der Mietzeit einer Verlängerung widersprach. Noch vor Ablauf des Automatenaufstellvertrages kündigten die beklagten Vermieter das Mietverhältnis verbunden mit dem Angebot, dasselbe zu veränderten Bedingungen fortzusetzen. Nach diesen sollte es den Mietern des Lokals zukünftig verboten sein, mit anderen Personen als den Vermietern Automatenaufstellverträge abzuschließen. Der Kläger sah in diesem Verhalten eine in Schädigungsabsicht vorgenommene Verdrängung aus seinem Automatenaufstellvertrag und machte Schadensersatz nach den Grundsätzen der Verleitung zum Vertragsbruch geltend.

Der BGH verneinte eine Haftung der Vermieter im Ergebnis mit der Begründung, daß dem Kläger bei Abschluß des Automatenaufstellvertrages bewußt gewesen sei, daß er mit den Mietern einen Vertrag abgeschlossen hatte, dessen rechtliches Schicksal an das von ihm nicht beeinflußbare Fort-

---

301 BGH NJW 1998, 76.

302 Siehe auch Besprechung von *Bacher*, EWiR 1997, 1045 f.

bestehen des zugrunde liegenden Mietverhältnisses zu den Beklagten geknüpft war[303]. Aus schuldrechtlicher Sicht sei er zwar nicht gehindert gewesen, mit den Mietern einen Vertrag mit längerer Laufzeit als der des Mietvertrages abzuschließen, jedoch habe er damit rechnen müssen, daß seine Vertragspartner eines Tages wegen vertragsgemäßer Beendigung oder Änderung des Mietvertrages den Automatenaufstellvertrag nicht mehr erfüllen könnten[304]. Wie bereits dargestellt, erkannte der BGH eine Verpflichtung der Beklagten, auf die vertraglichen Interessen des Klägers Rücksicht zu nehmen, nicht als gegeben an. Insbesondere war nach Ansicht des BGH nicht zu beanstanden, daß die Beklagten als Vermieter die ihnen zustehende Möglichkeit der fristgerechten Kündigung des Vertrages ohne Rücksichtsnahme auf die Interessen des Klägers ausgenutzt haben. Besondere, außerhalb dieses Kündigungstatbestandes liegende Begleitumstände sah der BGH nicht schon deshalb als begründet an, weil die Vermieter selbst als Wettbewerber des Klägers zukünftig Automaten in den Mieträumen aufstellen wollten[305].

Aus dem vorstehend erläuterten Sachverhalt wird deutlich, daß der BGH nicht über einen klassischen Verleitungsfall befunden hat[306]. Denn die Unmöglichkeit des Mieters, zukünftig seine vertraglichen Verpflichtungen gegenüber dem Automatenaufsteller erfüllen zu können, lag nicht in dem Angebot auf Abschluß eines Mietvertrages zu neuen Bedingungen begründet. Der entscheidende Eingriff in den bestehenden Automatenaufstellvertrag lag vielmehr in der ausgesprochenen Kündigung des Mietverhältnisses selbst. Der Umstand, daß es dem Mieter aufgrund der Fortsetzung des Mietverhältnisses zu veränderten Bedingungen auch künftig möglich gewesen wäre, den bestehenden Automatenaufstellvertrag zu kündigen und er hiervon lediglich durch die kollidierenden Bedingungen des neuen Mietvertrages abgehalten wurde, tritt demgegenüber in den Hintergrund. Tatsächlich richtet sich die Argumentation des BGH auch auf die Frage der Lauterkeit der ausgesprochenen Kündigung und weniger auf die gelegentlich des Neuabschlusses des Mietvertrages gerichteten Bedingungen. Zutreffend weist der BGH in diesem Zusammenhang außerdem darauf hin, daß ein Anspruch auf Ent-

---

303 BGH NJW 1998, 76, 77.

304 Id.

305 Id.

306 So auch *Bacher*, EWiR 1997, 1045, 1046.

fernung der Automaten den Beklagten ohne weiteres auch im Falle der vertragsgemäßen Kündigung des Mietvertrages mit nachfolgendem Auszug der Mieter zugestanden hätte, und zwar unabhängig davon, daß die Verpflichtungen aus dem Automatenaufstellvertrag grundsätzlich auch bei Aufgabe des Lokals fortbestehen sollten[307]. Diese im Ergebnis den Schadensausgleich auf die vertragsschließenden Parteien beschränkende und damit sehr begrüßenswerte Entscheidung des BGH läßt aus den genannten Gründen noch keinen Aufschluß darüber zu, ob zukünftig die Bejahung der Sittenwidrigkeit einer Verleitung zum Vertragsbruch restriktiver gehandhabt werden wird. Für das bloße Ausnutzen fremden Vertragsbruchs gilt hingegen, daß eine Sittenwidrigkeit erst durch das Hinzutreten weiterer Umstände bejaht werden kann. Als solche Umstände sind beispielsweise das kollusive Zusammenwirken oder auch das grobfahrlässige Hinwirken auf den Vertragsschluß[308] und das Verschaffen eines nicht gerechtfertigten Wettbewerbsvorsprungs zu nennen[309]. Der letztgenannte Umstand ist insbesondere bei der Frage nach dem Schutz von Preis- und Vertriebsbindungssystemen gegen Außenseiter von Interesse[310].

E. Das Kausalitätserfordernis

Aus der Schutzrichtung des § 1 UWG, der unabhängig vom Eintritt eines konkreten Schadens die Lauterkeit des Wettbewerbslebens sichern soll, ergibt sich, daß der Frage nach dem Kausalitätserfordernis für die Haftung nach § 1 UWG wesentlich geringere Bedeutung zukommt, als dies grundsätzlich im allgemeinen Deliktsrecht der Fall ist[311]. Ebenso dringlich wie im allgemeinen Deliktsrecht stellt sich auch im Wettbewerbsrecht wegen des Anspruchs auf Schadensersatz die Frage, inwieweit es eines Kausalzusammenhangs zwischen der Verleitungshandlung des Dritten und dem beim enttäuschten Vertragspartner entstandenen Schadens bedarf[312]. Relevant wird

---

307 Id.

308 BGH GRUR 1974, 97, 98 (Spielautomaten III).

309 Siehe zum Ganzen *v. Gamm*, Wettbewerbsrecht, Kap. 33 Rn. 7.

310 Siehe unten S. 96-108.

311 Zur bedenklichen Vernachlässigung dieses Tatbestandsmerkmals in der Anwendung des § 826 BGB im speziellen Anwendungsfall der Verleitung zum Vertragsbruch siehe oben, S. 70 f.

312 Vgl. zur Problematik des Kausalzusammenhangs bei § 826 oben S. 70 ff.

dies insbesondere in Fällen, in denen die Grenzziehung zwischen einer aktiven Verleitungshandlung und einem schlichten Ausnutzen fremden Vertragsbruchs verschwimmt bzw. eine Verleitungshandlung im Sinne eines bewußten Hinwirkens auf den Vertragsbruch auszuschließen ist. Da der BGH eine Identität der Begriffe des Verleitens und der Anstiftung verneint[313], wird auch ein Kausalzusammenhang zwischen der Handlung des Dritten und dem Schadenseintritt nicht für erforderlich gehalten. Eine Haftung wegen Verleitung zum Vertragsbruch ist nach der Rechtsprechung daher auch in Ermangelung eines Kausalzusammenhangs anzunehmen. Die ausdehnende Auslegung des Verleitungsbegriffs erfährt insoweit keinerlei Korrektur. Vielmehr wird die großzügige Auslegung der Tatbestandsmerkmale des § 1 UWG konsequent durchgeführt.

F. Subjektiver Tatbestand

Im Hinblick auf eine Haftung nach § 1 UWG setzt die Rechtsprechung subjektiv die Absicht voraus, zu Wettbewerbszwecken zu handeln. Nicht unter § 1 UWG fallen somit Handlungen, die zwar objektiv als Wettbewerbshandlungen erscheinen, aber tatsächlich beispielsweise rein wissenschaftliche, gemeinnützige oder religiöse Zwecke verfolgen[314]. Bei "regulären" Gewerbetreibenden wird die Wettbewerbsabsicht praktisch nie fehlen, so daß deren Vorliegen regelmäßig vermutet wird[315]. Das Fehlen eines Handelns in Wettbewerbsabsicht hat daher der Gewerbetreibende zu beweisen[316]. Ein Bewußtsein der Sittenwidrigkeit wird wie bei § 826 BGB auch im Rahmen des § 1 UWG nicht gefordert[317]. Ebensowenig kommt es darauf an, ob der Dritte mit einer besonderen Ausbeutungs- oder Behinderungsabsicht vorgeht[318]. Anderes gilt nur dann, wenn eine grundsätzlich zulässige Verhaltensweise in verwerflicher Weise oder zur Verfolgung unlauterer Ziele eingesetzt wird. So ist ein grundsätzlich zulässiges Abwerben von Arbeitskräf-

---

313 BGH GRUR 1969, 474 (Bierbezug); siehe auch oben S. 65.

314 So zum Beispiel beim Preisvergleich eines Verbraucherverbandes, BGH WuW 1982, 789 = WuW/E BGH, 1919 (Preisvergleich). Weitere Beispiele bei *Rittner*, Rn. 8 ff., 11.

315 BGHZ 3, 270, 277 f. (Constanze I); *Rittner*, Rn. 10.

316 Id.

317 Baumbach/*Hefermehl*, UWG Einl. Rn. 125.

318 BGH GRUR 1976, 307, 308 (Baumaschinen).

ten als sittenwidrig zu bewerten, wenn subjektiv die Absicht vorliegt, den Mitbewerber durch planmäßiges Vorgehen zu beeinträchtigen oder ihn auszunutzen[319]. Ein typisches Beispiel hierfür ist der Fall "Benrather Tankstelle", in dem eine grundsätzlich zulässige Preisunterbietung für sittenwidrig erachtet wurde, weil sie in Vernichtungsabsicht erfolgte[320].

G. *Fallgruppen*

Aus der Generalklausel des § 1 UWG hat sich im Laufe der Zeit eine Reihe spezieller Fallgruppen entwickelt, die die Prüfung der Frage der Sittenwidrigkeit grundsätzlich erleichtern. Die fünf wesentlichen Fallgruppen lassen sich dabei unter die Begriffe Kundenfang, Behinderung, Ausbeutung, Rechtsbruch und Marktstörung zusammenfassen[321]. Obwohl der weitgefaßte Haftungstatbestand des § 1 UWG hierdurch eine weitreichende Konkretisierung erfahren hat, ist es häufig nicht einfach, ein bestimmtes Verhalten exakt unter eine dieser Fallgruppen zu subsumieren. Vielmehr wird in der Regel ein und dasselbe Verhalten unter den verschiedensten Gesichtspunkten als sittenwidrig zu qualifizieren sein. So kann sich eine Verleitung zum Vertragsbruch unter anderem sowohl unter dem Blickwinkel des Rechtsbruchs, wie etwa bei der Verletzung von Preis- oder Vertriebsbindungen, als auch als Maßnahme des Behinderungswettbewerbs, wie beispielsweise bei der Preisunterbietung, als sittenwidrig erweisen. Erfolgt die Verleitung durch die Zahlung von Schmiergeldern oder werden Arbeitskräfte abgeworben, steht wiederum der Aspekt des Ausspannens im Vordergrund. Im Ergebnis wird sich eine Verleitung zum Vertragsbruch regelmäßig unter mehrere der oben genannten Fallgruppen einordnen lassen. Allen Konstellationen ist aber immer gemeinsam, daß ein Mitbewerber in der Ausübung der ihm zustehenden Rechte behindert wird. Im folgenden soll daher unabhängig von der Einordnung eines bestimmten Verhaltens in die zu § 1 UWG entwickelten Fallgruppen ein Überblick über die Situationen gegeben werden, in denen eine Haftung wegen Verleitung zum Vertragsbruch im Wettbewerbsrecht typischerweise relevant werden kann.

---

319 RGZ 149,114, 121; Baumbach/*Hefermehl*, § 1 UWG Rn. 588.
320 RGZ 134, 342, 350.
321 Baumbach/*Hefermehl*, Einl. UWG Rn. 160.

I. Boykott

Eine besonders augenfällige Situation dieser Art ist der Boykott. Ein solcher liegt vor, wenn ein Boykottierer Dritte dazu veranlaßt, Geschäftsbeziehungen gegenüber dem Boykottierten abzubrechen oder nicht aufzunehmen[322]. Die Bewertung eines Boykotts als wettbewerbswidrig im Sinne § 1 UWG setzt voraus, daß eine Boykottaufforderung überhaupt dazu geeignet ist, die Willensentscheidung des Dritten zu beeinflussen. Ist eine solche Eignung feststellbar, ist es für die Bewertung des Boykottaufrufs als sittenwidrig ohne Bedeutung, ob der zum Boykott aufgerufene Dritte Maßnahmen gegen den Boykottierten ergreift. Wenngleich es somit für eine Haftung nach § 1 UWG wegen Boykotts nicht darauf ankommt, ob bestehende Verträge gebrochen oder zukünftige Vertragsbeziehungen nicht aufgenommen werden, wird in allen Fällen, in denen ein Boykottaufruf als Maßnahme des Behinderungswettbewerbs den Bruch eines Vertrages zur Folge hat, auch regelmäßig eine Haftung unter dem Gesichtspunkt der Verleitung zum Vertragsbruch begründet sein[323].

II. Preisbindungen

Seit der 2. GWB-Novelle vom 3.8.1973[324] war die Preisbindung von Waren oder gewerblichen Leistungen bis zum 31.12.1998 nach § 15 GWB untersagt; entsprechende Verträge waren nichtig[325]. Das Handeln eines Außenseiters, der sich preisgebundene Ware durch Verleitung eines gebundenen Händlers zum Vertragsbruch verschafft, hat daher als eine ehemals bedeutende Fallgruppe des § 1 UWG erheblich an Bedeutung verloren. Dies gilt auch aufgrund der 6. GWB-Novelle vom 26.8.1998[326] unverändert fort. § 14 GWB n.F. enthält nun eine dem bisherigen § 15 GWB a.F. entsprechende Regelung, wobei entsprechende Verträge nicht nur nichtig, sondern sogar verboten sind. Daß die Rechtsprechung zum Schutz von Preisbindungssys-

---

322 Ausreichend ist auch, wenn der Adressat veranlaßt wird, seinerseits gegenüber anderen auf einen Boykott hinzuwirken, BGHZ 19, 72, 77.

323 Zur Haftung nach § 21 Abs. 1 GWB i.V.m. § 33 GWB siehe oben S. 58 f.

324 BGBl. I 917.

325 Zur Verfassungsmäßigkeit der Norm siehe BVerfG NJW 1987, 1397.

326 BGBl. I. S. 2521.

temen heute nicht nur von rein historischer Bedeutung ist, ist allein § 16 GWB a.F. zu verdanken, der abweichend vom grundsätzlichen Verbot des § 15 GWB a.F. die Preisbindung für Verlagserzeugnisse weiterhin zuließ[327]. Eine inhaltsgleiche Regelung findet sich seit dem 1.1.1999 in § 15 Abs. 1 GWB n.F.[328]. Die bis 1973 noch erlaubte Preisbindung für Markenartikel ist bereits mit der 2. GWB-Novelle vom 3.8.1973 entfallen. Für diese durften bereits nach § 38 a GWB a.F. nur noch unverbindliche Preisempfehlungen ausgesprochen werden. Entsprechendes gilt nach § 23 GWB n.F.

1. Das System der Preisbindung

Ziel der Preisbindung ist es, durch die Beseitigung des Preiswettbewerbs auf der Händlerstufe einen einheitlichen Endverkaufspreis zu erreichen. Hierzu ist erforderlich, daß der preisbindende Verleger all seinen Abnehmern die inhaltlich gleichlautende vertragliche Verpflichtung auferlegt, den von ihm festgesetzten Ladenpreis einzuhalten. Um sicherzustellen, daß der festgesetzte Ladenpreis auch bei einem Vertrieb über die Zwischenhändler an die Endhandelsstufe gesichert ist, setzt der Verleger dieses sogenannte Reverssystem in modifizierter Form auch gegenüber den Zwischenhändlern ein. Gegenüber diesen legt der Verleger in der Regel zwar nicht den Abnahmepreis fest. Er verpflichtet sie aber, den Einzelhändler an den von ihm festgesetzten Ladenpreis zu binden[329].

Unabhängig von der Art des Vorgehens hat die Preisbindung immer zur Folge, daß dem Einzelhändler die Freiheit der Preisgestaltung geraubt wird[330]. Diese Tatsache ist für die Schutzwürdigkeit eines Preisbindungssystems gegen Eingriffe Dritter von ganz entscheidender Bedeutung. Denn ein Außenseiter haftet wegen Verleitung zum Bruch des Preisbindungsvertrages

---

327 Zur historischen Entwicklung der Buchpreisbindung siehe *Fezer*, NJW 1997, 2150.

328 Hinzuweisen ist diesem Zusammenhang auf die neuere Rechtsprechung zu elektronischen Verlagserzeugnissen. Der BGH geht im Rahmen einer normzweckorientierten Auslegung des § 15 GWB a.F. (jetzt § 16 GWB) davon aus, daß elektronische Verlagserzeugnisse als Sustitutionsprodukte ebenfalls Gegenstand kartellrechtlicher Preisbindung sein können, BGH NJW 1997, 1911 (NJW auf CD-Rom). Ausführlich besprochen von *Fezer*, NJW 1997, 2150-2152.

329 Baumbach/*Hefermehl*, § 1 UWG, Rn. 714, 720. Zulässig ist auch die Bindung durch Verwendung Allgemeiner Geschäftsbedingungen.

330 *Emmerich*, UWG, S. 71.

nur, wenn es dem gebundenen Einzelhändler zugemutet werden kann, die ihm auferlegte Preisbindung zu beachten. Ist die Preisbindung für den Einzelhändler nicht oder nicht mehr verbindlich, verhält er sich auch nicht vertragswidrig, wenn er sich zum Bruch der Preisabrede verleiten läßt. Dies hat zur Folge, daß auch eine Haftung des in die Preisbindungsvereinbarung eingreifenden Dritten zu verneinen wäre.

2. *Das Erfordernis der Lückenlosigkeit*

Zumutbar ist die Einhaltung der Bindungsvereinbarung allerdings nur dann, wenn das Preisbindungssystem sowohl gedanklich als auch tatsächlich lückenlos ist[331]. Das heißt, das Preisbindungssystem muß allgemein beachtet und die Unterbietung der gebundenen Preise durch nichtgebundene Außenseiter durch den Preisbinder verhindert werden[332]. Die besondere Bedeutung des Erfordernisses der Lückenlosigkeit ergibt sich aus dem wettbewerbsbeschränkenden Charakter der Preisbindung, die sich für die wirtschaftlichen Interessen des Gebundenen äußerst nachteilig auswirkt[333]. Dieser verliert sein wirksamstes Wettbewerbsmittel, die Freiheit der Preisgestaltung. Dies ist für einen Gebundenen nur solange hinnehmbar, wie sich auch alle übrigen Gebundenen an das Preisbindungssystem halten und er sich nicht der Gefahr ausgesetzt sieht, unterboten zu werden[334]. Das Interesse von Außenseitern zu einer solchen Preisunterbietung oder zu einem preisbindungsfreien Verkauf zu verleiten, liegt auf der Hand. Weigert sich ein Einzelhändler eine Preisbindungsvereinbarung zu unterschreiben, bleibt er von der Belieferung der entsprechenden Ware ausgeschlossen. Für die Konkurrenzfähigkeit des Außenseiters kann dies von erheblichem Nachteil sein. Gelingt es ihm aber, Ware billiger oder ohne Preisbindung einzukaufen, sieht er sich in der Lage,

---

331 BGHZ 36, 370, 375 f. (Rollfilme); *Emmerich* in Immenga/Mestmäcker, § 16 GWB Rn. 49, 102 ff. *Baudenbacher*, FS Gaedertz 1992, 19, 20-22; *Krasser*, Der Schutz von Preis- und Vertriebsbindungen, S. 173, 213 ff.

332 Lediglich vereinzelt vorkommende Verstöße sind unbeachtlich, BGHZ 36, 370, 375 f.

333 Zur historischen Entwicklung des Begriffs der Lückenlosigkeit in der Rechtsprechung siehe *Baudenbacher*, FS Gaedertz 1992, 19, 24 f.

334 Id.

die Preise der gebundenen Händler zu unterbieten[335]. Infolge dieses Preisgefälles können wiederum für den Gebundenen Umsatzverluste entstehen, die nicht nur wegen der finanziellen Einbußen, sondern auch wegen des möglichen Verlusts des geschäftlichen Rufs nur schwer auszugleichen sind[336]. Im übrigen sieht sich der Teilnehmer eines Preisbindungssystems häufig nicht in der Lage, die Konkurrenz auf ihre Systemtreue zu überwachen.

a) Gedankliche Lückenlosigkeit

Die gedankliche Lückenlosigkeit setzt voraus, daß der Preisbinder alle Abnehmer verpflichtet hat, den Endverkaufspreis einzuhalten, so daß die Belieferung nichtgebundener Abnehmer theoretisch ausgeschlossen ist. Dies ist erforderlich, um zu gewährleisten, daß Verstöße gegen die Preisbindung nur unter Vertragsbruch oder unter Ausnutzung fremden Vertragsbruchs erfolgen und unverzüglich rechtlich unterbunden werden können[337]. Darüber hinaus ist erforderlich, daß der Preisbinder geeignete Maßnahmen zur Überwachung des Systems ergreift, um über Verstöße gegen die Preisbindung unverzüglich in Kenntnis gesetzt zu werden und hierauf Gegenmaßnahmen ergreifen zu können[338]. Ist diese gedankliche Lückenlosigkeit nicht gewährleistet, muß der Gebundene jederzeit damit rechnen, daß Mitbewerber sich preislich nicht gebundene Ware beschaffen und unter Festpreis verkaufen können. Für den Gebundenen ist es dann aber unzumutbar, seinerseits die Preisbindung zu beachten[339]. Da der Außenseiter nicht strenger behandelt werden darf, als der Gebundene, wird auch das Ausnutzen der lückenhaften Preisbindung nicht als sittenwidrig bewertet[340]. Eine Haftung des Außenseiters wegen Verleitung zum Vertragsbruch ist daher nur denkbar, wenn das

---

335 Der Eingriff in ein Bindungssystem wurde von der Rechtsprechung bereits dann als sittenwidrig angesehen, wenn dieser nur zum Zwecke der Sortimentergänzung ohne Preisunterbietung erfolgte, BGHZ 37, 30, 34 (Selbstbedienungsgroßhandel).

336 *Harms*, S. 53.

337 Baumbach/*Hefermehl*, § 1 Rn. 718.

338 BGHZ 40, 135, 139; BGH NJW-RR 1989, 1383, 1384 = GRUR 1989, 832 (Schweizer Außenseiter).

339 BGHZ 36, 370, 375.

340 BGH GRUR 1968, 272, 275 (Trockenrasierer); GRUR 1970, 322, 325 (Schallplatten II).

System lückenlos ist[341]. Diese Lückenlosigkeit ist beispielsweise nicht mehr gewährleistet, wenn die Möglichkeit von Reimporten aus dem preis- und vertriebsbindungsfreien Ausland besteht[342]. Angesichts der Unzulässigkeit von Reexport- und Reimportverboten nach Art. 81 EGV i.V.m. den Gruppenfreistellungsverordnungen 1983/83 und 1984/83 betreffend Alleinvertriebs- und Alleinbezugsvereinbarungen dürften die Preis- und Vertriebssysteme daher in Zukunft zunehmend an Bedeutung verlieren[343].

b) Tatsächliche Lückenlosigkeit

Neben der gedanklichen Lückenlosigkeit ist zudem erforderlich, daß das System tatsächlich lückenlos durchgeführt wird. Dazu bedarf es der ständigen Überwachung durch den Preisbinder, der gegen ihm bekannte Verstöße unverzüglich einschreiten muß, um das System aufrechtzuerhalten. Gelingt ihm dies nicht, weil beispielsweise deutsche Unternehmen bei nicht gebundenen Außenseitern im Ausland rechtmäßig gebundene Ware erwerben können[344], entfällt die Bindungswirkung und damit auch die Schutzwürdigkeit des Systems[345].

---

341 Gegen den Einwand *Plassmanns*, S. 670, 672, daß der Außenseiter nicht wissen könne, ob ein System lückenlos sei und somit nicht erkennen könne, ob er sittenwidrig handele, wendet *Vygen* ein, daß die Lückenhaftigkeit nicht die Sittenwidrigkeit beseitige, sondern das Entstehen eines Vertragsbruchs verhindere, S. 115.

342 OLG Stuttgart NJW-RR 1988, 623, 624.

343 Vgl. hierzu *Emmerich*, UWG, S. 72 f., der den deutschen Gerichten kritisch entgegenhält, daß wettbewerbsbeschränkenden Systemen dingliche Wirkung bzw. gesetzesgleiche Kraft verschafft worden sei. Siehe hiergegen *Beier*, GRUR 1987, 131, 135 sowie *Fezer*, GRUR 1990, 551, 554, der darauf verweist, daß zur Beurteilung der Lauterkeit einer Wettbewerbshandlung nicht nur Gesichtspunkte des Preis-, sondern auch des Qualitätswettbewerbs heranzuziehen sind. Zu den Versuchen, Parallelimporte markenrechtlich zu bekämpfen, siehe *Pieckrahn*, GRUR 1996, 383-389.

344 OLG Köln GRUR 1991, 226, 227 (Gucci); BGH NJW-RR 1989, 1383, 1384 = GRUR 1989, 832 (Schweizer Außenseiter); siehe hiergegen *Fezer*, GRUR 1990, 551, 559-562.

345 Zu den mit Blick auf die kartellrechtliche Privilegierung dieser Systeme gegen die Aufweichung des Schutzes erhobenen Einwände siehe *Baudenbacher*, FS Gaedertz 1992, 19, 27-43.

3. *Formerfordernis*

Zuletzt ist darauf hinzuweisen, daß der Preisbindungsvertrag bis zum 31.12.1998 nach der allgemeinen Regelung des § 34 GWB a.F. der Schriftform bedurfte, um wirksam zu werden. Dafür genügte es nicht, wenn allein der wettbewerbsbeschränkende Teil schriftlich abgefaßt war, weil ansonsten die Überprüfbarkeit des Vertrages durch das Bundeskartellamt und die Gerichte beeinträchtigt wurde[346]. Seit 1.1.1999 ist § 34 GWB a.F. entfallen. Für die Preisbindung bei Verlagserzeugnissen findet sich nunmehr in § 15 Abs. 2 GWB n.F. ein spezielles Schriftformerfordernis.

4. *Beweislast*

Die Beweislast für die Lückenlosigkeit des Systems liegt grundsätzlich beim Preisbinder. Letztlich begnügen sich die Gerichte aufgrund der Schwierigkeiten, die mit dem Nachweis der praktischen Lückenlosigkeit eines Systems verbunden sind, jedoch mit dem bloßen Nachweis der gedanklichen Lückenlosigkeit des Systems, sofern der Preisbinder nur nachweisen kann, daß er das System regelmäßig überwacht und ihm bekanntgewordene Verstöße sofort verfolgt hat[347]. Es wird zugunsten des Preisbinders also prima facie vermutet, daß das System tatsächlich lückenlos ist[348].

III. *Vertriebsbindungen*

Im Gegensatz zu den Preisbindungssystemen, die im Zuge der Novellierungen des GWB erheblich an Bedeutung verloren haben, sind Vertriebsbindungssysteme nach wie vor sehr verbreitet[349].

---

346 BGH GRUR 1970, 482, 484 (Diskothek). Zu den weiteren an die Schriftform zu stellenden Voraussetzungen siehe Baumbach/*Hefermehl*, § 1 UWG Rn. 715, 716.

347 BGHZ 40, 135, 141 (Trockenrasierer II); BGH NJW-RR 1989, 1383, 1384 = GRUR 1989, 832 (Schweizer Außenseiter).

348 Ausführlich hierzu Baumbach/*Hefermehl*, § 1 UWG Rn. 779; *Kunath*, GRUR 1988, 804-807; kritisch *Emmerich* in Immenga/Mestmäcker, § 16 GWB Rn. 141.

349 Zur historischen Entwicklung siehe *Kicker*, FS von Gamm 1990, 49-52 sowie grundlegend *Fezer*, GRUR 1990, 551-567 m.w.N. und *Krasser*, Der Schutz von von Preis- und Vertriebsbindungen gegenüber Außenseitern, 1972

1. Einbruch in vertikale Vetriebssysteme

Durch den Einsatz von vertikalen Vertriebsbindungssystemen bietet sich die Möglichkeit, den Wettbewerb auf einem bestimmten Markt dergestalt zu beschränken, daß nur bestimmte Unternehmen, die bestimmte fachliche und sachliche Voraussetzungen erfüllen, mit Waren beliefert werden dürfen[350]. Die Vertriebswege werden vorgezeichnet, wodurch die Entschlußfreiheit des Vertragspartners, über die Ware nach Belieben zu verfügen, eingeschränkt wird[351]. Derartige Vertriebssysteme genießen entsprechend der Rechtslage bei Preisbindungssystemen grundsätzlich den Schutz nach § 1 UWG[352]. Voraussetzung für eine Haftung wegen des Einbruchs in ein Vertriebsbindungssystem ist aber auch hier die gedankliche und tatsächliche Lückenlosigkeit[353] des Systems sowie dessen kartellrechtliche Unbedenklichkeit[354].

Von der kartellrechtlichen Unbedenklichkeit ist im Grundsatz dann auszugehen, wenn ein Vertriebsbindungssystem den in § 16 GWB n.F. festgelegten Voraussetzungen genügt[355]. Darüber hinaus ist bei Vertriebsbindungsabreden die den zwischenstaatlichen Handel berühren, das europäische Wettbewerbsrecht, insbesondere Art. 81 (bisher Art. 85 EGV) i.V.m. den Gruppenfreistellungsverordnungen Nr. 1983/83 und 1984/83 über Alleinvertriebs- und Alleinbezugsvereinbarungen zu beachten. Nach diesen sind unter anderem alle Vetriebsbindungen, die Verbote von Parallelimporten enthalten, nichtig. Das Eindringen in ein diese Restriktionen nicht respektierendes Vertriebssystem kann dementsprechend auch nie mit einem Vertragsbruch

---

350 Baumbach/*Hefermehl*, § 1 UWG Rn. 789; *Fezer*, GRUR 1990, 551, 552.

351 Dies ist jedoch nur für die Bewertung von Eingriffshandlungen Dritter als im Sinne § 1 UWG wettbewerbswidrig relevant. Die kartellrechtliche Wirksamkeit wird hiervon nicht berührt, *Pauly/Roth*, GRUR 1997, 431; *Bechtold*, NJW 1994, 3211.

352 BGHZ 37, 30, 32 (Selbstbedienungsgroßhandel); *Fezer*, GRUR 1990, 551, 553; *von Gamm*, WUW 1992, 400, 401; Baumbach/*Hefermehl*, § 1 UWG Rn. 798.

353 Der Forderung nach dem Bestehen einer tatsächlichen Lückenlosigkeit des Vertriebsbindungssystems steht auch nicht Art. 85 Abs. 3 EGV entgegen. Siehe hierzu unten S. 105.

354 *Emmerich*, Kartellrecht, S. 139. Zur Wechselwirkung des Rechts des unlauteren Wettbewerbs sowie des Kartellrechts siehe *Königs*, NJW 1961, 1041-1048, der allerdings einen einheitlichen Schutzbereich beider Rechte annimmt. Siehe hiergegen unten S. 136 f.

355 Das bis zum 31.12.1998 bestehende Erfordernis der Schriftform ist mit dem Wegfall des § 34 GWB auf Grund der 6. GWB-Novelle vom 26.08.1998 (BGBl. I, S. 2521) mit Wirkung zum 01.01.1999 entfallen.

einhergehen, weshalb eine Haftung wegen Verleitung zum Vertragsbruch schon gedanklich ausgeschlossen ist. Genügt ein Vertriebsbindungssystem hingegen den kartellrechtlichen Anforderungen des nationalen und europäischen Rechts, ist die Mißachtung dieser Systeme durch Dritte, die gebundene Händler zum Vertragsbruch verleiten, wettbewerbswidrig[356]. Entsprechendes gilt für Alleinvertriebsvereinbarungen, die lediglich eine besondere Art der Vertriebsbindung darstellen (§ 16 Ziff. 2 GWB n.F.)[357]. So handelt beispielsweise ein nicht autorisierter Händler wettbewerbswidrig, wenn er einen Vertragshändler über seine Absicht täuscht, die gelieferten Neufahrzeuge nach sogenannten Tageszulassungen weiterzuveräußern[358]. In derartigen Fällen des Schleichbezugs ist der Nachweis der praktischen Lückenlosigkeit sogar entbehrlich. Die Unlauterkeit des Handelns ergibt sich bereits aus der Täuschungshandlung, weil der gebundene Händler durch die Täuschung zu einem Geschäftsabschluß veranlaßt wird, den er ohne die täuschende Handlung wegen seiner vertraglichen Verpflichtung gegenüber dem vertriebsbindenden Unternehmen unterlassen hätte. Denn eine sog. Tageszulassung dient offensichtlich nicht dem Zweck, ein Fahrzeug als Fortbewegungsmittel zu nutzen, weshalb tatsächlich kein Verkauf an einen Endverbraucher vorlag. Eine in Kenntnis dieser Umstände erfolgende Veräußerung wäre dementsprechend verbotswidrig gewesen. Ein nicht autorisierter Händler der die Arglosigkeit des gebundenen Händlers solchermaßen zu eigenem geschäftlichen Vorteil nutzt, handelt folglich sittenwidrig im Sinne § 1 UWG[359].

2. *Einbruch in Eigenvertriebssysteme*

Die für vertikale Vertriebssysteme gültigen Grundsätze sind dagegen auf sogenannte Eigenvertriebssysteme, bei denen der Hersteller die Verkäufe selbst unmittelbar oder mit Hilfe von Abschlußvertretern tätigt, nicht ohne

---

356 BGH GRUR 1985, 1059, 1060 (Vertriebsbindung).

357 Zu beachten ist hierbei allerdings, daß im Gegensatz zu sonstigen Vertriebsbindungen das Vorliegen eines lückenlosen Systems nicht erforderlich ist. Derartige Bindungen sind ausschließlich auf den zwischen den Vertragsparteien stattfindenden Geschäftsverkehr gerichtet, Baumbach/ *Hefermehl*, § 1 UWG Rn. 790.

358 BGH NJW-RR 1994, 1326 (Tageszulassung).

359 Id.

weiteres entsprechend anwendbar[360]. Denn anders als bei Vertriebsbindungssystemen wird im Fall des Eigenvertriebssystems der Hersteller grundsätzlich selbst Vertragspartei aller Verkaufsgeschäfte. Da der Hersteller somit den Vertrieb seiner Ware selbst beherrscht, muß sich der Erwerb durch außenstehende Zwischenhändler nicht zwangsläufig als eine Verleitung zum Vertragsbruch eines Händlers (Abschlußvertreters) darstellen. Denkbar ist auch das Vorliegen eines Verstoßes des Herstellers oder seiner unmittelbaren Beauftragten gegen das eigene System[361]. Das bloße Ausnutzen eines solchen Verstoßes durch Dritte ist somit keineswegs ohne weiteres als sittenwidrig zu bewerten[362]. Anderes gilt nach Auffassung des BGH nur dann, wenn ein Handelsvertreter zur Verletzung seiner gegenüber dem Hersteller eingegangenen Vertreterverpflichtungen verleitet wurde oder eine solche Vertragsverletzung vom Dritten bewußt ausgenutzt wird[363].

Ob sich aus der im Grundsatz großzügigeren Beurteilung des Eingriffs in Eigenvertriebssysteme in der Praxis allerdings wesentliche Unterschiede gegenüber der Haftung wegen der Verletzung von Vertriebsbindungssystemen ergeben, unterliegt erheblichen Zweifeln. Letztlich darf nämlich nicht übersehen werden, daß Dritte ihre Ware regelmäßig bei Vertretern des Herstellers zu erwerben suchen, weshalb auch bei Eigenvertriebssystemen eine Verleitung zum Vertragsbruch, nämlich zum Bruch des Vertretervertrages möglich ist. Berücksichtigt man weiter, daß auch ein bewußtes Ausnutzen eines Vertragsbruchs für eine Haftung genügen kann, ist eine unterschiedliche Behandlung von vertikalen Vertriebssystemen und Eigenvertriebssystemen kaum mehr erkennbar. Besonders deutlich wird dies, wenn man sich vor Augen hält, daß auch der Schleichbezug direkt vom Hersteller, weil im Regelfall nur durch Täuschung möglich, eine Haftung nach § 1 UWG auslöst[364]. Selbst wenn ein Schutz des Eigenvertriebssystems über die Grundsätze der Haftung wegen Verleitung zum Vertragsbruch oder der Ausnutzung desselben in Einzelfällen, mangels Vorliegens eines Vertragsbruchs zugunsten des Herstellers nicht zur Anwendung gelangen können, ist eine Haftung des Erwerbers nach § 1 UWG gleichwohl nicht ausgeschlossen.

---

360 BGH GRUR 1991, 614 (Eigenvertriebssystem); siehe hierzu Besprechung von *Martin*, FS Gaedertz 1992, 393-402.

361 *von Gamm*, WUW 1992, 400, 403.

362 BGH GRUR 1991, 614, 615 (Eigenvertriebssystem).

363 BGH GRUR 1991, 614, 616 (Eigenvertriebssystem).

364 BGH GRUR 1988, 916, 917 (PKW-Schleichbezug).

Diese wird grundsätzlich allein schon wegen der Anwendung verwerflicher Mittel, wie beispielsweise beim Schleichbezug durch Täuschung, begründet sein[365].

3. Die Cartier-Entscheidung des EuGH

Das vorstehend erläuterte Erfordernis der Lückenlosigkeit von Preis- und Vertriebsbindungssystemen ist mit der Cartier-Entscheidung[366] des EuGH für kurze Zeit zweifelhaft geworden. Auf die Vorlage des OLG Düsseldorf[367] hatte sich der EuGH mit der Frage zu befassen, ob einem Vertriebsbindungssystem die Anerkennung versagt werden kann, wenn in Ländern außerhalb der EU eine Vertriebsbindung nicht oder nicht vollkommen besteht mit der Folge, daß legale Reimporte auf den gemeinsamen Markt möglich sind. Der EuGH hat diese Frage verneint. Er führt hierzu aus, daß einer die Anwendung des Art. 85 Abs. 1 und Abs. 2 EGV a.F. (Art. 81 Abs. 1 und Abs. 2 EGV n.F.) ausschließenden EG-Vertriebsbindung für Produkte des gehobenen Bedarfs nicht schon aus dem Grund die Anerkennung zu versagen ist, daß in Ländern außerhalb der Europäischen Union eine Vertriebsbindung durch entsprechende Vertragsgestaltungen nicht oder nicht vollkommen besteht und somit in der Europäischen Union gebundene Waren von Systemfremden frei erworben und legitim auf den gemeinsamen Markt gebracht werden können[368]. Für die Beurteilung eines selektiven Vertriebssystems nach dem europäischen Kartellrecht ist damit die praktische und theoretische Lückenlosigkeit des Systems für die Anerkennung und Durchsetzbarkeit desselben bedeutungslos geworden. Der EuGH begründet diese Entscheidung mit der Erwägung, daß wenn ein selektives Vertriebssystem nach Art. 85 Abs. 1 EGV a.F. (Art. 81 Abs. 1 EGV n.F.) von seiner Lückenlosigkeit abhängig gemacht würde, sich die paradoxe Folge ergebe, daß die starrsten und geschlossensten Vertriebssysteme nach Art. 85 EGV a.F. (Art. 81 EGV n.F.) günstiger behandelt würden als flexiblere und dem Parallelhandel stärker geöffnete[369].

---

365 Id.
366 EuGH Slg. I 1994, 30 = NJW 1994, 643.
367 EuZW 1993, 198.
368 EuGH Slg. I 1994, 30 = NJW 1994, 643.
369 EuGH Slg. I 1994, 30 = NJW 1994, 643, 644.

Bechthold hat aus der Cartier-Entscheidung den Schluß gezogen, daß aus der Anerkennung auch lückenhafter Vertriebsbindungen zu folgern sei, daß sie gegenüber den Vertragspartnern des Binders durchsetzbar bleiben, die Lücke also zukünftig keine Einrede auf unzulässige Rechtsausübung oder Wegfall der Geschäftsgrundlage gewähre[370]. Hieraus schloß er weiter, daß es zukünftig auch möglich sein müsse, trotz der Lückenhaftigkeit eines Systems Rechtsverstöße gegenüber Außenseitern geltend zu machen. Außenseiter, die sich über einen gebundenen Händler vertriebsgebundene Waren verschaffen, wären aus *Bechtholds* Sicht daher auch dann wegen Verleitung zum Vertragsbruch haftbar, wenn das System lückenhaft ist.

Ensthaler hat gegen diese Auffassung vorgetragen, daß der EuGH dem Wettbewerb wohl kaum einen derartigen „Bärendienst" erweisen wollte und er insbesondere ausdrücklich darauf hingewiesen habe, daß mit der Beantwortung der Voranfrage des OLG Düsseldorf keine Entscheidung darüber getroffen sei, ob die Voraussetzungen für eine Durchsetzbarkeit des lückenhaften Vertriebssystems gegenüber Außenseitern im Wege einer Klage wegen unlauteren Wettbewerbs erfüllt seien[371]. Aus der Sicht *Ensthalers* hat der EuGH damit bereits in der Cartier-Entscheidung selbst klargestellt, daß nicht notwendiger Weise ein Junktim zwischen den kartellrechtlichen Verzicht auf Lückenlosigkeit und dem Sittenwidrigkeitsvorwurf gegenüber in ein lückenhaftes System eindringenden Außenseitern bestehen muß. Eine mögliche Haftung wegen Verleitung zum Vertragsbruch ist daher nach Auffassung *Ensthalers* im wesentlichen anhand der Funktionalität des konkreten Vertragssystems zu bestimmen. Je nachdem, ob das System geschlossen oder offen ist, kann die Verleitungshandlung jeweils ganz unterschiedliche lauterkeitsrechtliche Intensität haben. Ließe man für die Anwendung von § 1 UWG rein formal den Bestand eines – aus kartellrechtlicher Sicht wünschenswerten - flexiblen Bindungssystems genügen, würde nach der Ansicht *Ensthalers* die Entstehung von Willkürsystemen begünstigt werden[372]. Denn der Binder wäre in der Vertriebsentscheidung darüber frei, bestimmte Außenseiter unter Ausschluß anderer zu privilegieren. Die nicht wünschenswerte Machtstellung des Binders habe zur Folge, daß dieser, je nachdem

370 *Bechtold*, NJW 1994, 3211, 3213.

371 *Ensthaler*, NJW 1995, 1200 unter Hinweis auf EuGH NJW 1994, 643, 644. Gegen die Ansicht *Bechtolds* siehe auch *Gaedertz*, FS Piper 1996, 231, 240.

372 *Ensthaler*, NJW 1995, 1200, 1201.

was für ihm gerade günstiger erscheine, entweder den Vertrieb des Außenseiters nutzen bzw. umgekehrt auf seine Vertriebshändler zurückgreifen könne[373].

Die Ansicht *Ensthalers* ist vorzugswürdig. Wie bereits an anderer Stelle noch auszuführen sein wird[374], kann für die Bejahung des Merkmals der Sittenwidrigkeit im Sinne § 1 UWG nicht das Bestehen eines bloßen Wettbewerbsverhältnisses genügen. Es ist vielmehr eine darüber hinausgehende Betrachtung der Gesamtumstände des konkreten Einzelfalles durchzuführen. Wird aber ein Außenseiter, worauf *Ensthaler* zutreffend hinweist[375], aufgrund der konkreten Marktsituation gerade dazu gezwungen, bestimmte Waren in sein Sortiment aufzunehmen, um Wettbewerbsnachteile abzuwehren, ist es kartellrechtlich nicht wünschenswert, die durch die Cartier-Entscheidung angestrebte Förderung des Wettbewerbs durch Verhängung UWG-rechtlicher Sanktionen zu behindern[376]. Der EuGH hat dieses Ergebnis zwischenzeitlich mit Urteil vom 5.6.1997 bestätigt[377]. Auf eine Vorlage des LG Hamburg hat der EuGH klargestellt, daß weder die Bestimmungen des Art. 85 Abs. 3 EGV a.F. (Art. 81 Abs. 3 EGV n.F.) noch die hierzu ergangenen Rechtsverordnungen so auszulegen sind, daß sie einer nationalen Rechtsprechung auf dem Gebiet des unlauteren Wettbewerbs entgegenstehen, nach der ein Vertriebsbindungssystem, auch wenn es freigestellt ist, Außenseitern nur entgegengehalten werden kann, wenn es lückenlos ist[378].

---

373 Id.

374 Siehe unten S. 262 ff.

375 Id.

376 Eine Übersicht über erste, nach Erlaß des Cartier-Urteils ergangene unterinstanzliche und nicht veröffentlichte Entscheidungen zum nationalen Recht findet sich bei *Pauly/Roth,* GRUR 1997, 431, 432 f. In der Tendenz forderten die Gerichte auch vor der Klarstellung durch den EuGH mehrheitlich nach wie vor den Nachweis der Lückenlosigkeit.

377 EuGH NJW 1997, 2667 f.

378 Id.

4. *Beweislast*

Hinsichtlich der Frage der Beweislast gelten im Vergleich zur Rechtslage bei Preisbindungssystemen keine Besonderheiten, weshalb auf die dortigen Ausführungen verwiesen wird[379].

IV. Abwerbung von Kunden

Der Eingriff in einen fremden Kundenkreis ist als wettbewerbseigene Maßnahme ein grundsätzlich zulässiges Verhalten[380]. Es entspricht gerade dem Wesen des Leistungswettbewerbs, daß ein Kundenstamm nicht auf Dauer geschützt ist, sondern immer wieder neu erarbeitet werden muß[381]. Sofern das Abwerben von Kunden nicht in wettbewerbsrechtlich unlauterer Weise erfolgt und die Kenntnisse über den Kundenstamm redlich erlangt wurden, liegen daher keine das Unwerturteil der Sittenwidrigkeit begründenden Umstände vor[382]. Ein ausgeschiedener Mitarbeiter begeht daher noch keinen Sittenverstoß, wenn er nach seinem Ausscheiden Kontakt zu Kunden des früheren Geschäftsherrn aufnimmt, um diesen mitzuteilen, daß er einen eigenen Betrieb eröffnet hat. Dies gilt auch dann, wenn die Mitteilung mit der Aufforderung verbunden ist, die Geschäftsbeziehung zu wechseln[383]. Werden aber beispielsweise vertragliche oder gesetzliche Wettbewerbsverbote mißachtet (§§ 74 a, 90 HGB) oder wird die Abwerbung noch während des Bestehens des Arbeitsverhältnisses durchgeführt[384] oder vorbereitet, indem sich der Abwerbende interne Geschäftsunterlagen wie etwa Kundenlisten beschafft, ist auch die nicht mit einem Vertragsbruch einhergehende Abwerbung von Kunden als sittenwidrig im Sisnne § 1 UWG zu beurteilen[385]. In

379 Siehe oben S. 101.

380 BGH GRUR 1966, 263, 265 (Bau-Chemie); GRUR 1967, 104, 106 (Stubenhändler).

381 BGH GRUR 1956, 223, 224 (Freiburger Wochenbericht); BGH GRUR 1986, 547, 548 (Handzettelwerbung).

382 *Piper*, GRUR 1990, 643, 644.

383 RG GRUR 1939, 728, 730 (Versicherungsmakler).

384 BGH WM 1979, 59, 62 (Nur-Beleg-Programm).

385 RG GRUR 1938, 137, 140 (Stuhlmodelle); GRUR 1939, 728, 731 (Versicherungsmakler); BGH, WM 1976, 324, 325 (Nachunternehmer); GRUR 1960, 558,

derartigen Fällen resultiert der Sittenwidrigkeitsvorwurf gegenüber dem Dritten jedoch vorwiegend aus dem zu Wettbewerbszwecken erfolgten Verstoß gegen eigene vertragliche Verhaltenspflichten und weniger aus der Verleitung von Kunden, die Geschäftsbeziehung zu wechseln. Als verwerflich sind auch unerbetene Kündigungshilfen mit Hilfe von vorgefertigten Formularen[386] anzusehen. Zulässig ist die Kündigungshilfe aber dann, wenn der Kunde die Hilfe erbeten hat[387]. Herabsetzende Äußerungen über die Leistungsfähigkeit des bisherigen Vertragspartners sind regelmäßig als sittenwidrig zu bewerten (§ 14 UWG)[388]. Entsprechendes gilt für die Abwerbung durch Übernahme von Kosten oder Schadensersatzansprüchen[389].

V. Abwerbung von Arbeitskräften

Die zur Kundenabwerbung dargestellten Grundsätze gelten im Grundsatz auch für die Abwerbung von Mitarbeitern. Dies bedeutet, daß ein wettbewerbsrechtlicher Schutz nach § 1 UWG gegen die Abwerbung (noch) vertraglich gebundener Mitarbeiter immer das Bestehen eines rechtswirksamen Vertrages voraussetzt[390]. Des weiteren setzt eine Haftung wegen Verleitung zum Vertragsbruch auch in Fällen des Abwerbens von Mitarbeitern ein Handeln zu Zwecken des Wettbewerbs voraus. Auf das Erfordernis der Branchengleichheit der Wettbewerber wird zur Bejahung des Tatbestandsmerkmals "zu Zwecken des Wettbewerbs" allerdings verzichtet[391]. Ausreichend ist damit die Begegnung auf dem gemeinsamen Arbeitsmarkt. In subjektiver Hinsicht gelten keine Besonderheiten. Für die Annahme eines vorsätzlichen Handelns genügt, daß der abwerbende Dritte in Kauf nimmt, daß Umstände vorliegen, die sein Verhalten als sittenwidrig erscheinen lassen[392].

---

559 (Eintritt in Kundenbestellung); GRUR 1994, 447, 448 (Sistierung von Aufträgen).

386 RGZ 149, 114, 117 (Kündigungshilfe)

387 RG GRUR 1934, 124, 127 (Kündigungsschreiben); OLG Köln WRP 1985, 233, 234 f.

388 *Piper*, GRUR 1990, 643, 647 mit Nachweisen.

389 BGH GRUR 1975, 555, 556 (Speiseeis).

390 Siehe oben, S. 63 f.

391 Baumbach/*Hefermehl*, § 1 UWG, Rn. 546; *Piper*, GRUR 1990, 643, 644 und oben S. 83.

392 BGH GRUR 1971, 121, 123 (Automatenaufstellverträge).

Erforderlich ist also nur Vorsatz in Form des dolus eventualis. Das Vorliegen einer speziellen Ausbeutungs- oder Behinderungsabsicht ist ebensowenig erforderlich wie ein Bewußtsein, sittenwidrig zu handeln[393].

Im übrigen gilt, daß das Abwerben von Mitarbeitern grundsätzlich nicht als negativ zu werten ist und sich in der Regel ebenfalls als bloße Folge eines wettbewerbsgerechten Leistungswettbewerbs darstellt[394]. Dies gilt auch dann, wenn das Ausspannen durch das Inaussichtstellen eines höheren Lohns oder besserer Arbeitsbedingungen erfolgt. Dies ergibt sich aus dem Umstand, daß das zulässige und wünschenswerte Bestreben des Arbeitnehmers nach einer Verbesserung seines wirtschaftlichen Fortkommens nicht behindert werden soll. Sähe sich ein Arbeitgeber, der versucht, einen neuen Arbeitnehmer zu gewinnen, allein schon aufgrund der Tatsache, daß dieser sich in einem bestehenden Arbeitsverhältnis befindet, dem Vorwurf der Sittenwidrigkeit ausgesetzt, hätte dies unweigerlich eine Stagnation des Arbeitsmarkts zur Folge. Die notwendige Mobilität von Arbeitnehmern wäre erheblich beeinträchtigt. Vor allem vor diesem wirtschaftspolitischen Hintergrund kann das Abwerben von Arbeitnehmern nicht ohne weiteres als sittenwidrig angesehen werden. Anderes gilt nur dann, wenn besondere Umstände vorliegen, die das grundsätzlich billigenswerte Abwerben von Arbeitskräften als verwerflich erscheinen lassen. Als ein solche Umstände sind das Verleiten oder die Beihilfe zum Vertragsbruch zu bewerten[395]. Insoweit gelten die allgemeinen Grundsätze. Dies bedeutet, daß angesichts der Weite des Verleitungsbegriffs[396] und der fehlenden Trennschärfe in der Unterscheidung der Handlungsalternativen "Verleiten" und "Ausnutzen"[397] eine Haftung nach § 1 UWG wegen Verleitung zum Vertragsbruch bereits dann anzunehmen ist, wenn der Vertragsbruch durch den Dritten erst ermöglicht wurde. Von einem bloßen Ausnutzen des Vertragsbruchs und damit von einem nicht gegen die guten Sitten verstoßenden Verhalten kann ohne weite-

---

393 Siehe oben S. 94.

394 BGH GRUR 1966, 263, 265 (Bau-Chemie); GRUR 1984, 129, 130 (Shop in the Shop I).

395 Beispielsweise durch Übernahme einer Vertragsstrafe, RGZ 148, 364, 369 (4711).

396 Siehe oben S. 65 f.

397 Siehe oben S. 66.

res nur dann ausgegangen werden, wenn der Dritte in Unkenntnis des Vertragsbruchs gehandelt hat[398].

Die Verleitung zur ordnungsgemäßen Vertragsauflösung wird demgegenüber erst dann als sittenwidrig beurteilt, wenn über die bloße Verleitungshandlung hinausgehende, die Sittenwidrigkeit erst begründende Umstände festzustellen sind. Als solche zu nennen sind etwa eine vertragswidrige Doppelbeschäftigung[399], das Bestreben, fremde Betriebsgeheimnisse zu erlangen[400] oder der Versuch, in fremde Kunden- und Vertriebsbeziehungen einzubrechen[401]. Als das Urteil der Sittenwidrigkeit begründende Umstände sind auch die Erteilung einer Gehaltszusage und die Geldzuwendung vor dem Ausspruch der Kündigung[402] oder das Aufsuchen in der Privatwohnung[403] angesehen worden. Für die Rückabwerbung von Mitarbeitern gelten die vorstehend erläuterten Grundsätze entsprechend. Weitere Handlungsspielräume eröffnen sich jedoch dann, wenn dem Rückwerbenden der Mitarbeiter zuvor wettbewerbswidrig abgeworben worden ist[404]. Im Rahmen der zur Klärung der Frage der Sittenwidrigkeit eines Verhaltens erforderlichen umfassenden Abwägung aller Umstände des Einzelfalls ist eine solche Abwehrlage in erheblichem Umfang zugunsten des Rückwerbenden zu berücksichtigen[405].

VI. Schutz von Geschäftsgeheimnissen

Verleitet ein Dritter einen Arbeitnehmer während eines bestehenden Dienstverhältnisses zur Verletzung von vertraglichen Verschwiegenheitspflichten, so haftet der Dritte nach den allgemeinen Grundsätzen wegen Verleitung zum Vertragsbruch. Verletzt eine der in § 17 UWG genannten Personen ein Betriebsgeheimnis nach ihrem Ausscheiden aus dem Betrieb, scheidet eine zivilrechtliche Sanktionierung dieses Verhaltens - abgesehen von den be-

---

398 BGH GRUR 1956, 273, 275 (Drahtverschluß); GRUR 1980, 296, 297 (Konfektions-Stylist).

399 BGH GRUR 1980, 296, 297 (Konfektions-Stylist).

400 BGH GRUR 1966, 263, 265 (Bau-Chemie).

401 BGH GRUR 1964, 215, 216 (Milchfahrer).

402 BGH GRUR 1975, 555, 556 (Speiseeis).

403 BGH GRUR 1966, 263, 264 (Bau-Chemie).

404 *Piper*, GRUR 1990, 643, 648.

405 Id.

sonderen Angriffsarten des § 17 Abs. 2 UWG - mangels Schutzgesetzverletzung nach § 823 Abs. 2 BGB grundsätzlich aus[406]. Das gleiche gilt für eine mögliche Inanspruchnahme Dritter nach § 20 Abs. 1 UWG. Die Frage, ob Dritte auch dann zivilrechtlich in Anspruch genommen werden können, wenn sie Arbeitnehmer nach ihrem Ausscheiden aus dem Betrieb zum Geheimnisverrat verleiten, konzentriert sich daher auf die wettbewerbsrechtliche Generalklausel des § 1 UWG. Von entscheidender Bedeutung ist hierbei, ob die Verwertung von Geheimnissen durch einen ehemaligen Arbeitnehmer als eine Verletzung nachvertraglicher Geheimhaltungspflichten und somit als Vertragsverletzung zu werten ist. Aus der gesetzlichen Regelung ergibt sich, daß der Gesetzgeber Arbeitnehmer nach ihrem Ausscheiden aus dem Betrieb in der Verwertung ihrer Kenntnisse, sofern sie nicht auf eine nach § 17 Abs. 2 UWG einschlägige Weise erlangt wurden, grundsätzlich nicht beschränken wollte[407]. Die Verwertung spezieller Kenntnisse kann einem ehemaligen Arbeitnehmer daher nur dann verboten werden, wenn dies aufgrund besonderer Umstände im Einzelfall gerechtfertigt erscheint. In die danach erforderliche Abwägung sind insbesondere die Interessen des Arbeitgebers am Schutz des Geheimnisses einerseits und dessen Bedeutung für das Fortkommen des Arbeitnehmers andererseits einzubeziehen[408]. Von besonderer Bedeutung ist darüber hinaus das Bestehen eines besonderen Vertrauensverhältnisses sowie die Art und die Dauer des Beschäftigungsverhältnisses.

§ 3 Spezialgesetzliche Haftung nach der Gewerbeordnung

Eine spezialgesetzliche Regelung hat die Haftung wegen Verleitung zum Vertragsbruch lediglich in der Gewerbeordnung erfahren. Diese bestimmt in § 125 Abs. 1 Satz 1 GewO, daß ein Arbeitgeber, der einen Gesellen oder Gehilfen dazu verleitet, vor rechtmäßiger Beendigung des Arbeitsverhältnisses die Arbeit zu verlassen, dem früheren Arbeitgeber zum Schadensersatz verpflichtet ist[409]. Diese Haftung wird auch auf den Arbeitgeber erstreckt,

---

406 Siehe oben S. 55.

407 *Emmerich*, S. 157.

408 BGHZ 38, 391, 393 ff; BGH GRUR 1983, 179, 181.

409 Den Gesellen oder Gehilfen werden nach Abs. 3 die in § 119 b GewO bezeichneten Personen gleichgestellt.

der einen Gesellen oder Gehilfen annimmt, obwohl er weiß, daß dieser noch einem anderen Arbeitgeber zur Arbeit verpflichtet ist (Abs. 1 Satz 2) oder diesen während der Dauer der anderweitigen Verpflichtung in Arbeit behält, sofern der Vertragsbruch nicht bereits 14 Tage zurückliegt (Abs. 2). Nach dem Wortlaut des § 125 Abs. 1 Satz 1 GewO a.F. stand es dem früheren Arbeitgeber dabei frei, den tatsächlich entstandenen Schaden oder den sich aus dem zwischenzeitlich weggefallenen § 124 b GewO ergebenden pauschalierten Haftungsbetrag geltend zu machen. § 125 GewO n.F. stellt nur noch eine Mithaftung des neuen Arbeitgebers in der gleichen Höhe, in der der vertragsbrüchige Geselle oder Gehilfe haftbar ist, fest. Nachdem das Bundesarbeitsgericht[410] die vorkonstitutionelle[411] und zwischenzeitlich weggefallene zivilrechtliche Vorschrift § 124 b GewO wegen Verstoßes gegen das in Art. 20 Abs. 3 GG verankerte Rechtsstaatsprinzips für verfassungswidrig und damit für nicht anwendbar erachtet hat, war auch die in § 125 Abs. 1 Satz 1 GewO a.F. vorgesehene pauschalierte Mithaftung des Arbeitgebers als verfassungswidrig anzusehen[412]. Dementsprechend ist nunmehr mit der Neufassung des § 125 GewO auch gesetzlich klargestellt, daß der neue Arbeitgeber nicht mehr von der Erbringung eines konkreten Schadensnachweises entbunden ist.

§ 4 Sonstige Anspruchsgrundlagen

Trägt sich der Vertragsbruch in Situationen zu, in denen das eingangs beschriebene Präventionsprinzip Durchbrechungen erfährt, so können sich für den enttäuschten Vertragspartner Ansprüche gegen den Dritten auch im außerdeliktischen Bereich eröffnen. Diese sollen hier nur kurz angedeutet werden, da sie unabhängig davon bestehen, ob der Dritte zum Vertragsbruch verleitet, diesen nur ausnutzt oder sogar in dessen Unkenntnis handelt. Typische Fälle dieser Art finden sich unter anderem in §§ 888 Abs. 1, 2382 Abs. 1 BGB und 25 Abs. 2 HGB.

Hat beispielsweise der Inhaber eines Unternehmens sein Unternehmen teilweise oder im ganzen verkauft, und veräußert er das gesamte Unternehmen anschließend nochmals an einen Dritten, so haftet der Dritte nach § 25

---

410 BAG NJW 1985, 342.

411 Siehe hierzu BVerfG GewA 1983, 329, 330.

412 *Tettinger/Sieg*, GewO, § 125 GewO.

Abs. 2 HGB für die in dem Betrieb entstandenen Verbindlichkeiten wie der ursprüngliche Inhaber, in dessen Person die Verpflichtung zur Übertragung des Unternehmens oder Unternehmensteils an den enttäuschten Vertragspartner entstanden ist[413]. Das Leerlaufen der Ansprüche des ersten Vertragspartners wird also durch die gesetzliche Anordnung einer Rechtsnachfolge verhindert. Eine ähnliche Regel findet sich in § 2382 Abs. 1 BGB für den Erbschaftskauf. Angenommen, der Erbschaftsverkäufer verkauft einen zum Erbe gehörenden Gegenstand, ohne seiner Übergabeverpflichtung nachzukommen, und veräußert anschließend den gesamten Nachlaß an einen Dritten, so kann der enttäuschte Vertragspartner des Verkäufers die Erfüllung dieser Verbindlichkeit vom Erbschaftskäufer fordern. Das gleiche Ergebnis konnte sich auch aus dem zwischenzeitlich weggefallenen § 419 Abs. 1 BGB ergeben[414], wenn ein Schuldner vor der Erfüllung seiner Verbindlichkeiten sein gesamtes Vermögen wirksam bis zum 31.12.1998 an einen anderen übertragen hat[415]. Sofern ein Vertragspartner seinen schuldrechtlichen Anspruch auf Einräumung oder Löschung eines Rechts im Sinne des § 883 Abs. 1 BGB durch Eintragung einer Vormerkung gesichert hat, so kann der durch die Vormerkung Begünstigte von einem späteren Erwerber nach § 888 Abs. 1 BGB die Zustimmung zur Vornahme der Rechtshandlungen verlangen, die zur Verwirklichung des durch die Vormerkung gesicherten Rechts erforderlich sind.

§ 5 Verleitung zur ordnungsgemäßen Vertragsbeendigung

Für eine Haftung wegen Verleitung zur ordnungsgemäßen Vertragsbeendigung gelten die für das bloße Ausnutzen eines fremden Vertragsbruchs entwickelten Grundsätze entsprechend[416]. In derartigen Fällen bedarf es ebenfalls weiterer Umstände, die ein Verhalten als wettbewerbswidrig erscheinen

---

413 Normzweck dieser Vorschrift ist es die Kontinuität von Rechtsverhältnissen zu sichern und insbesondere auch die Haftungskontinuität bei Unternehmerwechseln zu gewährleisten, *Schmidt*, § 8 I. 2.

414 Aufgehoben durch Art. 33 EGInsO v. 05.10.1994 (BGBl. I, S. 2911).

415 Siehe hierzu die Übergangsvorschrift § 223a EGBGB sowie zu weiteren Einschränkungen des Relativitätsgrundsatzes im außerdeliktischen Bereich siehe *Krasser*, Der Schutz vertraglicher Rechte, S. 106 f und sehr ausführlich *Koziol*, S. 85-129.

416 Siehe oben S. 89 f.

lassen. Derartige Umstände sind etwa in irreführenden oder herabwürdigenden Äußerungen über den Konkurrenten, in unerbetenen Kündigungshilfen[417], in der planmäßigen Abwerbung einer Reihe von Mitarbeitern[418] bzw. der gesamten Übernahme einer Vertriebsorganisation[419] oder in dem Bestreben fremde Geschäftsgeheimnisse zu erlangen, zu erblicken.

Im Grundsatz ist festzuhalten, daß die Herbeiführung einer Vertragsauflösung unter Einhaltung der gesetzlichen oder vertraglichen Kündigungsfristen und die Ausnutzung zu eigenen Wettbewerbszwecken als ein adäquates Mittel der Marktwirtschaft in der Regel erlaubt ist[420]. Der BGH sieht grundsätzlich keine sich aus der Sittenordnung ergebende Verpflichtung Außenstehender, eigene Interessen zugunsten dritter Vertragsparteien zurückzustellen. Der Ausspruch von Kündigungen eigener Vertragsverhältnisse, welche notwendigerweise die Beendigung von weiteren Vertragsverhältnissen des Vertragspartners zur Folge haben, wird daher als nicht beanstandenswert angesehen[421].

Dementsprechend hat auch das OLG Stuttgart[422] entschieden, daß eine Bank weder zu Zwecken des Wettbewerbs noch rechtswidrig im Sinne des §§ 823, 826 BGB handelt, wenn sie einen kurz vor dem Konkurs stehenden Kreditnehmer veranlaßt, das Vertragsverhältnis mit seinem Steuerberater aufzulösen und dieses Bestreben zum Zwecke der Sanierung des Kreditnehmers erfolgt. Das OLG Stuttgart unterstrich jedoch mit dieser Entscheidung zugleich eine sich aus der konkreten Situation ergebende besondere Verantwortung der beklagten Hausbank bei der Sanierung des das Steuerberaterverhältnis kündigenden Unternehmens. Das Gericht wies insoweit darauf hin, daß ein an der Sanierung beteiligtes Kreditinstitut dem Kreditnehmer nur rechtlich zulässige und andere Gläubiger nicht benachteiligende Maßnahmen vorschlagen und bei deren Durchsetzung seine Machtstellung nicht mißbrauchen dürfe[423]. Hieraus ergibt sich, daß insbesondere Kreditinstitute, wenn sie eine wirtschaftliche Notlage eines Kreditnehmers auf eine fehler-

---

417 RGZ 149, 114, 118 = GRUR 1936, 627 (Kündigungshilfe).

418 RGZ 149, 114, 118 (Kündigungshilfe); BGH GRUR 1976, 306, 307 (Baumaschinen); ausführlich hierzu *Lufft*, NJW 1961, 2000.

419 BGH GRUR 1964, 215, 216 (Milchfahrer).

420 BGH NJW 1998, 76, 77.

421 Id.

422 OLG Stuttgart ZIP 1997, 235. Besprochen von *van Look*, EWiR 1997, 255.

423 OLG Stuttgart ZIP 1997, 235, 236.

hafte Beratung zurückführen, größte Sorgfalt auf den Ausspruch von Empfehlungen zum Wechsel des Beraters zu legen haben. Zwar hat das OLG Stuttgart eine Haftung wegen Verleitung zum Vertragsbruch bereits im Ansatz nicht erkannt, weil der Kreditnehmer jederzeit gemäß § 627 BGB zur Kündigung des Steuerberatervertrages berechtigt war. Zugleich hat das Gericht jedoch darauf hingewiesen, daß eine sachlich nicht gerechtfertigte Empfehlung, den Berater zu wechseln, eine Haftung gemäß den §§ 823, 826 BGB auslösen könne[424]. Einen Eingriff in das Recht am eingerichteten ausgeübten Gewerbebetrieb des Beraters vermochte das Gericht nicht zu erkennen. Die Empfehlung zur Beendigung eines Vertragsverhältnisses unter Einhaltung der jeweiligen Kündigungsfrist ist daher solange als zulässig anzusehen, als sie aus lauteren Motiven erfolgt.

§ 6 Rechtsfolgen und Verfahrensfragen

Die Haftung wegen Verleitung zum Vertragsbruch kann neben dem Anspruch auf Unterlassung des schädigenden Verhaltens auch Ansprüche auf Schadensersatz bzw. Auskunftserteilung auslösen.

A. Unterlassungsanspruch

Die größte Bedeutung ist hierbei zweifellos dem wettbewerbsrechtlichen Unterlassungsanspruch aus § 1 UWG beizumessen, mit dessen Hilfe künftigen oder noch andauernden Störungen entgegengewirkt werden kann. Die Geltendmachung des Unterlassungsanspruchs setzt im Hinblick auf das mit ihm verfolgte Ziel, zukünftige Wettbewerbsverstöße zu verhindern, voraus, daß eine wettbewerbswidrige Handlung bevorsteht. Hiervon ist immer dann auszugehen, wenn der Wettbewerber bereits in der Vergangenheit wettbewerbswidrig gehandelt hat. In diesem Fall ist ohne weiteres das Vorliegen einer Wiederholungsgefahr anzunehmen[425]. Hat sich der Wettbewerber in der Vergangenheit hingegen noch keinen Wettbewerbsverstoß zu Schulden

---

424 Id.
425 *Teplitzky*, S. 29 ff.

kommen lassen, so muß eine Erstbegehungsgefahr vorliegen, d.h. der erstmalige Verstoß ernstlich zu besorgen sein[426].

B. Beseitigungsanspruch

Während der Unterlassungsanspruch darauf zielt, erstmalig bevorstehende oder die Wiederholung bereits begangener Wettbewerbsverstöße zu verhindern, mithin nur für die Zukunft wirkt, eröffnet sich für den von einem Wettbewerbsverstoß Betroffenen über § 1 UWG i.V.m. § 1004 Abs. 1 BGB[427] die Möglichkeit, nachteilige oder störende Zustände zu beseitigen, die aus einem in der Vergangenheit liegenden Verstoß herrühren. Als notwendige Ergänzung des Unterlassungsanspruchs setzt dieser negatorische Beseitigungsanspruch[428], anders als der Beseitigungsanspruch im Sinne eines Wiederherstellungsanspruchs auf schadensersatzrechtlicher Grundlage, kein Verschulden voraus[429].

C. Schadensersatzanspruch

Über den Unterlassungs- und Beseitigungsanspruch hinaus gewährt § 1 UWG dem Verletzten auch einen Anspruch auf Ersatz des durch den Wettbewerbsverstoß entstandenen Schadens.

I. Grundsatz

Der Anspruch auf Schadensersatz richtet sich nach den §§ 249 ff BGB[430]. Der Geschädigte ist daher so zu stellen, wie er stünde, wenn das schädigende Ereignis nicht eingetreten wäre. So kann beispielsweise ein Arbeitgeber

---

426 BGH GRUR 1992, 116, 117 (Topfgucker-Scheck); *Teplitzky*, S. 58 ff.

427 *Teplitzky*, S. 135 ff. Nach Baumbach/*Hefermehl*, ergibt sich der Beseitigungsanspruch direkt aus § 1 UWG, ohne daß es der Heranziehung des § 1004 BGB bedürfte, Einl. Rn. 308.

428 Zu den einzelnen Facetten des Beseitigungsanspruchs siehe *Teplitzky*, S. 143 ff.

429 *Nirk/Kurtze*, Rn. 23.

430 Da eine Wiederherstellung des früheren Zustandes nur selten möglich sein wird, richtet sich der Anspruch im Regelfall auf Geldersatz (§ 252 BGB).

den Ersatz von Stellenanzeigen verlangen, wenn die hierdurch angefallenen Kosten bei ordnungsgemäßer Kündigung vermeidbar gewesen wären[431]. Ersatzfähig ist für die Dauer der Kündigungsfrist auch der Mehraufwand, der durch notwendige Überstunden oder die Einstellung einer teureren Ersatzkraft entsteht[432].

II. Beschäftigungsverbot

Möglich ist des weiteren der Ausspruch eines begrenzten Beschäftigungsverbots, sofern hierdurch ein durch das wettbewerbswidrige Verhalten erreichter Wettbewerbsvorsprung noch beseitigt werden kann[433]. Ein solches Verbot kann auch im einstweiligen Verfügungsverfahren ausgesprochen werden[434]. Dies ist insofern beachtenswert, als es sich bei einem solchen, aus einer Abwerbungshandlung hergeleiteten Beschäftigungsverbot um einen Schadensersatzanspruch in Form der Naturalrestitution handelt[435]. Die Durchsetzung von Schadensersatzansprüchen im Verfahren zur Erlangung einstweiligen Rechtsschutzes ist wegen des Verbots der Vorwegnahme der Hauptsache jedoch grundsätzlich unzulässig. Von diesem Grundsatz sind nur dann Ausnahmen zu machen, wenn die Realisierung des dem Antragsteller gegen den Antragsgegener zustehenden Anspruchs ohne die einstweilige Verfügung gefährdet wäre. Steht also zu befürchten, daß aufgrund der Veränderung der Verhältnisse eine Naturalrestitution nicht mehr erreicht werden kann, weil durch ein im Hauptsacheverfahren ausgesprochenes Urteil die Verfestigung des Wettbewerbsvorsprungs auf seiten des Schädigers nicht mehr zu verhindern wäre, ist auch der Ausspruch einer Leistungsverfügung zulässig[436]. Ein effektiver Rechtsschutz wäre andernfalls nicht gewährleistet.

---

431 BAG NJW 1981, 2430, 2431; a.A. noch BAG NJW 1970, 1469, 1470.

432 *Monjau*, DB 1961, 98.

433 BGH GRUR 1976, 306, 307 (Baumaschinen); Baumbach/*Hefermehl*, § 1 UWG Rn. 596; *Lufft*, BB 1962, 186 ff. und NJW 1961, 2000.

434 Zum einstweiligen Rechtsschutzverfahren allgemein siehe unten S. 120 f.

435 BGH GRUR 1976, 306, 307 (Baumaschinen); Baumbach/*Hefermehl*, § 1 UWG Rn. 596.

436 Id.

III. Lizenzanalogie

Des weiteren ist in Fällen der Übernahme einer fremden Leistung die Anwendung der Grundsätze der Lizenzanalogie denkbar[437]. Zwar ist im Falle der Übernahme einer fremden Leistung regelmäßig nur derjenige klagebefugt, dessen Leistung übernommen wird[438]. Dies ist regelmäßig der Hersteller oder Urheber. Ausnahmsweise kann aber auch eine Dritte zur Verwertung dieser Leistung berechtigte Person klagebefugt sein, beispielsweise beim Bestehen eines Alleinverwertungs- oder –vertriebsrechts[439]. Deshalb kann die Erweiterung des deliktischen Sanktionensystems im wettbewerbsrechtlichen Bereich auch in Fällen der Verleitung zum Vertragsbruch relevant sein. Dem Geschädigten steht grundsätzlich eine dreifache Art der Schadensberechnung zur Verfügung. Dies ist zum einen die konkrete Berechnung des entstandenen Schadens einschließlich entgangenen Gewinns und zum anderen die sog. objektive Schadensberechnung. Im letzteren Fall hat der Geschädigte die Wahl nach der Herausgabe des Verletzergewinns[440] oder der Forderung einer fiktiven Lizenzgebühr. Die Höhe der fiktiven Lizenzgebühr orientiert sich dabei an dem, was ein vernünftiger Lizenzgeber gefordert und ein vernünftiger Lizenznehmer gefordert haben würde[441]. Ausreichend ist hierbei, daß eine Lizenzvergabe möglich gewesen wäre und die objektive Eignung zur Lizenzvergabe vorlag[442].

D. Auskunft und Rechnungslegung

Aufgrund der Schwierigkeiten, die mit der zutreffenden Bezifferung des Schadensersatzanspruchs verbunden sind, und weil sich ein wettbewerbswidrigs Verhalten regelmäßig in irgendeiner Weise geschäftsschädigend auf die Konkurrenz auswirkt, gewährt die Rechtsprechung dem Verletzten zur Erleichterung der Rechtsverfolgung vorbereitende Ansprüche, die auf Aus-

---

437 Zur Erweiterung des wettbewerbsrechtlichen Sanktionensystems siehe ausführlich *Assmann*, BB 1985, 15-25.

438 BGH GRUR 1991, 223 f. (Finnischer Schmuck); *Piper*, GRUR 1996, 147, 160.

439 BGH GRUR 1994, 630, 634 (Cartier-Armreif).

440 Dies gilt allerdings nur dann, wenn der vom Verletzter erzielte Gewinn offensichtlich mit dem Schaden des Verletzten korrespondiert, BGH GRUR 1995, 349, 351.

441 BGH GRUR 1993, 899, 900 (Dia-Duplikate).

442 *Piper*, GRUR 1996, 147, 160.

kunft bzw. Rechnungslegung gerichtet sind[443]. Dies gilt auch in Fällen des vorstehend erläuterten ergänzenden wettbewerbsrechtlichen Leistungsschutzes. Da eine Kodifizierung einer allgemeinen Auskunftsverpflichtung nicht existiert, wird diese aus dem allgemeinen und zwischenzeitlich zu Gewohnheitsrecht erstarktem Rechtsgedanken abgeleitet, daß ein Auskunftsanspruch nach Treu und Glauben immer dann zu gewähren ist, wenn feststeht, daß ein Anspruch dem Grunde nach besteht, dessen Höhe ohne die Mitwirkung des Schuldners aber nicht bestimmt werden kann[444]. Im einzelnen setzt der Auskunftsanspruch voraus, daß der Anspruchsberechtigte in entschuldbarer Weise über das Bestehen und den Umfang seines Rechts im Ungewissen ist und der Verpflichtete die zur Beseitigung der Ungewissenheit erforderlichen Auskünfte unschwer geben kann[445].

Die Pflicht zur Rechnungslegung richtet sich dagegen grundsätzlich nach den gesetzlichen Spezialregelungen des BGB, wie sie beispielsweise in den §§ 666, 675 und 681, 687 Abs. 2 BGB zu finden sind. Obwohl diese Grundsätze in der Rechtsprechung über die in diesen Regelungen festgelegten Sachverhalte hinaus ausgedehnt wurden, ist der Anspruch auf Rechnungslegung in Fällen der Haftung wegen Verleitung zum Vertragsbruch nur von begrenzter Bedeutung[446]. Denn im Regelfall wird der Geschädigte ohne größere Mühen in der Lage sein, den ihm entstandenen Schaden zu beziffern. Ist dem Geschädigten eine Bezifferung nur schwer möglich, kann in geeigneten Fällen Hilfe über die vorstehend erwähnten Grundsätze der Lizenzanalogie gewährt werden.

E. Vorläufiger Rechtsschutz

In verfahrensrechtlicher Hinsicht ist auf eine, sich aus § 25 UWG ergebende Besonderheit des vorläufigen Rechtsschutzverfahrens in Wettbewerbssachen hinzuweisen. Über § 25 UWG eröffnet sich die Möglichkeit, zur Sicherung von Unterlassungsansprüchen einstweilige Verfügungen zu erwirken, auch wenn die in den §§ 935, 940 ZPO bezeichneten Vorausetzungen, insbeson-

---

443 *Nirk/Kurtze*, Rn. 27.

444 RGZ 108, 1, 7; BGHZ 10, 385, 387; 95, 279, 288.

445 Id.

446 Von Interesse ist dieser Anspruch in Fällen schuldhafter Verletzung eines Patent-, Gebrauchs-, Geschmacksmuster oder Urheberrechts, *Nirk/Kurtze*, Rn.29.

dere ein Verfügungsgrund[447], nicht vorliegen. Es ist zu einem nicht unerheblichen Teil auf diese Vorschrift zurückzuführen, daß das einstweilige Rechtsschutzverfahren in der wettbewerbsrechtlichen Praxis gegenüber dem normalen Klageverfahren die weitaus größere Bedeutung gewonnen hat. Eine Vielzahl von in Verfügungsverfahren ergangenen Entscheidungen wird im Klageverfahren nicht überprüft, sondern durch sogenannte Abschlußschreiben erledigt. Diese beinhalten die Aufforderung an den Antragsgegner, den im einstweiligen Verfügungsverfahren erlangten vorläufigen Titel als endgültig anzuerkennen und auf sämtliche prozessualen Rechte und Fristen (§ 926 ZPO) zu verzichten[448]. Auf diese Weise erlangt der vorläufige Titel dieselbe Bedeutung wie ein in der Hauptsache erlangtes rechtskräftiges Urteil.

§ 7 Hilfspersonen

Die allgemeine deliktsrechtliche Haftung für Hilfspersonen bestimmt sich nach den allgemeinen Regeln der §§ 31, 89, 278, 831 BGB sowie § 13 Abs. 4 UWG, die Haftung von Hilfspersonen nach § 830 BGB.

A. Die Haftung für Hilfspersonen

Nach allgemeiner Auffassung ist der Rechtsgedanke des § 31 BGB hierbei auf sämtliche Organvertreter juristischer Personen oder Geschäftsführer von Personenhandelsgesellschaften anwendbar[449]. Darüber hinaus hat die Rechtsprechung den Anwendungsbereich des § 31 BGB auf jede Person erstreckt, die "durch allgemeine Betriebsregelung und Handhabung bedeutsame, wesensmäßige Funktionen zur selbständigen, eigenverantwortlichen Erfüllung zugewiesen sind", d.h. sie die juristische Person repräsentiert[450]. Eine Haftung ist begründet, wenn eine zum Schadensersatz verpflichtende Handlung in Ausführung der dem Organ obliegenden Verrichtung erfolgt. Für die Er-

447 Auf diese Bedeutung reduziert sich der Regelungsgehalt des § 25 UWG. Die Eilbedürftigkeit eines wettbewerbsrechtlichen Unterlassungsanspruchs wird gesetzlich vermutet. Auf die Glaubhaftmachung eines Verfügungsanspruchs kann trotz § 25 UWG hingegen nie verzichtet werden. Siehe *Emmerich*, UWG, S. 374 f.

448 *Emmerich*, UWG, S. 366.

449 Dies gilt nicht für die GbR, BGHZ 45, 311, 312.

450 Zu einem Filialleiter siehe BGHZ 49, 21.

füllungsgehilfenhaftung nach § 278 BGB ergeben sich keine Besonderheiten. Entsprechendes gilt für die ein bestehendes Schuldverhältnis nicht voraussetzende Haftung für Verrichtungsgehilfen nach § 831 BGB. Hierbei ist allerdings zu beachten, daß die Führung eines Entlastungsbeweises nach § 831 Abs. 1 Satz 2 BGB nur dann haftungsbefreiend wirkt, wenn nicht zugleich die Organhaftung nach § 31 BGB begründet ist[451].
Für das Wettbewerbsrecht findet sich unter anderem in § 13 Abs. 4 UWG eine spezielle Zurechnungsnorm[452]. Nach dieser ist insbesondere bei Verstößen gegen § 1 UWG, die durch Angestellte oder Beauftragte "im geschäftlichen Betrieb" begangen worden sind, ein Unterlassungsanspruch gegen den Inhaber des Betriebs selbst begründet. Eine Exkulpationsmöglichkeit besteht nicht. Wettbewerbsverstöße seiner Mitarbeiter werden dem Betriebsinhaber daher wie eigene zugerechnet. Dies gilt allerdings nur für Unterlassungs- und Beseitigungsansprüche. Für die Begründung von Schadensersatzansprüchen bedarf es der Heranziehung der allgemeinen deliktsrechtlichen Normen §§ 31 und 831 BGB.

B. Die Haftung von Hilfspersonen und Organvertretern

Eine deliktsrechtliche Verantwortlichkeit trifft grundsätzlich jeden an einer Verletzungshandlung Beteiligten im Sinne § 830 BGB. In Anspruch genommen werden kann daher jeder, der eine Verletzungshandlung selbst vorgenommen oder zumindest mittelbar willentlich an ihr mitgewirkt hat[453]. Anspruchsgegner sind daher grundsätzlich auch alle an einer wettbewerbswidrigen Aktion Beteiligten, insbesondere auch Vorstandsmitglieder als Organe einer AG[454]. Zwar enthalten die einschlägigen Gesetze, von einigen speziellen Regelungen wie etwa § 93 Abs. 5 AktG abgesehen, keine Bestimmungen hinsichtlich der persönlichen Haftung gesetzlicher Vertreter für die im Geschäftsbetrieb der Gesellschaft begangenen Wettbewerbsverstöße, aus denen sich eine persönliche Außenhaftung der gesetzlichen Vertreter herleiten

---

451 RGZ 128, 162, 169; BGH NJW 1952, 537, 538.

452 Parallelregelungen finden sich in § 12 RabattG, § 2 Abs. 1 Satz 2 ZugabeVO sowie den §§ 14 Abs. 7, 15 Abs. 4 und 128 Abs. 3 MarkG.

453 *Emmerich*, UWG, S. 330.

454 OLG Frankfurt BB 1994, 376 f.

ließe. Eine Haftung der gesetzlichen Vertreter für von ihnen veranlaßte Wettbewerbsverstöße wird hierdurch jedoch nicht ausgeschlossen[455].

I. Unterlassungsanspruch

Sofern der gesetzliche Vertreter den Wettbewerbsverstoß selbst begangen hat, kann er auch persönlich auf Unterlassung in Anspruch genommen werden[456]. Darüber hinaus kann sich eine Haftung auch unter dem Gesichtspunkt der Erstbegehungsgefahr ab dem Zeitpunkt ergeben, zu dem ein gesetzlicher Vertreter von einem Wettbewerbsverstoß Kenntnis erlangt[457]. Denn ab diesem Zeitpunkt trifft den gesetzlichen Vertreter die Pflicht, Wettbewerbsverstöße zu unterbinden. Diese Haftung trifft den gesetzlichen Vertreter auch dann, wenn das zu beanstandende Handeln nicht in seinen Geschäftsbereich fällt, sofern eine außergewöhnliche und aus dem Rahmen fallende geschäftliche Tätigkeit in Frage steht[458].

II. Beseitigungsanspruch

Schuldner eines Beseitigungsanspruchs ist hingegen nur derjenige, der die Rechtsmacht hat, die Folgenbeseitigung selbst durchzuführen[459]. Das OLG Frankfurt hat hierzu in dem Fall "Lopez"[460], der ein Eilbegehren der Adam Opel AG und der General Motors Corp. gegen die Volkswagen AG wegen des Abwerbens von Mitarbeitern zum Gegenstand hatte, entschieden, daß es bei einer Aktiengesellschaft nicht auf die Möglichkeit der in Anspruch genommenen Vorstandsmitglieder ankommt, die Gesellschaft nach außen zu vertreten. Vielmehr ist, um eine Umgehung des § 77 Abs. 2 AktG zu vermeiden, der Beseitigungsanspruch gegen die Gesellschaft selbst und nicht gegen deren Vertreter zu richten. Andernfalls bliebe unberücksichtigt, daß aufgrund von Satzungs- und Geschäftsordnungsbestimmungen Entscheidun-

---

455 Id.
456 KölnKomm-*Mertens*, § 93 Rn. 185.
457 BGH GRUR 1986, 248, 251 (Sporthosen); OLG Frankfurt NJW-RR 1994, 637, 638.
458 BGH GRUR 1980, 242, 245 (Denkzettel-Aktion).
459 OLG Frankfurt BB 1994, 376 f.
460 Id.

gen nicht gegen die Mehrheit der Vorstandsmitglieder getroffen werden dürfen. Das OLG Frankfurt führt in seiner Entscheidung hierzu aus, daß die Möglichkeiten, einen persönlich auf Unterlassung des Wettbewerbsverstoßes haftenden Mitgeschäftsführer neben der Unterlassung auch auf Beseitigung eines durch die Rechtsverletzung geschaffenen Störzustandes in Anspruch zu nehmen, an den rechtlichen Möglichkeiten des gesetzlichen Vertreters, die zur Beseitigung des Störzustandes erforderlichen Maßnahmen in eigener Verantwortung und aus eigener Rechtsmacht vorzunehmen, ihre Grenze finden[461]. So könne zwar der Gesellschafter-Geschäftsführer einer Einmann-GmbH neben der Unterlassung auch auf Beseitigung in Anspruch genommen werden, nicht aber der Geschäftsführer einer GmbH, der dazu eines Gesellschafterbeschlusses bedürfe. Passiv legitimiert ist in derartigen Fällen folglich nur die Gesellschaft, die allein die rechtliche Verfügungsmacht zur Beseitigung des Störzustandes hat.

III. Schadensersatzanspruch

Auch eine Schadensersatzverpflichtung von Organmitgliedern aus der Gesellschaft zuzurechnenden Wettbewerbsverstößen besteht grundsätzlich nicht. Eine persönliche Haftung besteht ausnahmsweise nur dann, wenn ein grober Verstoß gegen die einem Geschäftsleiter obliegenden Pflichten feststellbar ist und von der Gesellschaft selbst keine Befriedigung erlangt werden kann. Für Vorstände einer Aktiengesellschaft ergibt sich dies ebenfalls aus § 93 Abs. 5 Satz 1 und 2 AktG. Voraussetzung eines Anspruchs des Dritten gegen das handelnde Organ selbst ist also, daß dieses mit dem Wettbewerbsverstoß seine dienstvertraglichen Pflichten gegenüber der Gesellschaft verletzt hat und dieser Regreßansprüche gegen das handelnde Organ zustehen. Diesen Regreßanspruch kann der Dritte sodann unter der weiteren Voraussetzung, daß der Gesellschaft die Erfüllung des Schadensersatzanspruchs nicht möglich ist, selbst gegen das Organ verfolgen. Die Haftung des Organs ist insoweit also subsidiär[462]. Für Organe anderer Gesellschaftsformen gilt dieser Grundsatz entsprechend[463].

---

461 OLG Frankfurt BB 1994, 376, 377.

462 *Hüffer*, § 93 AktG Rn. 33.

463 Zum GmbH-Geschäftsführer siehe *Zöllner* in Baumbach/Hueck, § 43 GmbHG Rn. 4, 4a.

§ 8 Beweislast

Die Beweislastverteilung bestimmt sich nach den allgemeinen Grundsätzen. Dies gilt auch im Wettbewerbsprozeß. Die gesamte Beweislast obliegt daher grundsätzlich dem Geschädigten[464]. Dieser hat alle anspruchsbegründenden Tatsachen darzulegen und zu beweisen. Dies gilt bezüglich des Vorliegens einer Wiederholungs- bzw. Erstbegehungsgefahr vor allem im Hinblick auf bereits erfolgte oder zukünftig bevorstehende wettbewerbswidrige Handlungen. Ebenso hat der Verletzte bei Schadensersatzklagen ein Verschulden des Beklagten zu beweisen. Für das Vorliegen von Umständen, die die Sittenwidrigkeit ausnahmsweise ausschließen, ist hingegen der Beklagte beweispflichtig[465]. Gleichwohl hat die Rechtsprechung zugunsten des Klägers gewisse Beweiserleichterungen entwickelt, die vor allem die Erbringung des Nachweises einer Wiederholungsgefahr und die Entstehung eines Schadens betreffen. So wird aus dem Umstand, daß der Beklagte in der Vergangenheit bereits wettbewerbswidrig gehandelt hat, regelmäßig der Schluß hergeleitet, der Beklagte werde auch in Zukunft dieses Verhalten wiederholen. Das Vorliegen einer Wiederholungsgefahr wird zugunsten des Klägers also vermutet[466]. Ebenso genügt bei der einen Schadensersatzanspruch vorbereitenden Klage auf Auskunftserteilung, daß der Eintritt eines Schadens wahrscheinlich ist. Die Entstehung eines Schadens wird nach der allgemeinen Lebenserfahrung ebenfalls vermutet[467]. Im Ergebnis stellt sich somit die beweisrechtliche Situation des Klägers regelmäßig erheblich günstiger dar, als dies nach den allgemeinen Grundsätzen zu erwarten wäre.

§ 9 Sachverhalte mit Auslandsberührung

Abschließend bleibt die Frage zu klären, wie nach dem deutschen Internationalen Privatrecht deliktsrechtliche Sachverhalte mit Auslandsberührung zu behandeln sind.

---

464 BGH VersR 1977, 253.

465 Siehe hierzu Baumbach/*Hefermehl*, Einl. Rn. 263 m.N.

466 Id.

467 Baumbach/*Hefermehl*, Einl. Rn. 473.

A. Anknüpfung im allgemeinen Deliktsrecht

Bis zum Inkrafttreten des Art. 40 EGBGB[468] am 31.5.1999 stellte Art. 38 EGBGB a.F. als bis dahin einzige deliktsrechtliche Kollisionsnorm lediglich fest, daß gegen einen Deutschen aus einer im Ausland begangenen unerlaubten Handlung nicht weitergehende Ansprüche geltend gemacht werden konnten, als nach dem deutschen Recht begründet waren[469]. Eine gesetzliche Anknüpfungsregel existierte nicht. Es herrschte jedoch Einigkeit darüber, daß unabhängig vom jeweiligen Deliktstyp an das Recht des Ortes anzuknüpfen war, an dem das Delikt begangen wurde[470]. Wie dieser Begehungsort zu bestimmen ist, war lange Zeit fraglich.

I. Rechtslage bis zum 31.5.1999

Nach der Rechtsprechung des Reichsgerichts[471] und der früheren Rechtsprechung des BGH[472] galt der Grundsatz, daß im Hinblick auf die entsprechenden tatbestandlichen Anforderungen einer deliktischen Handlung der Begehungsort sowohl der Handlungsort als auch der Erfolgsort (Übiqitätsprinzip) sein könne.

1. Platzdelikte

Hieraus ergaben sich für die sogenannten Platzdelikte, bei denen Handlung und Erfolg örtlich zusammenfallen, noch keine Probleme. In diesen Fällen handelt es sich um reine Inlands- oder Auslandssachverhalte[473]. Hätte also beispielsweise ein Franzose einen Deutschen in Deutschland zum Vertragsbruch verleitet und wäre der Erfolg in Deutschland eingetreten, so hätte, da Handlung und Erfolg in Deutschland zutage getreten sind, deutsches Deliktsrecht Anwendung gefunden.

---

468 Eingefügt durch Gesetz vom 21.05.1999 (BGBl. I, S. 1026).

469 Nach Auffassung *Roth's* war Art. 38 EGBGB a.F. wegen einseitiger Bevorzugung des Inländers als europarechtswidrig anzusehen, RabelsZ 55 (1991), 623, 642.

470 RGZ 96, 96, 98; BGHZ 87, 95, 97.

471 RGZ 55, 199, 200; 140, 25, 29; 150, 265, 270f.

472 BGHZ 21, 266, 270 (Uhrenrohwerk); BGH GRUR 1955, 411, 413 (Bismarck).

473 *Reder*, S.103.

2. *Distanzdelikte*

Schwieriger gestaltete sich die Bestimmung des maßgeblichen Tatorts bei den sogenannten Distanzdelikten, weil bei diesen Handlung und Erfolg nicht in ein und demselben Staat in Erscheinung treten. Eine solche Situation läge beispielsweise vor, wenn ein Franzose in Frankreich einen Deutschen zum Vertragsbruch verleiten würde und der Erfolg in Deutschland einträte.

a) *Funktionen des Haftungsrechts und Tatortermittlung*

Bei einem derartigen Auseinanderfallen von Handlungs- und Erfolgsort war zur Klärung der Frage der Tatortsbestimmung das Augenmerk auf die wesentlichen Funktionen des Haftungsrechts zu richten[474]. Die zwei Hauptfunktionen des Haftungsrechts, die Funktion der Verhaltenssteuerung und die Ausgleichs- bzw. Entschädigungsfunktion deuten dabei auf unterschiedliche Begehungsorte hin[475]. Während die Funktion der Verhaltenssteuerung für eine Anknüpfung an den Handlungsort spricht, weist die Ausgleichsfunktion des Deliktsrechts auf den Erfolgsort hin[476]. Dies bedeutet, daß zur Bestimmung des Tatorts bei Distanzdelikten zunächst zu ermitteln war, welche der beiden Hauptfunktionen die den einzelnen Deliktstyp prägende ist. Für die allgemeine Deliktsnorm § 826 BGB als einem Schadensersatzanspruch gilt, daß das vorherrschende Wesensmerkmal die Entschädigungs- und Ausgleichsfunktion ist. Daneben dient § 826 BGB aber auch unübersehbar dem Zweck, illoyalem Verhalten im Verkehrsleben entgegenzuwirken. Die Verhaltenssteuerung ist damit ebenfalls als eine wesentliche Funktion des § 826 BGB anzusehen[477].

b) *Ubiquitätsregel und Günstigkeitsprinzip*

Unter alleiniger Berücksichtigung der Entschädigungs- und Ausgleichsfunktion wäre der Tatort bei Verstößen gegen § 826 BGB nach dem oben Gesag-

---

474 von *Hoffmann*, § 11 Rn. 23.
475 Id.
476 *Ehrenzweig*, FS Rabel I 1954, S. 657.
477 Siehe oben S. 60.

ten regelmäßig der Ort gewesen, an dem der tatbestandliche Erfolg eingetreten ist. Indes blieb nicht unberücksichtigt, daß § 826 BGB auch der Verhaltenssteuerung dient. Wie bereits einleitend dargestellt, war daher anerkannt, daß der Begehungsort einer deliktischen Handlung sowohl der Handlungsort als auch der Erfolgsort sein könne (Übiqitätsprinzip). Damit war im Einzelfall allerdings noch nicht die Frage beantwortet, welche der beiden grundsätzlich zur Entscheidung berufenen Rechtsordnungen, das Recht des Handlungs- oder das Recht des Erfolgsorts, im Einzelfall zur Anwendung gelangte. Um den Verletzten nicht durch eine starre Festlegung des Tatorts im Einzelfall zu benachteiligen, blieb es diesem überlassen, sich für eine der einschlägigen Rechtsordnungen zu entscheiden. Aufgrund dieses dem Verletzten schon vor der Einfügung des Art. 40 in das EGBGB zugebilligten Wahlrechts fand, wenn der Verletzte von seinem Wahlrecht keinen Gebrauch machte, in Fällen erheblichen Tatverschuldens, wie etwa bei vorsätzlichem Handeln, das für den Verletzten günstigere Recht Anwendung[478]. Die Rechtfertigung dieses sogenannten "Günstigkeitsprinzips"[479] wurde aus der Erwägung hergeleitet, daß nur die alternative Anwendung der einschlägigen Rechtsordnungen dem Geschädigten größtmöglichen Schutz bieten könne, wogegen aus einer kumulativen Anwendung nur ein Minimalstandard resultiere[480].

II. Rechtslage seit dem 1.6.1999

Eine umfassende Neuregelung des bislang nur rudimentär kodifizierten Internationalen Deliktsrechts erfolgte mit Inkrafttreten des Art. 40 EGBGB[481] am 1.6.1999. Die bis zum 31.5.1999 zur Bestimmung des anzuwendenden

---

478 *Kegel/Schurig*, § 18 IV 1., S. 628.

479 Siehe ausführlich hierzu *von Hein*, das Günstigkeitsprinzip, S. 89-142 sowie *Reder*, S. 105 f.

480 Als unzulässig erachtet wurde dagegen eine Kombination der dem Geschädigten günstigeren Vorschriften, sog. "Rosinentheorie", siehe Firsching/*von Hoffmann*, § 11 Rn. 24. In Erwiderung auf *Lorenz*, NJW 1999, 2215, der das Heraussuchen der jeweils günstigsten Regelungen des Handlungsorts- und Erfolgsortsrechts nach dem neuen Recht befürwortet, ebenfalls ablehnend *von Hein*, NJW 1999, 3174 f.

481 Eingefügt durch Gesetz vom 21.05.1999 (BGBl. I, S. 1026).

Rechts von der Rechtsprechung entwickelten und zum Gewohnheitsrecht erstarkten Prinzipien wurden weitgehend beibehalten[482].

1. Regelanknüpfung und Optionsrecht

Eine wesentliche Neuerung findet sich allerdings in der Aufgabe des Günstigkeitsprinzips. Art. 40 Abs. 1 Satz 1 EGBGB sieht nunmehr vor, daß im Internationalen Deliktsrecht vorrangig an das Recht des Handlungsorts angeknüpft werden soll.

a) Optionsrecht

Die Anwendung des Rechts des Handlungsorts steht jedoch unter dem Vorbehalt, daß der Verletzte die Anwendung des Rechts des Erfolgsorts verlangen kann (Art. 40 Abs. 1 Satz 2 EGBGB)[483]. Auf diese Weise werden die Gerichte zukünftig von der Wahl der günstigsten Rechtsordnung entbunden[484]. Das bislang geltende Günstigkeitsprinzip wurde also auf ein Optionsrecht verkürzt. Das Wahlrecht ist zum Zwecke der Verfahrensbeschleunigung auf den ersten Rechtszug beschränkt und muß gemäß Art. 40 Abs. 1 Satz 3 EGBGB bis spätestens zum Ende des frühen ersten Termins (§ 275 ZPO) oder dem Ende des schriftlichen Vorverfahrens (§ 276 ZPO) ausgeübt werden[485]. Die Last der Feststellung der günstigsten Rechtsordnung wird damit auf den Geschädigten verlagert. Hinter dieser Neuregelung steht der Gedanke, daß eine uneingeschränkte alternative Anknüpfung an den Handlungs- oder Erfolgsort im Interesse des Verletzten die Gerichte gegebenenfalls über mehrere Instanzen zwingen würde, mehrere Rechtsordnungen zu prüfen[486].

---

482 Zum Ablauf des Gesetzgebungsverfahrens siehe *Wagner*, IPRax 1998, 210-212.

483 Tritt der Verletzungserfolg in mehreren Ländern gleichzeitig ein, so ist auf den Haupterfolgsort abzustellen, *Ebke*, FS Sandrock 2000, 243, 253.

484 *von Hoffmann*, § 11 Rn. 24.

485 Eine verspätete Ausübung des Optionsrechts kann indes als Angebot auf Abschluß einer Rechtswahlvereinbarung ausgelegt werden, welches vom Gegner angenommen werden kann, *Lorenz*, NJW 1999, 2215, 2217.

486 BT-Drucks. 14/343, S. 11; *Kegel/Schurig*, § 18 IV. 1., S. 628.

Ungeklärt ist noch die Frage, der Widerruflichkeit des Optionsrechts. Erkennt man in dem Optionsrecht ein rein prozeßrechtliches Institut, so ist die Ausübung der Option spätestens mit Ablauf des Präklusionszeitpunktes als unwiderruflich anzusehen[487]. Ein rein prozeßrechtlicher Charakter des Optionsrecht wird indes bezweifelt, weil dem Geschädigten die Ausübung des Optionsrechts auch außerhalb des Prozesses möglich sein muß[488]. In Anlehnung an die kollisionsrechtlichen Rechtswahlmöglichkeiten nach Art. 15, 27 und 42 EGBGB wird die Widerruflichkeit daher teilweise befürwortet[489]. Für die Unwideruflichkeit der Ausübung des Optionsrechts nach Ablauf des Präklusionszeitpunkts spricht jedoch andererseits der mit der Neuregelung verfolgte Zweck der Prozeßökonomie[490]. Unklar ist bis heute auch noch die Frage der Zulässigkeit einer Teilrechtswahl, also der Geltendmachung einzelner Schadenspositionen nach unterschiedlichen Rechtsordnungen. Während teilweise eine Beschränkung des Optionsrechts auf den konkreten Streitgegenstand im jeweiligen Verfahren befürwortet wird[491], lehnen andere eine solche "Rosinentheorie" ab und fordern zutreffend eine einheitliche Anknüpfung des gesamten Lebenssachverhalts[492].

b) Kritik

Die Reduzierung des Günstigkeitsprinzips auf ein Optionsrecht wurde in der Literatur kritisch aufgenommen. So wird insbesondere eingewandt, daß nach den bis zur Neuregelung des Internationalen Deliktsrecht geltenden Grundsätzen die Gerichte in Anwendung des Günstigkeitsprinzips häufig in die Lage versetzt waren, deutsches Recht zur Anwendung zu bringen[493]. Ergab sich aus einer ersten Untersuchung des deutschen Rechts die Begründetheit

---

487 *Junker*, RIW 2000, 241, 248.
488 Id.
489 Id.
490 *Pfeiffer*, NJW 1999, 3674, 3676.
491 *Lorenz*, NJW 1999, 2215,2217
492 Palandt/*Heldrich*, Art. 40 EGBGB Rn. 4; *von Hein*, NJW 1999, 3174 f.; *Pfeiffer*, NJW 1999, 3674, 3676. Siehe hierzu auch *Freitag/Leible*, die eine Teilrechtswahl insoweit für zulässig erachten, als Haftungsvoraussetzungen und Haftungsfolgen unterschiedlichen Rechtsordnungen unterworfen werden, ZvglRwiss 99 (2000), 101, 108.
493 *Junker*, RIW 2000, 241, 247; *Pfeiffer*, NJW 1999, 3674 f.

des geltend gemachten Anspruchs, erübrigte sich eine weitere Untersuchung des ausländischen Deliktsrechts[494]. Nach Ausübung des Optionsrechts ist das Gericht heute, soweit keine engere Anknüpfung nach Art. 41 EGBGB besteht, an das Recht des Erfolgsorts gebunden. Des weiteren wird auf die gesteigerten Haftungsrisiken der Anwälte hingewiesen, welche sich nach dem neuen Recht nicht mehr darauf verlassen können, daß die Gerichte von Amts wegen das günstigste Recht anwenden[495]. Dieses ist nunmehr vom Anwalt selbst zu ermitteln. Eine Hinweispflicht des Gerichts besteht nicht[496].

2. *Auflockerungen*

Das neue Recht sieht in bestimmten Situationen von Art. 40 Abs. 1 EGBGB abweichende Anknüpfungen vor, um eine unangemessene oder zufällige Anknüpfung zu vermeiden[497].

a) Gemeinsamer Aufenthalt

In Übereinstimmung mit der bisherigen Rechtsprechung ist gemäß Art. 40 Abs. 2 Satz 1 EGBGB an das Recht des Staates anzuknüpfen, in dem zum Zeitpunkt des haftungsbegründenden Ereignisses ein gemeinsamer Aufenthalt von Ersatzpflichtigem und Verletztem besteht.

b) Engere Verbindung mit anderem Staat

Eine von der Regelanknüpfung abweichende Anknüpfung ist gemäß Art. 41 EGBGB dann vorzunehmen, wenn wenn mit dem Recht eines Staates eine wesentlich engere Verbindung als mit dem Recht, das nach den Art. 38 bis 40 Abs. 2 EGBGB maßgebend wäre, besteht. Art. 41 EGBGB ist Art. 28 Abs. 5 EGBGB nachgebildet und dient als Korrektiv zum allgemeinen Charakter der Anknüpfung an den Handlungsort. Die Anknüpfung an das Recht

---

494 Id.

495 *Pfeiffer*, NJW 1999, 3674, 3676.

496 BT-Drucks. 14/343, S. 11; *von Hein*, Das Günstigkeitsprinzip, S. 259; *Lorenz*, NJW 1999, 2215, 2217.

497 BT-Drucks. 14/343, S. 12.

eines anderen Staates, zu dem eine wesentlich engere Verbindung besteht, geht auch den Anknüpfungen an den gemeinsamen gewöhnlichen Aufenthalt oder dem nach Art. 40 Abs. 1 Satz 2 EGBGB optierten Recht vor[498]. Gemäß Art. 41 Abs. 2 Ziff. 1 EGBGB findet die Ausweichklausel dann Anwendung, wenn sich aus einer besonderen rechtlichen oder tatsächlichen Beziehung zwischen den Beteiligten im Zusammenhang mit dem Schuldverhältnis eine wesentlich engere Verbindung ergibt. Verleitet also beispielsweise ein Arbeitnehmer Kunden seines Arbeitgebers, ihre mit diesem geschlossenen Verträge zu brechen, spräche unabhängig davon, wo sich die Verletzungshandlung auswirkt, viel für eine Anknüpfung an das für das Arbeitsverhältnis maßgebende Statut.

3. *Rechtswahl*

Schließlich steht es den Parteien eines außervertraglichen Schuldverhältnisses auch frei, das anzuwendende Recht gemäß Art. 42 EGBGB zu wählen. Mit Rücksicht auf den Schutzcharakter außervertraglicher Schuldverhältnisse und aus praktischen Erwägungen wird die Rechtswahl erst für die Zeit nach der Entstehung des gesetzlichen Schuldverhältnisses zugelassen[499]. Eine vorsorglich im vorhinein geschlossene Rechtswahlvereinbarung ist unwirksam[500]. Die Rechtswahl kann ausdrücklich oder konkludent[501] erfolgen und geht allen anderen Anknüpfungen vor[502]. Auch gegenüber einer "wesentlich engeren Verbindung" im Sinne Art. 41 EGBGB ist die einvernehmliche Rechtswahl vorrangig[503].

---

498 Palandt-*Heldrich*, Art. 40 EGBGB Rn. 6; *Junker*, RIW 2000, 241, 246; BT-Drucks. 14/343, S. 12.

499 BT-Drucks. 14/343, S. 14. Kritisch zu dieser Beschränkung der Parteiautonomie, *Freitag/Leible*, ZVglRWiss 99 (2000), 101, 103-105.

500 Palandt- *Heldrich*, Art. 42 EGBGB Rn. 1.

501 Die Kriterien einer stillschweigenden Rechtswahl entsprechen denen des Art. 27 Abs. 1 Satz 2 EGBGB, d.h. die Rechtwahl muß sich mit hinreichender Sicherheit aus den Umständen des Falles ergeben. Zu den Kriterien einer konkludenten Rechtswahl siehe *Steinle*, ZVglRWiss 93 (1994), 300, 308-314; MünchKomm-*Martiny*, Art. 27 EGBGB Rn. 49; Palandt-*Heldrich*, Art. 42 EGBGB Rn. 1.

502 *Junker*, RIW 2000, 241, 246; *Spickhoff*, NJW 1999, 2209, 2213.

503 Id.

4. *Abwehrklausel*

Schließlich ist auf die spezielle ordre public-Klausel des Art. 40 Abs. 3 EGBGB hinzuweisen, wonach auf das Recht eines anderen Staates gestützte Ansprüche nicht geltend gemacht werden können, soweit sie wesentlich weitergehen als dies zur angemessenen Entschädigung des Verletzten erforderlich ist (Art. 40 Abs. 3 Nr. 1 EGBGB) bzw. sie anderen Zwecken als einer angemessenen Entschädigung des Verletzten dienen (Art. 40 Abs. 3 Nr. 2 EGBGB). Von Bedeutung ist diese Regelung insbesondere für die später noch zu besprechenden Strafschadensersatzansprüche (punitive damages) des US-amerikanischen Rechts[504]. Aufgrund der dem Strafschadensersatz innwohnenden Bestrafungs- und Abschreckungsfunktion weigerte sich der BGH, derartige Ansprüche aussprechende Urteile mangels Vereinbarkeit mit dem das deutsche Schadensersatzrecht beherrschenden Kompensationsgedanken und damit dem ordre public für vollstreckbar zu erklären[505]. Strafschadensersatz aussprechenden Urteilen dürfte daher in Deutschland auch in Zukunft die Anerkennung versagt werden[506].

5. *Renvoi*

An der Zulässigkeit des renvoi[507] wurde festgehalten. Ausgeschlossen ist der renvoi allerdings, wenn der Sinn der Verweisung entgegensteht (Art. 4 Abs. 1 Satz 1 EGBGB). Dies ist im Fall der Rechtswahl (Art. 42 Abs. 1 EGBGB) und der Anknüpfung eine wesentlich enger verbundene Rechtsordnung (Art.

---

504 Siehe unten S. 216.

505 BGHZ 118, 312, 338 ff. Siehe zu diesem Problemkreis auch *Baumbach/Henkel*, RIW 1997, 727; *Siehr*, RIW 1991, 705; *Stiefel/Stürner*, VersR 1987, 829 sowie grundlegend *Mörsdorf-Schulte*, Funktion und Dogmatik US-amerikanischer punitive damages, 1999; *Brockmeier*, Punitive damages, multiple damages und deutscher ordre public, 1999 und *Müller*, Punitive damages und deutsches Schadensersatzrecht, 2000.

506 Vgl. hierzu Staudinger, der allerdings mit Blick auf die in den USA bestehende Verhältnismäßigkeitskontrolle sowie steigender Schadensersatzsummen in Deutschland davon ausgeht, daß die Geltendmachung von Strafschadensersatzansprüchen nur in krassen Ausnahmenfällen an Art. 40 Abs. 3 EGBGB scheitern wird, DB 1999, 1589, 1592.

507 Siehe ausführlich hierzu *von Hein*, ZvglRWiss 99 (2000), 251-277.

41 Abs. 1 EGBGB) anzunehmen[508], weil ansonsten das Ziel der akzessorischen Anknüpfung verfehlt würde, konkurrierende Vertrags- und Deliktsansprüche bei gemeinsamen Lebenssachverhalt auch einer einheitlichen materiellrechtlichen beurteilung zu unterwerfen[509].

B. Anknüpfung im Wettbewerbsrecht

Sittenwidrige Wettbewerbshandlungen werden nach der ständigen Rechtsprechung des BGH zum Bereich der unerlaubten Handlungen gerechnet[510]. Auf den ersten Blick wäre es daher nahegelegen, die im allgemeinen Deliktsrecht entwickelte Tatortregel auch im Internationalen Wettbewerbsrecht anzuwenden.

I. Rechtslage bis zum 31.5.1999

Als Begehungsort wäre demnach ebenfalls alternativ entweder der Handlungs- oder der Erfolgsort als Anknüpfung denkbar gewesen.

1. Funktion des Wettbewerbsrechts

Es ist heute jedoch anerkannt, daß im Gegensatz zu der allgemeinen zivilrechtlichen Deliktsnorm § 826 BGB bei der Sanktionierung wettbewerbsrechtlicher Verstöße nicht der Ausgleich individuell entstandener Schäden im Vordergrund des Gesetzes steht, sondern die Frage, ob eine bestimmte Wettbewerbsmaßnahme unter Abwägung der Interessen der Marktbeteiligten und der Interessen der Allgemeinheit am Schutz der Wettbewerbsordnung toleriert werden kann[511]. Das UWG dient nach heutiger Ansicht dem

---

508 BT-Drucks. 14/343, S. 8; *von Hein*, ZvglRWiss 99 (2000), 251, 254; *Ebke*, FS Sandrock 2000, 243, 253.

509 *Staudinger*, DB 1999, 1589, 1593.

510 BGHZ 35, 329, 333 (Kindersaugflasche); 40, 391, 394 (Stahlexport); BGH NJW 1991, 1054 (Kauf im Ausland); BGH NJW-RR 1994, 728, 729 (Sistierung von Aufträgen).

511 So schon RGZ 120, 47, 49 (Markenschutzverband), welches feststellte, daß das UWG auch dem Schutz der Allgemeinheit diene. Siehe auch Baumbach/*Hefermehl*,

Schutz eines unverfälscht funktionierenden Wettbewerbs als Institution[512]. Hauptfunktion des § 1 UWG ist somit die Verhaltenssteuerung. Dementsprechend hat die zur Klärung der Rechtmäßigkeit eines Wettbewerbsverhaltens berufene Rechtsordnung nicht (nur) über den Ersatz entstandener Schäden zu entscheiden[513]. Eine Anknüpfung nach der für das allgemeine Deliktsrecht entwickelten Ubiquitätsregel würde der wettbewerbsschützenden Funktion des Wettbewerbsrechts nicht gerecht, weil die alternative Anknüpfung an den Erfolgs- oder Handlungsort ohne Berücksichtigung von Drittinteressen allein dem Schadensausgleich dient[514]. Eine spezielle wettbewerbsorientierte Anknüpfung an den Begehungsort wurde daher für erforderlich erachtet[515].

2. *Die Bestimmung des Begehungsorts*

Die Frage, wie bei Wettbewerbsverstößen der Begehungsort genau zu bestimmen war, wurde in der Rechtsprechung uneinheitlich beantwortet[516].

a) *Anknüpfung in der älteren Rechtsprechung*

In älterer Rechtsprechung erfuhr der Begriff des Begehungsorts eine fast uferlose Ausdehnung, indem schon Orte bloßer Vorbereitungshandlungen als Ausführungsorte angesehen wurden[517]. Dies hatte zur Folge, daß von deutschen Gewerbetreibenden im Ausland begangene Wettbewerbshandlungen nach deutschem Recht zu beurteilen waren, sofern nur die Initiative zum Handeln von deutschem Boden ausging. Hintergrund dieser ausdehnenden

---

Einl. UWG Rn. 186; Staudinger-*von Hoffmann*, Art. 38 EGBGB Rn. 509; ausführlich auch *Schwartz*, GRUR 1967, 333, 334-343.

512 Baumbach/*Hefermehl*, Einl. UWG, Rn. 44 und oben S. 87; *Kropholler*, § 53 VII.1; *Emmerich*, UWG, S. 12, 13.

513 Staudinger-*von Hoffmann*, Art. 38 EGBGB Rn. 509.

514 Id.

515 Staudinger-*von Hoffmann*, Art. 38 EGBGB Rn. 509; *Deutsch*, S.27; *Wirner*, S. 98 f.; *Kreuzer*, S. 267; *Schricker*, GRUR Int. 1973, 453, 549,

516 Ein umfassender Überblick zum Meinungsstand findet sich in Staudinger-*von Hoffmann*, Art. 38 EGBGB Rn. 516 ff.

517 RGZ 150, 265, 271 (Stecknadel); BGHZ 21, 266, 270 f. (Uhrenrohwerk); siehe weitere Nachweise bei Baumbach/*Hefermehl*, Einl. UWG Rn. 178.

Auslegung war das Bestreben der Gerichte, nach Möglichkeit deutsches Recht zur Anwendung zu bringen[518]. Die ungeliebte Konsequenz, daß sich deutsche Firmen nach dem wesentlich strengeren inländischen Recht zu richten hatten, wurde dadurch abzumildern versucht, daß bei Auslandssachverhalten die im Ausland geltenden Verkehrsanschauungen Berücksichtigung fanden[519]. Eine wettbewerbsgerechte Anknüpfung erfolgte damit im Ergebnis nicht.

b) Anknüpfung in der neueren Rechtsprechung

Diese Rechtsprechung wurde vom BGH mit der "Saugflaschen"-Entscheidung aufgegeben[520]. Das bloße Bereitstellen von Mitteln, um im Ausland in Wettbewerb zu treten, genügte nicht mehr, um den Begriff des Begehungsorts zu erfüllen[521]. Im Bereich des Wettbewerbsrechts knüpfte die Rechtsprechung abweichend von der Tatort-Regel unter Berücksichtigung der starken Gewichtung von Drittinteressen an den Ort an, an dem sich die wettbewerbsmäßige Interessenkollision auswirkt[522]. Anwendung fand somit immer das Recht des Marktes, auf dem um Marktanteile gekämpft und der Verbraucher umworben wird[523].

c) Auswirkungsprinzip

Die vom BGH zwischenzeitlich in ständiger Rechtsprechung geübte Anknüpfung an den Ort, an dem sich die wettbewerbsmäßige Interessenkollision auswirkt, ist nicht mit dem in § 130 Abs. 2 GWB (§ 98 Abs. 2 GWB a.F.) gesetzlich verankerten Auswirkungsprinzip zu verwechseln, dessen Übertragung auf das Recht des unlauteren Wettbewerbs teilweise befürwor-

---

518 *Kreuzer*, S. 238; Baumbach/*Hefermehl*, Einl. UWG Rn. 178; Staudinger-*von Hoffmann*, Art. 38 EGBGB Rn. 507.

519 BGHZ 22, 162, 163; w. N. bei Baumbach/*Hefermehl*, Einl. UWG Rn. 179.

520 BGHZ 35, 329, 334 (Kindersaugflasche).

521 Id.

522 BGHZ 35, 329, 334 (Kindersaugflasche). Zu weiteren Ansätzen siehe Staudinger-*von Hoffmann*, Art. 38 EGBGB Rn. 508 ff.; *Sack*, GRUR Int. 1988, 320, 330; *Lindacher*, WRP 1996, 645, 647; *Kropholler*, § 53 VII. 1.

523 Baumbach/*Hefermehl*, Einl. UWG Rn. 184, 186.

tet wird[524]. § 130 Abs. 2 GWB besagt, daß deutsches Kartellrecht für sämtliche Wettbewerbsbeschränkungen gilt, die sich im Inland auswirken. Dies gilt auch dann, wenn sie im Ausland veranlaßt worden sind. Für die Anwendung deutschen Kartellrechts auf Auslandssachverhalte ist damit allein die Frage maßgeblich, ob ein durch das GWB geschütztes Rechtsgut unmittelbar und spürbar beeinträchtigt wird[525]. Begründet wird die Anwendung des kartellrechtlichen Auswirkungsprinzips auch im Recht des unlauteren Wettbewerbs mit der Erwägung, daß eine einheitliche öffentlich-rechtliche, das gesamte Wettbewerbsrecht umfassende Marktordnung vorhanden sei und daher eine einheitliche Anknüpfung für sämtliche wettbewerbsrechtlichen Sachverhalte erfolgen müsse[526].

Dem wird jedoch zutreffend entgegengehalten, daß wenn man jede Aus- bzw. Einwirkung auf den Markt – auch solche von außen – für eine Anknüpfung genügen ließe, im Ergebnis die überkommene Rechtsprechung des Reichsgerichts wieder nachvollzogen würde, welche über die weite Auslegung des Handlungs- und Erfolgsorts immer zur Anwendung deutschen Rechts gelangt sei[527]. Der Übernahme des kartellrechtlichen Auswirkungsprinzips wird weiter eine einseitige Heraushebung marktordnungsrechtlicher Elemente unter Vernachlässigung individualrechtlicher Aspekte entgegengehalten[528]. Denn das GWB bezwecke vor allem die Freihaltung des Marktes von wettbewerbsverzerrenden Faktoren, weshalb das Merkmal der Auswirkung für das Kartellrecht prägend sei. In Normen zum Schutz der Lauterkeit des Wettbewerbs werden demgegenüber abstrakte Gefährdungsdelikte gesehen, die zur Verhinderung des sittenwidrigen Absatzes von Gewerbetreibenden zum Nachteil anderer Marktteilnehmer dienen[529]. Auch in der Literatur wird daher die von der Rechtsprechung geübte wettbewerbsspezi-

---

524 Siehe nur *Wengler*, RabelsZ 19 (1954), 401, 416; *Weber*, GRUR Int. 1983, 26, 29.

525 *Emmerich*, Kartellrecht, S. 25.

526 *Wengler*, RabelsZ 19 (1954), 401, 416; *Weber*, GRUR Int. 1983, 26, 29.

527 Baumbach/*Hefermehl*, Einl. UWG Rn. 215; Staudinger-*von Hoffmann*, Art. 38 EGBGB Rn. 513.

528 MünchKomm-*Kreuzer*, Art. 38 EGBGB Rn. 238

529 Baumbach/*Hefermehl*, Einl. UWG Rn. 215; Staudinger-*von Hoffmann*, Art. 38 EGBGB Rn. 513.

fische Anknüpfung an den Ort für erforderlich erachtet, an dem die Interessenkollision zutage tritt[530].

II. Rechtslage seit dem 1.6.1999

Auch für das Wettbewerbsrecht als speziellen Unterfall des allgemeinen Deliktsrechts gelten nunmehr die Art. 40 bis 42 EGBGB. Auf die Anfügung spezieller Anknüpfungstatbestände für einzelne Deliktstypen wurde bewußt verzichtet[531].

1. Ausweichklausel

Der Gesetzgeber ging davon aus, daß den wettbewerbsrechtlichen Besonderheiten mit einer Anknüpfung über Art. 41 EGBGB hinreichend Rechnung getragen werden kann[532]. An den bis zum Inkrafttreten der Neuregelung entwickelten Anknüpfungsmethoden ist festzuhalten[533]. Für die Haftung wegen Verleitung zum Vertragsbruch bedeutete dies, daß nicht der Ort, an dem die Verleitungshandlung vorgenommen wurde über das Deliktsstatut entscheidet, sondern der Ort, an dem der Interessenkonflikt zutage tritt. Dies ist bei Maßnahmen des Behinderungswettbewerbs immer der Ort an dem der Konkurrent an der Teilnahme am Wettbewerb gehindert wurde[534]. Dort soll unlauteres Konkurrenzverhalten unterbunden werden[535]. Übertragen auf den speziellen Anwendungsfall der Verleitung zum Vertragsbruch ist dies der Ort, an dem ein Vertrag hätte erfüllt werden müssen[536]. Nicht maßgeblich ist

530 *Kreuzer*, S. 272; MünchKomm-*Kreuzer*, Art. 38 EGBGB Rn. 238; Baumbach/*Hefermehl*, Einl. UWG Rn. 184; *Wirner*, S. 102; *Deutsch*, S. 46; *Sack*, GRUR Int. 1988, S. 320, 322.

531 BT-Drucks. 14/343, S. 10.

532 BT-Drucks. 14/343, S. 10; hiergegen siehe *Mankowski*, der die Anknüpfung wettbewerbsrechtlicher Sachverhalte über die Ausweichklausel für generell ungeeignet hält und die Marktortanknüpfung im Wege einer korrigierenden Auslegung des Art. 40 Abs. 1 EGBGB erreichen will, GRUR Int. 1999, 909.

533 *Martiny*, FS Drobnig 1998, S. 389, 397.

534 *Emmerich*, S. 40.

535 BGH NJW 1991, 1054 (Kauf im Ausland).

536 BGH GRUR 1994, 447, 448 (Sistierung von Aufträgen); BGHZ 113, 11, 14; 119, 137, 139.

der Ort, an dem ein Schaden tatsächlich in Erscheinung tritt, weil es sich hierbei um eine bloße Auswirkung der wettbewerbswidrigen Handlung handelt.

2. *Optionsrecht*

Auch für Wettbewerbshandlungen besteht in Ausnahmefällen, obwohl die Anknüpfung an Art. 40 Abs. 1 EGBGB von der Anknüpfung an die Ausweichklausel des Art. 41 EGBGB beim Bestehen einer wesentlich engeren Verbindung verdrängt wird, die Möglichkeit auf das Recht des Erfolgsorts zu optieren. Sind von einer wettbewerbswidrigen Verhaltensweise ausschließlich oder zumindest überwiegend die geschäftlichen Interessen spezieller Wettbewerber berührt, ist mangels Betroffenheit der Interessen der Allgemeinheit oder der Gesamtheit der Wettbewerber kein Bedürfnis für eine spezielle wettbewerbsgerechte Anknüpfung gegeben[537]. In Fällen, in denen keine marktbezogenen Verhaltensweisen vorliegen, kann daher auch zukünftig in Übereinstimmung mit den bis zum Inkrafttreten der Neuregelung entwickelten Prinzipien eine Anknüpfung an den Erfolgsort, also an den Markt, auf den sich die Wettbewerbsmaßnahme bezieht, erfolgen[538]. In Verleitungsfällen ist dies regelmäßig anzunehmen.

3. *Rechtswahl*

Unklar ist für die Anknüpfung wettbewerbsrechtlicher Sachverhalte bislang das Verhältnis einer nachträglichen einvernehmlichen Rechtswahl (Art. 42 EGBGB) zu der Ausweichklausel des Art. 41 EGBGB. Angesichts des Umstands, daß wettbewerbswidrige Handlungen zum Recht der unerlaubten Handlungen gehören, ist die grundsätzliche Frage zu klären, ob ohne weiteres das Recht des Ortes, an dem die Interessenkollision festzustellen ist, Geltung erlangt, wenn von den Parteien einvernehmlich ein anderes Recht gewählt wird. Wie bereits ausgeführt, geht eine Rechtswahlvereinbarung nach Art. 42 EGBGB auch einer Anknüpfung an eine wesentlich engere

537 MünchKomm-*Kreuzer*, Art. 38 EGBGB Rn. 236 m.w.N.
538 *Martiny*, FS Drobnig, 1998 389, 397; MünchKomm-*Kreuzer*, Art. 38 EGBGB Rn. 236, 245.

Verbindung im Sinne der Ausweichklausel vor[539]. Das kann zur Maßgeblichkeit eines Rechts führen, das mit dem Markt, auf dem sich die Interessenkollision auswirkt, keine Verbindung hat. Als unproblematisch ist dies nur in den Fällen zu erachten, in denen es um Wettbewerbshandlungen geht, die gezielt gegen einzelne Mitbewerber gerichtet sind und damit der Anknüpfung nach den allgemeinen deliktsrechtlichen Prinzipien unterliegen. Das zur Möglichkeit der Optionsausübung nach Art. 40 Abs. 1 Satz 2 EGBGB Gesagte gilt insoweit entsprechend. Berührt eine Wettbewerbsmaßnahme hingegen die Interessen der Allgemeinheit oder der Gesamtheit der Mitbewerber ist die Zulässigkeit einer Rechtswahl grundsätzlich abzulehnen, weil aus dem unbestimmten Kreis von Klagebefugten Unsicherheit über das maßgebliche Recht resultieren und die Chancengleichheit der Mitbewerber verletzt würde[540]. Diesem nach altem Recht geltenden Grundsatz sollte auch nach neuem Recht durch eine teleologische Reduktion des Art. 42 EGBGB Geltung verschafft werden.

C. Europarecht und nationales IPR

Mit der zunehmenden Internationalisierung des Handels und dem Zusammenwachsen vieler europäischer Staaten in der Europäischen Union stellt sich immer dringender die Frage, wie sich das Europäische Gemeinschaftsrecht auf die kollisionsrechtlichen Regelungen der einzelnen Nationalstaaten auswirkt[541]. Der Ausgangspunkt dieser Überlegung ist das in Art. 3 f) EGV von den Mitgliedstaaten der Europäischen Union erklärte Ziel der Schaffung eines einheitlichen Binnenmarktes. Zur Verwirklichung dieses Ziels gewährt der EG-Vertrag Grundfreiheiten, die allen Marktteilnehmern gleiche Rechte sichern sollen.

---

539 Siehe oben S. 132.

540 Zum alten Recht *Kreuzer*, S. 267; MünchKomm-*Kreuzer*, Art. 38 EGBGB Rn. 236; *Sack*, GRUR Int. 1988, 320, 329; *Kropholler*, § 53 VII 1.

541 Siehe dazu MünchKomm-*Sonnenberger*, Einl. EGBGB Rn. 123-128. Zu ersten Erfahrungen mit dem EG-Schuldvertragsübereinkommen siehe *Ebke* in: Europäisches Gemeinschaftsrecht und Internationales Prozeßrecht 1990, S. 77 ff.

I. *Das Ursprungslandprinzip*

Sind die am Marktort geltenden Gesetze strenger als die Regelungen des Herkunftslandes kann dies zu einer Kollision von nationalem und Europäischem Recht führen. So erfordert die Verwirklichung der Warenverkehrsfreiheit (Art. 30 EGV), daß ein Anbieter von Waren aus einem EU-Mitgliedstaat seine Produkte in allen Mitgliedstaaten unter den gleichen Bedingungen wie in seinem eigenen Herkunftsland vermarkten kann[542]. Ist es ihm erlaubt, in seinem Mitgliedstaat weiterreichende Mittel einzusetzen als in dem Bestimmungsland, wird er in seinem Recht auf freien Warenverkehr beschränkt. Um diese Konsequenz zu vermeiden, besagt das Ursprungslandprinzip, daß die Zulässigkeit des Wettbewerbshandelns nach dem im Heimatland des Wettbewerbers geltenden Recht zu beurteilen ist[543]. Eine Anwendung dieses Prinzips hätte demnach zur Folge, daß die Sanktionierung eines Verhaltens nach dem UWG gegen Europäisches Gemeinschaftsrecht verstieße, wenn die Wettbewerbshandlung nach dem Recht des Ursprungslandes als zulässig zu bewerten wäre.

II. *Das Marktortprinzip*

Gegen die Anwendung des Ursprungslandprinzips spricht, daß der ausländische Anbieter durch großzügigere heimische Vorschriften gegenüber den im Bestimmungsland ansässigen Anbietern bevorzugt würde. Der diesen zur Verfügung stehende engere Verhaltensspielraum hätte zur Folge, daß der Wettbewerb auf einem bestimmten Markt durch die Geltung verschiedener Rechtsvorschriften verzerrt würde. So wird auch zutreffend darauf hingewiesen, daß es nicht ausgeschlossen werden könne, daß nationale Gesetzgeber dazu neigen könnten, großzügigere Rechtsvorschriften zu erlassen, um den einheimischen Unternehmen Wettbewerbsvorteile zu verschaffen[544]. Zu beachten ist auch, daß eine uneingeschränkte Anwendung des Ursprungslandprinzip in Konflikt mit dem Ziel der Verwirklichung eines möglichst hohen Verbraucherschutzniveaus steht (Art. 3 f), 153 EGV).

---

542 EuGH Slg. 1979, 649, NJW 1979, 1766 (Cassis de Dijon); *von Hoffmann*, § 1 Rn. 107.

543 Id.

544 *von Hoffmann*, § 1 Rn. 107.

Wie dieser Konflikt zu lösen ist, ist noch nicht endgültig geklärt. Der EuGH und die vorherrschende Meinung in der Literatur[545] versuchen die Ziele der Marktfreiheiten, der einheitlichen Rechtsanwendung und des Schutzes von Verbraucherinteressen im Wege einer Kompromißlösung möglichst weitgehend zur Geltung zu bringen[546]. Nach dieser Lösung ist bei reinen Inlandssachverhalten grundsätzlich auf das Recht des Marktortes abzustellen. Das heißt, jedes Marktrecht entscheidet grundsätzlich selbst über die Rechtmäßigkeit einer Wettbewerbsmaßnahme[547]. Das im Ursprungsland geltende Recht findet aber Berücksichtigung, sofern der Wettbewerber im Heimatland gehandelt hat und tatsächlich durch die Regelungen des Bestimmungslandes in seinen Marktfreiheiten beeinträchtigt wird[548]. Das im Bestimmungsland geltende Recht wird dabei im Hinblick auf im Ausland verwirklichte Tatbestandsmerkmale materiellrechtlich in seiner Anwendbarkeit beschränkt[549]. Diese Beschränkung erfolgt dergestalt, daß die Konkretisierung unbestimmter Rechtsbegriffe des im Bestimmungsland geltenden Rechts[550] unter Berücksichtigung der einschlägigen ausländischen Sachnorm erfolgt[551].

Der EuGH hat in Anwendung dieser Grundsätze für eine nach belgischem Recht zulässige, nach luxemburgischem Recht aber verbotene Werbung eines belgischen Unternehmens in Luxemburg entschieden, daß das nach luxemburgischen Recht verhängte Werbeverbot gegen die Freiheit des Warenverkehrs (Art. 30 EGV) verstieß[552]. Der EuGH gewährt dem Recht

---

545 *Kropholler*, § 6 II. 3.; *von Hoffmann*, § 1 Rn. 129; Staudinger-*von Hoffmann*, Art 38 EGBGB Rn. 505a; *Jayme*, S. 35-49; MünchKomm-*Sonnenberger*, Einl. IPR Rn. 4, 7, 556-558 m.w.N.

546 Siehe hierzu EuGH Slg. I 1990, 667, EuZW 1990, 222 (GB-INNO-BM/Confédération du commerce Luxembourgeois).

547 *Martiny*, FS Drobnig 1998, 389, 398.

548 EuGH Slg. I 1990, 667, EuZW 1990, 222 (GB-INNO-BM/Conféderation du commerce Luxembourgeois).

549 *von Hoffmann*, § 1 Rn. 108. Ausführlich hierzu insbesondere *Bernhard*, EuZW 1992, 437-443; *Chrocziel*, EWS 1991, 173-179; *Jayme/Kohler*, IPRax 1992, 346-357.

550 Wie z.B. der Begriff der "Sittenwidrigkeit".

551 MünchKomm-*Sonnenberger*, Einl. EGBGB Rn. 7 ff; *von Hoffmann*, § 1 Rn. 129.

552 EuGH Slg. I 1990, 667, EuZW 1990, 222, 224 (GB-INNO-BM/Conféderation du commerce Luxembourgeois). Siehe hierzu die Besprechungen von *Alt*, EuZW 1990, 311-313; *Sack*, EuZW 1990, 313-314.

des Marktortes allerdings dann denn Vorrang, wenn sich die Anwendung der strengeren Gesetze des Bestimmungslandes durch besondere öffentliche Interessen im Sinne Art. 36 EGV rechtfertigen läßt[553].

IV. Entwicklung eines Europäischen Kollisionsrechts?

In Folge der vorstehend skizzierten Rechtsprechung wurde in der Literatur vielfach die Frage aufgeworfen, ob ein EG-Kollisionsrecht des unlauteren Wettbewerbs im Werden begriffen sei[554]. Der EG-Vertrag selbst enthält keine kollisionsrechtlichen Normen, mittels derer über die Anwendbarkeit einer bestimmten nationalen Rechtsordnung entschieden würde[555]. Mit der GB-Inno-BM-Entscheidung[556] wurde allerdings deutlich, daß nicht nur auf der Ebene des nationalen Internationalen Privatrechts, sondern auch auf der Ebene des Gemeinschaftsrechts eine Entscheidung über die Maßgeblichkeit bestimmter nationaler Rechtsvorschriften fallen kann[557]. Damit ist jedoch noch nicht entschieden, ob Gemeinschaftsrecht - insbesondere über die Diskriminierungsverbote - auf nationales Kollisionsrecht Einfluß nimmt[558]. Im Grundsatz gilt, daß über Art. 30 EGV mitgliedstaatliche Rechtsvorschriften, die die Produkte ausländischer Herkunft strengeren Rechtsvorschriften unterwerfen als Produkte inländischer Herkunft, verdrängt werden[559]. Dies gilt für grenzüberschreitende Werbung entsprechend[560]. Verstößt nationales Recht gegen die EG-vertraglich gesicherte Freiheit des Warenverkehrs, führt

---

553 Id.

554 Siehe nur *Chrocziel*, EWS 1991, 173, 178; *Alt*, EuZW 1990, 311-313; *Sack*, EuZW 1990, 313-314; *Reuter*, BB 1990, 1649-1653; *Schrödermeier*, DB 1990, 2511-2513; *Basedow*, NJW 1996, 1921-1926; *Roth*, RabelsZ 55 (1991), 623-673; MünchKomm-*Sonnenberger*, Einl. IPR Rn. 123-141.

555 *Bernhard*, EuZW 1992, 437 m.w.N zu vereinzelten kollisionsrechtlichen Regelungen im sekundären Gemeinschaftsrecht in Fn. 7. Siehe auch *Roth*, RabelsZ 55 (1991), 629, 630.

556 EuGH Slg. I 1990, 667, EuZW 1990, 222.

557 *Bernhard*, EuZW 1992, 437.

558 Siehe hierzu *Bernhard*, EuZW 1992, 437, 438 m.w.N., der unter Verweis auf das Gleichbehandlungsgebot von Mann und Frau darauf hinweist, daß EG-Recht grundsätzlich auf nationales Kollisionsrecht Einfluß nehmen könne sowie Münch-Komm-*Sonnenberger*, Einl. IPR Rn. 142.

559 EuGH Slg. 1979, 649, NJW 1979, 1766 (Cassis de Dijon).

560 EuGH Slg. I 1990, 667, EuZW 1990, 222, 224 (GB-INNO-BM/Conféderation du commerce Luxembourgeois).

dies im Ergebnis zur Überlagerung eines strengeren nationalen Rechts durch ein liberaleres Recht eines anderen Mitgliedsstaates[561].

Im Ergebnis ist unter Würdigung der vom EuGH zu Art. 30 EGV entwickelten Grundsätze festzuhalten, daß nach zutreffender Ansicht aus dem EG-Vertrag keine kollisionsrechtlichen Vorgaben zu entnehmen sind[562]. Der EG-Vertrag und insbesondere der Grundsatz der Warenverkehrsfreiheit enthält keinen mit dem nationalen Internationalen Privatrecht konkurrierenden oder dieses gar überlagernden Regelungsgehalt. Das Gemeinschaftsrecht klärt nicht, ob das eine oder das andere mitgliedstaatliche Recht Anwendung findet, sondern ob das Recht nach den Regeln des jeweiligen nationalen Internationalen Privatrecht berufene Recht mit dem supranationalen Europarecht in Einklang steht[563]. Diese Frage löst sich über den Vergleich der jeweiligen nationalen Rechtsordnungen, die zur europarechtskonformen Auslegung nationalen Rechts heranzuziehen sind. Das Europarecht wirkt damit nicht auf die Entscheidung eines nationalen Internationalen Privatrechts ein, sondern nimmt dieses lediglich als Ausgangspunkt. Die sich hieran anschließende Wertung ist nicht auf das nationale Kollisionsrecht bezogen; überprüft bzw. eingeschränkt wird lediglich die materiellrechtliche Anwendbarkeit der konkret in Frage stehenden Norm des anzuwendenden nationalen Sachrechts[564]. Im Ergebnis ist – wie die GB-INNO-BM-Entscheidung[565] zeigt -

---

561 Ein Günstigkeitsprinzip, wonach das für den Exporteur oder den Werbenden jeweils günstigste Recht Anwendung findet, läßt sich hieraus indes nicht herleiten, EuGH Slg. 1981, 1993, NJW 1981, 1885 (Nachtbackverbot); Staudinger-*von Hoffmann*, Art 38 EGBGB Rn. 505a; a.A. *Basedow*, RabelsZ 59 (1995), 1, 12, 48 f. Dies ist insofern problematisch, als nicht alle auf einem Markt konkurrierenden Wettbewerber gleichbehandelt werden, was durch die Anwendung des Marktrechts gerade erreicht werden soll. Siehe hierzu *Bernhard*, EuZW 1992, 437, 440 f., der angesichts des Umstands, daß der EuGH Besserstellungen im Einzelfall in Kauf nimmt, die Vereinheitlichung der nationalen Rechtsordnungen befürwortet.

562 *Jayme/Kohler*, IPRax 1991, 361, 369; a.A. *Chrocziel*, EWS 1991, 173, 178.

563 *Roth* weist in diesem Zusammenhang zutreffend darauf hin, daß Kollisionsrecht aufgrund Auslandsbezug besteht und die Existenz nationalen Kollisionsrechts EG-rechtlich anerkannt ist, RabelsZ 55 (1991), 623, 643.

564 *Sonnenberger*, ZvglRWiss 95 (1996), 3, 25 ff.; *Sack*, WRP 1994, 281; *Lindacher*, WRP 1996, 645, 646; *Bernhard*, EuZW 1992, 437, 440; Staudinger-*von Hoffmann*, Art. 38 EGBGB Rn. 505a. Aber auch in dem Befehl, strengeres nationales Recht nicht anzuwenden, wird teilweise ein "Stück Kollisionsregel" gesehen. Siehe nur *Brödermann*, in Brödermann/Iversen, Rn. 408 f.

565 EuGH Slg. I 1990, 667, EuZW 1990, 222.

gleichwohl denkbar, daß ein maßgebliches nationales Recht, durch eine kollisionsrechtlich nicht berufene Rechtsordnung überlagert wird[566].

§ 10 Zusammenfassung

Zusammenfassend ist festzuhalten, daß eine Haftung Dritter wegen Verleitung zum Vertragsbruch im deutschen Recht grundsätzlich das Vorliegen über die bloße Verleitungshandlung hinausgehender sittenwidriger Umstände voraussetzt. Zumindest für die allgemeine deliktsrechtliche Haftung gemäß § 826 BGB ist dementsprechend das an einen anderen gerichtete Ansinnen, seine vertraglichen Verpflichtungen nicht zu erfüllen, solange nicht als haftungsbegründend anzusehen, als ihm die freie Entscheidung darüber verbleibt, seine Verpflichtungen einzuhalten oder nicht. Erst wenn der Dritte sich unlauterer Mittel, wie beispielsweise der Täuschung, des Zwanges, der Drohung, der Bestechung, des Inaussichtstellens besonderer Vorteile oder der Androhung von Nachteilen bedient, ist eine Haftung nach § 826 BGB zu begründen.

Eine weitergehende Haftung des Dritten nach allgemeinen deliktsrechtlichen Tatbeständen, insbesondere § 823 Abs. 1 und Abs. 2 BGB scheidet mangels Qualifizierung des Forderungsrechts als "sonstiges Recht" im Sinne § 823 Abs. 1 BGB aus. Erfüllt eine Verleitungshandlung den Tatbestand des § 823 Abs. 2 BGB, ist regelmäßig eine spezialgesetzliche Haftungsgrundlage gegeben, weshalb im Regelfall ein von der Verleitungshandlung unabhängiges, rechtlich zu mißbilligendes Verhalten haftungsbegründend wirkt. Das bloße Ausnutzen der Bereitschaft eines Vertragspartners zum Vertragsbruch oder die bloße Mitwirkung eines Dritten an der Vertragsverletzung ist grundsätzlich nicht als sittenwidrig und damit haftungsbegründend zu erachten. Ausnahmen gelten nur dann, wenn sich in dem Verhalten des Dritten ein besonderes Maß an Rücksichtslosigkeit gegenüber dem betroffenen Gläubiger zeigt, d.h. ein so schwerwiegender Verstoß gegen das Anstandsgefühl vorliegt, daß dieses mit den Grundbedürfnissen loyaler Rechtsgesinnung als unvereinbar anzusehen ist[567].

---

566 Das heißt nur, daß die mitgliedstaatliche Norm im Einzelfall unangewendet bleibt, MünchKomm-*Sonnenberger*, Einl. IPR Rn. 143, 155.

567 BGH NJW 1994, 128.

Im Wettbewerbsrecht gelten demgegenüber strengere Maßstäbe. So wird das Verhalten eines Wettbewerbers in der Regel auch ohne Hinzutreten weiterer Umstände als unlauter angesehen, wenn er zu Wettbewerbszwecken bewußt darauf hinwirkt, daß der Vertragspartner eines Mitbewerbers seine diesem gegenüber obliegenden vertraglichen Hauptpflichten verletzt[568]. Eine zusätzliche Schärfe erlangt die Problematik der Haftung wegen der Störung von Vertragsverhältnissen Dritter aus dem Umstand, daß es die Rechtsprechung bisweilen offenläßt, ob ein Verhalten als Verleitung oder bloßes Ausnutzen zu bewerten ist und unter Vernachlässigung der begrifflichen Abgrenzung der Verleitungshandlung zum bloßen Ausnutzen anhand einer Gesamtwürdigung der Einzelfallumstände die Frage der Sittenwidrigkeit klärt[569]. Insbesondere im wettbewerbsrechtlichen Bereich reicht der Schutz von Vertragsverhältnissen gegen Eingreifen Dritter so weit, daß eine erhebliche Einschränkung des Relativitätsgrundsatzes festzustellen ist. Die Schärfe der von der Rechtsprechung entwickelten Haftungsgrundsätze führt somit in Fällen der Verleitung zum Vertragsbruch im Ergebnis zu einer Verdinglichung des Forderungsrechts.

568 BGH GRUR 1975, 555, 556 (Speiseeis); NJW-RR 1994, 728 (Sistierung von Aufträgen).

569 BGH NJW-RR 1999, 1186, 1187.

Zweiter Teil: Rechtslage in den USA

§ 1 Dogmatische Grundlagen

Wie das deutsche Recht sind auch die amerikanischen Rechtsordnungen durch den Relativitätsgrundsatz (privity of contract) gekennzeichnet. Dies bedeutet, daß vertragsrechtliche Ansprüche grundsätzlich nur zwischen den am Vertrag beteiligten Parteien entstehen können[570]. Nur diese werden aus den vertraglich getroffenen Vereinbarungen berechtigt und verpflichtet[571]. Einem nicht am Vertragsschluß beteiligten Dritten werden Leistungs- bzw. Schadensersatzansprüche gegen einen der Vertragspartner, wie z.B. in den Fällen des Vertrages zugunsten Dritter[572] (intended third party beneficiary), nur ausnahmsweise zuerkannt[573]. Wegen der Beeinträchtigung von Forderungsrechten durch Dritte, ist daher ebenfalls der Rückgriff auf deliktsrechtliche Anspruchsgrundlagen erforderlich[574]. Das amerikanische "law of torts" ist einzelstaatlich, nicht bundeseinheitlich geregeltes Recht und als traditionelles "common law"-System bei weitem nicht so stark kodifiziert wie das deutsche Deliktsrecht. Es ist vielmehr durch eine Vielzahl, aus Richterrecht gewachsener Deliktstatbestände (sog. "torts"[575]) charakterisiert, die die Verletzung rechtlich anerkannter Interessen sanktionieren.

570 So ist in den USA der Vertrag zugunsten Dritter vielfach noch nicht anerkannt.

571 Es ist ebenfalls niemand daran gehindert, sich mehrfach auf dieselbe Leistung zu verpflichten, *Lauterpacht*, 52 L.Q.R. 494 (1936). Zur Frage der Wirksamkeit von Folgeverträgen ausführlich ebenda S. 498 f. Siehe hierzu auch Note, 27 Harv.L. Rev. 273-275 (1914) sowie Note, 17 Minn.L.Rev. 209 f. (1932).

572 Zum deutschen Recht siehe oben S. 33 f.

573 Die in vielen Bundesstaaten noch nicht anerkannte Konstruktion des Vertrages zugunsten Dritter begründet jedoch, wie im deutschen Recht, keine Haftung des Begünstigten. Im Bundesstaat New York ist die Konstruktion des Vertrages zugunsten Dritter bereits seit der Entscheidung Lawrence v. Fox, 20 N.Y. 268 (1859) anerkannt.

574 *Harper/James/Gray*, § 6.5, S. 303.

575 Zur Herkunft dieses Begriffs aus der lateinischen und französischen Sprache siehe *Woodbine*, 34 Yale L.J. 343, 365 (1925); *Prosser/Keeton*, S. 2.

A. *Tort of "interference with contractual relations"*

Das amerikanische "law of torts" erkennt im Gegensatz zum deutschen Recht das Forderungsrecht als ein deliktsrechtlich geschütztes Rechtsgut an[576]. Im Rahmen des Schutzes wirtschaftlicher Beziehungen (economic relations) stellt das "law of torts" zur Sanktionierung von Eingriffen in vertragliche Rechte einen selbständigen, zumeist als "interference with contractual relations" bezeichneten Deliktsanspruch bereit. Dieser erfaßt nicht nur den direkten Eingriff durch eine psychische Einflußnahme auf den Willen eines Vertragspartners (inducing), sondern auch indirekte Eingriffshandlungen (otherwise causing). Hierzu zählen beispielsweise die Freiheitsberaubung oder die Behinderung der Erfüllung der vertraglichen Pflichten durch Zerstörung des Vertragsgegenstandes. Die Störung vertraglicher Rechte durch Verleitung zum Vertragsbruch stellt somit nur einen Unterfall des allgemeineren torts of "interference with contractual relations" dar[577]. Diese genauer als "inducing breach of contract" bezeichnete Fallgruppe ist jedoch eine der bedeutendsten Handlungsalternativen. Aus dieser ist das allgemeiner formulierte tort of "interference with contractual relations" historisch gewachsen[578].

B. *Frühe historische Grundlagen*

Die Geschichte der deliktischen Haftung wegen "inducing breach of contract" bzw. "interference with contractual relations" findet ihre Wurzeln in der alten common law action of "enticing away one's servant" (per quod servitium amisit). Diese ist ihrerseits zum einen auf die alte common law action of "trespass on the case" und zum anderen auf die statutorische Klage der "Ordinance of Labourers"[579] zurückzuführen[580].

---

576 Am. Jur. 2d, Vol. 45, Interference, §§ 1, 39; C.J.S., Vol. 86, Torts, § 43; *Green*, 29 Ill.L.Rev. 1041 (1935).

577 Seaman's Direkt Buying Service, Inc. v. Standard Oil Co., 36 Cal.3d 752, 206 Cal.Rptr. 354, 360, 686 P.2d 1158 (1984); *Prosser/Keeton*, S. 979.

578 *Carpenter*, 41 Harv.L.Rev. 728 (1928).

579 23 Edw. III., st. 1 (1349).

580 *Rheinstein*, Rheinische Zeitschrift 14 (1926), 60, 61.

I. *Action of "trespass on the case"*

Die "action of trespass on the case" ist wiederum aus dem im mittelalterlichen England wichtigsten Rechtsbehelf, der "action of trespass" hervorgegangen[581]. Mittels dieser wurde seit etwa dem 12./13. Jahrhundert[582] Schadensersatz für unmittelbar gegen eine Person oder eine Sache gerichtete Eingriffe gewährt. Zu Beginn des 14. Jahrhunderts wurde diese als zu eng empfundene Klage durch die Klageform der "action of trespass on the case" ergänzt. Diese gewährte auch in denjenigen Fällen Schadensersatz, in denen der Schaden nicht durch einen unmittelbaren Eingriff des Schädigers verursacht worden war, sondern sich als bloß mittelbare Folge eines Tuns oder Unterlassens erwies[583]. Eine Variante dieser "action of trespass on the case" bot dem Hausherrn die Möglichkeit, Schadensersatz wegen der Verletzung seiner hausherrlichen Rechte zu erlangen. Die ursprünglich nur wegen Beleidigungen gewährte Klage erfuhr später eine Erweiterung auf den Ersatz entgangener Dienste, die der Dienstherr dadurch erlitt, daß ein Dritter Gewalt gegenüber Familienangehörigen oder anderen Hausgenossen verübt hatte[584].

Der genaue Ursprung dieses speziellen Anspruchs ist zweifelhaft. Als sicher gilt nur, daß diese Klageform stark vom Einfluß der römischen "Actio Iniuriam" geprägt war. Diese erlaubte es dem "Pater Familias", jeden zu verklagen, der seine Frau, seine Kinder, seine Sklaven oder andere Angehörige seines Haushalts verletzt oder beleidigt hatte. Die Wurzeln dieser Klage sind unklar. Während *Sayre*[585] sie direkt auf die "Actio Iniuriam" zurückführt, hält *Rheinstein*[586] eine Parallelentwicklung aus dem römischen und germanischen Recht für wahrscheinlicher. Nach *Rheinsteins*[587] Ansicht handelte es sich bei der germanisch-rechtlichen Beziehung zwischen Knecht und Herrn nicht um einen obligatorischen Vertrag, sondern um ein gegensei-

---

581 Zur Herkunft der "action of trespass" aus der actio iniuriam siehe *Woodbine*, 33 Yale L.J. 799, 814, 815 (1924); *Zweigert/Kötz*, S. 607.

582 *Woodbine*, 34 Yale L.J. 343, 358 (1925); *Sayre*, 36 Harv.L.Rev. 663, 665 (1923).

583 *Kötz*, S. 11.

584 *Rheinstein*, Rheinische Zeitschrift 14 (1926), 60, 61; *Sayre*, 36 Harv.L.Rev. 663, 664 (1923).

585 *Sayre*, 36 Harv.L.Rev. 663, 664 (1923).

586 *Rheinstein*, Rheinische Zeitschrift 14 (1926), 60, 62.

587 Id.

tiges Treueverhältnis, das ein von jedermann zu achtendes Recht dargestellt habe. Obgleich sich die genaue Herkunft der Klage wegen der Verletzung eines Familien- oder Dienstverhältnisses auch nicht mehr feststellen läßt, so gilt doch als sicher, daß die Idee der Gewährung eines Klagerechts wegen der Verletzung von Haushaltsmitgliedern im 13./14. Jahrhundert vom "common law" übernommen wurde und in allen Fällen Anwendung fand, in denen ein "master/servant"-Verhältnis durch die Verletzung des "servant" gestört wurde[588].

II. "Ordinance of Labourers"

Neben die "common law action" trat im Jahre 1349 die statutorische Klage der "Ordinance of Labourers"[589]. Mit dieser Klage wurde ein System der Zwangsarbeit eingeführt, dessen Ziel es war, den durch die Pest verursachten Mangel an Arbeitskräften zu bekämpfen und den härter werdenden Kampf um Arbeitskräfte einzudämmen[590]. Zu diesem Zweck bestimmte die "Ordinance of Labourers", daß jede arbeitsfähige Person gezwungen werden konnte, zu den vor der Pest üblichen Löhnen zu arbeiten. Darüber hinaus enthielt sie ein Sanktionensystem, das sowohl den "servant", der ohne vernünftigen Grund gegen den Willen seines Arbeitgebers sein Dienstverhältnis verließ, als auch den Dienstherrn, der einen entlaufenen Dienstverpflichteten in Dienst nahm oder behielt, mit Strafe bedrohte. Als zivilrechtliche Sanktion entwickelte sich aus der "Ordinance of Labourers" schließlich eine Schadensersatzklage wegen des Ausdingens von "servants".

III. Das "landlord/tenant"-Verhältnis

Eine weitere, nur selten erwähnte frühe Grundlage für die Gewährung von Schadensersatzansprüchen wegen Eingriffs in vertragliche Beziehungen fin-

---

588 *Prosser/Keeton*, S. 980.

589 23 Edw. III., st. 1 (1349), Text auszugsweise abgedruckt bei *Dobbs*, 34 Ark.L. Rev. 335, 340 (1980); *Sayre*, 36 Harv.L.Rev. 663, 665 f. (1923).

590 *Prosser/Keeton*, S. 980.

det sich in dem Jahrbuch König Heinrichs VII. aus dem Jahre 1494[591]. Danach war es dem "landlord" gestattet, jeden zu verklagen, der einen Mieter dazu verleitete, einen mit ihm geschlossenen Mietvertrag zu beenden. Dieser Rechtsbehelf war allerdings nur auf "at will"-Verhältnisse anwendbar und setzte somit gerade keinen Vertragsbruch voraus. Dem Vermieter, dem keine vertraglichen Schadensersatzansprüche gegen den Mieter zustanden, sollte aber die Möglichkeit geboten werden, sich zumindest gegen den in die vertragliche Beziehung eingreifenden Dritten schadlos zu halten[592]. Für die weitere Entwicklung der deliktsrechtlichen Haftung wegen "inducing breach of contract" erlangte diese Klageform, von einer noch zu besprechenden Ausnahme abgesehen[593], allerdings keine weitere Bedeutung.

IV. Action of "enticing away one's servant"

Die zivilrechtliche Sanktion der "Ordinance of Labourers" und die alte common law action, die Schadensersatz für gegenüber einem "servant" verübte Gewalttätigkeiten gewährte, verschmolzen hingegen zu der eingangs erwähnten allgemeinen common law action of "enticing away one's servant"[594]. Kennzeichnend für diese neue Klageform war, daß der Nachweis physischer Gewalt nicht mehr erbracht werden mußte[595]. Das "master/servant"-Verhältnis selbst blieb jedoch sehr eng gefaßt. Voraussetzung für diese Klage war nach wie vor das Bestehen eines häuslichen oder patriarchalischen Abhängigkeitsverhältnisses des Verpflichteten gegenüber seinem Dienstherrn. Der Grund für den sehr eng gefaßten Anwendungsbereich der Klage lag in den speziellen Verpflichtungen begründet, die das "master/servant"-Verhältnis charakterisierten.

Der Verpflichtung des Dienstherrn, für Nahrung, Unterkunft und Sicherheit des Dienstverpflichteten zu sorgen, stand die Pflicht des "servant" gegenüber, Dienstleistungen zu erbringen, die nur wenig Raum zur Entfal-

---

591 Y.B. 9 Hen. VII., p. 8; *Dowling*, 40 U.Miami L.Rev. 487, 495 (1986); *Prosser/Keeton*, § 130, S. 1005.

592 Eine kurze Besprechung dieser Klageform findet sich in der Entscheidung Aldridge v. Stuyvesant, 1 Hall 210, 215, 216 (N.Y.Sup.Ct. 1828).

593 Siehe unten S. 152 f.

594 Note, 56 Nw.U.L.Rev. 391 ff. (1961); *Owen*, 3 Mon. L.Rev. 41, 43 f. (1976); *Prosser/Keeton*, S. 980.

595 Blake v. Lanyon, 101 Eng. Rep. 521 (K.B. 1795).

tung der eigenen Persönlichkeit und Unabhängigkeit beließen. Aus der Verpflichtung des Dienstherrn, den "servant" zu versorgen, resultierte das Recht, über den "servant" zu bestimmen. Die Störung dieses Verhältnisses durch Dritte wurde so bewertet, als sei ein Eigentumsrecht des Dienstherrn verletzt worden[596]. Der Dienstverpflichtete wurde mit dem "master" rechtlich identifiziert[597]. Dieses Herrschaftsverhältnis kam insbesondere darin zum Ausdruck, daß dem Dienstverpflichteten "servant" seinerseits ein Klagerecht bei Verletzung seines Dienstherrn verweigert wurde. Eine auf die Störung des "master/servant"-Verhältnisses gestützte Klage erforderte auch nicht das Vorliegen einer vertraglichen Beziehung. Es genügte der Nachweis, daß das Dienstverhältnis tatsächlich existierte[598]. Entscheidende Grundlage der Klage war nicht das Bestehen eines Vertrages, sondern der Status der Parteien. Ein allgemeingültiges Prinzip der Verantwortlichkeit für Forderungsrechtsverletzungen war damit noch nicht ausgesprochen[599].

C. Neuere geschichtliche Entwicklung

Die neuere geschichtliche Entwicklung der Haftung wegen "inducing breach of contract" basiert im wesentlichen auf englischen Entscheidungen des späten 18. Jahrhunderts, die den Grundstein für die spätere Übernahme und Weiterentwicklung der Haftung wegen "inducing breach of contract" in den USA legten.

I. Aldridge v. Stuyvesant

Es finden sich jedoch auch sehr frühe amerikanische Entscheidungen, die das Eingreifen Dritter in Vertragsverhältnisse deliktsrechtlich sanktionier-

596 Note, 93 Harv.L.Rev. 1510, 1514 (1980).

597 Id.

598 Note, 93 Harv.L.Rev. 1510, 1515 (1980).

599 Eingriffe in Verträge anderer Art, die nicht als Dienstverhältnisse im Sinne des "master/servant" Verhältnisses aufzufassen waren, waren dagegen nur dann haftungsbegründend, wenn unlautere Mittel wie Betrug, Zwang oder Verleumdung eingesetzt worden waren, Note, 93 Harv.L.Rev. 1510, 1516 f. (1980).

ten[600]. Eine dieser Entscheidungen, der Fall *Aldridge v. Stuyvesant*[601] datiert bereits aus dem Jahre 1828. Hintergrund des der Entscheidung zugrundeliegenden Klagebegehrens war eine durch den Beklagten gegen die Mieter des Klägers ausgesprochene Drohung, ihren gesamten Besitz beschlagnahmen und pfänden zu lassen, sofern sie das Haus des Klägers nicht verließen. Die Drohung wirkte und veranlaßte die Mieter, die für ein Jahr vereinbarten Mietverträge zu brechen und das Haus zu räumen.

Der Sachverhalt erwies sich insofern als rechtlich problematisch, als er sich nicht ohne weiteres unter die bisherige Klageform des "landlord/tenant"-Verhältnisses einordnen ließ. Dieses Klagerecht setzte gerade voraus, daß keine Ansprüche gegen den Mieter selbst bestanden. Aufgrund der fest vereinbarten Mietzeit stand dem Kläger ein durchsetzbarer vertraglicher Anspruch auf Zahlung des Mietzinses gegen die Mieter selbst zu. Das Gericht sah sich daher vor die Frage gestellt, ob die Grundsätze aus dem "landlord/tenant"-Verhältnis auch für Verträge Geltung beanspruchen konnten, die nicht "at will", sondern für eine bestimmte Zeit geschlossen worden waren. Im Ergebnis sprach sich das Gericht für eine Haftung des Beklagten aus. Als entscheidungserheblich sah es das Verhalten des Beklagten an, der böswillig (malicious) die Mieter des Klägers dazu verleitet hatte, die bestehenden Mietverträge zu brechen, wodurch ein Recht des Klägers verletzt worden sei. Diese Entscheidung läßt somit bereits erste Schritte zum Schutz vertraglicher Ansprüche gegen böswillige Eingriffe Dritter erkennen[602].

II. Lumley v. Gye

Der eigentliche Ursprung der Klage wegen "interference with contractual relations" wird indes allgemein in der englischen Entscheidung *Lumley v. Gye*[603] aus dem Jahre 1853 gesehen[604]. Der Entscheidung lag folgender

---

600 Vanarsdale v. Laverty, 69 Pa. 103 (1871); Angle v. Chikago, S.P., M. & O.R. Co., 151 US 1, 14 S.Ct. 240 (1894); Murray v. Bridgeport Hospital, 40 Conn. Supp. 56, 480 A.2d 610, 613 (1894); Graham v. St. Charles St. R. Co., 47 La. Ann. 1656, 18 So. 707, 708 (1895); Doremus v. Hennesy, 176 Ill. 608, 615, 52 N.E. 924 (1898).

601 Aldridge v. Stuyvesant, 1 Hall 210, (N.Y.Sup.Ct. 1828).

602 Siehe *Dowling*, 40 U. Miami L.Rev. 487, 498 (1986).

603 Lumley v. Gye, 118 Eng. Rep. 749, 2 El. & Bl. 216 (Q.B.D. 1853).

Sachverhalt zugrunde: Der Kläger Lumley, Manager des Queens Theaters, und die Sängerin Johanna Wagner einigten sich, daß diese für eine bestimmte Zeit ausschließlich im Theater des Klägers auftreten sollte. Der Beklagte Gye, ein Konkurrent des Klägers, der um die besagten Umstände wußte, überredete die Sängerin, in der Absicht den Kläger zu schädigen, die Erfüllung des Vertrages zu verweigern und statt dessen bei ihm aufzutreten[605]. Das Gericht sah das entscheidende Problem des Falles, ähnlich wie in der *Aldridge*-Entscheidung[606], in der Frage, ob die Grundsätze einer althergebrachten Klageform, hier des "master/servant"-Verhältnisses als allgemeines Prinzip auch auf andere Arten vertraglicher Beziehungen Anwendung finden konnte. Diese Frage bereitete insbesondere deshalb Schwierigkeiten, weil der alten common law action of "trespass on the case" wegen des Verlustes entgangener Dienste noch der Gedanke einer eigentumsähnlichen Beziehung zwischen dem Dienstherrn und seinem Dienstverpflichteten zugrundelag. Der vom Gericht zu entscheidende Sachverhalt ließ sich insoweit nicht mit den bis dahin zu den "master/servant"-Verhältnissen ergangenen Entscheidungen vergleichen. Der "servant" im Sinne des herkömmlich verstandenen "master/servant"-Verhältnisses war zur Verrichtung einer unselbständigen Dienstleistung verpflichtet, die unter ständiger Anleitung und Aufsicht erfolgte[607]. Einer Opernsängerin war hingegen in der Ausübung ihrer künstlerischen Tätigkeit, zweifelsohne ein wesentlich weiterer Gestaltungsspielraum zuzuerkennen.

Dennoch sprach sich das Gericht in einer Mehrheitsentscheidung für eine ausdehnende Auslegung des "master/servant"-Verhältnisses aus und gab der Klage statt. Es stellte sich mit seiner Entscheidung gegen die Auffassung des Beklagten, der eine Anwendung dieser Grundsätze auf den vorliegenden Fall für ausgeschlossen hielt, weil diese auf dem mit modernen Vorstellungen nicht zu vereinbarenden Verständnis basierten, daß der "servant" im Eigentum seines Dienstherrn stehe[608]. Zur Begründung führte das Gericht aus, daß die Verleitung zum Vertragsbruch in all den Fällen einen

---

604 Zu weiteren vor der Lumley-Entscheidung liegenden Fällen siehe Nachweise in *Carpenter*, 41 Harv.L.Rev. 728, 731 (1928).

605 Ein moderner dem Fall *Lumley* entsprechender Sachverhalt findet sich in der Entscheidung Robey v. Sun Record Co., 242 F.2d 684 (5th Cir. 1957).

606 Siehe oben S. 152.

607 *Rheinstein*, Rheinische Zeitschrift 14 (1926), 60, 63; *Jenks*, § 956.

608 Lumley v. Gye, 118 Eng. Rep. 749, 752, 2 El. & Bl. 216 (Q.B.D. 1853).

Klagegrund darstelle, in denen die Rechtsverletzung genauso zu beurteilen sei, als wenn es sich um die Verletzung eines Besitzrechts handele. Die Natur des Vertragsverhältnisses sah das Gericht angesichts der fehlenden Unterscheidbarkeit des jeweiligen Schadens als unerheblich an. Als ebenso irrelevant erachtete das Gericht die Tatsache, daß die Sängerin die Erfüllung ihres Vertrages bereits vor Vertragsbeginn verweigert, die Klage aus dem "master/servant"-Verhältnis aber die Verletzung einer bestehenden Dienstverpflichtung zur Voraussetzung hatte. Die Richter verwiesen darauf, daß es für die Gewährung eines Schadensersatzanspruchs nicht darauf ankommen könne, ob das Dienstverhältnis vor oder nach Vertragsbeginn verletzt werde, weil das begangene Unrecht und der hieraus resultierende Schaden auch insoweit identisch seien. Zuletzt berief sich das Gericht auch darauf, daß es ein allgemein anerkanntes Prinzip sei, daß derjenige auf Schadensersatz hafte, der "malicious", d.h. böswillig die Rechte anderer verletze[609]. Das vertragliche Recht war damit durch die Erweiterung einer altbekannten "actio" als eigenständiges Rechtsgut anerkannt[610].

III. Bedeutung der Lumley*-Entscheidung*

Daß die *Lumley*-Entscheidung, anders als die *Aldridge*-Entscheidung[611], so große Bedeutung erlangte, wird unter anderem darauf zurückgeführt, daß einerseits die *Aldridge*-Entscheidung in Vergessenheit geraten und andererseits in der *Lumley*-Entscheidung ausdrücklich eine in zwei früheren, nahezu identischen Fällen[612] geäußerte Rechtsauffassung revidiert worden ist[613]. Die ungleich größere Bedeutung der *Lumley*-Entscheidung dürfte aber damit zusammenhängen, daß die Entscheidung mehrere wesentliche Neuerungen mit sich brachte. Die erste Neuerung findet sich in der Ausdehnung des Klagerechts auf Eingriffe in "executory"-Verträge, d.h. auf Verträge deren Vollziehung erst in der Zukunft beginnt. Die Klage aus dem "master/servant"-

---

609 Id.

610 *Rheinstein*, Rheinische Zeitschrift 14 (1926), 60, 65.

611 Materiellrechtlich unterscheiden sich diese Entscheidungen nur dadurch, daß die *Aldridge*-Entscheidung die Klage des "landlord/tenant"-Verhältnisses und die *Lumley*-Entscheidung die des "master/servant"-Verhältnisses erweiterte.

612 Ashley v. Harrison, 170 Eng. Rep. 276 (K.B. 1793); Taylor v. Neri, 170 Eng. Rep. 393 (C.P. 1795).

Verhältnis schützte bis dahin nur bestehende Dienstverhältnisse[614]; ein Klagerecht wegen der Verletzung noch nicht angetretener Dienstverhältnisse wurde zuvor nicht gewährt. Die zweite wesentliche Neuerung der *Lumley*-Entscheidung ergab sich aus der Aufgabe der Unterscheidung von "master/servant"-Verhältnissen und anderen persönlichen Dienstverhältnissen. Dies machte deutlich, daß nicht das persönliche Abhängigkeitsverhältnis und damit der Status der Parteien, sondern der dem Dienstverhältnis zugrundeliegende Vertrag Grundlage der Haftung war[615]. Zuletzt wurde auch nicht mehr das Bestehen eines Über-/Unterordnungsverhältnisses für erforderlich erachtet, vielmehr waren nunmehr auch gleichberechtigte Vertragspartner als "servants" im Sinne der alten Klage wegen "enticing away one's servants" aufzufassen[616].

Weitergehende Aussagen lassen sich der *Lumley*-Entscheidung nicht entnehmen. Insbesondere enthält die Entscheidung noch keine gleichrangige Bewertung von vertraglichen Erfüllungsansprüchen und Eigentumsrechten[617]. Die Entscheidung *Lumley v. Gye* beschränkte die Haftung wegen des Eingriffs in persönliche Dienstverhältnisse ausdrücklich auf Eingriffe, die als "malicious" im Sinne von unlauter aufzufassen waren[618]. Auch blieben andere Vertragsverhältnisse, die keine persönliche Dienstleistung zum Gegenstand hatten, weiterhin vom deliktsrechtlichen Schutz ausgenommen. Eingriffe in diese Verträge wurden nur dann sanktioniert, wenn per se rechtswidrige Mittel eingesetzt wurden[619]. Die Unterscheidung zwischen relativer und absoluter Wirkung vertraglicher Rechte war damit noch nicht völlig aufgegeben[620].

---

613 *Dowling*, 40 U.Miami L.Rev. 487, 499 (1986).

614 Note, 93 Harv.L.Rev. 1510, 1522 (1980).

615 Note, 93 Harv.L.Rev. 1510, 1523 (1980).

616 Note, 93 Harv.L.Rev. 1510, 1523 (1980); siehe auch Salter v. Howard, 43 Ga. 601 (1871); Frank v. Herold, 52 A. 152 (1902); Walker v. Cronin, 107 Mass. 555 (1871) für Arbeiter einer Schuhfabrik.

617 Insoweit zumindest mißverständlich Note, 93 Harv.L.Rev. 1510, 1524 (1980).

618 Die von *Fine*, 50 U.Chi.L.Rev. 1116, 1120 (1983) vertretene Ansicht, daß die Haftung wegen "interference with contractual relations" trotz des Gebrauchs rechtmäßiger Mittel schon seit der *Lumley*-Entscheidung gesichert sei, läßt sich mit dieser Entscheidung daher nicht rechtfertigen. Siehe hierzu auch *Schofield*, 2 Harv.L.Rev. 19, 22 (1888/89).

619 Siehe oben Fn. 609.

620 Das Bieten eines höheren Preises allein war damit noch nicht ausreichend, um eine deliktsrechtliche Haftung wegen "inducing breach of contract" zu begründen,

Es vergingen drei Jahrzehnte, bis das in den Fällen *Aldridge v. Stuyvesant* und *Lumley v. Gye* begründete Prinzip der Verantwortlichkeit Dritter für vorsätzliche Eingriffe in fremde vertragliche Beziehungen erneut aufgegriffen und stufenweise fortentwickelt wurde[621]. Es ist zu vermuten, daß nicht zuletzt die der Entscheidung beigefügte "dissenting opinion" des Richters *Coleridge*[622] und die sehr zurückhaltende und um Rechtfertigung bemühte Formulierung des Urteils dazu beitrugen, daß das *Lumley*-Urteil lange Zeit keinen fruchtbaren Boden fand[623]. Erst in dem Fall *Bowen v. Hall*[624] wurde das in der *Lumley*-Entscheidung begründete Prinzip erneut aufgegriffen und auf Dienstverträge aller Art erstreckt. Die wesentliche Bedeutung der Entscheidung lag jedoch in der Aufweichung der an das Tatbestandsmerkmal "malicious" zu richtenden Anforderungen. Für die Annahme von "malice" war danach schon die Feststellung ausreichend, daß es der Beklagten billigend in Kauf nahm, einen Schaden bei dem enttäuschten Vertragspartner hervorzurufen[625]. Da aber nahezu jede Handlung die zum Vorteil des Verleitenden gereicht, zugleich einen Schaden auf Seiten des Vertragspartners verursacht, sahen sich die Gerichte in die Lage versetzt, in den meisten Fällen deliktsrechtliche Ansprüche zu gewähren[626]. Das in der *Lumley*-Ent-

---

Ashley v. Dixon, 48 N.Y. 430 (1872) und weitere zahlreiche Nachweise in Note, 93 Harv.L.Rev. 1510, 1525 (1980).

621 Zur weiteren Entwicklung der Haftung wegen "intereference with contractual relations" siehe *Lauterpacht*, 52 L.Q.R. 494, 500-502 (1936); *Schofield*, 2 Harv. L.Rev. 19 (1888/89).

622 Dieser machte insbesondere geltend, daß Schadensersatz wegen Vertragsbruchs ausschließlich gegen den Vertragspartner geltend gemacht werden könne und der Klage des "masters" gegen einen Dritten wegen einer Verletzung des "servants" eine "action on trespass", nicht aber eine "action on the case" zugrundelag. Auch die "Statute of Labourers" habe Schadensersatz nur wegen der Abwerbung weisungsabhängiger, nicht aber weisungsunabhängiger Arbeitnehmer, wie einer Sängerin gewährt, Lumley v. Gye, 118 Eng. Rep. 749, 760, 2 El. & Bl. 216 (Q.B.D. 1853).

623 Siehe *Green*, Injuries, S. 37.

624 Bowen v. Hall, 6 Q.B.D. 333 (1881). In diesem Fall hatte der Kläger, ein Ziegelhersteller, einen Exklusivvertrag zur Lieferung spezieller weiß-glasierter Ziegel abgeschlossen. Der Beklagte verleitete den Vertragspartner des Klägers dazu, dieselben Ziegel auch an ihn zu liefern.

625 Bowen v. Hall, 6 Q.B.D. 333, 338-340 (1881).

626 *Schofield*, 2 Harv.L.Rev. 19, 27 (1888/89).

Entscheidung begründete Prinzip für die Haftung wegen sittenwidriger Eingriffe hatte somit seine Bedeutung verloren[627].

In der Entscheidung *Temperton v. Russell*[628] findet sich schließlich die erste ausdrückliche Erweiterung des Schutzes von Forderungsrechten bezüglich der Sanktionierung von Eingriffen in kaufmännische Lieferverträge[629]. Damit war die ursprünglich auf persönliche Dienstverhältnisse beschränkte Klage endgültig zur allgemeinen Klage wegen "inducing breach of contract" umgestaltet worden, die die Verletzung eines Forderungsrechts als ein gegen jedermann wirkendes "legal right" deliktsrechtlich sanktionierte[630].

V. Fortführung der englischen Rechtsprechung in den USA

In der Folgezeit fand die deliktsrechtliche Haftung wegen "interference with contractual relations" auch bei den anfangs noch zögerlichen US-amerikanischen Gerichten Anerkennung[631]. Eine frühe und vielzitierte amerikanische Entscheidung erging in der Sache *Doremus v. Hennessy*[632] aus dem Jahre 1898. Diese Entscheidung behandelte den Aufruf einer Chikagoer Vereinigung von Wäschereibesitzern, die weitere Zusammenarbeit mit einer Wäscherei zu verweigern, die sich nicht an einer Preisabsprache beteiligen wollte. Noch früher datiert die Entscheidung *Vanarsdale v. Laverty*[633], in der das Verhalten von Bürgern, die eine Schulleitung davon überzeugt hatten, einen Lehrer zu entlassen, unter Berufung auf die *Lumley*-Entscheidung als haftungsbegründend angesehen wurde[634]. Obwohl die Haftung wegen des Eingriffs in fremde Vertragsbeziehungen zu Beginn des 20. Jahrhunderts bereits allgemeine Anerkennung gefunden hatte[635], finden sich noch bis in

---

627 Id.

628 Temperton v. Russell, 1 Q.B.D. 715 (1893); *Danforth*, 81 Col.L.Rev. 1491, 1499 (1981).

629 Siehe ausführlich hierzu *Danforth*, 81 Col.L.Rev. 1491, 1499 (1981).

630 *Rheinstein*, Rheinische Zeitschrift 14 (1926), 60, 73, *Danforth*, 81 Col.L.Rev. 1491, 1498 (1981).

631 Ausführlich zur weiteren Entwicklung in England siehe *Payne*, 7 Current Leg. Probs. 94-113 (1954).

632 176 Ill. 608, 52 N.E. 924 (1898).

633 69 Pa. 103 (1871).

634 Zu weiteren frühen Fällen siehe *Speiser/Krause/Gans*, Vol. 8, § 31:39, Fn. 77 a.E.

635 *Speiser/Krause/Gans*, § 31:39, S. 1247-1256 m.w.N.

die Mitte des 20. Jahrhunderts Entscheidungen, in denen eine Haftung wegen "interference with contractual relations" grundsätzlich abgelehnt wurde[636]. Diesen letztgenannten Entscheidungen lag regelmäßig die Annahme zugrunde, daß wegen der Relativität vertraglicher Beziehungen an einem Vertrag nicht beteiligte Dritte grundsätzlich nicht wegen Verleitung zum Vertragsbruch haften können[637].

Heute ist die deliktsrechtliche Haftung wegen des Eingriffs Dritter in fremde vertragliche Beziehungen in nahezu allen Bundesstaaten anerkannt[638]. Ein Bundesstaat, in dem eine Haftung wegen "interference with contractual relations" bis in die jüngste Vergangenheit auf Ablehnung stieß, ist Louisiana[639]. Dessen Gerichte gewährten Schadensersatzansprüche gegen Dritte lange Zeit nur dann, wenn die Eingriffshandlung per se als deliktsrechtlich relevant und damit haftungsbegründend anzusehen war[640]. Erst 1988 gab die Rechtsprechung Louisianas in einem obiter dictum zu der Entscheidung *9 to 5 Fashions, Inc. v. Spurney*[641] zu erkennen, daß der Eingriff

---

636 Brooks v. Patterson, 234 Ky. 757, 29 SW.2d 26, 28 (1930); Cust v. Item Co., 200 La. 515, 8 So.2d 361, 363 f. (1942).

637 Id.

638 Siehe nur San Francisco Design Center v. Portman, 38 Cal.Rptr.2d 270 (1999); Intercity Maintenance Co. v. Local 254 Service Emloyees Intern. Union, 62 F.Supp.2d 483 (D.R.I. 1999); Bendix Corp. v. Adams, 610 P.2d 24, 27 (1980); Imperial Ice Co. v. Rossier, 18 Cal.2d 33, 35, 112 P.2d 631 (1941); Dolton v. Capitol Federal Sar. & Loan Asso., 642 P.2d 21,22 (1981); Rabun v. Kimberley-Clark, 678 F.2d 1053, 1058 (11th Cir. 1982); Downey v. United Weatherproofing, Inc., 363 Mo. 852, 253 S.W.2d 976, 980 (1953); Vermont Nat. Bank v. Dowrick, 144 Vt. 504, 481 A.2d 396, 399 (1984); Dauphin v. Smith, 42 Wash.App. 491, 713 P.2d 116, 119 (1986); weitere zahlreiche Nachweise siehe in *Speiser/Krause/Gans*, § 31:39 in Fn. 77.

639 Alexander v. Texas Co., 149 F. Supp. 37, 44 f. (W.D.La. 1957); Robert Heard Hale, Inc. v. Gaiennie, 109 La. 241, 102 So.2d 324, 326 (1958); Brinkley & West, Inc. v. Foremost Ins. Co., 331 F. Supp. 475, 478 (E.D.La. 1971); zu einer frühen Ausnahme vgl. Graham v. St. Charles St. R. Co. 47 La. Ann. 1656, 18 So. 707, 708 (1895). Zu den Bestrebungen der Anerkennung des "torts of interference with contractual relations", insbesondere zu früheren Entscheidungen mit "dissenting opinions" siehe *Robertson*, 46 La.L.Rev. 737, 739 (1986).

640 Siehe *Eshelman*, 64 Tul.L.Rev. 631, 633 (1989).

641 520 So.2d 1276, 1282 (1988); besprochen von *Eshelman*, 64 Tul.L.Rev. 631 (1989) und *Landreneau*, 51 La.L.Rev. 141 (1990).

in fremde vertragliche Beziehungen als solcher grundsätzlich haftungsbegründend sein kann[642].

§ 2 Grundsätzliches zu den Haftungsvoraussetzungen

Über die einzelnen Voraussetzungen des torts of "interference with contractual relations" herrscht zwischen den Einzelstaaten zumindest in den Grundzügen Einigkeit. In Einzelfragen ergeben sich jedoch, wie noch zu zeigen sein wird, sowohl zwischen als auch innerhalb der Rechtsordnungen der einzelnen Bundesstaaten ganz erhebliche Meinungsverschiedenheiten. Das Restatement (Second), eine vom American Law Institute herausgegebene private zusammenfassende Darstellung des amerikanischen Rechts[643], hat die Haftungsvoraussetzungen in § 766 unter dem Kapitel "interference with contract" wie folgt zusammengefaßt:

> "One who intentionally and improperly interferes with the performance of a contract (except a contract to marry) between another and a third person not to perform the contract, is subject to liability to the other for pecuniary loss resulting to the other from the failure of the third person to perform the contract."

Eine im Grundsatz allgemeingültige Zusammenstellung der einzelnen Tatbestandsvoraussetzungen für eine Haftung wegen des Eingriffs in fremde Vertragsverhältnisse aus der Rechtsprechung findet sich in der Entscheidung *Marmis v. Solot Co.*[644]:

> "1. the existence of a contract
> 2. the defendants knowledge thereof
> 3. a breach of the contract induced by the defendant

---

642 Das Privatrechtsystem des Staates Louisiana ist aus historischen Gründen, weil französisch und spanisch geprägt, in vielen Bereichen eher kontinental-europäisch als vom "common law" beeinflußt. Siehe ausführlich hierzu, *Zekoll*, ZvglRWiss 93 (1994), 323 ff. Ob die zurückhaltendere Auffassung des Staates Louisiana auf diese unterschiedliche historische Entwicklung zurückzuführen ist, bleibt allerdings fraglich.

643 Zur Bedeutung und Entstehung der Restatements in den USA siehe *Ebke*, FS Großfeld 1999, S. 203-212.

644 117 Ariz. 499, 573 P.2d 899, 901 (1977).

4. the absence of privilege or justification
5. damages."[645]

A. Erfaßte Rechtsverhältnisse

Sonach ist, wie die Bezeichnung des tort of "interference with contractual relations" selbst schon zum Ausdruck bringt, grundsätzliche Voraussetzung für eine Haftung wegen "inducing breach of contract" das Bestehen einer vertraglichen Beziehung. Deren Rechtsnatur ist grundsätzlich ohne Bedeutung. Die anfängliche Beschränkung des Anwendungsbereichs auf persönliche Dienstverhältnisse wurde bereits in der Entscheidung *Temperton v. Russell* aufgegeben[646]. Allein die Rechtsprechung Alabamas beschränkt bis heute die Haftung wegen "interference with contractual relations" auf Eingriffe in Arbeitsverhältnisse und gewährt Schadensersatzansprüche wegen der Verletzung anderer Verträge nur dann, wenn die Störung durch per se rechtswidrige Mittel (z.B. Gewalt) erfolgt[647]. Selbst die Gerichte Kentuckys und Missouris, die anfänglich ähnlich restriktive Auffassungen vertreten haben, erkennen heute die Schutzwürdigkeit jeder Art von Verträgen an[648]. Handelt es sich nicht um einen Eingriff in einen Vertrag, scheidet eine Haftung wegen "interference with contractual relations" hingegen aus. In diesen Fällen verbleibt nur der Rückgriff auf den allgemeineren deliktsrechtlichen

645 Ähnlich, aber ausführlicher und genauer formuliert dies der California Court of Appeal in der Entscheidung Weiss v. Marcus, 124 Cal.Rptr. 297, 304, 51 Cal. App.3d 590 (1975):
"1. a valid contract existing between plaintiff and another person
2. defendant had knowledge of the contract and intended to induce a breach thereof
3. the contract was breached by the other party thereto
4. the breach was caused by defendants wrongful or unjustified conduct
5. plaintiff suffered damage as a result of the breach."
Zu einem Überblick über die in den einzelnen Bundesstaaten geforderten Anforderungen siehe *Speiser/Krause/Gans*, Vol. 8, § 31:44, S. 1267-1278 in Fn. 89.

646 Siehe oben S. 157.

647 James S. Kemper & Co. v. Cox & Associates, 434 So.2d 1380, 1386 (1983); Homa-Goff Interiors, Inc. v. Cowden, 350 So.2d 1035, 1038 (1977); Griese-Traylor Corp. v. First Natl. Bank of Birmingham, 572 F.2d 1039, 1044 (5th Cir. 1978).

648 Siehe hierzu *Harper/James/Gray*, S. 309, 310 m.w.N.

Anspruch wegen "interference with prospective contractual relations"[649]. Die grundsätzliche Unterscheidung zwischen den Deliktsansprüchen wird allerdings nicht immer konsequent durchgeführt. Es finden sich immer wieder Entscheidungen, in denen trotz eines bestehenden Vertrages Ansprüche allgemein wegen "interference with trade, business or profession" gewährt werden[650]. Eine genaue Differenzierung dieser häufig in einem Atemzug genannten Deliktsansprüche hat jedoch erhebliche Bedeutung in der Zubilligung unterschiedlicher Rechtfertigungsgründe und der Bemessung der Schadensersatzansprüche[651].

I. Rechts- und sittenwidrige Verträge (Invalid Contracts)

Aus dem Schutzbereich auszuscheiden sind von vornherein wirksam angefochtene, rechtswidrige oder gegen die guten Sitten (public policy) verstoßende Verträge[652]. Derartige Rechtsbeziehungen genießen grundsätzlich unabhängig vom Grund ihrer Ungültigkeit keinen Schutz vor Eingriffen Dritter. Der Grund für deren mangelnde Schutzwürdigkeit findet sich in entgegenstehenden öffentlichen Interessen, wie etwa beim Vorliegen sittenwidriger Umstände (z.B. Zinswucher[653] oder wettbewerbsbeschränkenden Vereinbarungen[654]). Eingriffe in unzulässige Kartell- oder Boykottvereinbarungen, deren Bekämpfung ein wesentliches Ziel der amerikanischen Wirtschaftspolitik ist, sind daher erlaubt[655].

Ein Beispiel für solche Umstände findet sich in dem Fall *Massilon-Cleveland-Akron Sign Co. v. Golden State Advertising Co.*[656]. Diese Ent-

---

649 Restatement (Second), Torts, § 766 comment a), at 8; Bump v. Stewart, Wimer & Bump, P.C., 336 N.W.2d 731, 737 (1983).

650 Marion v. Hall, 429 So.2d 937, 942, 943; kritisch zu dieser Vermengung *Pettey*, 34 Ala.L.Rev. 599, 607, 608 (1983). Keine Unterscheidung zwischen "interference with contract" und "prospective contractual relations" trifft auch die Entscheidung Boyer v. Independence Manor Care Center, Inc., 721 S.W.2d 246 (1986).

651 Siehe unten S. 216.

652 Am.Jur.2d, Vol. 45, "Interference", § 8.

653 Gunnels v. Atlanta Bar Association, 191 Ga. 366, 12 S.E.2d 602, 610 (1941).

654 John D. Park & Sons Co. v. Hartman, 153 F. 24, 33 f., 212 US 588, 29 S. Ct. 689 (6th Cir. 1907); Behnke v. Hertz Corp., 70 Wis.2d 818, 235 N.W.2d 680 (1975).

655 Citizens's Light, Heat and Water Power Co. v. Montgomery Light and Water Power Co., 171 F. 553, 556 (C.C.Ala. 1909).

656 444 F.2d 425 (9th Cir. 1971).

scheidung behandelt die Frage der Schutzwürdigkeit eines Vertrages, der eine Nichteingriffsvereinbarung in ein ungültiges Patent zum Gegenstand hatte. Der Beklagte hatte den Vertragspartner des Klägers, welcher sich zur Respektierung des ungültigen Patents verpflichtet hatte, dazu verleitet, das für den Kläger eingetragene Patent zu mißachten und zu verletzen. Die daraufhin vom Kläger wegen Verleitung zum Vertragsbruch erhobene Klage wurde abgewiesen. Das Gericht befand, daß es den öffentlichen Interessen des freien Wettbewerbs und Anti-Monopolstrebens widerspreche, solche Verträge zu schützen, sofern keine wirksamen Schutzrechte bestünden[657]. Liegen derartige Umstände vor, obsiegt demnach nicht ein höherwertigeres Interesse des außenstehenden Dritten über die vertraglichen Interessen des enttäuschten Vertragspartners, sondern das öffentliche Interesse an der Aufrechterhaltung grundlegender rechtlicher und gesellschaftlicher Prinzipien. Im übrigen wird die Haftung des Dritten wegen des Eingriffs in vertragliche Beziehungen im wesentlichen von der Art des betroffenen vertraglichen Interesses abhängig gemacht. In diesem Bereich sind, wie im folgenden zu sehen sein wird, bezüglich der Reichweite des Deliktsanspruchs "interference with contractual relations" teilweise ganz erhebliche Unterschiede zwischen den einzelstaatlichen Rechtsordnungen festzustellen.

II. Jederzeit kündbare Verträge (Contracts Terminable at Will)

Eine Problematik besonderer Art ergibt sich aus der Behandlung sogenannter "contracts terminable at will"[658]. Diese Verträge zeichnen sich dadurch aus, daß jede Partei den Vertrag ohne Einhaltung von Kündigungsfristen beenden kann. Die Verleitung zur Beendigung eines solchen Vertrages kann folglich nie mit einem Vertragsbruch einhergehen. Eine wortgetreue Anwendung der Regeln des Deliktsanspruchs "inducing breach of contract" hätte daher zur Folge, daß eine Haftung in Fällen zu verneinen wäre, in denen es an einem vertragswidrigen Verhalten fehlt[659]. In der Beantwortung der Frage des Schutzes vertraglicher Beziehungen, deren Auflösung oder Beendigung durch den Vertragspartner mangels Vertragsbruch nicht rechtswidrig ist, fin-

---

657 444 F.2d 425, 430 (9th Cir. 1971). Zum Eingriff in ein Patentrecht siehe auch Litton Systems, Inc. V. Honeywell Inc., 238 F.3d 1376 (2001).

658 Note, 77 Harv.L.Rev. 888, 961-963 (1964).

659 So *Jensch,* 38 Tul.L.Rev. 453, 463 (1964).

det sich einer der umstrittensten Bereiche der Haftung wegen "interference with contractual relations". Die extremsten Auffassungen finden sich beispielhaft u.a. in den Entscheidungen der Gerichte der Staaten New York und Kalifornien[660].

1. Der New Yorker Ansatz (New York Approach)

Eine enge Auffassung vertritt traditionell die Rechtsprechung des Staates New York. Eine Haftung wegen Eingriffs in fremde vertragliche Beziehungen wurde ursprünglich auf solche Eingriffe beschränkt, die wegen des Gebrauchs unlauterer Mittel, wie z.B. Drohung oder Zwang, per se als rechtswidrig anzusehen sind[661]. Die Anerkennung des Vertragsrechts selbst als deliktsrechtlich schützenswertes Rechtsgut folgte jedoch bereits in der Entscheidung *S. C. Posner Co. v. Jackson*[662]. Die in dieser Entscheidung noch anzutreffende Einschränkung auf in Schädigungsabsicht vorgenommene Eingriffe wurde ebenfalls frühzeitig aufgegeben. Die Forderung nach dem Vorliegen einer als "malicious" zu bewertenden Eingriffshandlung wurde auf das Erfordernis der bloßen Kenntnis vom Bestehen des Vertragsrechts reduziert[663]. Als zentrales und entscheidendes Haftungskriterium verblieb somit im wesentlichen die Frage, welche vertraglichen Interessen als schützenswerte Rechte im Sinne des Deliktsanspruchs "interference with contractual relations" anzusehen sind. Auf Grundlage der Annahme, daß der Deliktsanspruch "interference with contractual relations" den Vertrag wie ein Eigentumsrecht schützt, fordert die Rechtsprechung des Staates New York als Basis für eine deliktsrechtliche Haftung wegen des Eingriffs in fremde vertragliche Beziehungen grundsätzlich die Verletzung eines rechtswirksamen und durchsetzbaren Vertragsverhältnisses. Entscheidend ist somit der Wert und die Bedeutung des Rechts in der Hand des enttäuschten Vertragspartners[664].

Wegen des Eingriffs in "at will"-Verträge scheidet daher eine Haftung wegen "interference with contractual relations" mangels Vorliegen eines

660 Ausführlich hierzu *Broida/Handler*, 32 De Paul L.Rev. 325, 334 (1983).
661 Rice v. Manley, 66 N.Y. 82 (1876).
662 223 N.Y. 325, 119 N.E. 573, 574 (1918).
663 125 N.E. 817, 818 (1920).
664 *Danforth*, 81 Col.L.Rev. 1491, 1502 (1981).

Vertragsbruchs grundsätzlich aus[665]. Dies gilt jedenfalls dann, wenn keine per se rechtswidrigen Mittel angewandt werden. Bejaht wurde dementsprechend eine Haftung nur in Fällen, in denen die Verleitung zur Beendigung des Vertrages auf Betrug, der Darstellung falscher Tatsachen[666] oder auch der Verletzung von Treueverhältnissen zwischen Kläger und Beklagtem[667] beruhte. Auch die bloße Absicht, den Kläger zu schädigen, ließen die Gerichte für eine Haftung genügen[668]. War das Vorliegen solcher unlauterer Mittel oder Absichten hingegen nicht nachweisbar, wurde eine Haftung im Regelfall verneint[669].

2. Der Kalifornische Ansatz (California Approach)

Im Gegensatz zu der restriktiven Auffassung der New Yorker Gerichte erkennen die kalifornischen Gerichte in dem Deliktanspruch "interference with contractual relations" eine allgemeine Haftungsgrundlage zum Schutz wirtschaftlicher Interessen[670]. Vom Schutzbereich des tort of "interference with contractual relations" umfaßt sind daher nicht nur rechtlich nicht durchsetzbare, sondern auch jederzeit kündbare Verträge. Lange Zeit wurde auf eine Unterscheidung zwischen der Haftung wegen "interference with contractual relations" und "interference with prospective contractual relations" sogar

---

665 Guard-Life Corp. v. S. Parker Hardware Mfg. Corp., 50 N.Y.2d 183, 190, 191, 406 N.E.2d 445, 447, 449, 428 N.Y.S.2d 628, 632 (1980); Gertler v. Goodgold, 107 A.D.2d 481, 489, 490, 487 N.Y.S.2d 565, 572 (1985); Forty Exchange Co. v. Cohen, 125 Misc.2d 475, 486, 479 N.Y.S.2d 628, 633 (1984).

666 Rice v. Manley, 66 N.Y. 82, 83 f. (1876); Lurie v. New Amsterdam Casualty Co., 270 N.Y. 379, 1 N.E.2d 472, 473 (1936).

667 Rampell Inc. v. Hyster Co., 3 N.Y.2d 369, 144 N.E.2d 371, 375, 165 N.Y.S.2d 475 (1957).

668 American League Baseball Club of N.Y. v. Pasquel, 187 Misc. 230, 63 N.Y.S.2d 537 (1946); Ebenso S.C. Posner v. Jackson, 223 N.Y. 325, 119 N.E. 573, 574 (1918), die Abwerbung eines bedeutenden Designers in Schädigungsabsicht betreffend.

669 Coleman & Morris v. Pisciotta, 279 A.D. 656, 107 N.Y.S.2d 715 (1951); Guard Life Corp. v. S. Parker Hardware Mfg., 50 N.Y. 2d 183, 428 N.Y.S.2d 628, 406 N.E.2d 445, 448 (1980). So auch Top Service Body Shop v. Allstate Ins. Co., 283 Ore. 201, 582 P.2d 1365 (1978); United Truck Leasing Corp. v. Geltham, 406 Mass. 811, 551 N.E.2d 20, 23 (1990).

670 *Sales*, 22 Tex.Tech.L.Rev. 123, 133 (1991).

völlig verzichtet[671]. Ungeachtet des Umstands, daß die Parteien bei Abschluß eines "at will"-Vertrages gerade keine weitreichende Bindung gewollt haben, ist wesentlicher Gesichtspunkt für die Gewährung eines weitergehenden Schutzes die Erwägung, daß die jeweils betroffene Vertragsbeziehung, auch wenn deren Fortbestehen für die Zukunft rechtlich nicht gesichert ist, ohne die Eingriffshandlung des Dritten im Regelfall fortgesetzt würde[672]. Inwieweit diese Rechtsprechung in Zukunft aufrechterhalten werden wird, ist zweifelhaft geworden. Wie im folgenden noch zu sehen sein wird, wurde mit der Entscheidung *Della Penna v. Toyota Motor Sales, U.S.A.*[673] die ebenfalls weitgehend unterschiedslose Behandlung von bereits bestehenden und zukünftigen vertraglichen Beziehungen aufgegeben[674]. Aufgrund der auch bei "at will"-Verhältnissen im wesentlichen gleichen Interessenlage wird man davon ausgehen dürfen, daß auch zur Begründung einer Haftung wegen des Eingriffs in eine jederzeit kündbare vertragliche Beziehung zukünftig ein über die bloße Eingriffshandlung hinausgehendes Fehlverhalten gefordert werden wird[675].

3. *Entwicklung der Haftung wegen des Eingriffs in "at will"-Verträge*

Auch wenn sich in der Behandlung von "at will"-Verhältnissen keine einheitliche Linie feststellen läßt, wird man als allgemeine Regel festhalten können, daß die überwiegende Anzahl der Gerichte auch diesen Verträgen einen weitreichenden Schutz vor Eingriffen Dritter gewährt[676]. Die Ursprünge des deliktsrechtlichen Schutzes nicht bindender rechtlicher Beziehungen werden

---

671 Boyer v. Independence Manor Care Center, Inc., S.W.2d 246 (1986); Zimmerman v. Bank of America Nat'l Trust & Sav. Association, 191 Cal.App. 2d 55, 12 Cal.Rptr. 319, 321 f. (1961).

672 *Avins*, 24 Tenn. L.Rev., S. 1089, 1103 (1957).

673 902 P.2d 740, 748 f. (1995).

674 Siehe unten S. 175 ff.

675 So die Entscheidung Della Penna v. Toyota Motor Sales, U.S.A. zur Haftung wegen des Eingriffs in zukünftige vertragliche Beziehungen, 902 P.2d 740, 751 (1995).

676 Grundlegend Walker v. Cronin, 107 Mass. 555, 564 (1871). In der Entscheidung Truax v. Raich, 239 U.S. 33, 38 (1915) nahm der US Supreme Court erstmals wie folgt Stellung: "The fact that the employment is at will of the parties, respectively, does not make it at the will of others".

bis auf die Entscheidung *Lumley v. Gye*[677] zurückgeführt. Der in dieser Entscheidung ausgesprochenen Erweiterung der alten action of "enticing away one's servant" wird die Ersetzung der herkömmlichen "master/servant"-Grundsätze durch eine neue Theorie der Anerkennung von Verträgen als Eigentumsrechte zugesprochen[678]. Eine so weitreichende Aussage dürfte dieser Entscheidung bei genauerer Betrachtung allerdings nicht zu entnehmen sein[679]. Die *Lumley*-Entscheidung bezweckte weder den Schutz aller Arten von Verträgen noch den Schutz vor jeder Art von Eingriffshandlungen. Richtigerweise wird man sagen dürfen, daß die *Lumley*-Entscheidung den Weg zur *Bowen v. Hall*-Entscheidung[680] geebnet hat. Erst in diesem Urteil wurde der Vertrag durch den Verzicht auf die Forderung einer als "malicious" zu bewertenden Handlung gegen jede Art der Eingriffshandlung und somit wie ein absolutes Recht geschützt. Dies beabsichtigte die Entscheidung in dem Fall *Lumley v. Gye* gerade nicht[681]. Aus dem Umstand, daß die *Lumley*-Entscheidung einen erst noch in der Zukunft zu erfüllenden Vertrag schützte, wurde dennoch die Rechtfertigung hergeleitet, auch sogenannte "at will"-Verhältnisse in den deliktsrechtlichen Schutz vor Eingriffen Dritter einzubeziehen[682].

Es bleibt jedoch, wie oben bereits angedeutet, kritisch anzumerken, daß diese Begründung für den Schutz von "at will"-Verhältnissen nicht zwingend erscheint. Die Entscheidung *Lumley v. Gye* betraf zwar ein erst in der Zukunft zu erfüllendes, aber dennoch bindendes und nicht jederzeit auflösbares Rechtsverhältnis. Die Schutzwürdigkeit der Erwartungshaltung der an einem solchen Vertrag Beteiligten unterscheidet sich naturgemäß ganz erheblich von der Erwartungshaltung der Vertragspartner eines "at will"-Verhältnisses. Der Abschluß eines Vertrages auf "at will"-Basis bringt schon begrifflich zum Ausdruck, daß eine weitreichende Bindung der Parteien nicht gewollt ist. Demgegenüber hat die Tatsache, daß die Erfüllung eines Vertrages noch bevorsteht, auf das Vertrauen in den Bestand und die bindende Wirkung eines Vertrages gerade keinen Einfluß.

---

677 Siehe oben S. 155 ff.
678 *Minda*, 36 Syracuse L.Rev. 939, 972 (1985).
679 Siehe hierzu oben S. 155 ff.
680 Siehe oben S. 157 f.
681 Siehe oben S. 155 f.
682 *Minda*, 36 Syracuse L.Rev. 939, 973 (1985); *Prosser/Keeton*, § 129; Restatement (Second), Torts, § 766 B.

Zweifelhaft ist auch die vereinzelt anzutreffende Einbeziehung von "at will"-Verhältnissen in den Schutzbereich des torts of "interference with contractual relations"[683]. Denn wie bereits festgestellt, führt die Verleitung zur Beendigung eines "at will"-Vertrages in Ermangelung einzuhaltender Kündigungsfristen praktisch nie zu einem Vertragsbruch. Denkbar ist ein Vertragsbruch allenfalls in Fällen, in denen Leistungen nicht mehr erbracht werden, bezüglich derer bereits Ansprüche erworben worden sind. Von derartigen Anprüchen abgesehen, sind Ansprüche wegen des Eingriffs in "at will"-Verträge trotz des Bestehens eines Vertrages dogmatisch eher in den Schutzbereich der Deliktshaftung wegen des Eingriffs in zukünftige wirtschaftliche Beziehungen einzubeziehen[684]. Für eine solche Einordnung spricht unter anderem die allgemein anzutreffende Begründung für den Schutz von "at will"-Verhältnissen, in der regelmäßig darauf hingewiesen wird, daß die Fortsetzung der vertraglichen Beziehung ohne die Einwirkung des Dritten nicht ausgeschlossen werden könne[685]. Diese Begründung beruht jedoch maßgeblich auf der Erwägung, daß das Fortbestehen zukünftiger vertraglicher Beziehungen als schutzwürdig erachtet wird, gleichwohl diese zum Zeitpunkt der Einwirkung aufgrund der "at will"-Vereinbarung noch in keiner Weise gesichert sind.

Andererseits stellt die bereits bestehende vertragliche Beziehung eine stärkere Sicherheit für die Fortführung vertraglicher Beziehungen dar, als dies bei erst in der Zukunft liegenden Vertragsabschlüssen der Fall ist. Denn in "at will"-Verhältnissen ist im Gegensatz zu erst in der Zukunft zu begründenden Rechtsverhältnissen eine Einigung bereits erzielt. Jede Partei erbringt dementsprechend die ihr obliegenden Leistungen mit Rücksicht auf die vereinbarte Gegenleistung und darf daher grundsätzlich darauf vertrauen, daß die Vertragsbeziehung solange fortgesetzt wird, wie sich die Bedingun-

---

683 A.S. Rampell, Inc. v. Hyster, 3 N.Y. 2d 369, 144 N.E.2d 371, 375, 165 N.Y.S.2d 475 (1957).

684 In diesem sinne etwa Alpha Distributing Co. of California, Inc. v. Jack Daniel Distillery, 454 F.2d 442 (9th Cir. 1972); Wear-Ever Aluminum, Inc. v. Townscraft Industries, Inc. 182 A.2d 387 (1962); Piedmont Cotton Mills, Inc. v. H. W. Ivey Construction, 137 S.E.2d 528 (1964); Restatement 2d, Torts, § 766 comment g).

685 Alyeska Pipeline Service Co. v. Aurora Air Service, Inc., 604 P.2d 1090, 1093 (1979); zu weiteren Nachweisen siehe *Speiser/Krause/Gans*, S. 1279 in Fn. 92.

gen nicht ändern, unter denen man zu einer Einigung gekommen ist. Eine Garantie, daß der Vertragspartner die Beziehung nicht unvermittelt und grundlos abbricht, kann indes auch aus einer berechtigten Erwaltungshaltung nicht abgeleitet werden[686]. Aus diesem Grund werden den Vertragspartnern im Ergebnis grundsätzlich auch keine vertraglichen Schadensersatzansprüche wegen des Abbruchs derartiger Vertragsbeziehungen zugebilligt.

Den erwähnten Besonderheiten Rechnung tragend, wird die Gewährung von Schadensersatzansprüchen gegen Dritte zurückhaltend gehandhabt[687]. Zum einen wird die Bemessung des Schadensersatzes begrenzt und zum anderen werden dem Beklagten analog der Rechtslage bei zukünftigen wirtschaftlichen Beziehungen eine größere Zahl von Rechtfertigungsgründen, wie das Bestehen eines Wettbewerbsverhältnisses, zur Seite gestellt[688].

III. Nicht durchsetzbare Verträge (Unenforceable Contracts)

Unter den Schutzbereich des torts of "interference with contractual relations" werden vielfach auch rechtlich nicht durchsetzbare Verträge einbezogen[689]. Hinsichtlich der Begründung des diesen Verträgen gewährten Schutzes gilt im wesentlichen das zu den "at will"-Verträgen Gesagte.

1. Grundsatz

Das dieser Art von Verträgen zugrundliegende Leistungsversprechen wird überwiegend solange als schützenswert erachtet, bis eine der Vertragsparteien die klare Absicht zum Ausdruck gebracht hat, von der weiteren Durchführung des Vertrages Abstand nehmen zu wollen. Solange dies nicht geschehen ist, wird auch ein rechtlich grundsätzlich wertloser Vertrag als schutzwürdig anerkannt und ist von Dritten zu respektieren. Auch bei diesen Verträgen kann nicht ohne weiteres davon ausgegangen werden, daß auch

---

686 *Speiser/Krause/Gans*, S. 1279, 1280.

687 Siehe unten S. 216.

688 Siehe unten S. 191 f.

689 *Pearson*, 96 ALR3d 1294, 1301-1312 (1979); *Speiser/Krause/Gans*, S. 1284 f.; siehe dagegen Consolidated Packaging Machinery Corp. v. Kelly, 253 F. 2d 49 (7th Cir. 1958); Charles v. Simmons, 215 Ga. 794, 113 S.E. 2d 604, 606 (1960); Economy Roofing & Insulating v. Zumaris, 538 N.W.2d 641, 650 (1995).

ohne die Eingriffshandlung des Dritten der Vertrag nicht ordnungsgemäß erfüllt worden wäre[690]. Vielmehr gilt insoweit, daß der Mangel an Rechtswirksamkeit lediglich als eine Einrede der Vertragsparteien inter partes zu verstehen ist, auf die sich ein Außenstehender nicht berufen kann[691]. Die deliktische Haftung beruht im Ergebnis auch hier nicht auf der Durchsetzbarkeit des Vertrages, sondern auf dem Verhalten des eingreifenden Dritten[692]. Entscheidend ist deshalb immer das schützenswerte Interesse am Vollzug eines Vertrages, wie es beispielsweise bei bloß fehlender Schriftform angenommen wird[693].

In der Rechtsprechung finden sich dementsprechend bezüglich nicht durchsetzbarer Verträge die gleichen unterschiedlichen Auffassungen, wie sie auch hinsichtlich des Schutzes von "at will"-Verhältnissen anzutreffen sind. Eine sehr großzügige Auffassung vertreten hier wiederum die kalifornischen Gerichte[694]. In *Zimmerman v. Bank of American National Trust & Savings Association*[695] führte das entscheidende Gericht hierzu aus, daß die Natur der deliktischen Haftung nicht von der rechtlichen Stärke oder Durchsetzbarkeit der zerrissenen Beziehung abhänge. Das deliktische Unrecht liege vielmehr in der Verleitung zum Bruch des Vertrages oder der Beendigung der Beziehung. Dies unabhängig davon, ob der gestörte Vertrag oder die Beziehung schriftlich, mündlich, durchsetzbar oder nicht durchsetzbar sei. Zu diesem Ergebnis gelangte das erkennende Gericht über einen a maiore ad minus Schluß. Unter Berufung auf den Umstand, daß das geltende Recht nicht nur bereits bestehenden, sondern auch zukünftigen vertraglichen Beziehungen Schutz gewähre, leitete das Gericht die Erwägung ab, daß in ers-

---

690 *Speiser/Krause/Gans*, S. 1282 mit zahlreichen Nachweisen in Fn. 93.

691 Royal Realty Co. v. Levin, 244 Minn. 288, 69 N.W.2d 667:
"...there is nothing inherently illegal in an oral agreement and that if the parties so desire, they may abide by its terms."
Siehe auch Ringler v. Ruby, 117 Ore. 455, 244 P. 509, 511 (1926); Note, 77 Harv.L.Rev. 888, 963 (1964).

692 Coronet Development Co. v. F.S.W., Inc. 379 Mich. 302, 150 N.W.2d 809, 814 (1967).

693 Id.: "This is a tort not dependent on the enforceability of the contract per se, but rather, on the stranger's interference with it."

694 Transworld Airlines v. American Coupon Exchange, 913 F.2d 676, 689 (9th Cir. 1990).

695 191 Cal.App.2d 55, 61, 12 Cal.Rptr. 319, 320 (1961); ebenso Buckaloo v. Johnson, 537 P.2d 865, 869 (1975).

ter Linie die Beziehung der (potentiellen) Vertragspartner, und nicht nur ein bereits bestehender Vertrag Schutz genieße.

2. *Haftungsgrundlage in Pennzoil v. Texaco*

Eine engere Auffassung vertritt wiederum die Rechtsprechung des Staates New York, welche für die Gewährung von Deliktsansprüchen wegen des Eingriffs in fremde vertragliche Beziehungen regelmäßig das Bestehen eines rechtlich durchsetzbaren Vertrages fordert[696]. Unter Anwendung des Rechts des Staates New York hatte der Court of Appeal von Texas in dem Fall *Texaco, Inc. v. Pennzoil Co.* die Frage zu beantworten, ob das erstinstanzlich gegen Texaco ergangene Jury-Urteil über $ 10,53 Mrd. zu Recht ergangen ist[697]. Die für die Entscheidung dieses Falles maßgebliche Schlüsselfrage betraf die Qualifizierung der zwischen Getty Oil und Pennzoil getroffenen Absprachen als gültige und durchsetzbare Verträge. Denn nur in diesem Falle war nach dem maßgeblichen Recht des Staates New York die Anwendung der Grundsätze einer Haftung wegen "interferencce with contractual relations" möglich.

a) *Hintergrund*

Die Besonderheit der zwischen Getty Oil und Pennzoil getroffenen Absprache über den Erwerb eines Aktienpakets zum Preis von $ 110 pro Aktie lag in der Festlegung einer Bedingung begründet, wonach der Vertrag unter dem Vorbehalt der Genehmigung durch den Verwaltungsrat von Getty Oil stand[698]. Diese Bedingung war an eine Ausschlußfrist gebunden, innerhalb derer der Vertrag genehmigt worden sein mußte, ansonsten die Vereinbarung als gegenstandslos anzusehen war. Eine Genehmigung der Vereinbarung erfolgte innerhalb dieser Frist nicht. Das Angebot wurde nach Fristablauf vielmehr als ungenügend zurückgewiesen. Nach weiteren Verhandlungen über eine Erhöhung des Angebots wurde nach diversen Annäherungs-

---

696 Guard-Life Corp. v. S. Parker Hardware Mfg., 406 N.E. 2d 445, 448, 450 (1980).

697 Texaco, Inc. v. Pennzoil Co., 729 S.W.2d 768 (1987). Zu einem Überblick über den Verfahrensablauf siehe Comment, 54 Fordham L.Rev. 767-773.

698 Texaco, Inc. v. Pennzoil Co., 729 S.W.2d 768, 785 (1987).

versuchen auf ein verbessertes Angebot Pennzoils durch den Verwaltungsrat von Getty Oil Beschluß gefaßt, daß man sich irgendwie einigen wolle[699]. Hierauf folgte eine Presseveröffentlichung. In dieser wurde u.a. bekanntgegeben, daß man sich im Grundsatz über die Übernahme einig geworden sei, die Umsetzung des Vertrages jedoch noch des Abschlusses eines endgültigen Vertrages bedürfe. Noch während dieser Vertrag erarbeitet wurde, schlossen Texaco und Getty Oil eine Übernahmevereinbarung zum Preis von $ 125 pro Aktie[700]. Pennzoil sah hierin einen Eingriff Texacos in die zwischen Pennzoil und Getty Oil bereits zuvor getroffene Vereinbarung.

Nachdem aufgrund des vorstehend geschilderten Sachverhalts im Staat Delaware der Antrag Pennzoils auf Erlaß einer einstweiligen Verfügung mangels Nachweisbarkeit einer bindenden Vereinbarung bzw. eines vorsätzlichen Eingriffs in diese abgewiesen wurde, bestätigte eine texanische Jury nach Rücknahme der von Pennzoil gegen Texaco in Delaware erhobenen Klage das Bestehen eines gültigen und durchsetzbaren Vertrages zwischen Pennzoil und Getty Oil. Pennzoil wurde in Anwendung des Rechts des Staates New York ein Schadensersatzanspruch in Höhe von $ 7,53 Mrd. zuzüglich $ 3 Mrd. "punitive damages" zuerkannt. Die von Texaco gegen dieses Urteil eingelegte Berufung hatte lediglich insoweit Erfolg, als der Court of Appeal von Texas die zugesprochenen "punitive damages" von $ 3 Mrd. auf $ 1 Mrd. reduzierte. Im übrigen wurde das erstinstanzliche Urteil vollumfänglich bestätigt. Nach verschiedenen juristischen Manövern Texaco's einigte man sich schließlich im Rahmen eines von Texaco zwischenzeitlich beantragten Konkursverfahrens auf eine Schadensersatzforderung von immerhin noch $ 3 Mrd.

b) Vorliegen einer bindenden Vereinbarung?

Das wesentliche Problem dieses Falles lag in der Klärung der Frage, ob die zwischen den Parteien getroffene Vereinbarung bereits bindend und durchsetzbar oder lediglich als ein noch keine endgültigen Verpflichtungen begründender Vorvertrag anzusehen war. In letzterem Fall wäre nach dem

699 Einzelheiten hierzu siehe Texaco, Inc. v. Pennzoil Co., 729 S.W.2d 768, 786 f. (1987).

700 Id.

Recht des Staates New York, wie bereits ausgeführt, eine Haftung wegen Verleitung zum Vertragsbruch nach den Grundsätzen des tort of "interference with contractual relations" ausgeschieden. Ob, wie von der Jury angenommen, zwischen Pennzoil und Getty Oil tatsächlich ein bindender Vertrag existierte, ist auf Grundlage des vorstehend geschilderten Sachverhalts als zweifelhaft anzusehen. Denn nach dem Recht des Staates New York gilt, daß bloße Vorverträge grundsätzlich keinen bindenden Charakter haben[701]. Die Annahme eines bindenden Charakters wird regelmäßig dann abgelehnt, wenn die Umsetzung der vertraglich vereinbarten Leistung dem Abschluß eines endgültigen Vertrages vorbehalten bleibt[702]. Eine derartige Fallgestaltung war im Verhältnis von Pennzoil zu Getty Oil gegeben. Diese hatten in ihrer gemeinsamen Presseerklärung übereinstimmend auf das Erfordernis eines noch zu schließenden Vertrages hingewiesen. Ein bindender Vertrag zu dessen Bruch hätte verleitet werden können, lag daher noch nicht vor. Dementsprechend wäre allenfalls ein Eingriff in zukünftige wirtschaftliche Beziehungen, aber nicht in einen bereits bestehenden Vertrag in Erwägung zu ziehen gewesen.

c) Vorliegen von Nichtigkeitsgründen?

Von Texaco wurde des weiteren eingewandt, daß, selbst wenn man vom Vorliegen eines bindenden Vertrages hätte ausgehen wollen, dieser nach Rule 10b-13 der Securities and Exchange Commission (SEC) nichtig gewesen sei. Rule 10b-13 SEC besagt, daß nach Abgabe eines Übernahmeangebotes außerhalb desselben solange keine Übernahmekäufe durchgeführt werden dürfen, bis das Übernahmeangebot keine Gültigkeit mehr hat. Pennzoil trug jedoch vor, nach Abgabe und Ablehnung des ersten Übernahmeangebotes über $ 110 pro Aktie eine endgültige Einigung zu einem höheren Preis erzielt zu haben. Zu diesem Zeitpunkt stand allerdings noch ein gültiges Übernahmeangebot im Raum. Pennzoil hatte also nach eigenem Vortrag während eines noch offenstehenden Übernahmeangebots eine bindende Vereinbarung über den Kauf von Getty Oil-Aktien zu anderen als den im noch offenen Übernahmeangebot genannten Bedingungen getroffen. Aufgrund der

---

701 *Feltham*, 33 N.Y.L.School L.Rev. 111, 135 (1988) m.w.N.
702 Id.

Verletzung der Rule 10b-13 SEC wäre dieser Vertrag nach § 29(b) des Securities Exchange Act von 1934 daher nichtig gewesen[703]. Der Court of Appeal von Texas sah hierin jedoch keinen haftungsausschließenden Umstand, weil gemäß Rule 10b-13 SEC auf Antrag Ausnahmen von dem grundsätzlichen bestehenden Verbot möglich sind und Pennzoil auf Antrag eine solche Ausnahme gewährt worden wäre. Dem Umstand, daß Pennzoil tatsächlich einen entsprechenden Antrag nicht gestellt hat, maß das Gericht keine weitere Bedeutung bei[704].

Es unterliegt nach alledem erheblichen Zweifeln, ob Texaco zu Recht nach den Grundsätzen des Rechts des Staates New York wegen "interference with contractual relations" zu einer Schadensersatzleistung einzigartigen und ruinösen Ausmaßes verurteilt wurde, obwohl entweder kein bindender Vertrag bestand oder ein eventuell bestehender Vertrag kraft Gesetzes nichtig war.

IV. Anfechtbare Verträge (Voidable Contracts)

Uneinheitlich ist die Rechtsprechung auch in der Behandlung anfechtbarer Verträge[705]. Diese werden zumeist solange als rechtlich schützenswert anerkannt, als von der Möglichkeit der Ausübung eines Anfechtungsrechts nicht Gebrauch gemacht worden ist[706]. Allein die Möglichkeit einer Vertragspartei durch die Ausübung eines subjektiven Rechts die Rechtsfolgen eines Vertrages zu beseitigen, wird als nicht ausreichend angesehen, den Dritten von seiner Haftung zu befreien[707]. Ein anfechtbarer Vertrag ist daher ebenfalls als ein rechtsgültiges und bestehendes Rechtsverhältnis anzusehen, das deliktsrechtlichen Schutz genießt. Wurde die Erfüllung des anfechtbaren Vertrages vorab verweigert oder ist die Erfüllung von den Vertragsparteien nicht beabsichtigt, scheidet eine Haftung des Dritten wegen des Eingriffs in eine vertragliche Beziehung regelmäßig aus. Durch die Weigerung, einen nicht durchsetzbaren oder anfechtbaren Vertrag zu erfüllen, verliert dieser jegli-

---

703 *Feltham*, 33 N.Y.L.School L.Rev. 111, 135, 143 (1988).

704 Texaco, Inc. v. Pennzoil Co., 729 S.W.2d 768, 806 (1987).

705 Note, 77 Harv.L.Rev. 888, 963 (1964).

706 Restatement (Second), Torts, § 766 comment f); Leonard Duckworth, Inc. v. Michael L. Field & Co., 516 F.2d 952, 955 f. (5th Cir. 1975).

707 *Estes*, 23 Drake L.Rev. 341, 345 (1974).

chen Wert und kann nicht mehr als Grundlage für eine Schadensersatzforderung herangezogen werden[708].

Die Rechtsprechung des Staates New York vertritt, wie zu erwarten, auch insoweit eine strengere Auffassung. Als gültiger Vertrag (valid agreement) wird eine Vereinbarung nur dann anerkannt, wenn diese durchsetzbar und nicht anfechtbar ist[709]. Diese Rechtsprechung wird von der Erwägung getragen, daß unabhängig davon, ob ein Vertrag nicht durchsetzbar oder anfechtbar ist, die weitere Durchführung des Vertrages nicht erzwungen werden kann. Die Erwartungshaltung eines Vertragspartners, der mit der Anfechtung des Vertrages rechnen muß, beschränkt sich dementsprechend - wie bei jederzeit kündbaren Verträgen - auf die Hoffnung, eine rechtlich nicht gesicherte wirtschaftliche Beziehung in der Zukunft aufrechtzuerhalten[710].

V. Zukünftige wirtschaftliche Beziehungen (Prospective Relations)

Schließlich genießen sogar noch nicht durch einen Vertragsschluß gesicherte wirtschaftliche Beziehungen Schutz vor Eingriffen Dritter[711]. Der zukünftigen vertraglichen Beziehungen gewährte Schutz beruht auf der Erwägung, daß die größten Schäden häufig nicht aus der Nichterfüllung eines Vertrages resultieren, sondern durch den möglichen Nichtabschluß von (u.U. zahlreichen) Folgeverträgen in der Zukunft verursacht werden. Die Entwicklung ging sogar so weit, daß sich ein eigenständiges als "interference with prospective contractual relations" bezeichnetes "tort" entwickelte[712]. Dessen deliktsrechtliche Voraussetzungen sind den tatbestandlichen Anforderungen

---

708 *Speiser/Krause/Gans*, S. 1291, 1292; *Estes*, 23 Drake L.Rev. 341, 345 (1974).

709 Guard-Life Corp. v. S. Parker Hardware Mfg., 406 N.E. 2d 445, 449 (1980). So auch die Rechtsprechung des Staates Illinois in Ladesic v. Servomation Corp., 488 N.E.2d 1355, 1358 (1986).

710 Guard-Life Corp. v. S. Parker Hardware Mfg., 406 N.E.2d 445, 449 f. (1980).

711 Siehe hierzu Restatement (Second), Torts, § 766 B:
"One who intentionally and improperly interferes with another's prospective contractual relation (...) is subject to liability to the other for the pecuniary harm resulting from loss of the benefits of the relation, whether the interference consists of inducing or otherwise causing a third person not to enter or continue the prospective relation or preventing the other from aquiring or continuing the prospective relation."

712 *Green*, 47 Va.L.Rev. 559, 564 (1961).

des Deliktstatbestands "interference with contractual relations" so ähnlich, daß in einigen Entscheidungen eine Unterscheidung der beiden Deliktsansprüche entweder nicht mehr vorgenommen[713] oder sogar für überflüssig erachtet wird[714]. Der Kläger hat als weitergehende Anforderung regelmäßig nur zu beweisen, daß der Vertrag ohne die Eingriffshandlung des Dritten geschlossen worden wäre. Eine reine Spekulation soll jedoch nicht genügen[715].

Ähnlich der Rechtslage bei "at will"-Verhältnissen werden bezüglich der Schutzwürdigkeit zukünftiger wirtschaftlicher Beziehungen von den Gerichten der einzelnen Bundesstaaten ebenfalls unterschiedliche Auffassungen vertreten[716]. Analog zu der im Hinblick auf die Schutzwürdigkeit von "at will"-Verhältnissen beschriebenen Auffassung der Rechtsprechung des Staates New York lehnen diese Gerichte bis heute einen weitreichenden Schutz zukünftiger Beziehungen ab[717]. Die Haftung wegen des Eingriffs in noch nicht durch einen Vertragsschluß gesicherte Beziehungen wird traditionell auf Fälle beschränkt, in denen die Verleitungshandlung als per se rechtswidrig zu bewerten ist. Im Gegensatz hierzu gewährten die kalifornischen Gerichte zumindest bis in die jüngere Vergangenheit einen sehr großzügigen

---

713 Eine wenig aufschlußreiche Ausführung zu dem Unterschied zwischen dem Eingriff in vertragliche und zukünftige Beziehungen findet sich in der Entscheidung Smith v. Ocean State Bank, 335 So. 2d 641, 642 (1976):
"Tortious interference with a contract and tortious interference with a business relationship are basically the same cause of action. The only material difference appears to be that in one there is a contract and in the other there is only a business relationship."

714 Zimmerman v. Bank of Amerika Nat'l Trust & Sav. Association, 191 Cal.App. 2d 55, 12 Cal.Rptr. 319, 320 f. (1961):
"The nature of the interference with business relations tort does not vary with the legal strength, or enforceability, of the relation disrupted. The actionable wrong lies in the inducement to break the contract or sever the relationship, not in the kind of contract or relationship so disrupted..."

715 Union Car Advertising Co. v. Collier, 263 N.Y. 386, 189 N.E. 463, 469 f. (1934); Shank v. William R. Hayne, Inc., 192 F.3d 675, 684 (7th Cir. 1999); *Beane*, 21 Washburn L.J. 22, 27 (1981).

716 Zu einem Überblick über die Rechtslage im Bundesstaat Kansas siehe *Morgan*, 36 Washburn L.J. 110-130 (1996).

717 Guard-Life Corp. v. S. Parker Hardware Corp., 50 N.Y.2d 183, 189-194, 406 N.E.2d 445, 448-451, 428 N.Y.S.2d 628, 631-634 (1980); Albert v. Coksen, 239 F.3d 256, 274 (2nd Cir. 2001).

Schutz zukünftiger wirtschaftlicher Beziehungen[718], der alle vorhersehbaren vertraglichen Bindungen erfaßte[719]. Restriktionen erfolgten nahezu ausschließlich über die Prüfung von Rechtfertigungsgründen. Auswirkungen zeigt das Fehlen eines Vertragsschlusses nur insoweit, als wie bei "at will"-Verhältnissen der unsichereren Erwartungshaltung des Geschädigten dahingehend Rechnung getragen wird, daß dem Dritten weitergehende Rechtfertigungsgründe zur Seite stehen[720]. Mit der Entscheidung *Della Penna v. Toyota Motor Sales, U.S.A.*[721] wurde diese weitgehend unterschiedslose Behandlung von bereits bestehenden und zukünftigen vertraglichen Beziehungen nunmehr aufgegeben. Berücksichtigung findet das Fehlen eines Vertrages in Staaten, deren Rechtsprechung bereits bestehende und zukünftige Vertragsbeziehungen im wesentlich gleich behandeln, allerdings bei der Bemessung der Schadensersatzleistung. So wird die Verhängung von "punitive damages" wegen der Störung zukünftiger Beziehungen zumeist verneint.

Aus dem allgemeinen Deliktsanspruch "interference with prospective contractual relations" hat sich bis heute eine Fülle spezieller Fallgruppen entwickelt, in denen einzelne als "unfair competition" zu bewertende Eingriffshandlungen in wirtschaftliche Beziehungen erfaßt werden. Beispiele für solche speziellen Situationen sind unter anderem der Kennzeichenmißbrauch, die Produktnachahmung, irreführende Werbung, Schutzrechtseingriffe, Geheimnisverrat oder der Boykott[722]. Durch die spezielle gesetzliche Regelung vieler dieser Bereiche hat die allgemeine deliktsrechtliche Haftung mittlerweile an Bedeutung verloren. Sie dient als eine Art Auffangtatbestand zur Lückenschließung, wenn die wettbewerbswidrige Eingriffshandlung eines Dritten nicht einer der spezielleren Fallgruppen unterfällt.

---

718 Imperial Ice Co. v. Rossier, 18 Cal.2d 33, 112 P.2d 631, 633 (1941); Buckaloo v. Johnson, 14 Cal.3d 815, 537 P.2d 865, 872, 122 Cal.Rptr. 745 (1975).

719 Transworld Airlines v. American Coupon Exch., 913 F.2d 676, 689 (9th Cir. 1990); Buckaloo v. Johnson, 14 Cal.3d 815, 537 P.2d 865, 869, 872; 122 Cal.Rptr. 745 (1975).

720 San Francisco Design Center v. Portman, 38 Cal.Rptr.2d 270, 276 (1999).

721 902 P.2d 740, 748 f. (1995). Im Gegensatz hierzu halten die texanischen Gerichte nach wie vor an der weitgehend einheitlichen Behandlung von bereits existierenden und zukünftigen vertraglichen Beziehungen fest. Siehe hierzu beispielsweise Moorco Intern. v. Elsag Bailey Process Automation, 881 F.Supp. 1000, 1004 (E.D.Pa. 1995).

722 *Prosser/Keeton*, S. 1013-1026; *Green*, Injuries, S. 847.

B. Subjektive Haftungsvoraussetzungen

Eine zunehmender Kritik ausgesetzte Tatbestandsvoraussetzung der Haftung wegen "Interference with contractual relations" betrifft die Frage, welche subjektiven Anforderungen an eine Verleitungshandlung zu knüpfen sind. Ein Rückblick auf die berühmte und richtungsweisende Entscheidung *Lumley v. Gye*[723] läßt in dieser Hinsicht noch keine außergewöhnlich geringen Anforderungen erkennen. In der *Lumley*-Entscheidung war das Gericht offensichtlich noch nicht bereit, die Haftung auf eine allein vorsätzliche Handlung zu stützen. Gefordert wurde über ein vorsätzliches Handeln hinaus das Vorliegen von Umständen, die die Handlung des Verleitenden als "malicious" im Sinne von sittenwidrig erscheinen ließen[724]. Die Entscheidung, eine Haftung zu bejahen, gründete in der Überzeugung des Gerichts, daß der Beklagte in der Absicht gehandelt hatte, den Kläger zu schädigen[725].

I. Vorsatz

Die strengen subjektiven Tatbestandsanforderungen wurden jedoch sehr bald aufgegeben. Die vom Kläger zu erfüllenden Beweisanforderungen sanken auf ein Mindestmaß ab. Die überwiegende Zahl der Gerichte fordert heute nicht mehr den Nachweis, daß der Beklagte in der Absicht gehandelt hat, die Erfüllung des Vertrages - egal aus welchem Grund auch immer - zu verhindern. Für die Darlegung der Haftung ist es prima facie ausreichend aufzuzeigen, daß der Beklagte in Kenntnis des Bestehens des Vertrages gehandelt hat, und er mit einiger Sicherheit davon ausgehen durfte, daß sein Verhalten zum Vertragsbruch führen würde[726]. Aber selbst diese letzte Einschränkung erweist sich nicht als eine ernstzunehmende beweisrechtliche Hürde. Denn vom Vorliegen des erforderlichen Folgewissens ist notwendigerweise immer auszugehen, wenn der Beklagte weiß, daß der Vertragsbrü-

---

723 Siehe oben S. 153 f.

724 Lumley v. Gye, 118 Eng. Rep. 749, 752, 2 El. & Bl. 216 (Q.B.D. 1853).

725 Id.

726 Am Jur. 2d, Vol. 45, Interference, § 11; Restatement (Second), Torts, § 766 comment e) und Introductory Note to Chapter 37.

chige die versprochene Leistung nur einmal zu erbringen imstande ist[727]. Zudem muß der Verleitende nicht einmal wissen, wen er schädigt. Das abstrakte Wissen um die potentielle Schädigung irgendeines Vertragspartners des Vertragsbrüchigen ist ausreichend[728]. Ebensowenig ist es notwendig, daß der Handelnde die rechtliche Bedeutung und die genauen Grenzen der vertraglichen Verpflichtungen des Vertragsbrüchigen richtig einschätzt[729]. Bei Kenntnis der tatsächlichen Umstände ergibt sich die Haftung selbst dann, wenn er deren rechtliche Bedeutung mißversteht oder sie für unverbindlich hält[730]. Liegt eine per se rechtswidrige Handlung vor, wird vermutet, daß der Dritte mit dem Vorsatz gehandelt hat, den Kläger zu schädigen[731].

Geradezu katastrophale Auswirkungen hatten diese Minimalanforderungen in der bereits besprochenen Entscheidung *Texaco, Inc. v. Pennzoil Co.*[732] für Texaco. Allein die Kenntnis Texacos um das mögliche Bestehen einer vertraglichen Beziehung zwischen Pennzoil und Getty Oil wurde vom Court of Appeal von Texas in subjektiver Hinsicht als haftungsbegründend angesehen[733]. Insbesondere sah das Gericht die Grenze der Grenzen der Haftung für fahrlässiges und vorsätzliches Handeln insofern als gewahrt an, als eine tatsächliche Kenntnis Texacos um die die vertragliche Beziehung

---

727 So allerdings auch schon *Crompton* in einer concurring opinion in der Entscheidung Lumley v. Gye (siehe oben S. 153 f.), in der er es als gleichwertig erkannte, ob der Beklagte "wrongfully and maliciously, or, which is the same thing, with notice" handelte.

728 Restatement (Second), Torts, § 766 comment p).

729 Calbom v. Knudtzon, 65 Wash.2d 157, 165, 396 P.2d 148, 152 f (1964).

730 Restatement (Second), Torts, § 766 comment i).

731 Piedmont Cotton Mills, Inc. v. H.W. Ivey Constr. Co., 109 Ga.App. 876, 137 S.E. 2d 528, 531 (1964).

732 Siehe oben S. 171.

733 Texaco, Inc. v. Pennzoil Co. 729 S.W.2d 768, 827, 831 (1987). Das zur Entscheidung berufene texanische Gericht stützte sich hierbei unter Anwendung des Rechts des Staates New York im wesentlichen auf die Entscheidungen *Gold Medal Farms, Inc. v. Rutland County Co-Operative Creamery, Inc.*, 195 N.Y.S.2d 179, 185 (1959) sowie *Guard-Life Corp. v. S. Parker Hardware Manufacturing Corp.*, 406 N.E.2d 445, 450 (1980), in denen jeweils die Kenntnis vom Bestehen eines Vertrages als für eine Haftungsbegründung ausreichend angesehen wurde. Zur Frage, ob mit der Bezugnahme auf diese Entscheidungen die Anwendung des Rechts des Staates New York nicht zu formelhaft erfolgt ist, siehe *Anderson*, 9 Rev.Lit. 409, 422-425 (1990).

zwischen Pennzoil und Getty Oil begründenden Umstände gefordert wurde[734].

II. Böswilligkeit (Malice)

Eine Quelle großer Verwirrung birgt die Frage in sich, ob über das bloß vorsätzliche Handeln hinausgehende subjektive Anforderungen an das Verhalten des Dritten zu stellen sind. Als Synonym für die diesbezüglich herrschende Unklarheit steht der Begriff "malice"[735]. Dieser in der Entscheidung *Lumley v. Gye* noch mit viel Gewicht bedachte Begriff hat schon früh erheblich an Bedeutung verloren. Bereits in der Entscheidung *Bowen v. Hall*[736] wurden die Voraussetzungen für die Qualifizierung einer Handlung als "malicious" stark herabgesetzt. Gefordert wurde nicht mehr, daß eine Handlung, dem eigentlichen Wortsinn des Begriffs "malicious" entsprechend, als böswillig oder unlauter zu bewerten war, die Feststellung einer indirekten Absicht des Dritten, einen Schaden bei dem enttäuschten Vertragspartner hervorzurufen, war genügend[737].

In *Beekman v. Masters*[738] führte das Gericht ausdrücklich aus, daß allein die Kenntnis vom Bestehen eines Vertrages und das vorsätzliche, nicht durch einen Rechtfertigungsgrund gedeckte Verleiten zu einem Vertragsbruch ausreiche, den Nachweis von "malice" zu führen[739]. Der Sinn des Wortes "malicious" ist danach als bloß vorsätzliche Handlung zu verstehen,

---

734 Texaco, Inc. v. Pennzoil Co. 729 S.W.2d 768, 827, 831 (1987).

735 *Sayre* beschreibt das Konzept von "malice" als so wage und undefiniert wie es überhaupt nur sein könne, 39 Yale L.J. 682 (1930). Zur Verwirrung die der Begriff "malice" verursachte siehe *Lauterpacht*, 52 L.Q.R. 494, 503 (1936); zur frühen englischen Rechtsprechung siehe *Freund*, 11 Harv.L.Rev.449, 451-456 (1898). Kritisch zur Verwendung des Begriffs *Green*, 29 Ill.L.Rev. 1041, 1045 (1935), der zu dem Ergebnis gelangt, daß die Verwendung des Begriffs "malicious" im Sinne von "ill will" darauf hindeutet, daß der Kläger die Beweislast für das Vorliegen unlauterer Umstände trägt. Sofern die Verwendung des Begriffs "malicious" hingegen nur ein vorsätzliches, nicht gerechtfertigtes Handeln beschreibt, sei dies als Hinweis darauf zu verstehen, daß der Beklagte die Beweislast trage.

736 Bowen v. Hall, 6 Q.B.D. 333, 338-340 (1881).

737 Siehe oben S. 157 f.

738 80 N.E. 817 (1907).

739 Weitere Entscheidungen, in denen das Vorliegen von "malice" nicht mehr gefordert wurde, finden sich in Stebbins & Roberts, Inc. v. Halsey, 265 Ark. 903, 582 S.W. 2d 266, 268 (1979); Lane v. Chowning 610 F. 2d 1385, 1389 (8th Cir. 1979).

zu der keine weiteren die Sittenwidrigkeit begründenden Umstände hinzutreten müssen[740]. Der trotzdem noch häufig anzutreffende Begriff "malicious" enthält daher in der Regel nicht die Beschreibung einer Handlung, die die freie Willensbildung des Vertragsbrüchigen durch Mittel wie Betrug[741] (fraud) oder Nötigung (duress) zerstört. Der Begriff "malice" dient im wesentlichen nur noch als Synonym für den Begriff "intent". Die gleichwohl durch die Verwendung des Begriffs "malicious" hervorgerufene Verwirrung ist darauf zurückzuführen, daß der Ausdruck teilweise zu dem Zweck gebraucht wird, klarzustellen, daß der Kläger nicht nur das vorsätzliche Verleiten zum Vertragsbruch, sondern auch das Fehlen von Rechtfertigungsgründen zu beweisen hat[742].

Von Bedeutung bleibt die Feststellung einer Handlung als "malicious" im Sinne von sittenwidrig oder unlauter aber dennoch insoweit, als eine solche Handlung angesichts des in ihr enthaltenen Unrechtsgehalts ohne weiteres zum Schadensersatz verpflichtet und möglicherweise vorhandene Rechtfertigungsgründe bedeutungslos werden. Eine Motivbündelung soll dafür allerdings erst dann genügen, wenn die Absicht den Vertrag zu stören, als dominantes Motiv erscheint[743]. Darüber hinaus kann das Vorliegen unlauterer Umstände auch Auswirkungen auf die Bemessung des Schadensersatzes haben. So ist es für die Verhängung von "punitive damages" immer erforderlich, Umstände nachzuweisen, die das Verhalten des Beklagten, sei es durch seine Motive oder die von ihm verwendeten Mittel, als besonders unlauter erscheinen lassen[744].

---

740 *Green*, Injuries, S. 37; Kelite Products, Inc. Binzel, 224 F. 2d 131, 139 (5th Cir. 1955); Thompson v. Allstate Ins Co., 476 F. 2d 746, 748 (5th Cir. 1973); George A. Fuller Co. v. Chikago College of Osteopathic Medecine 719 F.2d 1326, 1332 (7th Cir. 1983); Cf. Quartana v. Utterback, 789 F.2d 1297, 1302 (8th Cir. 1986); w.N. in *Harper/James/Gray*, § 6.6, S. 305.

741 Yankee Network, Inc. v. Gibbs, 295 Mass. 56, 3 N.E. 2d 228, 230 (1936).

742 *Pettey*, 34 Ala.L.Rev. 599, 616 (1983); Restatement (Second), Torts, § 767 comment b) und k).

743 Restatement (Second), Torts, § 766 comment j); hiergegen *Holmes*, 8 Harv.L.Rev. 1, 3 (1894).

744 Siehe unten S. 216.

Zur Vermeidung von Mißverständnissen, die durch den Gebrauch des mit unterschiedlichen Bedeutungen beladenen Begriffs "malice" zu befürchten waren, hat das Restatement (Second) in § 766 auf die Verwendung dieses Begriffs verzichtet und sich statt dessen für die neutralere Wendung "improper" (unangemessen oder unlauter) entschieden[745]. Eine klare Antwort auf die Frage, wann eine Handlung als "improper" im Sinne der Vorschrift zu qualifizieren ist, bleibt das Restatement jedoch schuldig. In § 767 finden sich lediglich einige Gesichtspunkte, die zur Abwägung der Frage der Lauterkeit eines Verhaltens herangezogen werden sollen[746]. Danach sind insbesondere die Art des Verhaltens des Beklagten, dessen Motive, die vom Beklagten verfolgten Interessen, die Interessen der Allgemeinheit und des Klägers, das Verhältnis zwischen Handlung und Schaden sowie die Beziehungen der Parteien zueinander abzuwägen. Hinzu kommt, daß das Restatement keine eindeutige Position zu der Frage bezieht, wer das Vorliegen oder Fehlen von Umständen zu beweisen hat, die eine Handlung als "improper" qualifizieren[747]. Trotzdem findet sich mittlerweile eine Reihe von Entscheidungen, in denen die vom Restatement gebrauchte Formulierung "improper" aufgegriffen wurde[748]. Die zur Klärung der Frage, ob eine ein Verhalten als "improper" zu qualifizieren ist, vorzunehmenden Wertungen erfolgen allerdings im wesentlichen im Rahmen der Rechtfertigungsprüfung[749].

---

745 Restatement (Second), Torts, Introductory Note to Chapter 37.

746 "In determing whether an actor's conduct in intentionally interfering with a contract or a prospective relation of another is improper or not, consideration is given to the following factors:

a) the nature of the actor's conduct,
b) the actor's motive,
c) the interests of the other with which the actor's conduct interferes,
d) the interests sought to be advanced of the other,
e) the social interests in protecting the freedom of action of the actor and the contractual interests of the other,
f) the proximity or remoteness of the actor's conduct to the interference and
g) the relation between the parties."

747 Siehe unten S. 228 f.

748 Brownsville Golden Age Nursing Home, Inc. v. Wells, 839 F.2d 155, 159 (3rd Cir. 1988); United Truck Leasing Corp. v. Geltman, 406 Mass. 811, 551 N.E.2d 20 (1990); *Harper/James/Gray*, § 6.6, S. 306 m.w.N.

749 Siehe hierzu unten S. 186 ff.

Im Grundsatz ist festzuhalten, daß keine per se rechtswidrigen Mittel vorliegen müssen, um eine Handlung als "improper" zu qualifizieren. Auch eine Verleitung durch einfache Überzeugung ist ausreichend, solange sie im Wissen erfolgt, daß das Verhalten zu einem Vertragsbruch führen wird[750]. Unzweifelhaft ist die Qualifizierung eines Verhaltens als "improper" immer dann, wenn der Dritte aus Haß, Rache oder reiner Schädigungsabsicht in die vertragliche Beziehung einzudringen versucht. Treffen derartige Motive allerdings mit lauteren Absichten in einem Motivbündel zusammen, soll die Handlung des Dritten nur dann als "improper" zu qualifizieren sein, wenn die unlauteren Absichten überwiegen[751]. Da sich solche Sachverhalte naturgemäß nicht in feste Regeln einordnen lassen, ist grundsätzlich eine Interessenabwägung im Einzelfall erforderlich und entscheidend. Von wesentlicher Bedeutung ist hierbei vor allem die Natur und Art der gestörten Beziehung. Je enger und stärker diese erscheint, desto eher ist ein Eingriff als "improper" anzusehen. Ist umgekehrt eine Bindung nur schwach, wie dies bei jederzeit kündbaren oder bloß zukünftigen wirtschaftlichen Beziehungen der Fall ist, kommt dem einzelnen ein wesentlich weiterer Handlungsspielraum zu. Dies drückt sich, wie oben bereits angedeutet, in der Gewährung besonderer Rechtfertigungsgründe aus. So steht dem Dritten der Rechtfertigungsgrund des Bestehens eines Wettbewerbsverhältnisses nur dann zur Seite, wenn es sich beispielsweise um jederzeit kündbare Verträge handelt[752].

Im Ergebnis läßt sich die Frage, ob ein Verhalten als "improper" zu bewerten ist, immer dann positiv beantworten, wenn das Handeln des Dritten nicht durch einen Rechtfertigungsgrund gedeckt ist. Steht dem Dritten hingegen ein Rechtfertigungsgrund zur Seite, scheidet die Qualifizierung seines Verhaltens als "improper" aus, sofern nicht die Anwendung per se rechtswidriger Mittel oder das Vorliegen unlauterer Motive festzustellen ist[753].

---

750 *Prosser/Keeton*, S. 982.
751 *Prosser/Keeton*, S. 984.
752 Siehe unten S. 191.
753 Id.

IV. Fahrlässigkeit

Grundsätzliche Voraussetzung für eine Haftung wegen "interference with contractual relations" ist ein vorsätzliches Handeln. Eine Haftung für fahrlässiges Handeln wird als mit der allgemeinen Handlungsfreiheit unvereinbar angesehen und scheidet in der Regel aus. Die wenigen Ausnahmen[754] von dieser Regel betreffen ausnahmslos andere Handlungsweisen, als die psychische Einflußnahme auf den Vertragspartner und beziehen sich durchweg auf physische, nicht rein wirtschaftliche Schäden. Für die hier interessierende spezielle Eingriffsform "inducing breach of contract" ist ein rein fahrlässiges Verhalten also ohne Bedeutung[755].

C. Verleitungshandlung

Die Verleitungshandlung selbst kann in jedem erdenklichen Verhalten zu erblicken sein, das darauf gerichtet ist, einen Vertragspartner dazu zu bewegen, seinen bereits bestehenden vertraglichen Verpflichtungen nicht nachzukommen. Dies kann eine auf einen gleichartigen Vertragsschluß gerichtete Anfrage, die Ausübung moralischen Drucks oder auch eine bloße Bemerkung sein. Schärfere Mittel stellen demgegenüber das Inaussichtstellen wirtschaftlicher Vorteile, wie beispielsweise preisliches Unterbieten, die Freistellung von Haftungsansprüchen oder die Gewährung besserer vertraglicher Konditionen dar[756]. In Betracht kommen natürlich auch per se rechtswidrige Mittel wie Betrug, Verleumdung oder das Aussprechen von Drohungen. Bedient sich der Beklagte solcher per se rechtswidriger Mittel, so trifft den Beklagten, unabhängig vom Vorliegen möglicher Rechtfertigungsgründe, immer die deliktsrechtliche Haftung wegen des Eingriffs in fremde Vertragsverhältnisse[757]. Insgesamt gesehen kommt diesem Tatbestandsmerkmal da-

---

754 In der sehr großzügige kalifornische Rechtsprechung können wirtschaftliche Beziehungen selbst vor fahrlässigen Störungen Schutz genießen, sofern das Risiko des Schadenseintritts vorhersehbar war, J'Aire Corp. v. Gregory, 24 Cal.3d 799, 598 P.2d 60, 157 Cal.Rptr. 407 (1979).

755 Allgemein zur Problematik der Haftung für fahrlässige Eingriffshandlungen siehe *Prosser/Keeton*, S. 996-1002; Note, 63 Va.L.Rev. 813 ff. (1977); Restatement (Second), Torts, § 766 C.

756 Siehe hierzu *Harper/James/Gray*, S. 309 und unten S. 187.

757 Id.

her keine große Bedeutung zu. Denn "Verleiten" bedeutet letztlich nicht mehr, als in Kenntnis der bestehenden Verpflichtungen zu kontrahieren[758]. Vereinzelt wurde auf das Erfordernis des Vorliegens einer Verleitungshandlung sogar ganz verzichtet und eine Hilfe oder Teilnahme am Vertragsbruch für ausreichend erachtet[759].

D. *Zum Erfordernis einer Vertragsverletzung*

Die Haftung des Dritten kann nicht nur dann begründet sein, wenn sein Verhalten tatsächlich in einem Vertragsbruch mündet, sondern bereits dann, wenn die Vertragserfüllung teurer oder schwieriger wird und damit den Wert des Vertrages mindert[760]. Diese Sachverhaltsvarianten sind jedoch regelmäßig durch andere Eingriffshandlungen, wie beispielsweise der Zerstörung einer Sache oder der Ausübung physischer Gewalt, als einer psychischen Einflußnahme begleitet. Fälle in denen durch eine Verleitungshandlung die Durchführung eines Vertrages erschwert wurde, sind kaum entschieden worden. Behandelt findet sich diese Frage, soweit ersichtlich, lediglich in der Entscheidung *Picasso Museum Boutique Intercontinental, Ltd. v. Picasso*[761]. In dieser wurde unmißverständlich festgestellt, daß allein das Empfinden einer Vertragspartei, die Erfüllung eines Vertrages sei durch das Verhalten eines Dritten erschwert worden, keinesfalls ausreichend sei, eine deliktische Haftung wegen "interference with contractual relations" zu begründen[762]. Eine wesentliche Haftungsvoraussetzung sei immer, daß durch das Verhalten des Dritten ein Vertrag gebrochen oder dessen Durchführung unmöglich werde. Fälle in denen die Vertragsabwicklung durch das Eingreifen Dritter erschwert wird, sind danach allenfalls dann vom Schutzbereich des tort of "interference with contractual relations" erfaßt, wenn die Erschwernis

---

758 *Lauterpacht*, 52 L.Q.R. 494, 504 (1936).

759 Martens v. Reilly, 109 Wisc. 464, 465, 84 N.W. 840 (1901); Caldwell v. Gem Packing Co., 52 Cal.App.2d 80, 125 P.2d 901 (1942); *Kamps*, 43 Marq.L.Rev. 231, 236 (1959).

760 Herman v. Endriss, 187 Conn. 374, 446 A.2d 9, 10 (1982); Harry A. Finman & Sons, Inc. v. Connecticut Truck & Trailer Service Co., 169 Conn. 407, 415, 363 A.2d 86.

761 886 F.Supp. 1155 (S.D.N.Y. 1995).

762 886 F.Supp. 1155, 1163 (S.D.N.Y. 1995).

auf ein vertragsbrüchiges Verhalten des Vertragspartners, wie etwa einer verzögerten Leistungserbringung zurückzuführen ist[763].

E. *Kausalität*

Eine weitere Haftungsvoraussetzung für die Begründung einer Schadensersatzverpflichtung ist ein kausaler Zusammenhang zwischen der Handlung des Dritten und dem vertragswidrigen Verhalten des Vertragsbrüchigen[764]. Die Frage, ob der Vertragsbruch eine kausale Folge des Verhaltens des Dritten war, wird im Rahmen einer Äquivalenztheorie überprüft. Danach ist ein Verhalten dann für einen Vertragsbruch ursächlich, wenn ohne die Verleitungshandlung der Vertragsbruch zu der Zeit, zu der er stattgefunden hat, nicht stattgefunden hätte (sog. "but for test")[765]. Selbst böswillige und betrügerische Äußerungen können daher für einen Vertragsbruch nie kausal sein, wenn die vertragsbrüchige Partei nicht auf sie vertraute[766]. Gleiches gilt, wenn die vertragsbrüchige Partei bereits zum Vertragsbruch entschlossen war[767].

F. *Haftungsausschlußgründe*

Zur Abmilderung der sehr strengen Haftung hat die Rechtsprechung eine Reihe von sog. Privilegien und Rechtfertigungsgründen entwickelt, die im Einzelfall eine Haftung ausschließen können. Eine rechtlich bedeutsame Unterscheidung der Begriffe "privilege" und "justification" ist allerdings nicht zu erkennen[768]. Insbesondere ist in der Verwendung des Begriffs "privilege" kein Hinweis auf einen möglichen Tatbestandsausschluß zu sehen. Auch die

---

763 Hinsichtlich des Schutzes von jederzeit kündbaren und nicht durchsetzbaren Verträgen sowie zukünftigen wirtschaftlichen Beziehungen wird auf die Ausführungen zum Schutzbereich des tort of "interference with contractual relations" verwiesen. Siehe oben S. 161 ff.

764 Hartford Ins. Co. v. Manor Inn, 335 Md. 135, 642 A.2d 219, 230 (1994); Medical Mutual v. Evander, 660 A.2d 433, 439 (1995).

765 Capecci v. Liberty Corp., 406 Pa. 197, 176 A.2d 664, 667 (1962).

766 Bliss v. Southern Pacific Co. 212 Ore. 634, 321 P. 2d 324, 328 (1957).

767 Am.Jur.2d, Vol. 45, "Interference", § 12.

768 Restatement (Second), Torts, Introductory Note to Chapter 37; *Siemer*, 85 Ill.B.J. 322, 326 (1997).

im frühen "common law" noch übliche Klassifizierung der Haftungsausschlußgründe in Rechtfertigungs- oder Entschuldigungsgründe wird heute nicht mehr vorgenommen[769]. Die diesbezüglich entwickelten Unterscheidungskriterien haben jegliche Bedeutung verloren. Die Ausdrücke "privilege" und "justification" dienen im modernen Sprachgebrauch nur noch zur Bezeichnung von Erwägungen, die im Ergebnis eine Haftung ausschließen, die ohne das Vorliegen dieser Gründe ansonsten bestehen würde[770].

I. Grundsatz

Als allgemeine Grundregel läßt sich festhalten, daß ein Eingriff in fremde Vertragsverhältnisse gerechtfertigt ist, wenn er der Verfolgung höher- oder gleichwertiger Interessen dient[771]. Dies gilt zumindest dann, wenn die Interessen in gutem Glauben verfolgt werden. Dient der Eingriff hingegen überwiegend der Förderung zu mißbilligender Absichten, verlieren auch grundsätzlich haftungsbefreiende Interessen ihre schützende Wirkung. Eine Rechtfertigung scheidet somit trotz des Vorliegens möglicher Rechtfertigungsgründe aus, wenn weniger der Schutz eigener Interessen als die Absicht den Kläger zu schädigen im Vordergrund steht[772].

II. Besondere Vertrauensverhältnisse

Privilegiert ist auch ein Verhalten, das dazu dient, eine Person für die man Verantwortung trägt, zu schützen. Dies ist beispielsweise neben der bereits speziell besprochenen Fallgruppe der Beziehung von Vertretenem und Vertreter[773] in Eltern/Kind-, Lehrer/Schüler-, Arbeitgeber/Arbeitnehmer- oder Anwalt/Mandant-Verhältnissen[774] der Fall[775].

---

769 *Prosser/Keeton*, § 16, S. 108.

770 So schon Booth & Brother v. Burges, 72 N.J.Eq. 181, 188, 65 A. 226, 233 (1906):
"There is no justification for a tort. The so-called justification is an exceptional fact which shows that no tort was committed."

771 *Carpenter*, 41 Harv.L.Rev. 728, 746 (1928).

772 Id.

773 Siehe unten S. 196 f.

774 Siehe hierzu *Jaffe*, 4 Ent. & Sports Law. 9-12.

III. Die allgemeine Handlungs- und Meinungsfreiheit

Der hohe Rang des Rechts auf Meinungsfreiheit (freedom of speech) begrenzt die Haftung wegen des Eingriffs in fremde Vertragsbeziehungen zumindest insoweit, als die einfache, ohne irgendwelche Druck- oder Anreizmittel ausgeübte Überzeugung allein nicht als anspruchsbegründend angesehen wird[776]. Derartige Fälle dürften regelmäßig von dem im folgenden noch zu besprechenden Rechtfertigungsgrund "true advice", d.h. dem guten oder wahren Rat erfaßt sein.

IV. Der gute Rat

Auch kann eine Störungshandlung dann gerechtfertigt sein, wenn die Verleitung zum Vertragsbruch im Rahmen eines wahren oder zumindest in gutem Glauben erteilten Rates erfolgt[777]. Dies gilt dann, wenn der Rat auf Anfrage erteilt wird oder ein besonderes Vertrauensverhältnis besteht, das eine entsprechende Beratung rechtfertigt[778]. Die Voraussetzungen dieses Rechtfertigungsgrundes überschneiden sich somit stark mit denen des besonderen Vertrauensverhältnisses und ist von diesem häufig nicht zu trennen. So dürfte es beispielsweise kaum möglich sein, den von Eltern im Rahmen ihres Vertrauensverhältnisses an ihr Kind gerichteten Rat exakt in eine der Fallgruppen einzuordnen.

V. Schutz von Interessen der Allgemeinheit

Ein Haftungsprivileg kann sich auch aus dem Bestreben ergeben, Interessen der Allgemeinheit zu verteidigen[779]. Ein Handeln zur Abwendung von Ge-

---

775 *Prosser/Keeton*, S. 985.

776 *Carpenter*, 41 Harv.L.Rev. 728, 743 (1928).

777 Zu möglichen Fallgestaltungen die Haftungsrisiken für Architekten und Ingenieure in der Beratungs- und Begutachtungstätigkeit aufwerfen können, siehe *Schneier*, 10 Constr.L.J. 3 ff. (1990).

778 Greyhound Corporation v. Commercial Casualty Ins. Co., 19 N.Y.S.2d 239, 242 (1940). Zum Verhältnis des Anwalts zu seinem Mandanten siehe *Jaffe*, 4 Ent. & Sports Law. 9-12.

779 *Carpenter*, 41 Harv.L.Rev. 728, 745, 748 (1928).

fahren die Rechtsgütern wie dem Leben, der Gesundheit oder auch der Moral drohen, begründet grundsätzlich keine Haftung[780]. Die Verleitung zum Bruch eines Vertrages, dessen Erfüllung die Gesundheit gefährdet, ist daher nicht haftungsbegründend[781]. Ein Fall in dem die Förderung von Gesundheit und Moral als ausreichende Rechtfertigung für die Störung fremder Vertragsbeziehungen anerkannt wurde, findet sich in der Entscheidung *Brimelow v. Casson*[782]. In diesem Fall wurden Theatermanager von einer Schauspielervereinigung dazu verleitet, ihre Verträge mit dem Kläger zu brechen. Die Schauspielervereinigung verfolgte hierbei das Ziel, den Kläger aus dem Geschäft zu drängen. Hintergrund dieses Bestrebens war, daß der Kläger seinen Schauspielerinnen so schlechte Löhne bezahlte, daß diese gezwungen waren, neben ihrer Schauspieltätigkeit der Prostitution nachzugehen. Das Gericht hielt diesen Eingriff in die vertraglichen Beziehungen des Klägers für gerechtfertigt, weil er der Beseitigung eines sozialen Mißstandes diente[783].

VI. Arbeitskampfmaßnahmen

Eine besondere Problemlage verbirgt sich hinter der Frage, ob der Eingriff in fremde Vertragsbeziehungen durch im Rahmen von Arbeitskampfmaßnahmen verfolgte Interessen gerechtfertigt sein kann. Gleichwohl es sich hierbei um eine spezielle, zumeist spezialgesetzlich geregelte arbeitsrechtliche Fragestellung handelt, die hier im einzelnen nicht weiter verfolgt werden kann, soll auf eine interessante Entscheidung kurz hingewiesen werden, in der sich ein Gericht mit dieser Frage zu befassen hatte. In der Sache *American Radio*

---

780 Zur Verhinderung von Krankheitsübertragungen siehe Legris v. Marcotte, 129 Ill. App. 67 (1906); zu ethischen Prinzipien einer Medizinervereinigung siehe Porter v. King County Medical Society, 186 Wash. 410, 58 P.2d 367 (1936).

781 *Carpenter*, 41 Harv.L.Rev. 728, 748 (1928).

782 I. Ch. 302 (1924), besprochen von *Carpenter* in 41 Harv.L.Rev. 728, 748 f. (1928).

783 Ein anschauliches Beispiel hierfür ist der Fall *Legris v. Marcotte*. In diesem berichtete eine Mutter, die ihre Kinder auf eine Privatschule sandte, der Schulleitung, daß andere Schüler der Schule von einer Krankheit betroffen waren. Diese sah sich durch diese Information veranlaßt, die mit den Eltern geschlossenen Verträge zu brechen und den betroffenen Kindern den weiteren Schulbesuch zu verweigern. Das von den Eltern angerufene Gericht sah das Handeln der Mutter als gerechtfertigt an und lehnte eine Haftung ab, 129 Ill. App. 67 (1906).

Association v. Mobile Steamship Association[784] klagte ein Beladeunternehmen gegen eine Gewerkschaft, die durch Streikposten vor unter Billigflaggen fahrenden ausländischen Handelsschiffen Flugblätter und Handzettel verteilen ließ. Diese Maßnahmen erfolgten nach dem Vortrag der Gewerkschaft ausschließlich zu dem Zweck, die Öffentlichkeit darauf aufmerksam zu machen, daß einheimische Arbeitsplätze infolge der Zahlung von Niedriglöhnen an ausländische Mannschaften verlorengingen. Als Folge dieser ausschließlich mit friedlichen Mitteln durchgeführten Aktion erklärten sich die Arbeitnehmer der Klägerin mit den Streikenden solidarisch und weigerten sich, zum Beladen der Schiffe die Streiklinien zu überqueren.

Die Klägerin versuchte gegen diese Maßnahmen vorläufigen Rechtsschutz zu erreichen. Zur Begründung trug sie vor, das Aufstellung von Streikposten sei rechtswidrig, weil hierdurch in ihre vertraglichen Beziehungen mit ihren Handelspartnern eingegriffen werde[785]. Grundlage für die Entscheidung des Gerichts war die Frage, ob es die Absicht der Gewerkschaft war, durch das Aufstellen von Streikposten in das Geschäft der Klägerin einzugreifen oder die Öffentlichkeit auf die mißliche Situation der in der Schiffahrtsbranche beschäftigten Arbeitnehmer aufmerksam zu machen. Nach Abschluß der Beweisaufnahme gelangte das Gericht zu der Überzeugung, daß das erstgenannte Motiv überwog. Diesen Schluß zog das Gericht aus der Tatsache, daß die Gewerkschaft ihre Streikposten ausschließlich vor ausländischen Schiffen, jedoch nicht an anderen Orten aufgestellt hatte. Das gesellschaftliche Interesse an der Vermeidung wirtschaftlicher Stagnation wurde dementsprechend höher bewertet, als die übrigen Interessen der Gesellschaft und der Beklagten[786]. Ein anderes Ergebnis wäre unter Berücksichtigung dieser Argumentation allerdings nicht ausgeschlossen gewesen, wenn die Gewerkschaft die Streikposten nicht nur vor den ausländischen Schiffen, sondern auch vor denen der inländischen Arbeitgeber aufgestellt hätte[787].

Diese Entscheidung ist schon von ihrem Ansatzpunkt her als fragwürdig anzusehen. Anstatt allgemein der Frage nachzugehen, ob die beklagte Gewerkschaft die Absicht hatte, in das Geschäft der Klägerin mit ihren

---

784 291 Ala. 201, 279 So. 2d 467 (1973).

785 291 Ala. 201, 279 So. 2d 467, 475, 477 (1973).

786 Id.

787 *Pettey*, 34 Ala.L.Rev. 599, 623 (1983).

Handelspartnern einzugreifen, wäre der konkretere Ansatzpunkt die Frage gewesen, ob durch das Aufstellen der Streikposten eine Verleitung der Arbeitnehmer der Klägerin zum Bruch ihrer Arbeitsverträge bewirkt wurde. Erst durch das vertragswidrige Verhalten der Arbeitnehmer, die keinerlei Gewalt zu erwarten hatten, wurde die unmittelbare Ursache für mögliche Schäden der Klägerin gesetzt. Diese naheliegendere Frage hat das Gericht in keiner Weise erwogen. Im übrigen erscheint die Entscheidung auch im Ergebnis als sehr bedenklich, wenn man bedenkt, welch' hohen Stellenwert der Grundsatz der Meinungsfreiheit genießt. Das friedliche Verteilen von Flugblättern dürfte für eine solche Entscheidung keine ausreichende Grundlage darstellen. Zumindest gibt die Entscheidung zu erkennen, daß unter Umständen die Ziele von Arbeitskampfmaßnahmen den Eingriff in vertragliche Beziehungen rechtfertigen können[788].

VII. Schutz eigener Interessen

Des weiteren ist es Dritten erlaubt, zum Schutz eigener wirtschaftlicher oder finanzieller Interessen an den Angelegenheiten der zum Vertragsbruch verleiteten Person, in fremde vertragliche Beziehungen einzugreifen[789]. Das Interesse des Klägers an der Erfüllung vertraglicher Verpflichtungen überwiegt das Interesse des Beklagten am Schutz eigener vertraglicher Beziehungen zwar grundsätzlich nicht. Handelt der Dritte jedoch zum Schutze seiner Geschäftspolitik, wie beispielsweise der Lohn-, Beschäftigungs-, Kredit- oder Verkaufspolitik so ist der Eingriff in fremde vertragliche Beziehungen gestattet[790].

VIII. Wettbewerbsverhältnis

Als weniger schutzwürdig werden eigene wirtschaftliche Interessen erachtet, wenn nicht der Schutz einer eigenen vertraglichen Beziehung, sondern ein

---

788 Siehe zu diesem Problemkreis auch die Entscheidung Intercity Maintenance Co. v. Local 254 Service Emloyees Intern. Union, 62 F.Supp.2d 483 (D.R.I. 1999).

789 *Prosser/Keeton*, S. 985.

790 Restatement (Second), Torts, § 771, comment c).

reiner Wettbewerbszweck[791], wie beispielsweise Kundenwerbung verfolgt wird[792]. Das Bestehen eines Wettbewerbsverhältnisses ist nach allgemeiner Ansicht kein ausreichender Rechtfertigungsgrund für den Eingriff in fremde vertragliche Beziehungen[793]. Die Verfolgung zukünftiger wirtschaftlicher Interessen auf Kosten bereits bestehender vertraglicher Bindungen anderer ist daher unzulässig[794]. In der Entscheidung *Downey v. United Weatherproofing*[795] wird diese Auffassung damit begründet, daß das Recht auf die Erfüllung eines Vertrages und das Vertrauen auf ein entsprechendes Verhalten des Vertragspartners als Eigentumsrecht stärker sei, als das Recht des Dritten, zukünftige Verträge vorzubereiten, auch wenn dieser in einem Wettbewerbsverhältnis stehe.

Anders verhält es sich nur dann, wenn es sich um jederzeit kündbare oder zukünftige vertragliche Beziehungen handelt. Wenn in den Entscheidungen der einzelnen Bundesstaaten auch unterschiedliche Auffassungen bezüglich der an die Eingriffshandlung zu stellenden Verhaltensanforderungen zu finden sind[796], so herrscht doch Einigkeit darüber, daß das Handeln zu Wettbewerbszwecken eine Haftung gerade ausschließt, sofern keine per se unlauteren Mittel oder Absichten festzustellen sind[797]. Der Eingriff in derartige Beziehungen aus Gründen des Wettbewerbs ist daher grundsätzlich erlaubt. Das Restatement (Second) formuliert dies unter § 768 wie folgt:

> "(1) One who intentionally causes a third person not to enter into a prospective conractual relation with another who is his competitor or not to continue an existing contract terminable at will does not interfere improperly with the other's relation if
>
> a) the relation concerns a matter involved in the competition between the actor and the other and

---

791 Allgemein zum Wettbewerbsverhältnis siehe *Green*, 30 Ill.L.Rev. 1, 20 (1936).

792 *Carpenter*, 41 Harv.L.Rev. 728, 747 (1928).

793 Imperial Ice Co. v. Rossier, 18 Cal.2d 33, 112 P.2d 631, 633 (1941); Note, 93 Harv.L.Rev. 1510, 1529-1539 (1980).

794 Roberts v. Wachter, 231 P.2d 540, 546 (1951).

795 363 Mo. 852, 253 S.W.2d 976, 981 (1953).

796 Siehe oben S. 180 ff.

797 Siehe hierzu Int'l Marketing v. Archer Daniels-Midland Co., Inc., 192 F.3d 724 (7th Cir. 1999), zitiert und erläutert bei *Ebke*, RIW 2000, 295, 296.

b) the actor does not employ wrongful means and
c) his action does not create or continue an unlawful restraint of trade and
d) his purpose at least in part to advance his interest in competing with the other.

(2) The fact that someone is a competitor of another for the business of a third person does not prevent his causing a breach of an existing contract with the other from being an improper interference if the contract is not terminable at will."

Die Rechtfertigung von Wettbewerbshandlungen ist in diesen Fällen Ausfluß der Erkenntnis, daß Wettbewerb ein wünschenswertes und notwendiges Element des freien Unternehmertums ist. Die größere Wettbewerbsmacht wird hierbei als Ausdruck der größeren Wirtschaftlichkeit und besseren Dienstleistung angesehen, weshalb gerade dazu ermutigt werden soll, diese Ziele zu verfolgen.

G. Die Haftung von Hilfspersonen und Organmitgliedern

Mit der Frage, ob eine auf seiten eines Vertragspartners eingeschaltete Hilfsperson deliktsrechtlich wegen Verleitung zum Vertragsbruch haftbar gemacht werden kann, ist eines der interessantesten Problemfelder der Haftung wegen "inducing breach of contract" angesprochen[798]. Berücksichtigt man, daß die deliktsrechtliche Haftung wegen "interference with contractual relations" nur Dritte, d.h. nicht am Vertrag beteiligte Personen trifft und der Vertragsbrüchige selbst grundsätzlich nicht deliktsrechtlich haftet[799], so erscheint es als offenkundig ungerechtfertigt, eine Hilfsperson generell wie

798 Siehe allgemein hierzu *Speiser/Krause/Gans*, § 31:42; *Gamer*, 12 Cal.W.L.Rev. 475 (1976); *Fischer*, 72 ALR4th 492-624 (1989). Zu einem Überblick über die Rechtsprechung des Staates Colorado siehe *Hampf*, 18 Col.Law. 627 ff. (1989).

799 C.J.S., Vol. 86, Torts, § 2: "a mere breach of a contractual duty does not constitute a tort"; Bolz v. Myers, 200 Mont. 286, 651 P.2d 606, 609 (1982); Farris v. County of Camden, 61 F.Supp.2d 307 (D.N.J. 1999); Westex Abilene Associates, L.P. v. Franco, 3 S.W.3d 45, 49 (1999); Applied Equipment v. Litton Saudi Arabia, 7 Cal.4th 503, 28 Cal.Rptr.2d 475, 869 P.2d 454, 459 (1994).

jeden anderen unbeteiligten Dritten haften zu lassen[800]. Ein Beweggrund für den Versuch, Hilfspersonen gleichwohl haftbar zu machen, dürfte, wie in allen Verleitungsfällen, in der fehlenden vertraglichen Haftung des Vertretenen für die Ausübung eines ihm zustehenden Rechts zu finden sein. Selbst wenn aber vertragliche Ansprüche existieren, können diese möglicherweise unzureichend oder vor allem gegenüber juristischen Personen nur schwer realisierbar sein[801]. So kann beispielsweise bei Gesellschaften mit beschränkter Haftung die Haftungsdecke nicht zur Realisierung des gesamten vertraglichen Schadensersatzanspruchs ausreichen. In diesen Fällen bleibt dem enttäuschten Vertragspartner nur die Möglichkeit, zu versuchen, sich über die deliktsrechtliche Inanspruchnahme Dritter schadlos zu halten[802].

Die Behandlung der Haftung von Hilfspersonen ist teilweise ungenau. Die Großzügigkeit, mit der die amerikanische Rechtsprechung mit den Begriffen "privilege" und "justification" umgeht, wird auch in der Behandlung der Frage der Deliktshaftung von Hilfspersonen deutlich[803]. Mit diesem Problem setzt sich u.a. die Entscheidung *Seven D. Enterprises, Ltd. v. Fonzi* auseinander[804]. In diesem Fall warf der Beklagte die Frage auf, ob ein Angestellter oder Vertreter einer der vertragschließenden Parteien überhaupt als Dritter im Sinne des tort of "interference with contractual relations" angesehen werden könne. Er machte geltend, daß es unzulässig sei, das Vorliegen von Rechtfertigungsgründen zu prüfen, wenn es bereits an den tatbestandlichen Voraussetzungen eines Schadensersatzanspruchs fehle. Insbesondere trug er vor, daß ein Vertreter grundsätzlich nur dann als Dritter im Sinne des tort of "interference with contractual relations" angesehen werden könne, wenn er sich eines Delikts schuldig gemacht habe, das nicht im Zusammenhang mit dem gestörten Vertrag stehe.

800 In Applied Equipment v. Litton Saudi Arabia wurde ausdrücklich klargestellt, daß eine deliktische Haftung des Vertragsbrüchigen nur dann begründet ist, wenn vom reinen Vertragsbruch unabhängige deliktsrechtlich relevante Verhaltenspflichten verletzt werden, 869 P.2d 454, 457 (1994).

801 *Avins*, 43 Corn.L.Q. 55 (1957).

802 *Avins*, 43 Corn.L.Q. 55, 56 (1957).

803 Siehe oben S. 186. Der eigentlich eine Tatbestandsvoraussetzung betreffenden Frage, wer als Dritter im Sinne der Deliktsregel anzusehen ist, soll der Macht der gängigen Gerichtspraxis folgend, ebenfalls im Rahmen der Darstellung der Haftungsausschlußgründe nachgegangen werden.

804 438 F.Supp. 161 (E.D.Mich. 1977).

Das Gericht folgte dieser Betrachtung nicht. Es ging vielmehr im Wege einer allgemeinen Abwägung der Frage nach, ob der Beklagte als Vertreter im Rahmen seiner Befugnisse und zum Vorteil des von ihm Vertretenen gehandelt hat[805]. Es differenzierte also nach dem vom Beklagten verfolgten Interesse. Danach ist die in einen Vertrag eingreifende Hilfsperson dann als Dritter im Sinne der Deliktsregel anzusehen, wenn sie nicht überwiegend im Interesse des Vertretenen, sondern in dem Bestreben gehandelt habe, eigene Ziele und Vorteile zu erreichen[806]. Nachdem aus Sicht des Gerichts eigennützige Motive des Beklagten nicht festzustellen waren, lehnte das Gericht eine Haftung mangels eines ungerechtfertigten Handelns ab. Ähnlich entschied auch der California Supreme Court in dem Fall *Gruenberg v. Aetna Insurance Co.*[807]. Das Gericht führte dazu aus, daß Vertreter und Angestellte, die für und zugunsten der Gesellschaft handeln, nicht wegen "interference with contractual relations" haftbar gemacht werden können, solange sie sich in einem Vertrauensverhältnis befinden. Das Handeln der Vertreter wird diesbezüglich als privilegiert angesehen[808].

Aus diesen beispielhaft genannten Entscheidungen wird bereits ersichtlich, daß vielfach nicht zwischen tatbestandsausschließenden Umständen und dem Vorliegen von Rechtfertigungsgründen differenziert wird. Gleichwohl auch in der Entscheidung *Seven D. Enterprises, Ltd. v. Fonzi* im Ergebnis die Anwendbarkeit des Deliktsanspruchs "interference with contractual relations" dem Grunde nach verneint wurde, weil der Beklagte offensichtlich nicht als "Dritter" angesehen wurde, wies das Gericht mißverständlich darauf hin, daß das Verhalten des Beklagten gerechtfertigt gewesen sei[809]. Differenzierter behandelt findet sich diese Frage in der Entscheidung *Applied Equipment v. Litton Saudi Arabia*[810] wieder. In dieser Entscheidung wurde für die Begründung einer Haftung wegen "interference with contractual relations" dogmatisch genauer festgegestellt, daß sich der Anspruch nur gegen einen am Vertrag nicht beteiligten Dritten richten kann[811]. Im Grund-

805 438 F.Supp. 161, 163, 164 (E.D.Mich. 1977).

806 Id.

807 9 Cal.2d 566, 510 P.2d 1032 (1973).

808 9 Cal.2d 566, 510 P.2d 1032, 1039 (1973).

809 438 F.Supp. 161, 163, 164 (E.D.Mich. 1977).

810 7 Cal.4th 503, 28 Cal.Rptr.2d 475, 869 P.2d 454 (1994). Siehe hierzu auch Besprechung von *Ebke*, RIW 1995, 64, 69.

811 7 Cal.4th 503, 28 Cal.Rptr.2d 475, 869 P.2d 454, 459 (1994).

satz ist sonach zunächst festzuhalten, daß eine Haftung von Vertretern ausscheidet, solange sich diese im Rahmen ihres Vertretungsverhältnisses bewegen und keine unlauteren Mittel einsetzen[812].

I. *Grundsätzliches*

Eine deliktische Verantwortlichkeit einer Hilfsperson ist trotz eines Handelns, das überwiegend oder ganz zum Vorteil der Gesellschaft oder des Vertretenen erfolgte, jedoch grundsätzlich nicht ausgeschlossen. Eine Haftung kann sich durchaus aus der Begehung anderer, von dem Vertragsbruch unabhängiger "torts", wie "fraud" (Betrug) oder "defamation" (Verleumdung) ergeben[813]. Als Grundregel läßt sich damit festhalten, daß eine Hilfsperson grundsätzlich wie ein außerhalb des Vertrages stehender Dritter haften kann, sofern sie die ihr übertragenen Befugnisse überwiegend zu eigenem Vorteil ausnutzt[814]. Mit dieser Sichtweise wurde die zuvor vorherrschende Auffassung abgelöst, die die Interessen des Klägers an der Integrität seines Vertrages einerseits und die Interessen des Vertretenen an der Aufrechterhaltung des Wettbewerbs gegeneinander abwog[815]. Das Haftungsprivileg des Handelns als Vertreter gilt jedoch nicht gleichermaßen für jede Art von Vertreter. So verschieden die Funktionen und Handlungsbefugnisse von Hilfspersonen sein können, so unterschiedlich kann auch die Reichweite des dem Einzelnen im Einzelfall zustehenden Haftungsprivilegs sein.

---

812 Murray v. Bridgeport Hosp., 480 A.2d 610, 613 (1984); Keith v. Mendus, 661 N.E.2d 26 (1996).

813 Siehe hierzu *Garner*, 12 Cal.W.L.Rev. 475, 481, 482 (1976). Auch in Fällen von "conspiracy" (nachteilige Absprache) wird unter anderem auch eine Mithaftung des Vertretenen für möglich gehalten. Dessen deliktische Haftung wegen "conspiracy" entfällt nur dann, wenn er alleine haftet, *Hill*, 74 Col.L.Rev. 40 f. (1974). Die Rechtsprechung Kaliforniens lehnt eine Vertreterhaftung solange ab, als sich die Handlung auf die bloß nachteilige Absprache beschränkt, Applied Equipment v. Litton Saudi Arabia, 7 Cal.4th 503, 28 Cal.Rptr.2d 475, 869 P.2d 454, 457 (1994).

814 So auch Phillips v. Montana Education Asso, 187 Mont. 419, 610 P.2d 154 (1980); zu einem Beispiel in dem der Vertreter ausschließlich im Parteiinteresse handelte siehe Threlkeld v. Christoph, 280 S.C. 225, 312 S.E.2d 14, 16.

815 Siehe hierzu ausführlich *Garner*, 12 Cal.W.L.Rev. 475, 476 f. (1976); Freed v. Manchester Service, Inc., 165 Cal.App.2d 186, 190, 331 P.2d 689, 692 (1958); Masoni v. Board of Trade, 119 Cal.App.2d 738, 742, 260 P.2d 205, 208 (1953).

II. *Verwaltungsratsmitglieder (Corporate Directors)*

Der weitreichendste Schutz wird den "corporate directors" gewährt. Diese von den Anteilseignern gewählten Verwaltungsratsmitglieder sind mit weitreichenden Vollmachten und Handlungsbefugnissen in der Bestimmung der Geschäftspolitik ausgestattet[816]. Deren Kompetenzen umfassen, um nur einige der wichtigsten Aufgaben zu nennen, die Bestellung, Beaufsichtigung und Absetzung der "corporate officers" sowie die Befugnis, Entscheidungskompetenzen auf diese zu übertragen[817]. Besondere Bedeutung im Zusammenhang mit der Haftung wegen des Eingriffs in Vertragsverhältnisse der Gesellschaft erlangt dabei die Richtlinienkompetenz der Verwaltungsratsmitglieder, d.h. die Entscheidungsbefugnis über Fragen der Geschäftspolitik, wie die Gestaltung der Produktspalette, der Preise oder Finanzierungsfragen[818]. Hinter der weitgehenden Haftungsbefreiung steht die pragmatische Erwägung, eine Führungskraft nicht wegen drohender Haftungsfolgen davor abzuschrecken, die Interessen der Gesellschaft bestmöglich zu verfolgen. Um die hierzu nötige Entscheidungsfreude und Risikobereitschaft nicht zu hemmen, werden diese Führungskräfte haftungsrechtlich privilegiert[819]. Dies bedeutet allerdings nicht, daß "corporate directors" einen absoluten Schutz vor deliktischer Haftung genießen. Ein Handeln, das ausschließlich zu eigenem Vorteil oder wissentlich zum Nachteil des Unternehmens gereicht, begründet auch hier die deliktsrechtliche Verantwortlichkeit von Leitungsorganen[820].

---

816 *Clark*, § 3.2.1, S. 105, 106; *Solomon/Schwartz/Bauman*, S. 271.

817 Wesentliche Rechte sind auch die Befugnisse Dividendenzahlungen festzulegen sowie außergewöhnliche Entscheidungen anzuregen bzw. zu bestätigen, bevor diese letztlich der Versammlung der Anteilseigner zur Entscheidung vorgelegt werden; siehe *Clark*, § 3.2.1, S. 105, 106.

818 *Solomon/Schwartz/Bauman*, S. 271.

819 *Avins*, 43 Corn.L.Q. 55, 58 (1957). Gegen eine Haftung von Vertretern auch Note, 77 Harv.L.Rev. 888, 966 f. (1964), da die Entscheidungsfindung ansonsten unvernünftig erschwert würde.

820 Id.

Ein ähnlich weitreichendes Haftungsprivileg genießen die "corporate officers." Unter dem Begriff des "corporate officers" werden alle Führungsspitzen eines Unternehmens erfaßt, die Leitungsfunktionen im Alltagsbetrieb ausüben. Dies sind beispielsweise der Präsident, der Vizepräsident, der Leiter des Finanzmanagements sowie alle übrigen hochrangigen Managementpositionen[821]. Angesichts des Umstands, daß es in der Macht des Unternehmens selbst liegt, den Begriff des "officers" zu definieren[822], entscheidet weniger die formelle Bezeichnung einer Funktion, als die tatsächlich bestehenden Handlungsbefugnisse über die Frage, wie weit eine Privilegierung im Einzelfall reicht. Das Maß der Handlungsfreiheit ist daher immer von der dem Einzelnen gegebenen Möglichkeit abhängig, die Geschäftspolitik tatsächlich zu beeinflussen[823]. Auch hier gilt, daß eine Einschränkung der Handlungsfreiheit des einzelnen aus Furcht vor möglichen Haftungsfolgen nicht wünschenswert ist. Eine Haftung wird daher schon immer dann verneint, wenn eine Führungskraft zwar in der Verfolgung eigener Vorteile handelt, dies aber zugleich die Interessen der Gesellschaft fördert[824].

Obgleich diese Führungskräfte sehr weitreichende Haftungsprivilegien genießen, ist zumindest in Fällen, in denen nicht im Interesse oder sogar gegen die Interessen des Unternehmens gehandelt wird, eine Haftung nicht ausgeschlossen[825]. Ein Beispiel für einen solchen Haftungsfall findet sich in einer jüngeren Entscheidung des Supreme Courts des Staates Illinois. Im Fall *Mittelsmann v. Witons*[826] klagte ein Anwalt gegen das Vorstandsmitglied einer Firma, die er nach der erweislich falschen Behauptung des Vor-

---

821 *Clark*, § 3.3, S. 113, 106; *Solomon/Schwartz/Bauman*, S. 271.

822 *Solomon/Schwartz/Bauman*, S. 270.

823 Nicht zuletzt ist auch zu beachten, daß sich die einzelnen Funktionen überschneiden können, indem ein und dieselbe Person sowohl als Aktieninhaber, Aufsichtsratsmitglied und Geschäftsführer sein kann, *Solomon/Schwartz/Bauman*, S. 270, 271.

824 Burr v. American National Theatre, 103 N.Y.S.2d 589, 592 (1951).

825 Rendich v. Preferred Mutual Fire Ins. Co. of Chenango County, 274 App. Div. 800, 79 N.Y.S.2d 501 (1949). In Tash v. Houston gab das Gericht einer Klage einer Gewerkschaftsangestellten statt, der auf Drängen des Gewerkschaftspräsidenten gekündigt wurde, weil sie dessen sexuellen Andienungen nicht nachkam, 74 Mich.App. 566, 254 N.W.2d 579-581 (1977).

826 135 Ill.2d 220, 552 N.E.2d 973 (1990).

standsmitglieds falsch vertreten haben sollte. Als Folge dieser Behauptung brach die Firma jegliche vertraglichen Beziehungen zu dem Kläger ab. Zur Klärung der Frage, inwieweit der Beklagte als Führungskraft vor deliktsrechtlicher Inanspruchnahme geschützt ist, stellte das Gericht maßgeblich auf die Erwägung ab, in welcher Motivation der Beklagte die besagte Stellungnahme abgegeben hatte. Nach der Erkenntnis des Gerichts war dies allein das Streben des Beklagten, seinen eigenen guten Ruf auf Kosten des Klägers aufrechtzuerhalten. Diese außerhalb der geschäftlichen Interessen liegende Motivation kollidierte nach Ansicht des Gerichts erheblich mit den Interessen des Unternehmens[827]. Der Verteidigung des Beklagten, in seiner Funktion als Vorstandsmitglied gehandelt zu haben und damit haftungsrechtlich privilegiert zu sein, maß das Gericht aufgrund dieser rein privat motivierten Handlung folglich keine Bedeutung zu.

Besondere Gefahren ergeben sich für Führungskräfte von Zielgesellschaften insbesondere in Übernahmesituationen[828]. Bei der Ergreifung von Abwehrmaßnahmen haben Führungskräfte besondere fiduziarische Pflichten zu beachten, deren schuldhafte Verletzung sie schadensersatzpflichtig macht[829]. Auch schweben Führungskräfte insbesondere, wie auch sog. "white knights"[830] oder sonstige Dritte, in der Gefahr, nach den Grundsätzen des tort of "interference with contractual relations" in Anspruch genommen zu werden[831]. Verhindern beispielsweise die Führungskräfte eines Zielunternehmens nach einer bereits mit dem potentiellen Übernehmer gefundenen Einigung durch treuwidriges Verhalten die Erteilung der zur Wirksamkeit des Vertrages erforderlichen Genehmigung durch den Verwaltungsrat oder die Gesellschafterversammlung, so wird im Regelfall eine Haftung wegen "interference with contractual relations" begründet sein. Insoweit dürften die für eine Haftung der Zielgesellschaft selbst entwickelten Haftungsgrundsätze

---

827 552 N.E.2d 973, 987 (1990).

828 *Ebke*, Das Gesellschaftsrecht der Konzerne im internationalen Vergleich 1991, S. 279, 308 f.

829 *Ebke*, Das Gesellschaftsrecht der Konzerne im internationalen Vergleich 1991, S. 309.

830 Unter dem Begriff "white knights" oder "white squires" sind in Übernahmesituationen auftretende weitere Anbieter zu verstehen, *Ebke*, Das Gesellschaftsrecht der Konzerne im internationalen Vergleich 1991, S. 308.

831 Id.

entsprechend Anwendung finden[832]. So reicht beispielsweise die Verpflichtung, eine erfoderliche Genehmigung der Gesellschafterversammlung einzuholen, nur soweit, als auch unter veränderten Umständen unter billiger und unabhängiger Würdigung der betroffenen Interessen, die Durchführung des Vertrages als wirtschaftlich interessengerecht anzusehen ist[833]. Erscheint aufgrund veränderter Umstände die Empfehlung, einen Vertrag zu genehmigen, nicht mehr als interessengerecht, so sind Führungskräfte berechtigt, Einfluß auf eine gegenteilige Entscheidung zu nehmen, ohne daß dies Schadensersatzpflichten der Gesellschaft begründet. Dies gilt insbesondere auch dann, wenn eine Verpflichtung bestand, nach besten Kräften eine Genehmigung des Vertrages herbeizuführen[834]. Unter derartigen Umständen wird analog auch eine persönliche Haftung der Führungskräfte ausscheiden.

IV. Sonstige Angestellte

Arbeitnehmer die keine Führungspositionen bekleiden, genießen im Vergleich zu leitenden Angestellten einen engeren Handlungsspielraum, weil diesen regelmäßig nicht die Kompetenzen zur Entscheidung über den Bestand von Vertragsverhältnissen übertragen sind. Auch weniger hochrangige Arbeitnehmer sind jedoch vor einer deliktsrechtlichen Inanspruchnahme geschützt, solange sie in gutem Glauben, zum Vorteil der Gesellschaft, im Rahmen der ihnen zugewiesenen Kompetenzen und nicht zur Verfolgung eigener Vorteile handeln[835].

V. Anteilseigner

Einen geringen Schutz genießen grundsätzlich Anteilseigner, sofern das Halten einer Beteiligung nicht mit der Ausübung einer unternehmensführenden Position einhergeht. Zwar kommen auch den Anteilseignern bedeutende

---

832 Siehe hierzu Great Western Co-operative v. Great Western United Corp., 200 Colo. 180, 613 P.2d 873 (1980).

833 Great Western Co-operative v. Great Western United Corp., 200 Colo. 180, 613 P.2d 873, 878 f. (1980).

834 Id.

835 Greyhound Corp. v. Commercial Casualty Ins. Co., 259 App. Div. 317, 19 N.Y.S.2d 239 (1940).

Machtbefugnisse zu. Diese umfassen unter anderem die Ernennung und Entlassung der Verwaltungsratsmitglieder sowie die Bestätigung von Angelegenheiten die den Rahmen des gewöhnlichen Geschäftsbetriebs überschreiten, wie etwa Entscheidungen über Fusionen, den Verkauf des Unternehmens, dessen Liquidation oder auch Satzungsänderungen[836]. In der Regel ist aber davon auszugehen, daß Anteilseigner ausschließlich in der Verfolgung eigener Interessen und nicht als Vertreter des Unternehmens handeln[837]. Dies gilt jedenfalls dann, wenn es sich um rein kapitalistische Beteiligungen handelt. Für Mehrheits- oder Alleingesellschafter gelten großzügigere Maßstäbe. So darf eine Muttergesellschaft ihre Tochtergesellschaft zum Bruch von Verträgen verleiten, wenn die Durchführung des Vertrages die Interessen der Tochter zu schädigen droht und hierbei nicht allein die Interessen der Muttergesellschaft verfolgt und keine unlauteren Mittel eingesetzt werden[838].

VI. Die Haftung von unternehmensfremden Hilfspersonen

Eine nur scheinbare Erweiterung[839] des Grundsatzes, daß in ein Unternehmen integrierte Hilfspersonen ein weitreichendes Haftungsprivileg genießen, solange sie in den Interessen der Gesellschaft handeln, findet sich in der Entscheidung *Hpi Health Care Services, Inc. v. Mt. Vernon Hospital, Inc.*[840]. In diesem Fall klagte ein Zulieferbetrieb gegen zwei Managementgesellschaften, deren Aufgabe es war, das Krankenhaus in Fragen der Geschäftsführung zu beraten. Wegen zunehmender finanzieller Schwierigkeiten stellte das Krankenhaus seinen Betrieb auf Anraten der Managementgesellschaften ein. In Folge der Liquidation des Betriebes fiel der Zulieferer mit seinen noch offenen Forderungen aus. Dieser forderte nun von den Mana-

836 *Clark*, § 3.1.1, S. 94.
837 Id.
838 Phil Crowley Steel Corp. v. Sharon Steel Corp., 782 F.2d 781, 783-785 (8th Cir. 1986); T.P. Leasing Corp. v. Baker Leasing Corp., 293 Ark. 166, 732 S.W.2d 480, 483 (1987); Life Care Centers v. Charles Town Associates, 79 F.3d 496, 511 (6th Cir. 1996); Jackson v. Dole Fresh Fruit Co., 921 F.Supp. 454, 458 f. (S.D.Tex. 1996); Boulevard Associates v. Sovereign Hotels, Inc., 72 F.3d 1029, 1037, 1039 (2nd Cir. 1995).
839 So *Cook/Pennock*, 79 Ill.B.J. 90 (1991).
840 131 Ill.2d 145, 545 N.E.2d 672 (1989).

gementgesellschaften Ersatz wegen "interference with contractual relations". Auch zur Entscheidung dieses Falles richtete das Gericht sein Hauptaugenmerk auf die Motive der Managementgesellschaften. Aus der Erwägung, daß die Managementgesellschaften in erster Linie gegenüber ihrem Vertragspartner, dem Krankenhausbetrieb, und nicht gegenüber deren Gläubigern zu Loyalität verpflichtet waren und weder eine illegale Handlungsweise noch irgendeine auf den Kläger gerichtete Schädigungsabsicht feststellbar war, lehnte das Gericht im Ergebnis eine Haftung ab[841].

Die von *Cook/Pennock* aufgeworfene Frage[842], ob die außerhalb des Unternehmens stehende Dritte privilegierende Entscheidung als Erweiterung des Vertreterprivilegs aufzufassen ist, macht deutlich, daß die gesamte Frage der Privilegierung von Verwaltungsratsmitgliedern, Führungskräften, Angestellten und Vertretern sonstiger Art oder anderer Außenstehender nichts anderes als einen besonders bedeutsamen Unterfall der allgemeineren Rechtfertigungsgründe "true advice" und "confidential relationship" darstellt[843]. Läßt sich eine Berechtigung oder sogar Verpflichtung feststellen, den Vertretenen zu einem vertragsbrüchigen Verhalten zu verleiten, ist der Dritte regelmäßig privilegiert, solange keine außerhalb der Interessen des Vertretenen liegenden Ziele verfolgt werden[844]. Je nach Stellung, Aufgabe und Verantwortung des Dritten ist das Vorrecht zu einem Vertragsbruch zu verleiten, mehr oder weniger stark ausgeprägt.

H. Die Haftung für Hilfspersonen

Für die Haftung des Geschäftsherrn für von Hilfspersonen begangene deliktische Handlungen gilt im amerikanischen Recht der Grundsatz "respondeat superior". Dieser besagt, daß der Geschäftsherr für unerlaubte Handlungen seines Verrichtungsgehilfen haftet, soweit dieser im Rahmen seiner Befugnisse gehandelt hat[845]. Eine der Regelung des § 831 BGB entsprechende Ex-

---

841 545 N.E.2d 672, 677 (1989).

842 *Cook/Pennock*, 79 Ill.B.J. 90 f. (1991).

843 Siehe hierzu unten S. 188.

844 Siehe die Besprechung der Entscheidung Mittelsmann v. Witons, 135 Ill.2d 220, 552 N.E.2d 973 (1990), oben S. 198 f.

845 *Rheinstein*, Einführung, S. 100.

culpationsmöglichkeit durch Erbringung des Nachweises einer sorgfältigen Auswahl besteht nicht.

I. Staatliches Handeln

Ein weiteres Problem ergibt sich in Situationen, in denen die Verleitungshandlung nicht durch eine Privatperson, sondern von Vertretern des Bundes begangen wird[846]. Um die mit der immer weiter wachsenden Ausdehnung der Aufgabenbereiche staatlicher Verwaltung unweigerlich einhergehende Zunahme der vom Bund zu erbringenden Ersatzleistungen für das Fehlverhalten seiner Vertreter zu begrenzen[847], erließ der Kongreß im Jahre 1946 den Federal Tort Claims Act (FTCA)[848]. Nach diesem haftet der Staat grundsätzlich nur dann, wenn eine Privatperson nach dem Gesetz des Staates haftbar wäre, in dem das deliktische Verhalten verübt wurde[849]. Diese allgemeine Haftung wird jedoch durch zahlreiche Ausnahmen eingeschränkt, zu denen auch die Haftung wegen "interference with contracts rights" gehört[850]. Dies bedeutet, daß der Bund für Verleitungshandlungen seiner Beschäftigten nicht haftet[851].

J. Schaden

Als mögliche Schäden kommen alle durch den Vertragsbruch erforderlich werdenden Mehraufwendungen, finanzielle Einbußen wie entgangener Gewinn, aber auch immaterielle Schäden durch "mental distress" in Betracht. Hier tritt letztlich der große Vorteil des Deliktsanspruchs gegenüber dem vertraglichen Schadensersatzanspruch zutage. Während der vertragliche An-

846 Siehe hierzu *Levey*, 22 Public Contract L.J. 706 (1993).

847 Die Summe der vom Staat zu erbringenden Ersatzleistungen war auf bis zu 2,3 Milliarden Dollar pro Rechnungsperiode gestiegen, *Levey*, 22 Public Contract L.J. 706, 715 (1993).

848 Legislative Reorganization Act of 1946, title IV., Pub. L. No. 79-601, 60 Stat. 812; zu den bis heute erfolgten Änderungen siehe *Levey*, 22 Public Contract L.J. 706, 716 (1993).

849 Jetzt 28 U.S.C. § 1346 (b).

850 Jetzt in 28 U.S.C. § 2680 (h) (1988) geregelt.

851 *Levey*, 22 Public Contract L.J. 706, 752 f. (1993).

spruch auf den Ersatz von Schäden begrenzt ist, die für den Beklagten zum Zeitpunkt des Vertragsschlusses vernünftigerweise vorhersehbar waren[852], trifft den deliktsrechtlich Haftenden die volle Schadensersatzpflicht, unabhängig von der Vorhersehbarkeit des Schadens. Die Vorhersehbarkeit eines Schadenseintritts betrifft hier nur die Frage, ob überhaupt eine Haftung gegeben ist, nicht aber deren Ausmaß[853]. Die deliktsrechtliche Schadensersatzverpflichtung umschließt daher auch "consequential damages" für Folgeschäden und Schmerzensgeldzahlungen für "mental distress"[854].

§ 3 Spezielle Fallgruppen

Klagen wegen "interfernce with contractual relations" tauchen im wesentlichen in zwei Fallgruppen auf. Zum einen betrifft dies Arbeitnehmer/Arbeitgeber-Beziehungen und zum anderen Beziehungen des Unternehmers zu seinen Kunden[855].

A. Arbeitgeber/Arbeitnehmer-Verhältnisse

In Arbeitgeber/Arbeitnehmer Verhältnissen findet sich eine Vielzahl von Dreiecksverhältnissen, in denen eine deliktische Haftung einer der beteiligten Parteien begründet werden kann[856]. Relevant wird die Frage einer Deliktshaftung wegen Eingriffs in fremde vertragliche Beziehungen überall dort, wo versucht wird, in einem Anstellungsverhältnis befindliche Arbeitnehmer abzuwerben oder den Arbeitgeber dazu zu verleiten, einen Arbeit-

---

852 *Calamari/Perillo*, § 14-5.; Restatement (Second), Contracts, § 351; Hadley v. Baxendale, 156 Eng.Rep. 145 (1854).

853 *Levey*, 22 Public Contract L.J. 706, 710 (1993).

854 Ausführlich zu der Frage welche Ersatzansprüche des Klägers bestehen, siehe unten S. 214 ff.

855 Siehe Überblick bei *Broida/Handler*, 32 De Paul L.Rev. 325, 343 (1983).

856 Allgemein zu Arbeitnehmer/Arbeitgeber Verhältnissen siehe *Green*, 29 Ill.L.Rev. 1041 (1935). Zu der speziellen prozeßrechtlichen Problematik der Gerichtszuständigkeiten für Klagen aus Arbeitsverhältnissen wegen Störungshandlungen Nicht-Tarifsvertragsbeteiligter, insbesondere des möglichen Vorrangs von Schiedsgerichtsbarkeiten und der tarifvertraglichen Begrenzung von Schadensersatzansprüchen siehe *Nachtigall*, 65 S.Cal.L.Rev. 1675-1731 (1992) und *Kahn*, 10 Ind.Rel. L.J. 258-300 (1988).

nehmer zu entlassen. Aber auch durch Arbeitskampfmaßnahmen kann die Gefahr einer Deliktshaftung hervorgerufen werden[857].

I. Abwerbung von Arbeitnehmern

Innerhalb der Fallgruppe der Arbeitnehmer/Arbeitgeber-Verhältnisse findet sich die bedeutendste Problematik in Fällen, in denen Konkurrenten versuchen, Arbeitnehmer abzuwerben. Die wesentliche Besonderheit dieser Abwerbungsfälle liegt hierbei in der Art der Beschäftigungsverhältnisse begründet. Von einem geringen Prozentsatz der Arbeitsverträge abgesehen, unterliegen diese zumeist entweder keiner (at will) oder nur einer sehr kurzen Kündigungsfrist[858]. Die erfolgreiche Abwerbung eines Arbeitnehmers ist somit nur selten mit dem Bruch eines Arbeitsvertrages verbunden. Wie bereits ausgeführt[859], genießen aber auch diese "at will"-Verhältnisse einen eingeschränkten[860] deliktsrechtlichen Schutz gegenüber Eingriffen Dritter. Die entscheidenden Gesichtspunkte in der Behandlung der Abwerbungsfälle liegen regelmäßig in der Frage der Rechtfertigung, d.h. in der Motivation des Abwerbenden begründet. Solange bei diesem das Streben nach eigenem Fortkommen und Erfolg überwiegt und die Abwerbung zu Wettbewerbszwecken erfolgt, ist der Handlungsspielraum außenstehender Dritter verhältnismäßig groß[861].

So wurde beispielsweise in dem Fall *United Aircraft Corp. v. Boreen* selbst die Abwerbung einer großen Zahl von Arbeitnehmern mangels Feststellbarkeit einer Schädigungsabsicht für zulässig erachtet[862]. Dies, obwohl der Beklagte insgesamt dreizehn Mitarbeiter der Klägerin, acht leitende und fünf weitere Angestellte in sehr kurzer Zeit systematisch abgeworben hatte. Der ausschlaggebende Gesichtspunkt war letztlich die besondere Situation, in der sich der Beklagte, aufgrund der Neugründung eines Betriebes befun-

---

857 Siehe oben S. 189 ff.

858 Zur Bedeutung der "at will" Arbeitsverhältnisse in heutiger Zeit siehe *Minda*, 36 Syracuse L.Rev. 939 (1985), der darauf verweist, daß in New York nach neueren Untersuchungen ca. 60-65% aller Arbeiter auf "at will" Basis beschäftigt sein sollen. Siehe auch *Martin*, 28 Bus.Law. 1341, 1345 (1973).

859 Siehe oben S. 163 ff.

860 Siehe oben zum Rechtfertigungsgrund des Wettbewerbsverhältnisses S. 191 ff.

861 Imperial Ice Co. v. Rossier, 18 Cal.2d 33, 112 P.2d 631, 633 (1941).

862 284 F.Supp. 428, 442 (E.D.Pa. 1968).

den hat. Sind solche Ausnahmesituationen nicht gegeben, wird man allerdings davon ausgehen müssen, daß bei einem planmäßigen Abwerben einer größeren Zahl von Arbeitnehmern regelmäßig eine Schädigungsabsicht zu vermuten ist, die für die deliktsrechtliche Haftung relevant werden kann[863]. Überwiegt eine solche Schädigungs- oder Verdrängungsabsicht, ist die Abwerbung von Arbeitnehmern nie gerechtfertigt[864].

Eine relativ strenge Auffassung findet sich in der Entscheidung *Smith v. Ford Motor Co.*[865] , in der das Gericht die Auffassung vertrat, daß die Abwerbung von Arbeitnehmern durch einen Wettbewerber auch dann haftungsbegründend sein kann, wenn das Arbeitsverhältnis "at will" ist. Das Gericht unterschied hierbei im Grundsatz zwischen sogenannten outsidern, die kein eigenes wirtschaftliches Interesse an dem gestörten Vertrag haben und non-outsidern, die ein solches, etwa wegen der Gefährdung eigener vertraglicher Beziehungen nachweisen können[866]. Nach Auffassung des entscheidenden Gerichts sei den letzteren der Eingriff in fremde vertragliche Beziehungen erlaubt, sofern dieser in gutem Glauben und im Hinblick auf das eigene wirtschaftliche Interesse erfolge.

Strenger beurteilt werden Eingriffe in Arbeitsverhältnisse, in denen die Wettbewerber untereinander durch ein Treueverhältnis gebunden sind. In *A.S. Rampell v. Hyster Co.*[867] entschied das Gericht für einen Großhändler, der Verkäufer anwarb und ausbildete, um die Produkte des Beklagten zu vermarkten. Der Beklagte warb einige dieser auf "at will"-Basis beschäftigten Angestellten in der Absicht ab, sich von diesen zukünftig direkt vertreten zu lassen. Mit der Begründung, daß der Kläger auf ein loyales Verhalten vertrauen durfte, billigte das Gericht dem Kläger Schadensersatz wegen des Eingriffs in die vertraglichen Beziehungen des Klägers zu. Erlaubt ist die Abwerbung von Arbeitnehmern somit jedenfalls dann, wenn der Vertrag "terminable at will" vereinbart ist, keine unlauteren Mittel gebraucht werden und die Abwerbung zu Wettbewerbszwecken erfolgt[868]. Hinter dieser insgesamt relativ großzügigen Rechtsprechung steht offensichtlich das Bemühen

---

863 Globe and Rutgers Fire Insurance Co. v. Firemen's Fund Insurance Co., 97 Miss. 148, 52 So. 454, 455 (1910).

864 A.S. Rampell v. Hyster Co., 3 N.Y.2d 369, 144 N.E.2d 371, 376 (1957).

865 289 N.C. 71, 221 S.E.2d 282, 292 (1976).

866 Zu dieser Unterscheidung siehe *Reeves*, 12 Wake Forest L.Rev. 901-910 (1976).

867 Siehe Fn. 864.

868 *Martin*, 28 Bus.Law. 1341, 1359 (1973).

der Gerichte, die Mobilität von "at will"-Arbeitnehmern vor zu großer Beschränkung zu schützen[869]. Jede andere Auffassung hätte unweigerlich zur Folge, den freien Fluß der Arbeitskräfte zu behindern und Arbeitnehmern die Möglichkeit zu nehmen, ein neues Arbeitsverhältnis zu besseren Bedingungen anzunehmen[870].

II. Verleitung zur Entlassung Angestellter

Besondere Bedeutung erlangte diese Sachverhaltsgestaltung um die Jahrhundertwende. In dieser Zeit waren Gewerkschaften häufig darum bemüht, Nichtgewerkschaftsmitglieder aus den Betrieben zu drängen. Zu diesem Zweck versuchten sie, Arbeitgeber durch Drohung mit Streiks und anderen Arbeitskampfmaßnahmen dazu zu zwingen, diese Arbeitnehmer zu entlassen. Aus heutiger Sicht ist die Bedeutung dieser Fallgruppe als sehr gering einzuschätzen[871]. Besonderheiten in der Behandlung dieser Fälle sind, soweit ersichtlich, nicht gegeben.

III. Arbeitskampfhandlungen

Eine schwierige Frage stellt auch die Behandlung von Arbeitskampfmaßnahmen dar. So können beispielsweise das Aufstellen von Streikposten oder Arbeitsniederlegungen dazu führen, daß die Durchführung von Verträgen, etwa durch Behinderung der An- und Auslieferung von Waren oder durch Zutrittsverweigerungen für Nichtgewerkschaftsmitglieder gestört wird[872]. Diese Handlungen fallen jedoch zumeist nicht unter die Fallgruppe der Verleitung zum Vertragsbruch, weil nicht auf eine Geisteshaltung Einfluß genommen, sondern die Durchführung von Verträgen durch physische Gewalt verhindert wird. Es ist allerdings nicht ausgeschlossen, daß Streikende versuchen, Vertragspartner des Bestreikten oder deren Angestellte durch Überzeugungsarbeit zum Bruch von Verträgen zu bewegen. Ein Beispiel für eine

---

869 *Martin*, 28 Bus.Law. 1341, 1358 (1973).
870 *Avins*, 24 Tenn.L.Rev. 1089, 1091 (1957).
871 Siehe hierzu *Perlman*, 49 U.Chi.L.Rev. 61, 115 ff. (1982).

solche Einflußnahme findet sich in dem bereits dargestellten *American Radio Association*-Entscheidung[873]. In diesem Fall gelang es der beklagten Gewerkschaft durch das Aufstellen von Streikposten und Verteilen von Flugblättern, die Angestellten eines Beladeunternehmens davon zu überzeugen, ihre Arbeitsverträge nicht zu erfüllen und die Schiffe der bekämpften Frachtunternehmen nicht zu beladen.

IV. "Yellow Dog"-Verträge

Von nur noch historischer Bedeutung ist die Problematik der "Yellow Dog"-Verträge[874]. Mit deren Hilfe versuchten die Arbeitgeber in der Zeit der großen Arbeitskämpfe zu verhindern, daß ihre Arbeitnehmer sich gewerkschaftlich organisierten. Zu diesem Zweck fügten sie den Arbeitsverträgen eine sog. "yellow-dog"-Klausel bei, nach der es den Arbeitnehmern untersagt war, einer Gewerkschaft beizutreten. Die Gewerkschaften, die darum bemüht waren, neue Mitglieder zu werben, liefen daher Gefahr, von den Arbeitgebern wegen Verleitung zum Vertragsbruch in Anspruch genommen zu werden, wenn ein Arbeitnehmer der Gewerkschaft unter Verletzung dieser "yellow-dog"-Klausel beitrat[875]. Diese Fälle verloren aber an Bedeutung, nachdem auf anfängliche gerichtliche Erfolge der Arbeitgeber[876] ein Umdenken in der Rechtsprechung einsetzte und die "yellow-dog"-Klauseln auch wiederholt durch gesetzliche Regelungen[877] für rechtswidrig erklärt wurden[878].

---

872 Siehe hierzu Brotherhood of Local Fireman v. Hammet, 273 Ala. 397, 140 So. 2d 832 (1962); International Union v. Russel, 264 Ala. 456, 88 So. 2d 175, 179 ff. (1956).

873 American Radio Association v. Mobile Steamship Association, 291 Ala. 201, 279 So. 2d 467 (1973); Zur Rechtfertigungsproblematik siehe oben S. 189 ff.

874 Grundlegend *Fraenkel*, 30 Ill.L.Rev. 854 f. (1936).

875 Note, 41 Harv.L.Rev. 770-775 (1928).

876 People v. Marcus 185 N.Y. 257, 77 N.E. 1073 (1906); Adair v. United States, 208 U.S. 161 (1908); Coppage v. Kansas, 236 U.S. 1 (1915).

877 In Section 3 des Norris-La Guardia Act (47 Stat. 70-73 (1932), 29 U.S.C.A. §§ 101-115 (Supp. 1935) war ausdrücklich vorgesehen, daß eine Vereinbarung, die ein Verbot enthalte einer Gewerkschaft beizutreten, anzugehören oder in ihr zu verbleiben, rechtlich nicht erzwinbar sei.

878 Siehe hierzu ausführlich *Fraenkel*, 30 Ill.L.Rev. 854 f. (1936); *Harper*, 47 Nw.U. L.Rev. 873, 880 (1953).

Die Haftung wegen "interference with contractual relations" findet des weiteren in einer Vielzahl anderer wirtschaftlicher Beziehungen Anwendung. Klassische Beispiele hierfür finden sich in Klagen von Maklern und Anwälten wegen entgangener Provisionen und Gebühren. Der typische Maklerfall behandelt hierbei regelmäßig das Problem, inwieweit sich Dritte mit einer mit dem Makler vertraglich gebundenen Vertragspartei unter Umgehung der Vermittlungstätigkeit des Maklers und der hierdurch entstehenden Vermittlungsprovisionen direkt vertraglich binden dürfen. Ähnliche Fallgestaltungen ergeben sich auch in Beziehungen zwischen Anwälten und ihren Mandanten aus der Besonderheit, daß häufig "contingent fees" vereinbart werden. Um diese Erfolgshonorare sieht sich ein Anwalt regelmäßig dann gebracht, wenn es den streitenden Parteien gelingt, eine außergerichtliche Einigung unter Umgehung der anwaltlichen Tätigkeit zu erzielen. Da der Mandant frei ist, das Anwaltsmandat jederzeit zu kündigen, bietet die Klage wegen "interference with contractual relations" natürlich einen großen Anreiz für betroffene Anwälte sich für ihre entgangenen Honorare auf deliktsrechtlicher Ebene gegen Dritte schadlos zu halten. Ebenso nützlich kann diese Schadensersatzklage in Fällen sein, in denen Mandanten von anderen Anwälten abgeworben worden sind[879].

Eine Sonderstellung nehmen Heiratsverträge (contracts to marry) ein[880]. Fast ohne Ausnahme[881] haben die Gerichte eine deliktsrechtliche Haftung wegen Verleitung zum Bruch eines Heiratsvertrages verneint[882]. Die Gründe dieser eigentlich selbstverständlichen Einschränkung der Haftung wegen "inducing breach of contract" sind offensichtlich. Der Charakter eines Heiratsversprechens läßt sich weder mit irgendeinem Dienst- oder Kaufvertrag vergleichen, noch sollte eine Heirat auf geschäftlichen Motiven beruhen. Entscheidende Faktoren für oder gegen den Entschluß, eine Heirat einzuge-

879 Siehe hierzu Frazier v. Boccardo, 70 Cal.App. 3d 331, 138 Cal. Rptr. 670 (1977).

880 Siehe hierzu *Blinkoff*, 17 Corn.L.Q. 509, 514 f. (1932); *Weiss*, 10 Corn.L.Q. 259, 262 (1925).

881 In einigen Entscheidungen älteren Datums unterschieden die Gerichte vereinzelt zwischen Familienmitgliedern und Fremden, wobei letztere grundsätzlich nicht von einer Haftung freigestellt wurden; Minsky v. Satenstein, 143 A. 512, 513 (1928); Jacobs v. Schwenert, 168 A. 741 (1933).

882 Brown v. Glickstein, 347 Ill. App. 486, 107 N.E. 2d 267, 269 (1952).

hen, werden vielmehr höchstpersönliche Motive sein. Aus diesem privaten Charakter des Heiratsversprechens wird daher das absolute Recht der Eltern hergeleitet, zu versuchen, ihr Kind von einer Heirat abzuhalten[883]. Gleiches gilt für das Recht von Freunden und Verwandten, denen das Recht Rat zu erteilen, ebenfalls nicht verweigert werden darf[884].

§ 4 Rechtsfolgen

Vor der Erläuterung, welcher Art und Reichweite die dem geschädigten Vertragspartner zustehenden Ansprüche sind, ist vorweg der Frage nachzugehen, ob die Haftung des eingreifenden Dritten möglicherweise Beschränkungen unterliegt[885].

A. *Umfang und Grenzen der Deliktshaftung*

Ausgangspunkt dieser Erwägung ist, daß der enttäuschte Vertragspartner gegenüber dem Vertragsbrüchigen selbst auf die Geltendmachung von vertraglichen Ansprüchen beschränkt ist[886]. Diese sind in der Regel jedoch weniger weitreichend, als deliktische Ansprüche[887]. Die unterschiedliche Bemessung vertraglicher und deliktischer Schadensersatzansprüche führt zu dem grundlegenden Problem, daß das Maß des zu ersetzenden Schadens unterschiedlich ausfallen kann, wenn der Vertragsbrüchige nach vertraglichen und der Deliktstäter nach deliktischen Grundsätzen haftet. Je nach Fallgestaltung können ganz erhebliche Unterschiede in der Schadensersatzbemessung entstehen[888]. Unterschiede ergeben sich zwar weniger im Rahmen der "general damages", die dem Kläger Ersatz für tatsächlich entstan-

---

883 Brownstein v. Bricker, 226 Mo. App. 882, 46 S.W.2d 958 (1932); Leonard v. Whetstone, 34 Ind. App. 383, 68 N.E. 197, 198 (1903).

884 Homan v. Hall, 102 Neb. 70, 165 N.W. 881, 882 (1917).

885 Siehe grundsätzlich zu dieser Frage *Dobbs*, Remedies, § 6.4, S. 460 ff.

886 Gegen die fehlende Anerkennung einer deliktischen Haftung des Vertragspartners insbesondere bei "at will"-Arbeitsverhältnissen siehe *Minda*, 36 Syracuse L.Rev. 939, 956 f. (1985).

887 Siehe unten S. 216 ff.

888 Id.

dene Schäden (wie etwa erforderliche Mehraufwendungen) gewähren[889] als für die weiteren Formen des Schadensersatzes (wie beispielsweise der Gewährung von "consequential" oder "punitive damages"). Wesentliche Unterschiede ergeben sich unter Umständen schon in der Ersatzfähigkeit von "special damages"[890]. In der berühmten Entscheidung *Hadley v. Baxendale*[891] wurde die Gewährung von "special damages" im Rahmen des vertraglichen Schadensersatzanspruches auf die Schäden begrenzt, die als vertraglich vereinbart gelten durften. Demgegenüber gilt für den deliktischen Anspruch, daß grundsätzlich alle Folgeschäden, unabhängig davon, ob sie vom Vorsatz umfaßt oder vorhersehbar waren, zu ersetzen sind.

Die Frage, ob die schärfere Deliktshaftung auch dann als angemessen anzusehen ist, wenn der Vertragsbrüchige nur nach den weniger scharfen vertraglichen Grundsätzen haftet, wird unterschiedlich beurteilt. In einigen Entscheidungen wird die Auffassung vertreten, daß die Haftung des Deliktstäters grundsätzlich nicht weitergehen dürfe, als die des Vertragsbrüchigen selbst[892]. Diese Fälle sind jedoch zum einen älteren Datums und zum anderen in der Minderheit. In der weit überwiegenden Mehrzahl der Fälle wird eine großzügigere Auffassung vertreten[893]. Danach hat der in einen Vertrag

---

889 Insoweit bestehen keine Unterschiede zwischen vertraglicher und deliktischer Haftung, *Dobbs*, Remedies, § 12.1; Crummer v. Zalk, 248 Cal.App.2d 294, 57 Cal. Rptr. 185 (1967). Gleichlauf besteht auch im Hinblick auf die Schadensminderungspflichten. Der Geschädigte hat sowohl im Rahmen der vertraglichen als auch der deliktischen Schadensersatzansprüche alle zumutbaren Maßnahmen zu ergreifen, um den Schaden so gering wie möglich zu halten. Ein entlassener Angestellter hat daher zumutbare Anstrengungen zu unternehmen, eine neue Arbeit zu finden, Smetherham v. Laundry Workers' Union, Local No. 57, 44 Cal.App.2d 131, 111 P.2d 948, 950 (1941).

890 *Dobbs*, Remedies, § 6.4, S. 461.

891 156 Eng. Rep. 154 (1854).

892 Swaney v. Crawley, 133 Minn. 57, 157 N.W. 910, 911 (1916); Mahoney v. Roberts, 86 Ark. 130, 110 S.W. 225, 228 (1908); Twitchell v. Glenwood-Inglewood Co., 131 Minn. 375, 155 N.W. 621, 625 (1915); Wilson & Co. v. United Packinghouse Workers, 181 F.Supp. 809 (N.D.Iowa 1960), da Delikts- und Vertragsanspruch im wesentlichen gleiche Interessen verfolgen. Zu weiteren Nachweisen siehe Note, 30 Col.L.Rev. 232 (1930).

893 Siehe hierzu Restatement (Second), Torts, § 774 A comment d); Duff v. Engelberg, 237 Cal.App.2d 505; 47 Cal.Rptr. 114 (1965). In anderen Entscheidungen wird das Maß des zu ersetzenden Schadens wiederum auf das bei Fahrlässigkeitsdelikten geltende Maß beschränkt; Mills v. Murray 472 S.W.2d (1971); Seabord Music Co. v. Germano, 101 Cal.Rptr. 255 (1972).

eingreifende Dritte die gleichen Schadensersatzleistungen zu erbringen, die auch bei jedem anderen Vorsatzdelikt zu leisten wären[894]. Dies wird nicht in allen Entscheidungen explizit geäußert, kommt aber häufig durch die Gewährung von Ansprüchen zum Ausdruck, die nach vertragsrechtlichen Grundsätzen nicht gewährt worden wären[895]. Ein Beispiel hierfür findet sich in dem Fall *Vaught v. Jonathan L. Pettyjohn & Co.*[896]. In dieser Entscheidung wurde dem Kläger Schadensersatz wegen entgangenen Gewinns aus einem beabsichtigten Weiterkauf eines Grundstücks zuerkannt. Nach vertragsrechtlichen Grundsätzen wäre der Kläger hingegen auf den Ersatz der Differenz zwischen Verkaufspreis und tatsächlichem Wert des Grundstücks beschränkt gewesen[897].

Das gleiche Problem stellt sich in Fällen, in denen die Parteien selbständige Regelungen über die Festlegung und Berechnung der zu erbringenden Schadensersatzleistungen, wie etwa die Vereinbarung fester Summen (liquidated damages) getroffen haben. Obwohl diese vereinbarten Schadensersatzleistungen leicht hinter dem tatsächlich entstandenen Schaden zurückbleiben können, wird dem in den Vertrag eingreifenden Dritten die Berufung auf die Haftungsbeschränkung verweigert[898].

B. Grundsätzliches zum deliktischen Rechtsfolgesystem

Als mögliche Rechtsfolgen wegen der bereits erfolgten oder noch drohenden Verletzung wirtschaftlicher Beziehungen stehen dem Kläger grundsätzlich eine ganze Reihe möglicher Ansprüche zur Verfügung[899]. So können sich neben den Ansprüchen auf Schadensersatz auch Ansprüche auf Unterlassung oder auf Gewährung vorläufigen Rechtsschutzes ergeben. Diese sind jedoch in ein Rechtsfolgesystem eingebettet, das eine Reihe von Besonderheiten aufweist und daher im folgenden etwas ausführlicher dargestellt werden soll.

---

894 Duff v. Engelberg, 237 Cal.App.2d 505, 47 Cal.Rptr. 114, 116 (1965).

895 *Dobbs*, Remedies, § 6.4, S. 462.

896 104 Kan. 174, 178 P.2d 623, 624 (1919).

897 Quick v. Pointer, 186 F.2d 355, 356 (D.C.Cir. 1950); siehe auch die Besprechung bei *Dobbs*, Remedies, § 6.4 in Fn. 25.

898 Eine durchgreifende Wirkung einer vertraglichen Haftungsfreistellung wurde dagegen bejaht in Simon v. Electric Corp., 293 N.Y. 171, 56 N.E.2d 537, 538 f. (1944); Swift v. Beaty, 39 Tenn. App. 292, 282 S.W.2d 655, 657 (1954).

899 Grundsätzlich hierzu *Farnsworth* 70 Col. L.Rev. 1145 f. (1970).

I. "At law" und "equity"-Ansprüche

Die US-amerikanischen Rechtsordnungen unterscheiden traditionell zwischen zwei grundsätzlichen Kategorien von Schadensersatzansprüchen. Dies sind zum einen "at law" und zum anderen "equity"-Ansprüche. Diese beiden Kategorien unterscheiden sich dadurch, daß die "equity"-Ansprüche im Gegensatz zu den streng formulierten "at law"-Ansprüchen, auf dem Gedanken von Fairneß und Billigkeit beruhen[900]. Das "equity"-System basiert auf in England seit etwa dem 15. Jahrhundert[901] entwickelten Regeln und Prinzipien, welche die sehr streng gefaßten "common law"-Ansprüche ergänzen sollten, um für Gerechtigkeit in besonders gelagerten Einzelfällen zu sorgen[902]. Ansprüche nach der "equity" waren ursprünglich in einer speziellen "equity"-Gerichtsbarkeit (court of equity) geltend zu machen, die selbständig und konkurrierend neben der "common law"-Gerichtsbarkeit (court of chancery) bestand[903]. Die Trennung zwischen diesen Gerichtszweigen verlor seit Mitte des 19. Jahrhunderts an Bedeutung[904]. Heute können "at law"- und "equity"-Ansprüche zumeist nicht nur vor ein und demselben Gericht geltend gemacht werden, sie werden auch häufig materiellrechtlich vermischt[905]. Die Unterscheidung dieser beiden Arten von Ansprüchen hat jedoch noch nicht jegliche Bedeutung verloren. So hängt insbesondere die prozeßrechtliche Frage, ob die Entscheidung von einer Jury oder dem Richter zu treffen ist, von der Art der begehrten Rechtsfolge ab. Die Möglichkeit, eine Entscheidung durch eine Jury zu erreichen, bietet sich nur durch die Geltendmachung von "at law"-Ansprüchen[906]. Die Unterscheidung dieser Ansprüche kann sich vereinzelt als schwierig erweisen, weil bestimmte Formen von Rechtsfolgen, wie beispielsweise verschiedene Varianten der "restitution" sowohl auf "at law" als auch auf "equity"-Recht beruhen können[907].

---

900 Black's Law Dictionary, "equity", S. 540.

901 *Dobbs*, Remedies 2d, § 2.2, S. 62.

902 Id.

903 Zur historischen Entwicklung siehe *Dobbs*, Remedies 2d, § 2.1(1), S. 48; § 2.2, S. 58-63; *Blumenwitz*, S. 6-10.

904 *Dobbs*, Remedies 2d, § 2.1(3), S. 57; § 2.6(1), S.101.

905 Black's Law Dictionary, "courts/equity and law courts", S. 353; *Dobbs*, Remedies 2d, § 2.1(1), S. 51 § 2.6(1), S. 101.

906 *Dobbs*, Remedies 2d, § 2.6(2), S. 104.

907 Zur genauen Unterscheidung siehe unten S. 218 f. und S. 220 ff.

II. Der Begriff "damages"

Eine rein sprachliche, aber verwirrende Besonderheit findet sich des weiteren in der Verwendung des Begriffs "damages", unter dem dieses sehr komplexe System von Rechtsfolgen zumeist behandelt wird[908]. Unter "damages" in engerem Sinne sind grundsätzlich nur Schäden oder Schadensersatzansprüche zu verstehen. Tatsächlich verfolgt eine Vielzahl der dem Kläger unter Umständen zur Verfügung stehenden Ansprüche jedoch andere Ziele, als tatsächlich entstandene Schäden des Klägers zu ersetzen. So finden sich neben den auf die Wiedergutmachung der dem Kläger entstandenen Schäden gerichteten Ansprüchen eine ganze Reihe weiterer Ansprüche, die den Deliktstäter für das von ihm begangene Unrecht bestrafen sollen oder die Abschöpfung der aus der deliktischen Handlung gezogenen Vorteile zum Gegenstand haben. Solche Ansprüche finden sich beispielsweise in der Zuerkennung von "punitive damages"[909] oder "equity"-Ansprüchen. Trotzdem werden auch diese Art Ansprüche zumeist unter dem Begriff des Schadensersatzes, "damages", erfaßt[910]. Selbst die Gewährung von Erfüllungsansprüchen (specific performance), Unterlassunganspüchen oder die Zuerkennung vorläufigen Rechtsschutzes wird zumeist unter den Begriff "damages" eingeordnet. Der Begriff "damages" ist daher häufig nicht in engem Sinn als Schaden oder Schadensersatzanspruch zu verstehen, sondern dient als Umschreibung aller Arten von Rechtsfolgen. Die folgende Darstellung geht daher, diesen Eigenheiten Rechnung tragend, nicht vorwiegend von der Unterscheidung zwischen Primär- und Sekundäransprüchen, sondern zwischen "at law"- und "equity"-Ansprüchen aus.

C. Streng formulierte Schadensersatzansprüche (At Law)

Die häufigste und wichtigste "common law"-Form des Schadensersatzes betrifft die Zuerkennung von "compensatory damages"[911].

---

908 *Dobbs*, Remedies 2d, § 1.1, S. 3.

909 Grundlegend zur Funktion und Dogmatik von "punitive damages" *Brockmeier*, Punitive damages, multiple damages und deutscher ordre public, 1999 und *Mörsdorf- Schulte*, Funktion und Dogmatik US-amerikanischer punitive damages, 1998.

910 Id.

911 Am.Jur.2d, Vol. 22, "Damages", § 24.

I. *Schadensausgleichsansprüche (Compensatory Damages)*

Innerhalb dieser Ansprüche ist wiederum zu unterscheiden zwischen "general damages" und "special damages"[912]. Die Differenzierung dieser beiden Arten von Schadensersatzansprüchen hat, wie im folgenden noch zu sehen sein wird, erhebliche Bedeutung im Hinblick auf die unterschiedlichen Beweisanforderungen, die je nach Art des geltend gemachten Schadens zu erfüllen sind.

1. *Ausgleich unmittelbarer Schäden (General Damages)*

Unter "general damages" sind Schadensersatzansprüche zu verstehen, die dem Ausgleich tatsächlich entstandener und unmittelbar auf das Schadensereignis zurückzuführender Schäden dienen[913]. Diese beinhalten sog. "out of pocket"-Ausgaben wie Arztkosten, Krankenhauskosten, Reparaturen sowie Schmerzensgeld, die als unmittelbare Folge der rechtswidrigen Handlung des Beklagten entstanden sind[914]. Bei dieser Art von Schäden wird grundsätzlich vermutet, daß sie entstanden sind, unabhängig davon, ob die Sache selbst für den Kläger überhaupt noch von Wert war. Selbst wenn der Kläger eine zerstörte Sache aus irgendwelchen Gründen nicht mehr nutzen konnte, ist deren Wert zu ersetzen.

2. *Ausgleich mittelbarer Schäden (Special Damages)*

Die zweite Gruppe von Schadensersatzansprüchen, bezeichnet als "special" oder "consequential damages", erfordert einen erheblich strengeren Nachweis[915]. Diese Schäden, wie etwa entgangener Gewinn, sind nur dann ersatzfähig, wenn das Ausmaß des Schadens mit vernünftiger Sicherheit (reasonable certainty) feststellbar ist[916] sowie Schaden und Handlung nicht zu

---

912 Siehe hierzu Am.Jur.2d, Vol. 22, "damages", § 36; *Speiser/Krause/Gans*, § 8:5; Restatement (Second), Torts, § 904.

913 Am.Jur.2d, Vol. 22, "damages", § 37.

914 Lakin v. Senco Prods., Inc., 987 P.2d 463 (1999).

915 Siehe Haynes & Boone v. Bowser Bouldin, Ltd., 896 S.W.2d 179, 182 f. (1995); Am.Jur.2d, Vol. 22, "damages", § 39.

916 Am.Jur.2d, Vol. 22, "damages", § 484-491.

"remote", also zu weit entfernt sind[917]. Ein entgangener Gewinn muß daher mit großer Wahrscheinlichkeit direkt auf das Verhalten des Beklagten zurückzuführen sein[918].

II. Symbolische Ersatzansprüche (Nominal Damages)

"Nominal damages"[919] weichen demgegenüber vom Prinzip der Verhältnismäßigkeit ab und können nur in Fällen vorsätzlicher Deliktshandlungen zugesprochen werden. Die Verhängung von "nominal damages" dient im Ergebnis nur der Feststellung, daß der Beklagte gegenüber dem Kläger rechtswidrig gehandelt hat[920]; sie betragen oftmals nicht mehr als einen symbolischen Dollar[921]. Dieser Art von Schadensersatz liegt die Idee zugrunde, daß der Geschädigte seine Genugtuung eher im Gerichtssaal als in Selbstjustiz suchen wird[922]. Angesichts der Dauer und der Kosten des Deliktsprozesses wird jedoch relativ selten wegen der Bestätigung des Prinzips geklagt.

III. Strafschadensersatzansprüche (Punitive Damages)

Ähnlich verhält es sich mit der Gewährung sogenannter "punitive" oder "exemplary damages"[923]. Diese sollen jedoch anders als die "nominal damages" in erster Linie nicht der Genugtuung des Klägers dienen, sondern verfolgen spezial- und generalpräventive Zwecke[924]. Zum einen sollen "punitive

---

917 Am.Jur.2d, Vol. 22, "damages", § 477.

918 Duval County Ranch Co. v. Wooldridge, 674 S.W.2d 332, 336 (1984).

919 Siehe hierzu Restatement (Second), Torts, § 907.

920 Powell et al. v. Ward et al., 643 F.2d 924, 933 f. (2nd Cir. 1980); Am.Jur.2d, Vol. 22, "damages", § 8; Restatement (Second), Torts, § 907.

921 Stevenson v. Economy Bank of Ambridge, 197 A.2d 721, 727 (1964); Stroll Oil Refining Co. v. Pierce, 343 S.W.2d 810, 812 (1961); Am.Jur.2d, Vol. 22, "damages", § 11.

922 Am.Jur.2d, Vol. 22, "damages", § 15.

923 Siehe ausführlich hierzu, *Mörsdorf-Schulte*, Funktion und Dogmatik US-amerikanischer punitive damages, 1998 und *Brockmeier*, Punitive damages, multiple damages und deutscher ordre public, 1999 sowie Restatement (Second), Torts, § 904.

924 Restatement (Second), Torts, § 774; *Prosser/Keeton*, S. 7; *McNamara*, 20 Tulsa L.J. 233 (1984). Zu einem Überblick über die einzelstaatliche Rechtsprechung siehe *Johnson*, 44 ALR4th 1078, 1083-1087 (1986). Zur Funktion von "punitive da-

damages" den Beklagten für das dem Kläger zugefügte Unrecht bestrafen und verhindern, daß er gleiches Unrecht nochmals begehen wird und zum anderen sollen andere davon abgehalten werden, dem Beispiel des Beklagten zu folgen[925]. Im Einzelfall können diese "punitive damages" ein beträchtliches Ausmaß erreichen[926] und den Umfang des eigentlichen Schadens um ein Mehrfaches übersteigen[927]. Für diese Art von Schadensersatz ist allerdings erforderlich, daß der Beklagte "malicious" im Sinne von sittenwidrig oder zumindest mit besonderer Rücksichtslosigkeit bzw. Gleichgültigkeit in eine rechtlich durchsetzbare vertragliche Beziehung des Klägers eingegriffen hat[928]. Der Eingriff in nicht durchsetzbare oder "at will"-Verträge bzw. in zukünftige vertragliche Beziehungen wird nicht als ausreichende Grundlage für die Verhängung von "punitive damages" anerkannt. Berücksichtigt wird hierbei, daß die Partei eines bestehenden Vertrages eine klare und erzwingbare Erwartungshaltung innehat, die Vorteile des Vertragsschlusses auch ausschöpfen zu dürfen. Die Erwartungshaltung von zukünftigen Beziehungen ist demgegenüber ungewiß.

Anzumerken bleibt in diesem Zusammenhang, daß Entscheidungen, in denen "punitive damages" zugesprochen wurden, aufgrund ihres Strafcharakters in Deutschland nicht vollstreckt werden können. Diese dem deutschen Zivilrecht grundsätzlich unbekannte Funktion[929] widerspricht dem deutschen ordre public[930]. Vor dem Hintergrund der enorm gestiegenen

---

mages"siehe grundlegend *Brockmeier*, Punitive damages, multiple damages und deutscher ordre public, 1999 und *Mörsdorf- Schulte*, Funktion und Dogmatik US-amerikanischer punitive damages, 1998.

925 Ausführlich hierzu *Mörsdorf-Schulte*, S. 88-91.

926 So wurde in dem einleitend geschilderten Fall Pennzoil v. Texaco ein Betrag von drei Milliarden Dollar als "punitive damages" verhängt.

927 In Cotton v. Cooper wurden beispielsweise 400 $ als "compensatory" und 3.500 $ als "exemplary damages" zugesprochen, 160 S.W. 597 (1913). Weitere Nachweise siehe in Note, 30 Col.L.Rev. 232, 237 (1930).

928 Texaco, Inc. v. Pennzoil v. Pennzoil Co., 729 S.W.2d 768, 866 (1987). In diesem Fall wurde Texaco vorgeworfen, in mißbräuchlicher und seinen Reichtum ausnutzender Weise einen wirtschaftlich weniger leistungsfähigen Konkurrenten aus dem Feld geschlagen zu haben.

929 Dies gilt zumindest durch die einseitige Verhängung von Zivilstrafen durch Urteil. Einvernehmlich sind Vertragsstrafeabreden möglich (§ 339 BGB). Auch Vereinsstrafen sind in der freiwilligen Mitgliedschaft begründet.

930 Zu diesem Ergebnis gelangen übereinstimmend die beiden grundlegenden Untersuchungen zur Funktion und Dogmatik von "punitive damages" von *Brockmeier*, Pu-

Schadenssummen und der Gefahr von Unternehmenszusammenbrüchen sind in der Rechtspraxis Bestrebungen zu erkennen, eine Begrenzung der "punitive damages" zu erreichen[931].

IV. Streng formulierte Bereicherungsansprüche (Restitution at Law)

Von den "compensatory damages" in ihrer Zielrichtung grundsätzlich verschiedene Varianten von Ersatzansprüchen, stellen die Ansprüche aus "restitution" dar. Während die Gewährung von "compensatory damages" ausschließlich auf die Wiedergutmachung für auf Seiten des Klägers entstandene Schäden gerichtet ist, ergeben sich aus den Grundsätzen der "restitution" sogenannte "quasi contract"-Ansprüche aus ungerechtfertigter Bereicherung (unjust enrichment)[932].

1. Wertabschöpfung

Mit Hilfe dieser Ansprüche soll verhindert werden, daß die aus der Begehung der rechtswidrigen Handlung resultierenden Profite beim Beklagten verbleiben[933]. Ist es dem Beklagten beispielsweise gelungen, die von ihm erlangten Werte zu einem über ihrem tatsächlichen Wert liegenden Preis zu verwerten, so kann der Kläger unter Verzicht auf die Geltendmachung der ihm selbst entstandenen Schäden wahlweise den vom Beklagten erzielten Wert einziehen. Die Verfolgung dieser Ansprüche aus den als "quasi contract" bezeichneten gesetzlichen Rechtsverhältnissen ist für den Kläger immer dann von Vorteil, wenn der Beklagte aus seiner rechtswidrigen Handlung mehr Gewinn gezogen hat, als dem Kläger selbst Verluste entstanden sind. Ein weiterer Vorteil dieser Ansprüche liegt in der Erleichterung der Beweissituation. Während es dem Kläger unter Umständen schwerfällt, den Nachweis eigener entgangener Gewinne zu führen, gestaltet sich der Nach-

---

nitive damages, multiple damages und deutscher ordre public, 1999 und *Mörsdorf-Schulte*, Funktion und Dogmatik US-amerikanischer punitive damages, 1998.

931 Siehe hierzu BMW of North America, Inc. v. Gore, 517 U.S. 559 (1996).

932 *Dobbs*, Remedies, § 1.1, S. 4.

933 *Fisher*, 21 Tenn.B.J. 7, 8 (1985).

weis tatsächlich gezogener Gewinne auf Seiten des Beklagten gegebenenfalls einfacher[934].

2. *Herausgabeanspruch (Replevin)*

Unabhängig von diesem auf Geldersatz gerichteten Anspruch, steht dem Kläger auch ein Anspruch auf Herausgabe der Waren oder Sachen selbst zu, deren Lieferung Inhalt des mit dem Vertragsbrüchigen geschlossenen Vertrages war[935]. Dieser Eigentumsherausgabeanspruch (replevin) beruht auf dem in den amerikanischen Rechtsordnungen bestehenden Konsensualprinzip, das im Gegensatz zum deutschen Recht keine Übergabe der Sache zur Erlangung der Eigentümerposition erfordert[936]. Der Käufer wird danach bereits mit der Einigung über den Vertragsschluß Eigentümer der Ware. Dieser Anspruch erweist sich vor allem dann als vorteilhaft, wenn es dem Kläger gerade auf den speziellen Vertragsgegenstand ankommt.

D. *Billigkeitsrechtliche Ansprüche (Equity)*

Daneben stellen die amerikanischen Rechtsordnungen ein System von Ansprüchen aus Billigkeitsrecht (equity law) zur Verfügung, mit dessen Hilfe Vorteile des Klägers abgeschöpft werden können, die dieser durch seine rechtswidrige Handlung erlangt hat. Dieses "equity law" kann für den Kläger besonders interessante Varianten von Schadensersatzansprüchen bieten[937], sofern der Beklagte seine Vorteile aus unlauterer Gesinnung oder durch Verwendung unlauterer Mittel, wie Betrug, Vertrauensbruch oder besonders

---

934 Id.

935 Jim's Furniture Mart, Inc. v. Harris, 42 Ill. App.3d 488, 356 N.E.2d 175, 176 (1967).

936 Zu den Konsequenzen in der Behandlung von Doppelverkaufsfällen nach deutschem Recht siehe oben, S. 74 f.

937 Zur Zulässigkeit der Geltendmachung von "equity" Ansprüchen wegen "interference with contractual relations" siehe *Dobbs*, Remedies, § 6.4, S. 465.

gewissenlosem Verhalten gezogen hat[938] sowie bei allen vorsätzlichen "torts"[939].

I. *Billigkeitsrechtliche Bereicherungsansprüche (Restitution in Equity)*

Besondere Bedeutung kommt dabei den "restitution"-Ansprüchen zu. Diese sind ähnlich wie die als "quasi contract" ausgestalteten "restitution"-Ansprüche "at law" darauf gerichtet, eine ungerechtfertigte Bereicherung (unjust enrichment) auf Seiten des Beklagten zu verhindern[940]. Aus den "equity"-Varianten des "restitution"-Anspruchs lassen sich jedoch unter Umständen viel weitergehende Schadensersatzansprüche herleiten, als sie die "at law"-Ansprüche bieten können. Hat der Beklagte beispielsweise die rechtswidrig erworbenen Werte gewinnbringend verwertet, bietet der "at law"-Anspruch aus "restitution" dem Kläger zwar die Möglichkeit, anstatt eigene entgangene Gewinne und sonstige Schäden nachzuweisen, den vom Beklagten erzielten Verwertungserlös einzuziehen. Dieser Anspruch versagt aber, wenn es darum geht, eventuelle weitere Wertsteigerungen abzuschöpfen, wenn der Beklagte neben einem Mehrerlös weitere Vorteile aus der Nutzung und Auswertung der aus dem Vertragsbruch gezogenen Früchte erzielen konnte[941].

1. *Treuhand-Anordnung (Constructive Trust)*

In diesen Fällen kann eine interessante Variante der "restitution"-Ansprüche aus Billigkeitsrecht, nämlich die Konstruktion des "constructive trust" weiterhelfen[942]. Der "constructive trust" beschreibt ein Rechtsverhältnis, in dem der Inhaber einer Rechtsposition aus Billigkeitserwägungen[943] verpflichtet

---

938 Zur Zulässigkeit eines "constructive trust" siehe Davis v. Howard, 19 Ore.App. 310, 527 P.2d 422, 423 f. (1974).

939 *Dobbs*, Remedies 2d, § 6.4, S. 465; *Fisher*, 21 Tenn.B.J. 7, 9 (1985).

940 Andrew's v. O'Grady, 44 Misc.2d 28, 252 N.Y.S.2d 814, 817 (1964).

941 *Fisher*, 21 Tenn.B.J. 7, 9 (1985).

942 Restatement (Second), Trusts, § 1 comment e); *Lauterpacht*, 52 L.Q.R. 494, 513 (1936).

943 *Ebke*, RIW 2000, 295, 296 mit Hinweis auf Clair v. Harris Trust and Savings Bank, 190 F.3d 495 (7th Cir. 1999).

ist, die Rechtsposition auf einen anderen zu übertragen, sofern er durch die Bewahrung der Rechtsposition eine rechtswidrige und ungerechtfertigte Bereicherung aufrechterhalten würde[944]. Der "constructive trust" begründet somit ein gesetzliches Treueverhältnis zwischen dem Beklagten und dem Kläger mit der Folge, daß der Beklagte als Treuhänder auch zur Herausgabe von Werten gezwungen ist, die an die Stelle der ursprünglich vom Beklagten gezogenen Früchte getreten sind. Die Errichtung eines solchen "constructive trust" bietet dem Kläger die Möglichkeit, über die bloße Abschöpfung eines vom Kläger durch den Weiterkauf einer Sache erzielten Mehrwertes hinaus, wie sie auch die "at law"-Klage aus "restitution" bietet, auch zwischenzeitlich erfolgte Wertsteigerungen des Mehrwertes abzuschöpfen[945]. Hat der Beklagte also beispielsweise eine Sache mit einem über ihrem Marktwert liegenden Wert als Einlage in eine Gesellschaft eingebracht, besteht für den Kläger nicht nur die Möglichkeit, den erzielten Gewinn aus der höher bewerteten Einlagebewertung, sondern sogar den aktuellen Wert der Einlage, der möglicherweise weit über dem anfänglich angesetzten Wert liegen kann, zu beanspruchen[946]. Darüber hinaus besteht sogar die Möglichkeit, die Einlage selbst anstatt eines Wertersatzes zu erhalten[947]. Zugleich gelangt der Kläger in den Genuß von Vorrechten auf die Herausgabe dieser Werte in einem eventuellen Konkurs des Beklagten[948]. Der "constructive trust" hilft auch dann, wenn der Beklagte die Werte an einen bösgläubigen Dritten weiterveräußert hat. Auch gegenüber diesem setzt sich der Anspruch auf Herausgabe fort[949].

2. *Gewinnabschöpfung (Accounting for Profits)*

Hat der Beklagte über die bloße Wertsteigerung der rechtswidrig erworbenen Werte hinaus auch Früchte wie Zinsen oder Dividenden gezogen, kann der Kläger über den "equity"-Anspruch "accounting for profits", in Ergän-

944 Restatement (Second), Trusts, § 1 comment e); Black's Law Dictionary, "constructive trust", S. 314.
945 *Dobbs*, Remedies 2d, § 1.4, S. 15; *Fisher*, 21 Tenn.B.J. 7, 9 (1985).
946 Id.
947 *Fisher*, 21 Tenn.B.J 7, 9 (1985).
948 *Dobbs*, Remedies 2d, § 1.4, S. 15; *Fisher*, 21 Tenn.B.J. 7, 9 (1985).
949 *Fisher*, 21 Tenn.B.J. 7, 9 (1985).

zung des Anspruchs aus dem "constructive trust", auch diese Gewinne beanspruchen[950].

3. *Billigkeitsrechtliches Pfandrecht an Ersatzwerten (Equitable Lien)*

Über das "equity"-Recht kann dem Kläger auch dann geholfen werden, wenn der Beklagte die gezogenen Früchte verwertet und ersatzweise andere Werte angeschafft hat[951]. Der Anspruch auf ein "equitable lien" sieht hier vor, daß sich die Rechte des Klägers an den ursprünglichen Werten auch an den in Folge angeschafften Werten fortsetzen. Gewährt wird dieser Anspruch immer dann, wenn billigerweise davon auszugehen ist, daß sich der Anspruch des Klägers an den ersatzweise angeschafften Werten fortsetzen sollte. Dieser Ersatzanspruch geht auch auf den vom Beklagten gegenüber dem Marktwert erzielten Mehrerlös[952]. Daneben hat der Anspruch besondere Bedeutung in Fällen, in denen der Beklagte den Erlös mit anderen Eigenmitteln vermischt und sodann ersatzweise andere Werte angeschafft hat. An den nur teilweise aus rechtswidrigen Mitteln erworbenen Werten setzt sich der Anspruch des Klägers entsprechend anteilig fort[953]. Dieser Anspruch kann durch Verwertung und Teilung des Erlöses durchgesetzt werden, wobei auch hier wieder gilt, daß der Beklagte als Inhaber eines solchen Anspruchs auch im Konkurs Vorrecht vor anderen Gläubigern genießt[954].

II. *Erfüllungs- und Unterlassungsansprüche*

Ebenfalls billigkeitsrechtlicher Natur sind etwaige Handlungs- oder Unterlassungsansprüche[955]. Mit Hilfe dieser "injunctions" kann sich der Kläger in der Lage sehen, gegenüber dem Vertragsbrüchigen und dem Dritten gewisse Verhaltensweisen zu erzwingen oder deren Unterlassen durchzusetzen.

---

950 Id.
951 *Dobbs*, Remedies 2d, § 1.4, S. 15.
952 *Fisher*, 21 Tenn.B.J. 7, 9 (1985).
953 *Fisher*, 21 Tenn.B.J. 7, 10 (1985).
954 Id.
955 *Dobbs*, Remedies 2d, § 2.9; *Lauterpacht*, 52 L.Q.R. 494, 509 f. (1936).

1. *Erfüllungsanspruch (Specific Performance)*

Eine Form dieser "injunctions" gibt dem Kläger die Möglichkeit, die Erfüllung des angegriffenen Vertragsverhältnisses zu erreichen[956]. Dieser als "specific performance" bezeichnete Anspruch richtet sich allerdings naturgemäß nicht gegen den eingreifenden Dritten, sondern gegen den Vertragspartner. Dieser Anspruch wird regelmäßig nur dann gewährt, wenn der Kläger auf die vereinbarte Vertragsleistung angewiesen ist und keinen anderweitigen Ersatz erlangen kann[957]. Des weiteren kann der Anspruch auf Erfüllung dann durchgreifen, wenn eine Sache speziell für den Kläger von besonderer Bedeutung ist.

2. *Unterlassungsanspruch (Injunction)*

Persönlich zu erbringende Dienstleistungen können allerdings nie durchgesetzt werden. Hier besteht grundsätzlich nur die Möglichkeit, durch Unterlassungsklagen die Inanspruchnahme der Dienste durch den Dritten zu verhindern[958].

E. *Vorläufiger Rechtsschutz (Preliminary Injunctions)*

Hat sich das Verhalten des Dritten noch nicht in einem Vertragsbruch niedergeschlagen, bleibt für den enttäuschten Vertragspartner auch die Möglichkeit, vorläufigen Rechtsschutz zu suchen[959]. Sofern dieser nachweisen kann, daß das Verhalten des Vertragspartners und des Dritten in einer irreparablen Verletzung eigener Rechte münden wird, kann durch die Gewährung einstweiliger Verfügungen (preliminary injunctions) ein vorläufiger Anspruch auf Unterlassung vertragsschädigenden Verhaltens durchgesetzt wer-

---

956 Jim's Furniture Mart, Inc. v. Harris, 42 Ill. App.3d 488, 356 N.E.2d 175, 176 (1976); *Lauterpacht*, 52 L.Q.R. 494, 512 (1936).

957 *Holmes*, 10 Harv.L.Rev. 457, 462 (1897); Restatement (Second), Contracts, § 372 ill. 2. Zur unterschiedlichen Bewertung des Rechts auf Erfüllung im deutschen und amerikanischen Vertragsrecht siehe *Dawson*, 57 Mich.L.Rev. 495, 531-533 (1959).

958 *Prosser/Keeton*, S. 1102.

959 Am. Jur. 2d, Vol. 45, Interference, §§ 62ff; *Dobbs*, Remedies 2d, § 6.4, S. 466.

den[960]. Eine solche irreparable Schädigung der Rechte des Vertragspartners wird beispielsweise dann anerkannt, wenn die Insolvenz des Dritten droht, erhebliche Schwierigkeiten des Schadensnachweises zu befürchten sind, wie etwa bei entgangenem Gewinn oder bei fortlaufendem deliktsrechtlich relevanten Verhalten des Dritten, so daß der Vertragspartei nicht zugemutet werden kann, eine ganze Reihe von Prozessen zu führen[961]. Insgesamt wird die Gewährung vorläufigen Rechtsschutzes jedoch sehr zurückhaltend gehandhabt.

F. Anspruchskonkurrenz

Ein noch zu erörterndes, aus der *Zweigleisigkeit* der Schadensersatzansprüche resultierendes Problem betrifft die Frage der Anspruchskonkurrenz von vertraglichem und deliktischem Anspruch. Verleiten mehrere zu einem Vertragsbruch haften diese grundsätzlich einzeln und gemeinschaftlich als Deliktstäter auf die volle Summe[962].

I. Vertrags- und Deliktsansprüche

Der Vertragsbrüchige und der deliktisch Haftende sind jedoch keine gemeinsam oder getrennt haftenden Deliktstäter. Der Kläger hat vielmehr, wie oben gesehen, gegen den Deliktstäter und den Vertragspartner unter Umständen unterschiedliche Ersatzansprüche und Rechtsbehelfe, die als selbständige Alternativen nebeneinanderstehen. Dem Kläger ist es damit freigestellt, ob er seine Ansprüche gegen den Vertragspartner oder Dritten durchzusetzen versucht[963]. Während er gegen den Vertragspartner möglicherweise Mehraufwendungen, Ersatz für bereits erbrachte Leistungen oder auch Ansprüche aus Billigkeitsrecht geltend machen kann[964], ergeben sich gegen den Deliktstäter möglicherweise in Ausmaß und Art völlig verschiedene Ansprü-

960 American Law Book Co. v. Edward Thompson Co., 41 Misc. 396, 84 N.Y.Supp. 225 (1903).
961 *Fisher*, 21 Tenn.B.J. 7, 10 (1985).
962 Lien v. Northwestern Engineering Co., 73 S.D. 84, 39 N.W.2d 483 486 (1949).
963 *Schofield*, 2 Harv.L.Rev. 19, 21 (1888/89).
964 Philpott v. Superior Court, 1 Cal.2d 512, 36 P.2d 635, 637 (1934); Anderson v. Bell, 70 Wyo. 471, 251 P.2d 572, 576 (1952).

che[965]. Dies können, wie oben gesehen, etwa die Abschöpfung aller vom Beklagten gezogenen Vorteile[966], die Gewährung von "nominal" oder "punitive damages"[967] oder auch billigkeitsrechtliche Ansprüche sein[968]. Da diese Ansprüche auf verschiedenen Grundlagen beruhen[969], stellt sich die Frage, inwieweit sich diese Klageformen gegenseitig ausschließen. Eine gesicherte Erkenntnis ist insoweit zunächst, daß allein das Bestehen eines vertraglichen Anspruchs nicht zur Verneinung eines Schadens führt, wodurch die Geltendmachung von Ansprüchen gegen den Deliktstäter ausgeschlossen wäre. Bereits in der Entscheidung *Aldridge v. Stuyvesant*[970] hatte das Gericht festgestellt, daß das Bestehen vertraglicher Ansprüche die Annahme eines Schadens nicht hindert[971].

Sicher ist andererseits aber auch, daß eine zweimalige Durchsetzung ein und desselben Schadens gegen den Vertragsbrüchigen und den Deliktstäter zu verweigern ist[972]. Soweit die Ansprüche der Höhe nach deckungsgleich sind, kann deren Durchsetzung nur alternativ, nicht aber kumulativ erfolgen[973]. Die somit verbleibende Frage lautet folglich, inwieweit eine erfolgreiche vertragsrechtliche Schadensersatzklage die Geltendmachung eines über den vertraglichen Ersatzanspruchs hinausgehenden Schadens auf deliktsrechtlicher Grundlage verhindern kann[974]. In der Entscheidung *Angle v. Chikago, St. P., M. & O. Ry.*[975] entschied der U. S. Supreme Court diese Frage zugunsten des enttäuschten Vertragspartners. Das Gericht bestätigte trotz einer bereits erfolgreich abgeschlossenen Klage gegen den Vertragsbrüchigen die Annahme eines "constructive trust" und gewährte damit die Abschöpfung der durch das deliktische Verhalten des Beklagten erlangten

965 Siehe oben S. 210 ff.
966 Caskie v. Philadelphia Rapid Transit Co., 321 Pa. 157, 184 A. 17, 18 (1936).
967 Siehe oben S. 216 ff.
968 Angle v. Chikago, St. P., M. & O. Ry., 151 U.S. 1 (1893).
969 *Bauman*, 46 Minn.L.Rev. 729 (1962).
970 Siehe oben S. 152 f.; *Bauman*, 46 Minn.L.Rev. 729 (1962).
971 Siehe auch Mahoney v. Roberts, 86 Ark. 130, 110 S.W. 225 (1908).
972 *Dobbs*, Remedies, § 6.4, S. 464; *Bauman*, 46 Minn.L.Rev. 729, 745 (1962).
973 *Bauman*, 46 Minn.L.Rev. 729, 744 (1962).
974 Ablehnend Bird v. Randall, 97 Eng. Rep. 866, 869 (K.B. 1762):
"Here is no injury at all done to the master: for he had recovered and received a complete satisfaction and more. Therefore all the injury is done away."
975 151 US 1, 14 S. Ct. 240 (1894).

Gewinne[976]. Des weiteren ist es auch weitgehend anerkannt, daß der Kläger seine Rechte in einer Klage, sowohl gegen den Vertragsbrüchigen, als auch den Deliktstäter verfolgen darf[977]. In der Zubilligung einer Folgeklage geben sich die Gerichte jedoch sehr zurückhaltend, soweit die zu erzielenden Ersatzansprüche gegen den Vertragsbrüchigen und den Deliktstäter identisch sind[978]. Die Zurückhaltung erscheint insofern zweifelhaft, als nie auszuschließen ist, daß der Schuldner gegen den ein titulierter Anspruch besteht, wegen Insolvenz ausfällt oder der Kläger eine Vollstreckung mit Rücksicht auf mögliche zukünftige Beziehungen vermeiden will. In diesen Fällen hat der Kläger ein erhebliches Interesse daran, einen zweiten titulierten Anspruch zu erhalten[979].

II. Außervertragliche Ansprüche

Da der enttäuschte Vertragspartner unter Umständen eine Auswahl aus einer Vielzahl verschiedener Ansprüche hat, ist es für diesen von großer Bedeutung die richtige Art des Schadensersatzes frühzeitig in Erwägung zu ziehen. Zum einen schließen sich die oben dargestellten Ansprüche häufig gegenseitig aus, der Kläger kann beispielsweise nicht gleichzeitig "at law" und "equity"-Ansprüche verfolgen, und zum anderen kann ein und derselbe Beklagte nach einer bereits erfolgten Klage nicht mehr wegen eines noch weitergehenderen Anspruchs nochmals verklagt werden[980].

---

976 So auch Cf. Sears, Roebuck & Co. v. Metropolitan Engravers, 245 F.2d 67, 72 (9th Cir. 1956); Brotherhood of Locomotive Firemen and Enginemen v. Hammett, 273 Ala. 397, 144 So.2d 58, 62 (1962).

977 Mahoney v. Roberts, 86 Ark. 130, 110 S.W. 225, 228 f. (1908), allerdings davon ausgehend, daß in beiden Ansprüchen die gleichen Schäden geltend gemacht werden können. Dagegen Brotherhood of Locomotive Firemen and Enginemen v. Hammett, 273 Ala. 397, 144 So.2d 58 (1962).

978 *Bauman*, 46 Minn.L.Rev. 729, 746 (1962).

979 *Harper/James/Gray*, § 6.5, S. 302.

980 Id.

§ 5 Beweislast

Die Beantwortung der Frage, wer welche Beweisanforderungen zu erfüllen hat, bereitet Probleme[981]. Die Rechtsprechung ist insgesamt so uneinheitlich, daß es schwer fällt, eine klare Linie zwischen den jeweils dem Kläger und dem Beklagten obliegenden Beweisführungspflichten zu ziehen[982]. Ein Grund für diese Schwierigkeiten ist in der undifferenzierten Anwendung der Deliktsansprüche wegen des Eingriffs in bestehende und zukünftige vertragliche Beziehungen zu finden, die vielfach nicht unterschieden werden[983]. Ein zweiter Grund ist der Gebrauch des Begriffes "malice", der häufig nicht seinem eigentlichen Wortsinn entsprechend Verwendung findet[984], sondern in rechtlichem Sinne auf die Beschreibung einer vorsätzlichen und ungerechtfertigten Handlung reduziert worden ist[985]. Diese begriffliche Ungenauigkeit ist unter anderem die Ursache dafür, daß die Gerichte das Fehlen von Rechtfertigungsgründen teilweise als vom Kläger zu beweisende Tatbestandsvoraussetzung und teilweise entsprechend der üblichen Bedeutung von Rechtfertigungsgründen als vom Beklagten zu beweisende Haftungsausschlußgründe angesehen werden[986].

A. Grundsatz

Als allgemeine Grundregel läßt sich daher nur festhalten, daß es Aufgabe des Klägers ist, zu beweisen, daß der Beklagte in Kenntnis des Bestehens der vertraglichen Beziehung handelte und durch die Handlung des Dritten der Vertragsbruch verursacht wurde. Hinsichtlich der Fragen, wer die Vorsätzlichkeit des Handelns und das Vorliegen bzw. Fehlen von Rechtfertigungsgründen zu beweisen hat, gehen die Meinungen hingegen auseinander. Tendenziell dürfte davon auszugehen sein, daß, sofern der Kläger den Nachweis der Kenntnis des Beklagten von der vertraglichen Beziehung sowie den erforderlichen Kausalzusammenhang zwischen dem Handeln des

---

981 Siehe *Cook/Pennock*, 79 Ill.B.J. 90, 91 (1991).
982 Restatement (Second), Torts, Introductory Note to Chapter 37.
983 Id. und oben S. 161 f.
984 Siehe oben S. 180 f.
985 Restatement (Second), Torts, Introductory Note to Chapter 37.
986 Id.

Beklagten und dem Vertragsbruch erbringen kann, es dem Beklagten obliegt zu beweisen, daß sein Handeln gerechtfertigt war[987]. Gelingt ihm dies nicht, trifft ihn eine prima facie Haftung. Dies bedeutet, daß der Kläger für das Vorliegen eines vorsätzlichen Eingriffs durch den Beklagten nicht beweispflichtig ist[988]. Ist der Beklagte hingegen in der Lage den Beweis des ersten Anscheins durch einen Rechtfertigungsgrund zu entkräften, so ist der Kläger wiederum gehalten, seinerseits den Nachweis zu erbringen, daß der Beklagte "malicious" gehandelt hat. Hierbei dürfte jedoch zu beachten sein, daß der Begriff "malicious" in diesem Fall eine tatsächlich gegen die guten Sitten verstoßende, nicht bloß vorsätzliche Handlung beschreibt[989]. Eine andere Auffassung würde zu einem Zirkelschluß führen, weil das vorsätzliche Handeln bei Vorliegen eines Rechtfertigungsgrundes gerade nicht haftungsbegründend ist[990].

B. *Die Auffassungen der Restatements*

Kennzeichnend für die Meinungsvielfalt und die bestehenden Unsicherheiten sind die in den beiden Restatements anzutreffenden Auffassungen. Während das Restatement (First)[991] das "tort of interference with contractual relations" noch als eine prima facie Haftung definierte und dem Beklagten dementsprechend die Beweislast für die Rechtfertigung seines Handelns übertrug, findet sich diese Auffassung im Restatement (Second) offensichtlich revidiert. Eine eindeutige Stellungnahme bezieht das Restatement (Second) jedoch nicht. Vielmehr enthält es die Empfehlung an den Kläger, Gründe für die Unlauterkeit vorzutragen, auch wenn dies als eine Frage der Verteidigung anzusehen sei[992]. Danach obliegt es nunmehr dem Kläger, den Nachweis zu erbringen, daß der Beklagte "intentional" und "improper"[993] gehandelt hat[994].

---

987 Alyeska Pipeline Service Co. v. Aurora Air Service, Inc., 604 P.2d 1090, 1095 (1979).

988 Siehe *Cook/Pennock*, 79 Ill.B.J. 90, 91 (1991).

989 Zum Wortsinn des Begriffes "malicious" vgl. oben S. 180 f.

990 So aber *Cook/Pennock*, 79 Ill.B.J. 90, 91 (1991).

991 Restatement (First), Torts, § 766 (1939).

992 Restatement (Second), Torts, § 767 comment b).

993 Siehe zu diesem Begriff die Ausführungen unten S. 182 f.

994 Restatement (Second), Torts, § 766 B (1979).

Ähnlich divergierende Auffassungen finden sich auch in der Rechtsprechung der jeweiligen Einzelstaaten. Einige Gerichte wie etwa der Supreme Court von Oregon[995], der Supreme Court von Utah[996] und der Supreme Court von South Carolina[997] suchten einen zwischen den extremen Auffassungen der beiden Restatements liegenden Kompromiß zu finden, weil die im Restatement (First) erhobenen Beweislastanforderungen als zu weitreichend und die im Restatement (Second) festgelegten als zu gering empfunden wurden[998]. Im Anschluß an die Rechtsprechung des Supreme Court von Oregon[999] gelangten die Supreme Courts von Utah[1000] und South Carolina[1001] zu dem Ergebnis, daß es Aufgabe des Klägers sei, zu beweisen, daß der Beklagte vorsätzlich in unlauterer Absicht oder mit unlauteren Methoden in die (zukünftigen) Beziehungen des Klägers eingegriffen hat und dem Kläger hierdurch ein Schaden entstanden ist[1002]. Inwieweit diese sogenannte Zwischenlösung von der im Restatement (Second) vorzufindenden Auffassung abweicht, bleibt allerdings unklar. Der Supreme Court von Utah konkretisiert diese vom Supreme Court von Oregon gebrauchte Formel lediglich dahingehend, daß der Kläger zwar mehr als ein prima facie Delikt, aber nicht das Fehlen aller Rechtfertigungsgründe nachzuweisen hat[1003]. Eine eindeutige Klärung der Beweislastfrage läßt sich aus dieser, immer noch sehr allgemein gehaltenen Formulierung jedoch nicht entnehmen[1004].

---

995 Straube v. Larson 287 Ore. 357, 360, 361, 600 P.2d 371, 374 (1979).

996 Leigh Furniture Harpet Co. v. Isom, 657 P.2d 293, 304 (1982).

997 Crandall Corp. v. Navistar International Transportation Corp., 395 S.C.2d 179, 180 (1990).

998 Leigh Furniture Harpet Co. v. Isom, 657 P.2d 293, 304 (1982).

999 Siehe oben Fn. 995.

1000 Siehe oben Fn. 996.

1001 Siehe oben Fn. 997.

1002 Eine ausführliche Besprechung dieser Rechtsprechung findet sich in *Wilson*, 43 S.Carolina L.Rev. 180 ff. (1991).

1003 Leigh Furniture Harpet Co. v. Isom, 657 P.2d 293, 304 (1982).

1004 Der Supreme Court von South Carolina ergänzte diese nach wie vor wenig griffige Formel zwar durch einige Erläuterungen. So soll eine Haftung des Beklagten nur dann gegeben sein, wenn die unlautere Absicht dominiert oder die gebrauchten Mittel nach den Umständen des Falles per se unlauter waren. Für die Frage der Beweislastverteilung ergeben sich aus diesen materiellrechtlichen Ausführungen je-

Symptomatisch für die Verworrenheit der Rechtslage in der Frage der Beweislastverteilung ist auch die Rechtsprechung in Texas. In der Entscheidung *Sakowitz, Inc. v. Steck*[1005] wurde vom Kläger noch der Nachweis gefordert, daß der Beklagte ohne Rechtfertigungsgründe gehandelt hat. Diese Auffassung wurde später in *Sterner v. Marathon Oil Co.*[1006] insofern revidiert, als es nunmehr dem Beklagten obliegt, zu beweisen, daß sein Eingriff in die vertraglichen Beziehungen gerechtfertigt war. Eine restriktivere Haltung nimmt auch in der Frage der Beweislastverteilung die Rechtsprechung des Bundesstaates New Yorks ein. In der *Entscheidung Guard-Life Corp. v. Parker Hardware Corp.*[1007] bezog der Court of Appeals von New York eine klare und eindeutige Stellung hinsichtlich der Beweislastverteilung. Hiernach ist es Sache des Klägers zu beweisen, daß ein wirksamer Vertrag bestand, der Beklagte Kenntnis von dem Vertrag hatte und dessen Erfüllung vorsätzlich stören wollte sowie Schäden unmittelbar durch die Störung verursacht wurden[1008].

§ 6 Kollisionsrecht (Conflict of Laws)

Hinsichtlich der Frage, welches Recht in Fällen zur Anwendung gelangt, die Berührungen zu mehr als einem Staat aufweisen, ist vorweg festzuhalten, daß in den Rechtsordnungen der einzelnen Bundesstaaten eine ganze Reihe von Anknüpfungsregeln Anwendung findet. Aus dem folgenden Überblick über die wesentlichsten, in der Rechtsprechung der einzelnen Bundesstaaten und der Literatur vertretenen Anknüpfungsmethoden läßt sich eine allgemeinverbindliche Aussage über die vorherrschende Geltung einer bestimmten Anknüpfungsregel somit nicht herleiten[1009].

---

doch keine Anhaltspunkte. Siehe Crandall Corp. v. Navistar International Transportation Corp., 395 S.C.2d 179, 180 (1990).

1005 669 S.W. 2d 105, 107 f (1984).

1006 767 S.W. 2d 686, 690 (1989).

1007 50 N.Y.2d 183, 406 N.E.2d 445, 428 N.Y.S.2d 628 (1980).

1008 406 N.E.2d 445, 448-451 (1980).

1009 Zu einem Überblick über das Kollisionsrecht der US-Bundesstaaten siehe *Ebke*, FS Sandrock 2000, 243, 257-266.

A. Traditionelle Anknüpfung

Die traditionelle Anknüpfungsregel zur Lösung deliktsrechtlicher Kollisionsfälle war in den US-amerikanischen Rechtsordnungen lange Zeit die "lex loci delicti". Für alle materiell-rechtlichen Fragen galt damit das Recht des Staates, in dem das Unrecht begangen wurde[1010]. Die Gründe für die lange Vorherrschaft der "lex loci delicti"-Regel waren deren relativ einfache Anwendbarkeit, die Förderung der Rechtssicherheit und die daraus resultierende Vorhersehbarkeit des anwendbaren Rechts, wodurch allen Beteiligten die Klärung von Haftungsfragen, Ansprüchen, Verteidigungsmitteln und Schadensersatzbemessungen erleichtert wurde[1011]. Ein weiterer wesentlicher Vorteil findet sich in der gleichmäßigen Anwendung ein und desselben Rechts bei Schädigung mehrerer Personen. Andererseits war nicht zu übersehen, daß die starre Anwendung der "lex loci delicti"-Regel in vielen Fällen zu nicht interessengerechten Ergebnissen führt und den widerstreitenden Interessen der Staaten, die eine Verbindung zu dem jeweiligen Fall aufweisen, zu wenig Aufmerksamkeit schenkt. Aufgrund dieser Nachteile hat die "lex loci delicti"-Anknüpfungsregel an Bedeutung verloren, wobei betont werden muß, daß eine klare Abkehr der Einzelstaaten von dieser Anknüpfungsregel nicht feststellbar ist. Einige Einzelstaaten, in denen die Anknüpfung an die "lex loci delicti" automatisch erfolgte, haben in jüngster Zeit zu der Frage der Anknüpfung deliktischer Ansprüche keine eindeutige Stellung mehr bezogen[1012]. In anderen Einzelstaaten wurde die starre Anwendung des Rechts des Begehungsorts[1013] zwar in Zweifel gezogen, eine eindeutige Absage an die "lex loci delicti" aber nicht erteilt[1014].

1010 *Jensch*, 38 Tul.L.Rev. 453, 456 (1964).

1011 Am. Jur. 2d, § 98 "Conflict of Laws".

1012 So beispielsweise die Staaten Utah und Idaho, siehe hierzu *Speiser/Krause/Gans*, § 2:9, S. 211.

1013 Zur Bestimmung des Begehungsorts gelten im wesentlichen die zum deutschen IPR ausgeführten Prinzipien. Vgl. *Speiser/Krause/Gans*, § 2:11, S. 219.

1014 So die Staaten Arkansas, Indiana, Massachusetts, Michigan und Vermont, siehe hierzu *Speiser/Krause/Gans*, § 2:9, S. 211.

Um den Schwierigkeiten, die die starre Anwendung der "lex loci delicti"-Regel mit ihren oft zufallsabhängigen Ergebnissen mit sich brachte, zu entgehen, versuchten die Gerichte zunächst unter grundsätzlicher Beibehaltung der "lex loci delicti"-Regel über Umwege zu interessengerechten Ergebnissen zu gelangen. So wurden beispielsweise deliktsrechtliche Fragen anderen Rechtsbereichen zugeordnet[1015] oder die Anwendung einer Rechtsordnung wegen Verstoßes gegen den eigenen ordre public abgelehnt[1016]. Die direkte Anwendung modernerer Anknüpfungsregeln erfolgte schließlich im Sog der bundesgerichtlichen Entscheidung *Pearson v. Northeast Airlines*[1017], in der sich das Gericht unter Hinweis auf neuere Auffassungen in der Rechtslehre gegen eine mechanische Anwendung kollisionsrechtlicher Anknüpfungsregeln aussprach[1018]. Als modernere Anknüpfungsregeln, die in der Rechtsprechung Fuß gefaßt haben, sind vor allem die "most significant relationship"-Anknüpfung (Schwerpunkttheorie), die "governmental interest analysis"-Anknüpfung (Interessentheorie) und die "choice influencing considerations"-Anknüpfung (Leitlinien-Betrachtung) zu nennen[1019].

I. Schwerpunkttheorie (Most significant relationship)

Die "most significant relationship"-Lehre hatte als eine der bedeutendsten neueren Anknüpfungstheorien wesentlichen Einfluß auf das Restatement (Second), "Conflict of Laws" (1971). Anders als das Restatement (First) aus dem Jahre 1934, das noch eine strenge Anknüpfung an die "lex loci delicti"-Regel vorsah, ist in Übereinstimmung mit der Rechtsprechung des Staates

---

1015 Eine Zuordnung zum Vertragsrecht erfolgte in Levy v. Daniels U-Drive Auto Renting Co., 108 Conn. 333, 143 A. 163 (1928). Zu den Vorgehensweisen der Gerichte, die Anwendung der "lex loci delicti" zu entgehen, siehe *Leflar/McDougal/Felix*, § 134.

1016 *Juenger*, NJW 1973, 1521, 1522; *Siegel*, § 76.

1017 309 F.2d 553 (2nd Cir. 1962).

1018 Siehe *Juenger*, NJW 1973, 1521, 1522 m.w.N.

1019 Eine ausführliche und umfassende Besprechung aller Anknüpfungstheorien findet sich bei *Reese*, 33 Vand.L.Rev. 717 (1980).

New York[1020] in § 145 Abs. 1 Restatement (Second) nunmehr - in Annäherung an vertragsrechtliche Regelungen - eine Anknüpfung an das Recht des Staates vorgesehen, zu dem der zu entscheidende Sachverhalt die engsten Beziehungen aufweist[1021]. Diese im Restatement (Second) als "most significant relationship" bezeichnete Anknüpfung ist auch unter den Begriffen "dominant contacts" oder "center of gravity test" bekannt[1022]. Zur Bestimmung der engsten Beziehungen sind unter anderem der Handlungs- und Erfolgsort einer deliktischen Handlung, der Wohnort der Beteiligten, deren Nationalität, der Geschäftssitz, der Ort an dem die Beteiligten Handel treiben bzw. der Ort an dem das Zentrum deren Beziehungen liegt, zu berücksichtigen, wobei diese im jeweiligen Einzelfall entsprechend ihrer Bedeutung unterschiedlich zu gewichten sind (§ 145 Abs. 2)[1023].

II. Interessenanalyse (Governmental Interest Analysis)

Die auf *Currie*[1024] zurückzuführende Interessenanalyse verfolgt das Ziel, jeweils das Recht des Staates zur Anwendung zu bringen, dessen Interessen am stärksten berührt sind. Im Rahmen einer zweistufigen Prüfung ist hierbei in einem ersten Schritt zu klären, welche Zwecke die betroffenen Staaten mit dem jeweiligen Gesetz verfolgen. Sodann erfolgt in einem zweiten Schritt die Klärung der Frage, welche vernünftigen Gemeininteressen die Staaten an der Durchsetzung der jeweiligen Zwecke haben. Hieraus ergibt sich im Ergebnis, sofern nur die Interessen eines Staates berührt sind, die Anknüpfung an dessen Rechtsordnung. Sind hingegen die Interessen mehrerer Staaten berührt, ist zu untersuchen, ob durch eine zurückhaltende und enge Ausle-

---

1020 Babcock v. Jackson, 12 N.Y.2d 473, 191 N.E.2d 279, 280, 240 N.Y.S.2d 743 (1963). Angewandt auch in Colorado, Florum v. Elliott Mfg. Co., 629 F.Supp. 1145, 1148 (D.Colo. 1986).

1021 Anzumerken ist hierzu jedoch, daß die zunächst eindeutig auf den *Babcock*-Fall abgestimmte Regelungen bis zur Veröffentlichung des Restatement (Second) weicher und vermittelnder formuliert wurden, so daß eine eindeutige Stellungnahme zugunsten der Schwerpunkttheorie nicht belegt werden kann, *Juenger*, NJW 1973, 1521, 1523.

1022 *Leflar/McDougal/Felix*, § 135.

1023 Zahlreiche Nachweise zu Entscheidungen in denen die Schwerpunkttheorie in der Rechtsprechung Anwendung gefunden hat, finden sich bei *Speiser/Krause/Gans*, § 2:16, S. 237.

1024 *Currie*, 63 Col.L.Rev. 1233, 1242 f. (1963).

gung einer Rechtsordnung ein Konflikt zu vermeiden ist. Ist dies nicht der Fall, soll die lex fori Anwendung finden[1025]. Gleichwohl die isolierte Betrachtung einzelner Normen einer Rechtsordnung bedenklich erscheint[1026], ist festzuhalten, daß die Interessenanalyse und die Schwerpunktttheorie häufig zu im wesentlichen gleichen Ergebnissen führen[1027].

III. Leitlinien-Betrachtung (Choice influencing considerations)

Nach einer weiteren, eine starre Anknüpfung an die lex fori ablehnenden Auffassung, wird der Versuch unternommen, unter Verzicht auf generelle "conflict"-Regeln kollisionsrechtliche Sachverhalte mit Hilfe von Leitlinien zu lösen, die je nach Fallgestaltung unterschiedlich zu gewichten sind[1028]. Hierzu nennt *Leflar*, als einer der bedeutendsten Vertreter dieser Theorie, den folgenden Fünf-Punkte-Katalog[1029]:

- "predictability of results" (Vorhersehbarkeit);
- "maintenance of interstate and international order" (Erhaltung zwischenstaatlicher und internationaler Ordnung);
- "simplification of the judicial task" (Vereinfachung der richterlichen Aufgabe);
- "Advancement of the forum´s governmental interest" (Förderung der Interessen des rechtsprechenden Staates);
- "Application of the better rule of law"[1030] (Anwendung der besseren Rechtsnorm).

1025 MünchKomm-*Sonnenberger*, Einl. EGBGB Rn. 20. Als bedeutendster Fall, in dem die Interessenanalyse in der Rechtsprechung Niederschlag gefunden hat, ist die Entscheidung *Reich v. Purcell* zu nennen, 67 Cal.2d 551, 432 P.2d 727, 63 Cal. Rptr. 31 (1967).

1026 *Reese*, 33 Vand.L.Rev. 717, 720 (1980).

1027 *Siegel*, § 79.

1028 *Leflar*, 41 N.Y.U.L.Rev. 267, 288 (1966). Angewandt in New Hampshire, La Bounty v. American Ins. Co., 451 A.2d 161 (1982) und Rhode Island, Montaup Electric Co. V. Ohio Brass Corp., 561 F.Supp. 740 (D.R.I. 1983).

1029 Während andere Vertreter dieser Auffassung eine Ausdehnung dieser Erwägungen auf bis zu 17 Faktoren vorgeschlagen haben, haben sich dieser Auffassung anschließende Gerichte, die relevanten Faktoren auf bis zu zwei reduziert. Siehe Nachweise bei *Speiser/Krause/Gans*, § 2:17, S. 245.

1030 *Juenger*, 118 U.Pa.L.Rev. 202, 233 ff. (1969).

Diese Interessenanalyse *Leflars* hat in einer ganzen Reihe von Bundesstaaten, wie beispielsweise Alaska, Colorado, Connecticut, District of Columbia, Louisiana, Massachusetts, New Jersey und Ohio Anwendung gefunden[1031].

IV. Sonstige Anknüpfungsmethoden

Die Feststellung der "better rule of law"[1032] wird insbesondere von *Juenger* in den Vordergrund gerückt[1033]. Zu der ausschließlichen Berücksichtigung dieser Erwägung ist allerdings kritisch anzumerken, daß das entscheidende Gericht regelmäßig dazu neigen wird, die Rechtsnorm des Heimatrechts als die "bessere" anzusehen[1034]. *Weintraub* wiederum tritt dafür ein, den Kläger das für sich günstigste Recht wählen zu lassen, sofern dieses nicht als anachronistisch zu bewerten ist oder keinen ausreichenden Kontakt zu dem zu entscheidenden Lebenssachverhalt aufweist[1035]. Diese ergebnisorientierte Methode läuft jedoch Gefahr, ein grundsätzlich unerwünschtes "forum shopping" zu fördern.

V. Verleitungsfälle

Im Hinblick auf die spezielle deliktsrechtliche Situation der Haftung wegen "inducing breach of contract" ist festzustellen, daß sich die Vielfalt der Anknüpfungsmöglichkeiten auch in der Rechtsprechung widerspiegelt. So finden sich neben Entscheidungen, in denen das Recht des Staates Anwendung findet, in dem das Recht in Erscheinung tritt[1036], auch Entscheidungen, die der Interessenanalyse folgen[1037]. Deren Anwendung hat zur Folge, daß in

---

1031 Siehe zahlreiche Nachweise hierzu bei *Leflar/McDougal/Felix*, § 135.

1032 Angewandt in Minnesota, Bigelow v. Halloran, 313 NW.2d 10 (1981) und Kalifornien, Offshore Rental Co. V. Continental Oil Co., 583 P.2d 721 (1978).

1033 *Juenger*, NJW 1973, 1521.

1034 *Reese*, 33 Vand.L.Rev. 717, 724 (1980).

1035 *Weintraub*, 41 Law & Contemp.Probs. 146, 162 (1977).

1036 Bender v. Hearst Corp., 263 F. 2d 360(2nd Cir. 1959); Stringer v. Consumers Credit Corp. 234 Miss. 240, 105 So. 2d 756; Siehe weiterhin Am.Jur.2d, Vol. 45, "Interference", § 2.

1037 Brinkley & West, Inc. V. Foremost Ins. Co. 499 F.2d 928 (5th Cir. 1974); Restaurant Associates Industries, Inc. V. Anheuser-Busch, Inc. 422 F.Supp. 1105 (1976).

Fällen, in denen sich Rechtsordnungen gegenüberstehen, von denen eine die Haftung wegen "interference with contractual relations" anerkennt, die andere jedoch nicht, das Recht des Staates Anwendung findet, das den Anspruch verneint, wenn allein dieser Staat ein Interesse an der Anwendung seiner eigenen Rechtsordnung hat[1038]. Eine Anwendung der "lex loci delicti"-Grundsätze kann demgegenüber zu völlig anderen Ergebnissen führen. Denn nach diesen gelangt das Recht des Staates zur Anwendung, in dem das Delikt begangen wurde bzw. in Erscheinung trat[1039]. Dies kann also das Recht des Ortes sein, an dem die letzte zur Herbeiführung des Erfolges notwendige Verleitungshandlung vorgenommen wurde oder das Recht des Ortes, an dem der Erfolg, d.h. der Vertragsbruch, eintrat.

Daneben finden sich auch Entscheidungen in denen in Anlehnung an die §§ 6, 145, 146 Restatement (Second) die Schwerpunkttheorie zur Anwendung gelangte. In der Sache *Engine Specialties, Inc. V. Bombardier, Ltd*, in der über eine Klage einer in Pennsylvania ansässigen Gesellschaft gegen eine in Kanada ansässige Gesellschaft wegen Verleitung eines italienischen Unternehmens zum Bruch eines mit der Klägerin geschlossenen Vertrages entschieden wurde, fand das Recht des Staates Pennsylvania Anwendung[1040]. Aus den Erwägungen, daß Pennsylvania der Ort war, an dem der Vertrag geschlossen wurde und auch der Schaden eintrat, die Klägerin in Pennsylvania und die Beklagte in Kanada ansässig war, sah das Gericht keine Veranlassung italienisches Recht anzuwenden. Anwendung fand die Schwerpunkttheorie auch in der Sache *DP Service, Inc. v. AM International*[1041] in der über eine Klage wegen des Eingriffs in zukünftige wirtschaftliche Beziehungen zu entscheiden war. Aus den Umständen, daß die deliktische Handlung in Illinois ausgeführt wurde, wo auch der Schaden eintrat, die Klägerin in Illinois ihren Sitz hatte und dort auch Handel trieb, erkannte das Gericht, daß die "most significant contacts" auf das Recht des Staates Illinois hinwiesen. Den Umständen, daß die Klägerin in Delaware ihren Sitz hatte, in Kalifornien Handel trieb und die Vertragsbeziehung in beiden Staa-

---

1038 Ardoyno v. Kyzar, 426 F.Supp. 78, 81, 82 (S.D.N.Y. 1976). Zur Anknüpfung nach dieser Methode, wenn mehrere Staaten ein Interesse an der Anwendung ihres Rechts haben, siehe oben, S. 233.

1039 Cesnik v. Chrysler Corp., 490 F.Supp. 859, 869, 870 (M.D.Tenn. 1980).

1040 605 F.2d 1 (1st Cir. 1979).

1041 508 F.Supp. 162 (N.D.Ill. 1981).

ten zu erfüllen gewesen wäre, maß das Gericht demgegenüber geringere Bedeutung bei.

§ 7 Zusammenfassung

Eine allgemeingültige Aussage über den dem Forderungsrecht gewährten Schutz vor Eingriffen Dritter läßt sich aufgrund der teilweise beträchtlichen Unterschiede in der Rechtsprechung der Einzelstaaten nur schwer treffen. Gleichwohl ist im Grundsatz festzustellen, daß die amerikanischen Rechtsordnungen sowohl bereits bestehenden als auch künftigen vertraglichen Beziehungen einen sehr weitreichenden Schutz gewähren. Eine saubere Trennung der dem Schutz wirtschaftlicher Beziehungen dienenden torts of "intentional interference with contractual relations" und "intentional interference with prospective contractual relations" erfolgt dabei häufig nicht oder wird als überflüssig erachtet. Vom Schutzbereich der Deliktshaftung erfaßt werden Verträge aller Art. Dies gilt auch für jederzeit kündbare oder nicht durchsetzbare Verträge, deren Durchführung von einem Vertragspartner jederzeit ohne vertragliche Haftungsfolgen beendet werden kann. Zugunsten des in derartige Verträge eingreifenden Dritten erfolgen Haftungskorrekturen lediglich über die Zubilligung weitergehender Rechtfertigungsgründe. Vom deliktischen Schutz ausgenommen sind lediglich nichtige Verträge.

Bei der Deliktshaftung wegen Verleitung zum Vertragsbruch handelt es sich in den amerikanischen Rechtsordnungen um eine prima facie Haftung. Für eine Haftung des Dritten war es sogar lange Zeit häufig ausreichend, daß der Kläger den Nachweis erbrachte, daß der Beklagte in Kenntnis des Bestehens des Vertrages zu dessen Bruch verleitete oder zumindest hinreichend Anlaß hatte, die vertragliche Bindung des Vertragsbrüchigen als sicher anzunehmen. Darüber hinausgehende subjektive Verhaltensanforderungen wurden von der Rechtsprechung nicht gefordert. Insbesondere die an den Kläger gerichtete Forderung, den Nachweis einer als "malicious" zu bewertenden Verhaltensweise des Beklagten zu erbringen, ist bereits um die Jahrhundertwende völlig aufgegeben worden. Die aus dieser Beweislastverteilung resultierende und noch vom ersten Restatement vertretene sehr scharfe Haftung des Dritten ist erst zu Beginn der 80er Jahre mit der Auflegung des zweiten Restatements etwas aufgeweicht worden. Dieses sieht in § 766 vor, daß eine Haftung grundsätzlich voraussetzt, daß eine Haftung als "improper" zu bewerten ist. Dieser Begriff hat bis heute den häufig nur noch den ein rein vorsätzlich Verhalten beschreibenden Begriff "malicious" abgelöst[1042]. Zugleich stellt der Begriff aber klar, daß auch weiterhin ein böswilliges Verhalten des Beklagten zur Begründung einer Haftung nicht erforderlich ist. Die wesentliche Bedeutung des Begriffs "improper" ergibt sich erst aus den Erläuterungen des Restatement (Second), die auf eine Beweislastumkehr hindeuten. Demzufolge ist zunehmend die Auffassung anzutreffen, daß nicht mehr der Beklagte das Vorliegen von Rechtfertigungsgründen, sondern der Kläger deren Fehlen zu beweisen hat. Mangels einer eindeutigen Festlegung des Restatements, dem ein erheblicher Einfluß auf die Rechtsprechung zukommt, herrscht hinsichtlich der Frage der Beweislastverteilung und der zur Bewertung eines Verhaltens als "improper" heranzuziehenden Bewertungsmaßstäbe auch weiterhin noch große Rechtsunsicherheit. Zurück bleibt, um mit *Prosser/Keeton* zu sprechen, ein ziemlich wager, breit angelegter und undefinierter Deliktsanspruch, der keine spezifischen Verhaltensanforderungen stellt, sondern in undifferenzierter Weise die Bewertung der Absichten des Dritten als "improper" erfordert[1043].

Verschärft wird diese Rechtslage für den Beklagten durch die Besonderheiten des amerikanischen Rechtsfolgesystems. Dieses fordert nicht den Nachweis eines auf Seiten des enttäuschten Vertragspartners konkret entstandenen Schadens. Durch die Möglichkeit der Verhängung von "nominal damages" ist es ausreichend, glaubhaft zu machen, daß überhaupt irgendein Schaden entstanden ist, dessen Höhe durch Schätzung ermittelt wird[1044]. Über die "restitution"-Ansprüche sowohl nach "at law" als auch nach "equity"-Grundsätzen entfällt das Erfordernis eines Schadensnachweises sogar ganz, wenn nur der Beklagte einen Profit aus seinem Verhalten gezogen hat[1045].

1042 *Prosser/Keeton*, S. 979.

1043 Id.

1044 Siehe oben S. 216 f.

1045 Siehe oben S. 218 ff.

Dritter Teil: Rechtsvergleichende Betrachtung und Bewertung

§ 1 Vergleichende Betrachtung

Im Grundsatz ist zunächst festzuhalten, daß die beiden untersuchten Rechtsordnungen vertraglichen Beziehungen deliktsrechtlichen Schutz gegen Eingriffe Dritter gewähren. Die Haftung wegen Verleitung zum Vertragsbruch bzw. "inducing breach of contract" stellt dabei jeweils einen speziellen Unterfall der Haftung wegen des Eingriffs in Vertragsbeziehungen[1046] bzw. "interference with contractual relations" dar. Obwohl im Ergebnis nach beiden Rechtsordnungen der Forderungseingriff deliktsrechtlich sanktioniert wird, finden sich strukturell betrachtet ganz unterschiedliche Ansatzpunkte. Einigkeit herrscht dabei bezüglich der Frage der Relativität von Verträgen. Beide Rechtsordnungen gehen übereinstimmend davon aus, daß Verträge grundsätzlich nur Rechtswirkungen inter partes entfalten, also ein außenstehender Dritter aus dem Vertrag nicht berechtigt und verpflichtet wird[1047]. Dies bedeutet zugleich, daß vertragliche Haftungsfolgen in beiden Rechtsordnungen nur für die am Vertrag beteiligten Parteien, nicht aber für außenstehende Dritte entstehen können. Der hieraus erwachsenden Gefahr, daß Dritte beliebig ohne Furcht vor möglichen Haftungsfolgen in fremde Verträge eingreifen können, begegnen die Rechtsordnungen Deutschlands und der USA auf ganz unterschiedliche Weise.

A. Strukturell bedingte Unterschiede

Während in den amerikanischen Rechtsordnungen das Forderungsrecht als geschütztes Rechtsgut anerkannt wurde und damit die Beeinträchtigung des in der Forderung enthaltenen Vermögenswerts selbst die deliktsrechtliche Haftung des Dritten begründet, versagt das auf den Schutz von Rechtsgütern zugeschnittene Deliktsrecht des BGB dem Forderungsrecht die Anerken-

---

1046 Weitere Unterfälle des Eingriffs in Vertragsbeziehungen sind das Ausnutzen fremden Vertragsbruchs, die Verleitung zur ordnungsgemäßen Kündigung sowie die Störung der Vertragserfüllung durch sonstige Handlungen.

1047 Zum deutschen Recht siehe oben S. 33 f., zum US-amerikanischen Recht siehe oben S. 147.

nung als "sonstiges Recht" im Sinne § 823 Abs. 1 BGB. Haftungsbegründend ist erst das der Forderungsverletzung zugrundeliegende schädigende Verhalten, wenn dieses als sittenwidrig im Sinne der §§ 826 BGB oder 1 UWG zu qualifizieren ist. Trotz dieser völlig entgegengesetzten Ansatzpunkte zeitigt die Behandlung des Forderungsrechtseingriffs in den Rechtsordnungen der USA und Deutschlands zumindest in den Grundzügen annähernd gleiche Ergebnisse.

I. Begründung und Begrenzung der Haftung

Dies mag angesichts der grundsätzlich unterschiedlichen Haftungsstrukturen auf den ersten Blick überraschen. Daß die Haftung in den US-amerikanischen Rechtsordnungen trotz der Anerkennung des Forderungsrechts als deliktsrechtlich geschütztes Rechtsgut materiellrechtlich nicht grundsätzlich schärfer ausfällt als nach deutschem Recht[1048], ist darauf zurückzuführen, daß in den US-amerikanischen Rechtsordnungen der Schwerpunkt der Haftungsfrage auf der Prüfung des Fehlens oder des Vorhandenseins von Rechtfertigungsgründen beruht. Erst die Bewertung einer Handlung als "improper", was gleichbedeutend mit dem Fehlen von Rechtfertigungsgründen ist, begründet die Haftung des Dritten wegen "inducing breach of contract". Nachdem die anerkannten Rechtfertigungsgründe aber nahezu alle lauteren Formen möglicher Eingriffshandlungen abdecken[1049], ist die Feststellung des Fehlens von Rechtfertigungsgründen praktisch gleichbedeutend mit dem Unwerturteil der Sittenwidrigkeit.

Die Rechtsordnungen Deutschlands und der USA steuern damit - bildlich gesprochen - die zentrale Frage der Haftung wegen des Eingriffs in fremde Vertragsbeziehungen lediglich aus unterschiedlichen Richtungen an. Während in den US-amerikanischen Rechtsordnungen das Vorhandensein von Rechtfertigungsgründen zur Aushebelung der grundsätzlich bestehenden Haftung führt, begründet das Unwerturteil der Sittenwidrigkeit im deutschen Recht den grundsätzlich nicht bestehenden Schutz des Forderungsrechts. Liegt umgekehrt eine verwerfliche, weil nicht gerechtfertigte Handlung vor,

---

1048 Zu der sich aus der Beweislastverteilung ergebenden Haftungsverschärfung siehe unten S. 241.

1049 Siehe oben S. 186-201.

bestätigt dies in den USA den ohnehin bestehenden Schutz des Forderungsrechts, wogegen das deutsche Recht eine Ausnahme von der grundsätzlich nicht bestehenden Schutzwürdigkeit begründet. Das deutsche Recht spricht also aufgrund seines Systems im Gegensatz zu den US-amerikanischen Rechtsordnungen das Unwerturteil der Sittenwidrigkeit im Einzelfall aus, wogegen in den USA die Störung fremder Vertragsbeziehungen per se als deliktsrechtlich relevant angesehen wird[1050].

II. Auswirkungen

Unterschiede in der Behandlung des Forderungsrechtseingriffs durch Verleitung zum Vertragsbruch, die auf den grundsätzlich verschiedenen Rechtssystemen beruhen, sind von zwei bedeutsamen Ausnahmen abgesehen, nicht feststellbar.

1. Die Beweislastverteilung

Von ganz wesentlicher Bedeutung ist zunächst der strukturell grundsätzlich verschiedene Deliktsschutz des Forderungsrechts für die Frage der Beweislastverteilung. Nach deutschem Recht hat der Kläger alle die Haftung nach § 826 BGB oder § 1 UWG begründenden Voraussetzungen zu beweisen[1051]. Damit obliegt es dem Kläger auch, den Nachweis für das Vorliegen der die Handlung als sittenwidrig qualifizierenden Umstände zu führen. Das Risiko der Unaufklärbarkeit des Sachverhalts liegt folglich beim Kläger. Gelingt ihm der Nachweis der Sittenwidrigkeit nicht, scheidet nach deutschem Recht eine Haftung aus.

Zu den US-amerikanischen Rechtsordnungen läßt sich demgegenüber angesichts der völligen Unklarheit, die im Hinblick auf die Auslegung des im Restatement (Second) gebrauchten Begriffs "improper" herrscht sowie we-

---

1050 Sehr kritisch hierzu *Perlman*, 49 U.Chi.L.Rev. 61, 79 (1982), der darauf verweist, daß bereits Prof. Carl Auerbach in einer Stellungnahme zur Neufassung des Restatements konstatiert hat:
"Foreign lawyers reading the Restatement as an original matter would find it astounding that the whole competitive order of American industry is prima facie illegal."

1051 Siehe oben S. 125 ff.

gen der einzelstaatlichen Rechtsprechungsunterschiede, keine eindeutige Aussage treffen[1052]. Häufig verhält es sich so, daß dem Kläger nur der Nachweis obliegt, daß der Beklagte in Kenntnis der vertraglichen Beziehung den Vertragspartner zum Vertragsbruch verleitet hat. Für das Vorliegen von Rechtfertigungsgründen als einen die Haftung grundsätzlich ausschließenden Umstand ist dagegen in der Regel allein der Beklagte beweispflichtig[1053]. Das Risiko der Unaufklärbarkeit des Sachverhalts liegt in den US-amerikanischen Rechtsordnungen somit, von einzelnen Ausnahmen abgesehen, grundsätzlich beim Beklagten. Erst wenn der Beklagte den Beweis von Umständen erbracht hat, die grundsätzlich einen Rechtfertigungsgrund darstellen, verschiebt sich die Beweislast für das Vorliegen von Gründen, die die vom Beklagten vorgetragenen Rechtfertigungsgründe im Einzelfall ausschließen, auf den Kläger[1054].

Die Auswirkungen dieser konträren Beweislastverteilung sind im Hinblick auf den Vergleich der tatsächlich erzielten Ergebnisse für das allgemeine Zivilrecht und das Wettbewerbsrecht unterschiedlich zu beantworten. Verschiedene Ergebnisse, die aus der Verteilung der Beweislast resultieren, sind letztendlich nur in Sachverhalten zu erwarten, die nach deutschem Recht allein nach § 826 BGB zu beurteilen wären. Dies liegt darin begründet, daß zur Bejahung der Sittenwidrigkeit nach § 826 BGB das Vorliegen von über die bloße Verleitungshandlung hinausgehenden Umständen gefordert wird, die das Verhalten des Dritten als unlauter erscheinen lassen[1055]. Dies bedeutet, daß die Unaufklärbarkeit des Sachverhalts in Fällen, die nach deutschem Recht allein § 826 BGB unterfallen, nach den US-amerikanischen Rechtsordnungen und deutschem Recht zu unterschiedlichen Ergebnissen führen kann.

Weit geringer ist die Auswirkung des beweisrechtlichen Unterschieds dagegen in Sachverhalten, die eine Beurteilung nach § 1 UWG erfordern. Zwar hat auch hier der Kläger nach deutschem Recht das Vorliegen der Umstände zu beweisen, die eine Handlung als sittenwidrig qualifizieren. Nachdem für § 1 UWG aber anerkannt ist, daß bereits allein das Handeln zu Wettbewerbszwecken ein die Sittenwidrigkeit im Sinne der Vorschrift be-

---

1052 Siehe oben S. 182 ff.
1053 So auch *Jander/Hoffmann*, WiB 1995, 896, 901.
1054 Siehe oben S. 227 ff.
1055 Siehe oben S. 67 f.

gründender Umstand ist[1056], versinkt die beweisrechtliche Hürde im deutschen Wettbewerbsrecht in nahezu völlige Bedeutungslosigkeit. Verschärft wird diese Situation zusätzlich dadurch, daß bei Gewerbetreibenden ein Handeln im Wettbewerb grundsätzlich vermutet wird.

Im Hinblick auf die Beweislastverteilung läßt sich daher festhalten, daß die sich im Beweisrecht niederschlagenden strukturellen Unterschiede der beiden Rechtsordnungen nur in den Sachverhalten zu unterschiedlichen Ergebnissen führen, die nach deutschem Recht unter § 826 BGB zu subsumieren wären. Für Sachverhalte die nach deutschem Recht § 1 UWG unterfallen, wirkt sich die unterschiedliche Beweislastverteilung aufgrund der großzügigen Bejahung der Sittenwidrigkeit demgegenüber de facto nicht aus.

2. *Die Rechtsfolgen*

Ein weiterer bedeutsamer struktureller Unterschied in der Behandlung des Forderungsrechtseingriffs liegt in der Bemessung des Haftungsumfangs. Die dualistische Schadenskonzeption des BGB, welche zwischen immateriellem und materiellem Schaden unterscheidet, ist der stärker pragmatisch orientierten Rechtsordnungen des "Common Law" nicht bekannt. "General damages" umfassen sowohl materielle als auch ideelle Schadenspositionen[1057]. Dem deutschen Recht ist wiederum die Zuerkennung sog. "punitive damages" fremd, weil die zusätzliche Sanktionierung deliktischen Handelns mit einer Geldbuße den Schadensersatz in die Nähe des Strafrechts rücken würde. Der Schadensersatz als Institut des Zivilrechts ist aber bürgerlich-rechtlichen Prinzipien unterworfen, die gerade nicht vom Präventionsgedanken getragen sind[1058].

B. *Nicht strukturell bedingte Unterschiede*

Unterschiede in der Behandlung des Forderungsrechtseingriffs, die nicht auf den unterschiedlichen Rechtssystemen beruhen, bestehen, von einer wesent-

---

1056 Siehe oben S. 67 ff. und Fn. 292.

1057 *Köndgen*, AcP 177 (1977), 1, 6.

1058 *Friedrich*, AcP 178 (1978), 468, 483; *Larenz*, § 27 I; BAG AP Nr. 5 zu § 276 BGB.

lichen Ausnahme abgesehen, kaum. Beide Rechtsordnungen stellen unter Zugrundelegung von Billigkeitserwägungen maßgeblich auf die Verhältnisse des Einzelfalls ab. Ausschlaggebend ist dabei immer die Bewertung des der Verletzung zugrundeliegenden vorsätzlichen Verhaltens. Ein praktisch wenig bedeutsamer Unterschied findet sich unter anderem in der Behandlung des Vorsatzes, der sich in den US-amerikanischen Rechtsordnungen anders als nach deutschem Recht nicht auf den Schaden beziehen muß[1059].

Von wesentlich größerer Bedeutung ist hingegen die unterschiedliche Behandlung wettbewerbsrechtlicher Sachverhalte. Anders als im deutschen Recht wird in den US-amerikanischen Rechtsordnungen auf eine unterschiedliche Beurteilung des Verhaltens im Wettbewerb verzichtet. Das zu Wettbewerbszwecken erfolgte Handeln wird nicht schärfer beurteilt, sondern lediglich gegenüber dem rein privaten Handeln nicht privilegiert. Besonders deutlich wird dies bei der Behandlung des Eingriffs in jederzeit kündbare und in zukünftige vertragliche Verhältnisse. Die US-amerikanischen Rechtsordnungen stellen hier dem Wettbewerber anders als dem Privatmann sogar einen weit größeren Verhaltensspielraum zur Verfügung. Denn das Handeln zu Zwecken des Wettbewerbs stellt, sofern es nicht mit per se unlauteren Mitteln erfolgt, einen Rechtfertigungsgrund dar[1060]. Die US-amerikanischen Rechtsordnungen behandeln somit den Mitbewerber wegen einer Verleitung zum Vertragsbruch nicht schärfer als jeden Privatmann. Vielmehr wird dem Wettbewerber ein zusätzlicher, dem Privatmann nicht zur Verfügung stehender Rechtfertigungsgrund zur Seite gestellt. Dagegen gelangt das deutsche Recht, indem schon das bewußte Hinwirken auf den Vertragsbruch ohne Hinzutreten erschwerender Umstände den Vorwurf der Sittenwidrigkeit begründet, über die Anwendung des § 1 UWG im wettbewerbsrechtlichen Bereich zu einer schärferen Haftung[1061]. Daß im Ergebnis die Haftung im deutschen Recht gleichwohl nicht schärfer ausfällt als in den US-amerikanischen Rechtsordnungen, ist auf den Umstand zurückzuführen, daß der Rechtfertigungsgrund des Bestehens eines Wettbewerbsverhältnisses in den USA nur in Fällen des Eingriffs in zukünftige vertragliche Beziehungen bereitgestellt wird.

1059 Siehe oben S. 73 zum deutschen und S. 178 f. zum US-amerikanischen Recht.

1060 Siehe oben S. 191 f.

1061 Siehe oben S. 89.

C. Haftungsvoraussetzungen

Die Voraussetzungen für eine Haftung wegen Verleitung zum Vertragsbruch bzw. "inducing breach of contract" sind im übrigen annähernd identisch.

I. Schutzbereich

Beide Rechtsordnungen setzen für die Gewährung eines deliktischen Schutzes das Bestehen eines "gültigen" Vertrages voraus. Was unter einem gültigen Vertrag zu verstehen ist, wird im Einzelfall allerdings unterschiedlich beurteilt.

1. Nichtige Verträge

Einigkeit herrscht in der Behandlung nichtiger Verträge. Diesen wird in beiden Rechtsordnungen jeglicher Schutz versagt. Der einem Vertrag anhaftende, zum Nichtigkeitsurteil führende Mangel ist unabhängig von den Umständen im Einzelfall immer als so schwerwiegend anzusehen, daß derartige Verträge von vornherein als nicht existent zu behandeln sind[1062].

2. Anfechtbare und nicht durchsetzbare Verträge

Keinen Schutz genießen auch wirksam angefochtene Verträge. Ist ein Vertrag jedoch lediglich anfechtbar, wird ein Vertrag solange als schützenswert erachtet, bis von dem Anfechtungsrecht Gebrauch gemacht wurde[1063]. Eine Entscheidung zu dieser Frage ist durch deutsche Gerichte, soweit ersichtlich, bislang nicht ergangen. Im Ergebnis wäre die Frage nach der Einbeziehung von anfechtbaren Verträgen in den Schutzbereich der Deliktshaftung wegen Verleitung zum Vertragsbruch jedoch identisch zu beantworten. Dies unabhängig davon, ob der Vertragsbrüchige oder der enttäuschte Vertragspartner zur Anfechtung berechtigt ist. Steht das Anfechtungsrecht dem enttäuschten Vertragspartner zu, ergibt sich dies bereits aus dem Umstand, daß sich we-

---

1062 Siehe oben S. 63 zum deutschen und S. 162 zum US-amerikanischen Recht.
1063 Siehe oben S. 174 zum US-amerikanischen Recht.

der der Vertragsbrüchige noch der zum Vertragsbruch verleitende Dritte auf fremde Rechte berufen können. Solange der enttäuschte Vertragspartner trotz einem ihm zustehenden Anfechtungsrecht an dem Vertrag festhält, ist dieser grundsätzlich zu respektieren. Ein Vertrag ist aber auch dann in den deliktsrechtlichen Schutz einzubeziehen, wenn das Anfechtungsrecht dem Vertragsbrüchigen zusteht. Bei der Anfechtungserklärung handelt es sich um einen formalen Gestaltungsakt, der eindeutig erklärt werden muß. Werden Pflichten aus einem anfechtbaren Rechtsverhältnis vom Anfechtungsberechtigten nicht erfüllt, so besteht dessen Haftung solange fort, bis durch die Anfechtungserklärung der Vertrag vernichtet wird. Korrekturen der Haftung wegen Verleitung zum Vertragsbruch können in derartigen Fällen allenfalls über eine großzügige Auslegung des Merkmals der Sittenwidrigkeit erfolgen. So ist u.a. derjenige nicht schutzwürdig, der einen Vertragsschluß erst durch arglistige Täuschung herbeigeführt hat.

3. *Jederzeit kündbare Verträge und zukünftige vertragliche Beziehungen*

Die Behandlung jederzeit kündbarer Verträge ist für die US-amerikanischen Rechtsordnungen nur schwer einheitlich zu beantworten. Einige Bundesstaaten handhaben den Deliktsanspruch wegen "interference with contractual relations" restriktiv und gewähren sog. "at will"-Verhältnissen nur einen eingeschränkteren Schutz über den Deliktsanspruch wegen "interference with prospective contractual relations". Andere Bundesstaaten sehen in dem deliktischen Schutz von Verträgen gegen Eingriffe Dritter eine allgemeine Haftungsgrundlage zum Schutz wirtschaftlicher Interessen mit der Folge, daß auch jederzeit kündbare Verträge nicht lediglich als eine zukünftige wirtschaftliche Beziehung, sondern als feststehende Verträge angesehen werden[1064].

Im deutschen Recht scheidet eine Haftung wegen Verleitung zum Vertragsbruch in Fällen jederzeit kündbarer Verträge aus. Angesichts des Umstands, daß die Beendigung einer jederzeit kündbaren Vertragsbeziehung denknotwendig nicht mit einem Vertragsbruch einhergehen kann, ist eine Einflußnahme mit dem Ziel des Abbruchs der Vertragsbeziehung grundsätzlich nicht haftungsbegründend. Eine Haftung nach §§ 826 BGB, 1 UWG

1064 Siehe oben S. 163 ff.

kann gleichwohl unter anderen Gesichtspunkten als dem Verleiten zum Vertragsbruch begründet sein[1065]. So ist eine Haftung des eingreifenden Dritten dann denkbar, wenn es sich beispielsweise um eine sonstige Maßnahme des Behinderungswettbewerbs handelt. Eine Haftung ist insbesondere in Fällen unzulässiger Rabattgewährung, einer Boykottmaßnahme oder dem Einsatz sonstiger unlauterer Mittel möglich. Als solche sind beispielhaft die Anschwärzung, die Verleumdung, der Machtmißbrauch, der Vorsprung durch Rechtsbruch, die Irreführung oder andere wettbewerbswidrige Verhaltensweisen zu nennen.

Entsprechendes gilt im deutschen Recht für den Eingriff in zukünftige wirtschaftliche Beziehungen. Im Gegensatz zu den amerikanischen Rechtsordnungen stellt das deutsche Recht keine allgemeine Haftungsgrundlage zum Schutz künftiger wirtschaftlicher Beziehungen bereit. Eine Haftung ist nur dann begründet, wenn entweder ein Handeln in Schädigungsabsicht festgestellt werden kann oder, wie vorstehend ausgeführt, eine sonstiges wettbewerbswidriges Verhalten vorliegt[1066]. Die US-amerikanischen Rechtsordnungen schützen demgegenüber auch die begründete Aussicht auf den Fortbestand oder die Begründung vertraglicher Verhältnisse in der Zukunft. Korrekturen gegenüber der Haftung wegen des Eingriffs in bereits bestehende vertragliche Beziehungen erfolgen über die Gewährung weiterreichender Rechtfertigungsgründe[1067].

4. *Verleiten zur ordnungsgemäßen Kündigung*

Für das Verleiten zur ordnungsgemäßen Kündigung eines Vertrages gilt das zum Eingriff in jederzeit kündbare Verträge und zukünftige wirtschaftliche Beziehungen Gesagte entsprechend. Das Herbeiführen einer Vertragsauflösung unter Einhaltung der einzuhaltenden Kündigungsfrist wird als adäquates Mittel der Marktwirtschaft und damit als erlaubt angesehen[1068]. In den US-amerikanischen Rechtsordnungen gelten auch insoweit die Grundsätze betreffend des Eingriff in zukünftige wirtschaftliche Beziehungen entsprechend.

1065 Siehe oben S. 114 f.
1066 Siehe oben S. 86.
1067 Siehe oben S.175 ff. und S. 191 f.
1068 Zum deutschen Recht siehe oben S. 114 und BGH NJW 1998, 26 f.

5. *Ausnutzen fremden Vertragsbruchs*

Inwieweit das Ausnutzen fremden Vertragsbruchs in den US-amerikanischen Rechtsordnungen haftungsbegründend sein kann, ist nur schwer zu beantworten. Einschlägige Entscheidungen sind insoweit nicht ersichtlich. Angesichts der geringen Anforderungen die an das Tatbestandsmerkmal der Verleitungshandlung gestellt werden[1069], ist jedoch davon auszugehen, daß für das Ausnutzen eines Vertragsbruchs vielfach die zum Eingriff in künftige wirtschaftliche Beziehungen entwickelten Haftungsmaßstäbe zur Anwendung gelangen würden. So wurde vereinzelt bereits die Hilfe oder Teilnahme an einem Vertragsbruch als Verleitungshandlung und damit grundsätzlich haftungsbegründend angesehen[1070].

Im deutschen Recht gilt das zur Verleitung zur ordnungsgemäßen Beendigung von Vertragsbeziehungen Gesagte entsprechend. Haftungsbegründend ist dementsprechend das Ausnutzen fremden Vertragsbruchs nur dann, wenn über die bloße Ausnutzungshandlung hinausgehende unlautere Umstände festzustellen sind[1071].

6. *Fahrlässige Eingriffe*

Gleichlautende Ergebnisse finden sich in der Beantwortung der Frage, ob eine fahrlässige Verleitungshandlung eine Schadensersatzverpflichtung begründet. Beide Rechtsordnungen lehnen eine so weitreichende Haftung ab. Für das deutsche Recht ergibt sich dies für § 826 BGB bereits aus dem Wortlaut der Norm, die eine Haftung auf vorsätzliche Eingriffe beschränkt. Dies ist auch für die Haftung nach der wettbewerbsrechtlichen Generalklausel § 1 UWG anerkannt, die dem Wortlaut nach nicht auf vorsätzliche Eingriffe beschränkt ist. Für die Gewährung eines Schadensersatzanspruchs nach § 1 UWG wird also, den allgemeinen deliktsrechtlichen Grundsätzen entsprechend, ebenfalls ein schuldhaftes Handeln vorausgesetzt. Dies bedeutet, daß der in Unkenntnis der bereits bestehenden Vertragsbeziehung Handelnde, gleichwohl er von dem Vertrag hätte wissen müssen und können, nicht auf Schadensersatz in Anspruch genommen werden kann. In den USA

1069 Siehe oben S. 184 f.
1070 Id., insbesondere Nachweise in Fn. 759.

ist es zwar nicht unumstritten, ob auch ein fahrlässiger Eingriff in fremde Forderungsrechte eine Haftung wegen "interference with contractual relations" begründen kann[1072]. Für die spezielle Handlungsform "inducing breach of contract" ist diese Frage aber bedeutungslos. Es herrscht Einigkeit, daß eine so weitreichende Haftung die Handlungsfreiheit des einzelnen in unangemessener Weise beeinträchtigen würde.

II. Verleitungshandlung und Kausalität

An das Vorliegen einer Verleitungshandlung werden in beiden Rechtsordnungen nur sehr geringe Anforderungen gestellt. Wie im deutschen Recht genügt auch in den US-amerikanischen Rechtsordnungen jedes bewußte Hinwirken auf einen Vertragsbruch, unabhängig davon, ob der zu überwindende Widerstand als stark oder gering einzuschätzen ist. Anders als im deutschen Recht wird in den US-amerikanischen Rechtsordnungen jedoch ein Kausalzusammenhang zwischen Verleitungshandlung und Vertragsbruch bzw. dem eingetretenem Schaden verneint, wenn die vertragsbrüchige Partei bereits fest zum Vertragsbruch entschlossen war[1073].

III. Subjektive Haftungsvoraussetzungen

Auch in subjektiver Hinsicht sind bedeutsame Unterschied nicht festzustellen. So wird in den USA zur Bejahung eines vorsätzlichen Eingriffs in ein fremdes Vertragsrecht regelmäßig nur die Kenntnis um die das Bestehen eines Vertrages nahelegenden Umstände gefordert[1074]. Dies bedeutet, daß auch derjenige vorsätzlich handelt, der sich genauerer Kenntnisnahme bewußt verschließt, obwohl sich ihm die Existenz des Vertrages aufdrängen muß. Dies ist nach deutschem Recht nicht anders zu beurteilen. In beiden Rechtsordnungen ist des weiteren die Kenntnis um die potentielle Geeignetheit des Verhaltens, Schaden zu stiften genügend[1075].

1071 Siehe oben S. 66 f.
1072 Siehe hierzu *Robertson*, 46 La.L.Rev. 737-761 (1986).
1073 Zum US-amerikanischen Recht siehe oben S. 186.
1074 Siehe oben S. 178 f. und insbesondere Fn. 733.
1075 Siehe oben S. 73 f. zum deutschen und S. 178 f. zum US-amerikanischen Recht.

D. *Alternative Fallösung*

Wie sich in der Lösung der Frage der Haftung wegen Verleitung zum Vertragsbruch die unterschiedlichen Ansatzpunkte des deutschen und (stellvertretend für die amerikanischen Rechtsordnungen) des Rechts des Bundesstaates Alaska auswirken, mag der folgende, an die Entscheidung *Alyeska Pipeline Serv. Co. v. Aurora Air Serv. Inc.* angelehnte Sachverhalt verdeutlichen[1076].

I. *Sachverhalt*

Die beklagte Alyeska Pipeline Co. stand in vertraglichen Beziehungen zur RCA. Diese unterhielt ihrerseits vertragliche Beziehungen mit der Klägerin Aurora Air Service. Aurora erbrachte gegenüber der RCA Dienstleistungen, die diese zur Vertragerfüllung mit Alyeska benötigte. Alle Veträge waren "terminable at will", also ohne Einhaltung von Fristen kündbar. Durch eine von der Beklagten veranlaßte Änderung des Vertrages mit RCA wurde diese gezwungen den mit der Beklagten geschlossenen Vertrag zu beenden. Die Klägerin erhob daraufhin Klage gegen Alyeska wegen "interference with contractual relations". Sie behauptete, daß die Beklagte diese Kette von Ereignissen in der Absicht sie zu schädigen initiiert hatte. Die Beklagte trug gegen diesen Vorwurf vor, in gutem Glauben gehandelt zu haben. Der Klägerin gelang lediglich der Nachweis, daß die Beklagte vorsätzlich ihre Vertragsbeziehung zur RCA gestört hat. Im übrigen war der festgestellte Sachverhalt im Hinblick auf das Handeln in gutem Glauben, der Rechtfertigung und der Beweggründe unterschiedlichen Interpretationen zugänglich[1077].

II. *Lösung nach dem Recht des Bundesstaates Alaska*

Das Gericht des Bundesstaates Alaska gab der Klage statt. Ausgehend von dem dem Forderungsrecht als deliktsrechtlich anerkanntem Rechtsgut gewährten Schutz wurde die Verantwortlichkeit wegen "interference with contractual relations" prima facie schon wegen des Nachweises des vorsätzli-

1076 604 P.2d 1090 (1979).
1077 604 P.2d 1090, 1094 (1979).

chen Eingreifens in die Vertragsbeziehung der Klägerin als begründet angesehen. Die Beweislast für das Vorliegen von Rechtfertigungsgründen oblag nach Auffassung des Gerichts der Beklagten[1078]. Diese konnte aber den Nachweis, daß sie nicht in Schädigungsabsicht, sondern vorwiegend in eigenem Interesse gehandelt hatte, nicht erbringen.

III. Lösung nach deutschem Recht

Nach deutschem Recht wären die Erfolgsaussichten einer Klage auf Grundlage des eingangs dargestellten Sachverhalts wenig erfolgversprechend gewesen. Eine Haftung nach § 823 Abs.1 BGB scheitert mangels Qualifizierung des Forderungsrechts als "sonstiges Recht" und ein Verstoß gegen ein Schutzgesetz im Sinne § 823 Abs.2 BGB ist nicht ersichtlich. Auch ein Handeln zu Zwecken des Wettbewerbs im Sinne § 1 UWG lag, soweit ersichtlich, mangels Bestehens eines Wettbewerbsverhältnisses[1079] nicht vor.

Somit verbliebe nur der Rückgriff auf § 826 BGB, der als Auffangtatbestand das Vermögen gegen vorsätzliche und sittenwidrige Eingriffe schützt. Zwar gelang der Klägerin der Nachweis, daß die Beklagte vorsätzlich auf die RCA Einfluß genommen hat, das mit der Klägerin bestehende Vertragsverhältnis zu beenden. Erforderlich ist aber darüberhinaus die Qualifizierung dieses Handelns als sittenwidrig. Dies könnte dann anzunehmen sein, wenn die Beklagte die RCA zum Vertragsbruch verleitet hätte. Fraglich ist aber schon, ob seitens der RCA überhaupt ein Vertragsbruch anzunehmen ist. Denn deren Vertragsverhältnis mit der Klägerin war nicht für eine bestimmte Zeit vereinbart, so daß die Klägerin zumindest hätte vortragen müssen, daß die RCA zu einer Zeit zur Vertragsbeendigung verleitet wurde, zu der sie nach Treu und Glauben noch nicht zur Kündigung berechtigt war. Das bloße Hinwirken auf eine ordnungsgemäße Beendigung bestehender Verträge ist aber nach deutschem Recht grundsätzlich nicht als sittenwidrig zu qualifizieren. Die Klage könnte daher nur unter dem Gesichtspunkt der vorsätzlichen und sittenwidrigen Beeinträchtigung von Erwerbschancen Aussicht auf Erfolg haben. Mangels eines entsprechenden Vortrags wäre die Klage daher schon aus diesem Grund abzuweisen gewesen. Unabhängig von

---

1078 Id.
1079 Siehe oben S. 83 f.

der Frage nach den tatbestandlichen Voraussetzungen der Haftung für Eingriffe in vertragliche Beziehungen wäre die Klage auch aufgrund der Beweislastverteilung gescheitert. Nach deutschem Recht hat der Kläger alle die Haftung nach § 826 BGB begründenden Voraussetzungen zu beweisen und damit auch die die Handlung als sittenwidrig qualifizierenden Umstände[1080]. Das Risiko der Unaufklärbarkeit des Sachverhalts, bzw. dessen Zugänglichkeit für unterschiedliche Interpretationen trägt folglich der Kläger.

E. Gründe für die unterschiedliche Bedeutung der Haftung wegen Verleitung zum Vertragsbruch

Wie in der Einleitung bereits angedeutet wurde, kommt der Haftung wegen Verleitung zum Vertragsbruch in den USA eine wesentlich größere Bedeutung zu, als dies in Deutschland der Fall ist. Worauf dies im einzelnen zurückzuführen ist, läßt sich nur vermuten. Ein Grund dürfte sein, daß die US-amerikanischen Rechtsordnungen den Eingriff in fast alle Arten von Verträgen sanktionieren, unabhängig davon, ob die Beendigung des Vertragsverhältnisses mit einem Vertragsbruch einhergeht oder nicht. So sind nicht durchsetzbare oder jederzeit kündbare Verträge ebenso geschützt, wie sogar noch nicht durch einen Vertragsschluß gesicherte Beziehungen. Gerade die zukünftigen vertraglichen Beziehungen sind aber naturgemäß erheblich umkämpfter als bereits gesicherte Geschäftsverbindungen. Wird aber der Schutz vertraglicher und vorvertraglicher Beziehungen, wie es häufig geschieht, in einem Atemzug genannt, ist dies geeignet über die tatsächlichen Verhältnisse zu täuschen, sofern man dem nur die im deutschen Recht entschiedenen Fälle der speziellen Handlungsform "Verleitung zum Vertragsbruch" gegenüberstellt. Denn viele der in den USA über den Deliktsanspruch "interference with prospective contractual relations" gelöste Konfliktsituationen finden sich im deutschen Recht spezialgesetzlich unter anderen Aspekten als dem Forderungsrechtseingriff geregelt[1081]. Letztlich wird man aber auch unter Berücksichtigung dieser Besonderheiten sagen können, daß die US-amerikanischen Gerichte die Haftungsfrage wegen Verleitung zum Vertragsbruch häufiger zu beantworten haben, als deutsche Gerichte.

1080 Siehe oben S. 125.
1081 Siehe oben S. 54 ff.

Ein weiterer Grund hierfür dürfte in dem Anreiz zu sehen sein, den das äußerst großzügige US-amerikanische Schadensersatzrecht bietet. Die Aussicht auf die Gewährung von "punitive damages", die den eigentlichen Schaden um ein vielfaches übersteigen können sowie die gegenüber den vertraglichen Ansprüchen grundsätzlich weiterreichenden Deliktsansprüche[1082] dürften manchen zu der Überlegung verführen, seine Genugtuung vorrangig beim Dritten und nicht beim Vertragspartner zu suchen. Ein wesentlicher Grund dürfte auch in der Minimierung des Prozeßrisikos zu sehen sein, das sich aus der für den Kläger zumeist günstigeren Beweislastverteilung ergibt. In die gleiche Richtung weist auch die Möglichkeit der Vereinbarung von Erfolgshonoraren "contingent fees", die den Schritt in den Gerichtsaal ebenfalls erheblich erleichtern.

§ 2 Wertende Betrachtung

In der Rechtsprechung der USA hat der sehr weitreichende Schutz vertraglicher Beziehungen fast ausnahmslos Anerkennung gefunden. Selbst der Supreme Court von Louisiana hat 1988 in einem obiter dictum das "tort of interference with contractual relations" für den letzten amerikanischen Bundesstaat anerkannt[1083]. Das Gericht merkte in seiner im konkreten Fall ablehnenden Entscheidung allerdings sehr zurückhaltend und skeptisch an, daß eine Haftung wegen des Eingriffs in Dritter in fremde vertragliche Beziehungen zwar bestehe, einige Aspekte dieses torts jedoch ernsthafter Kritik ausgesetzt seien. So seien zahlreiche Fragen der Haftungsvoraussetzungen, der Rechtfertigung, welche Art von Verträgen und Beziehungen geschützt sein sollen und auch welche Eingriffshandlungen erforderlich seien, noch ungeklärt[1084]. Eine Ausnahme der allgemein anerkannten sehr weiten Haftung findet sich in der Rechtsprechung des Bundesstaates Alabama. Dessen Gerichte haben mehrfach entschieden, daß die vorsätzliche Störung fremder Vertragsverhältnisse nur dann einen Anspruch auf Schadensersatz begrün-

1082 Siehe oben S. 212 ff.

1083 9 to 5 Fashions, Inc. v. Spurney, 520 So.2d 1276 (1988).

1084 Id., 520 So.2d 1276, 1282.

det, wenn entweder ein Arbeitgeber/Arbeitnehmer Verhältnis[1085] betroffen ist oder andere vertragliche Beziehungen durch per se rechtswidrige Mittel wie Betrug, Zwang oder Drohung gestört würden[1086]. Von diesen Ausnahmen abgesehen, wird in Alabama eine Haftung ansonsten verneint[1087].

A. Kritik in der amerikanischen Literatur

Vor allem in der US-amerikanischen Literatur sind die Grundsätze der Haftung wegen "interference with contractual relations" aus den oben genannten Gründen in zunehmende Kritik geraten. So wird immer häufiger gefordert, die Haftung wegen des Eingriffs in fremde vertragliche Beziehungen auf Fälle zu beschränken, in denen die Störungshandlung selbst als deliktsrechtlich relevant bzw. "malicious" im Sinne von böswillig zu qualifizieren ist. Für eine derartige Beschränkung werden vor allem formal-juristische Argumente vorgetragen[1088]. Bemängelt wird insbesondere die unterschiedliche Behandlung des zum Vertragsbruch Verleitenden und des vertragsuntreuen Vertragspartners, das Fehlen konsistenter Regeln, die Behandlung des Vertragsrechts als Eigentumsrecht, die Beweislastverteilung und die Schadensersatzbemessung.

I. Die unterschiedliche Bewertung des Verhaltens von Vertragsbrüchigem und Dritten

Als unbillig erachtet insbesondere *Anderson* den Umstand, daß ein Wettbewerber auf Grundlage des derzeit geltenden Rechts bei Abgabe eines Angebots Gefahr laufe, deliktisch zu haften, wenn er nur um eine bereits beste-

---

1085 Brown v. Chem Haulers, Inc., 402 So.2d 887, 888 (1981):
"to be actionable, interference with the employer-employee relationship must be an affirmative, intentional, knowing, malicious, unjustified or unlawful interference with the contractual rights."

1086 Erswell v. Ford, 208 Ala. 101, 94 So. 67, 68 (1922); Thompson v. Allstate Ins. Co., 476 F.2d 746, 748 f. (5th Cir. 1973); James S. Kemper & Co. Southeast, Inc. v. Cox & Associates, Inc., 434 So.2d 1380, 1386 (1983).

1087 Purcell Co. v. Spriggs Enterprises, Inc., 431 So.2d 515, 522 (1983); Homa-Goff Interiors, Inc. v. Cowden, 350 So.2d 1035, 1038 (1977).

1088 *Fine*, 50 U.Chi.L.Rev. 1116, 1118 (1983).

hende vertragliche Bindung des Umworbenen wisse, wogegen eine entsprechende Haftung des Vertragsbrüchigen demgegenüber grundsätzlich nicht bestehe[1089]. Der Dritte, der über die dem Vertragsbrüchigen obliegende vertragliche Haftung hinausgehend Schadensersatz nach deliktischen Grundsätzen schulde, könne insbesondere zur Zahlung von "consequential damages" und "punitive damages" verurteilt werden[1090]. Gegen dieses Ergebnis wendet *Anderson* ein, daß wenn sich die Verleitungshandlung auf ein bloßes Überzeugen oder Verleiten beschränke, wie dies beim Unterbreiten eines besseren Angebotes regelmäßig der Fall sei, der Verleitende nicht mehr oder weniger schuldhaft handele, als der Vertragsbrüchige[1091]. So sei der Vertragsbrüchige, unabhängig davon, wie umfangreich die ihm vorliegenden Informationen seien, besser darüber informiert, ob eine vertragliche Bindung bereits bestehe oder nicht. Der Vertragsbrüchige dagegen könne lediglich in der Hoffnung leben, sämtliche Informationen durch den Umworbenen erhalten zu haben. Entsprechende Anreize, den Dritten zutreffend und umfassend zu informieren, bestünden seitens des Umworbenen mangels Bestehen einer deliktischen Haftung nicht. Vielmehr dürfe der Umworbene davon aussgehen, daß im Falle eines von ihm herbeigeführten Vertragsbruches der enttäuschte Vertragspartner Schadensersatz vorzugsweise bei dem strenger haftenden Dritten suchen werde. Dieses Ergebnis sei jedoch angesichts des Umstands, daß es letzlich der Vertragsbrüchige sei, der über die Einhaltung der ihm obliegenden vertraglichen Pflichten entscheide, nicht begründbar. Weitergehende rechtliche oder moralische Pflichten des Dritten, vertragliche Rechte zu respektieren, bestünden demgegenüber nicht[1092]. Eine dogmatisch tragfähige Begründung für diese unterschiedliche Behandlung erkennt *Anderson* nicht[1093].

Auch der von *Fine*[1094] unternommene Versuch, die Deliktshaftung des Dritten gegen die immer stärker werdende Kritik zu verteidigen, überzeugt nicht. *Fine* vergleicht das Streben nach Besitz mit dem Fangen wilder Tiere in freier Wildbahn, die, solange sie nicht unter der endgültigen Kontrolle des Jägers stehen, von jedem verfolgt werden könnten. Denn solange ein Tier

---

1089 *Anderson*, 9 Rev.Lit. 409, 410 (1990).
1090 Siehe oben S. 212 ff.
1091 *Anderson*, 9 Rev.Lit. 409, 410 (1990).
1092 Id.
1093 *Anderson*, 9 Rev.Lit., 409, 431 (1990).
1094 50 U.Chi.L.Rev. 1116, 1126 (1983).

nicht in Besitz genommen sei, könne folglich auch kein Eigentumsanspruch und folglich auch kein Schadensersatzanspruch wegen der Verletzung eines Eigentumsrechts bestehen. Anders verhalte es sich demgegenüber mit dem Recht des Jägers auf die ungestörte Verfolgung des Tieres[1095]. Unter Hinweis auf die Entscheidung *Keeble v. Hickeringill*[1096], in dem der Beklagte Enten von einem auf dem Grundstück des Klägers gelegenen und dem Fangen von Enten dienenden Teich vertrieb, ohne ein eigenes Interesse an dem Fang der Tiere zu haben, führt *Fine* aus, daß das Recht auf Verfolgung gegen jedermann, außer gegen andere Verfolger gut sei. Weitergehende Rechte bestünden dann, wenn bereits eine gewisse Kontrolle über das gejagte Tier, wie beispielsweise bei einem harpunierten Wal, erlangt sei. In diesem Fall bestehe das Recht auf ungestörte Verfolgung auch gegen andere Verfolger[1097]. Neben der subjektiven Einstellung der Parteien, komme somit der Frage, inwieweit die zukünftige Beziehung gesichert sei, erhebliche Bedeutung zu[1098]. So sei der Beklagte in *Keeble v. Hickeringill* nur verurteilt worden, weil er mangels eigener Interessen "malicious" im Sinne von unlauter gehandelt habe. Sobald aber eine gesicherte Position erreicht sei, wie durch Verwunden oder Umzingeln eines Tieres, werde diese Position unabhängig von den Motiven Dritter gegen jeden geschützt, der in Kenntnis dieser Situation handele[1099].

Aus diesem Vergleich leitet *Fine* die Rechtfertigung für die Deliktshaftung des Dritten und die unterschiedliche Schadensersatzbemessung her[1100]. Aus der Erkenntnis, daß das Gesetz das Recht auf Verfolgung wilder Tiere deliktsrechtlich schütze, sofern ein Dritter wissentlich in eine Jagdhandlung eingreife, zieht *Fine* die Schlußfolgerung, daß das Recht auf Verfolgung generell deliktsrechtlich geschützt sei. Dies unabhängig davon, ob es sich um die Verfolgung wilder Tiere oder um die Verfolgung sonstiger wirtschaftli-

---

1095 50 U.Chi.L.Rev. 1116, 1128 (1983).

1096 91 Eng. Rep. 659 (1707).

1097 *Fine*, 50 U.Chi.L.Rev. 1116, 1130 (1983) unter Bezugnahme auf die Entscheidung Littledale v. Scaith, 127 Eng. Rep. 826 (1788).

1098 *Fine*, 50 U.Chi.L.Rev. 1116, 1131 (1983).

1099 Diese letzte Situation vergleicht *Fine* mit dem Schutz von "executory contracts", deren Vollziehung erst in der Zukunft beginnt, 50 U.Chi.L.Rev. 1116, 1136 f. (1983).

1100 *Fine*, 50 U.Chi.L.Rev. 1116, 1136-1139 (1983).

cher Interessen handele. Das Recht auf die Verfolgung dieser verschiedenen Interessen unterscheide sich in keiner Weise[1101].

Dieser eigentlich zur Rechtfertigung der bestehenden Deliktshaftung herangezogene Vergleich weist gerade besonders deutlich auf das große Manko der Deliktshaftung wegen des Eingriffs in fremde vertragliche Beziehungen sowohl für die US-amerikanischen Rechtsordnungen als auch für das deutsche Recht hin. Bereits auf den ersten Blick muß deutlich werden, daß die Grundsätze, die für das Fangen eines wilden Tieres vielleicht Geltung haben mögen, nicht auf den Eingriff in Vertragsverhältnisse übertragbar sind. Dieser Vergleich läßt außer acht, daß es sich bei Eingriffen in Jagdhandlungen um ein reines Zwei-Parteien-Verhältnis handelt, in dem dem gejagten Tier nicht die geringste Wahl verbleibt, sich für keinen oder zumindest den Jäger zu entscheiden, von dem es das geringste Übel zu erwarten hat. Im Gegensatz hierzu handelt es sich bei der Verletzung wirtschaftlicher Beziehungen um Drei-Parteien-Verhältnisse, in denen dem Vertragsbrüchigen grundsätzlich die freie Wahl zwischen zwei Möglichkeiten verbleibt. Erst wenn diese freie Willensbildung durch unlautere Mittel wie Zwang, Druck, Erpressung, Betrug oder sonstige rechtswidrige Verhaltensweisen beeinträchtigt wird, läßt sich überhaupt, wenn man es für angemessen halten mag, der Vergleich mit der Jagd eines wilden Tieres ziehen. In allen anderen Fällen unterscheidet sich die moralische Bewertung des Verhaltens von Vertragsbrüchigem und Drittem in keiner Weise. Wenn überhaupt, so trifft doch den vertraglich Gebundenen, der seine Freiheit zur Willensbildung im Gegensatz zu dem außerhalb des Vertrages stehenden eingeschränkt hat, der größere moralische Vorwurf. Schließlich weist *Anderson* zutreffend darauf hin, daß die Verletzung möglicher sozialer oder wirtschaftlicher Interessen originär auf den Vertragsbrüchigen und nur mittelbar auf den Verleitenden zurückzuführen sind[1102].

1101 *Fine*, 50 U.Chi.L.Rev. 1116, 1139 (1983).
1102 9 Rev.Lit. 409, 411 (1990).

II. Die Gleichstellung von Eigentums- und Vertragsrecht

Insbesondere *Dobbs* kritisiert im Anschluß an *Sayre*[1103] und *Prosser*[1104] den Schutz des Vertragsrechts als ein Eigentumsrecht, zu dem es erstarke, wenn der Vertrag gegen jedwede Störung geschützt werde[1105]. Diese absolute Wirkung erlaube es den Parteien ungeachtet der durch die Grundsätze der "privity of contract" gesteckten Grenzen, das Verhalten Dritter zu reglementieren[1106]. Eingewandt wird des weiteren, daß die auf die Entscheidung *Lumley v. Gye*[1107] zurückgehende Begründung der Behandlung des Forderungsrechts als Eigentumsrecht auf einem Zirkelschluß beruhe[1108]. Denn indem man vertragliche Rechte gegenüber Dritten durchsetzbar mache, lege man ihnen absolute Wirkung bei. Dies könne jedoch angesichts des rein relativen Charakters von Forderungsrechten nicht mit der Begründung geschehen, daß sie eigentumsgleiche Rechte seien. Insbesondere spreche gegen eine entsprechende Qualifizierung des Forderungsrechts als absolutes Recht der Umstand, daß den Vertragspartnern Erfüllungsansprüche grundsätzlich nicht gewährt werden[1109].

III. Die Kausalitätsproblematik

Kritisiert wird weiterhin die großzügige Bejahung einer kausalen Schadensverursachung durch den in die vertragliche Beziehung eingreifenden Dritten. In diesem Zusammenhang wird insbesondere darauf hingewiesen, daß der Schlüsselfrage der Grenzziehung zwischen der unendlichen Kausalitätskette im Sinne einer "Äquivalenztheorie" und der unmittelbaren Ausübung von Gewalt zu wenig Beachtung geschenkt wird. *Epstein*[1110] führt hierzu aus, daß nahezu alle Kausalitätstheorien einhellig davon ausgehen, daß eine Kausalitätskette durch die freie, vorsätzliche und irrtumsfreie Handlung einer Dritten Person unterbrochen wird. Eine konsequente Übertragung dieser

---

1103 *Sayre*, 23 Harv.L.Rev. 663, 675 (1923).
1104 *Prosser/Keeton*, § 129, S. 930, 931.
1105 *Dobbs*, 34 Ark.L.Rev. 335, 351 (1980).
1106 Id.
1107 Siehe oben S. 153 ff.
1108 *Anderson*, 9 Rev.Lit. 409, 431 (1990).
1109 Id.
1110 *R.A. Epstein*, 16 J.Leg.Stud. 1, 4 f. (1987) m.w.N.

Grundsätze hätte nach *Epsteins* Ansicht aber zur Folge, daß ohne Hinzutreten besonderer Umstände in Verleitungsfällen ein Kausalzusammenhang grundsätzlich verneint werden müßte[1111]. Den allgemein zu findenden Hinweis, daß der Vertragsbruch eine natürliche und wahrscheinliche Folge der Verleitungshandlung sei[1112], hält er unter Berufung auf Richter *Coleridge*, der in seiner "dissenting opinion" in der Sache *Lumley v. Gye*[1113] den Versuch die Handlung eines einzelnen auf alle Ratgeber zurückverfolgen zu wollen, die auf dessen Willensbildung Einfluß genommen haben, als absurd und nicht ernstzunehmend bezeichnete, für ungenügend[1114].

IV. Die unterschiedliche Bemessung des Schadensersatzes

Erheblicher Kritik unterliegt auch die Bewertung des Vertrages als Eigentumsrecht im Hinblick auf die unterschiedliche Bemessung des Schadensersatzes, je nach dem es sich um den Bruch oder die Störung des Vertrages handelt[1115]. Ansatzpunkt dieser Kritik ist, daß das "common law" grundsätzlich nicht die Möglichkeit bietet, die Erfüllung eines Vertrages zu erzwingen. Dem Verpflichteten steht es regelmäßig frei, zwischen der Erfüllung der Verpflichtung oder der Bezahlung deren Wertes zu wählen[1116]. Mangels eines nur ausnahmsweise gewährten Erfüllungsanspruchs, wird die vertraglich vereinbarte Leistung vor Erfüllung der Leistungspflicht (trotz Konsensualprinzip) auch nicht endgültig Eigentum des Versprechensempfängers. Demzufolge könne das Vertragsrecht auch nicht mit einem Eigentumsrecht gleichgestellt werden. Trotzdem werde die Haftung des Dritten so bewertet, als hätte der Versprechensempfänger bereits ein Eigentumsrecht erworben. Wenn der Kläger aber primär nur Schadensersatz und nur ausnahmsweise Erfüllung der Vertragsleistung beanspruchen kann, sei er durch die Störung des Vertrages auch nicht weiter geschädigt, als der vertragliche Anspruch reiche. Erachte man diese vertraglichen Schadensersatzleistungen als nicht ausreichend, sei es angemessener, in allen Fällen des Vertragsbruchs die

---

1111 *R.A. Epstein,* 16 J.Leg.Stud. 1, 5 (1987).
1112 So bereits in Bowen v. Hall, 6 Q.B.D. 333, 339 (1881).
1113 118 Eng. Rep. 749, 761.
1114 *R.A.Epstein*, 16 J.Leg.Stud. 1, 5 (1966).
1115 *Perlman*, 49 U.Chi.L.Rev. 61, 91-93 (1982).
1116 *Perlman,* 49 U.Chi.L.Rev. 61, 79 f. (1982).

vertraglichen Schadensersatzansprüche zu erweitern, als nur in den Fällen, in denen ein Dritter eingreift, vollen Schadensersatz zu gewähren[1117].

V. Die enge Verzahnung der Haftung für Eingriffe in bestehende und zukünftige wirtschaftliche Beziehungen

Kritisiert wird auch die ungenügende Trennung von vertrags- und deliktsrechtlichen Prinzipien. So sei die Haftung wegen "inducing breach of contract" im Rahmen des torts of "interference with contractual relations" zu eng verknüpft mit der Haftung für den Eingriff in zukünftige wirtschaftliche Beziehungen[1118]. Tatsächlich ähneln sich die Voraussetzungen dieser beiden Deliktsansprüche so sehr, daß viele Gerichte der Frage nach der Existenz eines Vertrages nur dann nachgehen, wenn dies im Rahmen spezieller Rechtfertigungsgründe, die nur für den Eingriff in zukünftige Verhältnisse gelten oder für die Bemessung des Schadensersatzanspruchs erforderlich wird[1119]. Der weitreichende Schutz zukünftiger wirtschaftlicher Beziehungen hat rückwirkend zur Folge, daß die Gerichte keine großen Anforderungen an die Gültigkeit oder Durchsetzbarkeit einer vertraglichen Vereinbarung stellen. Solange diese nicht gegen die guten Sitten oder die öffentliche Sicherheit und Ordnung verstoßen, genießen sie deliktsrechtlichen Schutz vor Eingriffshandlungen Dritter. Die ursprüngliche Forderung nach dem Vorliegen sittenwidriger Umstände ist, von wenigen Ausnahmen abgesehen, obsolet geworden. Eine weitere Verschärfung der Haftung ergibt sich für beide Deliktstatbestände aus den geringen subjektiven Anforderungen, die an die Annahme eines vorsätzlichen Handelns gestellt werden. Für einen Beklagten, der in Kenntnis des bestehenden Vertrages gehandelt hat, ist es praktisch unmöglich zu widerlegen, daß er den Bruch dieses Vertrages nicht zumindest billigend in Kauf genommen hat[1120].

1117 *Perlman*, 49 U.Chi.L.Rev. 61, 79, 93 (1982).
1118 *Dowling*, 40 U. Miami L.Rev. 487, 490 (1986).
1119 Siehe oben S. 175.
1120 *Dowling*, 40 U. Miami L.Rev. 487, 490 (1986).

Bedauert wird schließlich auch die gegenläufige Entwicklung von Kartell- und Deliktsrecht. Insbesondere *Myers* weist darauf hin, daß in den letzten Jahrzehnten das Bestreben dahin gegangen sei, kartellrechtliche Haftungstatbestände stärker verbraucher- und wettbewerbsorientiert auszurichten, wogegen die allgemeine deliktsrechtliche Haftung in demselben Zeitraum mit wenig Rücksicht auf ökonomische Erwägungen eine Erweiterung erfahren habe[1121]. Aus kartellrechtlicher Sicht sei im Zweifel bei konkurrierenden Interessen des einzelnen Wettbewerbers und makroökonomischen Erwägungen im Gegensatz zum Deliktsrecht nicht das Individualinteresse zu bevorzugen[1122]. Das kartellrechtlich verfolgte Ziel, Wettbewerb zu fördern, werde durch das "law of torts" daher häufig behindert. So wird beispielsweise darauf hingewiesen, daß eine kartellrechtlich nicht zu beanstandende bzw. sogar erwünschte Preisunterbietung deliktsrechtlich haftungsbegründend wirken kann. Gefordert wird daher unter Hinweis auf die kartellrechtliche Entwicklung auch eine stärkere Ausrichtung der Haftung wegen "interference with contractual relations" und "interference with prospective contractual relations" an Gesichtspunkte des Leistungswettbewerbs[1123].

Zu beachten ist jedoch, daß im amerikanischen wie im deutschen Rechtskreis das Kartell- und das Deliktsrecht grundsätzlich verschiedene Ziele verfolgen. Während das Kartellrecht vom Individualsachverhalt lösgelöste makroökonomische Auswirkungen zu beachten hat, ist Aufgabe des Deliktsrechts der Ausgleich von Interessen in Einzelschuldverhältnissen. Es ist daher durchaus denkbar, daß ein kartellrechtlich nicht zu beanstandendes Verhalten im Einzelfall gegen deliktsrechtliche Verhaltensnormen verstoßen und damit haftungsbegründend sein kann. Mögliche, aus ökonomischen Erwägungen für eine Haftungsbegrenzung sprechende Gründe der deliktsrechtlichen Haftung werden daher im folgenden unabhängig von kartellrechtlichen Erwägungen behandelt[1124].

1121 77 Minn.L.Rev. 1097 f., 1101 (1993).

1122 *Myers*, 77 Minn.L.Rev. 1097 f., 1101 (1993) unter Hinweis auf Cargill, Inc. v. Monfort of Colorado, 479 U.S. 104, 116 (1986).

1123 *Myers*, 77 Minn.L.Rev. 1097 f., 1137 ff. (1993).

1124 Siehe unten S. 269 f.

Wie die oben zum deutschen Recht gefundenen Ergebnisse zeigen, ist für die Frage der Haftung wegen Verleitung zum Vertragsbruch von ganz entscheidender Bedeutung, ob das Verhalten des in die fremde vertragliche Beziehung eingreifenden Dritten als sittenwidrig zu bewerten ist. Ein besonders wichtiges Element zur Konkretisierung des Begriffs der "guten Sitten" sind die Grundrechte. So ist anerkannt, daß Rechtsgeschäfte, die in Grundrechte eingreifen, grundsätzlich sittenwidrig sind[1125]. Obwohl aber die allgemeine Handlungsfreiheit eines Vertragspartners durch Eingriffe Dritter in das Vertragsverhältnis regelmäßig beeinträchtigt werden wird, darf im Ergebnis nicht bei jeder Kollision von Verfassungsgebot und Rechtsgeschäften Sittenwidrigkeit bejaht werden. Dies hätte eine allgemeine und unmittelbare Grundrechtsdrittwirkung zur Folge[1126]. Dies gilt in gleichem Maße für sonstige Verstöße gegen andere Verfassungsgebote, wie beispielsweise die Achtung des Vertrages als Institution. Zu berücksichtigen ist daher im Wege einer Gesamtbeurteilung immer, daß neben der freien Entfaltung der Persönlichkeit auch die rechtsgeschäftliche Gestaltungsfreiheit grundgesetzlich Anerkennung gefunden hat[1127].

Aus der Sicht des enttäuschten Vertragspartners ist sicherlich eine möglichst großzügige Auslegung des Sittenwidrigkeitsbegriffs wünschenswert. Insbesondere in Fällen, in denen eine Wiedergutmachung durch den Vertragsbrüchigen wegen dessen mangelnder wirtschaftlichen Leistungsfähigkeit ungewiß erscheint, oder wenn der deliktsrechtliche Ersatzanspruch weiterreicht, wird es für den enttäuschten Vertragspartner von besonderem Interesse sein, einen zweiten Schuldner an die Hand zu bekommen. Andererseits darf nicht jedes Verhalten eines Dritten, das für einen Vertragsbruch irgendwie kausal ist, auch zu einer Haftung für die aus dem Vertragsbruch resultierenden Schäden führen. In einer modernen Gesellschaft mit ihren unzähligen und mannigfaltigen sozialen und wirtschaftlichen Verflechtungen wird nahezu jede Anbahnung oder Durchführung von vertraglichen Vereinbarungen zwingend zur Folge haben, daß die Durchführung anderer Verträ-

---

1125 MünchKomm-*Mayer-Maly*, § 138 Rn. 16; RGZ 128, 92, 95; BVerfG NJW 1969, 31 zu § 1 UWG.

1126 *Medicus*, AT Rn. 694.

1127 Id.

ge beeinträchtigt oder auch unmöglich wird. Da es aber gerade das Wesen einer auf Wettbewerb basierenden Industriegesellschaft ist, sich durch Konkurrenz ständig zu erneuern und leistungsfähig zu erhalten, darf nicht jede Einflußnahme im wirtschaftlichen Verkehr mit dem Haftungsrisiko der Inanspruchnahme durch benachteiligte Mitbewerber belastet sein. Dies hätte die unerwünschte Folge, daß durch eine Hemmung der Handlungsbereitschaft des einzelnen die wirtschaftliche Leistungsfähigkeit und damit auch sozialer Nutzen vermindert würde[1128]. Auf der anderen Seite ist es aber ebenso offenkundig, daß Dritten nicht jedes Mittel recht sein und jedwedes vertragsschädigende Verhalten sanktionslos hingenommen werden darf.

Ob dieses Spannungsverhältnis im deutschen Recht allerdings zufriedenstellend gelöst wird, ist insbesondere im Hinblick auf die scharfe wettbewerbsrechtliche Haftung nach § 1 UWG als fraglich anzusehen. Denn aufgrund der Tatsache, daß der vertraglich Nicht-Gebundene deliktsrechtlich strenger behandelt wird, als der vertraglich Gebundene, der sich eines zumindest gleichen, wenn nicht sogar weitergehenden Fehlverhaltens schuldig gemacht hat, erlebt der Grundsatz der Wertneutralität des Vertragsbruchs durch die ausufernde Auslegung des Begriffs der "guten Sitten" im Deliktsrecht ganz erhebliche Durchbrechungen, die einer rechtsdogmatischen Überprüfung nicht standhalten.

I. Der Gleichheitsgrundsatz

Es ist nochmals zu betonen, daß das deutsche Deliktsrecht – anders als die Deliktsrechtsordnungen der US-amerikanischen Bundesstaaten[1129] - gerade keine Straffunktion erfüllt, sondern nur ein für den Wettbewerb schädliches Verhalten verhindern will. Es erscheint daher nur schwer nachvollziehbar, weshalb das schädigende Verhalten des Verleitenden als sittenwidrig eingestuft und damit deliktsrechtlich sanktioniert wird, während das schädigende Verhalten des vertragsbrüchigen Vertragspartners, das für die Lauterkeit des Wettbewerbs mindestens ebenso schädlich ist, als bloße vertragliche Pflichtverletzung bewertet wird. Selbst wenn die eigenen Vertragspflichten vorsätzlich verletzt werden, wird dieses Verhalten grundsätzlich nicht als sit-

---

1128 Siehe hierzu *Perlman*, 49 U.Chi.L.Rev. 61, 62 (1982).
1129 Siehe oben S. 216.

tenwidrig erachtet[1130]. Erst durch das Hinzutreten erschwerender Umstände, wie die Absicht den Vertragspartner zu schikanieren oder zu schädigen, das kollusive Zusammenwirken mit Dritten, ein besonders gearteter Vertrauensbruch oder ein Geheimnisverrat erhält der an sich wertneutrale Vertrauensbruch den Charakter der Sittenwidrigkeit[1131].

Das Fehlverhalten des Verleitenden und des Vertragsbrüchigen ist zumindest in den Fällen nicht von unterschiedlichem Gewicht, in denen der außenstehende Dritte nicht mit per se rechtswidrigen Mitteln wie Zwang, Drohung oder Täuschung auf den vertragsuntreuen Vertragspartner eingewirkt hat. Die Bewertung des Verhaltens des Vertragsbrüchigen als bloß vertragswidrig kann für die Qualifizierung des Verhaltens des Verleitenden daher nicht unberücksichtigt bleiben. Die Verletzung einer vertraglichen Pflicht durch einen Vertragspartner ist folglich zwingende Voraussetzung für eine Haftung des außenstehenden Dritten. Wenn sich das Verhalten zu dem der Vertragsbrüchige verleitet wurde nun aber als ein lediglich vertragsrechtlich zu sanktionierendes Fehlverhalten erweist, so hat der Verleitende auch nur dieses kausal verursacht. Für eine weitergehende Haftung fehlt es dann aber an einem entsprechenden deliktischen Verhalten des Vertragspartners. Die Akzessorietät ist deshalb ein notwendiges und unverzichtbares Haftungselement. Forderte man die Akzessorietät nicht, so ließe man außer Acht, daß derjenige der sich zur Beachtung eines Rechts verpflichtet hat, im Fall des Vertragsbruchs größeres Unrecht begeht als derjenige, der sich seine Handlungsfreiheit bewahrt hat[1132].

Für die Bewertung des Verhaltens nach § 826 BGB als sittenwidrig steht die Beachtung des Gleichheitsgrundsatzes außer Frage. Ausgehend von den durch den Relativitätsgrundsatz gezogenen Grenzen wird die Mitwirkung am fremden Vertragsbruch ohne Hinzutreten erschwerender Umstände nicht als sittenwidrig verstanden[1133]. Beläßt es der Dritte bei einer Einflußnahme, welche die freie Willensbetätigung eines Vertragspartners nicht beschränkt, verhindert die fehlende Drittwirkung des Forderungsrechts eine deliktsrechtliche Haftung. Das Handeln in voller Kenntnis der tatsächlichen Umstände schadet also nicht, solange sich der Dritte keiner per se rechts-

---

1130 RGRK-*Steffen*, § 826 Rn. 104 ff. Dies gilt nicht für das allgemeine Delikts-, sondern auch für das Wettbewerbsrecht, *Piper* in Köhler/Piper, § 1 Rn. 385.

1131 RGRK-*Steffen*, § 826 Rn. 107.

1132 So auch *Koziol*, S. 81.

widrigen Mittel bedient oder unlautere Zwecke verfolgt. Völlig entgegengesetzt verhält es sich im Rahmen des § 1 UWG. Hier trifft den Schädiger bereits der Sittenwidrigkeitsvorwurf, wenn er in bloßer Kenntnis des Sachverhalts gehandelt hat[1134].

Dieser Sachverhalt ist aber nicht nur dem Dritten, sondern auch dem Vertragspartner bekannt. Letzterer wird in der Regel sogar über wesentlich intimere Kenntnisse über seine vertraglichen Rechte und Pflichten verfügen, als dies bei außenstehenden Dritten der Fall sein wird. Trotzdem verneint die Rechtsprechung im Regelfall eine deliktische Haftung des vertraglich Gebundenen wegen seines vertragsuntreuen Verhaltens. Zu Recht weist die Rechtsprechung diesbezüglich darauf hin, daß ein bloßes vertragsuntreues Verhaltens noch nicht per se sittenwidrige Züge aufweist. Wäre dies der Fall, würden die Grenzen zwischen Delikts- und Vertragshaftung hoffnungslos ineinander zerfließen. Wenn das Verhalten des Außenstehenden aber grundsätzlich nicht anstößiger zu bewerten ist als das des Vertragspartners, so muß es unverständlich bleiben, warum gleiche Verhaltensweisen von vertraglich Gebundenen und außerhalb des Vertrages stehenden Dritten unterschiedlich behandelt werden[1135]. Letztlich bleibt es in das Belieben jedes einzelnen gestellt, Verträge zu schließen, mit wem er will. Entscheidet sich der einzelne aber einen Vertrag mit einem potentiell vertragsuntreuen Partner zu schließen, so hat er seinen Glauben bei demjenigen zu suchen, bei dem er ihn gelassen hat, ob er von der grundsätzlichen Einstellung des Vertragspartners Kenntnis hat oder nicht. Dies ist aber nicht der Dritte, der sich einer vertraglichen Bindung gerade nicht unterworfen hat. Bedient sich daher der Dritte keiner per se rechtswidrigen Handlungsweise spricht alles dafür, den Haftungsanspruch enttäuschter Vertragspartner auf die vertraglichen Ersatzansprüche zu beschränken. Der Dritte hat in den genannten Fällen, anders als der untreue Vertragspartner, nichts versprochen, was er später nicht halten kann oder will. Demgegenüber handelt der Vertragsbrüchige, sofern er in seiner freien Willensbetätigung nicht beeinträchtigt wird, unlauterer als der Dritte. Schutzobjekt des UWG ist aber gerade die Lauterkeit

---

1133 RGZ 103, 419, 421 (Doppelkauf); *Kötz*, Rn. 692.

1134 Siehe oben S. 89.

1135 Siehe oben S. 254 ff, insbesondere die dort dargestellte Kritik von *Anderson*, 9 Rev.Lit. 409 (1990).

des Wettbewerbs[1136], weshalb es an einer Begründung für eine Haftungsfreistellung des Vertragspartners fehlt.

Um eine Ungleichbehandlung von Vertragsbrüchigen und Dritten zu vermeiden, bedeutet dies in der Konsequenz, daß entweder das Verhalten des vertraglich Gebundenen ebenfalls als deliktsrechtlich relevant zu bewerten ist oder eine Haftung des Dritten für Verleitungshandlungen, die nicht auf die freie Willensbetätigung des Vertragspartners Einfluß nehmen, abzulehnen ist. Da eine deliktsrechtliche Haftung des Vertragspartners wegen eines schlichten Vertragsbruchs aus guten Gründen verneint wird, verbleibt als Alternative nur eine grundsätzliche Haftungsfreistellung des Dritten.

II. Der Relativitätsgrundsatz

Gegen die im wettbewerbsrechtlichen Bereich anzutreffende strenge Haftung des vertraglich nicht gebundenen Dritten spricht auch der Grundsatz der Relativität von Forderungsrechten. Dieser hat im Wettbewerbsrecht angesichts des Umstands, daß allein ein Handeln zu Wettbewerbszwecken für eine Haftung als ausreichend angesehen wird, nahezu jede Bedeutung verloren. Die extensive Auslegung des § 1 UWG hat im Ergebnis zur Folge, daß das aus dem Relativitätsgrundsatz grundsätzlich fließende Verbot, an einem Vertrag nicht beteiligte Dritte zu belasten, praktisch aufgegeben worden ist. Indem letztlich nur der in unverschuldeter Unkenntnis über die bereits bestehenden vertraglichen Bindungen oder im Irrtum über die tatsächlichen Umstände Handelnde von der deliktsrechtlichen Haftung nach § 1 UWG ausgenommen wird, werden dem Forderungsrecht absolute Wirkungen beigelegt, die dem Forderungsrecht im deutschen Recht ansonsten grundsätzlich nicht zuerkannt werden[1137].

Der Relativitätsgrundsatz und damit einhergehend das Verbot von Verträgen zu Lasten Dritter bezweckt gerade zu vermeiden, daß Dritte durch fremde Verträge einem Rechtszwang ausgesetzt werden[1138]. Genau dies ist aber die Folge, wenn ein grundsätzlich wertneutrales Verhalten, wie das

---

1136 Siehe oben S. 87.

1137 Siehe hierzu die in Fn. 343 dargestellte Kritik *Emmerichs*, der darauf hinweist, daß wettbewerbsbeschränkenden Bindungssystemen quasi gesetzesgleiche Kraft zuerkannt worden sei, UWG, S. 72.

1138 *Krasser*, Der Schutz vertraglicher Rechte, S. 299.

Handeln zu Wettbewerbszecken, für eine Haftung wegen Verleitung zum Vertragsbruch als ausreichend erachtet wird. Dem Wettbewerber wird es somit nicht tatsächlich, sondern rechtlich unmöglich, um Vertragspartner zu werben, die vertragsbrüchig werden müßten, um eine neue Geschäftsbeziehung aufzunehmen oder zu erweitern. Der Dritte wird somit von Rechts wegen in seiner ebenfalls grundgesetzlich geschützten Entscheidungsfreiheit zum Abschluß von Verträgen beschränkt. Dieses Ergebnis muß befremdlich erscheinen, wenn man bedenkt, daß sich der Dritte im Gegensatz zu dem gebundenen Vertragspartner, die Einschränkung des rechtlichen Dürfens gerade nicht selbst auferlegt hat. Eine solche Beschränkung der Handlungsfreiheit kollidiert offensichtlich mit der Grundaussage des Relativitätsgrundsatzes, wonach sich vertragliche Wirkungen auf die am Vertrag beteiligten Parteien beschränken.

Für den Haftungsrahmen des § 826 BGB ist überdies anerkannt, daß ein Verleiten oder Ausnutzen erst durch das Hinzutreten besonderer Umstände als Sittenverstoß zu werten ist. Dies wird zum einen mit der Wertneutralität des Vertragsbruchs und zum anderen mit der Gefahr der Ausweitung des grundsätzlich beschränkten Schutzes des Forderungsrechts zu einer absoluten Schutzposition begründet[1139]. Das Forderungsrecht sollte aber gerade nicht über den Umweg des § 826 BGB letztlich doch faktisch als Rechtsgut Anerkennung finden. Dieses Bestreben ist im Wettbewerbsrecht durch die extrem weite Auslegung des § 1 UWG, welcher dem Forderungsrecht unabhängig von der Art des Verhaltens Schutz gewährt, völlig aufgegeben worden. Der weitreichende Schutz des Forderungsrechts verstößt nicht nur gegen den Grundsatz der Relativität, sondern auch gegen den Wortlaut des Gesetzes. Ebenso wie im Bereich des § 826 BGB die Wertneutralität der Vertragsverletzung durch den Vertragspartner die Bewertung einer per se rechtmäßigen Handlung als sittenwidrig verhindert, muß dies auch im Wettbewerbsrecht gelten. Es darf auch nicht allein die Geltung strengerer Maßstäbe im Wettbewerbsrecht dazu führen, daß die bloß wissentliche Mitwirkung an einem wertneutralen Verhalten zu einer größeren Haftung des Dritten führt. Das Anlegen eines derart strengen Maßstabes hat zur Folge, daß man das Forderungsrecht im wettbewerbsrechtlichen Bereich zu einem nahezu absoluten Schutzgut entwickelt.

1139 Siehe oben S. 67 f.

III. Schutzzweck des § 1 UWG

Bestätigt wird dieses Ergebnis auch unter Beachtung des Schutzzwecks des § 1 UWG, welcher nicht nur den Schutz des Wettbewerbs, sondern auch den Schutz der Allgemeinheit umfaßt[1140]. Aus der Sicht der Allgemeinheit ist aber das Verhalten des Vertragspartners ebenso schädlich oder unschädlich wie das des Dritten. Auch unter diesem Blickwinkel scheint eine Haftung des Dritten daher nur dann gerechtfertigt zu sein, wenn auch der Vertragspartner haftet. Wird eine Haftung des Vertragspartners verneint, muß eine Inanspruchnahme des Dritten ebenfalls als unangemessen erscheinen. Der Vertragspartner handelt nicht mehr oder weniger unmoralisch und negiert den Vertrag als Institution nicht stärker als der Dritte.

IV. Historische Wurzeln

Zu bedenken bleibt, daß sich die Haftung wegen der Störung fremder vertraglicher Beziehungen, wie die historischen Betrachtungen gezeigt haben, vorrangig zur Korrektur sozialer Mißstände sowie zur Manifestierung heute überkommener Herrschaftsverständnissen in Dienstverhältnissen entwickelt haben[1141]. So wurde beispielsweise in England der Grundsatz der Relativität von Verträgen und der Freiheit des Vertragsschlusses mit dem Erlaß der "Ordinance of Labourers" durch gesetzliche Anordnung zur Bekämpfung eines Seuchennotstandes durchbrochen[1142]. Dem Eingriff in Dienstverhältnisse lag der Gedanke zugrunde, daß ein Dienstverpflichteter als Eigentum des Dienstherrn angesehen wurde. Diese Erwägungen wurden von ihren seit langem verlorengegangenen Wurzeln losgelöst in die moderne Zeit übertragen und ausgedehnt. Eine sozialpolitische oder rechtsdogmatisch vernünftige Begründung ist hierfür nicht ersichtlich.

1140 Siehe oben S. 86.
1141 Siehe oben zum deutschen Recht S. 35 f.
1142 Siehe oben S. 150 f.

V. Ökonomische Analyse

Aus diesen Überlegungen ergibt sich die weitere Frage, ob die weitreichende Haftung wegen Verleitung zum Vertragsbruch auch unter Berücksichtigung ökonomischer Gesichtspunkte vertretbar erscheint. Denn Hauptfunktion des § 1 UWG ist in erster Linie der Schutz des Marktes, also der Allgemeinheit. Es ist aber fraglich, ob es im Hinblick auf das wohl der Allgemeinheit nicht sinnvoll erscheint, gerade im wettbewerbsrechtlichen Bereich die Frage der Zulässigkeit eines Eingriffs in fremde Vertragsbeziehungen durch Verleitung zum Vertragsbruch nicht großzügiger zu bewerten.

1. Grundsätzliches

Der Versuch, Rechtssysteme oder einzelne Rechtsnormen auf ihre Fähigkeit zur Steigerung der sozialen Wohlfahrt zu untersuchen, ist in erst in den letzten Jahrzehnten in den Vordergrund juristischer Diskussionen gerückt[1143]. Ein bedingungsloses Unterstellen juristischer Entscheidungen unter wirtschaftliche Gesichtspunkte wäre zwar verfehlt, weil das Recht und die diesem zugrundeliegenden Wertentscheidungen nicht ausschließlich ökonomische Zielsetzungen verfolgen. Eine Überprüfung althergebrachter Prinzipien auf ihre Fähigkeit die gesamtgesellschaftliche Wohlfahrt zu steigern, erscheint aber insbesondere dann besonders wichtig, wenn das Ziel einer Rechtsnorm sich nicht allein auf den Interessenausgleich zwischen einzelnen Rechtssubjekten beschränkt, sondern darüber hinaus den Schutz und das Wohl der Allgemeinheit bezweckt[1144]. Dies gilt insbesondere für deliktsrechtliche Normen. Diese verfolgen neben der Sicherstellung eines Schadensausgleichs zwischen Schädiger und Geschädigtem gerade auch das Ziel, das Verhalten einzelner so zu steuern, daß künftige Schadensfälle vermieden werden. Aufgrund dieser Zielsetzung erscheint es angemessen, deliktsrechtliche Normen auf den Sinn des aus ihnen resultierenden Haftungsumfangs und den damit einhergehenden Gewinn oder Verlust an gesamtgesellschaftlicher Wohlfahrt zu überprüfen[1145]. So mag die Sanktionierung eines schadensstiftenden Verhaltens auch dann in Zweifel zu ziehen sein, wenn die

1143 *Kötz*, Rn. 41.
1144 Id.

Verletzung eines fremden Rechts zu einem Mehr an gesellschaftlichem Wohlstand führt und die Verletzungshandlung selbst nicht als per se rechtswidrig einzustufen ist.

2. *Ökonomische Bewertung des Vertragsbruchs*

Speziell für die deliktsrechtliche Behandlung des Eingriffs in fremde vertragliche Beziehungen ist diesem Fragenkreis *Perlman* in einer eingehenden Untersuchung zum amerikanischen Recht nachgegangen[1146]. Ausgangspunkt der von *Perlman* aus ökonomischer Sicht geübten Kritik ist, daß der Bruch eines Vertrages grundsätzlich als Hinweis darauf zu verstehen ist, daß Werte und Ressourcen, die zur Erfüllung des gestörten Vertragsverhältnisses bestimmt waren, einer wertvolleren und gewinnbringenderen Verwendung zugeführt werden. Aus dieser Verlagerung von Werten in effizientere Anlagen, resultiere eine Steigerung sozialen Wohlstands[1147]. Diesen Schluß zieht *Perlman* aus der Erkenntnis, daß dieses Verhalten insbesondere dann in Erscheinung trete, wenn ein bereits vertraglich Verpflichteter eine Vergütung für die von ihm zu erbringende Leistung angeboten bekomme, die ihm größere Vorteile biete, als diejenige die die Erfüllung des ersten Versprechens gewähre. Dieses wirtschaftlich effiziente Verhalten werde durch ein zu hohes Haftungsrisiko aber gehemmt[1148]. Aus ökonomischer Sicht spreche somit nichts dagegen, die Haftung wegen "interference with contractual relations" auf die Fälle zu beschränken, in denen die Handlung selbst einen deliktsrechtlichen Tatbestand erfülle oder eine als "malicious" zu qualifizierende Handlung wahrscheinlich zu einer Minderung des allgemeinen Wohlstands führe[1149].

Diese Betrachtung ist zutreffend und spiegelt gerade die auch im deutschen Wettbewerbsrecht erforderliche Abgrenzung von Leistungs- und Nichtleistungswettbewerb wider. Solange es einem Mitbewerber aufgrund effizienteren Wirtschaftens gelingt, eine Leistung zu besseren Konditionen als sein Mitbewerber anzubieten, ist aus ökonomischer Sicht kein Grund

---

1145 *Kötz*, Rn. 119.
1146 *Perlman*, 49 U.Chi.L.Rev. 61 (1982).
1147 *Perlman*, 49 U.Chi.L.Rev. 61, 82, 83 (1982).
1148 *Perlman*, 49 U.Chi.L.Rev. 61, 82 (1982).
1149 *Perlman*, 49 U.Chi.L.Rev. 61, 94-97 (1982).

ersichtlich, den Einbruch in fremde vertragliche Beziehungen deliktsrechtlich zu sanktionieren. Das ist Aufgabe des Vertragsrechts[1150]. Das Vertragsrecht hat sicherzustellen, daß der dem enttäuschten Vertragspartner entstehende Schaden ersetzt wird. Entsprechende Ansprüche haben sich dementsprechend gegen den vertragsuntreuen Vertragspartner zu richten. Ein vertragsbrüchiges Verhalten wird im Regelfall auch nur dann in Erscheinung treten, wenn für den vertragsbrüchigen Partner nach Ausgleich des von ihm zu ersetzenden Schadens aus der Durchführung des Alternativgeschäftes ein Gewinn verbleibt oder der Eingriff für den Dritten so lukrativ ist, daß er wirtschaftlich die dem vertragsuntreuen Partner obliegende Schadensersatzpflicht übernehmen kann[1151]. Eine deliktische Sanktionierung des Eingriffs in fremde vertragliche Beziehungen ist daher solange als zulässig zu erachten, als dieser wirtschaftlich sinnvoll erscheint. Erst wenn der Eingriff durch Ausnutzung überlegener Marktmacht offensichtlich lediglich auf die Vernichtung des Mitbewerbers zielt, also ein Handeln in Schädigungsabsicht vorliegt, ist eine deliktische Haftung begrüßenswert[1152]. Aus ökonomischer Sicht ist daher eine Begrenzung der Haftung auf nicht im Leistungswettbewerb erfolgende Eingriffe angezeigt. Per se rechtswidrige Eingriffshandlungen wie Betrug, Zwang oder Erpressung können auch aus ökonomischer Sicht nie gerechtfertigt sein.

§ 3 Lösungsvorschlag

Perlman tritt zur Lösung der schwierigen, mit der Haftung wegen "interference with contractual relations" verbundenen Fragen dafür ein, Störungshandlungen in zwei Kategorien einzuteilen, eine in der das Verhalten des Dritten als per se rechtmäßig "otherwise lawful" und eine, in der das Verhalten des Dritten als per se rechtswidrig "independently wrongful" zu qualifizieren ist. In den letzteren Fällen schlägt *Perlman* vor, daß der enttäuschte Vertragspartner den per se rechtswidrig handelnden Dritten auf der Grundlage dieses speziellen Deliktsanspruchs, nicht jedoch wegen "interference

1150 Id.
1151 Id.
1152 Id.

with contractual relations" in Anspruch nehmen solle[1153]. Danach verblieben für eine Haftung wegen "interference with contractual relations" nur noch die Fälle, die von speziellen Deliktsansprüchen nicht erfaßt werden könnten.

Dieser Auffassung ist im Ausgangspunkt zu folgen. Denn *Perlman* weist zutreffend darauf hin, daß die US-amerikanischen Gerichte dem Zusammenspiel von Vertrags- und Deliktsrecht zu wenig Aufmerksamkeit schenken[1154]. Entsprechendes gilt für die deutschen Gerichte. Dies ist jedoch erforderlich, weil das Deliktsrecht nicht der Überwindung, sondern dem Schutz vertraglicher Beziehungen dient. Aus Sicht *Perlman's* ist das Augenmerk daher weg von der Tatsache des Eingriffs hin zu der Natur der Eingriffshandlung zu richten. Hieraus ergeben sich zwei unterschiedlich zu behandelnde Fallgruppen. Dies sind die bereits eingangs erwähnten per se rechtmäßigen und per se rechtswidrigen Eingriffshandlungen[1155]. Erfolgt der Eingriff durch per se unlautere Mittel ist, weil regelmäßig mit deren Einsatz auch die Absicht der Schädigung des enttäuschten Vertragspartners einhergehen wird, eine Haftung gemäß §§ 826 BGB, 1 UWG als begründet anzusehen. Dies entspricht sowohl für das allgemeinen Deliktsrecht als auch für das Wettbewerbsrecht dem derzeitigen Stand der deutschen Rechtsprechung. Erfolgt die Verleitungshandlung hingegen durch den Einsatz per se lauterer Mittel, ist eine Haftung solange abzulehnen, als deren Einsatz nicht in der bloßen Absicht erfolgt, den Mitbewerber zu schädigen. Auch dies ist zumindest für das allgemeine Deliktsrecht derzeitiger Stand der deutschen Rechtsprechung.

Für den wettbewerbsrechtlichen Bereich sind die dargestellten Wertungen zu übernehmen. Zu beachten ist hierbei insbesondere, daß allein das Handeln zu Wettbewerbszwecken keinesfalls geeignet sein darf, eine Haftung wegen Verleitung zum Vertragsbruch zu begründen. Das Handeln zu Zwecken des Wettbewerbs und damit das Bestehen eines Wettbewerbsverhältnisses ist Tatbestandsvoraussetzung des § 1 UWG, dessen Vorliegen die Anwendbarkeit der Norm erst begründet. Eine die Anwendbarkeit einer Norm erst begründende Voraussetzung kann jedoch nicht zugleich ein das Unwerturteil der Sittenwidrigkeit begründender Umstand sein. Bereits aus

---

1153 *Perlman*, 49 U.Chi.L.Rev. 61, 69, 70, 126 (1982); ähnlich *Dobbs*, 34 Ark.L.Rev. 355, 363 f. (1980).

1154 *Perlman*, 49 U.Chi.L.Rev. 61, 62 (1982).

1155 Id.

dem Wortlaut des § 1 UWG wird daher ersichtlich, daß ein über das Handeln zu Wettbewerbszwecken hinausgehendes, zu mißbilligendes Verhalten für eine Haftungsbegründung erforderlich ist. Erforderlich ist demgemäß die Feststellung eines Fehlverhaltens. Als "Fehlverhalten" kann jedoch nur ein Verhalten qualifiziert werden, das per se rechtswidrig ist. Der Einsatz per se rechtmäßiger Mittel kann nur dann haftungsbegründend wirken, wenn diese gerade in der Absicht eingesetzt werden, den Dritten zu schädigen.

Dies bedeutet, daß entgegen der gängigen Rechtsprechung im Wettbewerbsrecht die Gewährung irgendwelcher Anreize, wie das Bieten eines höheren Preises, die Freistellung von Schadensersatzansprüchen oder die Gewährung sonstiger irgendwie gearteter günstigerer Konditionen keine haftungsbegründende Wirkung haben darf. So ist nicht nachvollziehbar, warum das Abwerben eines Arbeitnehmers Schadensersatzpflichten des neuen Arbeitgebers auslösen soll, weil das bisherige Arbeitsverhältnis unter Mißachtung vereinbarter Kündigungsfristen beendet wird. Allein das Wissen um derartige Umstände kann das Verhalten des neuen Arbeitgebers nicht als sittenwidrig erscheinen lassen. Der bisherige Arbeitgeber ist hinreichend über die Möglichkeit der Erwirkung einer einstweiligen Verfügung oder der Geltendmachung von Schadensersatzansprüchen gegen den Arbeitnehmer geschützt. Eines weitergehenden, gegen den neuen Arbeitgeber gerichteten Schutzes bedarf es nicht. Solange der neue Arbeitgeber den Arbeitnehmer nicht in der Absicht, den bisherigen Arbeitgeber zu schädigen abwirbt, ist für eine die vertraglichen Ansprüche ergänzende deliktische Haftung kein Raum. Entsprechendes gilt für alle Arten von Verträgen. Der Schutz vertraglicher Beziehungen ist grundsätzlich Aufgabe des Vertragsrechts. Die Bereitstellung deliktischer Haftungsnormen kann nur dort gerechtfertigt sein, wo sich das unlautere Verhalten eines Dritten direkt gegen den enttäuschten Vertragspartner richtet, d.h. eine nicht leistungsgerechte Behinderung im Wettbewerb festzustellen ist. Sofern das Verhalten eines außerhalb des gestörten Vertrages stehenden Dritten nicht über eine spezialgesetzliche Anordnung in Verbindung mit § 823 Abs. 2 BGB als haftungsbegründend anzusehen ist, muß § 1 UWG ähnlich wie § 826 BGB als Auffangatbestand zur Sanktionierung rechtlich zu mißbilligenden Fehlverhaltens angesehen werden. Die Anwendbarkeit des § 1 UWG ist daher, wie im Rahmen des § 826 BGB praktiziert, zu beschränken.

Ergebnis

Als Ergebnis dieser Untersuchung ist nach der Gegenüberstellung der Rechtsordnungen Deutschlands und der US-amerikanischen Bundesstaaten festzustellen, daß der in Deutschland dem Forderungsrecht durch die Rechtsprechung gewährte deliktsrechtliche Schutz gegen Eingriffe Dritter durch die US-amerikanischen Rechtsordnungen bestätigt wird. Die US-amerikanischen Gerichte gewähren dem Forderungsrecht über die Anerkennung des Forderungsrechts als deliktsrechtlich geschütztes Rechtsgut sogar einen noch weitergehenden Schutz. Vor allem in den USA ist der dem Forderungsrecht gewährte Schutz allerdings rechtshistorisch auf längst überholte Vorstellungen zurückzuführen, die auf eine moderne Wettbewerbsgesellschaft nicht übertragbar sind. Dem Grundsatz der Relativität von Verträgen sowie der allgemeinen Handlungsfreiheit des Einzelnen wird durch die Gerichte keine hinreichende Beachtung geschenkt. Durch eine sachlich nicht gerechtfertigte Schlechterstellung des vertraglich nicht gebundenen Dritten wird dem Forderungsrecht unter Verletzung des Relativitätsprinzips im Bereich des Wettbewerbsrechts zum Schutz vor Eingriffen Dritter eine nicht zu rechtfertigende dingliche Wirkung beigelegt. Vertragliche Prinzipien und die damit einhergehende Haftungsbeschränkung auf die am Vertrag Beteiligten werden im Ergebnis mit Mitteln der außervertraglichen Haftung ausgehebelt. Diese Problematik ist in der US-amerikanischen Literatur ebenso wie in der deutschen Rechtslehre erkannt und thematisiert worden. Es ist zu hoffen, daß die in der Rechtslehre laut gewordene Kritik geeignet ist, in Deutschland einen Wandel der zu strengen wettbewerbsrechtlichen Haftung wegen Verleitung zum Vertragsbruch herbeizuführen.

Literaturverzeichnis

Alt, Wilfried, Nationale Wettbewerbsbeschränkungen und freier Warenverkehr, EuZW 1990, 311-313

American Jurisprudence (Second), A Modern Comprehensive Text Statement of American Law, Vol. 45, Rochester/S.F., 1969, Vol. 22 Rochester/S.F., 1988 (with Cumulative Supplement May 2000)

Anderson, David A., An Errant Tort, 8-9 Rev. Lit. 409-440 (1990)

Assmann, Heinz-Dieter, Schadensersatz in mehrfacher Höhe des Schadens, BB 1985, 15-25

Avins, Alfred, Inducing the Termination of Contract, 24 Tenn.L.Rev. 1089-1118 (1957)

ders., Liability for Inducing a Corporation to Breach its Contract, 43 Corn. L.Q. 55-65 (1957)

Bacher, Klaus, Kommentar zu BGH, Urt. v. 24.4.1997 – I ZR 210/94, EWiR 1997, 1045-1046

Bar, Christian von, Verkehrspflichten, Köln/Berlin/Bonn/München 1980

ders., Grundfragen des Internationalen Deliktsrechts, JZ 1985, 961-969

Basedow, Jürgen, Der kollisionsrechtliche Gehalt der Produktfreiheiten im europäischen Binnenmarkt: favor offerentis, RabelsZ 59 (1995), 1-55

ders., Europarecht und Internationales Privatrecht, NJW 1996, 1921-1926

Baudenbacher, Carl, Marktstörung durch Ausnutzen fremden Vertragsbruchs zu Lasten selektiver Vertriebssysteme – Für einen Paradigmawechsel in der Rechtsprechung des BGH, in: Festschrift für Alfred-Carl Gaedertz, München 1992, 19-43

Bauman, John A., Multiple Liability, Multiple Remedies, and the Federal Rules of Civil Procedure, 46 Minn.L.Rev. 729-748 (1962)

Baumbach, Adolf/*Hefermehl, Wolfgang*, Wettbewerbsrecht, 20. Aufl., München 1998

Baumbach, Adolf/Hueck, Alfred, Kommentar zum GmbH-Gesetz, 17. Aufl. München 1998

Baumbach, Manfred/Henkel, Christoph, Anerkennung und Vollstreckung von punitive damages-Entscheidungen amerikanischer Zivilgerichte vor dem Hintergrund des Verfahrens BMW v. Gore, RIW 1997, 727-733

Beane, Leona, Interference with Competitor's Employees at Will - Is the Interference Justified ?, 21 Washburn L.J. 22-47 (1981)

Bechtold, Rainer, Kartellgesetz, Kommentar zum Gesetz gegen Wettbewerbsbeschränkungen, 2. Aufl., München 1999

Beier, Friedrich-Karl, Der Schutz selektiver Vertriebsbindungen gegenüber Außenseitern – Die Lückenlosigkeit in Theorie und Praxis, GRUR 1987, 131-140

ders., Ende des Erfordernisses der Lückenlosigkeit?, NJW 1994, 3211-3214

Bernhard, Peter, Cassis de Dijon und Kollisionsrecht - am Beispiel des unlauteren Wettbewerbs, EuZW 1992, 437-443

Blinkoff, Jakob N., Interference with contractual relations: Limitations on the Lumley v. Gye doctrine, 17 Corn.L.Q. 509-522 (1932)

Blumenwitz, Dieter, Einführung in das anglo-amerikanische Recht, 6. Aufl. München 1998

Brockmeier, Dirk, Punitive damages, multiple damages und deutscher ordre public, Hamburg 1999

Brödermann, Eckart/Iversen, Holger, Europäisches Gemeinschaftsrecht und Internationales Privatrecht, Tübingen 1994

Broida, R./Handler, Th., Tortious Interfernce With Contract And Prospective Advantage In Illinois, 32 De Paul L.Rev. 325-349 (1983)

Buchner, Herbert, Die Bedeutung des Rechts am eingerichteten und ausgeübten Gewerbebetrieb für den deliktsrechtlichen Unternehmensschutz, München 1971

Bundestags-Drucksache 12/7302, Beschlußempfehlung und Bericht des Rechtsausschusses vom 19.04.1994 zu dem Gesetzentwurf der Bundesregierung (Bundestags-Drucksache 12/443)

Bundestags-Drucksache 14/343, Gesetzentwurf der Bundesregierung; Entwurf eines Gesetzes zum Internationalen Privatrecht für außervertragliche Schuldverhältnisse und für Sachen

Bydlinski, Franz, Mittäterschaft im Schadensrecht, AcP 158 (1959/60), 410-430

Caemmerer von, Ernst, Bereicherung und unerlaubte Handlung, in: Festschrift für Ernst Rabel, Bd. I, Rechtsvergleichung und Internationales Privatrecht, Tübingen 1954, S. 333-401

ders., Wandlungen des Deliktsrechts, in: Festschrift "Hundert Jahre Deutsches Rechtsleben", Bd. 2, Karlsruhe 1960, S. 49-136

Calamari, John D./Perillo, Joseph M., The Law of Contracts, 4th ed., St. Paul, Minn., 1998

Canaris, Claus-Wilhelm, Verlängerter Eigentumsvorbehalt und Forderungseinzug durch Banken, NJW 1981, 249-259

ders., Befremdliches zur Barvorschußtheorie beim Factoring!, NJW 1981, 1347-1350

Carpenter, Charles E., Interference With Contractual Relations, 41 Harv. L.Rev. 728-763 (1928)

Chrocziel, Peter, Die eingeschränkte Geltung des Gesetzes gegen den Unlauteren wettbewerb für EG-Ausländer, EWS 1991, 173-179

Clark, Robert C., Corporate Law, Boston/Toronto, 1986

Cook, James C./Pennock, Lisa M., Qualified Privilege in Intentional Interference with Contract Cases, 79 Ill.B.J. 90-93 (1991)

Corpus Juris Secundum, A Complete Restatement of the Entire American Law as Developed by all Reported Cases by Lundes and Gilbert, Vol. 86, Brooklyn N.Y., 1997 with Cumulative Annual Pocket Part 1999

Currie, Brainerd, Comments on Babcock v. Jackson, 63 Col.L.Rev. 1233-1243 (1963)

Danforth, John, Tortious Interference with Contract: A Reassertion of Society's Interest in Commercial Stability and Contractual Integrity, 81 Col. L.Rev. 1491-1524 (1981)

Dawson, John P., Specific Performance in France and Germany, 57 Mich. L.Rev. 495-538 (1959)

Deutsch, Erwin, Wettbewerbstatbestände mit Auslandsbeziehungen, Stuttgart 1962

Dobbs, Dan B., Tortious Interference with Contractual Relationships, 34 Ark.L.Rev. 335-376 (1980)

ders., Law of Remedies, 2nd ed., St. Paul Minn. 1993

Dowling, Donald C., A Contract Theory for a Complex Tort: Limiting Interference with Contract Beyond the Unlawful Means Test, 40 U. Miami L.Rev. 487-519 (1986)

Dubischar, Roland, Doppelverkauf und "ius ad rem", JuS 1970, 6-12

Ebke, Werner F., Erste Erfahrungen mit dem EG-Schuldvertragsübereinkommen, in: Bar von, Christian (Hrsg.), Europäisches Gemeinschaftsrecht und Internationales Prozeßrecht, Köln 1990, S. 77-106

ders., Die Konzernierung im US-amerikanischen Recht, in: Mestmäcker, Ernst-Joachim, Das Gesellschaftsrecht der Konzerne im internationalen Vergleich, Baden-Baden 1991, S. 279-327

ders., Neuere Entwicklungen im US-amerikanischen Handels- und Wirtschaftsrecht, RIW 1995, 64-70

ders., Unternehmensrechtsangleichung in der Europäischen Union: Brauchen wir ein European Law Institute?, in: Festschrift für Bernhard Großfeld, Tübingen 1999, S. 189-217 *ders.*, Neuere Entwicklungen im US-amerikanischen Handels- und Wirtschaftsrecht, RIW 2000, 295-299

ders., Die Haftung des gesetzlichen Abschlußprüfers im Internationalen Privatrecht, in: Festschrift für Otto Sandrock, Heidelberg 2000, S. 243-266

Ehrenzweig, Albert A., Der Tatort im amerikanischen Kollisionsrecht der außervertraglichen Schadensersatzansprüche, in: Festschrift für Ernst Rabel, Band I, Rechtsvergleichung und Internationales Privatrecht, Tübingen 1954, S. 655-683

Emmerich, Volker, Das Recht des unlauteren Wettbewerbs, 5. Aufl., München 1998

ders., Kartellrecht, 9. Aufl., München 2001

Ensthaler, Jürgen, Durchsetzbarkeit selektiver Vertriebssysteme gegenüber Außenseitern nach dem Cartier-Urteil des EuGH, NJW 1995, 1200-1202

Epstein, Richard A., Inducement of Breach of Contract as a Problem of Ostensible Ownership, 16 J.Leg.Stud. 1-41 (1987)

Epstein, Robert S., Interference With Contractual Relations: A Property Limitation, 18 Stan.L.Rev. 1406-1417 (1966)

Erman, Walter, Handkommentar zum BGB, 9. Aufl., 1. Bd., 1993

Eshelman, W. E., 9 to 5 Fashions v. Spurney: Lousiana Recognizes a Limited Form of Tortious Interference with Contractual Relations, 64 Tul. L.Rev. 631-637 (1989)

Esser, Josef/ Weyers, Hans-Leo, Schuldrecht Bd. II, BT, 8. Aufl., Heidelberg 1995

Estes, Jerry C., Expanding Horizons in the Law of Torts - Tortious Interference, 23 Drake L.Rev. 341-363 (1974)

Fabricius, Fritz, Zur Dogmatik des "sonstigen Rechts" gemäß § 823 Abs. 1 BGB, AcP 160 (1961), 273-336

Farnsworth, E. Allan, Legal Remedies For Breach Of Contract, 70 Col. L.Rev. 1145-1216 (1970)

Feltham, Timothy S., Tortious Interference With Contractual Relations: The Texaco Inc. v. Pennzoil Co. Litigation, 33 N.Y.L.S.L.Rev. 111-144 (1988)

Fezer, Karl-Heinz, Teilhabe und Verantwortung, München 1986

ders., Vertriebsbindungssysteme als Unternehmensleistung, GRUR 1990, 551-567

ders., Elektronische Verlagserzeugnisse als Gegenstand der kartellrechtlichen Preisbindung, NJW 1997, 2150-2152

Ficker, Hans Claudius, Interference with Contractual Relations und deliktsrechtlicher Schutz der Forderung, in: Festschrift für Hans G. Ficker, Frankfurt/Berlin 1967, S. 152-184

Fikentscher, Wolfgang, Schuldrecht, 9. Aufl., Berlin/New York 1997

Fine, Benjamin L., An Analysis of the Formation of Property Rights Underlying Tortious Interference with Contracts and Other Economic Relations, 50 U.Chi.L.Rev. 1116-1145 (1983)

Firsching, Karl/Hoffmann, Bernd von, Internationales Privatrecht, 6. Aufl., München 2000

Fischer, Otto Christian, Die Verletzung des Gläubigerrechts als unerlaubte Handlung nach dem Bürgerlichen Gesetzbuch für das Deutsche Reich, Jena 1905

Fischer, Thomas G., Liability of Corporate Director, Officer, or Employee for Tortius Interference with Corporation's Contract with Another, 72 ALR4th 492-624 (1989)

Fisher, William H., Remedies For Commercial Injuries, 21 Tenn.B.J. 7-11 (1985)

Fleming, James, Limitations on Liability for Economic Loss Caused by Neglicence: A Pragmatic Appraisal, 25 Vand.L.Rev. 43-58 (1972)

Flume, Werner, Das Rechtsgeschäft, 4. Aufl., 1992

ders., Zur Problematik des verlängerten Eigentumsvorbehalts, NJW 1959, 913-922

Fraenkel, Osmond K., Recent Statutes Affecting Labor Injunctions and Yellow Dog Contracts, 30 Ill.L.Rev. 854-883 (1936)

Freitag, Robert/Leible Stefan, Das Bestimmungsrecht des Art. 40 Abs. 1 EGBGB im Gefüge der Parteiautonomie im Internationalen Privatrecht, ZvglRWiss 99 (2000), 101-142

Freund, Ernst, Malice And Unlawful Interference, 11 Harv.L.Rev. 449-465 (1898)

Friedrich, Klaus, Der Vertragsbruch, AcP 178 (1978), 468-493

Gaedertz, Alfred-Carl, Der selektive Vertrieb im Banne der "Cartier-Entscheidung" des EuGH, in: Festschrift für Henning Piper, München 1996, 231-241

Gamer, Barbara T., The Agent's Privilege to Interfere Intentionally with Contractual Relations: A Reappraisal of California Law, 12 Cal.W.L. Rev. 475-490 (1976)

Gamm, Otto-Friedrich Frhr. von, Wettbewerbsrecht, 5. Aufl., 1. Hb., Köln/ Berlin/ Bonn/München 1987

ders., Die theoretische und praktische Lückenlosigkeit bei Vertriebssystemen – Eine Analyse und Wertung, WUW 1992, 400-407
ders., Gesetz gegen den unlauteren Wettbewerb, 3. Aufl. Köln/Berlin/Bonn/München 1993
Giefers, Hans-Werner, Gerichtsstand am Sitz des verletzten Unternehmens bei Eingriffen in den Gewerbebetrieb, insbesondere bei Preis- und Vertriebsbindungsverstößen, WRP 1969, 143-147
Gitlitz, James B., Contracts: Torts: Interference with Contractual Relations: Contract to Commit a Tort: Break of Contract as a Tort, 18 Corn.L.Q. 84-93 (1932)
Green, Leon, Relational Interests, 29 Ill.L.Rev. 460-490 und 1041-1057 (1935) sowie 30 Ill.L.Rev.1-45 und 314-352 (1936)
ders., Protection of Trade Relations under Tort Law, 47 Va.L.Rev. 559-582 (1961)
Green, Leon/Pedrick, Willard H./Rahl, James A./Thode E. Wayne/Hawkins, Carl S./ Smith, Allen E., Injuries to Relations, St. Paul Minn. 1968
Großfeld, Bernhard, Die Privatstrafe, Frankfurt 1961
ders., Macht und Ohnmacht der Rechtsvergleichung, Tübingen 1984
Grothe, Gina M., Interference with Contract in the Competitive Market Place, 15 Will.Mitch.L.Rev. 453-474 (1989)

Habersack, Mathias, Die Mitgliedschaft – subjektives und "sonstiges" Recht, Tübingen 1996
Hampf, Carol J., The Scope of Permissible Interference with Contractual Relations, 18 Col.Law. 627-629 (1989)
Harms, Wolfgang, Lückenlosigkeit der Preisbindung ohne Reimportverbote, Stuttgart 1973
Harper, Fowler V./James, Fleming/Gray, Oscar S., The Law of Torts, Vol. 2, 2nd ed., Boston/Toronto 1986 (Supplement 1994)
Harper, Fowler V., Interference with Contractual Relations. 47 Nw.U.L. Rev. 873-893 (1953)
Hein, Wolfgang, Die Verleitung zum Vertragsbruch nach bürgerlichem Recht, Breslau 1906
Hein, Jan von, Das Günstigkeitsprinzip im Internationalen Deliktsrecht, Tübingen 1999
ders., Günstigkeitsprinzip oder Rosinentheorie? – Erwiderung auf Lorenz, NJW 1999, 2215, NJW 1999, 3174-3175
ders., Rück- und Weiterverweisung im neuen deutschen Internationalen Deliktsrecht, ZVglRWiss 99 (2000), 251-277
Herrmann, J., Verleitung zum Vertragsbruch, GRUR 1955, 21-25

Hill, Alfred, Breach of Contract as a Tort, 74 Col.L.Rev. 40-51 (1974)
Hoffmann, Bernd von, Internationales Privatrecht, 6. Aufl., München 2000
Holmes, Oliver W., Privilege, Malice, And Intent, 8 Harv.L.Rev. 1-14 (1894)
ders., The Path of the Law, 10 Harv.L.Rev. 457-476 (1897)
Hüffer, Uwe, Kommentar zum Aktiengesetz, 4. Aufl., München 1999

Immenga, Ulrich/Mestmäcker, Ernst-J., Kommentar zum GWB, 2. Aufl. München 1992

Jaffe, Judianne, License to Kill - Strengthening the Attorney's Privilege to Advise Clients Not to Perform Contracts, 4 Ent. & Sports Law. 9-12 (1985)
Jander, Klaus H./Hoffmann, Jörn, "Tortius Interference with Contract" aus US-amerikanischer und deutscher Sicht, WiB 1995, 896-901
Jauernig, Othmar, Kommentar zum BGB, 9. Aufl., München 1999
Jayme, Erik, Ausländische Rechtsregeln und Tatbestände inländischer Sachnormen – Betrachtungen zu Ehrenzweigs Datum-Theorie, in: Gedächtnisschrift für Albert Ehrenzweig, Karlsruhe/Heidelberg 1976, S. 35-49
Jayme, Erik/Kohler, Christian, Das Internationale Privat- und Verfahrensrecht der EG nach Maastricht, IPRax 1992, 346-357
Jenks, Edward, A Digest of English Civil Law, 3rd ed. 1938
Jensch, Charles C., Interference: The Risks of Hiring Persons who are not Unemployed, 38 Tul.L.Rev. 453-468 (1964)
Johnson, Sara L., Punitive Damages for Interference with Contract or Business Relations, 44 ALR 4th 1078-1117 (1986)
Juenger, Friedrich K., Möglichkeiten einer Neuorientierung des internationalen Privatrechts, NJW 1973, 1521-1526
ders., Choice of Law in Interstate Torts, 118 U.Pa.L.Rev. 202-235 (1969)
Junker, Abbo, Die IPR-Reform von 1999 – Auswirkungen auf die Unternehmenspraxis, RIW 2000, 241-255

Kahn, Andrew J., Tortious Interference with Contract Under Section 301, 10 Ind.Rel.L.J. 258-300 (1988)
Kamps, Charles Q., Interference with Contractual Relations: A Survey of the Wisconsin Law, 43 Marq.L.Rev. 231-243 (1959)
Kaser, Max, Römisches Privatrecht, 16. Aufl., München 1992
Kegel, Gerhard/Schurig, Klaus, Internationales Privatrecht, 8. Aufl., München 2000

Kicker, Jürgen, Selektive Vertriebssysteme ohne Zukunft?, in: Festschrift für Otto Friedrich Frhr. von Gamm, Köln/Berlin/Bonn/München 1990, 49-56

Kiss, Géza, Die Verleitung zum Vertragsbruch, DJZ 1908, Sp. 684-687

ders., Verleitung zur Vertragsverletzung, in: Festschrift für Ernst Zitelmann, München/Leipzig 1913, S. 1-18

Knöpfle, Robert, Zum Erfordernis eines Wettbewerbsverhältnisses bei der Anwendung des UWG, Ufita 93 (1982), 25-42

Kölner Kommentar zum Aktiengesetz, Band 2, §§ 76-117, 2. Aufl., Köln, Berlin, Bonn, München 1996

Köndgen, Johannes, Ökonomische Aspekte des Schadensproblems, AcP 177 (1977), 1-34

Kötz, Hein, Deliktsrecht, 8. Aufl., Neuwied 1998

Köhler, Helmut/Piper, Henning, Gesetz gegen den unlauteren Wettbewerb, München 1995

*Königs, Fol*kmar, Wechselwirkungen zwischen Gesetz gegen Wettbewerbsbeschränkungen und Recht des unlauteren Wettbewerbs, NJW 1961, 1041-1048

Kohler, Jürgen, Das Verfügungsverbot lebt, JZ 1983, 586-592

Koziol, Helmut, Die Beeinträchtigung fremder Forderungsrechte, Wien/New York 1967

Krasser, Rudolf, Der Schutz vertraglicher Rechte gegen Eingriffe Dritter, Köln/Berlin/ Bonn/München 1971

ders., Der Schutz von Preis- und Vertriebsbindungen gegenüber Außenseitern, Köln/ Berlin/Bonn/München 1972

Kreuzer, Karl, Wettbewerbsverstöße und Beeinträchtigung geschäftlicher Interessen (einschl. kartellrechtlicher Schutzvorschriften), in: von Caemmerer, Vorschläge und Gutachten zur Reform des deutschen Internationalen Privatrechts der außervertraglichen Schuldverhältnisse, Tübingen 1983, S. 232-297

Kropholler, Jan, Internationales Privatrecht, 3. Aufl., Tübingen 1997

Kunath, Detlef, Die Darlegungspflicht des Außenseiters in Vertriebsbindungsprozessen, GRUR 1988, 804-807

Landreneau, Kevin P., Piercing the Corporate Veil: Personal Liability of a Corporate Officer for Intentional Interference with Contract: 9 to 5 Fashions, Inc. v. Spurney, 51 La.L.Rev. 141-159 (1990)

Lange, Hermann, Handbuch des Schuldrechts - Schadensersatz, 2. Aufl., Tübingen 1990

Larenz, Karl, Schuldrecht, Band II, Halbband 1, BT, 13. Aufl. München 1986

Larenz, Karl/Canaris, Claus-Wilhelm, Schuldrecht, Band II, Halbband 2, BT, 13. Aufl., München 1994

Lauterpacht, H., Contracts To Break A Contract, 52 L.Q.R. 494-529 (1936)

Leflar, Robert A., Coice-Influencing Considerations in Conflicts Law, 41 N.Y.U.L.Rev. 267-327 (1966)

Leflar, Robert A./McDougal, Luther L./Felix, Robert L., American Conflicts Law, 4th ed., Charlottesville Va., 1986

Levey, Brian R., Tortious Government Conduct and the Government Contract: Tort, Breach of Contract, or Both? 22 Public Contract L.J. 706-756 (1993)

Lindacher, Walter F., Zum Internationalen Privatrecht des unlauteren Wettbewerbs, WRP 1996, 645-652

Löning, Richard, Der Vertragsbruch im deutschen Recht, Bd. 1, Straßburg 1876

Löwisch, Manfred, Der Deliktsschutz relativer Rechte, Berlin 1970

Look van, Frank, Anmerkung zu OLG Stuttgart, Urt. v. 5.7.1996 – 2 U 37/96, EWiR 1997, 255-256

Lorenz, Stephan, Zivilprozessuale Konsequenzen der Neuregelung des Internationalen Deliktsrechts: Erste Hinweise für die anwaltliche Praxis, NJW 1999, 2215-2218

Lufft, Dieter, Planmäßiges Abwerben von Arbeitskräften, NJW 1961, 2000-2004

ders., Beschäftigungsverbot und Entlassungsgebot bei sittenwidrig abgeworbenen Arbeitnehmern, BB 1962, 186-187

Mankowski, Peter, Internet und Internationales Wettbewerbsrecht, GRUR Int. 1999, 909-921

Martin, A. B., Enticement of Employees, 28 Bus.Law. 1341-1359 (1973)

Martin, Werner, Freier Markt und lückenlose Vertriebssysteme- Anmerkung zum Urteil des Bundesgerichtshofs vom 7. Februar 1991 (i ZR 104/89 – "Eigenvertriebssystem"), in : Festschrift für Alfred-Carl Gaedertz, München 1992, 393-402

Martiny, Dieter, Die Anknüpfung an den Markt, in: Festschrift für Ulrich Drobnig, Tübingen 1998, 389-408

McNamara, Michael F., Tortious Breach of Contract in Oklahoma, 20 Tulsa L.J. 233-254 (1984)

Medicus, Dieter, Schuldrecht II BT, 10. Aufl., München 2000

ders., Bürgerliches Recht, 18. Aufl., München 1999

ders., Allgemeiner Teil des BGB, 7. Aufl., Heidelberg 1997

ders., Die Forderung als "sonstiges Recht" nach § 823 Abs. 1 BGB?, in: Festschrift für Erich Steffen, Berlin/New York 1995, S. 333-345

Mincke, Wolfgang, Forderungsrechte als "sonstige Rechte" i.S.d. § 823 Abs. 1 BGB, JZ 1984, 862-866

Minda, Gary, The Common Law of Employment at Will in New York: The Paralysis of Nineteenth Century Doctrine, 36 Syracuse L.Rev. 939-1020 (1985)

Mörsdorf-Schulte, Juliana, Funktion und Dogmatik US-amerikanischer punitive damages, Köln 1998

Monjau, H., Die Abwerbung von Arbeitskräften (Teil I), DB 1961, 98-101 und (Teil II), DB 1961, 135-138

Morgan, James Matthew, Tortious Interference with a Prospective Contract in Kansas: Is Malice an Element of this Cause of Action?, 36 Washburn L.J. 110-130 (1996)

Motive, zu dem Entwurf eines Bürgerlichen Gesetzbuches für das Deutsche Reich, Band II, Recht der Schuldverhältnisse, Berlin-Leipzig 1888

Müller, Peter, Punitive damages und deutsches Schadensersatzrecht, Berlin 2000

Münchener Kommentar, Bürgerliches Gesetzbuch, Band 1, §§ 1-240, 3. Aufl., München 1993; Band 2, §§ 241-432, 3. Aufl., München 1994; Band 5, §§ 705-853, 3. Aufl., München 1997; Band 10, Art. 1-38 EGBGB, IPR, 3. Aufl., München 1998

Mugdan, Benno, Die gesammten [gesamten] Materialien zum Bürgerlichen Gesetzbuch für das Deutsche Reich, Berlin 1899

Murphy, E./Speidel, R., Studies in Contract Law, 4th ed., New York 1991

Myers, Gary, The Differing Treatment of Efficiency and Competition in Antitrust and Tortius Interference Law, 77 Minn.L.Rev. 1079-1152 (1993)

Nachtigall, Ellen C., Federal Labor Law Preemption of State Claims for Tortious Interference with Contract Against Nonsignatories, 65 S.Cal.L.Rev. 1675-1731 (1992)

Neuner, Carl, Wesen und Arten der Privatrechtsverhältnisse, Frankfurt a.M. 1970 (Nachdruck der Ausgabe Kiel 1866)

Nirk, Rudolf, Interessenwiderstreit der Waren- und Geldkreditgeber, NJW 1971, 1913-1920

Nirk, Rudolf/Kurtze, Helmut, Wettbewerbsstreitigkeiten, 2. Aufl., München 1992

Nordemann, Wilhelm, Wettbewerbs- und Markenrecht, 8. Aufl., Baden-Baden 1995

Note, Validity of Contract Involving Breach of Prior Contract, 27 Harv.L. Rev. 273-275 (1914)
Note, The "Yellow Dog" Device as a Bar to the Union Organizer, 41 Harv. L.Rev. 770-775 (1928)
Note, Damages Recoverable in an Action for Inducing Breach of Contract, 30 Col.L.Rev. 232-242 (1930)
Note, Contracts - Illegality - Validity of an Agreement Requiring a Breach of Contract, 17 Minn.L.Rev. 209-210 (1932)
Note, Inducing Breach of Contract: Herein of Contracts Terminable at Will, 56 Nw.U.L.Rev. 391-408 (1961)
Note, Developments in the Law - Competitive Torts, 77 Harv.L.Rev. 888-978 (1964)
Note, Negligent Interference with Contract: Knowledge as a Standard For Recovery, 63 Va.L.Rev. 813-839 (1977)
Note, Tortious Interference with Contractual Relations in the Nineteenth Century: The Transformation of Property, Contract, and Tort, 93 Harv. L.Rev. 1510-1539 (1980)

Oertmann, Paul, Zur Struktur der subjektiven Privatrechte, AcP 123 (1925), 129-160
Otte, Gerhard, Schadensersatz nach § 823 Abs. 1 BGB wegen Verletzung der "Forderungszuständigkeit"?, JZ 1969, 253-258
Owen, G. A., Interfernce With Trade: The Illegitimate Offspring of an Illigitimate Tort?, 3 Mon.L.Rev. 41-65 (1976)

Palandt, Otto, Kommentar zum BGB, 60. Aufl., München 2001
Partlett, David F., From Victorian Opera to Rock and Rap: Inducement to Breach of Contract in the Music Industry, 66 Tul.L.Rev. 771-835 (1992)
Pauly, Holger, Das Vertragssytem selektiver Vertriebsbindung, MDR 1996, 1102-1105
Pauly, Holger/Roth, Martin, Ist die Lückenlosigkeit noch zu halten?, GRUR 1997, 431-436
Payne, D. J., The Tort Of Interference With Contract, 7 Current Leg.Probs. 94-113 (1954)
Pearson, James O., Annotation, Liability for Interference with Invalid or Unenforceable Contract, 96 ALR3d 1294-1314 (1979)
Perlman, Harvey S., Interference with Contract and Other Economic Expectancies: A Clash of Tort and Contract Doctrine, 49 U.Chi.L.Rev. 61-129 (1982)

Pettey, Christopher A., Interference with Contractual and Business Relations in Alabama, 34 Ala.L.Rev. 599-629 (1983)
Pfeiffer, Thomas, Die Entwicklung des Internationalen Vertrags-, Schuld- und Sachenrechts 1997-1999, NJW 1999, 3674-3687
Pieckrahn, Günter, Die Bekämpfung von Parallelimporten nach dem neuen Markengesetz, GRUR 1996, 383-389
Piper, Henning, Zur Wettbewerbswidrigkeit des Einbrechens in fremde Vertragsbeziehungen durch Abwerben von Kunden und Mitarbeitern, GRUR 1990, 643-650
ders., Neuere Rechtsprechung des BGH zum Wettbewerbsrecht, GRUR 1996, 147-167
Plassmann, Norbert, Bindungsverträge gegen den Wettbewerb, JZ 1964, 670-674
Prosser, William L./Keeton, W. Page, On Torts, 5th ed., St. Paul Minn. 1984

Reder, Wolfgang, Die Eigenhaftung vertragsfremder Dritter im IPR, Konstanz 1989
Reese, Willis L. M., American Trends in Private International Law: Academic and Judicial Manipulation of Choice of Law Rules in Tort Cases, 33 Vand.L.Rev. 717-739 (1980)
Reeves, Patricia G., Torts - Interference With a Contract of Employment, 12 Wake Forest L.Rev. 901-910 (1976)
Rehbein, Dieter, Die Verletzung von Forderungsrechten durch Dritte, 1968
Reichsgerichtsräte-Kommentar, Das Bürgerliche Gesetzbuch, Band II, 5. Teil §§ 812-831, 12. Aufl., Berlin/New York 1989
Reuter, Alexander, Neues zu Euro-Marketing und §§ 6e, 7 UWG: Der EuGH-Entscheid zu Schlußverkauf und Preisgegenüberstellung, BB 1990, 1649-1653
Rheinstein, Max, Störung der freien Erwerbstätigkeit durch rechtswidrige Beeinflussung Dritter (Conspirancy, Interference With Business or Occupation, Inducing Breach of Contract), Rheinische Zeitschrift für Zivil- und Prozeßrecht 14 (1926), 60-109
ders., Einführung in die Rechtsvergleichung, 2. Aufl., München 1987
Richtering, Karl, Über die Anwendbarkeit von Forderungsrechten auf den Begriff des "sonstigen Rechts" in § 823 I BGB, Göttingen 1911
Rittner, Fritz, Wettbewerbs- und Kartellrecht, 6. Aufl., Heidelberg 1999
Robertson, David W., Recovery in Louisiana Tort Law for Intangible Economic Loss: Negligence Actions and the Tort of Intentional Interference with Contractual Relations, 46 La.L.Rev.737-761 (1986)

Roth, Wulf-Henning, Der Einfluß des europäischen Gemeinschaftsrechts auf das Internationale Privatrecht, RabelsZ 55 (1991), 623-673

Sack, Jörn, Nationale Wettbewerbsbeschränkungen und freier Warenverkehr, EuZW 1990, 313-314

Sack, Rolf, Deliktsrechtlicher Verbraucherschutz gegen unlauteren Wettbewerb, NJW 1975, 1303-1308

ders., Die kollisions- und wettbewerbsrechtliche Beurteilung grenzüberschreitender Werbe- und Absatztätigkeit nach deutschem Recht, GRUR Int. 1988, 320-343

ders., Art. 30, 36 EG-Vertrag und das Internationale Wettbewerbsrecht, WRP 1994, 281-293

Sales, James B., The Tort of Interference with Contract: An Argument for Requiring a "Valid Existing Contract" to Restrain the Use of Tort Law in Circumventing Contract Law Remedies, 22 Tex.Tech.L.Rev. 123-156 (1991)

Sayre, Francis B., Inducing Breach of Contract, 36 Harv.L.Rev. 663-703 (1923)

ders., Labor and the Courts, 39 Yale L.J. 682-705 (1930)

Schneier, Marc M., Tortious Interference with Contract Claims against Architects and Engineers, 10 Constr.L.J. 3-8 (1990)

Schlechtriem, Peter, Schuldrecht BT, 5. Aufl., Tübingen 1998

Schmidt, Karsten, Handelsrecht, 5. Aufl., Köln/Berlin/Bonn/München 1999

Schofield, William, The Principle of Lumley v. Gye and its Application, 2 Harv.L.Rev. 19-27 (1888/89)

Schramm, Carl, Der Vertragsbruch - Ausnutzen und Verleiten, GRUR 1961, 328-335

Schricker, Gerhard, Territoriale Probleme und Klagerecht bei unlauterem Wettbewerb, GRUR Int. 1973, 453-459

Schrödermeier, Martin, Werbung ohne Grenzen?, DB 1990, 2511-2513

Schwartz, Gustav, Verfolgung unlauteren Wettbewerbs im Allgemeininteresse, GRUR 1967, 333-350

Schwerdtner, Peter, Globalzession und verlängerter Eigentumsvorbehalt, NJW 1974, 1785-1789

Semler, Franz-Jörg, Zum Vertragsbruch als Wettbewerbsverstoß, GRUR 1983, 625-628

Serick, Rolf, "Befremdliches" zur Behandlung der Barvorschußtheorie beim Factoring-Geschäft?, NJW 1981, 794-799

ders., Neue Entwicklungen beim Factoring-Geschäft, BB 1979, S. 845-853

Sickel, Wilhelm, Die Bestrafung des Vertragsbruchs und analoger Rechtsverletzungen in Deutschland, Halle 1876

Siegel, David D., Conflicts, 2nd ed., St. Paul Minn. 1994

Siehr, Kurt, Zur Anerkennung und Vollstreckung ausländischer Verurteilungen zu "punitive damages", RIW 1991, 705-709

Siemer, Martin W., Tortious Interference with Contract: A Tort on the Brink of Extinction, 85 Ill.B.J. 322-327 (1997)

Soergel, Hans-Theodor, Kommentar zum BGB, Band 1, Allg. Teil, §§ 1-240, 12. Aufl., Stuttgart/Berlin/Köln 1987; Band 4, SchR IV/2 Band 5/2, §§ 823-853, 12. Aufl., Stuttgart/Berlin/Köln 1998

Solomon/Schwartz/Bauman, Corporations, Law and Policy, 2nd ed., St. Paul Minn. 1988

Sonnenberger, Hans Jürgen, Europarecht und Internationales Privatrecht, ZVglRWiss 95 (1996), 3-47

Speiser, Stuart M./Krause, Charles F./Gans, Alfred W., The American Law of Torts, Vol. 1, Rochester/San Francisco 1983; Vol. 8, Deerfield/NY/Rochester 1991

Spickhoff, Andreas, Die Restkodifikation des Internationalen Privatrechts: Außervertragliches Schuld- und Sachenrecht, NJW 1999, 2209-2215

Staub, Hermann, Die juristische Konstruktion der dinglichen Rechte, Arch. Bürg.R. 5 (1891), 12-57

Staudinger, J. von, Kommentar zum Bürgerlichen Gesetzbuch mit Einführungsgesetz und Nebengesetzen Band II, §§ 826-829, 13. Aufl., Berlin 1998; EGBGB, Art. 38, 13. Aufl., Berlin 1998

Staudinger, Ansgar, Das Gesetz zum Internationalen Privatrecht für außervertragliche Schuldverhältnisse und für Sachen vom 21.5.1999, DB 1999, 1589-1594

Steinle, Edgar, Konkludente Rechtswahl und objektive Anknüpfung nach altem und neuem deutschen Internationalen Vertragsrecht, ZVglRWiss 93 (1994), 300-322

Stiefel, Ernst/Stürner, Rolf, Die Vollstreckbarkeit US-amerikanischer Schadensersatz-urteile exzessiver Höhe, VersR 1987, 829-846

Tettinger, Peter J./Sieg, Harald, Kommentar zur Gewerbeordnung, 6. Aufl., München 1999

Teplitzky, Otto, Wettbewerbsrechtliche Ansprüche, 7. Aufl., Köln/Berlin/Bonn/München 1997

Vygen, Hendrik, Die Verleitung zum Vertragsbruch im anglo-amerikanischen und deutschen Recht, Bonn 1970

Wagner, Rolf, Zum Inkrafttreten des Gesetzes zum Internationalen Privatrecht für außervertragliche Schuldverhältnisse und für Sachen, IPRAX 1999, 210-212

Weber, Charles M., The Reasons Behind the Rules in the Law of Business Torts, 38 Nebr.L.Rev. 608-640 (1959)

Weber, Wolfgang, Zum Anwendungsbereich des deutschen UWG beim Auslandswettbewerb zwischen Inländern, GRUR Int. 1983, 26-30

Weintraub, Russell J., The Ten Billion Dollar Jury's Standards for Determining Intention to Contract: Pennzoil v. Texaco, 9 Rev.Lit. 371-407 (1990)

ders., The Future of Choice of Law for Torts: What Principles Should be Preferred?, 41(2) Law & Contemp.Probs. 146-163 (1977)

Weiss, Milton, Inducing Breach of Contract for Marry: Theory of Suit, 10 Corn.L.Q. 259-262 (1925)

Wengler, Wilhelm, Das Gesetz über unlauteren Wettbewerb und das Internationale Privatrecht, RabelsZ 19 (1954), 401-426

Wieling, Hans, Jus ad rem durch einstweilige Verfügung, JZ 1982, 839-842

ders., Schlußwort zu Kohler (JZ 1983, S. 586-592), JZ 1983, 592-593

Wilson, David A., Tort of Intentional Interference with Prospective Contractual Relations Adopted, 43 S.Carolina L.Rev. 180-184 (1991)

Wirner, Helmut, Wettbewerbsrecht und Internationales Privatrecht, München/Köln/Berlin/Bonn 1960

Woodbine, George E., Origins of the Action of Trespass, 33 Yale L.J. 799-816 (1924) und 34 Yale L.J. 343-370 (1925)

Zekoll, Joachim, Common Law und Civil Law im Privatrecht von Louisiana, ZVglRWiss 93 (1994), 323-342

Zweigert, Konrad/Kötz, Hein, Einführung in die Rechtsvergleichung auf dem Gebiete des Privatrechts, 3. Aufl., Tübingen 1996

Peter Lang · Europäischer Verlag der Wissenschaften

Stephanie Puls

Dagobert Duck und die *Luxemburg-Sparer*

Zugleich eine Untersuchung zu den vorgeleisteten Begünstigungen durch neutrale Handlungen

Frankfurt/M., Berlin, Bern, Bruxelles, New York, Oxford, Wien, 2001.
XXIV, 356 S.
Europäische Hochschulschriften: Reihe 2, Rechtswissenschaft. Bd. 3126
ISBN 3-631-37747-9 · br. DM 98.–*

Mit Einführung der Zinsabschlagsteuer transferierten zahlreiche Anleger unter Mitwirkung inländischer Kreditinstitute in großem Umfang Kapital zu ausländischen Finanzplätzen. Zum Teil handelte es sich hierbei um steuerunehrliche Anleger. Die Untersuchung geht der Frage nach, ob sich Bankmitarbeiter durch das Zurverfügungstellen eines speziellen und auf Verschleierung angelegten Transfersystems wegen Beihilfe zur Steuerhinterziehung strafbar gemacht haben. Im Zentrum steht die Problematik der Beihilfe in Gestalt vorgeleisteter Begünstigungen durch neutrale und berufstypische Handlungen. Die Autorin bejaht die Beihilfestrafbarkeit unter bestimmten Voraussetzungen. Daneben werden die stattgefundenen Bankendurchsuchungen und Beschlagnahmen auf ihre strafprozessuale Zulässigkeit hin untersucht.

Aus dem Inhalt: Steuerrechtlicher Hintergrund der Kapitalverlagerungen · Übersicht über das Transfersystem · Verantwortlichkeit der Mitarbeiter der Kreditinstitute · Rechtmäßigkeit der Durchsuchungen und Beschlagnahmen

Frankfurt/M · Berlin · Bern · Bruxelles · New York · Oxford · Wien
Auslieferung: Verlag Peter Lang AG
Jupiterstr. 15, CH-3000 Bern 15
Telefax (004131) 9402131

*inklusive Mehrwertsteuer
Preisänderungen vorbehalten

Homepage http://www.peterlang.de

FSC
www.fsc.org
MIX
Papier | Fördert gute Waldnutzung
FSC® C083411

Kolibri 360 GmbH
Ferdinand-Jühlke-Straße 7
99095 Erfurt, Deutschland
produktsicherheit@kolibri360.de

Druck:
CPI Druckdienstleistungen GmbH
im Auftrag der
Kolibri 360 GmbH
Ferdinand-Jühlke-Str. 7
99095 Erfurt

Der Grundsatz der umgekehrten Maßgeblichkeit

AF874662

Europäische Hochschulschriften
Publications Universitaires Européennes
European University Studies

Reihe II
Rechtswissenschaft

Série II Series II
Droit
Law

Bd./Vol. 3525

PETER LANG
Frankfurt am Main · Berlin · Bern · Bruxelles · New York · Oxford · Wien

Thomas Christoph Sittel

Der Grundsatz der umgekehrten Maßgeblichkeit

Beurteilung der Verbindung von Handels- und Steuerbilanz unter besonderer Berücksichtigung einer Internationalisierung der Rechnungslegung

PETER LANG
Europäischer Verlag der Wissenschaften

Bibliografische Information Der Deutschen Bibliothek
Die Deutsche Bibliothek verzeichnet diese Publikation in der Deutschen Nationalbibliografie; detaillierte bibliografische Daten sind im Internet über <http://dnb.ddb.de> abrufbar.

88
ISSN 0531-7312
ISBN 3-631-39740-2

© Peter Lang GmbH
Europäischer Verlag der Wissenschaften
Frankfurt am Main 2003
Alle Rechte vorbehalten.

Das Werk einschließlich aller seiner Teile ist urheberrechtlich geschützt. Jede Verwertung außerhalb der engen Grenzen des Urheberrechtsgesetzes ist ohne Zustimmung des Verlages unzulässig und strafbar. Das gilt insbesondere für Vervielfältigungen, Übersetzungen, Mikroverfilmungen und die Einspeicherung und Verarbeitung in elektronischen Systemen.

www.peterlang.de

Meinen Eltern

Vorwort

Die vorliegende Arbeit wurde im Sommersemester 2000/2001 von der Juristischen Fakultät der Technischen Universität Dresden als Dissertation angenommen.

Mein zutiefst empfundener Dank gebührt an erster Stelle meinem hoch verehrten Doktorvater, Herrn Professor Dr. *Christian Schmidt-Leithoff*. Er stand mir während der Anfertigung dieser Arbeit in unvergleichlicher Weise mit Rat und Tat zur Seite. Seine fachlichen Hinweise und konstruktiven Anregungen haben mich immer wieder auf den richtigen Weg geführt. Die Fertigstellung dieser Arbeit wäre ohne sein einzigartiges Engagement und seine doktorväterliche Betreuung undenkbar.

Herrn Professor Dr. *Michael Kort* und Herrn Dr. *Ralph Landsittel* bin ich für die Übernahme und Erstellung des Zweit- bzw. Drittgutachtens besonders verbunden.

Die Arbeit ist zu großen Teilen in den Räumen der Bibliothek des Bundesfinanzhofes in München entstanden. Ich danke den Mitarbeitern für ihre große Hilfe bei der Literaturrecherche.

Danken möchte ich Herrn Assessor *Torsten Tiefel* für die vielseitige Unterstützung und die zahlreichen Anregungen bei der Erstellung der Arbeit sowie bei der Durchführung des gesamten Promotionsverfahrens.

Meinem langjährigen Freund Rechtsanwalt Dr. iur. *Markus Tjaden* danke ich ganz besonders für die kritische Durchsicht des Skriptes. Von seinen Erfahrungen mit der eigenen Dissertation sowie seiner konstruktiven Kritik habe ich sehr profitiert. Sein sprachliches Feingefühl hat der Dissertation ihren endgültigen Schliff gegeben.

Meiner lieben Schwester, Rechtsanwältin *Alexandra Sittel*, möchte ich von ganzem Herzen dafür danken, dass sie ihren juristischen Sachverstand aufopferungsvoll bei der Fertigstellung der Arbeit eingesetzt hat. Ihre vielfältige Mitwirkung in jeder Phase der Entstehung der Arbeit ist unbezahlbar.

Meinen Freunden Rechtsanwalt Dr. iur. *Sven Drögemüller*, Rechtsanwalt *Diethard Goerg*, Dipl.-Kfm. *Matthias Kramer* und Dipl.-Kfm. *Frank Raffel* schulde ich ebenfalls tiefen Dank. Sie standen mir in juristischen und ökonomischen Fragestellungen im Rahmen dieser Arbeit hilfreich zur Seite.

Widmen möchte ich diese Arbeit meiner lieben Mutter *Christa Erika Sittel* und meinem leider viel zu früh verstorbenen Vater *Hans-Christoph Sittel*. Sie gaben mir durch ihre grenzenlose Zuneigung und Unterstützung erst die Kraft und den Rückhalt, eine solche Arbeit fertig zu stellen. Ihnen gebührt mein herzlichster Dank und meine tiefempfundene Anerkennung.

München und Bremen, im Frühling 2002

Thomas C. Sittel

Inhaltsübersicht

Inhaltsverzeichnis

Abkürzungsverzeichnis

a.A.	andere Ansicht
a.a.O.	am angegebenen Ort
Abl.	Amtsblatt
Abs.	Absatz
Abschn.	Abschnitt
Abt.	Abteilung
AcP	Archiv für die civilistische Praxis
a.E.	am Ende
Änd.	Änderung
ÄndG	Änderungsgesetz
a.F.	alte Fassung
AfA	Absetzung für Abnutzung
AG	Aktiengesellschaft; Zeitschrift „Die Aktiengesellschaft"
AktG	Aktiengesetz
allg.	allgemein
Alt.	Alternative
Anh.	Anhang
Anm.	Anmerkung
AO	Abgabenordnung
Art.	Artikel
AStG	Außensteuergesetz
Aufl.	Auflage
Az.	Aktenzeichen
BB	Zeitschrift „Betriebs-Berater"
Bd.	Band
BdF	Bundesminister der Finanzen
Bearb.	Bearbeiter
bearb.	bearbeitete
BerlinFG	Berlinförderungsgesetz
BerlinHG	Berlinhilfegesetz
bestr.	Bestritten
betr.	betriff, betreffend
BewG	Bewertungsgesetz
BFH	Bundesfinanzhof
BFHE	Sammlung der Entscheidungen des Bundesfinanzhofs, hrsg. von den Mitgliedern des Bundesfinanzhofs
BFH/NV	Zeitschrift „Sammlung der Entscheidungen des Bundesfinanzhofs"

BFuP	Zeitschrift „Betriebswirtschaftliche Forschung und Praxis“
BGB	Bürgerliches Gesetzbuch
BGBl.	Bundesgesetzblatt
BGH	Bundesgerichtshof
BilKomm.	Bilanzkommentar
BiRiLiG	Bilanzrichtliniengesetz
BHR	Bonner Handbuch der Rechnungslegung
BMF	Bundesministerium der Finanzen
BMJ	Bundesministerium der Justiz
BMWF	Bundesminister für Wirtschaft und Finanzen
BR	Bundesrat
BR-Drucks.	Bundesrats-Drucksache
BStBl.	Bundessteuerblatt
BT	Bundestag
BT-Drucks.	Bundestags-Drucksache
Buchst.	Buchstabe
BuW	Zeitschrift „Betrieb und Wirtschaft“
BVerfG	Bundesverfassungsgericht
BVerfGE	Amtl. Sammlung von Entscheidungen des BVerfG
BVerwG	Bundesverwaltungsgericht
bzw.	beziehungsweise
ca.	circa
COM	Kommissionsdokument der EU
d.h.	das heißt
DB	Zeitschrift „Der Betrieb“
DBW	Zeitschrift „Die Betriebswirtschaft“
ders.	derselbe
dies.	dieselbe; dieselben
diff.	differenzierend
Drucks.	Drucksache
DRSC	Deutsches Rechnungslegungs Standards Committee
DStBl.	Deutsches Steuerblatt
DStJG	Deutsche Steuerjuristische Gesellschaft e.V.
DStR	Zeitschrift „Deutsches Steuerrecht“
DStZ	Zeitschrift „Deutsche Steuer-Zeitung“
DV, DVO	Durchführungsverordnung
Ebd.	Ebenda
EDV	Elektronische Datenverarbeitung
EFG	Zeitschrift „Entscheidungen der Finanzgerichte“
EG	Einführungsgesetz; Europäische Gemeinschaft
Einf.	Einführung

Einl.	Einleitung
einschr.	einschränkend
EL	Ergänzungslieferung
entspr.	entsprechend
Entw.	Entwurf
EntwHilfeG	Entwicklungshilfesteuergesetz
EntwLStG	Entwicklungsländersteuergesetz
ErbSt.	Erbschaftsteuer
ErbStG	Erbschaftsteuer- und Schenkungsteuergesetz
Erg.	Ergänzung
erw.	erweitert; erweiterte
ESt	Einkommensteuer
EStG	Einkommensteuergesetz
EStDV	Einkommensteuer-Durchführungsverordnung
EStR	Einkommensteuer-Richtlinien
etc.	et cetera
EU	Europäische Union
EuGH	Europäischer Gerichtshof
EuGHE	Sammlung der Rechtsprechung des Gerichtshofes und des Gerichts erster Instanz
e.V.	eingetragener Verein
evtl.	eventuell
EWG	Europäische Wirtschaftsgemeinschaft
f.	folgende
FA	Finanzamt; Finanzämter; Zeitschrift „FinanzArchiv“
FASB	Financial Accounting Standards Board
FAZ	Frankfurter Allgemeine Zeitung
ff.	fortfolgende
FG	Finanzgericht
FinSen	Finanzsenator
FN.	Fachnachrichten
Fn.	Fußnote
FördergebietsG	Gesetz über Sonderabschreibungen und Abzugsbeträge im Fördergebiet (Fördergebietsgesetz)
FR	Zeitschrift „Finanzrundschau“
FS	Festschrift
GASC	German Accounting Standards Committee
Gastkomm	Gastkommentar
GBl.	Gesetzblatt
GbR	Gesellschaft bürgerlichen Rechts
gem.	gemäß
GenG	Genossenschaftsgesetz

GewSt	Gewerbesteuer
GewStG	Gewerbesteuergesetz
GG	Grundgesetz
ggf.	gegebenenfalls
ggü.	gegenüber
GK	Gemeinschaftskommentar
GmbH	Gesellschaft mit beschränkter Haftung
GmbHG	Gesetz betreffend die GmbH
GmbHR	Zeitschrift „GmbH-Rundschau“
GoB	Grundsätze ordnungsmäßiger Buchführung
GrS	Großer Senat
GuV-Rechnung	Gewinn- und Verlustrechnung
HdJ	Handbuch des Jahresabschlusses in Einzeldarstellungen
HdR	Beck´sches Handbuch der Rechnungslegung
HGB	Handelsgesetzbuch
HGB-E	Gesetzentwurf zum Handelsgesetzbuch
Hj.	Halbjahr
h.L.	herrschende Lehre
h.M.	herrschende Meinung
Hrsg.	Herausgeber
Hs.	Halbsatz
HypBG	Hypothekenbankgesetz
IAS	International Accounting Standards
IASC	International Accounting Standards Committee
i.d.F.	in der Fassung
i.d.R.	in der Regel
IDW	Institut der Wirtschaftsprüfer
i.Erg.	im Ergebnis
i.e.S.	im engeren Sinne
InvZulG	Investitionszulagengesetz
IOSCO	International Organization of Securities Commissions
i.R.	im Rahmen
i.S.	im Sinne
i.S.d.	im Sinne des
IStR	Zeitschrift „Internationales Steuerrecht“
i.S.v.	im Sinne von
i.ü.	im übrigen
JbFSt	Jahrbuch der Fachanwälte für Steuerrecht
JR	Zeitschrift „Juristische Rundschau“
JuS	Zeitschrift „Juristische Schulung“
JZ	Zeitschrift „Juristenzeitung“

KapAEG	Kapitalaufnahmeerleichterungsgesetz
KapCoRiLiG	Kapitalgesellschaften und Co.-Richtlinie-Gesetz
KG	Kommanditgesellschaft
KGaA	Kommanditgesellschaft auf Aktien
KGV	Kurs-Gewinn-Verhältnis
KÖSDI	Zeitschrift „Kölner Steuerdialog“
KOM	Kommissionsdokument der EU
KonTraG	Gesetz zur Kontrolle und Transparenz im Unternehmensbereich
krit.	kritisch
KSt	Körperschaftsteuer
KStG	Körperschaftsteuergesetz
KStG-E	Gesetzesentwurf zum Körperschaftsteuergesetz
KStR	Körperschaftsteuerrichtlinien
KWG	Kreditwesengesetz
Lfg.	Lieferung
LIFO	Last-in-first-out
Mio.	Millionen
MünchKomm	Münchener Kommentar
m.w.N.	mit weiteren Nachweisen
neubearb.	neubearbeitet
n.F.	neue Fassung
NJW	Zeitschrift „Neue Juristische Wochenschrift“
Nr.	Nummer
NWB	Neue Wirtschafts-Briefe
NYSE	New York Stock Exchange
OECD	Organisation für wirtschaftliche Zusammenarbeit und Entwicklung
o.g.	oben genannt(en)
PublG	Publizitätsgesetz
R	Richtlinie
Reg.	Regierung
RegEntw	Regierungsentwurf
RFH	Reichsfinanzhof
RG	Reichsgericht
RGBl.	Reichsgesetzblatt
RIW	Zeitschrift „Recht der internationalen Wirtschaft“
RL	Richtlinie der EG
Rn.	Randnummer
Rspr.	Rechtsprechung
Rz.	Randziffer
S.	Satz; Seite

s.	siehe
SchutzbauG	Schutzbaugesetz
SEC	Securities and Exchange Commission
SFAC	Statements of Financial Accounting Concepts
sog.	sogenannt(er)
StÄndG	Steueränderungsgesetz
StB	Zeitschrift „Der Steuerberater“
Stbg	Zeitschrift „Die Steuerberatung“
StbJb	Steuerberater-Jahrbuch
StEntlG	Steuerentlastungsgesetz
StSenkG	Steuersenkungsgesetz
SteuerStud	Zeitschrift „Steuer und Studium“
StKongrRep	Steuerberaterkongreß-Report
StVj	Zeitschrift „Steuerliche Vierteljahresschrift“
str.	strittig
StuB	Zeitschrift „Steuern und Bilanzen“
StuW	Zeitschrift „Steuer und Wirtschaft“
Teilbd.	Teilband
Tz.	Textziffer
u.a.	unter anderem; und andere
u.ä.	und ähnliches
überarb.	überarbeitet; überarbeitete
umgearb.	umgearbeitete
Umw	Umwandlung(en)
UmwG	Umwandlungsgesetz
UmwStG	Umwandlungssteuergesetz
UN	Vereinte Nationen
US	United States
USA	United States of America
US-GAAP	(US-amerikanische) Generally Accepted Accounting Standards
USt	Umsatzsteuer
u.U.	unter Umständen
v.	von; vom
VAG	Versicherungsaufsichtsgesetz
Vgl.	Vergleiche
Vorbem.	Vorbemerkung(en)
VwGO	Verwaltungsgerichtsordnung
WM	Zeitschrift „Wertpapiermitteilungen“
WPg	Zeitschrift „Die Wirtschaftsprüfung“
WP-Handbuch	Wirtschaftsprüfer-Handbuch
WPK-Mitt.	Wirtschaftsprüferkammer-Mitteilungen

WTO	World Trade Organisation
www	World Wide Web
z.B.	zum Beispiel
ZfB	Zeitschrift „Zeitschrift für betriebswirtschaftliche Forschung“
ZGR	Zeitschrift „Zeitschrift für Unternehmens- und Gesellschaftsrecht“
ZHR	Zeitschrift „Zeitschrift für das gesamte Handels- und Wirtschaftsrecht“
ZIP	Zeitschrift „Zeitschrift für Wirtschaftsrecht“
ZRFG	Zonenrandförderungsgesetz
z.T.	zum Teil

Hier nicht aufgeführte Abkürzungen sind aus sich heraus verständlich oder gesondert erläutert. Darüber hinaus wird verwiesen auf die Notation von: *Hildebert Kirchner*, Abkürzungsverzeichnis der Rechtssprache, 4. erneuerte und erw. Aufl., Berlin, New York 1993 und *Alfred Sokoll*, Abkürzungen von Publikationen, München 1999.

Einleitung

Die deutsche Rechnungslegung durchlebt derzeit erhebliche Turbulenzen. Zum einen unterliegt sie einem massiven Assimilierungsdruck durch die aus dem angloamerikanischen Reglungskreis entstammenden Standards IAS und US-GAAP. Zum anderen befindet sich das nationale Bilanzrecht im Sog europarechtlicher Harmonisierungsbestrebungen. Die Neuregelungen durch das Kapitalaufnahmeerleichterungsgesetz und das Gesetz zur Kontrolle und Transparenz im Unternehmensbereich haben das Tor zu einer stärkeren internationalen Ausrichtung des deutschen Handelsbilanzrechtes aufgestoßen. Der einhergehende Paradigmenwechsel vom Primat der Ausschüttungsbemessung und des Gläubigerschutzes zum Vorrang der Anlegerinformation macht keinen Halt vor den Grundpfeilern deutscher Bilanzrechtskultur: Auch die Kontroverse um das Maßgeblichkeitsprinzip gem. § 5 Abs. 1 EStG erfährt durch diese Europäisierungs- und Globalisierungstendenzen eine neue Aktualität und Akzentuierung.

Die Diskussion um die Zukunft der Maßgeblichkeit der handelsrechtlichen Rechnungslegung für die steuerrechtliche Gewinnermittlung eröffnet zwangsläufig den Fragenkreis um die Zukunft der sog. „umkehrten Maßgeblichkeit" i.S.d. § 5 Abs. 1 Satz 2 EStG. Nach einer zwischenzeitlichen Beruhigung der Diskussion um diesen Grundsatz mehren sich in jüngerer Zeit die Stimmen, die dessen Aufgabe fordern. Die Brisanz dieser Problematik ergibt sich jedoch nicht nur aufgrund der aktuellen Diskussion. Auch die de lege lata bestehende Kritik ist bislang nicht hinreichend systematisiert und geklärt. Berücksichtigt werden muss insbesondere die Frage, ob die aktuelle Gesetzesentwicklung im deutschen Steuerbilanzrecht eine Verknüpfung von Handels- und Steuerbilanz bedrohen kann.

Ziel der vorliegenden Arbeit ist es, den Grundsatz der umgekehrten Maßgeblichkeit einer umfangreichen Würdigung zu unterziehen und seine Aussichten vor dem Hintergrund einer Internationalisierung der Rechnungslegung aufzuzeigen.

Dazu bedarf es zuvörderst des Verständnisses der Unternehmensbesteuerung und der Verknüpfung von handels- und steuerrechtlicher Rechnungslegung. Eine einführende Darstellung des Maßgeblichkeitsprinzips samt seiner Ausprägungen, seiner historischen Entwicklung und seines Anwendungsbereiches sollen die erforderlichen Grundlagen legen (**Kapitel 1**).

Anschließend werden die gesetzlichen Funktionen der nach deutschem Recht bekannten Bilanzen geklärt, um der grundsätzlichen Frage nach der Kompatibilität der Rechenwerke nachgehen zu können. Da die umgekehrte Maßgeblichkeit ein abhängiges Rechtsinstitut darstellt, ist deren Beurteilung einer kritische Würdigung der sog. „direkten Maßgeblichkeit" voranzustellen (**Kapitel 2**).

Eine umfangreiche Prüfung der „Umkehrmaßgeblichkeit" de lege lata erfordert eine interdisziplinäre Untersuchung: Aus juristischer Warte werden neben verfassungs- und europarechtlichen Aspekten vor allem die handels- und steuerrechtlichen Gesichtspunkte erörtert. Abgerundet wird das Bild durch eine Analyse ökonomischer Argumente (**Kapitel 3**).

Bei der Beurteilung des Rechtsinstituts der umgekehrten Maßgeblichkeit de lege ferenda spielen die möglichen Auswirkungen einer Harmonisierung und Internationalisierung der Rechnungslegung eine bedeutende Rolle. Dazu werden Stand und Entwicklungsperspektiven des nationalen Bilanzrechts für den handelsrechtlichen Einzel- und Konzernabschluss sowie für die Steuerbilanz untersucht (**Kapitel 4**). Es wird weiter überprüft, ob der Grundsatz der umgekehrten Maßgeblichkeit mit den internationalen Standards IAS und US-GAAP vereinbar ist. Ein Blick in die Zukunft der Rechnungslegung wird das im vorangehenden Kapitel hergeleitete Ergebnis bestätigen.

Am Ende der Arbeit wird die Frage beantwortet, ob die aufgezeigten Mängel durch eine Reform des erörterten Grundsatzes bereinigt werden können oder ob es seiner Aufhebung bedarf (**Kapitel 5**).

Kapitel 1: Einführung in den Maßgeblichkeitsgrundsatz des § 5 Abs. 1 EStG

A. Besteuerung von Unternehmensgewinnen

Die Besteuerung von Unternehmen erfolgt in erster Linie über die gewinnabhängigen Steuern[1] und richtet sich im einzelnen nach der Rechtsform der jeweiligen Unternehmung: **Einzelunternehmen**[2] und **Personengesellschaften**[3] (offene Handelsgesellschaft; Kommanditgesellschaft, Gesellschaft bürgerlichen Rechts (GbR)) sind nicht selbständig einkommensteuerpflichtig (vgl. § 1 Abs. 1 Satz 1 EStG) und unterliegen auch nicht der Körperschaftsteuer (vgl. § 1 Abs. 1 KStG)[4]; das Unternehmen ist insofern nicht Einkommensteuersubjekt[5]. Die Besteuerung der Einkünfte erfolgt vielmehr i.R.d. Einkommensbesteuerung beim Einzelunternehmer bzw. bei den Gesellschaftern der Personengesellschaft. Soweit die Voraussetzungen eines Gewerbebetrieb i.S.v. § 15 Abs. 2 EStG vorliegen, erzielt der Unternehmer „Einkünfte aus gewerblichen Unternehmen" gem. § 2 Abs. 1 Satz 1 Nr. 2 i.V.m. § 15 Abs. 1 Satz 1 Nr. 1 EStG[6] bzw. § 2 Abs. 1 Satz 1 Nr. 2 i.V.m. § 15 Abs. 1 Satz 1 Nr. 2 EStG (sog. „Mitunternehmerschaft"[7]), so dass in beiden Fällen die Einkünfte gem. § 2 Abs. 2 Nr. 1 EStG als „**Gewinn**" definiert sind.

Kapitalgesellschaften (Aktiengesellschaft, Kommanditgesellschaft auf Aktien, Gesellschaft mit beschränkter Haftung) werden dagegen der Körperschaftsteuer

[1] Dieses sind die Einkommen-, die Körperschaft- sowie die Gewerbesteuer (vgl. §§ 2, Abs. 2 Nr. 1, 4 bis 7 k EStG, § 8 Abs. 1, 2 KStG, §§ 6, 7 GewStG).

[2] Der Begriff des „Einzelunternehmens" ist nicht mit dem der „Einmanngesellschaft" gleichzusetzen. Bei letzterer handelt es sich um eine Kapitalgesellschaft, deren Anteile alle in einer Hand vereinigt sind. Vgl. Rowedder/*Rittner/Schmidt-Leithoff*, Einl. Rn. 11; *Kübler*, S. 305; *Kraft/Kreutz*, S. 29; *Roth*, S. 213. Mit „Einzelunternehmen" ist vielmehr das Unternehmen eines „Einzelkaufmanns" gemeint. Vgl. zum Einzelkaufmann etwa *Roth*, S. 66 ff..

[3] Unter „Personengesellschaft" ist ein Zusammenschluss mehrerer Personen zu einer Gesellschaft zu verstehen, bei der die Mitgliedschaft auf die Person und die einzelnen Gesellschafter zugeschnitten ist. Vgl. § 15 Abs. 1 Satz 1 Nr. 2 EStG. Vgl. auch *Creisfelds*, S. 994.

[4] Vgl. Schmidt/*Schmidt*, § 5 Rn. 160; *Tipke/Lang*, § 9 Rn. 1; Blümich/*Stuhrmann*, § 15 Rn. 221 ff..

[5] Schmidt/*Schmidt*, § 5 Rn. 164 spricht von einem „partiell(en) Steuerrechtssubjekt"; ähnlich BFH vom 25.6.1984 – GrS 4/82, BStBl. II 1984, S. 751; vgl. auch Blümich/*Stuhrmann*, § 15 Rn. 236; krit. *Reiß* in K/S, § 15 E 38 ff. m.w.N..

[6] Im Fall einer land-, forstwirtschaftlichen oder selbständigen Betätigung sind dagegen die §§ 2 Abs. 1 Satz 1 Nr. 1 i.V.m. 13 ff. bzw. §§ 2 Abs. 1 Satz 1 Nr. 3 i.V.m. 18 EStG einschlägig.

[7] Vgl. hierzu Schmidt/*Schmidt*, § 5 Rn. 160 ff.; *Tipke/Lang* § 9 Rn. 503 ff.; *Reiß* in K/S, § 15 E 1 ff.; Blümich/*Stuhrmann*, § 15 Rn. 221 ff..

unterworfen (vgl. § 1 Abs. 1 Nr. 1 KStG)[8]. Gem. § 7 Abs. 1 KStG bemisst sich die Körperschaftsteuer regelmäßig[9] nach dem zu versteuernden Einkommen, welches als das um die Freibeträge der §§ 24 und 25 KStG verminderte Einkommen definiert ist (§ 7 Abs. 2 KStG). Die Ermittlung des Einkommens erfolgt nach den Vorschriften des Einkommensteuergesetzes und den §§ 8 ff. KStG (vgl. § 8 Abs. 1 KStG)[10]. Nach § 8 Abs. 2 KStG sind bei Kapitalgesellschaften, die nach den Vorschriften des Handelsgesetzbuches zur Führung von Büchern verpflichtet sind[11], alle Einkünfte als solche aus Gewerbebetrieb zu behandeln. Ihr Einkommen i.S.v. §§ 7, 8 Abs. 1 KStG bemisst sich daher nach den „Einkünften aus Gewerbebetrieb" i.S.d. Einkommensteuerrechts (vgl. § 8 Abs. 2 KStG i.V.m. § 2 Abs. 1 Satz 1 Nr. 2 EStG)[12]. Damit ist auch bei Kapitalgesellschaften der **„Gewinn"** die ausschlaggebende Größe für die Ermittlung der Einkünfte (vgl. § 2 Abs. 2 Nr. 1 EStG)[13].

Die steuerrechtliche Ermittlung des Gewinns erfolgt gemäß §§ 4 bis 7 k EStG. Nach § 4 Abs. 1 Satz 1 EStG, der entsprechend für Kapitalgesellschaften gilt[14], stellt sich der Gewinn im steuerrechtlichen Sinn als der Unterschiedsbetrag zwischen zwei **„Betriebsvermögen"** dar (sog. „Betriebsvermögensvergleich"[15]). In dieser Vorschrift wird jedoch nicht geklärt, wie das „Betriebsvermögen" tatsäch-

[8] Soweit die versteuerten Gewinne an natürliche Personen ausgeschüttet werden, sind sie bei diesen einkommensteuerpflichtig (vgl. § 2 Abs. 1 Satz 1 Nr. 5 i.V.m. § 20 Abs. 1 Nr. 1, 3 EStG). Dazu *Wöhe* (1997), S. 165; *Tipke/Lang*, § 9 Rn. 21; *Streck*, § 1 Anm. 12; *Kalbfleisch* in Arthur Andersen, § 1 Rn. 81 ff..

[9] Ausnahme: § 23 VI KStG.

[10] Vgl. *Tipke/Lang*, § 11 Rn. 23; Rowedder/*Rittner/Schmidt-Leithoff*, Einl. Rn. 54; *Lang* in Arthur Andersen, § 8 Rn. 13; *Hauswirth* in Lademann, KStG, § 8 Rn. 1; *Achenbach* in D/E/J/W, § 8 KStG Rn. 1; *Schmidt-Troje* in Schöberle/Hofmeister, § 8 Rn 5.

[11] Die sich aus § 238 Abs. 1 HGB für Kaufleute ergebende Buchführungspflicht findet gem. § 6 Abs. 1 HGB auch auf die Handelsgesellschaften Anwendung. Dieses gilt insbesondere für die AG (vgl. § 3 AktG), die KGaA (vgl. § 278, 3 Abs. 3 AktG) und die GmbH (vgl. § 13 Abs. 3 GmbHG). Vgl. hierzu Rowedder/*Rittner/Schmidt-Leithoff*, Einl. Rn. 54; Rowedder/*Rowedder*, § 13 Rn. 10; Heymann/*Emmerich*, § 6 Rn. 2; Heymann/*Walz*, § 238 Rn. 8; *Lang* in Arthur Andersen, § 8 Rn. 408; *Baumbach/Hopt*, § 238 Rn. 7; *Achenbach* in D/E/J/W, § 8 KStG Rn. 12.

[12] Vgl. *Tipke/Lang*, § 11 Rn. 23; Rowedder/*Rittner/Schmidt-Leithoff*, Einl. Rn. 54; *Streck*, § 8 Anm. 25 f.; *Lang* in Arthur Andersen, § 8 Rn. 406 ff..

[13] Vgl. *Hauswirth* in Lademann, KStG, § 8 Rn. 15; *Tipke/Lang*, § 11 Rn. 23.

[14] Vgl. *Schmidt-Troje* in Schöberle/Hofmeister, § 8 Rn. 28; *Hauswirth* in Lademann, KStG, § 8 Rn. 15; *Wöhe* (1997), S. 165. Vgl. auch Abschn. 27 Abs. 1 Nr. 1 KStR.

[15] Das Anfangsvermögen wird vom Endvermögen abgezogen und um den Wert der Entnahmen und der Einlagen korrigiert. Vgl. hierzu *Tipke/Lang*, § 9 Rn. 189 ff.; Schmidt/*Heinicke*, § 4 Rn. 40 ff.; *Bordewin* in Bordewin/Brandt, §§ 4 – 5 Rn. 56, 67 ff..

lich zu bemessen ist[16]. Soweit der Steuerpflichtige nach den §§ 238 ff. HGB eine Handelsbilanz aufzustellen hat oder eine solche freiwillig aufstellt[17], schreibt der deutsche Gesetzgeber deren grundsätzliche Übernahme für die steuerrechtliche Gewinnermittlung vor[18]. Er stellt aber gleichzeitig eine Reihe von Regeln auf, wie diese Bilanz für Besteuerungszwecke auszusehen hat (vgl. § 5 Abs. 2 bis 6 EStG). Dieser Grundsatz ist in § 5 Abs. 1 EStG verankert, wird allgemein als **„Maßgeblichkeitsgrundsatz“** bezeichnet[19].

B. Ausprägungen des Maßgeblichkeitsgrundsatzes

Der Grundsatz des § 5 Abs. 1 EStG hat verschiedenartige Ausprägungen, wobei im wesentlichen zwischen **materieller**, **formeller** und **umgekehrter** Maßgeblichkeit[20] differenziert wird[21].

---

[16] Hiervon zu unterscheiden ist die Frage nach der allgemeinen Begriffsbestimmung des Betriebsvermögen i.S. einer funktionalen Abgrenzung. Vgl. dazu etwa Schmidt/*Heinicke*, § 4 Rn. 101 f..

[17] Andernfalls ist gem. § 4 Abs. 3 EStG eine sog. „Überschussrechnung“ zu erstellen. Vgl. hierzu Schmidt/*Heinicke*, § 5 Rn. 370 ff.; *Bordewin* in Bordewin/Brandt, §§ 4 – 5, Rn. 143 ff..

[18] Daneben bestehen grundsätzlich folgende Alternativen: (1.) Zunächst kann sich der Gesetzgeber dafür entscheiden, eine rein steuerrechtliche Gewinnermittlung vorzuschreiben und für die Besteuerungszwecke von der Handelsbilanz völlig abzusehen (Bilanztrennung). (2.) Des weiteren besteht die Möglichkeit, die Handelsbilanz unverändert auch für die Besteuerung gelten zu lassen. (Bilanzeinheit). Vgl. hierzu *Knobbe-Keuk*, § 2 I 1; *Plewka/Schmidt* in Lademann, EStG, § 5 Rn. 16; *Crezelius* (1994), § 8 Rn. 1; *L. Schmidt*, S. 7 f..

[19] Vgl. *Dziadkowski* in HDR, B 120 Rn. 2.; *Haeger*, S. 5; *Knobbe-Keuk*, § 2 I 1; *Wöhe* (1997), S. 165; *Plewka/Schmidt* in Lademann, EStG, § 5 Rn. 300; *Hennrichs*, StuW 1999, S. 138. Daneben existiert eine Vielzahl weiterer Bezeichnungsweisen, die regelmäßig zur genaueren Abgrenzung zu verwandten Instituten verwendet und kreiert wurden. Vgl. hierzu *Haeger*, S. 5.

[20] Vgl. Blümich/*Schreiber*, § 5 EStG Rn. 180; *Haeger*, S. 5 ff.; *Wassermeyer*, DStJG 1991, S. 29 ff.; *Plewka/Schmidt* in Lademann, EStG, § 5 Rn. 302; *Kempermann* in K/S, § 5 B 110; *Stobbe*, S. 33 ff..

[21] Darüber hinaus lassen sich unterscheiden: (1) Gem. der §§ 95, 109 BewG stellt sich die Vermögensaufstellung i.R.d. Einheitsbewertung des Betriebsvermögens als eine abgeleitete Steuerbilanz dar. Da diese wiederum von der Handelsbilanz abhängig ist, spricht man insoweit von einer **verlängerten Maßgeblichkeit**, denn der Grundsatz der Maßgeblichkeit wird indirekt auf die Vermögensaufstellung ausgedehnt. Die „verlängerte“ Maßgeblichkeit spielt nach Wegfall der Gewerbekapital- und der Vermögensteuer namentlich nur noch bei der Erbschaftssteuer eine Rolle (vgl. § 12 Abs. 5 Satz 2 ErbStG). Vgl. *Kempermann* in K/S, § 5 B 156; *Mathiak* in K/S, § 5 A 70 m.w.N.; *Wacker*, S. 241f.; Schmidt/*Weber-Grellet*, § 5 Rn. 49; *Hennrichs*, StuW 1999, S. 139. (2) Der Terminus **diagonale Maßgeblichkeit** wird im Zusammenhang mit Umstrukturierungen und Umwandlungen benutzt. Inwieweit die Maßgeblichkeit auch bei Umwandlungen gilt, ist im einzelnen umstritten. Vgl. *Wacker*, S. 244;

Zunächst beinhaltet § 5 Abs. 1 Satz 1 EStG den **Grundsatz der materiellen Maßgeblichkeit**, worunter die Maßgeblichkeit der abstrakten[22] handelsrechtlichen Grundsätze ordnungsmäßiger Buchführung (GoB)[23] für die Steuerbilanz zu verstehen ist[24], unabhängig davon, ob der Steuerpflichtige tatsächlich eine Handelsbilanz erstellt[25]. Soweit nicht aus besonderen Gründen steuerrechtliche Regelungen entgegenstehen, sind die GoB[26] damit auch für die einkommensteuerrechtliche Gewinnermittlung verbindlich[27]. Umstritten ist allerdings der Umfang der Verweisung in § 5 Abs. 1 Satz 1 EStG. Das Maßgeblichkeitsprinzip gilt unstreitig jedenfalls für den **Bilanzansatz**, so dass sich nach den GoB bestimmt, was zu bilanzieren ist[28]. Die Verweisung des § 5 Abs. 1 Satz 1 EStG

Schmidt/*Weber-Grellet*, § 5 Rn. 46; ders., BB 1997, S. 653 ff.; *Thiel*, GmbHR 1997, S. 145 ff.; *Hoffmann* in L/B/H, §§ 4, 5, Rn. 347; *Kilger*, DB 2001, S. 230.

[22] Teilweise wird dieser Grundsatz deshalb auch als **abstrakte Maßgeblichkeit** bezeichnet. Vgl. *Brezing* in HdJ, Abt. I/4, Rn. 120; *Plewka/Schmidt* in Lademann, EStG, § 5 Rn. 356.

[23] Der Anwendungsbereich des § 5 Abs. 1 Satz 1 EStG erfasst dabei nicht nur die kodifizierten sondern, jedenfalls zur Lückenfüllung, auch die ungeschriebenen GoB. Vgl. Blümich/*Schreiber*, § 5 EStG Rn. 209; *Plewka/Schmidt* in Lademann, EStG, § 5 Rn. 323; *Kort*, FR 2001, S. 54.

[24] Vgl. *Plewka/Schmidt* in Lademann, EStG, § 5 Rn. 302; *Wassermeyer*, DStJG 1991, S. 29 ff.; Blümich/*Schreiber*, § 5 EStG Rn. 180; *Kempermann* in K/S, § 5 B 110; *Knobbe-Keuk* (1993), S. 21; *Glade*, Teil I, Rn. 176.

[25] Vgl. *Königbauer*, S. 16; *Kempermann* in K/S, § 5 B 110; *Wassermeyer*, DStJG 1991, S. 30.

[26] Es besteht jedoch Streit darüber, wie der Charakter von GoB beschaffen sein muss, wobei die h.M. den Standpunkt vertritt, dass den GoB stets allgemeingültiger Charakter zugesprochen werden müsse. Vgl. etwa *Plewka/Schmidt* in Lademann, EStG, § 5 Rn. 314; *Ballwieser* in HDR, B105 Rn. 82, 84; BFH vom 23.6.1997 – GrS 2/93, DStR 1997, S. 1442 ff. (1443). Weiter ist ungeklärt, ob alle gesetzlichen Einzelregelungen des Dritten Buches des HGB als grundsätzlich mit den GoB vereinbar anzuerkennen sind und daher von der Verweisung erfasst werden. Ablehnend: *Plewka/Schmidt* in Lademann, EStG, § 5 Rn. 320; *Siegel*, BFuP 1990, S. 549; *Kempermann* in K/S, § 5 B 38; *Ballwieser*, BFuP 1990, S. 479 f.; ders. in HDR, B 105, Rn. 9; *Schulze-Osterloh*, DStJG 1991, S. 127; ders., StuW 1991, S. 285; *Dziadkowski* in HDR, B 120 Rn. 3. Befürwortend *Clemm*, BFuP 1990, S. 547; *Mathiak*, BFuP 1990, S. 548; ders. in K/S, § 5 A 382; Blümich/*Schreiber*, § 5 EStG Rn. 206; *Tipke/Lang*, § 9 Rn. 311; *Schön*, StuW 1995, S. 374 f.; *Hennrichs*, StuW 1999, S. 141; *Mössner*, Stbg 1998, S. 148; so wohl auch *Crezelius* (1994), § 8 Rn. 8. Nach Ansicht von *Weber-Grellet*, DB 1994, 2405 f.; ders., DB 1997, S. 385 f.; ders., StbJb 1994/95, S. 103, Fn. 17; Schmidt/*Weber-Grellet*, § 5 Rn. 27, 30, bezieht sich die Verweisung lediglich auf die „oberen" GoB (= handelsrechtliche Prinzipien wie Bilanzwahrheit, Vollständigkeit, Kontinuität, Stichtags-, Verursachungs-, Realisations- und Vorsichtsprinzip). Krit. *Beisse* (1994), S. 22 f.; *Söffing* (1995), S. 643; *Hennrichs*, StuW 1999, S. 140. Nach *Moxter*, BB 2000, S. 2146, meint § 5 Abs. 1 Satz 1 EStG lediglich diejenigen handelsrechtlichen GoB, die der Konkretisierung von Gewinnansprüchen dienen.

[27] Vgl. aber BFH vom 7.8.2000 – GrS 2/99, StuB 2000, S. 992, mit Besprechung von *Hoffmann*, StuB 2000, S. 1039 f..

[28] Dies ergibt sich bereits aus dem Wortlaut der Vorschrift des § 5 Abs. 1 Satz 1 EStG („anzusetzen"). Vgl. zu den Einzelheiten etwa Schmidt/*Weber-Grellet*, § 5 Rn. 30 ff.; *Falterbaum*,

bezieht sich nach der ganz h.M.[29] grundsätzlich jedoch auch auf die **Bewertung**[30].

Spätestens seit Einfügung des § 5 Abs. 1 Satz 2 EStG[31] ist mit der h.M. in Literatur[32] und Rechtsprechung[33] davon auszugehen, dass § 5 Abs. 1 EStG auch die **formelle Maßgeblichkeit**[34] fordert[35]. Damit ist gemeint, dass die Steuerbilanz

S. 326; *Kempermann* in K/S, § 5 B 113; *Dziadkowski* in HDR, B 120, Rn. 38, 42 ff.; 60 ff.; *Plewka/Schmidt* in Lademann, EStG, § 5 Rn. 322, 325; *Hoffmann* in L/B/H, §§ 4, 5, Rn. 331; BFH vom 21.10.1993 - IV R 87/92, BStBl. II 1994, S. 176 ff. (178); BFH vom 3.2.1969 - GrS 2/68, BStBl. II 1969, S. 291 ff.; BFH vom 24. Juni 1969 - I R 15/68, BStBl. II 1969, S. 581 ff. (584).

29 So etwa *Knobbe-Keuk* (1993), S. 21; *Haeger*, S. 11; *Küting*, Beilage 2 zu NWB Heft 6/1998, S. 2; *Glade*, Teil I, Rn. 176; Schmidt/*Weber-Grellet*, § 5 Rn. 30; ders., DB 94, S. 2405; *Brönner/Bareis*, III Rn. 164; *Falterbaum*, S. 326; *Hoffmann* in L/B/H, §§ 4, 5, Rn. 332; *Plewka/Schmidt* in Lademann, EStG, § 5 Rn. 311; *Dziadkowski*, WPg 1988, S. 411; ders. in HDR, B 120 Rn. 70; *Söffing*, DB 1988, S. 241; *H/H/R*, § 5 Rn. 49 g; *Plewka/Schmidt* in Lademann, EStG, § 5 Rn. 337; *Robisch*, DStR 1993, S. 998; BFH vom 28.10.1964 - IV 208/64 U, BStBl. III 1965, S. 59 f.; BFH vom 17.9.1970 - I 189/65, BStBl. II 1970, S. 107 ff; BFH vom 25.4. 1985 - I R 138/80, BStBl. II 1985, S. 350 ff.. Zur a.A. vgl. *Tanzer*, S. 77 ff.; *Wittig*, DStR 1986, S. 528; *Weilbach*, BB 1986, S. 1679; ders., DB 1989, S. 1300; *Sauer*, DB 1987, S. 2369; BFH vom 12.6.1978 - GrS 1/77, BStBl. II 1978, S. 620 ff. (625); so wohl auch *Schulze-Osterloh*, FR 1986, S. 548.

30 Für die h.M. spricht, dass jedwede Aufnahme einer Position in die Bilanz einer Entscheidung über den Ansatz dem Grunde nach und den Ansatz der Höhe nach bedarf; denkgesetzlich kann nur ausgewiesen werden, was zuvor bewertet worden ist. Der Bewertungsvorbehalt des § 5 Abs. 6 EStG kann zudem nur dann greifen, wenn das Maßgeblichkeitsprinzip grundsätzlich auch den Bereich der Bewertung erfasst. Zudem können § 5 Abs. 1 und Abs. 6 EStG ohne weiteres nebeneinander Geltung beanspruchen. Vgl. auch *Plewka/Schmidt* in Lademann, EStG, § 5 Rn. 308; *Weber-Grellet*, DB 1997, S. 386; ders., DB 1994, S. 2405.

31 Eingefügt durch das Wohnungsbauförderungsgesetz vom 22.12.1989 (BGBl. I 1989, S. 2408).

32 Vgl. *Kempermann* in K/S, § 5 Rn. B 133; *H/H/R*, § 5 Rn. 49 d, f, g; *Plewka/Schmidt* in Lademann, EStG, § 5 Rn. 304, 354 ff.; Blümich/*Schreiber*, § 5 EStG Rn. 181; *Wassermeyer*, DStJG 1991, S. 30, 34 f.; *Knobbe-Keuk* (1993), S. 22; *Glade*, Teil I, Rn. 179; *Schulze-Osterloh*, StuW 1991, S. 285; *Falterbaum*, S. 423; *Dziadkowski*, WPg 1988, S. 410; Schmidt/*Weber-Grellet*, § 5 Rn. 40.

33 Vgl. etwa RFH vom 12.11.1929 - I A a 213/29, RStBl. 1929, S. 660 ff.; RFH vom 11.2.1930 - I A 807/28, RStBl. 1930, S. 153 ff.; RFH vom 18.10.1938 - I 226/37, RStBl. 1938, S. 581 f.; RFH vom 30.11.1938 - I 192/38, RStBl. 1939, S. 480 ff.; BFH vom 8.2.1952 - I 10/52 S, BStBl. III 1952, S. 71 ff.; BFH vom 4.2.1958 - I 173/57 U, BStBl. III 1958, S. 109 ff.; BFH vom 27.3.1968 - I 133/65, BStBl. II 1968, S. 521 f.; BFH vom 25.4.1985 - IV R 83/83, BStBl II 1986, S. 350 ff..

34 Von *Brezing* in HdJ, Abt. I/4, Rn. 121 und *Plewka/Schmidt* in Lademann, EStG, § 5 Rn. 356 wird diese Ausprägung als **konkrete Maßgeblichkeit** bezeichnet.

35 Bis zum Inkrafttreten des § 5 Abs. 1 Satz 2 EStG war in der Literatur umstritten, ob § 5 Abs. 1 EStG a.F. die formelle Maßgeblichkeit fordert. So wurde teilweise vertreten, dass für die steuerrechtliche Gewinnermittlung aufgrund des Wortlauts der Vorschrift lediglich die abs-

von der konkreten, im Einzelfall tatsächlich gefertigten[36] Handelsbilanz abhängt[37]. Das Maßgeblichkeitsprinzip gebietet daher nicht nur eine bloße Bindung des Steuerrechts an die handelsrechtlichen Regeln, sondern auch die gleichförmige Nutzung der (offenbleibenden) Entscheidungsspielräume[38]. Die formelle Maßgeblichkeit gilt nach h.M.[39] sowohl für den **Ansatz**, die **Bewertung**[40] wie auch für **Beurteilungen tatsächlicher Art**[41]. Ob darüber hinaus eine formelle Maßgeblichkeit der **Gliederungsvorschriften** besteht, ist umstritten[42].

Unter der auf § 5 Abs. 1 Satz 2 basierenden **umgekehrten Maßgeblichkeit**[43] ist die Maßgeblichkeit der Steuerbilanz für die Handelsbilanz zu verstehen. Sie be-

trakten handelsrechtlichen Normen als solche maßgebend seien. Vgl. hierzu etwa *Merkert/Koths*, BB 1985, S. 1767; *Merkert*, DStZ 1988, S. 142; *Tanzer* S. 86 ff.; *Schildbach*, BB 1989, S. 1447. Nach der wohl herrschenden Gegenauffassung handelt es sich bei der formellen Maßgeblichkeit jedoch um ein historisch gewachsenes Rechtsinstitut, das schon aus § 5 Abs. 1 EStG a.F. abgeleitet werden konnte. Vgl. etwa *Vogelgesang*, S. 134; Blümich/*Schreiber*, § 5 EStG Rn. 181, 186; *Plewka/Schmidt* in Lademann, EStG, § 5 Rn. 366 ff.. Vgl. auch *Knobbe-Keuk* (1993), S. 22; *H/H/R*, § 6 Rn. 79; *Haeger*, S. 12 ff. m.w.N..

36 Hierbei ist umstritten, ob die formelle Maßgeblichkeit auch beim freiwilligen Aufstellen einer Handelsbilanz zum Tragen kommt. Vgl. hierzu *Plewka/Schmidt* in Lademann, EStG, § 5 Rn.363 m.w.N..

37 Vgl. *Kempermann* in K/S, § 5 Rn. B 133; *Hoffmann* in L/B/H, §§ 4, 5, Rn. 334; Blümich/*Schreiber*, § 5 EStG Rn. 181; *Wassermeyer*, DStJG 1991, S. 30; *Knobbe-Keuk* (1993), S. 22; *Glade*, Teil I, Rn. 179; *Schulze-Osterloh*, StuW 1991, S. 285; *Falterbaum*, S. 423; *Dziadkowski* in HDR, B 120 Rn. 13.

38 Da die formelle die materielle Maßgeblichkeit voraussetzt, sind die konkreten Handelsbilanzansätze nur maßgeblich, wenn sie i.S. der materiellen Maßgeblichkeit GoB-konform sind und nicht gegen spezielle Steuervorbehalte (z.B. § 5 Abs. 2 bis 5 EStG) und den allgemeinen Steuervorbehalt (§ 5 Abs. 6 EStG) verstoßen. Vgl. *Plewka/Schmidt* in Lademann, EStG, § 5 Rn. 364; *Knobbe-Keuk* (1993), S. 22.

39 Vgl. Schmidt/*Weber-Grellet*, § 5 Rn. 40; *Plewka/Schmidt* in Lademann, EStG, § 5 Rn. 363; *Kempermann* in K/S, § 5 B 110, 133.

40 Dies wird jedoch von den Autoren abgelehnt, nach deren Ansicht sich die „materielle" Maßgeblichkeit ebenfalls nicht auf die Bewertung bezieht („formelle Maßgeblichkeit nur dem Grunde nach"). Vgl. etwa *Schulze-Osterloh*, FR 1986, S. 546, 584; *Meincke* in L/B/H, § 6 Rn. 18; *Weilbach* BB 1986, S. 1677; ders., DB 1989, S. 1300.

41 Ein Beurteilungsspielraum, der dem Kaufmann etwa bei der Schätzung des Wertes eines Wirtschaftsgutes zusteht, muss in beiden Bilanzen in gleicher Weise ausgefüllt werden. Vgl. *Kempermann* in K/S, § 5 Rn. 138; *Mathiak*, DStR 1988, S. 274; Blümich/*Schreiber*, § 5 EStG Rn. 185; *Wassermeyer*, DStJG 1991, S. 33. A.A. *Bordewin* in Bordewin/Brandt, §§ 4 – 5 Rn. 181 c.

42 Ablehnend etwa *Dziadkowski* in HDR, B 120 Rn. 27 m.w.N.; befürwortend etwa *Plewka/Schmidt* in Lademann, EStG, § 5 Rn. 363.

43 Ihren Namen verdankt sie dem Umstand, dass sie rechtssystematisch nichts anderes ist als die rechtliche Abhängigkeit der Steuerbilanz von der Handelsbilanz (i.S.d. formellen Maßgeblichkeit), betrachtet aus umgekehrter Sicht. Vgl. Blümich/*Schreiber*, § 5 EStG Rn. 182; *Kempermann* in K/S, § 5 B 140. Vgl. zu weiteren Bezeichnungsweisen: *H/H/R*, § 5 Rn. 49 j;

deutet, dass die Inanspruchnahme bestimmter steuerrechtlicher Wahlrechte in der Steuerbilanz nur dann zulässig ist, wenn in der Handelsbilanz (zuvor) eine entsprechende Bilanzierung vorgenommen wurde und keine steuerrechtlichen Sonderregelungen eingreifen[44]. Die Umkehrmaßgeblichkeit bezieht sich nach der h.M in der Literatur nur auf sog. korrespondierende Wahlrechte[45], wobei die Korrespondenz ausdrücklich, d.h. über inhaltsgleiche handelsrechtliche Wahlrechte (sog. **„umgekehrte Maßgeblichkeit i.w.S.“**), oder über die sog. handelsrechtlichen Öffnungsklauseln (§§ 247 Abs. 3, 254, 273, 279 Abs. 2, 280 Abs. 2 HGB) (sog. **„umgekehrte Maßgeblichkeit i.e.S.“**[46]) hergestellt werden kann. Diese handelsrechtlichen Vorschriften lassen es zu, dass steuerrechtliche Passivposten und niedrigere Wertansätze, die an sich nach Handelsrecht nicht zulässig wären, wahlweise in der Handelsbilanz ausgewiesen werden können. Auf diese Weise wird in der entsprechenden Periode ein geringerer Gewinn ausgewiesen, als nach den GoB und den allgemeinen steuerrechtlichen Bewertungsvorschriften auszuweisen wäre. Hauptziel der umgekehrten Maßgeblichkeit ist die Stärkung der Unternehmenssubstanz und die Zwecksicherung von Subventionen. Durch das Erfordernis des korrespondierenden Ansatzes in Handels- und Steuerbilanz soll verhindert werden, dass die Steuervergünstigung an die Anteilseigner ausgeschüttet wird.

Schneider, BB 1978, S. 1580; *Schulze-Osterloh*, FR 1986, S. 551; *Flämig*, DB 1968, S. 2045; *Wöhe* (1997), S. 168; *Wittstock/Klein*, WPg 1987, S. 386; *Herzig* in Küting/Weber (1995), Kap. I Rn. 217; *Stobbe*, DStR 1991, S. 164.

[44] Vgl. *Plewka/Schmidt* in Lademann, EStG, § 5 Rn. 302, 477; *Dziadkowski* in HDR, B 120, Rn. 15; *Kempermann* in K/S, § 5 B 110; *Königbauer* S. 18.

[45] § 5 Abs. 1 Satz 2 EStG ist wegen Art. 3 Abs. 1 GG insofern restriktiv auszulegen, da andernfalls bilanzierenden Kaufleuten die Nutzung nicht korrespondierender Wahlrechte verwehrt wäre. Vgl. Schmidt/*Weber-Grellet*, § 5 Rn. 43; *Bordewin*, DB 1992, S. 291 und 849; *Bordewin* in Bordewin/Brandt, §§ 4 – 5 Rn. 179; *Bullinger*, DB 1991, S. 2397; *Schulze-Osterloh*, StuW 1991, S. 284; *Knobbe-Keuk* (1993), § 2 III 3; Plewka/*Schmidt* in Lademann, EStG, § 5 Rn. 478, 483; *Lause/Sievers*, BB 1990, S. 24; *Kempermann* in K/S, § 5 B 150. Zur a.A. vgl. *Sarrazin*, DB 1992, S. 849; *Robisch*, DStR 1993, S. 1001; Blümich/*Schreiber*, § 5 EStG Rn. 190; *Wassermeyer*, DStJG 1991, S. 37. Ob die Entscheidung des BFH vom 21.10.1993 – IV R 87/92, BStBl II 94, S. 178 für diese Auffassung spricht, ist umstritten. Befürwortend: Schmidt/*Weber-Grellet*, § 5 Rn. 42; *Stobbe*, FR 1994, S. 106. Zu den nicht korrespondierenden Wahlrechten vgl. *Kempermann* in K/S, § 5 B 150; Schmidt/*Weber-Grellet*, § 5 Rn. 43.

[46] Vgl. *Mathiak*, StbJb 1986/87, S. 83 f.; *Plewka/Schmidt* in Lademann, EStG, § 5 Rn. 479; *Kempermann* in K/S, § 5 Rn. B 140; *Schildbach*, BB 1989, S. 1443 ff..

Übersicht[47]:

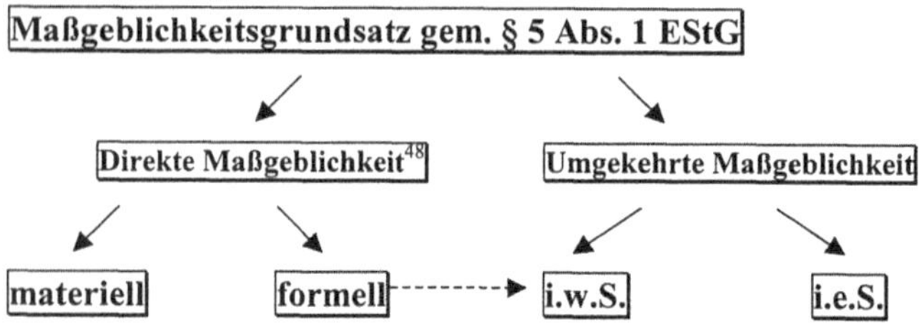

C. Historische Entwicklung des Maßgeblichkeitsgrundsatzes

I. Die direkte Maßgeblichkeit

Der Grundsatz der direkten Maßgeblichkeit ist annährend so alt wie die moderne Einkommensbesteuerung in Deutschland[49]. Er wurde erstmals[50] in § 5 Anlage B Ziff. 7 des bremischen EStG v. 17. Dezember 1874 und in § 22 Nr. 1 des säch-

[47] Die Übersicht soll lediglich die „Richtung" der Abhängigkeit von Handels- und Steuerbilanz verdeutlichen. Rechtlich wird man die umgekehrte Maßgeblichkeit mit der h.M. als Teilaspekt der formellen Maßgeblichkeit einzuordnen haben. Vgl. für viele Schmidt/*Weber-Grellet*, § 5 Rn. 40; *Dziadkowski* in Castan/Edgar, B 120, Rn. 101; *Wassermeyer*, DStJG 1991, S. 42; *Plewka/Schmidt* in Lademann, EStG, § 5 Rn. 477, 481; Blümich/*Schreiber*, § 5 EStG Rn. 188; *Mathiak*, StbJb 1986/87, S. 87.

[48] Die Bezeichnungen materielle und formelle Maßgeblichkeit beschreiben beide die Maßgeblichkeit der Handelsbilanz für die Steuerbilanz. Aus diesem Grunde werden beide Institute unter dem Oberbegriff direkte Maßgeblichkeit zusammengefasst. Weitere Bezeichnungen lauten „einfache", „normale" oder „allgemeine" Maßgeblichkeit. Vgl. *Wacker*, S. 234 f.; *Krawitz*, S. 201; *Haeger*, S. 8 m.w.N.; *Meincke* in L/B/H, § 6 EStG Rn. 64; *Sarrazin*, DB 1987, S. 1597.

[49] Zu den Einzelheiten vgl. etwa *Mathiak*, StbJb 1986/87, S. 92 ff.; ders. in K/S, § 5 A 85 ff., *Krieger* S. 329 ff.; *Pohl*, S. 11 ff.; *Plewka/Schmidt* in Lademann, EStG, § 5 Rn. 23 ff.; *Söffing* (1995), S. 636 ff.; *H/H/R*, § 5 Rn. 49 e; Blümich/*Schreiber*, § 5 EStG Rn. 3 ff.; *Königbauer*, S. 54 ff.; *Alsheimer*, ZfB 1974, S. 841 ff.; *Zimmermann*, StuB 2001, S. 806 f...

[50] Vor Einführung des Allgemeinen Deutschen Handelsgesetzbuches von 1861, wurde der gewerbliche Gewinn durch eine „Einnahmenüberschussrechnung" ermittelt. Da das kaufmännische Rechnungswesen im 19. Jahrhundert noch in der Entwicklung begriffen war, konnte die steuerrechtliche Gewinnermittlung nicht an die handelsrechtlichen Vorschriften anknüpfen. Die handelsrechtliche Rechnungslegung einerseits und die Besteuerung andererseits waren daher selbständig nebeneinander stehende Aufgaben. Vgl. *Söffing* (1995), S. 636; *Plewka/Schmidt* in Lademann, EStG, § 5 Rn. 34; *H/H/R*, § 5 Rn. 49 e; *Robisch/Treisch*, WPg 1997, S. 156; *Sigloch*, BFuP 2000, S. 159; *Selchert*, S. 917; *Dziadkowski*, DStZ 2001, S. 10.

sischen EStG 22. Dezember 1874 normiert[51]. Während die Regelung aus Bremen an die tatsächliche, rechtsgültige Handelsbilanz anknüpfte, sah die sächsische Formulierung vor, dass der Gewinn der Kaufleute „*nach den*" Grundsätzen des Handelsbilanzrechts zu ermitteln sei[52]. Obwohl das Prinzip in der Regierungsvorlage zum preußischen Einkommensteuergesetz von 1891 noch nicht enthalten war[53], konnte das Abgeordnetenhaus das Maßgeblichkeitsprinzip im Zuge der „*Miquel'schen Steuerreform*"[54] durchsetzen. Dabei wurde in § 14 Abs. 1 des preußischen EStG 1891 im wesentlichen die Formulierung des sächsischen EStG übernommen[55]. Wenngleich bereits in dieser Fassung steuerrechtliche Sondervorschriften zu beachten waren, sollte der steuerpflichtige „*Gewinn aus Handel, Gewerbe und Bergbau*" generell nach den handelsrechtlichen Grundsätzen zu ermitteln sein. Auch Hamburg (1881), Sachsen-Meiningen (1890), Braunschweig (1896), Württemberg (1903) und Bayern (1910) vollzogen diesen Schritt[56], während Baden (1906) den Steuerpflichtigen ein Wahlrecht gewährte, wonach der Gewinn entweder durch Einnahmen-Ausgaben-Rechnung oder nach Handelrecht ermittelt werden konnte[57].

Das staatsrechtliche Verhältnis zwischen Reich und den als Ländern bezeichneten Bundesstaaten wurde durch die Reichsverfassung vom 11. August 1919[58] geändert. Der bislang föderative Charakter der Reichsverfassung wurde weitgehend eingeschränkt und auf steuerrechtlichem Gebiet erfolgte eine Neuordnung der Steuergesetzgebungshoheit[59]. In der Folgezeit entstand mit dem Reichsein-

---

[51] Vgl. *Pohl*, S. 18 f., 23 f.; *Mathiak* in K/S, § 5 A 113 ff.; *Alsheimer*, ZfB 1974, S. 842 f.; *Plewka/Schmidt* in Lademann, EStG, § 5 Rn. 40; *Robisch/Treisch*, WPg 1997, S. 157; *Zimmermann*, StuB 2001, S. 806; *Weber-Grellet*, DB 1994, S. 288, Fn. 6; ders. (1996), S. 68 f.; *Königbauer*, S. 54 f.; *Alsheimer*, ZfB 1974, S. 841; *Mössner*, Stbg 1998, S. 146; *Dziadkowski*, DStZ 2001, S. 10 f..

[52] Vgl. *Mathiak*, StbJb 1986/87, S. 93; *Königbauer*, S. 54 f..

[53] Der Entwurf sah zunächst eine Einnahmen-Ausgaben-Rechnung vor. Vgl. *Pohl*, S. 27; *Tanzer*, S. 57; *Mathiak* in K/S, § 5 A 119 ff.; *Königbauer*, S. 55; *Alsheimer*, ZfB 1974, S. 844; *Mössner*, Stbg 1998, S. 146.

[54] Benannt nach Johannes von Miquel, Finanzminister im Königreich Preußen ab dem 22. Juni 1890.

[55] Vgl. *Mathiak* in K/S, § 5 A 119; *Plewka/Schmidt* in Lademann, EStG, § 5 Rn. 47; *Robisch/Treisch*, WPg 1997, S. 158; *Dziadkowski*, DStZ 2001, S. 11; *Zimmermann*, StuB 2001, S. 807 f..

[56] Vgl. *Mathiak* in K/S, § 5 A 123; *Söffing* (1995), S. 637; *Plewka/Schmidt* in Lademann, EStG, § 5 Rn. 46, 50; *Königbauer*, S. 55.

[57] Vgl. *Söffing* (1995), S. 637; *Mathiak* in K/S, § 5 A 123.

[58] Vgl. RGBl. 1919, S. 1383 ff..

[59] Während bis 1919 die Steuergesetzgebung Angelegenheit der Länder war, sah Art. 8 der Reichsverfassung nunmehr vor: „*Das Reich hat ferner die Gesetzgebungshoheit über die Abgaben und sonstigen Einnahmen, soweit sie ganz oder teilweise für seine Zwecke in Anspruch*

kommensteuergesetz vom 29. März 1920[60] die erste reichseinheitliche Regelung der Einkommensbesteuerung, wobei der Maßgeblichkeitsgrundsatz durch die Kodifizierung in § 33 Abs. 2 EStG (1920) erstmals im gesamten Reichsgebiet Geltung erlangte[61]. Grundlage dieser Regelung war die preußische Fassung, die im wesentlichen unangetastet blieb[62]. Im nachfolgenden Einkommensteuergesetz aus 1925 wurde das Prinzip in § 13 EStG (1925) präzisiert und die steuerrechtlichen Sondervorschriften wesentlich ausgebaut[63]; dennoch wurde die Maßgeblichkeit als Grundsatznorm gewahrt. Erstmals wurden die Grundsätze ordnungsmäßiger Buchführung für die steuerrechtliche Gewinnermittlung für maßgeblich erklärt[64].

Eine nicht unbedeutende Einschränkung des Anwendungsbereichs der gesetzlichen Regelung erfolgte durch die Fixierung in § 5 Abs. 1 EStG (1934)[65]: Die §§ 5 und 6 EStG (1934) trennten erstmals Bilanzansatz und Bewertung im Maßgeblichkeitsgrundsatz[66]. Er galt daher nicht mehr generell für die Differenzgröße des steuerrechtlichen Gewinns, sondern nur noch für den Ansatz des Betriebsvermögens. Die dort gewählte Formulierung hat sich im wesentlichen bis dato gehalten und stellt den Kernbereich der heute geltenden Regelung in § 5 Abs. 1 und Abs. 6 EStG dar[67].

---

genommen werden.“ Vgl. *Pohl*, S. 61; *Mathiak*, StbJb 1986/87, S. 93; *Königbauer*, S. 54, 63; *Crezelius*, DB 1994, S. 690.

[60] Vgl. RGBL. 1920, S. 359 ff..

[61] Vgl. *Mathiak* in K/S, § 5 A 126; *Plewka/Schmidt* in Lademann, EStG, § 5 Rn. 52 f.; *Söffing* (1995), S. 638; *H/H/R*, § 5 Rn. 49 e; Blümich/*Schreiber*, § 5 EStG Rn. 3; *Robisch/Treisch*, WPg 1997, S. 158; *Tanzer*, S. 58; *Weber-Grellet*, DB 1994, S. 288, Fn. 6; ders. (1996), S. 68 f.; *Mathiak* in K/S, § 5 A 126 ff.; *Königbauer*, S. 64; *Alsheimer*, ZfB 1974, S. 844; *Mössner*, Stbg 1998, S. 146; *Dziadkowski*, DStZ 2001, S. 11.

[62] Vgl. *Mathiak*, StbJb 1986/87, S. 95; *Robisch/Treisch*, WPg 1997, S. 158 f..

[63] Vgl. RG vom 29.3.1920, RGBl. S. 359; *Mathiak* in K/S, § 5 A 129 f.; *Boochs* in Dankmeyer/Giloy, § 5 Rn. 1; Blümich/*Schreiber*, § 5 EStG Rn. 4; *Robisch/Treisch*, WPg 1997, S. 159; *Königbauer*, S. 66.

[64] Vgl. *Söffing* (1995), S. 638; *H/H/R* § 5 Rn. 49 e; *Krieger*, S. 331; *Mathiak* in K/S, § 5 A 119, *Königbauer*, S. 68; *Alsheimer*, ZfB 1974, S. 845.

[65] Vgl. *Pohl*, S. 18 - 31; *Plewka/Schmidt* in Lademann, EStG, § 5 Rn. 68; *Boochs* in Dankmeyer/Giloy, § 5 Rn. 1; *Königbauer*, S. 70 ff..

[66] Vgl. *Tanzer*, S. 58; Blümich/*Schreiber*, § 5 EStG Rn. 5.

[67] In der Folgezeit wurde § 5 EStG nur noch punktuell geändert: Durch das Gesetz vom 1.2.1938 (RGBl. I, 99; RStBl. 1938, 97) erfuhr die Vorschrift eine Änderung hinsichtlich seines subjektiven Anwendungsbereichs: Die Vorschrift fand nur noch auf solche Gewerbetreibende Anwendung, deren Firma im Handelsregister eingetragen war. § 5 EStG 1955 in der Fassung des Gesetzes zur Neuordnung von Steuern vom 16.12.1954 (BGBl. I S. 373; BStBl I 1954, S. 575) brachte für den Maßgeblichkeitsgrundsatz keine materiellen Änderungen, lediglich sein subjektiver Anwendungsbereich wurde nunmehr wieder erheblich ausgeweitet. Im folgenden hat sich der Gesetzgeber erst wieder im Jahre 1969 mit dem Maßgeblichkeitsprin-

II. Die umgekehrte Maßgeblichkeit

Der Grundsatz der umgekehrten Maßgeblichkeit war vor seiner Kodifizierung in § 5 Abs. 1 Satz 2 EStG gesetzlich nicht einheitlich geregelt. Vielmehr waren die gesetzlichen Bestimmungen einzelfallbezogen und schwerlich in eine systematische Ordnung zu bringen[68]. Aus diesem Grunde war die Geltung eines allgemeinen Prinzips bis zu diesem Zeitpunkt heftig umstritten:

Die Entstehung des Grundsatzes lässt sich bis in die Nachkriegsjahre des 2. Weltkrieges zurückverfolgen. In dieser Zeit begann der Steuergesetzgeber die Gewährung von Steuervergünstigungen im Einzelfall davon abhängig zu machen, dass der Steuerpflichtige sie nur in Anspruch nehmen konnte, wenn ein entsprechender Ansatz (zuvor) auch in der Handelsbilanz vorgenommen wurde[69]. Darüber hinaus wurde von der Finanzverwaltung die Auffassung vertreten, dass dieses Erfordernis auch in einigen Fällen zu beachten sei, in denen eine ausdrückliche Anordnung im Gesetz nicht erfolgte[70]. Von einem gleichlautenden Ansatz wurde indes abgesehen, wenn eine Abweichung in der begünstigenden Vorschrift ausdrücklich erlaubt war[71]. Von einer konsequenten Anwendung der umgekehrten Maßgeblichkeit konnte daher noch nicht gesprochen werden[72].

---

zip befasst: Durch das Gesetz zur Änderung des EStG vom 16.5.1969 (BGBl. I S. 421; BStBl. I 1969, S. 320) erhielt § 5 EStG durch die Bildung von vier Absätzen einen erweiterten Inhalt. Vgl. zu den Einzelheiten *Mathiak* in K/S, § 5 A 132 ff.; *Söffing* (1995), S. 638; *Wassermeyer*, DStJG 1991, S. 32; Blümich/*Schreiber*, § 5 EStG Rn. 5 ff.; *Bordewin* in Bordewin/Brandt, §§ 4 – 5 Rn. 4 ff.; *Boochs* in Dankmeyer/Giloy, § 5 Rn. 2 ff.; *Plewka/Schmidt* in Lademann, EStG, § 5 Rn. 72 ff.; *Vogelgesang*, S. 127 f.. Vgl. auch BT-Drucks. V/3187, S. 3 f. und V/2773.

[68] Ebenso *Mathiak*, StbJb 1986/87, S. 87.

[69] Z.B. : Reinvestitionsrücklage gem. § 6 b Abs. 3 Satz 6 EStG a.F. (BGBl. I 1964, S. 885; BStBl. I 1964, S. 553; vgl. BFH vom 25.4.1985 – IV 83/83, BStBl. II 1986, S. 350; BFH vom 9.8.1989 – X R 110/87, BStBl II 1990, S. 195) und gem. § 82 Städtebauförderungsgesetz a.F. (BGBl. I 1971, S. 1125); Rücklage beim Erwerb gefährdeter Betriebe gem. § 6 d Abs. 3 Nr. 3 EStG a.F. („Sanierungsrücklage"; BGBl. I 1982, S. 1857; BStBl. I 1982, S. 972) sowie nach § 18 Abs. 2 Nr. 6 des Mineralölbevorratungsgesetz a.F. (BGBl. I 1975, S. 2471). Vgl. *H/H/R*, § 5 Rn. 49 j; *Weilbach*, DB 1967, S. 256; *Mathiak*, StbJb 1986/87, S. 88 f.; *Kempermann* in K/S, § 5 B 141.

[70] Z.B.: erhöhte AfA nach § 7 b EStG a.F. und § 14 BerlinHG a.F., §§ 14, 14 a BerlinFG; Importwarenabschlag nach § 80 EStDV a.F.; Bewertungsabschlag nach § 1 Abs. 1 Ziff. 1 EntwHilfeStG a.F.; Rücklage nach § 1 Abs. 1 Ziff. 2 EntwHilfeStG a.F.. Vgl. hierzu *H/H/R*, § 5 Rn. 49 j; *Dziadkowski*, BB 1986, S. 330; *Flämig*, DB 1968, S. 2045 f.; *Wittstock/Klein*, WPg 1987, S. 386.

[71] Z.B.: § 3 des Gesetzes über steuerliche Maßnahmen zur Förderung der Ausfuhr vom 28.6.51 (BGBl. I 1951, S. 405); § 3 des Gesetzes über steuerliche Maßnahmen bei der Stilllegung von Steinkohlebergwerken vom 11.4.67 (BGBl. I 1967, S. 403, BStBl. I 1967, S. 204); § 1 Abs. 4 des Gesetzes zur Förderung der Verwendung von Steinkohle in Kraftwerken vom 12.8.65

Das Handelsrecht nahm erstmals im Aktiengesetz von 1965 Rücksicht auf diese steuergesetzliche Entwicklung[73]. Durch die §§ 154 Abs. 2 Satz 1 Nr. 2 und 155 Abs. 3 Nr. 2 AktG (1965) wurde gestattet, Gegenstände des Anlage- und Umlaufvermögens „*mit dem niedrigeren Wert [anzusetzen], der für Zwecke der Steuern vom Einkommen und Ertrag für zulässig gehalten wird.*“ Zudem konnten gemäß § 152 Abs. 5 AktG (1965) auf der Passivseite „*Sonderposten mit Rücklageanteil*“ ausgewiesen werden, die „*auf Grund steuerlicher Vorschriften erst bei ihrer Auflösung zu versteuern*“ waren. Im folgenden machte die Finanzverwaltung die Gewährung von Steuervergünstigungen prinzipiell davon abhängig, dass ein entsprechender Ansatz in der Handelsbilanz erfolgte[74]. Ob die umgekehrte Maßgeblichkeit aufgrund dieser Regelungen im AktG von 1965 als normatives Prinzip anzuerkennen war, blieb jedoch umstritten[75].

Zu Beginn des Veranlagungszeitraums 1987 trat § 6 Abs. 3 Satz 1 EStG durch Art. 10 Abs. 15 Nr. 1 b des Bilanzrichtliniengesetzes (BiRiLiG) vom 19.12.1985[76] in Kraft und galt bis zum 31.12.1989[77]. Die Vorschrift erweiterte den Anwendungsbereich der umgekehrten Maßgeblichkeit erheblich, indem sie

---

(BGBl. I 1965, S. 777, BStBl. I 1965, S. 360) i.d.F. des ÄndG vom 8.8.69 (BGBl. I 1969, S.403, BStBl. I 1969, S. 204); Abschn. 228 Abs. 5 EStR 1968 oder RFH vom 22.11.38, RStBl., S. 1839. Vgl. hierzu *H/H/R*, § 5 Rn. 49 j; *Flämig*, DB 1968, S. 2048; *Dziadkowski*, BB 1986, S. 330.

[72] So die wohl h.M.: Vgl. *Mathiak*, StuW 1986, S. 177; *Merkert/Koths*, BB 1985, S. 1766 f.; *Dziadkowski*, BB 1986, S. 330; ders., WPg 1988, S. 413; BFH vom 24.4.1985 – I R 65/80, BStBl. II 1986, S. 324 ff.. Zur a.A. vgl. *Bordewin*, FR 1986, S. 281 ff.; ders., DStR 1988, S. 670; *Söffing*, DB 1988, S. 245; *Küting/Haeger*, BB 1988, S. 592. Vgl. auch *Gail* (1995), S. 128.

[73] Vgl. *Mathiak*, StbJb 1986/87, S. 88; Gadow/Heinichen/*Brönner*, Vorbem. zu §§ 153- 156, Anm. 23; *H/H/R*, § 5 Rn. 49 j; *Kropff*, S. 247;.

[74] Dies wurde damit begründet, dass die aktienrechtlichen Vorschriften den Ansatz der steuerrechtlich zulässigen Werte erlauben würden, so dass der Kaufmann sie auch ansetzen müsse, wenn er die Vergünstigungen in Anspruch nehmen wolle. Vgl. *Woerner*, BB 1976, S. 1569 m.w.N..

[75] Ablehnend *Flämig*, DB 1968, S. 2046; *H/H/R*, § 5 Rn. 49 j; *Nickol*, S. 1772; *Woerner*, BB 1976, S. 1569 f.; krit. auch *Karsten*, BB 1967, S. 425. Befürwortend *Weilbach*, DB 1967, S. 256; FG Baden-Württemberg vom 23.3.1973 – II 49/72, EFG 1973, S. 470. Vgl. auch *Feuerbaum*, DB 1967, S. 1469; Gadow/Heinichen/*Brönner*, § 154 Anm. 33, § 155 Anm. 38. Mit Blick auf die Begründung des Rechtsausschusses des Bundestages spricht einiges dafür, dass das Aktiengesetz 1965 lediglich die Konsequenzen aus den steuergesetzlichen Vergünstigungen ziehen wollte. Vgl. BT-Drucks. IV 3296, S. 31; *Kropff*, S. 245. Insoweit hat der Gesetzgeber nur dem Verlangen der Finanzverwaltung nachgegeben. Ebenso *Flämig*, DB 1968, S. 2047; *H/H/R*, § 5 Rn. 49 j. Vgl. auch die Darstellung bei *Kempermann* in K/S, § 5 Rn. 142 f..

[76] BGBl. I 1985, S. 2355 ff..

[77] Die Kodifikation des § 6 Abs. 3 EStG a.F. resultierte im wesentlichen aus der durch das BFH-Urteil vom 24.04.1985 – I R 65/80, BStBl. II 1986, S. 324 ff. entfachten Diskussion um die Geltung des Grundsatzes. Vgl. hierzu *Dziadkowski*, BB 1986, S. 330.

die Geltung des Grundsatzes für die erhöhten Absetzungen und Sonderabschreibungen, die Bewertungsfreiheit für geringwertige Wirtschaftsgüter nach § 6 Abs. 2 EStG, den Abzug von Veräußerungsgewinnen nach § 6 b Abs. 1 und Abs. 3 Satz 2 EStG (Übertragung von stillen Reserven), den Importwarenabschlag (§ 51 Abs. 1 Nr. 1 Buchst. m EStG, § 80 EStDV) sowie die Bewertung von bestimmten Edelmetallen nach der sog. Lifo-Methode (§ 51 Abs. 1 Nr. 1 Buchst. z EStG, § 74 a EStDV a.F.)[78] ausdrücklich anordnete. Ebenfalls durch das BiRiLiG wurde das Handelsrecht durch die Einfügung der sog. handelsrechtlichen Öffnungsklauseln (vgl. §§ 247 Abs. 3, 254, 273, 279 Abs. 2, 280 Abs. 2 HGB) den Anforderungen für die nach den 31.12.1986 beginnenden Geschäftjahre angepasst. Offen blieb allerdings die Frage, ob § 6 Abs. 3 EStG a.F. abschließend[79] ist oder nur eine beispielhafte[80] Aufzählung der Fälle der umgekehrten Maßgeblichkeit aufwies[81].

Zur Beseitigung der Ungereimtheiten der alten Regelung sah bereits der Referentenentwurf des Steuerreformgesetzes 1990 eine umfassende Verankerung der umgekehrten Maßgeblichkeit vor. Die explizite Kodifizierung als allgemeiner Grundsatz erfolgte jedoch erst durch das Wohnungsbauförderungsgesetz vom 22.12.1989 (sog. „Restantengesetz")[82]. Danach sollte die neue Vorschrift des § 5 Abs. 1 Satz 2 EStG erstmals ab dem Veranlagungszeitraum 1990 angewandt werden (vgl. § 52 Abs. 5 Buchst. b EStG).

[78] Die Lifo-Methode (Last-in-first-out) unterstellt, dass die zuletzt angeschafften oder hergestellten Wirtschaftsgüter zuerst verbraucht oder veräußert worden sind. Vgl. Schmidt/*Glanegger*, § 6 Rn. 351.

[79] Dies wurde vor allem mit dem Wortlaut der Vorschrift begründet, da eine Bindung bei der Bildung steuerfreier Rücklagen in § 6 Abs. 3 a.F. nicht ausdrücklich vorgesehen war. Vgl. *Sarrazin*, DB 1987, S. 1597; ders. (1987), S. 16 f.; *Nickol*, BB 1987, S. 1772; *Niehus*, BB 1987, S. 1354; *Dziadkowski*, BB 1986,S. 332; *Wittig*, DStR, 1986, S. 526. Dieser Ansicht schloss sich auch die Finanzverwaltung an, insbesondere für die Rücklagen nach § 74 EStDV, §§ 1, 3 AIG, § 52 Abs. 8 EStG i.V.m. § 6a EStG. Vgl. BMF-Schreiben vom 30.4.1989, BStBl I 1990, S. 222; BMF-Schreiben vom 30.4.1990; DB 1990, S. 964; vgl. auch *Kempermann* in K/S, § 5 B 144. Vgl. *Wittstock/Klein*, WPg 1987, S. 386; *Herzig* in Küting/Weber (1995), Kap. I Rn. 217.

[80] Die Gegenansicht nimmt eine lückenlose und damit allgemeine Geltung der umgekehrten Maßgeblichkeit bereits zu diesem Zeitpunkt an. Dies wird damit begründet, dass sich die umgekehrte Maßgeblichkeit lediglich als Kehrseite der formellen Maßgeblichkeit darstelle. Vgl. *Mathiak*, StbJb 1987/87, S. 78, 87, 106; *Söffing*, DB 1988, S. 245, 301; *Plewka/Schmidt* in Lademann, EStG, § 5 Rn. 483; 491; *Bordewin*, FR 1986, S. 283; *Kempermann* in K/S, § 5 B 144.

[81] So war insbesondere nicht explizit geregelt, ob der Ansatz steuerfreier Rücklagen, die Inanspruchnahme von Teilwertabschreibungen, die degressive AfA nach § 7 Abs. 2 und 5 EStG und die lineare AfA für Gebäude nach § 7 Abs. 5 EStG einen entsprechenden handelsbilanziellen Ansatz voraussetzte.

[82] BGBl. I 1989, S. 2408; BStBl. I 1989, S. 505.

D. Anwendungsbereich des Maßgeblichkeitsgrundsatzes

I. Anwendungsbereich der direkten Maßgeblichkeit gem. § 5 Abs. 1 Satz 1 EStG

Die persönliche Anwendbarkeit des § 5 EStG setzt nach dessen Abs. 1 Satz 1 Teilsatz 1 zunächst einen Gewerbetreibenden voraus. Gewerbetreibender ist nur, wer ein gewerbliches Unternehmen i.S.v. § 15 Abs. 1 Satz 1 Nr. 1 (i.V.m. Abs. 2 und 3) EStG betreibt[83]. Ob ein Steuerpflichtiger Gewerbetreibender i.S.d. § 5 Abs. 1 EStG ist, richtet sich allein nach den einkommensteuerrechtlichen Vorschriften[84]. Als Gewerbetreibende kommen zunächst unbeschränkt oder beschränkt einkommensteuerpflichtige natürliche Personen i.S.v. § 1 EStG und die an sich nicht einkommentsteuerpflichtigen Personengesellschaften[85] i.S.v. § 15 Abs. 1 Satz 1 Nr. 2 EStG in Betracht[86]. Letztlich gilt § 5 EStG über §§ 7, 8

[83] Vgl. *Bordewin* in Bordewin/Brandt, §§ 4 – 5 Rn. 232; Blümich/*Schreiber*, § 5 EStG Rn. 111; Schmidt/*Weber-Grellet*, § 5 Rn. 6; *Plewka/Schmidt* in Lademann, EStG, § 5 Rn. 209. Dagegen fallen die gewerblichen Einkünfte i.S.v. § 16 und § 17 EStG nicht unter den Anwendungsbereich der Vorschrift. Vgl. *Kempermann* in K/S, § 5 B 1; Blümich/*Schreiber*, § 5 EStG Rn. 111.

[84] So ist ein Handelsgewerbe i.S.v. § 1, 2 HGB weder erforderlich noch ausreichend. Vgl. *Kempermann* in K/S, § 5 Rn. B 4; Schmidt/*Weber-Grellet*, § 5 Rn. 7; *Plewka/Schmidt* in Lademann, EStG, § 5 Rn. 210. Dennoch sind Istkaufleute (§ 1 HGB) und Kannkaufleute (§ 2 HGB) i.d.R. Gewerbetreibende, soweit sie in Gewinnerzielungsabsicht handeln (§ 15 Abs. 2 EStG). Streitig: vgl. Blümich/*Schreiber*, § 5 EStG Rn. 111; *Plewka/Schmidt* in Lademann, EStG, § 5 Rn. 210. Seit Einfügung des § 105 Abs. 2 HGB begründet die Handelsregistereintragung einer Personengesellschaft allerdings grundsätzlich nicht mehr uneingeschränkt die widerlegbare Vermutung, dass die Gesellschaft ein gewerbliches Unternehmen betreibt: Eine vermögensverwaltende Personengesellschaft i.S.v. § 105 Abs. 2 Satz 1 (i.V.m. § 161 Abs. 2) HGB ist zwar Kannkaufmann, jedoch nach der h.M. – auch bei Eintragung ins Handelsregister – weder im handels- noch im einkommensteuerrechtlichen Sinne als Gewerbe anzusehen. Vgl. *Baumbach/Hopt*, § 1 Rn. 13, § 105 Rn. 13; *Roth*, S. 46 f.; *Canaris*, S. 24 f.; *Kindler* in Ebenroth/Boujong/Joost, § 1 Rn. 31 ff.; *Kempermann* in K/S, § 15 B 5; Blümich/Schreiber, § 5 EStG Rn. 114; Blümich/ *Stuhrmann*, § 15 EStG Rn. 54; *Plewka/Schmidt* in Lademann, EStG, § 5 Rn. 210.

[85] In diesem Fall wird die Mitunternehmerschaft als „Gewerbetreibender" qualifiziert. Obwohl der Gewinnanteil des Mitunternehmers steuerpflichtig ist, wird der Steuergewinn der Gesellschaft ermittelt, so dass diese insoweit Steuerrechtssubjekt ist (vgl. BFH vom 25.6.1984 – GrS 4/82, BStBl II 1984, S. 751).

[86] Vgl. *Bordewin* in Bordewin/Brandt, §§ 4 – 5 Rn. 234; Blümich/*Schreiber*, § 5 EStG Rn. 112; *Kempermann* in K/S, § 5 Rn. B 2; Schmidt/*Weber-Grellet*, § 5 Rn. 8; *Plewka/Schmidt* in Lademann, EStG, § 5 Rn.214 f.. Dagegen ermittelt eine Personengesellschaft, die ausschließlich vermögensverwaltend tätig und auch nicht gewerblich geprägt ist (§ 15 Abs. 3 EStG), ihre Einkünfte durch Überschussrechnung. Etwas anderes gilt wiederum für die Gewinnanteile derjenigen Gesellschafter, bei denen die Beteiligung zum gewerblichen Betriebsvermögen

KStG auch für Kapitalgesellschaften und die übrigen in § 1 KStG genannten Steuerrechtssubjekte[87]. Bei unbeschränkt einkommensteuerpflichtigen natürlichen Personen (§ 1 Abs. 1 bis 3 EStG), inländischen Personengesellschaften i.S.v. 15 Abs. 1 Satz 1 Nr. 2 EStG und unbeschränkt steuerpflichtigen Körperschaften (§ 1 Abs. 1 KStG) gilt § 5 Abs. 1 EStG für inländische und grundsätzlich auch für ausländische Gewerbebetriebe[88] (sog. Welteinkommensprinzip)[89]. Bei beschränkter Einkommen- und Körperschaftsteuerpflicht (§ 1 Abs. 4 EStG bzw. § 2 KStG) gilt § 5 EStG dagegen nur für inländische Gewerbebetriebe (§ 49 Abs. 1 Nr. 2 EStG)[90].

Der Gewerbetreibende muss des weiteren verpflichtet sein, Bücher[91] zu führen und Abschlüsse[92] zu machen (§ 5 Abs. 1 Satz 1 EStG), wobei sich diese Verpflichtung sowohl aus dem Handelsrecht wie auch aus dem Steuerrecht ergeben kann[93]: Die handelsrechtliche Buchführungs- und Abschlusspflicht betrifft nach §§ 238, 242 HGB alle Kaufleute i.S.d. Handelsrechts[94]. Die steuerrechtlichen

gehört (sog. Zebragesellschaft). Vgl. *Kempermann* in K/S, § 5 B 5; *Plewka/Schmidt* in Lademann, EStG, § 5 Rn. 218.

[87] Vgl. *Kempermann* in K/S, § 5 B 7; Schmidt/*Weber-Grellet*, § 5 Rn. 9; Blümich/*Schreiber*, § 5 EStG Rn. 115; *Plewka/Schmidt* in Lademann, EStG, § 5 Rn. 220 ff.. Zu beachten ist, dass der Gewinnanteil des persönlich haftenden Gesellschafters einer Kommanditgesellschaft auf Aktien (§ 15 Abs. 1 Nr. 3 EStG) nach § 5 EStG zu ermitteln ist. Vgl. BFH vom 21.7.1989 – X R 14/88, BStBl II 1989, S. 881; *Kempermann* in K/S, § 5 B 3; Schmidt/*Weber-Grellet*, § 15 Rn. 891.

[88] Zu den Einzelheiten vgl. *Kempermann* in K/S, § 5 B 8, 10; Schmidt/*Weber-Grellet*, § 5 Rn. 10; *Plewka/Schmidt* in Lademann, EStG, § 5 Rn. 226 ff.; BFH vom 13.9.1989 – I R 117/87, BStBl II 1990, S. 57.

[89] Vgl. Blümich/*Schreiber*, § 5 EStG Rn. 138; Schmidt/*Weber-Grellet*, § 5 Rn. 10; *Plewka/Schmidt* in Lademann, EStG, § 5 Rn. 223.

[90] Sog. Territorialitätsprinzip. Vgl. zu den Einzelheiten: Schmidt/*Weber-Grellet*, § 5 Rn. 10; *Plewka/Schmidt* in Lademann, EStG, § 5 Rn. 233; Blümich/*Schreiber*, § 5 EStG Rn. 138; *Kempermann* in K/S, § 5 B 9.

[91] „Bücher" i.S. der Vorschrift sind ausschließlich die Handelsbücher gem. §§ 238 ff. HGB und § 141 Abs. 1 AO. Vgl. Schmidt/*Weber-Grellet*, § 5 Rn. 6; *Kempermann* in K/S, § 5 B12; Blümich/*Schreiber*, § 5 EStG Rn. 116; *Plewka/Schmidt* in Lademann, EStG, § 5 Rn. 239.

[92] Regelmäßiger Abschluss ist grundsätzlich der Jahresabschluss i.S.v. § 242 Abs. 3 HGB, d.h. die Bilanz und die GuV-Rechnung. Vgl. Blümich/*Schreiber*, § 5 EStG Rn. 116; *Plewka/Schmidt* in Lademann, EStG, § 5 Rn. 239.

[93] Vgl. *Plewka/Schmidt* in Lademann, EStG, § 5 Rn. 239; Blümich/*Schreiber*, § 5 EStG Rn. 117 ff..

[94] Betroffen sind demnach folgende Gruppen: (1.) Eine natürliche Person gem. §§ 238, 242 HGB, wenn sie (Ist-)Kaufmann (§ 1 HGB) oder ins Handelsregister eingetragener Kannkaufmann (§ 2, 3 HGB) ist; (2.) Die OHG und KG nach § 6 i.V.m. §§ 238, 242 HGB (bei Personengesellschaften i.S.v. § 105 Abs. 2 Satz 1 HGB jedoch nur bei Handelsregistereintragung); (3.) Die AG und KGaA nach § 3 AktG, § 6 i.V.m. §§ 238, 242, 264 HGB; (4.) Die GmbH nach 13 III GmbHG, § 6 i.V.m. §§ 238, 242, 264 HGB; (5.) Die Genossenschaften gem. § 17

Buchführungspflichten lassen sich in derivative und originäre Buchführungs- und Bilanzierungspflichten unterteilen[95]. Während sich die derivativen aus den §§ 238 ff. HGB i.V.m. § 140 AO[96] ergeben, wird die originäre steuerrechtliche Buchführungspflicht in § 141 AO[97] angeordnet. Gewerbetreibende, die weder handelsrechtlich noch steuerrechtlich buchführungs- und abschlusspflichtig sind, können zwischen der Gewinnermittlung nach § 4 Abs. 3 EStG (Überschussrechnung) und dem Betriebsvermögensvergleich wählen (vgl. § 4 Abs. 1 i.V.m. § 5 Abs. 1 Satz 1 EStG)[98].

§ 5 EStG betrifft die Gewinnermittlung des Betriebes von der erstmaligen Geschäftstätigkeit bis zu seiner Beendigung[99]. Daher wird der zeitliche Anwendungsbereich durch die Gründung des Gewerbebetriebs[100] und dessen Beendigung gem. § 16 EStG begrenzt[101]. § 5 EStG gilt nur für den laufenden Gewinn

II GenG, §§ 238, 242 HGB; (6.) sonstige juristischen Personen des Privatrechts (eingetragener Verein, rechtsfähige Stiftung u.a.) und des öffentlichen Rechts, die als Kaufleute gem. §§ 1, 2 HGB tätig sind. Vgl. Schmidt/*Weber-Grellet*, § 5 Rn. 12; *Bordewin* in Bordewin/Brandt, §§ 4 – 5 Rn. 234 f..

[95] Vgl. *Kempermann* in K/S, § 5 B 15; Blümich/*Schreiber*, § 5 EStG Rn. 129; *Plewka/Schmidt* in Lademann, EStG, § 5 Rn. 239.

[96] Im Rahmen des § 5 EStG sind insofern nur die handelsrechtlichen Gewinnermittlungsvorschriften relevant. Andere derivative Pflichten erfüllen das Tatbestandsmerkmal demgegenüber nicht. Somit ist etwa eine Verpflichtung gewerbeaussichtsrechtlicher Art nicht ausreichend. Vgl. Abschnitt 28 Abs. 1 EStR.

[97] Gem. § 141 Abs. 1 AO sind die Bücher auch von jenen Gewerbetreibenden zu führen, die nicht nach Handelsrecht, wohl aber wegen des Überschreitens der maßgeblichen Umsatz-, Vermögens- oder Gewinngrenzen zur Buchführung verpflichtet sind. Vgl. hierzu etwa *Plewka/Schmidt* in Lademann, EStG, § 5 Rn. 262 ff..

[98] Sog. freiwillige Buchführung und Bilanzierung. Dieses Wahlrecht wird durch die tatsächliche Handhabung der Gewinnermittlung ausgeübt. Vgl. *Mathiak* in K/S, § 5 A 39; Schmidt/*Weber-Grellet*, § 5 Rn. 15; Blümich/*Schreiber*, § 5 EStG Rn. 130; *Plewka/Schmidt* in Lademann, EStG, § 5 Rn. 268; *Kempermann* in K/S, § 5 B 29. Nach ausländischem Steuerrecht erstellte Jahresabschlüsse sind nicht freiwillig i.S.d. § 5 Abs. 1 Satz 1 EStG aufgestellt. Vgl. *Plewka/Schmidt* in Lademann, EStG, § 5 Rn. 269.

[99] Vgl. *Kempermann* in K/S, § 5 B 1; *Mathiak* in K/S, § 5 A 46; *Boochs* in Dankmeyer/Giloy, § 5 Rn. 13; Blümich/Schreiber, § 5 EStG Rn. 122 ff..

[100] Dies entspricht handelsrechtlich dem „Beginn des Handelsgewerbes" gem. §§ 240 Abs. 1, 242 Abs. 1 HGB. Zu den Einzelheiten vgl. Blümich/*Schreiber*, § 5 EStG Rn. 122; Schmidt/*Weber-Grellet*, § 5 Rn. 13; *Baumbach/Hopt*, § 240 Rn. 1, § 238 Rn. 16.

[101] Der Anwendungsbereich des § 5 EStG umfasst weder die Anlauf- noch die Auslaufphase., d.h. die Zeit zwischen dem Entschluss einer Gründung und der Gründung selbst bzw. nach der Veräußerung oder Aufgabe des Betriebes in der noch nachträgliche Einkünfte aus Gewerbebetrieb i.S.v. § 24 Nr. 2 EStG erzielt werden. Vgl. *Mathiak* in K/S, § 5 A 48 ff..

aus Gewerbebetrieb[102]; andersartige Einkünfte aus Gewerbebetrieb werden nach speziellen Vorschriften ermittelt[103].

II. Anwendungsbereich der umgekehrten Maßgeblichkeit gem. § 5 Abs. 1 Satz 2 EStG

Von der umfassenden Regelung der umgekehrten Maßgeblichkeit in § 5 Abs. 1 Satz 2 EStG sind grundsätzlich alle steuerrechtlichen Ansatz- und Bewertungswahlrechte der Aktiv- und Passivseite, wie z.B. Sonderabschreibungen, erhöhte Abschreibungen, Bewertungsabschläge[104] und „steuerfreie" Rücklagen[105], umfasst[106], soweit nicht ausdrücklich im Steuerrecht darauf verzichtet wird[107]. Wie bereits dargestellt bezieht sich die umgekehrte Maßgeblichkeit nach der wohl h.M. in der Literatur lediglich auf korrespondierende Wahlrechte[108]. Bestehen steuerrechtliche Wahlrechte, denen weitergehende handelsrechtliche Wahlrechte gegenüberstehen, gilt § 5 Abs. 1 Satz 2 EStG nur für den inhaltsgleichen Teil[109].

---

[102] Vgl. BFH vom 26.3.1991 – VIII R 315/84, BStBl 92, 472,476; Blümich/*Schreiber*, § 5 EStG Rn. 41; Schmidt/*Weber-Grellet*, § 5 Rn. 11; *Plewka/Schmidt* in Lademann, EStG, § 5 Rn. 237.

[103] § 5 EStG kann in diesen Fällen jedoch eine Ergänzungsfunktion zukommen: So ist ein Gewinn aus Betriebsveräußerung oder -aufgabe zwar grundsätzlich nach § 16 Abs. 2 EStG zu ermitteln, jedoch ist für den Zeitpunkt der Veräußerung oder Aufgabe der Buchwert des Betriebsvermögens nach § 5 EStG fortzuentwickeln (§ 16 Abs. 2 Satz 2 EStG). Nach § 5 EStG sind ebenfalls die Gewinne aus der Veräußerung von Anteilen an Kapitalgesellschaften bei wesentlicher Beteiligung (§ 17 EStG) oder von im Privatvermögen gehaltenen einbringungsgeborenen Anteilen (§ 21 UmwStG) zu berechnen. Vgl. Blümich/*Schreiber*, § 5 EStG Rn. 41; Schmidt/*Weber-Grellet*, § 5 Rn. 11.

[104] Im Jahr der Inanspruchnahme führen die zusätzlichen Abschreibungen zu einer Verkürzung des Gewinns und somit zu einer geringeren Steuerbelastung. In den nachfolgenden Jahren fallen dann aufgrund der geminderten Abschreibungsbasis entsprechend niedrigere Abschreibungsbeträge an, die eine Steuermehrbelastung nach sich ziehen. Damit wird eine Gewinnverlagerung in spätere Veranlagungszeiträume und somit eine Steuerverlagerung, i.d.R. jedoch keine Steuerersparnis erreicht.

[105] Der Steuerstundungseffekt wird bei den gewinnmindernden Rücklagen dadurch erreicht, dass die Vergünstigungsvorschriften regelmäßig mit einer Bestimmung zur späteren, gewinnerhöhenden Auflösung der Rücklage versehen sind.

[106] Vgl. *Kempermann* in K/S, § 5 B 145; Schmidt/*Weber-Grellet*, § 5 Rn. 42; *Winnefeld*, C Rn. 595; *Robisch*, DStR 1993, S. 1000; *Raupach*, BFuP 1990, S. 524 f.; *Bordewin* in Bordewin/Brandt, §§ 4 – 5 Rn. 181 g; *Küting*, Beilage 2 zu NWB Heft 6/1998, S. 3, 6; *Woerner*, BB 1976, S. 1569; *Clemm/Scherer* in BilKomm., § 254 Rn. 20; *Wöhe* (1997), S. 764; *Frotscher* in Frotscher, § 5 Rn. 30 ff..

[107] Vgl. *Schmidt*, WPg 1991, S. 606; *Robisch*, DStR 1993, S. 1000; *Lause/Sievers*, BB 1990, S. 27; Schmidt/*Weber-Grellet*, § 5 Rn. 41; *Kempermann* in K/S, § 5 B 153.

[108] Vgl. oben unter Kapitel 1 B..

[109] Vgl. *Winnefeld*, C 599; Schmidt/*Weber-Grellet*, § 5 Rn. 45.

Beurteilungsspielräume im tatsächlichen Bereich fallen nicht in den Anwendungsbereich der umgekehrten Maßgeblichkeit[110]. § 5 Abs. 1 Satz 2 EStG findet insbesondere bei den folgenden steuerrechtlichen Ansatz- und Bewertungswahlrechten Anwendung[111]:

- **Methodenwahl bei den Abschreibungen für Abnutzung** (AfA), insb. zwischen linearer und degressiver AfA, bei beweglichen Wirtschaftsgütern des Anlagevermögens (§ 7 Abs. 1 – 3 EStG) und bei Gebäuden (§ 7 Abs. 4 – 5a EStG) [112],
- **Teilwertabschreibungen** (§ 6 Abs. 1 Nr. 1 Satz 2, Nr. 2 Satz 2 EStG i.V.m. § 253 Abs. 2 Satz 2 1. Hs., Abs. 3 Sätze 1 und 2 HGB)[113],
- (bisher) **Teilwertaufstockungen** (§ 6 Abs. 1 Nr. 1 Satz 4, Nr. 2 Satz 3 EStG a.F., bei Kapitalgesellschaften i.V.m. § 280 Abs. 2 HGB)[114],
- **Bewertungsfreiheit für geringwertige Wirtschaftsgüter** (§ 6 Abs. 2 EStG),
- Vorratsbewertung nach dem **Lifo-Verfahren** (§ 6 Abs. 1 Nr. 2a EStG)[115],
- **Rückstellungen für Pensionszusagen** (§ 6 a EStG)[116],

---

[110] Sie sind schon aufgrund der formellen Maßgeblichkeit in der Steuerbilanz in gleicher Weise auszuüben, wie in der Handelsbilanz. Vgl. *Kempermann* in K/S, § 5 B 145; Blümich/*Schreiber*, § 5 Rn. 194; *Plewka/Schmidt* in Lademann, EStG, § 5 Rn. 486.

[111] Vgl. hierzu die Übersichten bei *Winnefeld*, C Rn. 600; Schmidt/*Weber-Grellet*, § 5 Rn. 42; *Kempermann* in K/S, § 5 B 145; Blümich/*Schreiber*, § 5 EStG Rn. 191; *Clemm/Scherer* in BilKomm., § 254 Rn. 20 ff.. Vgl. zu den Auswirkungen des Gesetzes zur Senkung der Steuersätze und zur Reform der Unternehmensbesteuerung (StSenkG; BGBl. I 2000, S. 1433) *Kußmaul/Klein*, DStR 2001, S. 547 f..

[112] Dabei kommt es nicht auf die betragsmäßige Übereinstimmung an, sondern auf die Entscheidung für eine bestimmte Methode. Vgl. BFH vom 24.1.1990 – I R 17/89, BStBl II 1990, 681; BMF vom 30.12.1994, DB 1995, 298; krit. *Stobbe*, DStR 1991, S. 165.

[113] Die umgekehrte Maßgeblichkeit hat bei den Teilwertabschreibungen nur noch einen äußerst geringen Anwendungsbereich: Das steuerrechtliche Wahlrecht besteht nur noch im Falle einer „voraussichtlich dauernden Wertminderung" (§ 6 Abs. 1 Nr. 1 Satz 2, Nr. 2 Satz 2 EStG i.d.F. des StEntlG 1999 ff.) und steht dann einem handelsrechtlichen Abschreibungsgebot (§ 253 Abs. 2 Satz 3 letzter Hs., Abs. 3 Satz 1 HGB) gegenüber. Die handelsrechtliche Öffnungsklausel des § 254 Satz 1 HGB greift daher nur noch dann ein, wenn der steuerrechtliche „Teilwert" unter dem handelsrechtlichen „niedrigeren Wert" liegt. Nur in diesem Fall ist wegen § 5 Abs. 1 Satz 2 EStG der niedrigere Teilwert auch in der Handelsbilanz anzusetzen. Im übrigen liegt ein nicht korrespondierendes Wahlrecht vor. Vgl. *Hoyos/Schramm/Ring* in BilKomm., § 253 Rn. 12 k; Schmidt/*Glanegger*, § 6 Rn. 250.

[114] § 6 Abs. 1 Nr. 1 Satz 4, Nr. 2 Satz 3 EStG i.d.F. des StEntlG 1999 ff. schreibt nunmehr ein Wertaufholungsgebot vor, so dass § 5 Abs. 1 Satz 2 EStG nicht mehr einschlägig ist. Vgl. Schmidt/*Glanegger*, § 6 Rn. 50; Blümich/*Ehmcke*, § 6 Rn. 579 b; *Cattelaens*, DB 1999, S. 1186; *Hoffmann*, GmbHR 1999, S. 383; *Hoyos/Schramm/Ring* in BilKomm. § 253 Rn. 12 j.

[115] Vgl. BFH vom 20.6.2000 – VIII R 32/98, DB 2000 S. 2248 ff.; *Weber-Grellet*, BB 2001, S. 37. Vgl. auch *Moxter*, DB 2001, S. 157 ff..

[116] Aus der Zeit vor dem 1.1.1987; vgl. R 41 Abs. 1 EStR.

- **Erhöhte AfA** (z.B. nach §§ 7 c, 7 d, 7 h, 7 i, 7 k EStG; §§ 82 a, g, i EStDV; §§ 14 – 14 d BerlinFG; §§ 7, 12 Abs. 3 SchutzbauG),
- **Sonderabschreibungen** (§ 7 f, g EStG; §§ 81, 82 f EStDV; § 3 ZRFG; §§ 1 und 4 FördergebietsG),
- **Bildung und Auflösung steuerfreier Rücklagen** (z.B.: §§ 6 b Abs. 3 (Reinvestitionsrücklage); 6 d (Erwerb von gefährdeten Betrieben), 52 Abs. 16 Satz 3, 7 und 10 EStG; § 6 UmwStG; § 3 Abs. 2a ZRFG; §§ 1 und 2 DDR-IG; § 6 FördergebietsG; R 34 Abs. 2 (Investitionszuschüsse); R 35 EStR (Ersatzbeschaffung)),
- **Rücklage** gem. § 52 Abs. 16 Sätze 3 und 8 EStG i.d.F. des StEntlG 1999/2000/2002[117].

Die umgekehrte Maßgeblichkeit gilt dann nicht, wenn eine Bindung an die Handelsbilanz durch eine **spezielle gesetzliche Regelung** ausdrücklich ausgeschlossen wird[118]. Darüber hinaus findet sie keine Anwendung, wenn Wirtschaftsgüter in einer **Sonder-**[119] **oder Ergänzungsbilanz**[120] auszuweisen sind, weil der Geltungsbereich des § 5 Abs. 1 Satz 2 EStG auf Fälle begrenzt ist, in denen der

[117] Der durch den Systemwechsel in § 6 Abs. 1 Nr. 1, Nr. 2 und Nr. 3 EStG im Erstjahr entstehende Gewinn kann durch eine den steuerrechtlichen Gewinn mindernde Rücklage auf bis zu fünf Jahre verteilt werden (§ 52 Abs. 16 Sätze 3 und 8 EStG). Ob diese Rücklage auch in der Handelsbilanz zu bilden ist, ist umstritten. Nach einer Ansicht handelt es sich hierbei um einen Fall der umgekehrten Maßgeblichkeit, so dass die steuerrechtliche Rücklage in einen Sonderposten mit Rücklageanteil (§§ 247 Abs. 3, 273 HGB) eingestellt werden müsste. Vgl. *Schmitz*, DB 1999, S. 1974; *Hoyos/Schramm/Ring* in BilKomm., § 253 Rn. 12 p; für Kapitalgesellschaften auch *Cattelaens*, DB 1999, S. 1186; *Hoffmann*, GmbHR 1999, S. 386; *Stobbe/Loose*, FR 1999, S. 409. Dem wird entgegengehalten, dass kein Anwendungsfall des § 5 Abs. 1 Satz 2 EStG vorliege, weil gewinnneutralisierende Rücklagen nur insoweit in der Handelsbilanz zu bilanzieren seien, als auch in dieser Gewinne angefallen sind, was hier mangels Wertaufholung nicht der Fall sei. Vgl. *Theile*, GmbHR 1999, S. 1187, 1188; *IDW*, FN 1999, S. 432 f.; Schmidt/*Glanegger*, § 6 Rn. 53; *Kühnberger/Kessler*, WPg 2000, S. 1011; für Personengesellschaften auch *Cattelaens*, DB 1999, S. 1185. Vgl. auch *Dieterlen/Haun*, BB 1999, S. 2021; *Günkel*, StbJb 1999/2000, S. 192 f.; Kirchhof/*Crezelius*, § 5 Rn. 19; *Kußmaul/Klein*, DStR 2001, S. 547; BMF vom 25.02.2000, IB C 2 – S2171b – 14/00, Tz. 37.

[118] Z.B. §§ 4 d Abs. 2 Satz 4, § 20 Abs. 2 Satz 2 UmwStG; § 51 Abs. 1 Nr. 2 b Satz 5 EStG 1990; § 10 Abs. 6 des Kohlegesetzes vom 15.5.1968. Vgl. Schmidt/*Weber-Grellet*, § 5 Rn.. 41; *Kempermann* in K/S, § 5 B 153; *Stobbe*, DStR 1991, S. 165.

[119] Vgl. *Winnefeld*, C Rn. 615; *Kempermann* in K/S, § 5 Rn. 153; *Blümich/Schreiber*, § 5 EStG Rn. 198; BFH vom 21.6.1989 – X R 14/88, BStBl II 1989, S. 881; BFH vom 21.1.1992 – VIII R 72/87, BStBl II 1992, S. 958; *Mathiak*, StbJb 1986/87, S. 106.

[120] Da handelsrechtliche Ergänzungsbilanzen überwiegend für unzulässig gehalten werden, gibt es hier keine umgekehrte Maßgeblichkeit. Vgl. *Schön*, FR 1994, S. 658; Schmidt/*Weber-Grellet*, § 5 Rn. 41; Schmidt/*Schmidt*, § 15 Rn. 417, 474; *Kempermann* in K/S, § 5 B 153. A.A.: etwa *Winnefeld*, C Rn. 615; Blümich/*Schreiber*, § 5 EStG Rn. 198; FinSen Berlin vom 6.12.1993, FR 1994, S. 164.

Steuerbilanz eine Handelsbilanz zugrunde liegt. Der Grundsatz ist jedoch im Rahmen von zulässigen Korrekturen[121] von Handelsbilanzen zu beachten[122].

Die umgekehrte Maßgeblichkeit gilt zunächst nur für den handelsrechtlichen Einzelabschluss. Auswirkungen auf den **Konzernabschluss** können sich dann ergeben, wenn nicht von der Befreiung gem. § 292 a HGB Gebrauch gemacht wird. Bei den Auswirkungen ist zu unterscheiden, ob die umgekehrte Maßgeblichkeit im Einzelabschluss aufgrund eines „speziellen" korrespondierenden Wahlrechts oder aufgrund der handelsrechtlichen Öffnungsklauseln eingreift: Im ersten Fall kann nach § 308 Abs. 1 Satz 2 HGB ein nach dem Recht des Mutterunternehmens zulässiges Bewertungswahlrecht im Konzernabschluss erneut und unabhängig von den in den Einzelabschlüssen des Mutterunternehmens und der Tochterunternehmen getroffenen Entscheidungen ausgeübt werden[123]. Im zweiten Fall besteht gemäß § 308 Abs. 3 HGB grundsätzlich ein Wahlrecht, die Wertansätze aus dem handelsrechtlichen Einzelabschluss, die allein auf der Inanspruchnahme steuerrechtlicher Bewertungsvergünstigungen beruhen, unverändert in den Konzernabschluss zu übernehmen. Dieses Wahlrecht gilt analog für die Übernahme des Sonderpostens mit Rücklageanteil in den Konzernabschluss[124].

[121] Darunter sind gem. § 4 Abs. 2 EStG zum einen die Bilanzänderung i.w.S. („Bilanzberichtigung"; § 4 Abs. 2 Satz 1 EStG) und zum anderen die Bilanzänderung i.e.S. (§ 4 Abs. 2 Satz 2 EStG) zu verstehen. Vgl. Blümich/*Wacker*, § 4 Rn. 357.

[122] *Kempermann* in K/S, § 5 B 155; *Wittig*, DStR 1986, S. 528; Blümich/*Schreiber*, § 5 EStG Rn. 197. Steuerrechtliche Wahlrechte können auch im Wege einer Bilanzänderung i.S.v. § 4 Abs. 2 EStG ausgeübt werden (vgl. BFH vom 22.9.1994 – IV R 61/93, BStBl II 1995, S. 367; *Kempermann* in K/S, § 5 B 155; Blümich/*Schreiber*, § 5 EStG Rn. 197), es sei denn, dass eine Bilanzänderung beispielsweise wegen der Bestandskraft der Veranlagung nicht mehr möglich ist (vgl. BFH vom 9.8.1989 – X R 110/87, BStBl II 1990, S. 195; Blümich/*Schreiber*, § 5 EStG Rn. 197). Vgl. *Wittig*, DStR 1986, S. 528; Blümich/*Schreiber*, § 5 EStG Rn. 197.

[123] Abweichungen sind jedoch gem. § 308 Abs. 1 Satz 3 im Konzernanhang anzugeben und zu begründen. Vgl. Heymann/*Niehus/Scholz*, § 308 Rn. 5 f.; Glanegger/*Kusterer*, § 308 Rn. 1; Ensthaler/*Marsch-Barner*, GK-HGB, § 308 Rn. 3.

[124] Vgl. *ADS*, § 308 Rn. 60; *Küting*, Beilage 2 zu NWB Heft 6/1998, S. 9; *Hoyos/Lechner* in BilKomm., § 308 Rn. 37. In einer Untersuchung von *Krawitz*, S. 211, behält die Mehrheit der untersuchten Mutterunternehmen die auf steuerrechtliche Vorschriften beruhenden Veränderungen auch in ihrem Konzernabschluss bei. Insofern a.A.: *Lischer/Märkl*, WPK-Mitt. Sonderheft Juni 1997, S. 117; *Hoyos/Lechner* in BilKomm., § 308 Rn. 37.

Kapitel 2: Kompatibilität von Handels- und Steuerbilanz

Essentielle Voraussetzung für den Bestand der umgekehrten Maßgeblichkeit ist die Fortführung der formellen Maßgeblichkeit. Denn die Umkehrmaßgeblichkeit stellt sich nach h.M.[125] lediglich als ein Teilaspekt oder Reflex[126] der formellen Maßgeblichkeit dar. Aus diesem Grunde wird in diesem Kapitel untersucht, ob die grundsätzliche Abhängigkeit der Steuer- von der Handelsbilanz überhaupt sinnvoll erscheint. Zur Beurteilung dieser Frage soll zunächst ein kurzer Überblick über die verschiedenen Bilanzen (**A.**), die Jahresabschluss-adressaten und ihre Interessen (**B.**) sowie die gesetzlichen Bilanzfunktionen (**C.**) gegeben werden. Im Anschluss wird die direkte Maßgeblichkeit einer kritischen Würdigung unterzogen (**D.**).

A. Die verschiedenen Bilanzen nach deutschen Recht

Eingangs wurde bereits dargestellt[127], dass den buchführungspflichtigen Kaufleuten gem. § 238 Abs. 1 i.V.m. § 242 Abs. 1 Satz 1 HGB die Erstellung einer Bilanz nach handelsrechtlichen Vorschriften (sog. **handelsrechtlicher Einzelabschluss**) obliegt. Im Fall der Existenz eines Konzerns hat eine inländische Muttergesellschaft unter den Voraussetzungen des § 290 HGB zudem einen sog. **handelsrechtlichen Konzernabschluss** aufzustellen. Beide Jahresabschlüsse beinhalten unter anderem eine Bilanz (vgl. § 242 Abs. 3 und § 297 Abs. 1 Satz 1 HGB), die allgemein mit dem Oberbegriff „**Handelsbilanz**"[128] bezeichnet werden kann[129].

Hierzu korrespondierende Vorschriften finden sich im EStG dagegen nicht. § 60 Abs. 1 Satz 1 EStDV sieht lediglich vor, dass der Steuererklärung im Falle einer

---

[125] Vgl. Schmidt/*Weber-Grellet*, § 5 Rn. 40; *Dziadkowski* in Castan/Edgar, B 120, Rn. 101; *Wassermeyer*, DStJG 1991, S. 42; *Vogelgesang*, S. 135; *Schmidt* in WP-Handbuch, Kap. B Rn. 322; *Robisch*, DStR 1993, S. 1000; *Meincke*, StuW 1990, S. 16; *Federmann*, S. 171; *Plewka/Schmidt* in Lademann, EStG, § 5 Rn. 477, 481; Blümich/*Schreiber*, § 5 EStG Rn. 188; *Mathiak*, StbJb 1986/87, S. 87; *Stahlschmidt*, DStZ 2000, S. 415.

[126] Vgl. *Mathiak*, StbJb 1986/87 S. 83; ders., DStR 1988, S. 275; *Plewka/Schmidt* in Lademann, EStG, § 5 Rn. 477.

[127] Vgl. oben unter Kapitel 1 A..

[128] Der Begriff Handelsbilanz wird im Gesetz nicht benutzt, jedoch im Schrifttum allgemein verwendet. Er scheint aus einer Abkürzung anderer zu lang empfundener Begriffe wie „handelsrechtlicher Jahresabschluss" oder „Bilanz nach Handelsrecht" hervorgegangen zu sein. Vgl. *Mathiak* in K/S, § 5 A 28; *Winnefeld*, Einf. Rn. 1.

[129] Im Steuerrecht wird unter Handelsbilanz dagegen regelmäßig nur der handelsrechtliche Einzelabschluss verstanden (vgl. § 60 Abs. 2 EStDV).

Gewinnermittlung nach §§ 4 Abs. 1, 5 oder 5 a EStG eine Abschrift der Handelsbilanz beizufügen ist. Sofern die Handelsbilanz Ansätze oder Beträge enthält, die den steuerrechtlichen Vorschriften nicht entsprechen, kann der Steuerpflichtige diese Abweichungen gem. § 60 Abs. 2 Satz 1 EStDV in einer „Mehr- oder Wenigerrechnung" darstellen und dem Ergebnis der Handelsbilanz hinzufügen[130], so dass die Erstellung einer eigenständigen „**Steuerbilanz**"[131] grundsätzlich nicht erforderlich ist[132]. Der Steuerpflichtige hat jedoch die Möglichkeit, „*eine den steuerlichen Vorschriften entsprechende Bilanz (Steuerbilanz) bei[zu]fügen*" (vgl. § 60 Abs. 2 Satz 2 EStDV)[133]. Schließlich kann gem. § 60 Abs. 2 Satz 2 EStDV die Handelsbilanz von vornherein unter Berücksichtigung der steuerrechtlichen Vorschriften aufgestellt werden. In diesem Fall ist die eingereichte Handelsbilanz gleichzeitig Steuerbilanz. Eine solche Bilanz wird, da sie sowohl handelsrechtlichen als auch steuerrechtlichen Ansprüchen genügt, als „**Einheitsbilanz**" bezeichnet[134].

B. Die Jahresabschlussadressaten und ihre Interessen

Eine Beurteilung des Zusammenspiels von Handels- und Steuerbilanz erfordert die Klärung der einzelnen Funktionen des handels- und des steuerrechtlichen Jahresabschlusses. Zu diesem Zweck sollen vorab die Rechnungslegungsadressaten und ihre Interessen aufgezeigt werden:

I. Überblick über die Jahresabschlussadressaten

Der Jahresabschluss ist zunächst ganz allgemein als zielgerichtetes Informationssystem im Dienst der an einem Unternehmen interessierten Personen und

---

[130] Vgl. *Wöhe* (1992), S. 65; *Schmidt*, WPg 1993, S. 575, Fn. 1; *Mathiak* in K/S, § 5 A 29; *Knobbe-Keuk* (1993), S. 20.

[131] Der Begriff Steuerbilanz war ursprünglich eine Schöpfung des Schrifttums. Insbesondere im EStG findet sich eine solche Bezeichnung nicht. Mittlerweile wird der Begriff expressis verbis vom Gesetzgeber in § 60 Abs. 2 Satz 2 EStDV, § 5 Abs. 5 Satz 2 UmwStG und § 29 Abs. 1 KStG verwendet. Vgl. *Mathiak* in K/S, § 5 A 28; *Winnefeld*, Einf. Rn. 1; *Knobbe-Keuk* (1993), S. 19.

[132] Vgl. *Knobbe-Keuk* (1993), S. 19; *Schneeloch*, BB 1987, S. 490; *Haeger*, S. 6; *Wöhe* (1992), S. 65.

[133] Vgl. *Schmidt*, WPg 1993, S. 575, Fn. 1; *Knobbe-Keuk* (1993), S. 19 f.; *Haeger*, S. 6; *Schulze-Osterloh*, DStJG 1991, S. 124.

[134] Vgl. *Haeger*, S. 6; *Hoffmann* in L/B/M, §§ 4, 5 Rn. 339. Von dieser Möglichkeit haben etwa 90 % der Gesellschaften mit beschränkter Haftung und weit mehr als 90 % der Personengesellschaften und Einzelunternehmen Gebrauch gemacht. Vgl. *Krieger*, S. 338; *Haller*, RIW 1992, S. 46. Ähnlich *Döllerer* (1983), S. 159 f.; *Küting/Haeger*, DStR 1988, S. 166; *Weber-Grellet* (1996), § 3 Rn. 1; *Knobbe-Keuk* (1993), S. 20.

Institutionen zu betrachten[135]. Die Interessenten lassen sich systematisch wie folgt darstellen[136]:

Adressaten mit tatsächlichen oder potentiellen Zahlungsansprüchen:

Interne Bilanzadressaten:	**Externe Bilanzadressaten:**
• Unternehmensleitung	tatsächliche und potentielle Fremdkapitalgeber, wie z.B.:
• Unternehmenseigner	
• potentielle Anteilseigner (Kapitalmarkt)	• Waren- und Kreditgläubiger
• Arbeitnehmer	• Vermieter/Verpächter
• Innenrevision	• Finanzverwaltung
• Aufsichtsrat	
• beteiligte Unternehmen	

Adressaten ohne Zahlungsansprüche:

• Konkurrenten	• Gerichte
• Gewerkschaften	• Wirtschaftsministerien
• Arbeitgeberverbände	• Öffentlichkeit
• Kartellbehörden	• wirtschaftswissenschaftliche Institute
• Anlageberater	• Aufsichtsämter (vgl. §§ 35 Abs. 2, 38, 45, 46 KWG und §§87 Abs. 1, 89 VAG)

II. Überblick über die Interessen an der Handelsbilanz

Das Interesse an der Rechnungslegung kann aus verschiedenen Gründen bestehen, wobei sich im wesentlichen zwei Obergruppen bilden lassen[137]: Ein **Schutz- und Informationsinteresse**[138] haben in erster Linie Personengruppen und Institutionen, die gegen das Unternehmen Ansprüche haben[139]. Sie sollen erstens davor geschützt werden, dass das Unternehmen diese Ansprüche nicht erfüllt und ihnen damit einen Vermögensschaden zufügt. Zweitens sollen sie darüber informiert werden, ob das Unternehmen in der Lage ist, die bestehenden Ansprüche (z.B. Verbindlichkeiten gegenüber Fremdkapitalgebern, Dividenden,

[135] Vgl. *Brönner/Bareis*, Kap. I, Rn. 17; *Egner*, S. 9.

[136] Vgl. *Olfert*, S. 24 ff.; *Clemm* (1987), S. 97 ff.; *Tanski/Kurras/Weitkamp*, S. 23 f.; *Brönner/Bareis*, Kap. I, Rn. 18; *Egner*, S. 10; *L. Schmidt*, S. 103; *Weickert*, S. 4; *Wöhe* (1997), S. 41. Ähnlich *Federmann*, S. 40 ff.; *Heinhold*, S. 5.

[137] Vgl. *Wöhe* (1997), S. 42; *Federmann*, S. 48 ff.; *Egner*, S. 11 f.; *Tanski/Kurras/Weitkamp*, S. 21.

[138] Teilweise wird eine weitere Unterteilung in finanzielle und nichtfinanzielle Informationsinteressen vorgenommen. Vgl. hierzu *Tanski/Kurras/Weitkamp*, S. 21; *Egner*, S. 11 f..

[139] Zu weiteren Personen mit Informationsinteressen vgl. *Tanski/Kurras/Weitkamp*, S. 20; *Federmann*, S. 49.

Steuern) zu erfüllen[140]. Ein **Zahlungsbemessungsinteresse** besteht insbesondere dann, wenn der Jahresabschluss als Grundlage der Zahlungsbemessung dient (z.B. Gewinnausschüttungen; Steuern; Tantiemen)[141].

1. Informationsinteressen

Die Jahresabschlussadressaten haben zunächst regelmäßig ein „positives" Interesse an der Erlangung unternehmensbezogener Informationen. In vielen Fällen bestehen darüber hinaus jedoch auch „negative" Interessen, dass die Weitergabe bestimmter Informationen an andere, konkurrierende Adressaten verhindert wird. Dies lässt sich wie folgt darstellen[142]:

Interessengruppen:	Positive Interessen:	Negative Interessen:
1.) Unternehmensleitung[143]	• Basis für betriebliche Entscheidungen • Information über eigenen Bezüge und deren Zukunftsentwicklung • Selbstinformation im Interesse Dritter[144]	• Einschränkung der Weitergabe von bestimmten Informationen an Andere[145]

[140] Vgl. *Tanski/Kurras/Weitkamp*, S. 19 f.; *Wöhe* (1997), S. 42; *Egner*, S. 11 f.; *Brönner/Bareis*, Kap. I, Rn. 19.

[141] Vgl. *Egner*, S. 12; *Tanski/Kurras/Weitkamp*, S. 19 f.; *Brönner/Bareis*, Kap. I, Rn. 19.

[142] Vgl. hierzu insbesondere *Brönner/Bareis*, Kap. I, Rn. 20 ff., insb. Rn. 31; *Tanski/Kurras/Weitkamp*, S. 24.

[143] Zur Herausarbeitung der speziellen Interessen der Unternehmensleitung (Geschäftsführung) wird hier von einer Trennung der Eigentümer- und Unternehmerfunktion ausgegangen. Sofern die Eigner auch Leiter des Unternehmens sind, decken sich ihre Interessen im Wesentlichen mit den Informationsinteressen der Unternehmensleitung.

[144] Vgl. *Egner*, S. 27; *Brönner/Bareis*, Kap. I, Rn. 20.

[145] Z.B.: Zurückhalten von Informationen gegenüber den Eigentümern, um die Ausübung von Eingriffsrechten zu vermeiden; Verhinderung negativer Informationen über die Unternehmenslage an die Gläubiger, um die Bonität der Unternehmung nicht zu gefährden. Vgl. *Brönner/Bareis*, Kap. I, Rn. 21; *Egner*, S. 28; *Tanski/Kurras/Weitkamp*, S. 24. Vgl. auch *Clemm* (1987), S. 99 f..

2.) Unternehmenseigner	• Informationen über Überschüsse und deren Entwicklung[146] • Information über die finanzielle Stabilität und Liquidität des Unternehmens und die Leistungen der Geschäftsführung[147]	• Gleichbehandlung innerhalb der Gruppe • Einschränkung der Weitergabe von bestimmten Informationen an andere Adressaten (insb. Gruppen 3. - 5.)[148]
3.) Gläubiger	• Information über die Liquidität und deren Entwicklung[149]	• Im Fall von Liquiditätsengpässen: keine Informationsvorteile innerhalb der Gruppe[150] • Keine Informationen an den Fiskus
4.) Arbeitnehmer[151]	• Information über Höhe, Entwicklung und Verwendung der Überschüsse[152]	• Keine Informationen an den Fiskus

[146] Vgl. *Federmann*, S. 42; *Tanski/Kurras/Weitkamp*, S. 24; *Clemm* (1987), S. 96 f.. Dies gilt auch für potentielle Anleger, denen Entscheidungskriterien hinsichtlich der Beurteilung der Entwicklungsmöglichkeiten des Unternehmens und ggf. der Angemessenheit des Börsenkurses an die Hand gegeben werden sollen. Vgl. *Wöhe*, StKongrRep 1973, S. 293; *Clemm* (1987), S. 97; *Olfert*, S. 24 f..

[147] Vgl. *Wöhe* (1997), S. 44; *Clemm* (1987), S. 96 f.; *Brönner/Bareis*, Kap. I, Rn. 22; *Egner*, S. 32. Die Interessen von Aktionären sind regelmäßig heterogen: Während Kleinaktionäre i.d.R. eine möglichst hohe Dividendenausschüttung anstreben, spielen bei Großaktionären häufig andere Überlegungen eine übergeordnete Rollen. Sie sind u.U. an niedrigeren Gewinnausschüttungen interessiert, weil sie Kurssteigerungen vorziehen. Vgl. hierzu *Wöhe* (1997), S. 44 f.; *Federmann*, S. 42; *Clemm* (1987), S. 97.

[148] Vgl. *Egner*, S. 33; *Brönner/Bareis*, Kap. I, Rn. 24; *Tanski/Kurras/Weitkamp*, S. 24; *Federmann*, S. 42.

[149] Vgl. *Brönner/Bareis*, Kap. I, Rn. 25; *Clemm* (1987), S. 98 f.; *Tanski/Kurras/Weitkamp*, S. 24; *Federmann*, S. 43; Egner, S. 33.

[150] Vgl. *Brönner/Bareis*, Kap. I, Rn. 26; *Tanski/Kurras/Weitkamp*, S. 24; *Egner*, S. 35. Ein Informationsvorteil eines Gläubigers kann zu Vorteilen bei der Tilgung führen, da die entsprechende Forderung u.U. vor denen anderer Gläubiger eingezogen werden könnte. Die Interessen der Gesamtheit der Gläubiger werden aber durch das Insolvenzrecht geschützt, so dass diese Überlegungen wohl eher theoretischer Natur sind.

[151] Die Interessen der Gruppe der Arbeitnehmer sind heterogen: Gewinnbeteiligte Mitarbeiter werden i.d.R. andere finanzielle Bilanzinteressen verfolgen als die übrigen Arbeitnehmer, weil für sie ein hoher Gewinnausweis vorteilhafter sein kann als etwa die Substanzerhaltung. Vgl. *Federmann*, S. 44; *Tanski/Kurras/Weitkamp*, S. 24.

[152] Hinsichtlich ihrer Lohn- oder Gehaltsforderungen kommt den Arbeitnehmer die Stellung eines Gläubigers zu. Aber auch bei Lohnverhandlungen kann das Verhältnis von Personalaufwand und Zahlungen an die Eigentümer bzw. Gewinnthesaurierungen für die Verhand-

5.) Finanzverwaltung	• Kontrollinformationen[153]	• keine
6.) Weitere Betroffene ohne Zahlungsansprüche	• Marktpartner: insb. allgemeine Informationen über die Erfolgsaussichten der Begründung dauerhafter Geschäftsbeziehungen[154] • Kommunen: Informationen zur Beurteilung der Sicherheit von Arbeitsplätzen[155]	• keine

2. Zahlungsbemessungsinteressen

Auch im Hinblick auf die Zahlungsbemessung lassen sich positive und negative Interessen der verschiedenen Interessengruppen unterscheiden[156]:

Interessengruppen:	Positive Interessen:	Negative Interessen:
1.) Unternehmensleitung	• Feststellung eines verteilungsfähigen Betrages für Bemessung gewinnabhängiger Bezüge	• Verringerung von Ausschüttungen zwecks Selbstfinanzierung
2.) Unternehmenseigner	• Volles Entscheidungsrecht über Überschuss	• Keine Zahlungsvorteile innerhalb der Gruppe • Keine zu hohen Zahlungen an Gruppen 4. und 5.
3.) Gläubiger	• keine	• Verhinderung von liquiditätsgefährdenden Zahlungen

lungsposition von Interessen sein. Darüber hinaus hängt die Sicherheit des Arbeitsplatzes, zugesagter Pensionsleistungen und freiwilliger Sozialleistungen von der Ertragslage des Unternehmens ab. Vgl. zu Einzelheiten etwa *Olfert*, S. 25; *Brönner/Bareis*, Kap. I, Rn. 27; *Federmann*, S. 43 f.; *Wöhe*, StKongrRep 1973, S. 293; ders. (1997), S. 46 ff.; *Egner*, S. 35; *Clemm* (1987), S. 97; *Tanski/Kurras/Weitkamp*, S. 24.

[153] Der Fiskus ist dabei jedoch aufgrund der umfassenden Kontrollrechte nicht ausschließlich auf den Jahresabschluss angewiesen, da er Zugang zur Buchführung und bei nicht ordnungsgemäßer Buchführung die Möglichkeit der Schätzung der Besteuerungsgrundlagen hat (vgl. § 162 Abs. 2 Satz 2 i.V.m. § 158 AO). Vgl. *Olfert*, S. 26; *Brönner/Bareis*, Kap. I, Rn. 29; *Egner*, S. 36; *Tanski/Kurras/Weitkamp*, S. 24; *Wöhe* (1997), S. 45; *Clemm* (1987), S. 99.

[154] Vgl. *Federmann*, S. 44; *Wöhe* (1997), S. 48; *Brönner/Bareis*, Kap. I, Rn. 30; *Egner*, S. 37.

[155] Vgl. *Brönner/Bareis*, Kap. I, Rn. 30; *Federmann*, S. 45. Diese Informationswünsche sind jedoch nur sehr beschränkt durch die Offenlegungspflichten im Jahresabschluss zu befriedigen. Vgl. *Wöhe* (1997), S. 48; *Brönner/Bareis*, Kap. I, Rn. 30.

[156] Vgl. *Tanski/Kurras/Weitkamp*, S. 24; *Brönner/Bareis*, Kap. I, Rn. 33; *Egner*, S. 59 ff..

4.) Arbeitnehmer	• Verhinderung von Verkürzungen und einer zeitlichen Verschiebung von Gewinnbeteiligungsansprüchen	• Verhinderung einer Auszählung des Unternehmens durch die Gruppen 1. und 2.
5.) Finanzverwaltung	• Zahlung der gewinnabhängigen Steuern	• keine
6.) Weitere Betroffene ohne Zahlungsansprüche	• keine	• keine

III. Überblick über die Interessen an der Steuerbilanz

Interessengruppe:	**Interessen**[157]**:**
1.) Unternehmensleitung	• Erfüllung der Mitwirkungspflicht im Besteuerungsverfahren (vgl. § 34 AO[158]) • Beeinflussung der Steuerbemessungsgrundlage durch Steuerpolitik
2.) Unternehmenseigner	• Beeinflussung der Steuerbemessungsgrundlage aufgrund ihrer Auswirkungen auf das verfügbare Einkommen
3.) Gläubiger	• Gefährdung der Tilgung eigener Forderungen aufgrund des Abflusses von Liquidität
4.) Arbeitnehmer	• Wie Gläubiger • U.U. Auswirkungen auf die Bemessung erfolgsabhängiger Bezüge
5.) Finanzverwaltung	• Dokumentations- und Beweismittel bei der Feststellung gewinnabhängiger Steuern • Zahlungsbemessungsinstrument[159]
6.) Weitere Betroffene ohne Zahlungsansprüche	• keine

IV. Ergebnis

Der Überblick zeigt das breite Spektrum der möglichen Adressaten der Bilanzierung und der mit ihr verbundenen Interessen. Deutlich wird, dass die einzelnen Gruppen verschiedenartige Interessen haben, die sich zum Teil konfliktär gegen-

[157] Vgl. hierzu insbesondere *Federmann*, S. 42 ff..
[158] Vgl. hierzu *Schwarz* in Schwarz, § 34 Rn. 7 f., 10 f.; *Tipke/Kruse*, § 34 AO, Rn. 5, 12.
[159] Vgl. *Brönner/Bareis*, Kap. I, Rn. 33; *Tanski/Kurras/Weitkamp*, S. 24; *Egner*, S. 81.

überstehen[160], und dass sogar innerhalb bestimmter Gruppen heterogene Interessen vorhanden sind. Die gleichzeitige Verwirklichung all dieser Interessen in einem einzigen Jahreschabschluss erscheint geradezu unmöglich[161]. Da der Jahresabschluss nicht nur einem „Zweck" dient, muss eine Bilanz einen Kompromiss zwischen den bedeutendsten Interessen herstellen, wobei dem Gesetzgeber deren Bewertung, insbesondere also die Entscheidung zwischen vorrangigen und nachrangigen Interessen, obliegt.

C. Funktionen der Bilanzen

I. Funktionen des handelsrechtlichen Einzelabschlusses

Die Ausgangsbasis für eine Ermittlung der Funktionen des handelsrechtlichen Einzelabschlusses bilden zunächst die an den am Unternehmen bestehenden schützenswerten Interessen der unterschiedlichen Gruppen, die in der jeweiligen Entwicklungsphase der Gesellschaft hervortreten[162]. Um jedoch nicht die Absichten des Gesetzgebers zu konterkarieren, erfolgt eine Berücksichtigung der gesetzlichen Bestimmungen und ihrer Begründungen[163]. Zwar werden die Zielsetzungen des handelsrechtlichen Einzelabschlusses in dem für alle Unternehmen gültigen Teil des HGB nicht eindeutig definiert[164], doch lassen sich durch Auslegung des Gesetzes die folgenden Jahresabschlussfunktionen herausarbeiten[165]:

1. Informationsfunktion

Der Jahresabschluss hat zunächst die Aufgabe, den Adressaten Informationen über das betrachtete Unternehmen in standardisierter Form zur Verfügung zu stellen. § 243 Abs. 1 i.V.m. § 238 Abs. 1 Satz 2 HGB verlangen, dass der handelsrechtliche Jahresabschluss einen möglichst sicheren Einblick in *„die Lage des Unternehmens"* gibt. Die Darstellung dient zur Einschätzung der Kreditwürdigkeit, der finanziellen Ausstattung mit Eigen- und Fremdkapital sowie der Ergebnisstärke des Unternehmens. Die Bilanzinformationen bieten insofern eine

[160] Ebenso *Brönner/Bareis*, Kap. I, Rn. 30; *Tanski/Kurras/Weitkamp*, S. 24.

[161] Vgl. hierzu *Tanski/Kurras/Weitkamp*, S. 24; *Brönner/Bareis*, Kap. I, Rn. 32; *Egner*, S. 83; *Clemm* (1987), S. 96 ff..

[162] Vgl. *Winnefeld*, Einf. Rn.15.

[163] Vgl. *Baetge* (1996), S. 53.

[164] Vgl. *Wörner*, Rn. 134; *Winnefeld*, Einf. Rn. 15.

[165] Vgl. *Bitz/Schneeloch/Wittstock*, S. 27 ff.; *Federmann*, S. 48 ff..

Dispositionshilfe[166] sowohl für an einem Unternehmen Beteiligte (Selbstinformation)[167] wie auch für außenstehende Dritte (Fremdinformation)[168].

Als ursprünglich vorrangiger Zweck von Buchhaltung und Jahresabschluss[169] wird oftmals die **Dokumentation** genannt[170], da in der Bilanz die Vermögensgegenstände alljährlich aufs Neue erfasst werden. Der Jahresabschluss gibt insofern eine gebündelte und zusammenfassende Auskunft über die Geschäftsvorfälle. Die Dokumentation soll vor allem Urkundenbestände sichern, den Bestand des ausgewiesenen Vermögens durch entsprechende Aufzeichnungen belegen (Beweisfunktion)[171] und das Beiseiteschaffen von Vermögensgegenständen sowie das unberechtigte Einstellen von Schulden erschweren (präventive Funktion)[172].

---

[166] Vgl. *Bitz/Schneeloch/Wittstock*, S. 32; *Egner*, S. 26 f.; *Federmann*, S. 49; *Clemm* (1987), S. 97; *Moxter* (1984), S. 139; *Strobl*, S. 393; *Ballwieser*, S. 375.

[167] Die Unternehmensleitung bzw. die Unternehmenseigner haben die Möglichkeit, eine Überprüfung der eigenen Geschäftstätigkeit vorzunehmen und können so eine krisenhafte Entwicklung erkennen. Durch die korrekte Selbstinformation aufgrund von Buchführung und Bilanz erfolgt eine Aufklärung über die geschäftlichen Verhältnisse, welche es ermöglicht, rechtzeitig notwendige Maßnahmen zu treffen, um die Tilgung von Verbindlichkeiten zu gewährleisten. Die Selbstinformation dient daher auch dem Gläubigerschutz. Vgl. *Stützel*, ZfB 1967, S. 323; *Federmann*, S. 48; *Kühnberger*, S. 21; *Siepe*, S. 624.

[168] Vgl. *Kühnberger*, S. 21 f.; *Federmann*, S. 48; *Heinhold*, S. 7 f.; *L. Schmidt*, S. 109 f.. Der Jahresabschluss ist Kreditunterlage für die Gläubiger des Unternehmens. Sie benötigen diese Informationen, um die Beurteilung des Kreditrisikos besser einschätzen und um Entscheidungen zur Sicherung ihrer Interessen treffen zu können. Vgl. *Kühnberger*, S. 21.

[169] Vgl. *Bitz/Schneeloch/Wittstock*, S. 27; *Kühnberger*, S. 20; ähnlich *L. Schmidt*, S. 108. Vereinzelt wird von der Dokumentationsfunktion lediglich im Zusammenhang mit der Aufgabe der Buchführung gesprochen. Vgl. *Baetge* (1996), S. 54; *Heinhold*, S. 11. Die Buchführung ist Grundlage für die Jahresabschlussrechnung und somit für die vom Gesetzgeber intendierten Zwecke. Vgl. *Baetge* (1996), S. 54; *Heinhold*, S 11.

[170] Diese Aufgabe ergibt sich in erster Linie aus den Regelungen der §§ 238, 239 HGB, welche die Buchführungspflicht kodifizieren. Des weiteren sind die Vorschriften zur Erstellung des Inventars (§§ 240, 241 HGB), zur Bilanzaufstellung (§§ 242 ff. HGB), zur Aufbewahrung (§ 257 HGB) und zur Vorlage (§§ 258 – 261 HGB) zu nennen. Vgl. *Baetge* (1996), S. 54; *Stützel*, ZfB 1967, S. 322; *Moxter* (1984), S. 81 f.; *Heinhold*, S. 11, 18; *Federmann*, S. 48; *Kühnberger*, S. 20; *Sigloch*, BFuP 2000, S. 171; *Stobbe*, S. 26; *Stützel*, ZfB 1967, S. 322 f.; *Küffner/Hock*, BFuP 1998, S. 59; *Strobl*, S. 393.

[171] Dadurch wird ein Bestand an potentiellen Urkundenbeweisen gesichert, was zur gerichtlichen Verfolgung von unzulässigen Interessenverletzungen (z.B. Bankrotthandlungen, Betrug) und zur Abwehr ungerechtfertigter Ansprüche und Anschuldigungen erforderlich sein kann. Vgl. *Stützel*, ZfB 1967, S. 322; *Federmann*, S. 48; *Bitz/Schneeloch/Wittstock*, S. 28; *Leffson* (1987), S. 47 ff..

[172] Darüber hinaus ist auch der Gesellschafterschutz tangiert: Bei einem Unternehmen mit mehreren Gesellschaftern besteht die Gefahr, dass Gesellschaftsvermögen durch einzelne Ge-

Der handelsrechtliche Jahresabschluss dient weiterhin der **Rechenschaft**[173]. Verwalter fremden Vermögens haben ihren Auftraggebern regelmäßig in bestimmten Abständen oder am Ende ihrer Tätigkeit Rechenschaft abzuliefern[174]. Diese Grundfigur liegt auch bei Wirtschaftunternehmen vor, wenn Geschäftsführung und Eigentum personell auseinanderfallen. Aufgrund der vergleichbaren Interessenlage garantieren die gesetzlichen Vorschriften in diesen Fällen gewisse Mindeststandards an Informationen[175]. Dadurch soll den Eigentümern die Entscheidung über die Entlastung, Wiederbestellung oder Abberufung der Verwalter erleichtert werden. Aber auch unternehmensintern ist der Rechnungslegungszweck von Bedeutung: Durch die Bereithaltung von Informationen und Unterlagen dient der Jahresabschluss der Unternehmenssteuerung und Unternehmenskontrolle. [176].

Als weitere Funktionen der Handelsbilanz sind die **Anteilsbewertung**[177], der **Öffentlichkeitsschutz**[178] und das **Bilanzmarketing**[179] zu nennen.

---

sellschafter zu Lasten der anderen ohne Berechtigung entzogen wird. Vgl. *Moxter* (1984), S. 82; *Baetge* (1996), S. 54.

[173] Vgl. *Winnefeld*, Einf. Rn. 45; *Baetge* (1996), S. 55; *Federmann*, S. 48; *Kühnberger*, S. 21; *Bitz/Schneeloch/Wittstock*, S. 28 f.; *Luckey*, S. 10; *Stobbe*, S. 26; *Stützel*, ZfB 1967, S. 331; *Wacker*, S. 240; *Wöhe* (1992), S. 83; *Herrmann*, BuW 1992, S. 209; *Leffson* (1987), S. 56 ff.; *Schulze-Osterloh* (1996), S. 124; Ballwieser/*Busse von Colbe*, S. 373; *Siepe*, S. 624. Dieser Jahresabschlusszweck ergibt sich zwar nicht direkt aus dem Wortlaut der Vorschriften des Handelsbilanzrechts, jedoch kommt die Rechenschaftsfunktion durch den Bedeutungszusammenhang innerhalb der Vorschriften zu Buchführung und Jahresabschluss ausreichend zum Ausdruck. Dies lässt sich etwa durch die Regelungen der §§ 238 Abs. 1 Satz 1, 242 Abs. 1 und 2, 247 Abs. 1, 250 Abs. 1 Sätze 1 und 2, 251, 252 und 264 Abs. 2 Satz 1 HGB belegen. Vgl. *Baetge* (1996), S. 55.

[174] Vgl. etwa § 259 BGB. Kraft gesetzlicher Bestimmung schulden etwa der Konkursverwalter (§ 131 KO), Kommissionäre (§ 384 Abs. 2 HGB) und Testamentsvollstrecker (§ 2218 BGB) solche Berichte.

[175] Für Kommanditisten und Stille Gesellschafter finden sich die Vorschriften in den §§ 166 bzw. 233 HGB. Aktionäre und GmbH-Gesellschafter können sich auf die Regelungen der § 120 Abs. 3 AktG und § 42 a Abs. 1 GmbHG berufen. Bei Genossenschaften gilt § 48 GenG.

[176] Vgl. *Stützel*, ZfB 1967, S. 331; *Winnefeld*, Einf. Rn. 47.

[177] Der Wert eines Unternehmens oder eines Anteils kann anhand der Bilanz ermittelt werden und ist beim Erwerb oder bei der Veräußerung entscheidend für den Preis. Zudem können im Wege der Bilanzanalyse aussagekräftige Zahlen für die Finanz- und Ertragslage des Unternehmens zur Ermittlung der finanziellen Stabilität und Ertragskraft eines Unternehmens produziert werden. Diese Zahlen sind nicht nur unternehmensintern von Bedeutung, sondern extern auch bei am Kapitalmarkt gehandelten Unternehmen, weil sie börsentäglich, insbesondere im Rahmen der sog. Fundamentalanalyse, anhand dieser Kriterien bewertet werden. Vgl. *Moxter* (1984), S. 122; *Robisch* (1993), S. 999; *Coenenbert*, S. 563.

[178] Geschützt werden soll die am Betrieb interessierte Öffentlichkeit vor falschen Informationen über die Vermögens- und Ertragslage. Der Umfang der Offenlegungspflicht hängt von Rechtsform, Größe und Branchenzugehörigkeit des jeweiligen Unternehmens ab (vgl. § 325

2. Zahlungsbemessungsfunktion

Neben der Regelung der informationellen Unterstützung von Mitgestaltungsmöglichkeiten, setzt der Gesetzgeber den handelsrechtlichen Einzelabschluss auch als Mittel zur Bemessung von Zahlungen ein[180].

Eine zentrale Aufgabe der Bilanz ist die Ermittlung des Gewinns[181], die nicht nur für die Eigenkapitalbildung (Rücklagenbildung, Selbstfinanzierung)[182], sondern insbesondere auch für die Gewinnverteilung an die Anteilseigner[183] Bedeutung hat (**Ausschüttungsbemessungsfunktion**).

Gläubiger von Unternehmen, deren Gesellschafter nicht unbeschränkt haften (insbesondere Kapitalgesellschaften), sind grundsätzlich der Gefahr ausgesetzt sind, dass haftendes Gesellschaftsvermögen durch Ausschüttungen bis zur Gefährdung der Erfüllung ihrer Ansprüche reduziert wird. Sie haben daher ein Interesse an einer Begrenzung der Ausschüttungsmöglichkeiten oder ggf. an einer Durchbrechung der Haftungsbeschränkungen[184]. Aus diesem Grunde muss die handelsrechtliche Rechnungslegung sicherstellen, dass die Ermittlung des Bilanzgewinns in der Weise erfolgt, dass seine Ausschüttung nicht zu Lasten der Gläubiger stattfindet[185]. Bilanzzweck ist somit die Sicherung eines Mindest-

HGB für Kapitalgesellschaften; § 339 HGB für Genossenschaften; § 340 l HGB für Kreditinstitute; § 341 l Abs. 2 HGB für Versicherungsunternehmen und §§ 1, 9, 15 Abs. 2 PublG für Personengesellschaften und Einzelunternehmen ab einer bestimmter Größe). Vgl. *Wöhe*, StKongrRep 1973, S. 292; ders. (1992), S. 83; *Wörner*, Rn. 138; *Bitz/Schneeloch/Wittstock*, S. 29 f.; *Stobbe*, S. 26 f..

179 Der Jahresabschluss hat die Funktion eines wichtigen Informationsvermittlers für die Öffentlichkeitsarbeit des Unternehmens. Im Außenverhältnis stellt er die „Visitenkarte" des Unternehmens dar. So kann er bei der Anbahnung neuer und Erhaltung bereits bestehender Geschäftsbeziehungen eine wichtige Rolle spielen. Vgl. *Winnefeld*, Einf. Rn. 50.

180 Die Zahlungsbemessungsfunktion hat ihren gesetzlichen Niederschlag im Vorsichtsprinzip (§ 252 Abs. 1 Nr. 4 HGB), dem Anschaffungswertprinzip (§ 253 Abs. 1 HGB) und dem Verbot des Ausweises selbstgeschaffener immaterieller Vermögensgegenstände des Anlagevermögens (§ 248 Abs. 2 HGB) gefunden. Vgl. *Winnefeld*, Einf. Rn. 40; *L. Schmidt*, S. 111; *Ballwieser*, S. 375.

181 Sog. Gewinnfeststellungsfunktion. Vgl. *Heinhold*, S. 11; *Thiel* (1990), Rn. 192; *Olfert*, S. 22; *Schulze-Osterloh* (1986), S. 542; ders. (1996), S. 124; Ballwieser/*Busse von Colbe*, S. 374; *Döllerer* (1983), S. 162; *Luttermann*, S. 494.

182 Vgl. hierzu *Clemm* (1987), S. 97.

183 Sog. Gewinnverteilungsfunktion. Vgl. *Moxter*, (1984), S. 98; *Heinhold*, S. 11; *Clemm* (1987), S. 96 f.; *Siepe*, S. 625.

184 Vgl. *Heinhold*, S. 14; *Winnefeld*, Einf. Rn. 41; *Moxter* (1984), S. 93 f.; *Baetge* (1996), S. 59; *Federmann*, S. 49; *Kühnberger*, S. 22 f.; *Bitz/Schneeloch/Wittstock*, S. 33; *Stobbe*, S. 24; *Leffson* (1987), S. 52 ff.; *Schulze-Osterloh* (1996), S. 124 ff.; *Wöhe*, StKongrRep 1973, S. 292.

185 Vgl. *Baetge* (1996), S. 61; *Thiel* (1990), Rn. 184; *Winnefeld*, Einf. Rn. 40; *Schulze-Osterloh* (1996), S. 124 ff.; *Stützel*, ZfB 1967, S. 323; *Wöhe*, StKongrRep 1973, S. 291 f.. Dieser

haftungsvermögens[186], das den Gläubigern nicht entzogen werden kann (**Ausschüttungssperre**)[187].

Bei Einzelunternehmen und Personenhandelsgesellschaften entfaltet diese Funktion ihre Wirkung nur im Zusammenspiel mit dem Rechenschaftszweck des Jahresabschlusses[188]: Indem die Gesellschafter Rechenschaft gegenüber sich selbst ablegen, wird ihnen gleichzeitig verdeutlicht, ab wann sie beginnen, über den „vorsichtig" ermittelten Jahreserfolg hinaus Kapital zu entnehmen und dadurch die betriebliche Haftungsmasse ihres Unternehmens zu verringern. Da eine Ausschüttungsbeschränkung in diesem Fall allerdings gesetzlich nicht reglementiert ist, wird insoweit lediglich von „**Kapitalerhaltung aufgrund von Informationen**" oder „Kapitalverminderungskontrolle" [189] gesprochen.

Des weiteren dient der handelsrechtliche Jahresabschluss der **Substanzerhaltung**[190]. Zur Sicherung des Fortbestandes des Unternehmens als Verdienstquelle ist das Ergebnis des Geschäftsjahres so zu ermitteln, dass dem Unternehmen

---

Zweck hängt daher eng mit dem des Gläubigerschutzes zusammen, welchem in der Literatur eine besondere Bedeutung eingeräumt wird. Vgl. *Wörner*, Rn. 136; *Wöhe*, StKongrRep, S. 291; *Luckey*, S. 34; *Egner*, S. 33 f.; *Söffing* (1995), S. 657; *Wöhe* (1992), S. 83; *Flämig*, DB 1968, S. 2047; *Maaßen*, FR 1972, S. 149; *Siegel*, StuB 1999, S. 196; *Weber-Grellet*, DB 2000, S. 167.

[186] Der Zweck der Kapitalerhaltung ergibt sich aus dem Wortlaut, Wortsinn und Bedeutungszusammenhang der handelsrechtlichen und rechtsformspezifischen Regelungen. Die Beschränkung des Gewinnausweises geschieht etwa durch das Verbot des Ansatzes bestimmter Aktiva (vgl. § 248 Abs. 2 HGB), die Verpflichtung zur Bildung von Verbindlichkeitsrückstellungen (vgl. § 249 Abs. 1 HGB), die Beachtung des Vorsichts- und Imparitätsprinzips (vgl. § 252 Abs. 1 Nr. 4 HGB) und der Normierung von Höchst- und Mindestwerten für Aktiva bzw. Passiva (vgl. § 253 Abs. 1 – 3 HGB). Ausschüttungsrestriktionen finden sich rechtsformspezifisch für die Aktiengesellschaft in den §§ 58 Abs. 5, 150 Abs. 1, 3, 4 AktG (i.V.m. § 266 Abs. 3 A. III. 1. HGB), für die Gesellschaft mit beschränkter Haftung in den §§ 29, 30 Abs. 1 GmbHG (vgl. auch § 42 GmbHG) und für die Genossenschaft in § 22 Abs. 4 GenG. Darüber hinaus finden sich Vorschriften über die Durchbrechung der Haftungsbeschränkungen und Schadenersatzverpflichtungen in § 172 Abs. 4 HGB, §§ 31, 43 Abs. 3 GmbHG, §§ 62, 93 Abs. 3, 116 AktG. Vgl. *Baetge* (1996), S. 59.

[187] Vgl. *Moxter* (1984), S. 93; *Heinhold*, S. 14. Vereinzelt wird die „Schuldendeckungskontrolle" als eigenständige Bilanzaufgabe qualifiziert. Danach dient die Handelsbilanz dazu, die Schuldentilgungsfähigkeit eines Unternehmens zu ermitteln, d.h. inwiefern das Unternehmen in der nächsten Zukunft in der Lage sein wird, die liquiden Mittel für die Tilgung der Schulden zu beschaffen. Vgl. *Moxter* (1984), S. 86; *Stobbe*, S. 26; a.A. *Heinhold*, S. 16.

[188] Vgl. *Leffson* (1987), S. 55 f.; *Baetge* (1996), S. 25 ff.. Vgl. oben unter Kapitel 2 C. I. 1..

[189] Vgl. *Baetge* (1996), S. 60; *Kühnberger*, S. 23.

[190] Vgl. *Baetge* (1996), S. 59; *Winnefeld*, Einf. Rn. 40; *Leffson* (1987), S. 91 ff.; *Herrmann*, BuW 1992, S. 209; *Maaßen*, FR 1972, S. 149; *Siepe*, S. 625.

durch Entnahmen, Ausschüttungen oder die Besteuerung nicht ungerechtfertigt Eigenkapital entzogen werden kann[191].

Andererseits kommt der Bilanz zum Schutz der Anteilseigner aber auch die Aufgabe zu, eine **Mindestausschüttung** bzw. eine bestimmte Entnahmeberechtigung zu sichern (Gesellschafter- oder Aktionärsschutz)[192]. Gibt es an einem Unternehmen mehrere Beteiligte, so bestehen oftmals unterschiedliche Ausschüttungsinteressen. Insbesondere bei Kapitalgesellschaften, bei denen die Unternehmensleitung und die Anteilseigner personenverschieden sind, besteht die Gefahr, dass die Einkommensinteressen letzterer trotz positiver Erfolgslage missachtet werden, weil die Unternehmensführung eigene Interessen oder solche der Mehrheitsgesellschafter an einer Thesaurierung vorrangig befriedigt[193]. In diesen Fällen muss sichergestellt werden, dass die Kapitalgeber für ihre Kapitalüberlassung eine angemessene Verzinsung erhalten. Dazu ist erforderlich, dass eine überzogene Verkürzung des Gewinnausweises, etwa durch die Bildung stiller Reserven, verhindert wird[194].

Der handelsrechtliche Einzelabschluss hat darüber hinaus die Aufgabe der **Bemessung erfolgsabhängiger Zahlungen** an gewinnabhängige Beteiligte[195].

---

191 Dem Unternehmensschutz wird auch dadurch gedient, dass die Bilanz dem Bilanzierenden Gestaltungsmöglichkeiten zur Sicherung der Unternehmensinteressen zur Verfügung stellt. Mit Hilfe von Aufstellungs-, Ausweis-, Bilanzansatz-, Bewertungs- und Offenlegungswahlrechten besteht für den Bilanzaufsteller die Möglichkeit, eine flexible Bilanzpolitik vorzunehmen. Vgl. *Federmann*, S. 51.

192 Vgl. *Kühnberger*, S. 22; *Federmann*, S. 51; *Wöhe* (1992), S. 83; *Heinhold*, S. 14 ff.; *Moxter* (1984), S. 98 ff.; *Wörner*, Rn. 137; *Luckey*, S. 34; *Thiel* (1990), Rn. 195; *Federmann*, S. 50; *Schildbach* (1997), S. 32 ff.; *Lischer/Märkl*, WPK-Mitt., Sonderheft Juni 1997, S. 110; *Stützel*, ZfB 1967, S. 326 f.; *Siepe*, S. 625.

193 Bei Personengesellschaften ist eine „Aushungerung" von nicht geschäftsführenden Gesellschaftern denkbar.

194 Für den Bereich der Gewinnverwendung enthält das Gesetz entsprechende Vorschriften etwa in §§ 121 Abs. 1, 122 HGB für die OHG, § 169 Abs. 1 HGB für die Kommanditgesellschaft, § 337 Abs. 1 HGB für die stille Gesellschaft, § 29 GmbHG für die GmbH, § 58 Abs. 2 i.V.m. § 172 AktG für die Aktiengesellschaft. Vgl. für die Genossenschaft zudem §§ 48 Abs. 1 (Erfolgsverteilung) und § 33 Abs. 3 GenG (Verlustanzeige). Für die Gewinnentstehung sind die sämtliche Aktivierungsgebote, Wertuntergrenzen für Aktiva (z.B. § 253 Abs. 2 und 3 HGB) und Beschränkung für die Bildung von Rückstellungen zu nennen. Vgl. *Heinhold*, S. 15 f.; *Kühnberger*, S. 22.

195 Z.B. Gehaltsbestandteile von Mitgliedern des Aufsichtsrates, der Geschäftsführung oder anderer Arbeitnehmer. Vgl. *Wöhe*, StKongrRep 1973, S. 292; *Federmann*, S. 51; *Bitz/Schneeloch/Wittstock*, S. 36. Während die Aufstellung solcher Regelungen grundsätzlich der freien Vereinbarung der Betroffenen überlassen ist, bestehen für Aktiengesellschaften zwingende Regelungen in den §§ 86 Abs. 2 und 113 Abs. 3 AktG. Diese Regelungen sollen eine Verkürzung oder zeitliche Verschiebung der Gewinnansprüche durch die Bildung stiller

Dieselbe Funktion hat der Jahresabschluss bei Finanzierungsinstrumenten, bei denen die Kapitalgeber, ohne die Rechtsstellung eines Gesellschafters einzunehmen, ergebnisabhängige Zins- oder Rückzahlungsansprüche erlangen (z.B. partiarische Darlehen, Gewinnschuldverschreibungen und Genussrechte)[196].

Die Handelsbilanz hat auch eine Zahlungsbemessungsfunktion für die Ansprüche des Fiskus (**Funktion der steuerrechtlichen Gewinnermittlung**), denn die Handelsbilanz bildet gem. § 5 Abs. 1 Satz 1 EStG die Grundlage für die Ertragsbesteuerung[197].

Die Feststellung des Jahresabschlusses greift nicht nur in das Außenverhältnis zwischen Gesellschaft und Gläubigern ein, sondern auch in die gesellschaftsinterne **Kompetenzaufteilung**[198]. Bei Körperschaften mit verschiedenen Organen besteht die Notwendigkeit, einen Interessenausgleich zwischen den Organen herbeizuführen[199]. Durch die Bilanzfeststellung werden Tatbestände geschaffen, die sich unmittelbar auf die rechtlich zulässigen oder gebotenen Dispositionsmöglichkeiten bestimmter Personen auswirken. Die Bilanz dient dabei als Instrument der Bestimmung des Umfangs gegebener Sachkompetenzen von Gesellschaftsorganen und als Mittel zur verdeckten Verschiebung solcher Kompetenzen. Bei Personengesellschaften hat der Jahresabschluss die Aufgabe der Konkretisierung von Rechten und Pflichten der Gesellschafter[200] und der Fortschreibung des Gesellschaftervertrages.

Die Bilanz bezweckt schließlich die Erfolgs- und Vermögenszurechnung (**Zuordnungsregelungen**)[201]. Neben den gesetzlichen und vertraglichen Regelungen bestimmt die Bilanz insbesondere bei Personengesellschaften die Höhe des einem Gesellschafter zukommenden Gewinnanteils, seines Kapitalentnahmean-

Rücklagen auf dem Wege der Unterbewertung von Vermögenswerten oder Überbewertung von Passivposten verhindern.

[196] In diesen Fällen quantifiziert der Jahresabschluss vertraglich allgemein umschriebene Zahlungsverpflichtungen. Vgl. *Bitz/Schneeloch/Wittstock*, S. 37.

[197] Durch die Bestimmung von Ober- und Untergrenzen für die Manipulierbarkeit des Bilanzergebnisses werden für die Grundlage der Besteuerung zwingende Regulierungen vorgenommen. Vgl. *Federmann*, S. 51; *Baetge* (1996), S. 62; *Moxter* (1984), S. 108 ff.; *Heinhold*, S. 12.

[198] Vgl. *Bitz/Schneeloch/Wittstock*, S. 34 ff.; *Schildbach* (1997), S. 32 ff.; *Stützel*, ZfB 1967, S. 326 ff..

[199] Bei Kapitalgesellschaften dient der Jahresabschluss dazu, in Gesetz und Satzung allgemein umschriebene Ausschüttungskompetenzen verschiedener Gesellschaftsorgane numerisch zu konkretisieren (vgl. § 58 AktG). Die Anteilseigner sollen damit vor der Kürzung der Dividende durch das Verstecken von Einnahmen und vor dem Verschweigen von nachteiligen Informationen durch das Management geschützt werden.

[200] Hier geht es insbesondere um die Vorschriften, die abstrakt an die Begriffe „Gewinn", „Verlust" oder „Kapitalanteil" anknüpfen, z.B. die Entnahmekompetenz gem. § 122 HGB.

[201] Vgl. *Federmann*, S. 51; *Stützel*, ZfB 1967, S. 324 f..

spruchs oder des von ihm zu deckenden Verlustanteils. Daneben wird auch das in der Bilanz erfassten Vermögen zugeordnet.

3. Ergebnis

Der Jahresabschluss ist vom Gesetzgeber als „Vielzweckinstrument“[202] konzipiert, wobei die einzelnen Funktionen des handelsrechtlichen Einzelabschlusses keineswegs homogen sind, sich sogar teilweise widersprechen[203]. Antagonismen lassen sich zunächst zwischen den einzelnen Rechnungslegungszwecken finden: Ein Konfliktpotential besteht bereits zwischen den beiden Obergruppen Informations- und Zahlungsbemessungsfunktion[204]. Eine objektive Information lässt sich dabei vor allem nicht mit den Regelungen zur Ausschüttungsbegrenzung vereinbaren[205], da die Erfüllung der Informationsinteressen die Ermittlung des „tatsächlichen“ Unternehmenserfolges und nicht des dem Unternehmen maximal entziehbaren Betrages erfordert. Aber auch innerhalb einer bestimmen Bilanzfunktion können sich Konflikte ergeben, etwa wenn die Gesellschafter oder die potentiellen Investoren eine andere Bilanzierung als die Gläubiger wünschen. Dies ist vor allem dann der Fall, wenn der Adressatenkreis in seinen Zielvorstellungen heterogen ist[206].

II. Funktionen des handelsrechtlichen Konzernabschlusses

Seit der Umsetzung der 7. EG-Richtlinie[207] hat der Konzernabschluss „*ein den tatsächlichen Verhältnissen entsprechendes Bild der Vermögens-, Finanz- und Ertragslage*“ der Gesamtheit der in die Konsolidierung einbezogenen Unternehmen zu vermitteln (vgl. § 297 Abs. 2 Satz 2 HGB; Art. 16 Abs. 3 der 7. EG-Richtlinie)[208]. Mit dieser Vorschrift ist die Generalnorm für den Einzelabschluss

[202] Vgl. *Kühnberger/Keßler*, WPg 2000, S. 1007; ähnlich *Ballwieser*, S. 375.

[203] Vgl. Ballwieser/*Busse von Colbe*, S. 386; *Bippus*, DStZ 1998, S. 647; *Kühnberger/Keßler*, WPg 2000, S. 1008.

[204] Vgl. etwa *Moxter* DB 2001, S. 606.

[205] Vgl. *Coenenberg*, S. 13; *Moxter* (1997), S. 511; Ballwieser/*Busse von Colbe*, S. 376; *Ballwieser*, S. 375; *Hinz* in HDR, B 106 Rn. 45; *Siepe*, S. 625. Ein weiteres Beispiel ist die Informationsfunktion im Verhältnis zum Gläubigerschutzprinzip und zum Rechenschaftszweck. Vgl. Ballwieser/*Busse von Colbe*, S. 376; *Kübler* (1995), S. 373; *Krawitz*, S. 218; *Bippus*, DStZ 1998, S. 647; *Strobl-Haarmann*, S. 631. hierzu a.A. *Hoffmann*, DStR 1999, S. 1687; *Esser* (1998), S. 76 ff.; *Schildbach*, StuB 1999, S. 424 f..

[206] Vgl. *Beisse* (1993), S. 78; *Kühnberger/Keßler*, WPg 2000, S. 1008.

[207] Siebente Richtlinie des Rates der Europäischen Gemeinschaften vom 13. Juni 1983 auf Grund von Art. 54 Abs. 3 Buchst. g des Vertrages über den konsolidierten Abschluss (83/349/EWG – Abl. EG Nr. L 193 vom 18. Juli 1983, S. 1ff.).

[208] Zuvor sollte der Konzern- neben dem Jahresabschluss des Mutterunternehmens lediglich eine Darstellung der Vermögens- und Ertragslage des Konzerns ermöglichen Vgl. § 329 Abs.

der Kapitalgesellschaft aus § 264 Abs. 2 Satz 1 HGB fast identisch für den konsolidierten Abschluss übernommen worden. Obgleich § 298 Abs. 1 HGB die Anwendung der für den Einzelabschluss der Kapitalgesellschaft geltenden Vorschriften auf den Konzernabschluss anordnet, besteht im wesentlichen Einigkeit, dass sich die Zielsetzungen des handelsrechtlichen Konzernabschlusses von denen des Einzelabschlusses unterscheiden[209].

Eine wesentliche Aufgabe des Konzernabschlusses ist, wie schon beim Einzelabschluss, die **Informationsvermittlung**[210], denn er soll Aufschluss über die Vermögens-, Ertrags- und Finanzlage des Konzerns sowie die Leistung des Managements geben[211]. Dem Konzernabschluss kommt dabei die Funktion zu, dem Bilanzleser ein Bild zu bieten, das sich bei Vorliegen eines rechtlich einheitlichen Unternehmens geboten hätte („*Bild der wirtschaftlichen Einheit*"; vgl. § 297 Abs. 3 Satz 1 HGB; Art. 26 Abs. 1 Satz 1 der 7. EG-Richtlinie). Verzerrungen, die aus dem Vorliegen mehrerer rechtlich selbständiger Einheiten resultieren, sollen beseitigt werden[212].

Ob der Konzernabschluss darüber hinaus weitere Aufgaben hat, ist umstritten: Von der wohl herrschenden Meinung in der Literatur wird vertreten, dass er wegen der fehlenden Ausschüttungsbemessungs- und Besteuerungsfunktion ausschließlich der Information diene[213]. Der Konzernabschluss sei weder Grundlage für die Gewinnverteilung noch für die Besteuerung und die Haftung[214]. Andere sehen die Aufgabe des Konzernabschlusses dagegen nicht auf die Informationsvermittlung beschränkt:

2 AktG 1965; *G. Klein* in K/W (1989), Kapitel II, Rn. 845; *ADS*, Vorbem. zu §§ 290 – 315 HGB, Rn. 13 ff..

[209] Vgl. *Baetge/Kirsch/Thiele*, S. 22; vgl. zur Gegenansicht auch *G. Klein* in K/W (1989), Kapitel II, Rn. 847, 872.

[210] Vgl. *G. Klein* in K/W (1989), Kapitel II, Rn. 847; *ADS*, § 297, Rn. 3; *Scherrer*, S. 8; *Schildbach* (1994a), S. 15; *Moxter*, DB 1998, S. 1426; *Hartle* in HdR, C 10, Rn. 10 f.; *Lischer/Märkl*, WPK-Mitt. Sonderheft Juni 1997, S. 117; *Wohlgemuth/Ruhnke* in HdJ, Abt. V/2, Rn. 1; *Siepe*, S. 629; *Luttermann*, S. 494.

[211] Vgl. *Havermann*, WPg 2000, S. 125; *Küffner/Hock*, BFuP 1998, S. 70; *G. Klein* in K/W (1989), Kapitel II, Rn. 847.

[212] Vgl. *Baetge/Kirsch/Thiele*, S. 22; *Siepe*, S. 630.

[213] Vgl. *ADS*, § 297, Rn. 3; *Schildbach* (1994a), S. 15; Heymann/*Henssler*, vor § 290 Rn. 9; *Wysocki/Wohlgemuth*, S. 4; *Moxter*, DB 1998, S. 1425; *Scheffler*, DStR 1999, S. 1289; *Küffner/Hock*, BFuP 1998, S. 70; *Havermann*, WPg 2000, S. 125; *Strobel*, DB 1999, S. 1128, 1130; *Strobl*, S. 391; *Mujkanovic*, BB 1999, S. 1002; *Wollmert/Oser*, DB 2000, S. 732; *Schruff*, BFuP 1993, S. 411; *Küting/Hayn*, BB 1995, S. 666; *Siepe*, S. 630; *Ballwieser*, S. 379; *Watrin*, DB 2001, S. 935. Vgl. auch *Schmalenbach-Gesellschaft*, DB 2001, S. 160; *Erdbrügger*, DStR 2001, S. 101.

[214] Vgl. *Scherrer*, S. 10 ff.; *ADS*, Vorbem. zu §§ 290 – 315 HGB, Rn. 17; *G. Klein* in K/W (1989), Kapitel II, Rn. 847, 872; Heymann/*Henssler*, vor § 290 Rn. 9; *Lischer/Märkl*, WPK-Mitt. Sonderheft Juni 1997, S. 117.

Vereinzelt wird vorgetragen, der Konzernabschluss habe wie auch der Einzelabschluss einen **Dokumentationszweck**[215], welcher sich beim Konzernabschluss insbesondere auf die Konsolidierungsmaßnahmen beziehe. Zwar umfasse § 298 HBG nicht die in § 238 Abs. 1 Satz 1 HGB für den Einzelabschluss kodifizierte Buchführungspflicht, jedoch sei eine gesonderte Konzernbuchführung nach dem Bedeutungszusammenhang mit § 317 Abs. 2 Satz 1 HGB notwendig, weil hier bestimmte Mindestvoraussetzungen an die Dokumentation niedergelegt seien. Als weiterer Zweck wird die **Rechenschaft** angeführt, was sich aus der Generalnorm des § 297 Abs. 2 Satz 2 HGB ergäbe[216]. Element dieser Rechenschaftspflicht sei der treffende Einblick in die wirtschaftliche Lage des Konzerns[217].

In der Literatur wird zum Teil auch eine (faktische) **Ausschüttungsbemessungsfunktion** angenommen[218]. Diese Ansicht wird im wesentlichen damit begründet, dass die Konzernleitung über die Ausübung der einheitlichen Leitung bzw. über die Stimmrechtsmehrheit die Möglichkeit habe, Gewinne nicht nur bei dem Mutternunternehmen, sondern auch bei den Tochterunternehmen zu thesaurieren oder auszuschütten. Zudem führe eine mit dem Konzernergebnis inkompatible Ausschüttungsbemessung faktisch zu einem erhöhten Begründungszwang[219]. Dem ist nur insoweit zuzustimmen, dass in der Praxis mitunter die Bedienung von Genussrechten an den Konzernjahresüberschuss geknüpft wird und häufig Identität zwischen dem im Konzernabschluss und im Jahresabschluss des im Mutterunternehmen ausgewiesenen Jahresergebnisses besteht. Jedoch werden die Jahresabschlüsse der rechtlich selbständigen Konzernunternehmen nicht durch den Konzernabschluss ersetzt, sondern bleiben weiterhin als Grundlage für Ansprüche der Anteilseigner, der Gläubiger und des Fiskus bestehen. Der Konzernabschluss hat daher keine Ausschüttungsbemessungsfunktion[220].

Der Konzernabschluss hat, anders als der Einzelabschluss, auch nicht die Funktion der **Kapitalerhaltung**[221]. Die Ausschüttungen sind von den rechtlich selb-

---

[215] Vgl. *Baetge/Kirsch/Thiele*, S. 23; *Baetge* (2000), S. 29 f..

[216] Vgl. *Baetge/Kirsch/Thiele*, S. 25 f.; *Baetge* (2000), S. 31 f..

[217] Ein Rechenschaftszweck in diesem Sinne lässt sich jedoch genauso gut unter den Informationszweck subsumieren. Ebenso *G. Klein* in K/W (1989), Kapitel II, Rn. 871ff..

[218] Vgl. *Busse von Colbe/Ordelheide*, S. 23; *Busse von Colbe*, S. 428; *Hartle* in HdR, C 10, Rn. 13 Ähnlich *Wohlgemuth/Ruhnke* in HdJ, Abt. V/2, Rn. 1, Fn. 2.

[219] Vgl. *Hartle* in HdR, C 10, Rn. 13; ähnlich *Wohlgemuth/Ruhnke* in HdJ, Abt. V/2, Rn. 1, Fn. 2.

[220] Ebenso *ADS*, Vorbem. zu §§ 290 – 315 HGB, Rn. 17; *Moxter*, DB 1998, S. 1425; *Scherrer*, S. 11 f.; *Siepe*, S. 630; ähnlich *Heurung*, RIW 2000, S. 423.

[221] Vgl. *Baetge/Kirsch/Thiele*, S. 26; *Baetge* (2000), S. 32 ff.. Diese nehmen jedoch an, dass der Konzernabschluss der „Kapitalerhaltung aufgrund von Information" diene. Damit ist gemeint, dass der konsolidierte Abschluss für den Abschlussadressaten erkennen lasse, ob und wieweit

ständigen Konzernunternehmen auf Basis der Einzelabschlüsse zu leisten. Der Bestand eine Konzerns kann daher nur über den Bestand der einzelnen Konzernunternehmen gesichert werden.

Nach einer in der Literatur vertretenen Meinung[222] hat der Konzernabschluss darüber hinaus einen **Kompensationszweck**. Der konsolidierte Abschluss solle die Einzelabschlüsse ergänzen und damit Informationsdefizite des Einzelabschlusses ausgleichen. Dieser Zweck ergäbe sich aus der Entstehungsgeschichte, dem Wortlaut und dem Bedeutungszusammenhang der handelsrechtlichen Konzernrechnungslegungsvorschriften[223] und ließe sich in zwei Aufgabenbereiche unterteilen: Zum einen würde durch die Eliminierung der konzerninternen Geschäfte im konsolidierten Abschluss die wirtschaftliche Lage des Konzerns ohne Doppelzählungen dargestellt (sog. Verdichtungsaufgabe)[224]. Zum anderen habe der Konzernabschuss die Aufgabe, die Darstellung der Vermögens-, Finanz- und Ertragslage eines Konzernunternehmens durch die Einzelabschlüsse zu ergänzen (sog. Ergänzungsaufgabe)[225]. Zu diesem Zweck erscheint der Konzernabschluss aufgrund seines Aufbaus jedoch denkbar ungeeignet[226].

Teilweise wird auch vertreten, dass der Konzernabschluss der Konzernleitung als Instrument der Finanzplanung und Rentabilitätskontrolle zur Steuerung und Kontrolle des Konzerns diene (**Führungsinstrument**)[227]. Dem kann nicht zugestimmt werden, weil die im Konzernabschluss ausgedrückte Rentabilität weitgehend durch externe Regeln und durch die Ausübung von bestehenden Wahlrechten determiniert wird, die Konzernrechnungslegung vergangenheitsbezogen ist und sie in vielen Bereichen stark verdichtete Daten beinhaltet. Aus diesem Grunde sind die durch den Konzernabschluss vermittelten Informationen als Führungsinstrument ungeeignet[228].

Ergebnis:

Da der Konzernabschluss nach allen Ansichten von der Informationsfunktion dominiert wird und sich etwaige weitere Funktionen unterzuordnen haben, ist das Konfliktpotential innerhalb des Abschlusses deutlich geringer als beim Ein-

---

bei einer vorsichtig dargestellten Vermögens, Finanz- und Ertragslage der Bestand des Konzerns gesichert sei.

[222] Vgl. *Baetge/Kirsch/Thiele*, S. 29; *Baetge* (2000), S. 34 ff.; *Busse von Colbe/Ordelheide*, S. 21; *Heurung*, RIW 2000, S. 423; *Luttermann*, S. 494.

[223] Vgl. etwa BT-Drucks. 4/171, S. 241.

[224] Vgl. *Baetge/Kirsch/Thiele*, S. 31 ff.; *Heurung*, RIW 2000, S. 423.

[225] Vgl. *Baetge/Kirsch/Thiele*, S. 33 f..

[226] Vgl. *G. Klein* in K/W (1989), Kapitel II, Rn. 871 ff..

[227] Vgl. *Busse von Colbe/Ordelheide*, S. 23 m.w.N..

[228] Vgl. *Scherrer*, S. 13.

zelabschluss[229]. Insbesondere entfallen die Spannungen zwischen Informationsvermittlung und Zahlungsbemessung. Man könnte allenfalls argumentieren, dass die Probleme des Einzelabschlusses durch die Übernahme wesentlicher Regelungen in den Konzernabschluss hineingetragen werden. Die vorangegangenen Überlegungen machen auch deutlich, dass die Funktionen von Einzel- und Konzernabschluss längst nicht immer übereinstimmen. Eine Kongruenz besteht nur im Bereich der Vermittlung von Informationen, wobei der Stellenwert dieser Funktion unterschiedlich zu beurteilen ist.

III. Funktionen der Steuerbilanz

Die Funktionen der Steuerbilanz sind begrenzt, da der Kreis der Interessenten im wesentlichen auf die Finanzverwaltung und den Steuerpflichtigen beschränkt ist[230]. Die Aufgaben der Steuerbilanz lassen sich in eine Finanz-, eine Information- und eine außerfiskalischen Lenkungsfunktion unterteilen:

Hauptaufgabe der Steuerbilanz ist die Ermittlung des Gewinns für Zwecke der Einkommens-, Körperschafts- und Gewerbeertragsbesteuerung (**Steuerbemessungsfunktion**)[231]. Ziel der steuerrechtlichen Gewinnermittlung ist zunächst, durch Ermittlung des „*richtigen*"[232] oder „*vollen*" Gewinns[233] die wirtschaftliche Leistungsfähigkeit des Unternehmens sichtbar zu machen[234]. Aufgabe der Steu-

---

[229] Ebenso *Siepe*, S. 630.

[230] Als Instrument der Unternehmensbesteuerung hat sie einen Ausgleich der gegensätzlichen Finanzinteressen der an der Besteuerung Beteiligten zu schaffen. Dieser Konflikt ergibt sich aus der Stellung des Unternehmens als selbständige Wirtschaftseinheit und Einkommensquelle ihrer Eigner einerseits und ihrer Rolle als Teil der vom Staat getragenen Gesamtwirtschaft und Rechtsordnung andererseits. Vgl. *Bitz/Schneeloch/Wittstock*, S. 39; *Federmann*, S. 52.

[231] Zwar stellt der steuerrechtliche Gewinn in diesen Fällen regelmäßig nicht die endgültige Steuerbemessungsgrundlage dar, doch bildet er regelmäßig die bedeutendste Grundlage für die Besteuerung. Vgl. *Moxter* (1984), S. 108; *Wörner*, Rn. 141; *Federmann*, S. 52; *Falterbaum*, S. 321; *Bitz/Schneeloch/Wittstock*, S. 38; *Luckey*, S. 28; *Stobbe*, S. 28; *Wacker*, S. 240; *Herrmann*, BuW 1992, S. 209; *Döllerer* (1983), S. 161.

[232] Vgl. *Söffing* (1995), S. 657; *Knobbe-Keuk* (1993), S. 19; *Hennrichs*, StuW 1999, S. 145; *Lischer/Märkl*, WPK-Mitt., Sonderheft Juni 1997, S. 110.

[233] Vgl. Beschluss vom 3.2.1969 (GrS 2/68), BStBl. 1969 II, S. 291 ff.. Vgl. auch *Weber-Grellet*, DB 1994, S. 289; ders., DB 2000, S. 167. Nach einer anderen Ansicht stellt die steuerrechtliche Bilanz auf den „betriebswirtschaftlich angemessen Gewinn" ab. Vgl. *Wörner*, Rn. 141; *Krieger*, S. 337; *Gail*, WPg 1971 S. 322. Dagegen lässt sich jedoch vorbringen, dass etwa die Gleichmäßigkeit der Abrechnung (Objektivierung) und deren problemlos nachvollziehbare Durchführung (Vereinfachung) Vorrang vor der betriebswirtschaftlichen Richtigkeit haben. Vgl. *Weber-Grellet*, DB 1994, S. 289.

[234] Vgl. *Söffing* (1995), S. 657; *Thiel* (1990), Rn. 198; *Weber-Grellet*, DB 1994, S. 289; *Herrmann*, BuW 1992, S. 209; *Robisch* (1993), S. 999; *Siegel*, StuB 1999, 196; *Lischer/Märkl*, WPK-Mitt., Sonderheft Juni 1997, S. 110; *Siepe*, S. 631.

erbilanz ist darüber hinaus, die Wahrung des Prinzips der Gleichmäßigkeit der Besteuerung sicherzustellen[235], da der bilanzierende Unternehmer gegenüber anderen Steuerpflichtigen weder bevorzugt noch benachteiligt werden soll. Zur Verhinderung von Gewinnmanipulationen muss die Steuerbilanz schließlich weitere Grundprinzipen des Steuerrechts sichern: Dazu zählen insbesondere die Steuergerechtigkeit (Allgemeinheit, Verhältnismäßigkeit), die Tatbestandsmäßigkeit, die Vorhersehbarkeit (Rechtssicherheit), die Erhaltung der Steuerquelle und die Praktikabilität (Objektivierung und Vereinfachung)[236]. Sekundärer Finanzzweck der Steuerbilanz ist die **Unterstützung anderer steuerrechtlicher Rechenwerke**[237].

Obwohl die Finanzbehörde den Sachverhalt gem. § 88 Abs. 1 AO von Amts wegen ermittelt, hat der Steuerpflichtige als Beteiligter hierbei mitzuwirken (vgl. § 90 Abs. 1 AO). Eine besondere Mitwirkungspflicht im Hinblick auf die Buchführung besteht im Rahmen der §§ 140, 141 AO, welcher der Steuerpflichtige mit Hilfe der Aufstellung einer steuerrechtlichen Bilanz nachkommt. Ihm wird dadurch ermöglicht, den der Besteuerung zugrundezulegenden Periodengewinn nachzuweisen (**Dokumentation i.R.d. Steuererklärungspflichten**)[238]. Die Steuerbilanz kann zudem einen außerfiskalischen Zweck haben, wenn sie dem Steuerpflichtigen als **Nachweis der Ertrags- und Vermögenslage gegenüber Dritten**[239] dient. Denn in vielen Fällen wird die steuerrechtliche Bilanz für zuverlässiger erachtet und daher bevorzugt, weil sie strengeren Rechtsvorschriften und der finanzamtlichen Überwachung unterliegt[240]. Aus Sicht des Steuerpflichtigen kommt noch die Aufgabe der „**betriebswirtschaftlichen Auswertung**" hinzu[241]. Damit ist die Möglichkeit des Steuerpflichtigen gemeint, vor allem im Wege der Steuerbilanzpolitik in zeitlicher und quantitativer Hinsicht Einfluss auf die Steuerbemessungsgrundlage zu nehmen.

Neben den obigen fiskalischen Funktionen dient die Steuerbilanz als Instrument zur Verhaltenslenkung der Unternehmen[242]. Der Gesetzgeber eröffnet dem Steu-

---

[235] Vgl. *Weber-Grellet*, DB 1994, S. 289; *Thiel* (1990), Rn. 203; *Flämig*, DB 1968, S. 2047.

[236] Vgl. *Thiel* (1990), Rn. 212; *Weber-Grellet*, DB 1994, S. 289; *Federmann*, S. 52.

[237] Vgl. oben unter Kapitel 1 B.. Obwohl die substanzsteuerliche Stichtagsrechnung anderen Zwecken unterliegt, bestimmen die Zurechnung zum Betriebsvermögen und die Steuerbilanzwerte aus Vereinfachungsgründen weitgehend die Ansätze in der bewertungsrechtlichen Vermögensaufstellung. Vgl. *Federmann*, S. 52.

[238] Vgl. *Federmann*, S. 54.

[239] Z.B. Gewinnbeteiligte, ausscheidende Gesellschafter, Banken zur Kreditwürdigkeitsprüfung, Behörden bei der Gewährung von Subventionen.

[240] Vgl. *Bitz/Schneeloch/Wittstock*, S. 39; *Federmann*, S. 54.

[241] Vgl. *Federmann*, S. 53 f..

[242] Vgl. *Bitz/Schneeloch/Wittstock*, S. 38; *Federmann*, S. 52 f.; *Wacker*, S. 240; *Wörner*, Rn. 141; *Siepe*, S. 631.

erpflichtigen zur Verfolgung von wirtschafts-, sozial- und gesellschaftspolitischen Zielen[243] häufig die Möglichkeit, erhöhte steuerrechtliche Abschreibungen oder andere steuerrechtliche Maßnahmen[244] vorzunehmen[245]. Dadurch wird die Bemessungsgrundlage für die zu zahlenden Ertragsteuern gemindert, was regelmäßig zu einer Verlagerung von Steuerzahlungen führt[246].

Aufgrund des eingeschränkten Adressatenkreises und der begrenzten Anzahl verschiedenartiger Funktionen ist das Konfliktpotential innerhalb der Steuerbilanz verhältnismäßig gering. Insbesondere steht die Finanzfunktion nicht im Widerspruch zur Informationsfunktion, sondern dient dieser gerade. Ein Spannungsfeld ergibt sich indessen zwischen der Finanzfunktion und der außersteuerlichen Lenkungsfunktion, denn die Bilanz lenkt unternehmerische Entscheidungen in Richtung auf außerfiskalische, politische Zielverwirklichungen[247], so dass die Ermittlung des „vollen Gewinns" einer Periode beeinflusst wird. Dieser Konflikt ist jedoch hinnehmbar, weil der Fiskus ein bestimmtes, förderungsbedürftiges Verhalten begünstigt, und dem Steuerpflichtigen regelmäßig Vorteile erwachsen[248].

D. Kritische Würdigung der direkten Maßgeblichkeit

Ein bedeutender Teil der Literatur fordert mit unterschiedlichen Argumenten die Aufgabe der direkten Maßgeblichkeit[249].

---

[243] Dazu zählen etwa die konjunkturelle Steuerung, der Schutz der Umwelt sowie die Förderung von Innovationen, von Regionen und Wirtschaftszweigen. Vgl. *Wacker*, S. 240.

[244] Dazu zählen insbesondere die Bewertungsfreiheiten durch Sonderabschreibungen aller Art zur Förderung der Selbstfinanzierung sowie die Möglichkeiten zur Bildung steuerfreier Rücklagen und zur sofortigen Aufwandsverbuchung geringwertiger Wirtschaftsgüter. Vgl. *Wöhe* (1992), S. 84; *Tipke/Lang*, S. 768. Hingewiesen wird darüber hinaus auf „Steuerminderungen" durch die bloß partielle Ermittlung des Gewinns gem. § 13 a EStG und tarifliche Steuervergünstigungen (z.B. §§ 32 c, 34, 34 b, 34 e, 34 f EStG).

[245] Vgl. *Tipke/Lang*, S. 766 f.; *Stobbe*, S. 29; *Herrmann*, BuW 1992, S. 209; *Flämig*, DB 1968, S. 2047.

[246] *Wöhe*, StKongrRep 1973, S. 307; ders., StKongrRep 1967, S. 217; ders. (1992), S. 84, spricht daher kritisch von einer „Steuerverschiebungsbilanz", weil der so ermittelte Gewinn nicht mehr derjenige sei, der in einer Periode tatsächlich erzielt worden ist, sondern ein Betrag, der nach Inanspruchnahme zeitlich begrenzter Sonderbewertungsvorschriften verbleibe.

[247] Daher werden diese Ziele teilweise als „systemfremde" Aufgaben der Steuerbilanz angesehen. Vgl. *Flämig*, DB 1968, S. 2047.

[248] Ihre Rechtfertigung erhalten die Steuervergünstigungen mit Hilfe des verfassungsrechtlich verankerten Sozialstaatsprinzips. Vgl. *Siepe*, S. 631; *Vogt*, S. 43 ff..

[249] Vgl. *Groh*, Gastkomm. DB 1998, Heft 47, S. I; *Bareis*, WPg 1972, S. 502 f.; *Thiel* (1995), S. 99 ff.; ders., StbJb 1997/98, S. 311; *Esser* (1998), S. 89; *Hennrichs*, StuW 1999, S. 152; *Wagner*, StuW 1990, S. 12; ders., DB 1998, S. 2076 f; *Lauth*, DStR 2000, S. 1372; *Strobl-*

I. Beurteilung aus verfassungsrechtlicher Sicht

Aus verfassungsrechtlicher Sicht wird zunächst ein Verstoß gegen den **Gleichheitssatz gem. Art. 3 Abs. 1 GG** gerügt[250], weil der Grundsatz der direkten Maßgeblichkeit zu einer Privilegierung der betrieblichen gegenüber den nicht betrieblichen Einkünften führen könne[251]. Zwischen der Gewinnermittlung von betrieblichen Einkünften durch Betriebsvermögensvergleich und der Einkünfteermittlung in anderen Fällen bestehen jedoch schon keine vergleichbaren Sachverhalte[252]. Vor allem aber resultiert die angeführte Kritik nicht aus § 5 Abs. 1 EStG, sondern ausschließlich aus der durch § 4 Abs. 1 EStG vorgegebenen Gewinnermittlungsart[253]. Eine Verletzung des Gleichheitssatzes durch die direkte Maßgeblichkeit ist daher im Ergebnis nicht zu erkennen[254].

Ferner wird in der Literatur[255] die Ansicht vertreten, die direkte Maßgeblichkeit sei mit dem steuerrechtlichen **Leistungsfähigkeitsprinzip**[256] unvereinbar[257].

Haarmann, S. 627; Schmidt/*Weber-Grellet*, § 5 Rn. 27; *Weber-Grellet*, DB 1994, S. 2110; ders., BB 1994, S. 33; ders., DB 1997, S. 391; ders., DB 1998, S. 2438; ders., StuW, 1999, S. 315; ders., BB 1999, S. 2666; *BMWF*, Abschnitt V, Rn. 17, 19; *IDW*, FN. 1998, S. 608; *Lauth*, DStR 2000, S. 1370; *Schruff*, BFuP 1993, S. 409; *Loitz/Klein*, BuW 2001, S. 48; *Wöhe*, DStR 1971, S. 392 f.; *Selchert*, S. 924; *Rädler*, DStJG 1994, S. 290; so wohl auch *Herzig*, WPg 2000, S. 117; *Kempermann* in K/S, § 5 B 162 i.V.m. 164; *Haller*, RIW 1992, S. 48; *Lischer/Märkl*, WPK-Mitt. Sonderheft Juni 1997, S. 118; für eine Einschränkung *Wassermeyer*, DStJG 1991, S. 46.

250 Vgl. *Weber-Grellet*, DB 1994, S. 289; ders., BB 1994, S. 33; *Wagner*, StuW 1990, S. 12; *Schildbach*, BB 1989, S. 1450; *Schneider*, DB 2000, S. 1245; *Kort*, FR 2001, S. 60; zweifelnd *Bareis*, WPg 1972, S. 502; *Robisch/Treisch*, WPg 1997, S. 166; *Bippus*, DStZ 1998, S. 649; *Grotherr/Jorewitz*, S. 148.

251 So seien etwa Arbeitnehmer oder Vermieter nicht in der Lage, drohende Ausgaben steuerwirksam berücksichtigen zu können. Dadurch könnten Zins- und Progressionsnachteile entstehen, die gegen die Gleichmäßigkeit der Besteuerung verstießen. Vgl. etwa *Weber-Grellet*, DB 1994, S. 289; *Ballwieser*, BFuP 1990, S. 489. Diese Betrachtung ist jedoch einseitig, weil übersehen wird, dass der bilanzierende Steuerpflichtige auch Forderungen und realisierte Vermögenswertsteigerungen versteuern muss. Vgl. *Söffing* (1995), S. 664.

252 Vgl. *Söffing* (1995), S. 664.

253 Bedenklich sei zudem, dass die formelle Maßgeblichkeit bilanzpolitische Spielräume in unterschiedlichem Ausmaße beschränke, so dass nicht jeder Steuerpflichtige in gleicher Weise betroffen sei. Vgl. *Ballwieser*, BFuP 1990, S. 489; *Schildbach*, BB 1989, S. 1450; ders., BFuP 1989, S. 132 f.; *Merkert/Koths*, BB 1985, S. 1767. Diese Kritik bezieht sich auf steuerrechtliche Wahlrechte, die explizit auch im Handelsrecht vorgesehen sind (korrespondierende Wahlrechte). Da es sich hierbei jedoch um Fälle der umgekehrte Maßgeblichkeit i.w.S. handelt, erfolgt eine Auseinandersetzung zu diesem Thema an entsprechender Stelle.

254 Vgl. *Söffing* (1995), S. 663 f.; *Schön*, StuW 1995, S. 375 ff.; *Krumnow*, S. 693. Vgl. auch *Groh*, S. 188; *Vogt*, S. 259; *Peter-Jürgen Schmidt*, S. 905 f.; *Vogelgesang*, S. 142.

255 Vgl. *Robisch/Treisch*, WPg 1997, S. 166; *Tipke* (1993), S. 611 ff.; *Siegel*, StuB 1999, S. 196; *Bippus*, DStZ 1998, S. 649; *Kort*, FR 2001, S. 56. Vgl. auch *Groh*, S. 188; *Söffing* (1995), S.

Das Prinzip der Leistungsfähigkeit sei ein „sinnstiftendes Fundamentalprinzip“, an dem sich auch die Bilanzierungsgrundsätze messen lassen müssten. Der Maßgeblichkeitsgrundsatz habe als eher „technisches Prinzip“ demgegenüber nicht die gleiche Wertigkeit[258]. Daher müssten sich auch die Grundsätze des Bilanzrechts an den steuerrechtlichen Grundsätzen messen lassen und seien nicht aufgrund ihrer Tradition ein für allemal „sakrosankt“[259]. Dem Steuerrecht komme es nach der Rechtsprechung des Bundesfinanzhofes (BFH)[260] auf die Erfassung des „vollen Gewinns“ an. Dieser könne indes nicht durch das Maßgeblichkeitsprinzip ermittelt werden[261].

Mit großen Teilen der Literatur[262] ist jedoch davon auszugehen, dass der Maßgeblichkeitsgrundsatz die steuerrechtliche Leistungsfähigkeit zutreffend bemisst. Zunächst ist der pauschale Hinweis auf die Leistungsfähigkeit schon deshalb skeptisch zu betrachten, weil es ebenso viele Inhalte der Leistungsfähigkeit gibt,

665 f.; *Peter-Jürgen Schmidt*, S. 905 f.; *Vogelgesang*, S. 142; *Lauth*, DStR 2000, S. 1367; *Grotherr/Jorewitz*, S. 148 f..

256 Zur Leistungsfähigkeit vgl. BVerfGE 61, 319 (343 f.); 82, 60 (86); *Tipke* (2000), S. 500 f.; *Tipke/Lang*, § 4 Rn. 81; *Crezelius*, DB 1994, S. 691; *Hennrichs*, DStJG 2001, S. 308 f.. Vgl. auch *Söffing* (1995), S. 665; *Pezzer*, DStJG 1991, S. 5 f.; *Blümich/Schreiber*, § 5 EStG Rn. 31 f.. Zur Aufgabe der Steuerbilanz als Instrument der „periodengerechten Gewinnermittlung“ vgl. *Federmann*, S. 52; *Thiel* (1990), Rn. 199. Vgl. hierzu auch BFH vom 29.1.1965 - VI 267/63 U, BStBl. III 1965, S. 181 f.; BFH vom 28.9.1967 - VI 140/65, BStBl. III 1967, S. 762 f.; *Stobbe*, S. 28; *Söffing* (1995), S. 657; *Weber-Grellet*, DB 1994, S. 289; ders., DB 2000, S. 166; *Wöhe* (1992), S. 83; *Hennrichs*, StuW 1999, S. 145.

257 An dieser Stelle werden vielfach auch die (teilweise) unterschiedlichen Funktionen der handels- und der ertragsteuerrechtlichen Gewinnermittlung angeführt. Vgl. *Kort*, FR 2001, S. 56 f.; Schmidt/*Weber-Grellet*, § 5 Rn. 27; *Weber-Grellet*, DB 1994, S. 288 ff.; ders. (1993), S. 169 ff.; *Bareis*, WPg 1972, S. 498 ff.; *Pezzer*, DStJG 1991, S. 17 ff.; *Siegel*, StuB, 1999, S. 195 f.; *Wöhe* (1992), S. 82; *Marettek*, StuW 1971, S. 344 ff.; *Saelzle*, AG 1977, S. 188; *Glade*, BFuP 1989, S. 161; *Wassermeyer*, DStJG 1991, S. 45; *Beisse*, Jahrbuch für Betriebswirte 1984, S. 246. Aufgrund der grundsätzlichen Bedeutung ist dieser Problematik ein eigener Abschnitt gewidmet. Vgl. Kapitel 2 D. III. 5..

258 Vgl. *Pezzer*, DStJG 1991, S. 7, 18; vgl. auch *Weber-Grellet*, DB 1994, S. 289.

259 Zur Darstellung des Streitstandes vgl. *Crezelius*, DB 1994, S. 691; *Söffing* (1995), S. 665.

260 Vgl. BFH vom 3.2.1969 – GrS 2/68, BStBl. 1969 II, S. 291 ff.. Vgl. auch *Weber-Grellet*, DB 1994, S. 289; ders., DB 2000, S. 167.

261 Vgl. *Hölscher*, StuB 2000, S. 412; *Lauth*, DStR 2000, S. 1367 f.. Vgl. auch *Kort*, FR 2001, S. 56.

262 Vgl. *Maaßen*, FR 1972, S. 149; *Gail*, WPg 1972, S. 494 f.; *Döllerer* (1983), S. 169 ff.; *Euler*, StuW 1998, S. 19; *Vogt*, S. 47 ff., 258; *Biener*, DStZ 1997, S. 345; *Mellwig*, BFuP 1989, S. 161 ff.; *IDW*, FN 1998, S. 607; *Tipke* (1993), S. 613; Kirchhof/*Crezelius*, § 5 Rn. 9; *Crezelius*, DB 1994, S. 691; *Crezelius* (1994), § 8 Rn. 1; *Gassner*, S. 728 f.. Ähnlich *Robisch*, DStR 1993, S. 999; *Schön*, StuW 1995, S. 375. Weiter kann argumentiert werden, dass das Maßgeblichkeitsprinzip die Konsequenz einer historischen Entwicklung sei. Die Steuertarife seien an den in diesem Sinne ermittelten Gewinn angepasst. So etwa *Bippus*, DStZ 1998, S. 649.

wie Leitbilder, von denen das Prinzip seinen Sinn empfängt. Dem Begriff der Leistungsfähigkeit kommt daher keine normative Wirkung in der Weise zu, dass er in der Lage ist, eine Verteilungsgerechtigkeit zu erzeugen[263]. Nur der Gesetzgeber kann das Postulat tatbestandsmäßig konkretisieren. Nach der Wertentscheidung des Steuergesetzgebers ist die Handelsbilanz jedoch prinzipiell auch geeignet[264], das für die Steuerzahlung disponible Einkommen festzulegen[265]. Schließlich übernimmt § 5 Abs. 1 Satz 1 EStG nicht unbesehen das Ergebnis der Handelsbilanz, sondern legt es nur als Ausgangsbasis für die Besteuerung zugrunde[266].

Darüber hinaus wird vereinzelt[267] ein Verstoß gegen den Grundsatz der **Tatbestandsmäßigkeit der Besteuerung** angeführt[268]. Die Gesetzmäßigkeit der Besteuerung[269] verlange für die Festsetzung einer Steuer, dass ein gesetzlicher Tatbestand erfüllt sei, an den das Gesetz als Rechtsfolge eine Steuer knüpfe[270]. Infolgedessen hätten Generalnormen im Steuerrecht nichts zu suchen. Daher bestünden Zweifel, ob die Verweisung auf die handelsrechtlichen GoB dem Lega-

[263] Vgl. *Crezelius*, DB 1994, S. 691; *Söffing* (1995), S. 666; *Gassner*, S. 729; *Hennrichs*, DStJG 2001, S. 308 f..

[264] Vgl. *Söffing* (1995), S. 666; Kirchhof/*Crezelius*, § 5 Rn. 9.

[265] Die Handelsbilanz weist aufgrund ihrer Ausschüttungsbemessungsfunktion ein Ergebnis aus, welches den Betrag aufzeigt, der dem Unternehmen überhaupt entzogen kann, ohne dessen Substanz und seine weitere Entwicklung zu gefährden. Es ist sachgerecht, dass sich der Fiskus nicht besser stellt als der Inhaber oder Anteilseigner des Unternehmens. Vgl. *Knobbe-Keuk* (1993), S. 27; Kirchhof/*Crezelius*, § 5 Rn. 9; *Moxter* BB 1997, S. 195; *Stobbe*, FR 1997, S. 361.

[266] Vgl. Kirchhof/*Crezelius*, § 5 Rn. 10.

[267] Vgl. *Weber-Grellet*, DB 1997, S. 389; ders., DB 1994, S. 289; ders., BB 1994, S. 33; ähnlich *Kort*, FR 2001, S. 59. Vgl. auch *Söffing* (1995), S. 661; *Hoffmann* in L/B/H, §§ 4, 5, Rn. 345; *Bareis*, WPg 1972, S. 496 f.; *Lauth*, DStR 2000, S. 1367.

[268] *Weber-Grellet*, DB 1997, S. 389; ders., DB 1994, S. 289, weist darauf hin, dass subjektive Würdigungen des Kaufmannes als Besteuerungsgrundlage unzulässig seien und durch objektive Kriterien ersetzt werden müssten. Die verfassungsrechtlichen Probleme ausschließlich handelsrechtlicher Wahlrechte sind seit dem Beschluss des Großen Senats vom 3.2.1969 – GrS 2/68, BStBl II 1969, S. 291 ff., im wesentlichen überwunden. Seither gehen die Rechtsprechung und die wohl h.L. davon aus, dass Bilanzierungswahlrechte in der Steuerbilanz nur dann in Anspruch genommen werden können, wenn steuerrechtliche Vorschriften ebenfalls ein Wahlrecht vorsehen. Zum Streitstand vgl. insbesondere *Kempermann* in K/S, § 5 B 115; Schmidt/*Weber-Grellet*, § 5 Rn. 31. Zur „Entscheidungsneutralität" der Gewinnbesteuerung vgl. *Ballwieser*, BFuP 1990, S. 489; *Wagner*, StuW 1990, S. 11 ff..

[269] Das Legalitätsprinzip wird aus Art. 2 Abs. 1, 20 Abs. 3 und ergänzend aus Art. 14 Abs. 1 Satz 2, Abs. 3 Satz 2 GG hergeleitet. Daneben kommt er auch im einfachen Gesetz, wie z.B. § 3 Abs. 1 AO und § 38 AO zum Ausdruck. Vgl. dazu *Tipke/Lang*, § 4 Rn. 152 ff.; *Tipke* (2000), S. 126 f.; *Papier*, DStJG 1989, S. 63 f..

[270] Vgl. *Tipke/Lang*, § 4 Rn. 151; *Tipke* (2000), S. 120.

litätsanspruch des steuerrechtlichen Eingriffs gerecht werde[271]. Hinzu komme, dass der Inhalt des Begriffs der GoB und daher das Verweisungsziel umstritten sei[272].

Dem ist entgegenzuhalten, dass das Steuerrecht an diversen Stellen auf unbestimmte Rechtsbegriffe zurückgreift, die ausschließlich von der Rechtsprechung ausgefüllt werden[273]. Auch die Steuergesetzgebung kommt ohne die Verwendung unbestimmter Rechtsbegriffe nicht aus[274]. Eine Verfassungswidrigkeit unbestimmter Rechtsbegriffe ist nur dann anzunehmen, wenn unter den gegebenen Umständen die Verwendung des Begriffs evident sachwidrig ist oder wenn es nicht mehr möglich ist, aus der Zielsetzung des Gesetzes, dem sachlichen Zusammenhang der Vorschriften oder ihrer Entstehungsgeschichte objektive Kriterien zu gewinnen, die eine willkürliche Handhabung durch die Behörden und Gerichte ausschließen[275]. Wenngleich in Einzelheiten noch Meinungsstreitigkeiten über den Inhalt der Verweisung des § 5 Abs. 1 Satz 1 EStG bestehen, so sind die GoB mittlerweile überwiegend im HGB kodifiziert. Auch die Praxis ist mit dem gesetzlichen Verweis auf die GoB recht gut fertig geworden[276]. Von einer willkürlichen Regelung kann daher keine Rede sein[277].

II. Beurteilung aus handelsrechtlicher Sicht

In der Literatur[278] wird kritisiert, dass Auseinandersetzungen über handelsrechtliche Buchführungs- und Bilanzierungsregeln meist vor den Steuergerichten ausgetragen würden und Entscheidungen der Zivilgerichte eher selten seien. Fragen der handelsrechtlichen Bilanzierung würden so zumeist von den an sich

[271] In der Praxis sei es letztlich der Richter, der für die Besteuerung den Inhalt der im Einzelfall maßgeblichen GoB bestimme. Da sowohl der Rechtscharakter und der Inhalt dieser Grundsätze als auch das Verfahren ihrer Feststellung undefiniert seien, könne die Judikative den Obersatz für die Entscheidung nicht aus gesetzlichem Recht herleiten. Vgl. *Weber-Grellet*, DB 1997, S. 389; ders., DB 1994, S. 289; *Kort*, FR 2001, S. 59. Vgl. auch *Söffing* (1995), S. 661.

[272] Vgl. *Weber-Grellet*, DB 1994, S. 288; *BMWF*, Abschnitt V, Rn. 5 f..

[273] Vgl. die Beispiele bei *Söffing* (1995), S. 662; *Papier*, DStJG 1989, S. 68.

[274] Vgl. BVerfGE 3, S. 225 (243); *Papier*, DStJG 1989, S. 67; *Tipke/Lang*, § 4 Rn. 169.

[275] Vgl. BVerfGE 21, S. 73 ff. (80); *Papier*, DStJG 1989, S. 68; ähnlich *Tipke/Lang*, § 4 Rn. 169. Für die verfassungsrechtliche Beurteilung spielt es dabei auch eine Rolle, ob der unbestimmte Rechtsbegriff durch eine explizite oder implizite Verweisung auf Regelungen, Standards oder Wertungen in andere Rechtsmaterien hinreichende Aussagekraft erfährt oder ob er einer solchen Konkretisierung und Maßstabsbildung von außen völlig unzugänglich ist. Vgl. *Papier*, DStJG 1989, S. 68 f. mit Verweis auf BVerwG, Urteil vom 02.07.1969 IV c 68.67.

[276] Vgl. *Söffing* (1995), S. 663; *Knobbe-Keuk* (1993), S. 42 f..

[277] Ebenso *Schön*, StuW 1995, S. 375; *Söffing* (1995), S. 662 f.; *Knobbe-Keuk* (1993), S. 42 f..

[278] Vgl. *Maaßen*, FR 1972, S. 146; *Sauer*, AG 1978, S. 343 f.; *Hölscher*, StuB 2000, S. 413; *Selchert*, S. 920; *Lischer/Märkl*, WPK-Mitt., Sonderheft Juni 1997, S. 106, 111, 113 f.. Vgl. auch *Scheffler*, DStR 1999, S. 1286; *Eberhartinger*, S. 229 f..

funktionell unzuständigen Steuergerichten entschieden. Dem ist entgegenzuhalten, dass erst aufgrund der Koppelung mit dem Steuerrecht eine Bilanzrechtsprechung vorhanden ist, die viel zur Ausbildung eines Systems des Bilanzrechts und damit zur Rechtssicherheit beitragen konnte[279]. Bei einem Wegfall der direkten Maßgeblichkeit würde das Handelsbilanzrecht verarmen, weil es vom BFH nicht mehr fortentwickelt werden könnte[280]. Die entstehende Lücke könnte voraussichtlich auch nicht vom BGH geschlossen werden, weil ihm die Gelegenheit zu entsprechenden Entscheidungen fehlen wird[281].

III. Beurteilung aus steuerrechtlicher Sicht

1. Sichere Gewinnermittlungsgrundlage

Nach der Konzeption des Gesetzgebers sollte der Maßgeblichkeitsgrundsatz der Finanzbehörde eine „relativ sichere Grundlage" für die Ermittlung des steuerrechtlichen Gewinns zur Verfügung zu stellen. Da bei der ordnungsgemäßen Aufstellung von Inventur, Bilanzen und GuV-Rechnung jeder einzelne Geschäftsvorfall gebucht werde, sei hier die Kontrolle am ehesten gegeben[282]. Die Übernahme handelsrechtlicher Buchführungs- und Bilanzierungsvorschriften mag zum damaligen Zeitpunkt durchaus sinnvoll gewesen sein[283], weil bei der Entstehung des Prinzips steuerrechtliche Regelungen und Rechtsfortbildungsmöglichkeiten durch die Rechtsprechung fehlten. Aus heutiger Sicht lässt sich das Argument aufgrund der Perfektionierung des Steuerrechts allerdings nicht mehr halten[284]. Auch das Argument der Inanspruchnahme kaufmännischer Sach-

---

[279] Vgl. *Beisse* (1994), S. 22.

[280] Vgl. *Crezelius*, DB 1994, S. 690; *Söffing* (1995), S. 660.

[281] Vgl. *Söffing* (1995), S. 660.

[282] *Plewka/Schmidt* in Lademann, EStG, § 5 Rn. 44; *Weber-Grellet*, DB 1994, S. 288; ders., BB 1999, S. 2959; *Alsheimer*, ZfB 1974, S. 846; *Euler*, StuW 1998, S. 15; *Mössner*, Stbg 1998, S. 146; *Oestreicher/Spengel*, DB 1999, S. 593; *Thiel* (1990), Rn. 215; *Crezelius*, DB 1994, S. 690; *Maaßen*, FR 1972, S. 145; *Raupach*, BFuP 1990, S. 515. Krit. *Lischer/Märkl*, WPK-Mitt., Sonderheft Juni 1997, S. 104.

[283] Die gilt vor allem vor dem Hintergrund geringer Steuersätze, denn die Steuerprogression lag zur Zeit der Kodifizierung des Maßgeblichkeitsgrundsatzes zwischen 0,67 und 4 Prozent. Vgl. *Weber-Grellet* (1996), S. 66; ders., DB 1994, S. 288; ders., DB 1997, S. 385, Fn. 7; *Dziadkowski*, StuW 1979, S. 234 f.; *Schneider*, StuW 1971, S. 331; *Tipke/Lang*, § 9 Rn. 309; *Hennrichs*, StuW 1999, S. 144; *Kort*, FR 2001, S. 55.

[284] Vgl. *Dziadkowski*, StuW 1979, S. 234 f.. Der gesetzgeberischen Begründung wird vereinzelt weiter entgegengehalten, dass diese Überlegungen auch dann zutreffend wären, wenn der steuerrechtliche Gewinnermittlung eine eigenständige Steuerbilanz zugrunde zu legen wäre. Denn die Kontrolle der ordnungsgemäßen Bilanzierung und Verbuchung der einzelnen Geschäftsvorfälle erfolgt heute fast ausschließlich durch die Betriebsprüfung. Vgl. *Söffing* (1995), S. 654 f..

kompetenz kann heute nicht mehr überzeugen, weil die Finanzbeamten mittlerweile über ausreichende Kenntnisse in der Bilanzierung verfügen[285].

2. Schutzfunktion gegenüber Fiskus und Steuerpflichtigem

In der Literatur wird zudem eine Schutzfunktion gegenüber Fiskus und Steuerpflichtigen diskutiert: § 5 Abs. 1 Satz 1 EStG sichere aus der Sicht des Fiskus zunächst die Objektivität der handelsrechtlichen Gewinnermittlung für die Ermittlung des steuerrechtlichen Gewinns[286]. Denn die handelsrechtlichen Bilanzierungsvorschriften seien weitgehend frei von subjektiven Vorstellungen wie z.B. sozialpolitischen, ideologischen, regionalpolitischen, haushaltspolitischen oder ähnlichen Erwägungen[287]. Der Fiskus werde durch die Einheitsbilanz gegen eine einseitige Kürzung der Steuerbemessungsgrundlage abgesichert, weil damit zugleich eine Kürzung des ausschüttungsfähigen Gewinns verbunden wäre[288]. In umgekehrter Richtung garantiere die Einheitsbilanz dem Steuerpflichtigen, dass der Fiskus nicht mehr Teilhabe verlangen könne als einen vorab festgelegten Anteil am handelsbilanziell ausgewiesenen Erfolg[289].

Jedenfalls aus der Sicht des Steuerpflichtigen ist das Argument der Schutzfunktion nicht überzeugend: Der Fiskus ist – wie die Maßnahmen des Steuerentlastungsgesetzes 1999/2000/2002[290] veranschaulichen[291] – mehr als nur ein „stiller Teilhaber". Ein wirksamer Schutz vor fiskalischen Zugriffen kann auch durch

---

[285] Vgl. *Groh* (1998), S. 180 f.). Zur Zeit der Kodifizierung der direkten Maßgeblichkeit waren die Finanzbeamten zwar in der Lage, eine Einnahmen-Ausgaben-Rechnung nachzuvollziehen, in Fragen der Gewinnermittlung durch eine Bilanz sollen sie jedoch auf die Kenntnisse der Kaufmannschaft und ihrer Gehilfen angewiesen gewesen sein.

[286] Vgl. *Mathiak* in K/S, § 5 A 115; *Söffing* (1995), S. 639 f.; *Selchert*, S. 919; ähnlich *Lischer/Märkl*, WPK-Mitt., Sonderheft Juni 1997, S. 113. Vgl. auch *Bippus*, DStZ 1998, S. 649.

[287] Vgl. *Söffing* (1995), S. 655. Für die identische Zielsetzung des preußischen Einkommensteuergesetzes von 1891 vgl. *Merkert/Koths*, DStR 1987, S. 510.

[288] Vgl. *Plewka/Schmidt* in Lademann, EStG, § 5 Rn. 135; *Beisse*, Jahrbuch für Betriebswirte 1984, S. 247; *Robisch*, DStR 1993, S. 999; *Stobbe*, StuW 1991, S. 26; *Lischer/Märkl*, WPK-Mitt., Sonderheft Juni 1997, S. 113; *Eberhartinger*, S. 226 f..

[289] Vgl. *Robisch*, DStR 1993, S. 999; *Plewka/Schmidt* in Lademann, EStG, § 5 Rn. 135; *Haller*, RIW 1992, S. 46; *Stobbe*, StuW 1991, S. 26; *Kußmaul/Klein*, DStR 2001, S. 550; *Lischer/Märkl*, WPK-Mitt., Sonderheft Juni 1997, S. 113; *Bippus*, DStZ 1998, S. 649; *IDW*, FN 1998, S. 607.Vgl. auch *Knepper*, DStR 1987, S. 689. *Lischer/Märkl*, WPK-Mitt. Sonderheft Juni 1997, S. 115, führen an, dass das Maßgeblichkeitsprinzip die Interessen von Anteilseignern eines Unternehmens im Gesetzgebungsverfahren schützt. Der Fiskus verträte bei der handelsrechtlichen Gesetzgebung die größtenteils übereinstimmenden Interessen der Anteilseigner, weil die Handelsbilanz Grundlage der Gewinnermittlung sei.

[290] BGBl. I 1999, S. 402 ff; BT-Drucks. 14/23 vom 9.11.1998

[291] Vgl. *Lauth*, DStR 2000, S. 1369; *Herzig*, WPg 2000, S. 113. Vgl. auch *Drüen*, FR 2001, S. 998.

den Maßgeblichkeitsgrundsatz nicht gewährleistet werden[292]. Zudem bieten nicht das Handelsrecht und der Maßgeblichkeitsgrundsatz, sondern das Verfassungsrecht Schutz vor einer übermäßigen Besteuerung durch den Fiskus[293]. Die Gesetzeshistorie veranschaulicht schließlich auch, dass die Maßgeblichkeit des Handelsrechts nicht geeignet ist, eine hektische Steuergesetzgebung zu verhindern und damit zur Stabilität des Steuerbilanzrechts beizutragen[294].

3. Vereinfachung der Rechtsanwendung

Als Argument für den Maßgeblichkeitsgrundsatz wird von Teilen der Literatur[295] vorgebracht, dass er die Rechtsanwendung vereinfache. Diese Simplifizierung ergäbe sich zum einen aus dem fehlenden Erfordernis, neben den handelsrechtlichen originäre steuerrechtliche Bilanzierungsvorschriften aufzustellen. Zum anderen bestünde die Gefahr, dass ohne die Maßgeblichkeit auch übereinstimmende handels- und steuerrechtliche Bilanzierungsvorschriften unterschiedlich ausgelegt würden[296]. Dem wird insbesondere von *Wassermeyer*[297] und *Schildbach*[298] entgegengehalten, dass mit dem Maßgeblichkeitsprinzip eine Komplizierung und Unübersichtlichkeit des Handels- und Steuerrechts verbunden sei. *Schildbach* argumentiert weiter, dass von einer Vereinfachung auch deshalb keine Rede sein könne, weil sich sowohl die gesetzlichen Regelungen als auch deren theoretische Grundlagen und Kommentierungen trotz des Grundsatzes weitgehend unabhängig voneinander entwickelt hätten. Zwar ist es nicht unwahrscheinlich, dass es noch wesentlich mehr steuer- und handelsrechtliche Vorschriften und Kommentierungen geben würde, wenn der Maßgeblichkeitsgrundsatz nicht bestünde[299]. Nichtsdestotrotz verliert das Argument der Verein-

---

[292] Vgl. *Herzig*, WPg 2000, S. 113; *Schneider*, DB 2000, S. 1244 f.; *Euler*, StuW 1998, S. 15; *Lauth*, DStR 2000, S. 1369; *Mössner*, Stbg 1998, S. 147; *Küffner/Hock*, BFuP 1998, S. 67; *Streim*, BFuP 1990, S. 534; *Eberhartinger*, S. 224 ff.; *Havermann*, WPg 1988, S. 614; *Schmidt*, WPg 1991, S. 609; ähnlich *Merkert*, DStZ 1988, S. 146, Fn. 17; *Wassermeyer*, DStJG 1991, S. 45; *Crezelius*, DB 1994, S. 690.

[293] Vgl. *Weber-Grellet*, DB 1997, S. 389; *Lauth*, DStR 2000, S. 1369; *Ballwieser*, BFuP 1989, S. 493; *Schildbach*, BB 1989, S. 1450 ff.; a.A. *Söffing* (1995), S. 656.

[294] Vgl. *Lauth*, DStR 2000, S. 1369; *Schneider*, DB 2000, S. 1244 f.; *Herzig*, WPg 2000, S. 113; *Euler*, StuW 1998, S. 15.

[295] Vgl. *Oestreicher/Spengel*, DB 1999, S. 593; *Söffing* (1995), S. 666 f.; *Eberhartinger*, S. 227; *Biener*, StbHb 1995/96, S. 33.

[296] Vgl. hierzu *Söffing* (1995), S. 666 f..

[297] Vgl. *Wassermeyer*, DStJG 1991, S. 45; a.A. *Söffing* (1995), S. 653 f..

[298] Vgl. *Schildbach*, BB 1989, S. 1444: Seit der Einführung des Grundsatzes habe die Dichte gesetzlicher Regelungen und ihrer Kommentierungen zugenommen. § 5 Abs. 1 EStG sei eine äußerst komplexe Regelung, wie sich in der Vielfalt der theoretischen Überlegungen seiner Einordnung, Begründung und Interpretation zeige. A.A. *Söffing* (1995), S. 653 f..

[299] Ähnlich *Söffing* (1995), S. 654.

fachung der Rechtsanwendung derzeit an Bedeutung, weil im Steuerrecht ein Zuwachs eigenständiger Bilanzierungsvorschriften zu beobachten ist. Die Vorteile eines einheitlichen Rechungslegungssystems werden insoweit eingeschränkt.

4. Vereinfachung der Rechnungslegung

Ursprünglich sollte die Verwendung der handelsrechtlichen Rechnungslegung für die Besteuerung in erster Linie der Vereinfachung dienen[300]. Der Gesetzgeber wollte – vor allem aus Kostengründen[301] – die Installation eines zweiten Gewinnermittlungssystems vermeiden[302]. Nach einer Literaturmeinung ebnet der Maßgeblichkeitsgrundsatz ca. 90 % der Unternehmen in Deutschland die Möglichkeit, eine Einheitsbilanz zu erstellen[303].

Dieses Argument wird jedoch in der Literatur aus zweierlei Gründen kritisch betrachtet[304]. Zum einen stelle eine zweifache Buchführung für Handels- und Steuerrecht im Zeitalter der EDV technisch grundsätzlich kein Problem mehr dar[305]. Aus diesem Grunde müsse angezweifelt werden, dass eine Trennung von Handels- und Steuerbilanz höhere Kosten verursache[306]. Zum anderen verliere die These immer mehr an Überzeugungskraft, weil das Maßgeblichkeitsprinzip

[300] Vgl. BT-Drucks. 7/1470, S. 223; *Tipke/Lang*, § 9 Rn. 309; *Thiel* (1990), Rn. 215; *Euler*, StuW 1998, S. 15; *Bippus*, DStZ 1998, S. 649; *Glade*, BFuP 1989, S. 160; *Mellwig*, BFuP 1989, S. 161; *Sielaff*, BFuP 1989, S. 164; *Lischer/Märkl*, WPK-Mitt., Sonderheft Juni 1997, S. 104; *Kort*, FR 2001, S. 56; *Hauser/Meurer*, WPg 1998, S. 269; *Küffner/Hock*, BFuP 1998, S. 65; *Eberhartinger*, S. 227 f.; *Robisch*, DStR 1993, S. 999; *Weber-Grellet*, BB 1999, S. 2659; ders., FAZ Nr. 117 vom 20.5.2000; *Maaßen*, FR 1972, S. 146.

[301] Vgl. *Bippus*, DStZ 1998, S. 649.

[302] Vgl. hierzu BT-Drucks. 7/1470, S. 223; *Söffing* (1995), S. 640; Blümich/*Schreiber*, § 5 EStG Rn. 9; *Mathiak* in K/S, § 5 A 146; *Alsheimer*, ZfB 1974, S. 846; *Mössner*, Stbg 1998, S. 146; *Oestreicher/Spengel*, DB 1999, S. 593; *Lischer/Märkl*, WPK-Mitt., Sonderheft Juni 1997, S. 113.

[303] Vgl. *Krieger*, S. 338; *Haller*, RIW 1992, S. 46; *Döllerer* (1983), S. 159 f.; *Küting/Haeger*, DStR 1988, S. 166; *Kort*, FR 2001, S. 55; *Vogt*, S. 322. A.A. *Dziadkowski*, DStZ 2001, S. 15; *Hennrichs*, DStJG 2001, S. 305; *Schulze-Osterloh*, ZGR 2000, S. 600.

[304] Vgl. *Saelzle*, AG 1977, S. 188; *Schneider*, StuW 1971, S. 332; ders., DB 2000, S. 1245; *Theile*, GmbHR 1999, S. 1183; *Weber-Grellet*, DB 1994, S. 289; ders., DB 1994, S. 2410; ders., BB 1994, S. 33; ders., BB 1999, S. 2659, 2661; *v. Garnier*, StuB 1999, S. 988; *Schildbach*, BB 1989, S. 1452; *Vogt*, S. 258; *Hennrichs*, StuW 1999, S. 144; ders., DStJG 2001, S. 305; *Selchert*, S. 921; *Havermann*, WPg 2000, S. 123; *Stobbe*, FR 1997, S. 364. A.A. *Söffing* (1995), S. 666 f..

[305] Vgl. *Hennrichs*, StuW 1999, S. 144; *Weber-Grellet*, DStR 1998, S. 1349. Vgl. auch *Lauth*, DStR 2000, S. 1368; *Kühnberger/Schmidt*, BB 1999, S. 2603.

[306] Vgl. *Lischer/Märkl*, WPK-Mitt., Sonderheft Juni 1997, S. 113; *Meincke*, StuW 1990, S. 18; *Mellwig*, BFuP 1989, S. 173; *Selchert*, S. 929.

vielfach durchbrochen werde[307]. Das Steuerrecht enthalte bereits so viele Sondervorschriften[308], dass der Grundsatz in weiten Teilen ausgehöhlt sei[309]. Eine Einheitsbilanz lasse sich so kaum noch halten. Ein Unternehmer, der eine Handelsbilanz streng nach den handelsrechtlichen Vorschriften fertigt, müsse zur Darstellung der Abweichungen nach § 60 Abs. 2 Satz 1 EStDV im Grunde genommen eine gesonderte Steuerbilanz aufstellen[310].

Stellungnahme

Wenngleich die technischen Möglichkeiten zur Aufstellung von zwei Zahlenwerken gegeben sein mögen, kann das zunächst vorgetragene Kostenargument nicht vollständig überzeugen. Im Falle der getrennten Erstellung ist trotz EDV mit einem ungleich größeren Aufwand zu rechnen. Denn die Erstellung einer

---

[307] Vgl. *Kort*, FR 2001, S. 56; *Marettek*, StuW 1971, S. 346; *Saelzle*, AG 1977, S. 188; *Weber-Grellet*, DB 1997, S. 385; ders. (1996), S. 69; ders., BB 1999, S. 2659; *v. Garnier*, StuB 1999, S. 988; *Tipke/Lang*, § 9 Rn. 310; *Kemper/Beyschlag*, DStR 1999, S. 737; *Lauth*, DStR 2000, S. 1365; *Thiel*, StbJb 1997/98, S. 313; *Wassermeyer*, DStJG 1991, S. 45; *Schildbach*, BB 1989, S. 1452; *Hennrichs*, StuW 1999, S. 144; *Scheffler*, DStR 1999, S. 1286; *Hoffmann*, StuB 2000, S. 1040; *Loitz/Klein*, BuW 2001, S. 48. Die Durchbrechungen sind aber nicht nur durch die Gesetzgebung, sondern auch durch die Rechtsprechung vorgenommen worden. Vgl. *Vogelgesang*, S. 135 ff.; *Kort*, FR 2001, S. 56 f.; *Lauth*, DStR 2000, S.1366; BFH vom 3.2.1969 – GrS 2/68, BStBl. II 1969, S. 291.

[308] Z.B.: § 5 Abs. 2 bis 6 EStG; die Abgrenzung Betriebsvermögen – Privatvermögen; die Zulässigkeit von Betriebsausgaben (§ 5 Abs. 6 i.V.m. § 4 Abs. 4 und 5 EStG). Vgl. dazu insbesondere *Lischer/Märkl*, WPK-Mitt., Sonderheft Juni 1997, S. 111 ff., die kritisch darauf hinweisen, dass das Maßgeblichkeitsprinzip immer dann durchbrochen wird, wenn es sonst zu einer niedrigeren Steuer führte. Zur Rechtsentwicklung der Durchbrechungen: *Vogelgesang*, S. 128 ff..

[309] Ein weiterer Ausbau der ausdrücklichen Steuervorbehalte erfolgte im Zuge des Steuerentlastungsgesetzes 1999/2000/2002. Dabei geht es im wesentlichen um die steuergesetzlichen Sondervorschriften hinsichtlich des Ansatzes und der Bewertung von Rückstellungen (§ 5 Abs. 4 b, § 6 Abs. 1 Nr. 3, 3a EStG n.F.) sowie um Änderungen im Bereich der Teilwertabschreibungen. Vgl. *Hennrichs*, StuW 1999, S. 145; *Theile*, GmbHR 1999, S. 1183; *Weber-Grellet*, DB 2000, S. 168; ders., DB 1998, S. 2438; *Hoffmann*, DStR 1999, S. 45 f.; *Beisse*, BB 1999; S. 2180; *Schruff*, BFuP 1993, S. 409; *Herzig*, S. 128; *Kort*, FR 2001, S. 56 f.; *Kußmaul/Klein*, DStR 2001, S. 546. Vgl. auch *Hallerbach*, DStR 1999, S. 2125, 2129; *Selchert*, S. 926; *Sigloch*, BFuP 2000, S. 162 f.; *Dziadkowski*, DStZ 2001, S. 130; *Lauth*, DStR 2000, S. 1368.

[310] Vgl. *Hennrichs*, StuW 1999, S. 151; ders., DStJG 2001, S. 305; *Lauth*, DStR 2000, S. 1365 f.; *Kußmaul/Klein*, DStR 2001, S. 546; *Hoffmann/Rüsch*, DStR 1999, S. 46; *Strahl*, KÖSDI 1998, 11791; *Theile*, GmbHR 1999, S. 1183; *Küting/Keßler*, DStR 1998, S. 1939; dies., WPg 2000, S. 1008; *Schroller*, S. 362. Teilweise a.A. *Kort*, FR 2001, S. 55. Vgl. auch *Siegel*, StuB 1999, S. 195; *Schruff*, BFuP 1993, S. 409; *Lischer/Märkl*, WPK-Mitt., Sonderheft Juni 1997, S. 110; *Dziadkowski*, DStZ 2001, S. 15.

zweiten Bilanz führt neben einem Anstieg der Personalkosten auch zu höheren Anschaffungskosten für eine entsprechend umfangreichere Software[311].

Beachtlich ist demgegenüber das Argument der Durchbrechung des Maßgeblichkeitsgrundsatzes: Zwar wird man aufgrund des sich wandelnden Verständnisses der Leistungsfähigkeit kaum jemals gänzlich um eine steuerrechtliche Korrektur der Handelsbilanz umhinkommen. Je kleiner allerdings die „Schnittmenge" gemeinsamer Vorschriften wird, desto mehr muss der Sinn und Zweck des § 5 Abs. 1 Satz 1 EStG in Frage gestellt werden. Eine Aufgabe der direkten Maßgeblichkeit ist indes erst dann zwingend, wenn die Durchbrechungen ein Ausmaß annehmen, welches das handelsrechtliche Rechenwerk als Ausgangsbasis sinnlos erscheinen lässt. Mit anderen Worten kann von einer Vereinfachung insbesondere dann keine Rede mehr sein, wenn die Regel zur Ausnahme wird[312].

Obwohl teilweise befürchtet wird, dass sich Handels- und Steuerbilanz weiter auseinander entwickeln[313], ist dieses Stadium bislang nicht erreicht[314]: Dafür spricht vor allem, dass die Anzahl der gesetzlichen Regelungen zur Durchbrechung des Maßgeblichkeitsgrundsatzes und deren praktische Bedeutung im Verhältnis zu den gesamten geschriebenen und ungeschriebenen GoB eher gering ist[315]. Die Anbindung der Steuer- an die Handelsbilanz bedeutet trotz steuerrechtlicher Vorbehalte daher immer noch eine Vereinfachung[316]. Gleichwohl

---

311 Ähnlich *Krieger*, S. 338; *Schildbach*, BFuP 1998, S. 17.

312 Bei der hier vorzunehmenden isolierten Betrachtung der direkten Maßgeblichkeit müssen die im Zusammenhang mit der umgekehrten Maßgeblichkeit stehenden Durchbrechungen der GoB außer Betracht bleiben.

313 Um die erklärte gesetzgeberische Absicht der Verbreiterung der Bemessungsgrundlage und der Senkung der Steuersätze zu ermöglichen, ist ein Fortschreiten der aufgezeigten Entwicklung zu erwarten. Ebenso *Lauth*, DStR 2000, S. 1372; *Weber-Grellet*, BB 2001, S. 40; *Kort*, FR 2001, S. 57. An dieser Stelle sei beispielhaft der Streit um die Einführung neuer Abschreibungstabellen angeführt. Vgl. hierzu FAZ Nr. 277 vom 28.11.2000, S. 17 („Längere Abschreibungsfristen verärgern die Wirtschaft"); Handelsblatt Nr. 3 vom 04.01.2001, S. 6 („AfA-Tabellen bringen Streit mit dem Finanzamt"); *Wagner*, Handelsblatt Nr. 18 vom 25.01.2001, S. 2. Auf der anderen Seite könnte eine stärkere Beachtung des „true and fair view" – Prinzips im Zuge der Internationalisierung der Rechnungslegung zu einer Annäherung des Handelsbilanz- an das Steuerbilanzrecht führen. Vgl. *Kort*, FR 2001, S. 60, 62.

314 Vgl. *Söffing* (1995), S. 651 f.; Blümich/*Schreiber*, § 5 EStG Rn. 30; *Mössner*, Stbg 1998, S. 148 f.; insoweit auch *Schulze-Osterloh*, ZGR 2000, S. 600. A.A. *Weber-Grellet*, DB 1994, S. 288; *Müller*, DStR 2001, S. 1858 ff..

315 Vgl. *Söffing* (1995), S. 651 f.; für den Bereich der Bilanzierungsregeln vgl. *Bauch/Oestreicher*, S. 230.

316 Vgl. Blümich/*Schreiber*, § 5 EStG Rn. 30; *Robisch/Treisch*, WPg 1997, S. 168; *Vogt*, S. 322; wohl auch *Mössner*, Stbg 1998, S. 146. Vgl. auch *Eberhartinger*, S. 227 f. m.w.N.. In vielen Fällen ist die Aufstellung einer gesonderten Steuerbilanz nicht erforderlich, weil die einschlägigen Abweichungen für die Steuererklärung auch außerhalb der Handelsbilanz kor-

sollte der steuerrechtliche Gesetzgeber bei der Kodifizierung steuerrechtlicher Sondervorschriften immer den Maßgeblichkeitsgrundsatz im Auge behalten und Durchbrechungen nur dort anordnen, wo dies aus Gesichtspunkten der Leistungsfähigkeitsbemessung unerlässlich ist.

Wenngleich die Bedeutung des Arguments der Vereinfachung abgenommen hat, lässt sich damit jedoch nicht die Aufgabe des Prinzips begründen.

5. Kompatibilität von Handels- und Steuerbilanz

Es wurde bereits dargestellt, dass sich die Funktionen der Handels- und der Steuerbilanz – jedenfalls teilweise – unterscheiden[317]. Fraglich ist indessen, ob die bestehenden Unterschiede eine Verknüpfung der Rechenwerke ausschließen: Eine bedeutende Meinung im Schrifttum[318] geht davon aus, dass sich die Zielsetzungen beider Bilanzen derart voneinander unterscheiden, dass diese zu teilweise unüberbrückbaren Konflikten bei der Kombination beider Rechenwerke führten[319]. Die Inkompatibilität der Bilanzen resultiere vor allem aus der fehlenden Ausschüttungsbemessungsfunktion der Steuerbilanzbilanz: Die Handelsbilanz sei als „Ausschüttungsbilanz" konzipiert und ermittle den „entziehbaren Gewinn", wohingegen die Steuerbilanz aufgrund des Leistungsfähigkeitsprinzips den „richtigen" oder „vollen Gewinn" zu berechnen versuche[320]. Die Ausschüttungsbemessungsfunktion und die Funktion der Sicherung des Leistungsfähigkeitsprinzips seien disparat[321]. Darüber hinaus könnten das Vorsichtsprinzip und die handelsrechtlichen Wahlrechte nicht mit dem Grundsatz der

rigiert werden können (vgl. § 60 Abs. 2 EStDV). Vgl. *Dziadkowski/Henselmann* in HdR, B 120 Rn. 250.

317 Vgl. oben unter Kapitel 2 C..

318 Vgl. Schmidt/*Weber-Grellet*, § 5 Rn. 27; *Weber-Grellet*, DB 1994, S. 288 ff.; ders., BB 1994, S. 33; ders., StbJb 1994/95, S. 104 f.; ders. (1993), S. 169 ff.; *Bareis*, WPg 1972, S. 498 ff.; *Hallerbach*, DStR 1999, S. 2129; *Hölscher*, StuB 2000, S. 413; *Kort*, FR 2001, S. 60, 62; *Pezzer*, DStJG 1991, S. 17 ff.; *Siegel*, BB 1994, 2243; ders., StuB, 1999, S. 195 f.; *Wöhe* (1992), S. 82; *Marettek*, StuW 1971, S. 344 ff.; *Saelzle*, AG 1977, S. 188; *Glade*, BFuP 1989, S. 161; *Wassermeyer*, DStJG 1991, S. 45; *Beisse*, Jahrbuch für Betriebswirte 1984, S. 246; *Schiedmeyer*, S. 43.

319 Vgl. *Weber-Grellet* (1996), § 2 Rn. 7; ders., DB 1994, S. 289; ders., BB 1999, S. 2659; ders., (1997), S. 103; ders., FAZ Nr. 117 vom 20.05.2000; *Hölscher*, StuB 2000, S. 413; *Lauth*, DStR 2000, S. 1371; *Wagner*, DB 1998, S. 2077; wohl auch *Strobl-Haarmann*, S. 631.

320 Vgl. Schmidt/*Weber-Grellet*, § 5 Rn. 27; *Weber-Grellet*, DB 1994, S. 289; ders., BB 1999, S. 2661.

321 Eine steuerrechtlich möglichst exakte Gewinnermittlung sei bei Geltung des handelsrechtlichen Gläubigerschutz- und Vorsichtsprinzips ausgeschlossen. Beide Prinzipien seien mit dem Grundsatz der Besteuerung nach der Leistungsfähigkeit nicht zu vereinbaren. Vgl. *Hallerbach*, DStR 1999, S. 2129; *Krawitz*, S. 218; *Siegel*, BB 1994, S. 2243; *Weber-Grellet*, BB 1999, S. 2661; *Glade*, BFuP 1989, S. 161; *Pezzer*, DStJG 1991, S. 17.

Gleichmäßigkeit der Besteuerung[322] bzw. dem Objektivierungsprinzip[323] in Einklang gebracht werden.

Dem wird von Teilen der Literatur entgegengehalten, dass zwischen den Aufgaben des handelsrechtlichen und des steuerrechtlichen Jahresabschlusses keine[324] oder nur unbedeutende[325] Unterschiede bestünden. Die Kompatibilität von Handels- und Steuerbilanz wird zunächst damit begründet[326], dass eine Zielkongruenz im Hinblick auf die Informationsfunktion bestünde, weil auch der Fiskus ein Informationsbedürfnis an der richtigen Berechnung seines Gewinnanteils habe[327]. Vor allem aber gäbe es keinen Unterschied zwischen einer handelsrechtlichen und einer steuerrechtlichen Leistungsfähigkeit. Infolge dessen werde die wirtschaftliche Leistungsfähigkeit im Sinne des Steuerrechts zuverlässig durch das Handelsrecht ermittelt[328]. Dahinter steht die Annahme, der Fiskus sei als „stiller Teilhaber" eines Unternehmens den Gesellschaftern gleichzustellen[329], so dass die Übertragung der Ausschüttungsbemessungsfunktion[330] und des Vorsichtsprinzips[331] in die Steuerbilanz sinnvoll sei. Unter der Prämisse, dass der „richtige" Gewinn derjenige Betrag sei, der einem Unternehmen maximal entzogen werden könne, ohne das sich seine wirtschaftliche und steuerrecht-

[322] Vgl. *Siegel*, StuB 1999, S. 196; *Weber-Grellet*, BB 1999, S. 2661; ders., FAZ Nr. 117 vom 20.05.2000, S. 22; ders., BB 2001, S. 35; *Eberhartinger*, S. 221.

[323] Vgl. *Weber-Grellet*, DB 1994, S. 289; ders., BB 1999, S. 2661.

[324] Vgl. *Maaßen*, FR 1972, S. 149; *Euler*, StuW 1998, S. 19; *Gail*, WPg 1971, S. 323; *Hennrichs*, StuW 1999, S. 146; *Schön*, StuW 1995, S. 375 f.; *Wichmann*, Stbg 1996, S. 108; *Sigloch*, BFuP 2000, S. 172; ähnlich bereits *Schneider*, DB 1970, S. 1704.

[325] Vgl. *Döllerer*, BB 1971, S. 1334; so wohl auch *Vogt*, S. 47 ff., 296. Vgl. im übrigen *Robisch/Treisch*, WPg 1997, S. 165.

[326] Darüber hinaus wird argumentiert, dass sich die (Primär-) Zielidentität von handels- und steuerrechtlichem Jahresabschluss aus dem Maßgeblichkeitsgrundsatz des § 5 Abs. 1 EStG ergäbe. Vgl. *Krumnow*, S. 692 f.; so wohl auch *Biener* (1997), S. 345. Hierbei handelt es sich allerdings um einen Zirkelschluss, denn durch diesen Grundsatz wird die Identität gerade erst hergestellt.

[327] Vgl. *Eberhartinger*, S. 223.

[328] Sowohl die Handels- wie auch die Steuerbilanz dienten vorrangig der Gewinnermittlung, die in formeller und materieller Hinsicht übereinstimme. Für die Besteuerung gewerblicher Einkünfte sei der Gewinn Ausdruck der steuerrechtlichen Leistungsfähigkeit (vgl. § 2 Abs. 2 Nr. 1 EStG). Da er aber auch der betriebswirtschaftliche und handelsrechtliche Maßstab der Leistungsfähigkeit eines Unternehmens sei, existiere keine spezifisch steuerrechtliche Leistungsfähigkeit. Vgl. *Döllerer* (1983), S. 169 f.; *Tipke* (1993), S. 613; *IDW*, FN 1998, S. 607.

[329] Vgl. *Döllerer*, BB 1971, S. 1334; *Schön*, ZHR 1997, S. 142; *Crezelius*, DB 1994, S. 689. Dieser Gedanke diente ursprünglich der Rechtfertigung der umgekehrten Maßgeblichkeit und wird hier entsprechend angewandt.

[330] Vgl. *Euler*, StuW 1998, S. 15, 19.

[331] So sei vor allem kein Widerspruch zwischen dem Gläubigerschutz und der Funktion der Steuerbilanz vorhanden, da der Fiskus regelmäßig Gläubiger des Unternehmens sei. Vgl. *Eberhartinger*, S. 222 f.; *Lauth*, DStR 2000, S. 1367.

liche Leistungsfähigkeit verringere, sei es gleichgültig, ob der erzielte Gewinn als Gewinnbeteiligung an die Anteilseigner oder als Einkommensteuer an den Fiskus ausgeschüttet würde[332]. Demzufolge könne als Hauptaufgabe sowohl der handels- als auch der steuerrechtlichen Rechnungslegung die Ermittlung eines maximal entziehbaren Betrages angesehen werden[333]. Der nach Handelsrecht ermittelte „entziehbare Gewinn" entspräche dem „richtigen Gewinn" nach Steuerrecht[334].

Stellungnahme

Die (teilweise) unterschiedlichen Funktionen von Handel- und Steuerbilanz sind kein Grund, den Maßgeblichkeitsgrundsatz de lege ferenda abzulehnen[335]. Der Meinungsstreit ist nur schwer zu entscheiden, weil er im wesentlichen von der Interpretation der Leistungsfähigkeit abhängt. Aufgrund der Unbestimmtheit des Rechtsbegriffs und seiner ständigen Weiterentwicklung[336] lassen sich hieraus jedoch kaum überzeugende, allgemeingültige Argumente für die eine oder die andere Ansicht herleiten. Vor allem aber wird anscheinend übersehen, dass § 5 Abs. 1 Satz 1 EStG lediglich die Übernahme der Handelsbilanz im Grundsatz vorschreibt. Selbst wenn die Funktionen der Handelsbilanz daher im Einzelfall einer Übernahme ins Steuerrecht entgegenstehen, hat es der Steuergesetzgeber in der Hand, dem Zielkonflikt zu begegnen, indem er den Maßgeblichkeitsgrundsatz durchbricht und für die Steuerbilanz eigene steuerrechtliche Vorschriften aufstellt[337]. Solange die Übernahme der handelsrechtlichen Rechnungslegung von steuerrechtlichen Sondervorschriften zur Wahrung des genannten Prinzips begleitet wird, ist die Prüfung daher anhand der veränderten Handelsbilanz vorzunehmen. Somit scheidet die Verknüpfung beider Rechenwerke jedenfalls nicht per se aus.

Der Grad der Kompatibilität beider Bilanzen lässt sich sehr gut an der Anzahl der Durchbrechungen des Maßgeblichkeitsgrundsatzes erkennen[338]. Die grundsätzliche Übernahme der Handelsbilanz für steuerrechtliche Zwecke scheidet

[332] Die Finanzverwaltung könne aus diesem Grunde auch nicht mehr beanspruchen als den ausschüttungsfähigen Gewinn. Vgl. *IDW*, FN 1998, S. 607; *Söffing* (1995), S. 658 f.; *Robisch/Treisch*, WPg 1997, S. 165; *Haller*, RIW 1992, S. 45; *Crezelius*, DB 1994, S. 691.

[333] Vgl. *Maaßen*, FR 1972, S. 149; *Gail*, WPg 1971, S. 323; *Vogt*, S. 47.

[334] Vgl. *Vogt*, S. 47.

[335] Vgl. *Söffing* (1995), S. 658; *Vogt*, S. 296; *Döllerer*, BB 1971, S. 1334 f.; *Schön*, StuW 1995, S. 376; *Sigloch*, BFuP 2000, S. 179.

[336] Vgl. oben unter Kapitel 2 D. I..

[337] Vgl. *Söffing* (1995), S. 659.

[338] Der Abstand zwischen Handels- und Steuerbilanz befindet sich im Fluss. Vgl. *Dziadkowski*, DStZ 2001, S. 11 Fn. 29. Insgesamt gesehen ist das deutsche Handelsrecht deutlich auf einem Weg, bei dem es wieder an das Steuerbilanzrecht heranrückt. Vgl. *Kort*, FR 2001, S. 60; für Österreich auch *Gassner*, S. 718.

erst dann aus, wenn die steuerrechtlichen Sondervorschriften Überhand nehmen und das Regel-Ausnahme-Verhältnis umkehren[339]. Trotz der nicht unerheblichen Ausweitung der Sondervorschriften in letzter Zeit wird die Steuerbilanz weiterhin im wesentlichen von handelsrechtlichen Normen bestimmt[340]. Der Gesetzgeber ist allerdings angehalten, die weitere Entwicklung mit wachsamem Auge zu beobachten und ggf. lenkend einzugreifen.

6. Einheit der Rechtsordnung

In der Literatur wird für den Grundsatz der Maßgeblichkeit auch die Einheit der Rechtsordnung ins Feld geführt[341]. Der Maßgeblichkeitsgrundsatz führe zu einer Vereinfachung des Rechtssystems[342]. Dieser Ansicht ist jedoch nur dann zu folgen, wenn man von einer Kongruenz der Funktionen von Handels- und Steuerbilanz ausgeht[343]. Eine Anlehnung des Steuerrechts an das Handelsrecht ist im Hinblick auf die Einheit der Rechtsordnung somit nur dann statthaft, wenn dadurch die für die Besteuerung maßgeblichen Grundsätze nicht vernachlässigt werden[344]. Das Argument ist nur eingeschränkt überzeugend, weil – wie bereits dargestellt[345] – vor allem die steuerbilanzielle Funktion der Bemessung der Leistungsfähigkeit nur durch die Kodifizierung von steuerrechtlichen Sondervorschriften sichergestellt werden kann.

7. Europäisierung des Steuerrechts

Kritik gegen den Maßgeblichkeitsgrundsatz wird auch deshalb vorgebracht, weil das Steuerbilanzrecht wegen § 5 Abs. 1 Satz 1 EStG aus zweierlei Gründen eine „offene europäische Flanke"[346] aufweise: Zunächst begünstige der Maßgeblichkeitsgrundsatz einen europarechtlichen Einfluss auf das Steuerrecht, weil jede Entscheidung des Europäischen Gerichtshofes (EuGH) zur Auslegung der Bi-

339 Insofern schließt sich der Kreis zu den Praktikabilitätserwägungen im Zusammenhang mit der Vereinfachung der Rechnungslegung.

340 Vgl. oben unter Kapitel 2 D. III. 4..

341 Vgl. BT-Drucks. 7/1470, S. 223; *Söffing* (1995), S. 640, 659 f.; Blümich/*Schreiber*, § 5 EStG Rn. 9; *Mathiak* in K/S, § 5 A 146; *Lauth*, DStR 2000, S. 1367; *Oestreicher/Spengel*, DB 1999, S. 593; *Ballwieser*, BFuP 1990, S. 492 f.; *Gail*, WPg 1971, S. 324 f.; *Beisse* (1994), S. 23. Krit. *Bareis*, WPg 1972, S. 502; *Eberhartinger*, S. 224.

342 Vgl. *Eberhartinger*, S. 224; vgl. auch *Söffing* (995), S. 659.

343 Eine Divergenz der Zwecke muss verschiedenartige Methoden nach sich ziehen. Vgl. *Meincke*, StuW 1990, S. 20; *Eberhartinger*, S. 224.

344 Vgl. *Weber-Grellet*, DB 1997, S. 390; ders., DB 1994, S. 290; vgl. auch *Eberhartinger*, S. 224.; *Söffing* (1995), S. 659 f..

345 Vgl. oben unter Kapitel 2 D. III. 5..

346 Vgl. *Beisse*, BB 1990, S. 2012.

lanzrichtlinie faktisch auch für den Steuerrechtsanwender verbindlich sein werde[347]. Infolgedessen könne die Rechtsprechung des EuGH zu einer Beeinträchtigung des Steueraufkommens führen[348], obwohl das Ertragsteuerrecht (noch) nicht harmonisiert wurde[349]. Das Maßgeblichkeitsprinzip sei ein Einfallstor[350] für die gemeinschaftsrechtlichen Regelungen der 4. EG-Richtlinie[351]. Dem wird vereinzelt[352] entgegengehalten, dass mit einem europarechtlich motivierten Abweichen vom kodifizierten Handelsrecht kaum zu rechnen sei, da die 4. EG-Richtlinie gemeinschaftstreu transformiert wurde. Zudem verweise § 5 Abs. 1 Satz 1 EStG auf die GoB, d.h. nur auf allgemeine und vor allem rechtsformunabhängige Prinzipien. Da die 4. EG-Richtlinie demgegenüber nur Kapitalgesellschaften erfasse, schlügen sich die europarechtlichen Modifikationen nicht unmittelbar auf das allgemeine Bilanzrecht und somit auch nicht auf die GoB durch. Insofern könnten sich allenfalls mittelbare Einflüsse ergeben, wenn europarechtliche Einflüsse von der Handelsbilanz auf die Steuerbilanz abfärbten[353].

Weiter wird eingewandt, der Grundsatz der Maßgeblichkeit führe zu einem (teilweisen) Souveränitätsverlust[354], weil sich aufgrund des § 5 Abs. 1 Satz 1 EStG eine Auslegungszuständigkeit des EuGH für steuerbilanzielle Fragen ergäbe[355]. Diese Ansicht wird damit begründet, dass der BFH als letztinstanzliches Gericht im Rahmen der steuerrechtlichen Gewinnermittlung aufgrund des Maßgeblichkeitsgrundsatzes bei Auslegungszweifeln eine Vorabentscheidung des EuGH (vgl. Art. 234 Abs. 1 und 3 EGV) einzuholen habe. § 5 Abs. 1 Satz 1 EStG sei als eine strenge Verweisung[356] auf das handelsbilanzielle Gemein-

---

[347] Vgl. *Kempermann* in K/S, § 5 B 161 m.w.N.; *Beisse*, StVj 1989, S. 306; ders., BB 1990, S. 2011; *Groh*, DStR 1996, S. 1210; *Schulze-Osterloh*, ZGR 1995, S. 189; *Hennrichs*, DStJG 2001, S. 328.

[348] Vgl. *Groh*, DStR 1996, S. 1209.

[349] Vgl. *Kußmaul/Klein*, DStR 2001, S. 549; *Herzig*, WPg 2000, S. 109; *Esser* (1999), S. 213.

[350] Vgl. *Hermanns*, GmbHR 1999, S. 1126; *Kußmaul/Klein*, DStR 2001, S. 549.

[351] Vierte Richtlinie des Rates der Europäischen Gemeinschaften vom 25. Juli 1978 auf Grund von Art. 54 Abs. 3 Buchst. g des Vertrages über den Jahresabschluss von Gesellschaften bestimmter Rechtsformen (78/660/EWG vom 14.8.1978 - Abl. EG L 222 vom 14. August 1978, S. 11ff.), transformiert in innerdeutsches Recht durch das Bilanzrichtliniengesetz (BiRiLiG) vom 19.12.1985.

[352] Vgl. *Euler*, StuW 1998, S. 20 f..

[353] Vgl. *Euler*, StuW 1998, S. 22. Vgl. auch *Hennrichs*, StuW 1999, S. 150.

[354] Der Souveränitätsverlust ist in der nicht unerheblichen Delegation der letztinstanzlichen Rechtsprechung zum Bilanzsteuerrecht vom BFH an den EuGH zu sehen. Vgl. *Hermanns*, GmbHR 1999, S. 1126; *Meilicke*, BB 1999, S. 893.

[355] Vgl. *Dziadkowski*, IStR 1999, S. 636; *Groh*, DStR 1996, S. 1209; *Kropff*, ZGR 1997, S. 128; *Schön*, S. 573; *Meilicke*, BB 1999, S. 890 ff.; *Kessler*, StuB 1999, S. 91 f.; *Herlinghaus*, IStR 1997, S. 538; *Heyd*, ZfB 2001, S. 377; wohl auch *Kempermann* in K/S, § 5 B 161.

[356] In Fällen der Bezugnahme auf Gemeinschaftsrecht über nationale Verweisungsnormen bejaht der EuGH ein Interesse an einer einheitlichen Anwendung und Auslegung, soweit über

schaftsrecht und nicht lediglich als eine modellhafte Nachformung ausgestaltet[357]. Der Maßgeblichkeitsgrundsatz strebe eine volle materielle und formelle Maßgeblichkeit an, die nicht durch eine unterschiedliche Interpretation des Handels- und des Steuerbilanzrechts gefährdet werden dürfe[358].

Von einem nicht unbedeutenden Teil der Literatur wird eine Vorlagepflicht dagegen abgelehnt[359]. *Weber-Grellet*[360] argumentiert, dass den handelsrechtlichen GoB im Anwendungsbereich des § 5 Abs. 1 Satz 1 EStG der Charakter von reinem Steuerrecht beizumessen sei[361]. Zudem verweise § 5 Abs. 1 Satz 1 EStG nur auf die handelsrechtlichen GoB, nicht etwa auf die einzelnen Bestimmungen des HGB. Die GoB seien jedoch nicht Gegenstand der 4. EG-Richtlinie, so dass eine entsprechende Entscheidungskompetenz des EuGH nicht bestehe[362]. *Schön*[363] argumentiert, dass sich der Steuergesetzgeber mit der Verweisung auf die GoB – und damit auf die insoweit übereinstimmenden Regelungen im HGB – einer vorgegebenen Ordnung bediene. Diese Verweisung habe allerdings keine europarechtliche Grundlage, sondern beruhe allein auf einer Entscheidung des nationalen Gesetzgebers.

Der BFH hat in der Vergangenheit verschiedentlich die Frage angesprochen, ohne jedoch klar erkennen zu lassen, ob er im Grundsatz eine Vorlagepflicht im

die betroffene Verweisungsnorm eine zwingende inhaltliche Verknüpfung zu einem Regelungsbereich des Gemeinschaftsrechts hergestellt wird. Aus der Sicht des EuGH ist für die Zulässigkeit einer Vorlage die inhaltliche Tragweite entscheidend, die der jeweils betroffenen nationalen Verweisung auf das Gemeinschaftsrecht beizumessen ist. Vgl. EuGH vom 28.3.1995 – Rs. C-346/93, EuGHE 1995, S. 615; EuGH vom 17.7.1997 – Rs C-28/95; DStZ 1997, S. 685 ff.. Vgl. auch *Kessler*, StuB 1999, S. 91; *Hermanns*, GmbHR 1999, S. 1126.

[357] Vgl. *Hermanns*, GmbHR 1999, S. 1127; *Herlinghaus*, IStR 1997, S. 538.

[358] Mit der Ausformung des Grundsätze interpretiert der BFH Handelsrecht. § 5 Abs. 1 Satz 1 EStG soll eine Entscheidungsdivergenz zwischen den Zivilgerichten und den Finanzgerichten in Fragen der Bilanzierung ausschließen. Der Gesetzgeber hat eine strikte Bindung der steuerrechtlichen Gewinnermittlung von buchführungspflichtigen Gewerbetreibenden an die Vorgaben des Handelsbilanzrechtes angeordnet, die über die bloße argumentative Bedeutung hinausgeht. Vgl. *Kempermann* in K/S, § 5 B 161; *Groh*, DStR 1996, S. 1209.

[359] Vgl. *Schulze-Osterloh*, DStZ 1997, S. 286; *Weber-Grellet*, StuW 1995, S. 339 ff.; ders., DB 1996, S. 2091; *Biener*, StbJb 1995/96, S. 43; *Hennrichs*, StuW 1999, S. 150 f.; *Euler*, StuW 1998, S. 22.

[360] Vgl. *Weber-Grellet*, StuW 1995, S. 349.

[361] Er versteht die Bezugnahme von § 5 Abs. 1 Satz 1 EStG als eine „dynamische Außenverweisung“. Sie habe dieselbe Wirkung wie die ausdrückliche Aufnahme der Zielvorschriften in das Gesetz. A.A. *Schulze-Osterloh*, DStZ 1997, S. 286; *Schön*, S. 580 f.; *Kempermann* in K/S, § 5 B 161; *Groh*, DStR 1996, S. 1209.

[362] Vgl. *Weber-Grellet*, DB 1996, S. 2092.

[363] Vgl. *Schön*, DStZ 1997, S. 286.

Steuerprozess bejaht[364]. Mit Vorlagebescheid vom 9.9.1998[365] an den Großen Senat des BFH hat der I. Senat des BFH die Entscheidungskompetenz des EuGH explizit in Abrede gestellt. Der vorlegende Senat begründet seine Ansicht mit der Gesetzesgeschichte des Maßgeblichkeitsgrundsatzes[366] sowie der Systematik des Dritten Buches des HGB und den Gesetzesmaterialien zum Erlass des BiRiLiG[367]. Er vertritt die Ansicht, § 5 Abs. 1 Satz 1 EStG beinhalte überhaupt keine Inbezugnahme auf handelsbilanzielles Gemeinschaftsrecht, da sich die Verweisung lediglich auf den Ersten Abschnitt des Dritten Buches des HGB beschränke[368]. Da sich die Transformation der EG-Richtlinie auf die Regelungen des Zweiten Abschnitts des Dritten Buches des HGB beschränke, beinhalte der für alle Kaufleute und Personenhandelsgesellschaften geltende Erste Abschnitt kein harmonisiertes Gemeinschaftsrecht[369]. Des weiteren sei das gesamte Gesetzgebungsverfahren von dem Gedanken einer steuerneutralen Transformation durchzogen gewesen[370]. Schließlich widerspreche eine Verknüpfung des Steuerrechts mit den gemeinschaftsrechtlichen Bilanzierungsgrundsätzen den Zielen der Bilanzrichtlinie. Ziel sei lediglich gewesen, die Jahresabschlüsse solcher Gesellschaften vergleichbar zu machen, die über das nationale Hoheitsgebiet hinaus tätig sind. Ein derartiges Ziel sei indessen bei der rein nationalen Besteuerung von Kapitalgesellschaften sachfremd[371]. Die Finanzgerichte – für die nur ein Vorlagerecht besteht (vgl. Art. 234 Abs. 2 EGV) – legen Fragen nach der Auslegung der Bilanzrichtlinie überwiegend nicht dem EuGH zur Vorabentscheidung vor[372].

---

[364] Vgl. etwa BFH vom 9.5.1995 – IX R 116/92, BStBl. II 1996, S. 632 ff.; BFH vom 21.10.1993 – IV R 87/92, BStBl. II 1994, S. 176 ff..

[365] Vgl. BFH vom 9.9.1998 – I R 6/96, GmbHR 1999, S. 362 ff..

[366] Aus historischer Sicht lässt sich dafür anführen, dass der Maßgeblichkeitsgrundsatz aus dem Jahre 1934 stammt und daher noch keinen Bezug zum Gemeinschaftsrecht herstellen konnte. Vgl. BFH vom 9.9.1998 – I R 6/96, GmbHR 1999, S. 364.

[367] Vgl. BFH vom 9.9.1998 – I R 6/96, GmbHR 1999, S. 364 ff..

[368] Dabei komme dem Ersten Abschnitt nicht nur für Einzelunternehmen und Personengesellschaften Bedeutung zu, sondern in gleicher Weise für die steuerrechtliche Gewinnermittlung von Kapitalgesellschaften. Begründet wird diese These mit dem Gleichheitssatz, wonach rechtsformabhängige Gewinnermittlungsgrundsätze mit Art. 3 Abs. 1 GG nicht vereinbar seien.

[369] Vgl. BFH vom 9.9.1998 – I R 6/96, GmbHR 1999, S. 364 f.. A.A. *Groh*, DStR 1996, S. 1209.

[370] Vgl. BFH vom 9.9.1998 – I R 6/96, GmbHR 1999, S. 365. Ähnlich *Biener*, StbJb 1995/96, S. 44.

[371] Vgl. BFH vom 9.9.1998 – I R 6/96, GmbHR 1999, S. 365.

[372] So BFH vom 9.9.1998 – I R 6/96, GmbHR 1999, S. 363. Anders das *FG Köln* (vgl. Vorlagebeschluss vom 16.7.1997 – 13 K 812/97, EFG 1997, S. 1166) und das FG Hamburg (vgl. Vorlagebeschluss vom 22.4.1999 – II 23/97, BB 1999, S. 1866). Dem EuGH-Urteil zur Vorlage des FG Köln kann allerdings nicht entnommen werden, dass eine Vorlagepflicht des

Stellungnahme

Da auch nach der Auffassung des BFH[373] die Beachtung der 4. EG-Richtlinie im Steuerprozess anerkannt wird, lässt sich ein faktischer europarechtlicher Einfluss diesbezüglich nicht verneinen. Im Hinblick auf die zweite These lassen sich gute Argumente für beide Ansichten anführen. Aufgrund der Rücknahme der Vorlage an den Großen Senat[374] wird eine höchstrichterliche Klärung der Streitfrage bis auf weiteres ausbleiben[375]. Doch selbst im Falle einer Bejahung der Vorlagepflicht sollte die dargestellte Problematik nicht überbewertet werden, was sich bereits an der äußerst geringen Anzahl der Vorlagen an den EuGH seit Inkrafttreten des BiRiLiG zeigt. Daran dürfte sich auch in Zukunft kaum etwas ändern, da der EuGH nicht für die Anwendung von Gemeinschaftsrecht auf den jeweiligen Sachverhalt zuständig ist[376]. Eine Vorlage an den EuGH ist nur dann erforderlich, wenn an der zutreffenden Umsetzung der gemeinschaftsrechtlichen Bestimmung in das nationale Recht oder ihrer Auslegung Zweifel bestehen[377].

Kommt es tatsächlich in dem ein oder anderen Fall zu ungewünschten Auswirkungen auf die steuerrechtliche Rechnungslegung, hat der Steuergesetzgeber die Möglichkeit, dem europäischen Einfluss durch die Schaffung steuerrechtlicher Sonderregelungen[378] oder durch die Änderung der gesetzlichen Formulierung des § 5 Abs. 1 Satz 1 EStG[379] zu entgehen[380]. Zum jetzigen Zeitpunkt würde die Aufgabe der direkten Maßgeblichkeit eine vorschnelle Handlung darstellen, weil

BFH in allen Bilanzrechtsfragen bejaht wird. Vgl. *Dziadkowski*, IStR 1999, S. 636; *Hermanns*, GmbHR 1999, S. 1130.

[373] Vgl. etwa BFH vom 19.7.1995 – IR 56/94, BStBl. II 1996, S. 26 ff.; BFH vom 25.10.1994 – VIII R 65/91, BStBl. II 1995, S. 312 ff..

[374] Vgl. BFH vom 8.11.2000 – I R 6/96, BFH/NV 2000, S. 519 ff..

[375] Die Entscheidung über die Frage nach der Vorlagepflicht fällt in den Zuständigkeitsbereich der nationalen Gerichte. Vgl. Art. 234 Abs. 2 EGV. Vgl. EuGH vom 18.10.1990 – Rs. C-297/88 und C-197/89, EuGHE 1990, I-3763 Rn. 34; EuGH vom 17.7.1995 – C-28/95; EuGHE 1997, I-4199 Rn. 24; BFH vom 9.9.1998 – I R 6/96, GmbHR 1999, S. 363 f.; *Hermanns*, GmbHR 1999, S. 1130. A.A. wohl *Hoffmann* in L/B/H, §§ 4, 5 Rn. 349.

[376] Die Anwendung nationalen Rechts ist ausschließlich Sache der nationalen Gericht. Vgl. EuGH vom 28.3.1979 – RS 222/78, EuGHE 1979, S. 1163, Rn. 10-12; EuGH vom 18.10.1990 – Rs. C-297/88 und C-197/89, EuGHE 1990, I-3763 Rn. 38; BFH vom 8.11.2000 – I R 6/96, BFH/NV 2000, S. 521.

[377] Vgl. BFH vom 8.11.2000 – I R 6/96, BFH/NV 2000, S. 521. In dieser Entscheidung sieht der BFH keine Verpflichtung, den EuGH anzurufen.

[378] Vgl. *Biener*, StbJb 1995/96, S. 45; *Groh*, DStR 1996, S. 1209; vgl. auch *Kußmaul/Klein*, DStR 2001, S. 549, Fn. 49. Es besteht jedoch die Gefahr, dass Einzelkorrekturen zu Systembrüchen führen. Vgl. Ahmann, S. 289; *Kempermann* in K/S, § 5 B 162.

[379] Vgl. *Kußmaul/Klein*, DStR 2001, S. 549; *Beisse*, BB 1980, S. 638.

[380] Von dieser Möglichkeit hat der Gesetzgeber bereits gelegentlich aufgrund der Rechtsprechung des BFH Gebrauch gemacht. Vgl. *Groh*, DStR 1996, S. 1209.

das Ausmaß der Einflussnahme des EuGH bislang äußerst gering ausgefallen ist. Eine Reaktion ist erst dann notwendig, wenn der Steuergesetzgeber durch den Erlass steuerrechtliche Sondervorschriften zu oft „gegenlenken“ müsste. Im Hinblick auf seine „offene europäische Flanke“ muss der Maßgeblichkeitsgrundsatz nach alledem nicht abgeschafft werden[381].

8. Behinderung einer Harmonisierung und Internationalisierung der Rechnungslegung

In der Literatur[382] wird vorgebracht, die direkte Maßgeblichkeit behindere die Harmonisierung und Internationalisierung der Rechnungslegung, weil teilweise[383] vertreten würde, dass die Handelsbilanz nach einer Harmonisierung nicht mehr als Grundlage der Steuerbilanz dienen könne[384]. Unabhängig davon, ob man sich dieser Ansicht anschließt oder nicht, erzeuge die Existenz der Maßgeblichkeit daher einen faktischen Druck gegen etwaige Öffnungstendenzen. Im Grundsatz ist dieser These zuzustimmen, denn bei der Diskussion über die europäischen Harmonisierung der Rechnungslegung im Einzelabschluss wird regelmäßig Rücksicht auf mögliche Auswirkungen im Steuerrecht genommen[385]. Der vom Maßgeblichkeitsgrundsatz erzeugte Druck ist jedoch nicht ausreichend, um eine Internationalisierung aufhalten zu können. Es ist davon auszugehen, dass sich das Steuerrecht letztlich an ein verändertes Handelsrecht anpassen würde[386]. Jedenfalls kann dieser Umstand nicht dazu führen, den Grundsatz bereits jetzt abzuschaffen, da der Internationalisierungsprozess im Einzelabschluss noch in

[381] Auch nach *Biener*, StbJb 1995/96, S. 45, ist eine ernsthafte Gefährdung des Maßgeblichkeitsgrundsatzes nicht zu befürchten.

[382] Vgl. *Weber-Grellet*, DB 1997, S. 387 ff., 391; ders., BB 1999, S. 2664; ders., DB 2000, S. 166; *Robisch/Treisch*, WPg 1997, S. 163; *Lauth*, DStR 2000, S. 1370, 1372; *Lischer/Märkl*, WPK-Mitt. Sonderheft Juni 1997, S. 118; *Herzig*, WPg 2000, S. 105; *Selchert*, S. 914; *Sigloch*, BFuP 2000, S. 157. Vgl. auch *Bippus*, DStZ 1998, S. 648; *Lehwald*, Stbg 2001, S. 384; *Geiger*, StuB 2001, S. 915.

[383] Vgl. *Robisch/Treisch*, WPg 1997, S. 156; *Herzig/Dautzenberg*, BFuP 1998, S. 32 f.; *Küffner/Hock*, BFuP 1998, S. 58; *Küting/Hayn*, Blick durch die Wirtschaft, 7.3.1995, S. 7; *Goebel*, DStR 1995, S. 1039; *Heyd*, ZfB 2001, S. 379. Vgl. auch *Buchholz/Weis*, DStR 2002, S. 512 ff..

[384] Nach dieser Ansicht müsse der handelsrechtliche Einzelabschluss weiterhin ausschließlich an den traditionellen deutschen Rechnungslegungsgrundsätzen ausgerichtet werden, um die steuerrechtliche Rechnungslegung gegen die Internationalisierungstendenzen zu immunisieren. Vgl. *Herzig/Dautzenberg*, BFuP 1998, S. 32 f.; *Küting/Hayn*, Blick durch die Wirtschaft, 7.3.1995, S. 7; *Küffner/Hock*, BFuP 1998, S. 58; *Robisch/Treisch*, WPg 1997, S. 156.

[385] Vgl. etwa *Biener*, DStZ 1997, S. 351; ders., StbJb 1995/96, S. 35 ff.; *Hauser/Meurer*, WPg 1998, S. 277 f.; *Busse von Colbe*, BFuP 1995, S. 383 ff.; *Küffner/Hock*, BFuP 1998, S. 64 f..

[386] Vgl. *Sigloch*, BFuP 2000, S. 171.

den Kinderschuhen steckt[387]. Schließlich wäre mit der Abschaffung des Maßgeblichkeitsgrundsatzes in Deutschland nicht viel gewonnen, weil auch andere Staaten an die handelsrechtliche Rechnungslegung anknüpfen[388].

9. Beurteilung der Reformvorschläge

Letztlich scheitert die Forderung nach einer Aufgabe der direkten Maßgeblichkeit auch daran, dass bislang keine überzeugenden Alternativvorschläge aufgezeigt werden konnten. Für den Fall einer Abkoppelung der steuerrechtlichen von der handelsrechtlichen Gewinnermittlung werden in der Literatur folgende zwei Reformvorschläge zur Ermittlung des steuerrechtlichen Gewinns erörtert: Teilweise[389] wird gefordert, die Anknüpfung an das Handelsrecht durch die **Einführung eines selbständigen Steuerbilanzrechts** abzulösen. Dadurch könne die Steuerbilanz ihren Zielsetzungen im weitaus größeren Umfang nachkommen und wäre kaum noch von denen des Handelsrechts beeinflusst[390]. Dieser Vor-

[387] Vgl. etwa *Wagner*, DB 1998, S. 2074; *Schreiber* (1999), S. 880; *Kußmaul/Klein*, DStR 2001, S. 548. *Herzig*, WPg 2000, S. 105.

[388] In der EU orientieren sich neben Deutschland auch Belgien, Frankreich, Griechenland, Italien, Luxemburg, Portugal, Schweden, Spanien und Österreich relativ stark am Grundsatz der Maßgeblichkeit. Vgl. *Wacker*, S. 249 ff.; *Kempermann* in K/S, § 5 B 158; *Gail/Greth/Schumann*, DB 1991, S. 1389 ff. (1399); *Lang*, DStJG 1994, S. 310; *Lauth*, DStR 2000, S. 1369; *Sigloch*, BFuP 2000, S. 165 ff.; *Lischer/Märkl*, WPK-Mitt., Sonderheft Juni 1997, S. 114; *Lehwald*, Stbg 2001, S. 384; *Oestreicher/Sprengel* (1999), S. 341 (für Frankreich). Teilweise wird angenommen, dass auch in Großbritannien Aspekte des Grundsatzes Anwendung finden. So etwa *Sigloch*, BFuP 2000, S. 166 f.; ähnlich auch *Küffner/Hock*, BFuP 1998, S. 66; *Oestreicher/Sprengel* (1999), S. 341; a.A. etwa *Oestreicher/Sprengel* (1999), S. 341 f.; *Kempermann* in K/S, § 5 B 158; *Gail/Greth/Schumann*, DB 1991, S. 1389 ff. (1399). Außerhalb der EU ist die Lage etwas undurchsichtiger: Ob in den USA von einer direkten Maßgeblichkeit gesprochen werden kann, ist umstritten. Ablehnend: Vgl. *Schreiber* (1999), S. 891; *Kahle*, StuW 1997, S. 323, 325; *Winnefeld*, C Rn. 606; *Pellens*, S. 73; *Born* (1999a), S. 337; *IDW*, FN. 1998, S. 608; *Bippus*, DStZ 1998, S. 637, 645 f., 648; *Kroschel*, RIW 2000, S. 288. Befürwortend: *Sigloch*, BFuP 2000, S.164; *Lischer/Märkl*, WPK-Mitt., Sonderheft Juni 1997, S. 99 ff.. In Japan ist die Verbindung von handels- und steuerrechtlicher Gewinnermittlung relativ eng. Vgl. *Herzig/Dautzenberg*, BFuP 1998, S. 24. Zwischen den IAS und den (lokalen) Vorschriften über die steuerrechtliche Gewinnermittlung besteht keine unmittelbare Verbindung. Insbesondere gibt es keine International Tax Accounting Standards. Eine direkte Maßgeblichkeit ist nicht vorgesehen. Vgl. *Oestreicher/Spengel*, S. 78; *Born* (1999), S. 39; *Winnefeld*, C Rn. 606.

[389] Vgl. *Wöhe* (1992), S. 89; ders., StKongrRep 1973, S. 311; ders., DStR 1971, S. 392 f.; *BMWF*, S. 430 ff.; *IDW*, FN. 1998, S. 608; *Weber-Grellet*, DB 2000, S. 167 f., 169; ders., StuW 1999, S. 315; ders., BB 1999, S. 2666; *Strobl-Haarmann*, S. 627 f., 631. Vgl. bereits den Entwurf eines Dritten Steuerreformgesetzes, BR-Drucks. 700/73. Vgl. auch *Grotherr/Jorewitz*, S. 149.

[390] Vgl. *Merkert*, DStZ 1988, S. 147; *Thiel* (1990), Rn. 233.

schlag kann jedoch nicht überzeugen[391]: Aufgrund der Kompatibilität[392] der Bilanzen würden im Zuge einer Neuausrichtung des Steuerbilanzrecht im wesentlichen handelsrechtliche Normen ins EStG übernommen werden. Unter dieser Prämisse erscheint die Herausbildung eines eigenen Steuerbilanzrechts indes kaum sinnvoll, weil damit lediglich eine Änderung des Regelungsortes verbunden wäre[393]. Wiederholt der neue, steuerrechtliche Regelungskatalog zudem hauptsächlich geltendes Handelsrecht, hätten die steuerrechtlichen Vorschriften immer noch ihre Basis im Handelsrecht[394]. Mit der Verselbständigung des Steuerbilanz wäre dann allerdings nicht viel gewonnen. Schließlich bestünde die Gefahr, dass die Auslegung von Bilanzierungs- und Bewertungsvorschriften im Handels- und im Steuerrecht auseinander liefen[395].

Andere[396] gehen noch weiter und schlagen vor, den Betriebsvermögensvergleich – in einem zweiten Schritt – durch eine **Überschussrechnung**[397] zu ersetzen.

---

[391] Vgl. *Groh* (1998), S. 184 f.; *BMWF*, S. 430 ff.; *Hennrichs*, StuW 1999, S. 152.

[392] Folgt man demgegenüber den Vertretern einer Inkompatibilität, müsste es demgegenüber zu einer grundsätzlichen Neuausrichtung des Steuerbilanzrechts kommen. Dann aber bestünde die Gefahr eines (weiteren) Auseinanderlaufens der Bilanzierungs- und Bewertungsgrundsätze in Steuer- und Handelsbilanz, was nicht nur unter systematischen, sondern auch unter Legitimationsgesichtspunkten problematisch wäre. Darüber hinaus wäre zu befürchten, dass die steuerrechtlichen Bilanzierungsvorschriften nur noch rein fiskalischen Gesichtspunkten unterworfen würden. Dieser Schritt könnte schließlich zu einer Verarmung der handelsrechtlichen Bilanzrechtskultur führen, weil der BGH selten Gelegenheit hat, über Bilanzfrage zu entscheiden. Vgl. *Crezelius*, DB 1994, S. 690; *Schmidt*, WPg 1991, S. 609; *Streim*, BFuP 1990, S. 533 ff.. Vgl. auch *Siepe*, S. 622.

[393] Vgl. *Hennrichs*, StuW 1999, S. 152; ders., DStJG 2001, S. 328; *Lang*, S. 388 f.. Vgl. auch *Lehwald*, Stbg 2001, S. 384.

[394] Vgl. *Wöhe* (1992), S. 89; ders., StKongrRep 1973, S. 311; *BMWF*, S. 430 ff.; *Groh* (1998), S. 184 f..

[395] Dies kann nach Ansicht von *Wöhe* (1992), S. 91; ders., StKongrRep 1973, S. 313 f., dadurch verhindert werden, dass in das EStG eine Vorschrift aufgenommen wird, nach der im Zweifel die allgemeinen handelsrechtlichen Grundsätze ordnungsmäßiger Buchführung gelten.

[396] Vgl. *Hennrichs*, StuW 1999, S. 152 f.; *Heurung*, RIW 2000, S. 429 f.; *Weber-Grellet*, BB 1999, S. 2666; ders., DStR 1998, S. 1348; *Wagner*, DB 1998, S. 2076 f.; ders., DStR 1997, S. 520; *Lauth*, DStR 2000, S. 1372. Vgl. auch *Dziadkowski*, DStZ 2001, S. 130; *Hoffmann* in L/B/H, §§ 4, 5, Rn. 28.

[397] Diskutiert wird dabei in erster Linie die Übernahme des Betriebsvermögensvergleich i.S.v. § 4 Abs. 3 EStG für alle Gewerbetreibenden. Teilweise wird allerdings eine „Cash-Flow-Rechnung" vorgezogen, die de facto eher einem beschränkten Bestandsvergleich entspricht. Eine „rein zahlungsorientierte Gewinnrechnung" als Alternative zur Gewinnermittlung wird sich nicht durchsetzen können, weil ein Systemwechsel zu einer konsumbasierten Einkommensbesteuerung unwahrscheinlich ist. Vgl. hierzu *Wagner*, DB 1998, S. 2076 f.; *Dziadkowski*, DStZ 2001, S. 14 f.; *Kußmaul/Klein*, DStR 2001, S. 550. Vgl. auch *Tipke/Lang*, § 4 Rn. 110 ff.; *Tipke* (1993), S. 616; *Ehrhardt-Rauch*, DStZ 2001, S. 423 ff..

Eine Einnahmen-Überschuss-Rechnung stelle eine Vereinfachung[398] und Objektivierung[399] dar und knüpfe besser an die tatsächliche Leistungsfähigkeit an[400]. Darüber hinaus sei die Einführung einer Überschussrechnung ein Schritt in Richtung Gleichbehandlung der Einkunftsarten[401]. Die im Zusammenhang mit der Entkopplung zu befürchtende Mehrarbeit sei unbedeutend, da auf der anderen Seite Zukunftsprognosen, Bewertungsfragen, Bestandskonten, die Inventur und der Bilanzzusammenhang entfielen[402].

Eine Überschussrechnung stellt indessen keine Alternative zur Steuerbilanz dar[403]. Zuallererst konnte bislang kein praktikables Modell aufgezeigt werden, welches darlegt, wie eine solche Rechnung gerade im Fall von Großunternehmen aussehen soll[404]. Wenngleich sich bei der Überschussrechnung wegen des Verzichts auf Bilanz und Inventar durchaus Vereinfachungseffekte ergeben, werden diese Vorteile durch andere Aufzeichnungspflichten[405] – jedenfalls teilweise – wieder egalisiert. Der Reformvorschlag widerspricht zudem dem Ziel der Objektivierung[406], insbesondere weil kein „Bilanzzusammenhang" existiert. Infolge dessen ist es unmöglich, fehlerhafte Behandlungen der Vorjahre in einem späteren Jahr auszugleichen. Weiter hängt die Gewinnhöhe bei dieser Art

[398] Vgl. *Dziadkowski*, BB 2000, S. 400; *Lauth*, DStR 2000, S. 1371; *Ehrhardt-Rauch*, DStZ 2001, S. 424. Hierbei entfallen insbesondere Bewertungs- und Abschreibungsprobleme sowie die Rückstellungsprobleme auf der Passivseite. Auch Probleme mit dem Bilanzzusammenhang, der Bilanzänderung und Bilanzberichtigung würden fortfallen. Vgl. hierzu *Weber-Grellet*, BB 1999, S. 2666. Eine positive Wirkung könne zudem auf die Investitionsförderung und damit die Beschäftigung erzielt werden. Vgl. hierzu *Hennrichs*, StuW 1999, S. 153; *Wagner*, DStR 1997, S. 521; ders. DB 1998, S. 2077.

[399] So wurde das Steuerentlastungsgesetz 1999/2000/2002 u.a. damit begründet, dass eine Objektivierung der Gewinnermittlung im Sinne einer stärkeren Annäherung an die Grundsätze der Einnahmen-Überschuss-Rechnung angestrebt werde. Vgl. *Herzig*, S. 128; *Dziadkowski*, DStZ 2001, S. 10.

[400] Vgl. *Grotherr/Jorewitz*, S. 149; *Hennrichs*, StuW 1999, S. 153.

[401] Vgl. *Hennrichs*, StuW 1999, S. 153; *Weber-Grellet*, BB 1999, S. 2666; ders., DStR 1998, S. 1348; *Hoffmann* in L/B/H, §§ 4, 5, Rn. 28. Nach *Lauth*, DStR 2000, S. 1371, entspricht eine solche Rechnung zudem den betriebswirtschaftlichen Anforderungen.

[402] Vgl. *Lauth*, DStR 2000, S. 1371; ähnlich *Tipke* (1993), S. 611.

[403] Ebenso *Dziadkowski*, BB 2000, S. 399 ff.; *Clemm* (1999), S. 642 ff.; *Söffing* (1995), S. 664; *Kußmaul/Klein*, DStR 2001, S. 550; *Tipke* (1993), S. 611; krit. auch *Ballwieser*, BFuP 1990, S. 489.

[404] So weist insbesondere *Clemm* (1999), S. 643 f., auf praktische Probleme hin, die etwa bei Energieentsorgungsunternehmen auftreten könnten. Vgl. auch *Ehrhardt-Rauch*, DStZ 2001, S. 427.

[405] Vgl. etwa §§ 145, 146 AO.

[406] Vgl. *Kußmaul/Klein*, DStR 2001, S. 550; *Dziadkowski*, BB 2000, S. 400 f.

der Rechnungslegung von den Zufälligkeiten des Zahlungsverkehrs ab[407]. Darüber hinaus ist zweifelhaft, ob durch eine Überschussrechnung besser an die steuerrechtliche Leistungsfähigkeit angeknüpft werden kann[408]. Aufgrund bestehender Zweifelsfragen könnte zudem die Frage nach der Tatbestandsmäßigkeit der Besteuerung aufkommen[409]. Gegen die Einführung einer Einnahmen-Ausgaben-Rechnung ist weiter anzuführen, dass sie zu einem Nebeneinander von zwei völlig verschiedenen Rechnungslegungssystemen führt, wenn der Kaufmann gem. §§ 238 ff. HGB zur Aufstellung eines handelsrechtlichen Jahresabschlusses verpflichtet ist[410].

IV. Ergebnis

Die Beurteilung der direkten Maßgeblichkeit ergibt ein sehr differenziertes Bild: Einerseits ist festzuhalten, dass längst nicht mehr alle im Zeitpunkt der Kodifizierung des Maßgeblichkeitsgrundsatzes schlagkräftigen Argumente auch heute noch überzeugen können. Andererseits kann auch die vorgebrachte Kritik längst nicht immer durchschlagen. Insgesamt überwiegen jedoch weiterhin die Vorteile der Kopplung beider Rechenwerke. Da letztlich auch die Reformvorschläge nicht überzeugen können, ist mit einem bedeutenden Teil der Literatur[411] – je-

---

[407] Periodische Schwankungen bei den Einnahmen und Ausgaben können – anders als beim Betriebsvermögensvergleich – nicht geglättet werden. Vgl. *Kußmaul/Klein*, DStR 2001, S. 550; *Tipke/Lang*, § 4 Rn. 110; *Robisch/Treisch*, WPg 1997, S. 169; *Tipke* (1993), S. 611.

[408] So werden insbesondere Bestandsveränderungen bei dieser Form der Rechnungslegung nicht berücksichtigt. Vgl. *Dziadkowski*, BB 2000, S. 401.

[409] Zu den offenen Problemen vgl. *Kußmaul/Klein*, DStR 2001, S. 550; *Segebrecht*, Rn. 7, f., 13 ff..

[410] Neben der handelsrechtlichen Bilanz wäre für Steuerzwecke eine Überschussrechnung anzufertigen, die anderen Grundsätzen und Vorschriften folgt. Eine Öffnung des Handelsrechts für eine Überschussrechnung ist kaum denkbar, denn die Bilanz ist – sowohl im nationalen als auch im internationalen Bereich – eine der Grundlagen zur Bewertung von Unternehmen bei Kreditverhandlungen, im Rahmen einer Due-Dilligence-Untersuchung sowie bei Entscheidungen für Investoren. Zu den Schwierigkeiten aufgrund unterschiedlicher Bilanzierungssysteme i.R. der Due Diligence vgl. *Raffel*, S. 44; *Spill*, DStR 1999, S. 1788.

[411] Für die Beibehaltung der direkten unter Aufgabe der umgekehrten Maßgeblichkeit: Vgl. *Döllerer*, BB 1971, S. 1333 ff.; *Crezelius*, DB 1994, S. 690; *Dziadkowski*, StuW 1979, S. 235; ders., BB 1986, S. 329; ders., DB 1989, S. 437; ders., DStZ 2001, S. 15; *Herzig*, WPg 2000, S. 116; *Kommission Rechnungswesen*, DBW 1979, S. 14, Tz. 29; *H/H/R*, § 5 Rn. 49 j [4]; *Esser* (1999), S. 224 f.; *Küting*, BB 1993, S. 38; ders., Beilage 2 zu NWB Heft 6/1998, S. 32; *Oestreicher/Spengel*, S. 567; *Streim*, BFuP 1990, S. 533 ff.; *Kahle*, StuW 1997, S. 323; *Plewka/Schmidt* in Lademann, EStG, § 5 Rn. 519; *Sigloch*, BFuP 2000, S. 179; *Stobbe*, DStR 1991, S. 166; ders., 283; *Treptow*, S. 85, 87; *van de Loo*, DStR 2000, S. 511. Für die Beibehaltung der direkten Maßgeblichkeit: Vgl. *Schmidt*, WPg 1991, S. 609; *Biener* (1983), S. 36 f.; *Schreiber* (1997), S. 506 ff.; wohl auch *Wichmann*, Stbg 1996, S. 108 ff., *Mössner*, Stbg 1998, S. 150; *Vogt*, S. 339; *Beisse* (1994), S. 7, 21 f.; *Ballwieser*, BFuP 1990, S. 494.

denfalls derzeit[412] – ein Festhalten an der direkten Maßgeblichkeit zu befürworten[413].

[412] Falls sich die Einheitsbilanz aber auf Dauer nicht mehr halten lässt, schlagen *Hoffmann/Rüsch*, DStR 1999, S. 46, vor, die Maßgeblichkeit der Handelsbilanz im Grundsatz beizubehalten und den Steuerpflichtigen zu einer Überleitungsrechnung i.S. einer Mehr-Weniger-Rechnung zu verpflichten. Die Vorschrift des § 60 Abs. 2 Satz 2 EStDV wäre dann zu streichen, im EStG wären entsprechende Regelungen einzuführen. Ähnlich *Dziadkowski*, StuW 1979, S. 235.

[413] Eine vermittelnde Ansicht im neueren Schrifttum verlangt eine restriktive Auslegung des § 5 Abs. 1 Satz 1 EStG. Nach dieser Ansicht sei überall dort, wo die handelsrechtlichen GoB einen Interpretationsspielraum offen lassen, dieser Spielraum nach steuerrechtlichen Vorschriften auszufüllen. Vgl. *Weber-Grellet*, DB 1994, S. 291; *Pezzer*, DStJG 1991, S. 3 ff..

Kapitel 3: Kritische Würdigung der umgekehrten Maßgeblichkeit

A. Beurteilung aus verfassungsrechtlicher Sicht

Einer genauen Untersuchung bedarf die Verfassungsmäßigkeit des § 5 Abs. 1 Satz 2 EStG, wobei insbesondere ein Verstoß gegen die Art. 3 Abs. 1 und Art. 9 Abs. 1 GG in Betracht kommt.

I. Kein Verstoß gegen Art. 3 Abs. 1 GG

Von einer bedeutenden Literaturmeinung wird der Vorwurf erhoben, die umgekehrte Maßgeblichkeit gem. § 5 Abs. 1 Satz 2 EStG verstoße gegen den allgemeinen Gleichheitssatz des Art. 3 Abs. 1 GG, weil die Ausschüttungssperre[414] faktisch nur bei Kapitalgesellschaften[415], nicht aber bei Einzelunternehmen und Personengesellschaften wirke[416]. Dieser These kann jedoch im Ergebnis nicht gefolgt werden, weil die Ungleichbehandlung sachlich gerechtfertigt ist.

Das Steuerbilanzrecht als Teil des Steuerrechts ist Eingriffs- und Verteilungsrecht. Unter dem Aspekt der Verteilungsgerechtigkeit muss das Bilanzsteuerrecht daher gewährleisten, dass die aus dem jeweiligen Gesetz resultierende Belastung Art. 3 Abs. 1 GG Rechnung trägt[417]. Aus dem allgemeinen Gleichheitssatz folgt für das Steuerrecht das Gebot der Steuergerechtigkeit, ohne dass deshalb der Gleichheitssatz hier schärfere Anforderungen als in anderen Rechtsgebieten stellt[418]. In der Rechtsprechung des Bundesverfassungsgerichts (BVerfG)

---

[414] Im Grundsatz bewirkt die umgekehrte Maßgeblichkeit, dass die Gewinnanteile, die infolge der steuerrechtlichen Subventionsnorm zunächst steuerfrei gestellt werden, auch nicht als Gewinn an die Anteilseigner ausgeschüttet werden können. Vgl. *Plewka/Schmidt* in Lademann, EStG, § 5 Rn. 513; *Dziadkowski*, BB 1986, S. 331.

[415] Für Kapitalgesellschaften als inländische juristische Personen ist der Schutzbereich des Art. 3 Abs. 1 GG gem. Art. 19 Abs. 3 GG eröffnet. St. Rspr.: BVerfGE 4, S. 7 ff. (12); 10, S. 89 ff. (111); 42, S. 374 ff. (383 f.); 3, S. 383 (390); Vgl. auch *Jarass* in Jarass/Pieroth, Art. 3 Rn. 5; *Stein* in AK, Art. 3 Rn. 38; *Gubelt* in v. Münch/Kunig, Art. 3 Rn. 5.

[416] Vgl. *Robisch*, DStR 1993, S. 1002; *Lauth*, DStR 2000, S. 1368; *Lischer/Märkl*, WPK-Mitt. Sonderheft Juni 1997, S. 116; *Thiel* (1990), Rn. 232; ders., DB 1989, S. 537; *Schiedmeyer*, S. 46; *Leucht*, DB 1989, S. 2242; *Geitner/Heim/Hollfelder*, SteuerStud 1990, S. 329; BFH vom 24.4.1985 – I R 65/80, BStBl. 1986 II, S. 324 ff. (327). Kritisch auch *Eigenstetter*, WPg 1993, S. 578.; *Raupach*, BFuP 1989, S. 520; *Dziadkowski*, DB 1989, S. 439; *Wittig*, DStR 1986, S. 530. Vgl. auch *Söffing* (1995), S. 668; *Treptow*, StbJb 1998/99, S. 87; *Merkert/Koths*, BB 1985, S. 1766; *Winnefeld*, C Rn. 601; *Vogt*, S. 276; *Sarrazin* (1987), S. 17.

[417] Vgl. *Weber-Grellet*, DB 2000, S. 166; ders., StuW 1993, S. 97.

[418] Vgl. *Jarass* in Jarass/Pieroth, Art. 3 Rn. 44; *Herzog* in Maunz/Dürig, Art. 3, Anhang Rn. 56 ff..

wird der Gleichheitssatz als „Willkürverbot“ interpretiert, wonach er die allgemeine Weisung enthält, bei steter Orientierung am Gerechtigkeitsgedanken Gleiches gleich und Ungleiches seiner Eigenart entsprechend verschieden zu behandeln[419]. Der Gleichheitssatz ist indes erst dann verletzt, wenn sich kein vernünftiger Grund für die gesetzliche Differenzierung oder Gleichbehandlung finden lässt. Demzufolge darf weder wesentlich Gleiches willkürlich ungleich, noch wesentlich Ungleiches willkürlich gleich behandelt werden[420].

1. Bildung von Vergleichsgruppen

Vom Ersten Senat des BVerfG wurde die sog. „*Neue Formel*“ entwickelt, welche auf die Gleichbehandlung von „Gruppen“ abstellt: Der Gleichbehandlungssatz ist dann verletzt, wenn von zwei Gruppen von Normadressaten eine anders als eine andere behandelt wird, obwohl zwischen beiden Gruppen keine Unterschiede von solcher Art und solchem Gewicht bestehen, dass sie die ungleiche Behandlung rechtfertigen können[421]. Ausgangspunkt der Prüfung ist daher die Feststellung, ob die einander gegenüberstehenden Lebensverhältnisse, die der Gesetzgeber ungleich behandelt hat, in für die rechtliche Wertung wesentlichen Elementen miteinander vergleichbar sind und demzufolge als Vergleichsachverhalte bzw. Regelungskomplexe in Betracht kommen[422]. Im Anschluss an die Rechtsprechung sind daher zunächst Vergleichsgruppen zu bilden, wobei folgende Kriterien zu beachten sind: Die Beurteilung der Gleichbehandlung von Gruppen setzt deren Vergleichbarkeit voraus, wofür ein Bezugspunkt zu ermitteln ist. Dieser Bezugspunkt (*tertium comparationis*) ist der gemeinsame Oberbegriff (*genus proximum*), unter den die rechtlich verschieden behandelten Gruppen fallen[423]. Die in der Literatur vorgebrachte Kritik richtet sich im wesentlichen gegen die Ungleichbehandlung von Kapitalgesellschaften gegenüber Nichtkapitalgesellschaften (Einzelunternehmen und Personengesellschaften). Obergruppe für die genannten Unternehmen sind die sog. **Erwerbsgesellschaften**[424], d.h. Unternehmen, die typischerweise auf den Betrieb eines kaufmännischen Unternehmens gerichtet sind. Während die Einzelunternehmen und Personengesellschaften auf den Persönlichkeiten der einzelnen Gesellschafter aufbauen, steht bei der Kapitalgesellschaft die Kapitalbeteiligung im Vordergrund. Das Unterscheidungsmerkmal (*differentia specifica*) ist demzufolge die Art der Bindung der Gesellschafter an die Gesellschaft.

---

419 Vgl. etwa BVerfGE 3, S. 50 ff. (135); 9, S. 237 ff. (244); 18, S. 38 ff. (46); 37, S. 104 ff. (114). Vgl. auch *Tipke/Lang*, § 4 Rn. 73.

420 Vgl. *Tipke/Lang*, § 4 Rn. 73; *Pieroth/Schlink*, Rn. 474.

421 Vgl. etwa BVerfGE 55, S. 72 ff. (88); 60, S. 123 ff. (134); 88, S. 87 ff. (96 f.).

422 Vgl. *Wendt*, S. 865.

423 Vgl. *Pieroth/Schlink*, Rn. 474, 476.

424 Vgl. *Kübler* (1998), S. 23; *Hueck*, S. 13.

Mit Blick auf die Rspr.[425] und Teile der Literatur[426] könnte man die Vergleichbarkeit dieser Gesellschaften jedoch ablehnen wollen, weil die verschiedenen Rechtsformen unterschiedlichen Steuern unterliegen (EStG bzw. KStG) und deshalb per se nicht komparabel seien[427]. Dies wird damit begründet, dass der Gleichheitssatz auf ein Gebot bloßer systemimmanenter Gleichbehandlung zu reduzieren sei[428]. Dieser Argumentation kann allerdings – jedenfalls so generell – nicht gefolgt werden. Die Besteuerung nach dem Einkommensteuergesetz bzw. nach dem Körperschaftssteuergesetz können nicht isoliert voneinander betrachtet werden, weil sie als Teilsysteme eines umfassenden Systems der direkten Besteuerung zu begreifen sind. Beide Steuerarten sind in einem größeren Wertungs- und Systemzusammenhang eingebettet[429]. Es ist daher nicht sachgerecht, wenn die Prüfung des allgemeinen Gleichheitssatzes bereits an der Vergleichbarkeit der verschiedenen Rechtsformen scheitert[430], nur weil die Unternehmen unterschiedlichen Gesetzen unterworfen sind, zumal vielfach durch Verweise ähnliche oder sogar identische Vorschriften gelten[431].

---

[425] Vgl. BFH vom 21.3. 1975 – VI R 196/71, BStBl. II 1975, S. 666.

[426] Vgl. *Tipke* (1993), S. 736; *Pelka*, StuW 2000, S. 395.

[427] Eine Übertragung der angeführten Literaturansichten auf den vorliegenden Fall erscheint jedoch schon deshalb bedenklich, weil es dort um die Verfassungsmäßigkeit der Tarifspreizung von EStG und KStG geht. Während in diesen Fällen unterschiedliche Vorschriften aus verschiedenen (Teil) Rechtssystemen verglichen werden, findet hier dieselbe Vorschrift sowohl nach EStG als auch nach KStG Anwendung.

[428] Vgl. auch BVerfGE 75, S. 78 ff. (107); 52, 264; 76, S. 256 ff. (342 f.); 54, S. 1 ff. (25 ff.).

[429] Für dieses Ergebnis spricht auch die Anerkennung des Gebotes der Rechtsformneutralität der Besteuerung als Verfassungsprinzip. Vgl. etwa *Schön*, StuW 2000, S. 152; ders., Stbg 2000, S. 5; *Jachmann*, DStJG 2000, S. 9 ff.; a.A. *Tipke* (1993), S. 736; *Pelka*, StuW 2000, S. 395. Vgl. auch *Lang*, GmbHR 2000, S. 459. Die Forderung nach einer „rechtsformneutralen Besteuerung" wird aus dem für das Steuerrecht übergreifend maßgeblichen Leistungsfähigkeitsprinzip hergeleitet. Dieses erfordere eine gleiche Besteuerung wirtschaftlich gleicher Sachverhalte mit gleicher Belastungswirkung. So sollen Steuerpflichtige, welche die gleiche Leistung am Markt erbringen, nach ihrem Erfolg und nicht nach ihrer Rechtsform besteuert werden. Vgl. *Pelka*, StuW 2000, S. 393, mit Verweis auf BVerfG vom 10.11.1999 – 2 BvR 2861/93, DB 2000, S. 28. Auch die Diskussion um die Einführung einer Optionsmöglichkeit für Personenunternehmen zur Besteuerung nach KStG-Regeln lässt sich für die Vergleichbarkeit anführen. Vgl. hierzu etwa *Mentel/Schulz*, DStR 2000, S. 489 ff.; *Kußmaul/Schäfer*, BB 2000, S. 901 ff.; *Scheipers/Bergmann*, DStR 2000, S. 709 ff.; *Seibt*, DStR 2000, S. 825 ff..

[430] Dies soll jedoch nicht darüber hinwegtäuschen, dass im Einzelfall aufgrund der zweifelsohne bestehenden Unterschiede eine Ungleichbehandlung sehr wohl gerechtfertigt sein kann. Die erforderliche Willkürfreiheit muss allerdings überprüfbar sein.

[431] Ebenso *Wendt*, S. 867. Auch die Ausführungen von *Jachmann*, DStJG 2000, S. 9 ff. und *Schön*, StuW 2000, S. 151, setzten denknotwendig die grundsätzliche Vergleichbarkeit voraus. Es erscheint bereits fraglich, ob aus der zitierten BFH Entscheidung vom 21.3. 1975 tatsächlich ein genereller Ausschluss der Vergleichbarkeit von Kapital- und Nichtkapitalgesellschaften gefolgert werden kann: Zwar wird in den Entscheidungsgründen mehrfach von be-

Für dieses Ergebnis spricht auch, dass sämtliche Erwerbsgesellschaften ihre Gewinne auf der Grundlage gleichartiger wirtschaftlicher Leistungen erwirtschaften, durch die einem prinzipiell gleichartigen Bedarf in der Bevölkerung entsprochen wird. Ihre Tätigkeit und Leistungen erstrecken sich grundsätzlich auf alle Wirtschaftssektoren und sind prinzipiell austauschbar. Die genannten Gruppen von Unternehmen sind daher in ihrer erwerbswirtschaftlichen Betätigung unmittelbar miteinander vergleichbar[432]. Darüber hinaus stehen sie in Wettbewerb miteinander, wenn sie in den gleichen Wirtschaftsbereichen tätig sind. Eine unterschiedliche Besteuerung kann sich unmittelbar auf die Wettbewerbssituation auswirken, denn sie bildet einen Kostenfaktor, der die Kostenrelationen der verschiedenen Marktteilnehmer verändert und damit die Wettbewerbslage verschiebt. Ein solcher Eingriff in die Chancengleichheit der verschiedenen Unternehmen muss an den Anforderungen des Gleichheitssatzes gemessen werden können[433].

2. Vorliegen einer Ungleichbehandlung

Eine Ungleichbehandlung kommt zunächst dann in Betracht, wenn § 5 Abs. 1 Satz 2 EStG zu einer unterschiedlichen Besteuerung der Erwerbsgesellschaften führt, weil bestimmte Unternehmen an der Inanspruchnahme des steuerrechtlichen Wahlrechts gehindert sind. Wegen seiner Auswirkungen auf das handelsrechtliche Ausschüttungsvolumen ist jedoch in einem zweiten Schritt zu prüfen, ob auch diesbezüglich alle Erwerbsgesellschaften gleich behandelt werden.

a) Ungleichbehandlung bei der Inanspruchnahme steuerrechtlicher Wahlrechte

Das Vorliegen einer Ungleichbehandlung mag auf den ersten Blick fern liegen, weil die Vorschrift des § 5 Abs. 1 Satz 2 EStG gleichermaßen bei Einzelunternehmen, Personengesellschaften und Kapitalgesellschaften Anwendung findet, und im Gesetzestext auch nicht zwischen den Rechtsformen unterschieden wird.

---

sonders verschiedenartigen Lebenssachverhalten gesprochen. Aus diesem Umstand wird jedoch der Schluss gezogen, dass eine Ungleichbehandlung nicht zwangsläufig „willkürlich", d.h. sachlich ungerechtfertigt, sei. Demzufolge steigt der BFH sehr wohl in die Prüfung einer Ungleichbehandlung ein, die aber die Vergleichbarkeit der Gruppen gerade voraussetzt. Dafür spricht im Ergebnis auch BFH vom 24.4.1985 – I R 65/80, BStBl. 1986 II, S. 324 ff. (327).

[432] A.A. *Pelka*, StuW 2000, S. 395 f.: Eine Vergleichbarkeit sei trotz des möglicherweise bestehenden Wettbewerbs wegen der Berücksichtigung unternehmensfremder Merkmale bei den Personengesellschaften nicht gegeben (z.B. Ehegattensplitting; Tarifprogression). Hierzu a.A. *Jachmann*, DStJG 2000, S. 64 f..

[433] Vgl. etwa BVerfGE 43, S. 58 ff. (70); 48, S. 210 ff. (222); *Jarass* in Jarass/Pieroth, Art. 3 Rn. 45.

Zudem führt die umgekehrte Maßgeblichkeit bei der Anerkennung des steuerrechtlichen Wahlrechts auch nicht zu einer unterschiedlichen „Ertragsteuerbelastung“ von Einzelunternehmen, Personen- und Kapitalgesellschaften, denn der Einfluss auf die steuerrechtliche Bemessungsgrundlage „Gewinn“ ist bei allen Erwerbsgesellschaften grundsätzlich identisch.

Eine Ungleichbehandlung ließe sich aber dann konstatieren, wenn das „true and fair view“ – Prinzip gem. § 264 Abs. 2 Satz 1 HGB die Inanspruchnahme steuerrechtlicher Wahlrechte i.S.v. § 5 Abs. 1 Satz 2 EStG bei Kapitalgesellschaften ausschlösse. Dies wäre dann der Fall, wenn das Prinzip eine (faktische) Einschränkung der betroffenen Wahlrechte zur Folge hätte, weil deren Ausübung nur in einer „dem tatsächlichen Bild“ entsprechenden Weise möglich ist[434]. Einer solchen Auslegung des § 264 Abs. 2 Satz 1 HGB ist jedoch nicht zu folgen, da sie sämtliche „bilanzfremden“ Wahlrechte zunichte machen würde. Es kann nicht angenommen werden, dass der Gesetzgeber einerseits nach dem Gesetzeswortlaut und Gesetzeszweck eindeutige Wahlmöglichkeiten eröffnet, andererseits aber zugleich eine bestimmte Auswahl vorschreibt[435]. Die handelsrechtlichen Bilanzierungswahlrechte, die aufgrund der umgekehrten Maßgeblichkeit zur Anwendung kommen, können daher ohne Konflikt mit § 264 Abs. 2 HGB nach allgemeiner Ansicht frei in Anspruch genommen werden[436].

Eine Ungleichbehandlung i.R.d. Ertragsbesteuerung lässt sich auch nicht damit begründen, dass Kapitalgesellschaften oftmals faktisch an der Ausnutzung der steuerrechtlichen Wahlrechte gehindert sein könnten[437]. In der Literatur wird diese These damit begründet, dass sich die umgekehrte Maßgeblichkeit als eine nicht zu überwindende Hürde für die Erlangung steuerrechtlicher Subventionen und daher als eine entscheidende Beschränkung des steuerrechtlichen Gestal-

[434] Für eine Einschränkung handelsrechtlicher Wahlrechte vgl. *Baetge/Commandeur* in *Küting/Weber*, § 264 Rn. 36; *Claussen* (1987), S. 89; eingeschränkt auch *Budde/Karig* in BilKomm, § 264 Rn. 30. Vgl. auch Heymann/*Herrmann*, § 264 Rn. 8.

[435] Dies kann weiter damit begründet werden, dass die weitaus überwiegende Zahl von Wahlrechten die Gewinnermittlungsregeln betrifft (z.B. Sonderposten mit Rücklageanteil gem. § 247 Abs. 3 HGB). Diese Wahlrechte sind aber in erster Linie so auszuüben, dass ein gläubigerschützender und gleichzeitig die legitimen Interessen der Eigentümer wahrender Gewinn ermittelt wird. Dabei steht daher nicht die Frage im Vordergrund, wie sich ein besserer Einblick in die Lage der Unternehmung erreichen lasse. § 264 Abs. 2 HGB ist jedoch als zentrale Informationsregel und nicht als Gewinnermittlungsregel konzipiert, so dass die Vorschrift keine Bedeutung für die Ausübung dieser Wahlrechte haben kann. Vgl. *Streim* in BHR, § 264 Rn. 28 f..

[436] Vgl. *ADS*, § 264 Rn. 109 f.; *Baetge/Commandeur* in K/W (1995), § 264 Rn. 35; *Budde/Karig* in BilKomm, § 264 Rn. 29.

[437] So aber *Dziadkowski*, DB 1989, S. 439; *Lauth*, DStR 1999, S. 1368; *Knepper*, DStR 1987, S. 690; *Wagner*, StuW 1990, S. 10; *Merkert/Koths*, BB 1985, S. 1765; *Merkert*, DStZ 1988, S. 145. Vgl. auch *Vogt*, S. 313.

tungsspielraums erweise[438]. Kapitalgesellschaften könnten ihren Kapitalbedarf häufig nicht allein durch Maßnahmen der Innenfinanzierung decken, sondern müssten sich die erforderlichen Mittel im Wege der Außenfinanzierung beschaffen. Die Eigenkapitalaufnahme am Kapitalmarkt setze jedoch – neben guten Erfolgsaussichten der Unternehmung – eine Verzinsung des Kapitals durch Dividenden oder ähnlichen Gewinnausschüttungen voraus[439]. Aus diesem Grunde stünden insbesondere große Kapitalgesellschaften vor dem „Dilemma", ein Ergebnis auszuweisen, das einerseits Ausschüttungen an die Anteilseigner zulasse und andererseits die hohe Steuerlast mindere. In diesem Fall würde das „Standing" eines Unternehmens indes zum Vorrang von Ausschüttungen vor der Steuerreduzierung führen[440]. Kapitalgesellschaften, denen ein ausreichender Gewinn fehle, könnten durch gebotene Mindestausschüttungen die Steuervorteile nicht in Anspruch nehmen[441]. Infolgedessen würde die optimale Nutzung steuerrechtlicher Möglichkeiten beschränkt. Demgegenüber seien Einzelunternehmen und Personengesellschaften in der Ausschöpfung ihrer steuerrechtlichen Möglichkeiten viel freier. Zudem sei der Ausweis von Rücklagen aus Gründen der Bilanzoptik wegen der vorwiegend internen Bedeutung des Jahresabschlusses nicht erforderlich[442].

Diese Argumentation vermag allerdings im Hinblick auf Art. 3 Abs. 1 GG nicht zu überzeugen[443]. Ein allgemeiner Erfahrungssatz, dass bei Kapitalgesellschaften ein Vorrang von Ausschüttungsinteressen besteht, existiert nicht. Vielmehr ist regelmäßig die Steueroptimierung vorrangiges Ziel der Unternehmerentscheidung[444]. Eine generelle Behinderung von Kapitalgesellschaften bei der Ausnutzung von subventionellen Steuervorteilen kann daher nicht festgestellt werden. Die in der Literatur behauptete Zwangslage stellt einen Sonderfall dar, der überhaupt nur beim Zusammentreffen diverser Faktoren denkbar erscheint.

---

438 Folgt man dieser These, so hätte dies unmittelbare Auswirkungen auf die Ertragsbesteuerung: Könnten steuerrechtliche Vergünstigungen nicht in Anspruch genommen werden, so erhöhte sich der steuerrechtliche Gewinn.

439 Vgl. *Vogt*, S. 277; *Knepper*, DStR 1987, S. 690.

440 Vgl. *Merkert*, DStZ 1988, S. 145; *Merkert/Koths*, BB 1985, S. 1765; ähnlich *Dziadkowski*, DB 1989, S. 439; vgl. auch *Söffing* (1995), S. 672. Teilweise wird angenommen, dass die umgekehrte Maßgeblichkeit insoweit einen Eingriff in die Geschäftsführungskompetenz darstelle. Vgl. *Knepper*, DStR 1987, S. 690; *Vogt*, S. 314; *Krieger*, S. 339.

441 Vereinzelt wird aus diesem Grunde von einer Ungleichbehandlung von Unternehmen gleicher Rechtsform gesprochen. Vgl. *Lauth*, DStR 2000, S. 1368.

442 Vgl. *Knepper*, DStR 1987, S. 690; *Vogt*, S. 313; *Merkert*, DStZ 1988, S. 145; *Merkert/Koths*, BB 1985, S. 1765.

443 Ähnlich *Söffing* (1995), S. 672.

444 Vgl. etwa *Plewka/Schmidt* in Lademann, EStG, § 5 Rn. 479; *Tanzer*, S. 90 Fn. 138; *Herzig/Dautzenberg*, BFuP 1998, S. 24; wohl auch *Küting*, DStR 1997, S. 84; ders., BFuP 1989, S. 116.

So kommen die befürchteten Nachteile nur dann zum Tragen, wenn der ausschüttungsfähige Gewinn zu niedrig ist, um sowohl die Ausschüttungs- wie auch die steuerrechtlichen Interessen zu befriedigen. Dies hängt jedoch von den Bedingungen des Einzelfalls und von dem Verhältnis des Gewinns zu dem Steuervorteil ab. Eine generelle Aussage über das Verhalten bei der Inanspruchnahme von Subventionen kann allerdings nicht gemacht werden.

Selbst bei Vorliegen einer entsprechenden Ausgangsposition muss angezweifelt werden, ob sie zwangsläufig zu einem Verzicht auf die Ausnutzung der subventionellen Steuervorteile führt. Auch hier lässt sich keine allgemeine Feststellung treffen, insbesondere weil die Interessenlage der Anteilseigner längst nicht immer homogen ist, was sich vor allem bei Aktiengesellschaften zeigt[445]. Aufgrund der Diversität der Interessen ist die Nichtinanspruchnahme von steuerrechtlichen Subventionen keineswegs zwangsläufig und ein prinzipieller Vorrang der Befriedigung der Ausschüttungsinteressen nicht erkennbar. Schließlich bleibt es immer eine eigenständige Entscheidung der Geschäftsführung, ob das steuerrechtliche Wahlrecht in Anspruch genommen wird.

b) Ungleichbehandlung i.R.d. Ausschüttungsmöglichkeiten

Eine Ungleichbehandlung würde sich jedoch dann ergeben, wenn die Unternehmen durch die Auswirkungen der umgekehrten Maßgeblichkeit im Handels- und Gesellschaftsrecht in unterschiedlichem Ausmaß getroffen werden. Ausgangpunkt dieser Betrachtung ist der Hauptzweck des § 5 Abs. 1 Satz 2 EStG, der, wie bereits dargestellt[446], in der „Stärkung der Unternehmenssubstanz“[447] durch die Verhinderung der Ausschüttung des durch die betroffenen, steuerrechtlichen Wahlrechte bestehenden Steuervorteils liegt[448]. Dies soll dadurch erreicht werden, dass ein entsprechender Ansatz auch in der Handelsbilanz vorzunehmen ist und der „ausschüttbare“ Handelsbilanzgewinn infolgedessen ge-

---

[445] Regelmäßig wird das Interesse an einem erhöhten Gewinnausweis zur Befriedigung von Ausschüttungsinteressen bei den Kleinaktionären besonderes ausgeprägt sein. Demgegenüber kann dasjenige der Großaktionäre in eine ganz andere Richtung gehen, weil oftmals langfristigere Überlegungen und Interessen eine Rolle spielen, so dass die Stärkung der Substanzkraft der Unternehmung im Vordergrund steht. Hinzu kommen die Interessen der Geschäftsführung, die keineswegs immer identisch mit denen der Eigner sein müssen. Vgl. hierzu *Wöhe* (1997), S. 44 f.; *Federmann*, S. 42; *Clemm* (1987), S. 97. Die Interessen der Gesellschafter einer GmbH dürften tendenziell eher denjenigen der Großaktionäre entsprechen.

[446] Vgl. oben unter Kapitel 1 B..

[447] Vgl. BT-Drucks. 10/4268, S. 146; *Plewka/Schmidt* in Lademann, EStG, § 5 Rn. 513.

[448] Betrachtet man den Gesetzeswortlaut des § 5 Abs. 1 Satz 2 EStG und dessen Begründung in der Beschlussempfehlung des Bundestages, so soll die Stärkung der Unternehmenssubstanz undifferenziert für alle Rechtsformen erreicht werden. Vgl. BT-Drucks. 10/4268, S. 146.

mindert wird[449]. Betrachtet man die Möglichkeiten eines Unternehmens, Ausschüttungen vorzunehmen, so können diese grundsätzlich aus zwei Quellen vorgenommen werden, dem Gewinn und dem „Kapital" des Unternehmens:

(1.) Gewinnausschüttungen

Eine Ungleichbehandlung i.R.d. **gewinnabhängigen Ausschüttungen** ist nicht erkennbar, weil die Auswirkungen der umgekehrten Maßgeblichkeit auf den handelsrechtlich „ausschüttbaren" Gewinn in allen Fällen identisch sind. Grundsätzlich besteht bei all diesen Gesellschaften ein unmittelbarer Zusammenhang zwischen dem nach dem Vorsichtsprinzip ermittelten Erfolg des Unternehmens und dem gesellschaftsrechtlich ausschüttbaren Gewinn, da die Vorschriften über das „Ausschüttbare" regelmäßig an den ermittelten Bilanzgewinn anknüpfen (vgl. etwa §§ 120 Abs. 1, 121 Abs. 1, §§ 167, 168 HGB; §§ 57 Abs. 3, 58 Abs. 4, 174 AktG[450]; § 29 Abs. 1 GmbHG[451]). Infolgedessen schränkt eine Verringerung des Handelsbilanzgewinns auch das Volumen der Gewinnausschüttungen ein.

(2.) Kapitalausschüttungen

Die Nachhaltigkeit der Ausschüttungssperre hängt indes davon ab, inwiefern die Beschränkung der gewinnabhängigen Ausschüttungen durch solche aus dem **Gesellschaftskapital** kompensiert werden können. In diesem Bereich bestehen deutlich heterogenen Vorschriften für die einzelnen Gesellschaften, wobei sich die strengsten Vorschriften bei der Aktiengesellschaft finden:

---

[449] Vgl. *Plewka/Schmidt* in Lademann, EStG, § 5 Rn. 513; *Dziadkowski*, BB 1986, S. 331; *Lause/Sievers*, BB 1990, S. 31; *Haller*, RIW 1992, S. 46; *Meincke*, StuW 1990, S. 18; *Robisch*, DStR 1993, S. 1002; BT-Drucks. 10/4268, S. 146.

[450] § 58 Abs. 4 AktG räumt den Aktionären einer Aktiengesellschaft grundsätzlich, d.h. soweit eine Verteilung gesetzlich nicht ausgeschlossen ist, einen mitgliedschaftlichen Gewinnanspruch auf den Bilanzgewinn i.S.d. § 158 Abs. 1 AktG ein. Der sich hieraus ergebende Betrag stellt jedoch die absolute Höchstgrenze der Ausschüttung dar, jede andere (offene oder verdeckte) Gewinnausschüttung ist verboten. Vgl. *K. Schmidt*, § 29 II 2 a; *Flume* (1983), § 8 IV 2 b; *Strobl*, S. 401.

[451] Der Gewinnanspruch der Gesellschafter einer GmbH bezieht sich grundsätzlich nach § 29 Abs. 1 GmbHG *„auf den Jahresabschluss zuzüglich eines Gewinnvortrags und abzüglich eines Verlustvortrags"*. Der sich ergebenden Betrag darf jedoch nicht von der Verteilung ausgeschlossen sein. An die Stelle des Jahresabschlusses tritt der Bilanzgewinn, soweit die Bilanz gemäß § 268 Abs. 1 HGB unter Berücksichtigung der teilweisen Verwendung des Jahresergebnisses aufgestellt ist oder wenn Rücklagen aufgelöst werden. Vgl. § 29 Abs. 1 Satz 2 GmbHG.

Bei **Aktiengesellschaften** sind über die „Gewinnverteilung" hinausgehende Ausschüttungen aus dem Kapital prinzipiell nicht gestattet[452], was sich insbesondere an dem strikten Verbot der Einlagenrückgewähr (§ 57 Abs. 1 Satz 1 AktG) zeigt[453]. Durch die Verringerung des Handelsbilanzgewinns bewirkt § 5 Abs. 1 Satz 2 EStG daher eine nicht durch Kapitalausschüttungen kompensierbare Begrenzung des Ausschüttungsvolumen. Im Hinblick auf die **GmbH** sind Ausschüttungen des Kapitals nur in den Grenzen des § 30 Abs. 1 GmbHG möglich. Die hier geregelte Vermögensbindung ist jedoch nicht so starr angelegt wie bei der Aktiengesellschaft, weil die Vorschrift nur das zur Erhaltung des Stammkapitals erforderliche Vermögen der Gesellschaft sichert[454]. Ein Ausschüttungsverbot des Inhalts, dass nur bilanziell ausgewiesene Gewinne an die Gesellschafter fließen können, ist der Vorschrift nicht zu entnehmen[455]. Insofern ist die Ausschüttungssperrwirkung der umgekehrten Maßgeblichkeit bei der GmbH erst dann sichergestellt, wenn eine Ausschüttung von Kapital aufgrund von § 30 Abs. 1 GmbHG nicht mehr möglich ist. Andernfalls kann die Stärkung der Unternehmenssubstanz durch eben solche Ausschüttungen verhindert werden.

Demgegenüber sind die gesetzlichen Regelungen für die Nichtkapitalgesellschaften wesentlich freier: Zwar ist auch bei **Einzelunternehmen** und **Personengesellschaften** der handelsrechtliche Jahresüberschuss die Ausgangsgröße für die Berechnung des auf die einzelnen Gesellschafter entfallenden Gewinns[456]. Allerdings ist die Entnahmebefugnis der Gesellschafter nur begrenzt an die Höhe des Handelsbilanzgewinns gebunden: So kann etwa bei der OHG und der KG jeder persönlich haftende Gesellschafter einen Betrag von bis zu 4 v.H. seines für das letzte Geschäftsjahr festgestellten Kapitalanteils gewinnunabhängig entnehmen (vgl. §§ 122 Abs. 1, 1. Hs., 161 Abs. 2, 169 Abs. 1 HGB)[457]. Bei der GbR sind gewinnunabhängige Entnahme grundsätzlich jederzeit möglich, weil Entnahmebeschränkungen kraft Gesetzes nicht bestehen[458].

452 Vgl. *Hüffer*, § 57 Rn. 3; *Strobl*, S. 404.

453 Weitere Kapitalsicherungsregelungen enthalten § 57 Abs. 2 und 3, § 61, §§ 71 ff. AktG.

454 Vgl. *K. Schmidt*, § 37 III 1 a – d; Rowedder/*Rowedder*, § 30 Rn. 1, 6; *Strobl*, S. 404; *Lutter/Hommelhoff*, § 30 Rn. 1; *Hueck/Fastrich* in Baumbach/Hueck, § 30 Rn. 1.

455 Vgl. *Flume*, § 8 IV 2a; *K. Schmidt*, § 37 III 1 d; *Hueck/Fastrich* in Baumbach/Hueck, § 30 Rn. 3; vgl. auch Scholz/*H.P. Westermann*, § 30 Rn. 5 f..

456 Vgl. *Baumbach/Hopt*, § 120 Rn. 1; *K. Schmidt*, § 47 IV 1; *Strobl*, S. 402.

457 Vgl. *Baumbach/Hopt*, § 122 Rn. 2, 12 ff.; *Söffing* (1995), S. 669; BFH vom 24.4.1985 – I R 65/80, BStBl. 1986 II, S. 324 ff. (327); *Winnefeld*, C Rn. 603; *Knobbe-Keuk* (1993), S. 32; *Plewka/Schmidt* in Lademann, EStG, § 5 Rn. 516; *Leucht*, DB 1989, S. 2242; *Dziadkowski*, BB 1986, S. 333; *Wittig*, DStR 1986, S. 530; *Vogt*, S. 276.

458 § 122 Abs. 1 HGB gilt nicht analog. Es können jedoch Vereinbarungen hierüber im Gesellschaftsvertrag getroffen werden. Vgl. Palandt/*Sprau*, § 722 Rn. 721 Rn. 4; *Ulmer* in MünchKomm, § 722 Rn. 10.

Aufgrund der gewinnunabhängigen Entnahmemöglichkeiten[459] zeigt die Ausschüttungssperre des § 5 Abs. 1 Satz 2 EStG bei Gesellschaftern einer OHG und einer GbR sowie den Komplementären[460] einer KG allenfalls geringe Wirkung[461].

Zusammenfassend lässt sich festhalten, dass sich eine Ungleichbehandlung von Kapitalgesellschaften erst aufgrund der heterogenen „gewinnunabhängigen“ Ausschüttungsmöglichkeiten ergibt. Die Beschränkung der Ausschüttungen aus dem Gewinn wird bei allen Erwerbsgesellschaften in gleicher Weise erreicht. Aufgrund unterschiedlicher Kapitalsicherungsregelungen können jedoch insbesondere Einzelunternehmen und Personengesellschaften, begrenzt aber auch Gesellschaften mit beschränkter Haftung, autonomer über die Ausschüttungen von Kapital entscheiden als die Aktiengesellschaft. Dadurch wirkt sich die Ausschüttungssperre des § 5 Abs. 1 Satz 2 EStG bei den erstgenannten Unternehmen schwächer aus als bei den Kapitalgesellschaften, so dass man insofern von einer Ungleichbehandlung sprechen kann[462].

Diesem Ergebnis kann nicht entgegengehalten werden, dass auch Kapitalgesellschaften bei der Transferierung von Mitteln aus der Unternehmung auf Gewinnausschüttungen relativ frei sind. Zwar kommen neben den Ausschüttungen aus dem Gewinn etwa die Auflösung von nicht ausschüttungsgesperrten Rücklagen, die Darlehensgewährung an die Gesellschafter, wie auch die Vereinbarung von

---

[459] Die Gesellschafter können ihre Bezüge aus dem Unternehmen durch Entnahmen daher auch am zu erwartenden Gewinn orientieren. Vgl. *Kempermann* in K/S, § 5 B Rn. 163; *Robisch*, DStR 1993, S. 1002; *Raupach*, BFuP 1989, S. 520; *Leucht*, DB 1989, S. 2242; *Flämig*, DB 1968, S. 2046. Daher wird die Ansicht vertreten, dass die umgekehrte Maßgeblichkeit für Personengesellschaften und Einzelunternehmen keinen sinnvollen Regelungsgehalt habe. So etwa *Wittig*, DStR 1986, S. 530.

[460] § 122 HGB findet gem. § 169 Abs. 1 Satz 1 HGB keine Anwendung auf den Kommanditisten. Er hat also kein gewinnunabhängiges Entnahmerecht. Entsprechendes gilt für den stillen Gesellschafter. Vgl. *Baumbach/Hopt*, § 232 Rn. 4; Glanegger/*Selder/Stuhlfelner*, § 233 Rn. 12.

[461] Zu beachten ist noch, dass die Vorschriften der §§ 121, 122 HGB dispositiv sind (vgl. § 109 HGB), so dass das Entnahmerecht abweichend geregelt werden kann. Wenngleich der Gesellschaftsvertrag auch strengere Regelungen enthalten mag, um die Eigenkapitalbasis der Gesellschaft zu stärken, kann das Funktionieren der Ausschüttungssperre damit keineswegs sichergestellt werden. Vgl. BStBl. 1986 II, S. 324 ff. (327); *Eigenstetter*, WPg 1993, S. 577.

[462] Vgl. BFH vom 24.4.1985 – I R 65/80, BStBl. 1986 II, S. 324 ff. (327); *Winnefeld*, C Rn. 601; *Vogt*, S. 275; *Robisch*, DStR 1993, S. 1002; *Söffing* (1995), S. 668; *H/H/R*, § 5 Anm. 49 j [4]; *Federmann*, S. 173; *Eigenstetter*, WPg 1993, S. 578; *Raupach*, BFuP 1989, S. 520; *Thiel*, DB 1989, S. 537; *Leucht*, DB 1989, S. 2242; *Flämig*, DB 1968, S. 2046; *Lischer/Märkl*, WPK-Mitt. Sonderheft Juni 1997, S. 116; *Meilicke*, StbJb 1967/66, S. 150; *Eberhartinger*, S. 185; *Dziadkowski*, BB 1986, S. 333; ders., DB 1989, S. 439; *Geitner/Heim/Hollfelder*, SteuerStud 1990, S. 328 f.; *Wittig*, DStR 1986, S. 530; *Woerner*, BB 1976, S. 1572; *Oestreicher/Spengel*, S. 567.

bei der Gewinnermittlung abzugsfähigen Gesellschaftervergütungen in Betracht[463]. Jedoch ist Voraussetzung all dieser „Ausweichmöglichkeiten" eine entsprechende Ausrichtung der Bilanzpolitik, die von den Einzelunternehmen und Personengesellschaften nicht verlangt wird[464].

Der Annahme einer Ungleichbehandlung i.S.v. Art. 3 Abs. 1 GG lässt sich auch nicht entgegenhalten, dass sich diese erst aufgrund handelsrechtlicher Vorschriften ergibt. Die Umkehrmaßgeblichkeit knüpft zwar insofern lediglich an einen Zustand an, der ihr aus einem anderen Rechtsgebiet vorgegeben ist. Bei der Beurteilung einer steuerrechtlichen Norm vor dem Hintergrund des Gleichheitssatzes können indessen ihre Auswirkungen auf andere Rechtsgebiete nicht unberücksichtigt bleiben, denn der Gleichheitssatz im Steuerrecht verlangt nicht nur eine rechtliche, sondern auch eine tatsächliche Belastungsgleichheit[465]. Aus diesem Grunde müssen steuerrechtlichen Vorschriften samt ihrer tatsächlichen Auswirkungen Art. 3 Abs. 1 GG standhalten. Eine „isolierende" Betrachtung der einkommensteuerrechtlichen Norm kommt daher nicht in Frage. Gründe, die hinter der Ungleichbehandlung i.R.d. Handels- und Gesellschaftsrechts stehen, können daher allenfalls als Rechtfertigungsgrund herangezogen werden.

Eine Ungleichbehandlung kann schließlich nicht deshalb abgelehnt werden, weil „gewinnunabhängige" Ausschüttungen faktisch auch bei Einzelunternehmen und Personengesellschaften verhindert werden. Wenngleich die Gesellschafter grundsätzlich nicht gehindert sind, Entnahmen unabhängig vom Gewinn zu tätigen, könnte die umgekehrte Maßgeblichkeit dennoch Auswirkungen auf das Entnahmeverhalten haben. Denn, wie bereits dargestellt[466], kommt der Handelsbilanz bei diesen Gesellschaften eine Ausschüttungssperrfunktion im Zusammenwirken mit der Rechenschaftsfunktion zu: Den Gesellschaftern wird durch die Handelsbilanz angezeigt, wann sie beginnen, Haftungsmasse des Unternehmens zu reduzieren, indem sie übermäßig Gewinn entnehmen („*Kapitalerhaltung aufgrund von Informationen*"), so dass die umgekehrte Maßgeblichkeit zumindest zu einem faktischen Druck führen kann. Eine solche Betrachtungsweise steht jedoch auf „wackeligen Beinen", da sie letztlich auf das freiwillige Verhalten der Gesellschafter abstellt[467]. Die umgekehrte Maßgeblichkeit führt

---

463 Vgl. *Plewka/Schmidt* in Lademann, EStG, § 5 Rn. 516 f.; *Eigenstetter*, WPg 1993, S. 577; *Bareis*, WPg 1972, S. 501; *Wagner*, StuW 1990, S. 7; *Treptow*, StbJb 1998/99, S. 87; *Winnefeld*, C Rn. 603.

464 Vgl. *Dziadkowski*, BB 1986, S. 333; *Plewka/Schmidt* in Lademann, EStG, § 5 Rn. 517. *Vogt*, S. 275, hält die Möglichkeiten der Ausweichhandlungen bei Kapitalgesellschaften für nur schwer durchsetzbar, weil sie zu kostspielig oder mit einer negativen Publizitätswirkung verbunden seien.

465 Ebenso BVerfGE 84, S. 239 (268 f.); *Jarass* in Jarass/Pieroth, Art. 3 Rn. 44.

466 Vgl. oben unter Kapitel 2 C. I. 2..

467 Ebenso *Söffing* (1995), S. 669.

hier demnach nicht zu einer Ausschüttungssperre, sondern hat lediglich eine Indikatorfunktion für den wirtschaftlich vertretbaren Entnahmebetrag. Es muss daher bei der Annahme einer Ungleichbehandlung bleiben.

(3.) Vorliegen einer Benachteiligung

Eine Beeinträchtigung des Gleichheitsrechts des Betroffenen liegt nur dann vor, wenn er durch die Ungleichbehandlung auch benachteiligt wird[468]. Das Vorliegen einer solchen Benachteiligung wird von *Wagner*[469] angezweifelt, weil eine Schlechterstellung von Kapitalgesellschaften bei einer differenzierenden Betrachtung nicht uneingeschränkt bestätigt werden könne. Die Ausschüttungssperre bewirke nur dann einen Nachteil, wenn mit ausgeschütteten Mitteln eine höhere Investitionsrendite als bei Thesaurierung in der Unternehmung erzielbar wäre. Die Umkehrmaßgeblichkeit löse daher lediglich eine Wirkung aus, *„die wegen der Unvollkommenheit des Kapitalmarktes sowie weiterer Ungleichmäßigkeiten im Steuersystem nicht durch vorteilsneutrale Anpassungshandlungen ausgeglichen werden“* könnte[470].

Die Ansicht kann zunächst schon deshalb nicht überzeugen, weil die Argumentation einzelfallbezogen und der von *Wagner* skizzierte Fall kaum vorstellbar ist. Ein wirtschaftlicher Nachteil würde nämlich einzig dann entfallen, wenn das eigene Unternehmen das renditestärkste Objekt auf dem gesamten Kapitalmarkt wäre. Die isolierte Betrachtung der Rendite lässt zudem unberücksichtigt, dass deren Höhe regelmäßig mit dem eingegangenen Risiko korreliert, so dass die Vorteilhaftigkeit einer Investition stark von der Risikobereitschaft des Investors abhängt. Letztlich kann die These sogar offen bleiben, weil eine Benachteiligung bereits darin zu sehen ist, dass Kapitalgesellschaften hinsichtlich ihrer **Ausschüttungswahlmöglichkeiten** beschränkt werden, da sie die Ausschüttungssperre nicht oder nur begrenzt über Ausschüttungen aus dem Kapital kompensieren können. Während Einzelunternehmen und Personengesellschaften Ausschüttungen trotz § 5 Abs. 1 Satz 2 EStG vornehmen können, steht diese Möglichkeit den Kapitalgesellschaften nur eingeschränkt zur Verfügung. Die Einschränkung der „Wahlmöglichkeit“ zwischen Ausschüttung und Thesaurierung muss ausreichen, um eine Benachteiligung anzunehmen, denn die freie Wahl der Kapitalallokation wird dadurch beschnitten. *Wagner*[471] selbst konzediert, dass bei Zugrundelegung seiner Ausführungen jedenfalls von einer eingeschränkten Ungleichbehandlung gesprochen werden kann. Dies kann aber auch nach seiner Ansicht nicht dazu führen, eine Ungleichbehandlung gem. Art. 3 GG

[468] Vgl. BVerfGE 67, S. 239 (244); *Jarass* in Jarass/Pieroth, Art. 3 Rn. 11.
[469] Vgl. *Wagner*, StuW 1990, S. 6 f..
[470] Vgl. *Wagner*, StuW 1990, S. 7.
[471] Vgl. *Wagner*, StuW 1990, S. 7.

abzulehnen. Somit ist auch eine Benachteiligung von Kapitalgesellschaften gegeben[472].

c) Ungleichbehandlung aufgrund einer Benachteiligung publizierender Unternehmen

In der Literatur wird teilweise eine Ungleichbehandlung auch darin gesehen, dass Unternehmen, die ihre Jahresabschlüsse veröffentlichen müssen[473], daran gehindert seien, steuerrechtliche Wahlrechte i.S.v. § 5 Abs. 1 Satz 2 EStG in Anspruch zu nehmen, wenn das Finanzamt für deren Anerkennung die Beachtung der umgekehrten Maßgeblichkeit erst nach der Veröffentlichung der Handelsbilanz fordere. Diese Unternehmen hätten prinzipiell keine Möglichkeit, die Handelsbilanz aus steuerrechtlichen Gründen wieder abzuändern, weil sie die abgeänderte Bilanz erst veröffentlichen müssten. Dies käme allerdings aus praktischen Erwägungen nicht in Frage[474]. Demgegenüber könnten Unternehmen ohne Veröffentlichungspflichten ihre Bilanz im zulässigen Rahmen auch mit steuerrechtlicher Wirkung ändern.

Diese Argumentation ist seit der Kodifizierung der umgekehrten Maßgeblichkeit in § 5 Abs. 1 Satz 2 EStG kaum noch überzeugend, weil der Grundsatz seither allgemeine Geltung hat und sein sachlicher Anwendungsbereich im wesentlichen unstreitig ist. Fälle, in denen eine nachträgliche Korrektur der Handelsbilanz wegen der Ablehnung eines steuerrechtlichen Wahlrechts durch das Finanzamt erforderlich wird, sind daher unwahrscheinlich. So stammt die Ansicht auch aus der vorhergehenden Zeit und hat insofern wesentlich an Bedeutung verloren[475].

Im übrigen stehen der Veröffentlichung einer abgeänderten Bilanz selbst bei publizitätspflichtigen Unternehmen, wie auch die Literaturmeinung zugibt[476], lediglich *„praktische Erwägungen"* entgegen, so dass jedenfalls nicht von einer rechtlichen Unmöglichkeit der Abänderung gesprochen werden kann. Leider werden die behaupteten Hindernisse in der zitierten Literatur nicht weiter geklärt. In Betracht kommt zunächst ein Vertrauensverlust von tatsächlichen und potentiellen Anteilseignern, die durch eine „zusätzliche" Bilanz irritiert werden

---

[472] Ebenso *Raupach*, BFuP 1989, S. 520; *Bareis*, WPg 1972, S. 501.

[473] Vgl. insbesondere §§ 325, 339 HGB, § 9 PublG, § 340 l HGB i.V.m. § 5 KWG und § 341 l HGB i.V.m. § 55 VAG.

[474] Vgl. *Merkert*, DStZ 1988, S. 145; *Schneider*, StuW 1971, S. 331. Ebenso *BMWF*, Abschnitt V Rn. 8. Vgl. auch *Söffing* (1995), S. 669, 672.

[475] Aufgrund des Meinungsstreites hinsichtlich der Anwendbarkeit der umgekehrten Maßgeblichkeit bei der (zeitlich begrenzten) Übergangsregelung des § 52 Abs. 16 Satz 3 EStG, soll an dieser Stelle dennoch eine Auseinandersetzung mit der Literaturmeinung erfolgen.

[476] Vgl. *Merkert*, DStZ 1988, S. 145.

könnten. Ob jedoch eine solche Irritation bei den Anlegern eintritt, ist bei der heutigen Aufgeklärtheit des Anlegers zweifelhaft und keineswegs belegt. Zudem können die Probleme durch entsprechende Hinweise (weitestgehend) beseitigt werden. Gewichtiger erscheint dagegen das Argument der Verursachung zusätzlicher Kosten durch eine erneute Veröffentlichung. Denn auf die Inanspruchnahme des steuerrechtlichen Wahlrechts dürfte verzichtet werden, wenn die zusätzlichen Kosten außer Verhältnis zu den Steuerersparnissen stehen[477].

Letztlich wird man eine verfassungswidrige Ungleichbehandlung der publizitätspflichtigen Unternehmen abzulehnen haben, da die heute noch streitigen Fälle hinsichtlich der Anwendbarkeit der umgekehrten Maßgeblichkeit bekannt sind. Dadurch hat es der Steuerpflichtige selbst in der Hand, einer nachträglichen Korrektur der Bilanz durch einen entsprechenden handelsbilanziellen Ausweis zu entgehen. Aus diesem Grunde ist die nachträglich Berufung auf eine Ungleichbehandlung nach dem Rechtsprinzip des *venire contra factum propium* ausgeschlossen. Die Nachteile für publizierende Kapitalgesellschaften können daher keine Ungleichbehandlung i.S.v. Art. 3 Abs. 1 GG begründen.

3. Verfassungsrechtliche Rechtfertigung der Ungleichbehandlung

Eine Ungleichbehandlung vergleichbarer Sachverhalte muss keineswegs immer Art. 3 Abs. 1 GG verletzen, da sie nur dann verfassungswidrig ist, wenn sie nicht gerechtfertigt werden kann[478].

a) Bestimmung des Prüfungsmaßstabes

Bei der Prüfung einer gesetzlichen Vorschrift am Maßstab des Gleichheitssatzes ist zunächst von Bedeutung, dass dem Gesetzgeber bei der Regelung einer Materie grundsätzlich Gestaltungsfreiheit zukommt[479]. Verfassungsrechtlich lässt sich *„nur die Überschreitung äußerster Grenzen (des Spielraums) beanstanden“* und nicht darauf abstellen, *„ob der Gesetzgeber die jeweils gerechteste und zweckmäßigste Regelung getroffen“* hat[480]. Bei den allgemeinen Anforderungen an die verfassungsrechtliche Rechtfertigung wird vom BVerfG eine Differenzierung

[477] Dabei ist jedoch zu berücksichtigen, dass der Ausnutzung von Steuervergünstigungen stets eine Abwägung von Kosten und Vorteilen vorangeht.

[478] St. Rspr.: etwa BVerfGE 71, S. 39 (53); 80, S. 109 (118); *Pieroth/Schlink*, Rn. 481; *Jarass* in Jarass/Pieroth, Art. 3 Rn. 15.

[479] Vgl. BVerfG vom 8.12.1970, 1BvR 95/68, BVerfGE 29, S. 327 ff. (335). Vgl. auch *Jachmann*, DStJG 2000, S. 14.

[480] St. Rspr.: etwa BVerfGE 64, S. 158 (168 f.); 66, S. 84 (95).

nach der **Intensität der Beeinträchtigung** vorgenommen[481]. Bei geringer Intensität der Ungleichbehandlung versteht das BVerfG den Gleichheitssatz als bloßes Willkürverbot. Die Rechtfertigungsprüfung beschränkt sich dann auf eine Evidenzkontrolle, und die Ungleichbehandlung wird schon bei Vorliegen irgendeines sachlichen Grundes akzeptiert[482]. Demgegenüber wird das Gleichheitsgebot im Falle einer Beeinträchtigung größerer Intensität als Verbot der Unleichbehandlung ohne einen gewichtigen sachlichen Grund interpretiert. Hier verlangt das BVerfG zur Rechtfertigung ein positives Ergebnis einer umfassenden Verhältnismäßigkeitsprüfung[483].

Aus diesem Grunde ist zunächst die Intensität der Ungleichbehandlung festzustellen: Sie nimmt grundsätzlich zu, je mehr das Unterscheidungszeichen einem der nach Art. 3 Abs. 3 GG verbotenen Kriterien ähnelt, je weniger der Betroffenen das Kriterium der Ungleichbehandlung beeinflussen kann, und je mehr die Ungleichbehandlung den Gebrauch grundrechtlich geschützter Freiheiten erschwert[484]. Für eine stärkere Intensität der Beeinträchtigung spricht im Fall der umgekehrten Maßgeblichkeit, dass verschiedene Personengruppen und nicht nur verschiedene Sachverhalte ungleich behandelt werden[485]. Die besseren Argumente sprechen jedoch für eine Beeinträchtigung geringer Intensität: So können sich die Betroffenen auf die Regelungen einstellen und nachteilige Auswirkungen durch eigenes Verhalten begegnen[486]. Denn der Unternehmer kann die Rechtsform seiner Unternehmung frei wählen und daher das Unterscheidungskriterium – die Art der Bindung an die Gesellschaft – selbst beeinflussen. Zudem besteht für ihn die Möglichkeit, die Ungleichbehandlung durch bestimmte eigene Handlungen einzuschränken, da der Transfer von Mitteln aus der Unternehmung auch bei den Kapitalgesellschaften nicht auf Gewinnausschüttungen beschränkt ist[487]. Bedeutend für die Beurteilung ist auch, dass es bei der umgekehrten Maßgeblichkeit um die Ausnutzung steuerrechtlicher Subventionen geht. Denn nach der Rspr. des BVerfG ist eine großzügigere Prüfung im Bereich

[481] Vgl. BVerfGE 88, S. 87 (96); 91, S. 389 (401); *Pieroth/Schlink*, Rn. 481; *Jarass* in Jarass/Pieroth, Art. 3 Rn. 26 f.. A.A. *Herzog* in Maunz/Dürig, Art. 3, Anhang Rn. 10: generelle Anwendung des Verhältnismäßigkeitsgrundsatzes, jedoch mit unterschiedlicher Intensität.

[482] Vgl. BVerfGE 17, S. 122 (130); *Pieroth/Schlink*, Rn. 482; *Rüfner* in BK, Art. 3 Abs. 1 Rn. 16 ff.; *Jarass* in Jarass/Pieroth, Art. 3 Rn. 26.

[483] Vgl. etwa BVerfGE 82, S. 126 (146); 85, S. 238 (245); *Jarass* in Jarass/Pieroth, Art. 3 Rn. 27; *Pieroth/Schlink*, Rn. 483 ff.; *Rüfner* in BK, Art. 3 Abs. 1 Rn. 96 f..

[484] Vgl. *Pieroth/Schlink*, Rn. 481; *Jarass* in Jarass/Pieroth, Art. 3 Rn. 21 ff..

[485] Vgl. BVerfGE 55, S. 72 (88 f.); 75, S. 348 (357); 78, S. 233 (247). BVerfGE 95, S. 267 (317): Eine Beeinträchtigung juristischer Personen ist nicht von vornherein sachverhaltsbezogen.

[486] Vgl. BVerfGE 90, S. 22 (26).

[487] Vgl. oben unter Kapitel 3 A. I. 2. b) (2.).

der gewährenden Staatstätigkeit[488], insbesondere bei der Subventionsgewährung[489], angezeigt. Dafür spricht weiter, dass es sich bei den subventionellen Steuervergünstigungen vielfach um wirtschaftslenkende oder wirtschaftsordnende Maßnahmen handelt[490]. Letztlich ist die Differenzierung zwischen Kapitalgesellschaften und anderen Erwerbsgesellschaften bereits im Grundgesetz angelegt (vgl. Art. 19 Abs. 3 GG)[491].

Mithin ist die Ungleichbehandlung auf einer niedrigen Intensitätsstufe einzuordnen. Art. 3 Abs. 1 GG ist daher nur dann verletzt, wenn sich für die gesetzliche Regelung kein sachlicher Grund finden lässt und sie deshalb als willkürlich zu bezeichnen ist[492].

b) Vorliegen eines sachlichen Grundes

Als ausreichender Differenzierungsgrund für die Ungleichbehandlung kommt vorliegend jedenfalls nicht das Erfordernis der **Typisierung und Generalisierung** von Sachverhalten in Betracht. Unter dem Gesichtspunkt der Praktikabilität kann zwar eine Gleichbehandlung ungleicher Sachverhalte auch dann zu rechtfertigen sein, wenn die Individualgerechtigkeit die Verschiedenbehandlung wegen relevanter Unterschiede fordert[493]. Kann der Gesetzgeber verschiedenen Sachverhalten anders nur schwer Herr werden, können Typisierungen und Pauschalierungen, welche nicht alle Verschiedenheiten der Einzelfälle berücksichtigen, zulässig sein[494]. Eine Rechtfertigung unter dem Gesichtspunkt der Typisierung kann indes aus zweierlei Gründen vorliegend nicht eingreifen: Zum einen ist vorliegend nicht ersichtlich, dass die Typisierung um der Verwaltungspraktikabilität willen erforderlich ist[495]. Dafür gibt weder die Gesetzesbegründung Anhaltspunkte, noch erscheint eine für die Verwaltungspraxis notwendige Vereinfachung erforderlich zu sein. Zum anderen lässt das BVerfG dieses Argument nur dann gelten, wenn die Gruppe der Benachteiligten nicht groß und deren Nachteile nicht zu schwerwiegend sind[496]. Insofern kommt eine Typisierung letztlich nicht in Betracht, denn die Gruppe der Kapitalgesellschaften einerseits

[488] Vgl. BVerfGE 49, S. 280 (382); 51, S. 295 (300 ff.); 78, S. 104 (121).
[489] Vgl. BVerfGE 17, S. 210 (216).
[490] Vgl. BVerfGE 18, S. 315 (331); 50, S. 290 (338). Vgl. auch *Gubelt* in v. Münch/Kunig, Art. 3 Rn. 24; *Jarass* in Jarass/Pieroth, Art. 3 Rn. 21 a.
[491] Vgl. *Jarass* in Jarass/Pieroth, Art. 3 Rn. 23.
[492] Vgl. BVerfGE 91, S. 118 (123); 83, S. 1 (23); 97, S. 271 (291); *Jarass* in Jarass/Pieroth, Art. 3 Rn. 26.
[493] Vgl. BVerfGE 11, S. 245 (254); 71, S. 146 (157).
[494] Vgl. *Rüfner* in BK, Art. 3 Abs. 1 Rn. 111; *Jarass* in Jarass/Pieroth, Art. 3 Rn. 30 f..
[495] Vgl. BVerfGE 71, 146 (157); *Rüfner* in BK, Art. 3 Abs. 1 Rn. 114.
[496] Vgl. BVerfGE 82, 124 (152); *Jarass* in Jarass/Pieroth, Art. 3 Rn. 31; *Rüfner* in BK, Art. 3 Abs. 1 Rn. 114.

und der Personengesellschaften und Einzelunternehmen andererseits ist zu groß, um eine Typisierung rechtfertigen zu können.

Die Ungleichbehandlung ist jedoch aufgrund der **verschiedenartigen handels- und gesellschaftsrechtlichen Haftungsregeln** bei den Erwerbsgesellschaften gerechtfertigt[497]: Bei Beurteilung der Frage nach dem Vorliegen eines sachlichen Grundes stellt das BVerfG primär auf die vom Gesetzgeber in den Parlamentspapieren oder von den Vertretern der juristischen Personen des öffentlichen Rechts im Gesetzgebungsverfahren hervorgehobenen Gründe ab; daneben kann aber auch auf sonstige Gründe zurückgegriffen werden, die der Gesetzgeber nicht gesehen hat[498]. Von Bedeutung sind dabei auch die mit der Vorschrift verbundenen Ziele. Der Gesetzgeber ist hinsichtlich der Wahl dieser Ziele grundsätzlich frei, soweit das Verfassungsrecht sie nicht eindeutig festlegt. Die gesetzlichen Regelungen sind als Mittel zur Durchsetzung dieser Ziele anzusehen, müssen aber so gewählt werden, dass sie die Ziele effektiv erreichen können[499].

Als Hauptziele des § 5 Abs. 1 Satz 2 EStG wurden bereits die Verhinderung der Ausschüttung der steuerrechtlichen Subventionen an die Anteilseigner sowie die Stärkung der Unternehmenssubstanz herausgearbeitet[500]. Während der Einfluss der Umkehrmaßgeblichkeit auf den Handelsbilanzgewinn jedenfalls die direkte Ausschüttung des Vorteils verhindert, führen heterogene Vorschriften im Hinblick auf Ausschüttungsmöglichkeiten aus dem Gesellschaftskapital insbesondere bei Einzelunternehmen und Personengesellschaften zu einer Einschränkung dieser Ziele[501]. Die diesbezüglich festgestellte Benachteiligung von Kapitalgesellschaften resultiert aus den handels- und gesellschaftsrechtlichen Bestimmungen, die gewinnunabhängige Ausschüttungen weitgehend beschränken. Da die in diesen Teilrechtsgebieten bestehenden Unterschiede im Fall der umgekehrten Maßgeblichkeit zu einer Ungleichbehandlung führen, liegt es nahe, die Begründung für die divergenten Vorschriften zu untersuchen und ggf. als sachlichen Grund anzuerkennen.

Die unterschiedlichen handels- bzw. gesellschaftsrechtlichen Ausschüttungsvorschriften bei den Erwerbsgesellschaften lassen sich damit begründen, dass die Haftung bei den Erwerbsgesellschaften unterschiedlich ausgestaltet ist: Während

[497] Ebenso *Vogt*, S. 312 f.; ähnlich *Lause/Sievers*, BB 1990, S. 31. A.A. insb. BFH-Urteil vom 24.4.1985 – I R 65/80, BStBl. 1986 II, S. 324 ff. (327); *Thiel* (1990), Rn. 232; ders., DB 1989, S. 537; *Raupach*, BFuP 1989, S. 520; ders. (1989), S. 117.

[498] Vgl. BVerfGE 48, S. 227 (237); 2, S. 266 (281), 42, S. 64 (73): Nicht die subjektive sondern die objektive Willkür des Gesetzgebers führt zur Feststellung der Verfassungswidrigkeit.

[499] Vgl. BVerfGE 6, S. 55 ff. (81); *Bleckmann*, S. 535.

[500] Vgl. oben unter Kapitel 1 B..

[501] Vgl. oben unter Kapitel 3 A. I. b).

der Einzelunternehmer und die Gesellschafter einer Personengesellschaften regelmäßig[502] auch[503] persönlich haften[504], steht den Gläubigern von Kapitalgesellschaften nur das Gesellschaftsvermögen zur Verfügung (vgl. § 1 Abs. 1 Satz 2 AktG und § 13 Abs. 2 GmbHG)[505].

Durch die Begrenzung des einer Kapitalgesellschaft durch Ausschüttungen entziehbaren Vermögens wird dem gesellschaftlich gebotenen Grundsatz der (nominellen) Kapitalerhaltung Rechnung getragen[506]. Da für die Einzelunternehmer und Personengesellschaften ein Stamm- oder Grundkapital mit einem festen Kapitalbetrag wegen der persönlichen Haftung nicht vorgeschrieben ist[507], besteht kein Verbot von Auszahlungen an die Gesellschafter aus dem Kapital[508]. Für Kapitalgesellschaften stellt die Ausschüttungsbegrenzung das Gegenstück zur begrenzten Haftung der Gesellschafter dar[509]. Hier sollen die detaillierten gesetzlichen Regelungen im Zusammenhang mit den Bilanzierungsvorschriften eine Rückzahlung des Haftkapitals verhindern und so die Haftungsgrundlage der Gesellschaft sichern[510]. Der handelsrechtliche Gesetzgeber macht deutlich, dass dieses Wechselspiel von Haftung und Kapitalsicherung bei Personengesellschaften dagegen grundsätzlich nicht gilt[511] und dass die Sicherung der Haftungsmasse „Gesellschaftsvermögen“ nur bei Kapitalgesellschaften eine besondere Bedeutung hat.

---

[502] Ausnahme: Kommanditisten nach Einzahlung ihrer Rücklage (vgl. §§ 161 Abs. 1, 171, 172 HGB). Vgl. *Kübler*, S. 102 f.; *Kraft/Kreutz*, S. 212 ff.; *Hueck*, S. 153 ff.; *Grunewald*, S. 134 ff..

[503] Gleichgültig welche Theorie (individualistische Gesamthandslehre oder Lehre von der kollektiven Einheit der Gesamthand) man zur Rechtsfähigkeit der OHG und KG vertritt, stehen zur Befriedigung von Verbindlichkeiten grundsätzlich zwei Vermögensmassen zur Verfügung. Sog. „Lehre von der Identität der Schuld bei doppeltem Haftungsobjekt“. Vgl. *Kraft/Kreutz*, S. 87 f., 173; *Grunewald*, S. 103; *Hueck*, S. 20 ff..

[504] Gemäß § 128 Satz 1 HGB (i.V.m. § 161 Abs. 1 und 2 HGB) haften für die Gesellschaftsschulden nicht nur alle Gesellschafter gemeinsam mit dem gesamthänderisch gebundenen Gesellschaftsvermögen (vgl. § 124 HGB), sondern zugleich jeder Gesellschafter mit seinem Privatvermögen. Vgl. *Kraft/Kreutz*, S. 173, 211; *Kübler*, S. 79, 95; *Grunewald*, S. 104 f., 134; *Hueck*, S. 122 f., 146.

[505] Vgl. *Kübler*, S. 152, 221; *Kraft/Kreutz*, S. 279. 322; *Grunewald*, S. 302, 370; Rowedder/*Rowedder*, § 13 Rn. 22 ff.; *Lutter/Hommelhoff*, § 13 Rn. 3; *Hueck/Fastrich* in Baumbach/Hueck, § 13 Rn. 1; *Hüffer*, § 1 Rn. 8.

[506] Vgl. *Strobl*, S. 402; *Schruff*, BFuP 1993, S. 406; *Havermann* (1994), S. 661 f.; *Hueck/Fastrich* in Baumbach/Hueck, § 30 Rn. 1; Scholz/*H.P. Westermann*, § 30 Rn. 1.

[507] Vgl. *Baumbach/Hopt*, § 120 Rn. 3, § 122 Rn. 3; *Strobl*, S. 402; krit. *K. Schmidt*, § 18 IV 2c.

[508] Vgl. *K. Schmidt*, § 18 IV 2c; *Strobl*, S. 402.

[509] Vgl. *Strobl*, S. 402; Scholz/*H.P. Westermann*, § 30 Rn. 1; ähnlich *Hüffer*, § 57 Rn. 1; *Hefermehl/Bungeroth* in Geßler, § 57 Rn. 1; *Hueck/Fastrich* in Baumbach/Hueck, § 30 Rn. 1, 3.

[510] Vgl. *Hüffer*, § 57 Rn. 1; *Strobl*, S. 405; ähnlich Scholz/*H.P. Westermann*, § 30 Rn. 1; *Hefermehl/Bungeroth* in Geßler, § 57 Rn. 2.

[511] Vgl. *Strobl*, S. 402; *K. Schmidt*, § 18 IV 2c. Ausnahme: § 172 Abs. 4 HGB.

Die einseitigen Auswirkungen der umgekehrten Maßgeblichkeit bei den Kapitalgesellschaften sind damit zu erklären, dass das Steuerrecht, wie oftmals i.R.d. Einkommensbesteuerung, die zivilrechtliche Rechtslage aufgreift und berücksichtigt[512]. Ebenso wenig wie die zivilrechtliche Haftung auf die Gesellschafter durchgreift, rechnet das Steuerrecht den Gesellschaftern einer Körperschaft aufgrund ihrer subjektiven Steuerpflicht den Gewinn und Verlust unmittelbar zu. Die sich aus dieser Trennung der Ebene von Gesellschaft und Anteilseignern ergebenden Unterschiede in der Einkommensbesteuerung werden insofern nur konsequent fortgeführt[513]. Im Rahmen der Körperschaftsteuer wird somit lediglich auf die Gesellschafter abgestellt, während bei der Einkommensteuer auch die hinter der Gesellschaft stehenden Unternehmer einbezogen werden können. Die steuerrechtliche Ungleichbehandlung ist somit eine Folge der selbständigen Rechtsfähigkeit von Kapitalgesellschaft und der damit verbundenen Haftungsbeschränkung.

Aus den genannten Gründen ist eine Stärkung der Unternehmenssubstanz bei Einzelunternehmen und Personengesellschaften nicht in gleicher Weise notwendig, weil der Gläubigerschutz hier in ausreichendem Maße bereits durch die persönliche Haftung der Gesellschafter erreicht wird. Trotz der bestehenden Entnahmemöglichkeiten (vgl. § 122 HGB) bleiben die entnommenen Mittel haftungsrechtlich an das Unternehmen gebunden, weil insofern Haftungsansprüche gegen die Gesellschafter bestehen, die sich i.d.R. auch auf die Privatsphäre erstrecken[514]. Als Ausgleich für die mangelnde Kapitalsicherung stehen den Gläubigern zwei Haftungsmassen zur Verfügung.

Sachlicher Grund für die Ungleichbehandlung sind somit die divergenten Haftungsregeln, die eine Stärkung der Unternehmenssubstanz bei Einzelunternehmen und Personengesellschaften aufgrund der persönlichen Haftung ihrer Gesellschafter nicht in gleicher Weise wie bei den Kapitalgesellschaften erforderlich macht. Die zusätzliche Haftung des Privatvermögens rechtfertigt die Benachteiligung der Kapitalgesellschaften im Hinblick auf ihre Ausschüttungsmöglichkeiten.

---

512 Vgl. *Pelka*, StuW 2000, S. 394.

513 Die Anknüpfung der Körperschaftsteuer an das zivilrechtliche Ordnungssystem mit dem daraus resultierenden „Trennungsprinzip" werden als verfassungsrechtlich zulässig betrachtet. Vgl. etwa BVerfGE 13, S. 331 ff. (339); 40, S. 109 ff. (116).

514 Etwas anderes gilt nur dann, wenn kein haftendes Privatvermögen existiert und ein Rückgriff nicht möglich ist. Das Risiko der Durchsetzbarkeit solcher Ansprüche ist für den Betroffenen deshalb schwer einzuschätzen, weil die Gesellschafter regelmäßig keine Auskunft über ihr eigenes Vermögen erteilen werden. Kaum etwas anderes dürfte jedoch für die Ansprüche in das Gesellschaftsvermögen gelten, weil die wenigsten Nichtkapitalgesellschaften ihre Jahresabschlüsse veröffentlichen.

4. Ergebnis

Die Ungleichbehandlung von Kapitalgesellschaften gegenüber Einzelunternehmen und Personengesellschaften ist somit sachlich gerechtfertigt. Es liegt keine willkürliche Ungleichbehandlung der Erwerbsunternehmen vor. § 5 Abs. 1 Satz 2 EStG verstößt daher nicht gegen den Gleichheitssatz des Art. 3 Abs. 1 GG.

II. Kein Verstoß gegen Art. 9 Abs. 1 GG

§ 5 Abs. 1 Satz 2 EStG verstößt auch nicht gegen die in Art. 9 Abs. 1 GG geregelte Vereinigungsfreiheit. Dieses Grundrecht gewährleistet die Freiheit, sich mit anderen zu jedem verfassungsmäßig erlaubten Zweck zusammenzuschließen[515]. Neben der Gründungs-, Beitritts-, Austritts- und Fernbleibensfreiheit ist insbesondere auch die Vereinigung selbst durch das Grundrecht geschützt[516]. Eine Verfassungswidrigkeit des § 5 Abs. 1 Satz 2 EStG ließe sich u.U. damit begründen, dass durch die steuerrechtliche Bevorzugung der Einzelunternehmen und Personengesellschaften ein Impetus in diese Rechtsform begründet wird[517]. Da die unterschiedlichen Rechtsformen für den Unternehmer in einem Alternativverhältnis stehen, darf das Steuerrecht einen Statuswechsel allerdings nicht veranlassen[518].

Es liegt jedoch vorliegend schon kein Eingriff in den Schutzbereich der allgemeinen Vereinigungsfreiheit vor, weil es hier letztlich um diejenigen handelsrechtlichen Normen geht, welche die Typen der Vereinigungen festlegen. Sie erschweren nicht die Möglichkeit, überhaupt eine Vereinigung zu bilden, sondern normieren nur die Voraussetzungen für die Inanspruchnahme bestimmter Rechtsformen, die in ihrer einfach-gesetzlichen Ausprägung nicht vom Schutzbereich umfasst werden[519]. So handelt es sich insbesondere bei den Mindestkapitalvorschriften um bloße Ordnungsvorschriften, die die Ausübung der Vereinigungsfreiheit in besonderen Formen erst ermöglichen. Darüber hinaus ist eine Verfassungswidrigkeit abzulehnen, da § 9 Abs. 1 GG nicht den wirtschaftlichen Wettbewerbsvorteil schützt, der mit einer bestimmten Rechtsform eventuell verbunden ist. Art. 9 Abs. 1 GG hütet in erster Linie die interne vereinsbildende

[515] Vgl. BVerfGE 50, S. 290 ff. (354).
[516] Vgl. BVerfGE 10, S. 89 ff. (102); 13, S. 174 ff. (175); 30, S. 227 ff. (241).
[517] Ob eine solche Veranlassung überhaupt anzunehmen ist, erscheint zweifelhaft, da die Beibehaltung der Rechtsform trotz dieser Ungleichbehandlung regelmäßig zumutbar sein dürfte. Diese Frage kann jedoch dahinstehen.
[518] Vgl. *Kirchhof*, StuW 2000, S. 230 f..
[519] Vgl. *Pieroth/Schlink*, Rn. 805; *Kemper* in v. Mangoldt/Klein/Starck, Art. 9 Rn. 47 ff., 88; *Bauer* in Dreier, Art. 9 Rn. 47; vgl. auch *Scholz* in Maunz/Dürig, Art 9 Rn. 30 f..

Betätigung. Soweit die externe Betätigung am Markt und demnach der Wettbewerb betroffen ist, wird die Vorschrift durch Art. 3 GG verdrängt[520].

B. Beurteilung aus europarechtlicher Sicht

In Hinblick auf Kapitalgesellschaften[521] wird in der Literatur[522] teilweise ein Verstoß der umgekehrten Maßgeblichkeit[523] gegen die 4. EG-Richtlinie angenommen. Bezweifelt wird hierbei ausschließlich, ob die Verankerung eines allgemeinen Grundsatzes mit der Richtlinie vereinbar ist[524]. Ihre Auslegung ergibt indes, dass § 5 Abs. 1 Satz 2 EStG sehr wohl richtlinienkonform ist[525]:

I. Sprachlich-grammatikalische Auslegung

Ein Verstoß der Umkehrmaßgeblichkeit gegen den Wortlaut der 4. EG-Richtlinie wird im allgemeinen nicht angenommen[526]. Der Wortlaut der Vorschriften in Art. 35 Abs. 1 Buchstabe d und in Art. 39 Abs. 1 Buchstabe e der 4. EG-Richtlinie lässt sich sogar für die Richtlinienkonformität anführen, weil dort

---

520 Vgl. *Pelka*, StuW 2000, S. 393 mit Verweis auf BVerfG vom 10.11.1999 – 2 BvR 2861/93, DB 2000, S. 28.

521 Nur für diese Rechtsform enthält die 4. EG-Richtlinie enthält Vorschriften zur Herstellung der Rechtseinheit auf dem Gebiet des Handelsrechts. Vgl. etwa *Plewka/Schmidt* in Lademann, EStG, § 5 Rn. 500.

522 So etwa *Schulze-Osterloh*, StuW 1991, S. 294; ders., FR 1986, S. 547; Heymann/*Walz*, Einl., Rn. 82; *Deutsche Steuerjuristische Gesellschaft e.V.*, BB 1988, S. 1091; *Knobbe-Keuk* (1993), S. 31 f.; *Haller*, RIW 1992, S. 48; *Raupach*, BFuP 1990, S. 520; *Kort*, FR 2001, S. 61; *Dziadkowski*, DB 1989, S. 438. Kritisch auch *Küting/Haeger*, BB 1988, S. 599; *Stobbe*, DStR 1991, S. 166; *Lischer/Märkl*, WPK-Mitt., Sonderheft Juni 1997, S. 114 f.. Vgl. auch *Söffing* (1995), S. 673; *Thiel* (1990), Rn. 234; ders., DB 1989, S. 538; *Euler*, StuW 1998, S. 16.

523 Wenngleich bislang nur das Handelsbilanzrecht für Kapitalgesellschaften, nicht jedoch das Steuerrecht, harmonisiert und die umgekehrte Maßgeblichkeit im EStG geregelt ist, muss der Grundsatz – jedenfalls i.V.m. den handelsrechtlichen Öffnungsklauseln – einer Prüfung der Vereinbarkeit mit Europarecht standhalten.

524 Unstreitig ist insofern, dass jedenfalls die zum Zeitpunkt der Verabschiedung einen korrespondierenden Ansatz in Handels- und Steuerbilanz erfordernden, steuerrechtlichen Wahlrechte von der Richtlinie gedeckt sind.

525 Vgl. *Vogt*, S. 281 ff., 311 f.; *Plewka/Schmidt* in Lademann, EStG, § 5 Rn. 503 ff.; *Ahmann*, S. 275. Vor der Änderung des § 6 Abs. 1 Nr. 1 Satz 4, Nr. 2 Satz 3 EStG durch das Steueränderungsgesetz vom 24.3.1999 erstreckte sich die Kritik auch auf das nach § 6 Abs. 1 Nr. 1 Satz 4, Nr. 2 Satz 3 EStG a.F. bestehende Zuschreibungswahlrecht. Aufgrund des nunmehr bestehenden Wertaufhellungsgebotes ist ein Eingehen auf diese Kritik jedoch nicht mehr erforderlich. Vgl. hierzu *Schulze-Osterloh*, StuW 1991 S. 295; *Küting/Haeger*, BB 1988, S. 599; vgl. auch *Budde/Karig*, § 243 Rn. 122 a.

526 Vgl. *Schulze-Osterloh*, StuW 1991, S. 295; *Plewka/Schmidt* in Lademann, EStG, § 5 Rn. 502; differenzierend *Knobbe-Keuk* (1993), S. 31.

allgemein von „*außerordentlichen Wertberichtigungen*" gesprochen wird, die „*allein für die Anwendung von Steuervorschriften vorgenommen werden*". So gibt dieser Wortlaut insbesondere nichts dafür her, dass „außerordentlich" als „nur in Ausnahmefällen bestehend" zu interpretieren ist. Gemeint sind damit vielmehr solche Wertberichtigungen, die nicht handels- sondern steuerrechtlicher Herkunft sind. Daher eröffnet die Richtlinie jedenfalls nach ihrem Wortlaut generell die Möglichkeit, nach Steuerrecht vorgeschriebene oder gestattete niedrigere Bewertungen in die Handelsbilanz zu übernehmen[527].

II. Historische Auslegung

Im Hinblick auf die Richtlinienkonformität werden in der Literatur teilweise Bedenken vorgebracht, weil durch die allgemeingültige Kodifizierung der umgekehrten Maßgeblichkeit in § 5 Abs. 1 Satz 2 EStG[528] der sachliche Anwendungsbereich dieses Grundsatzes in unzulässiger Weise erweitert worden sei[529]. Dies wird im wesentlichen mit der Entstehungsgeschichte der 4. EG-Richtlinie begründet: Die Bestimmungen der Art. 35 Abs. 1 Buchstabe d und 39 Abs. 1 Buchstabe e der Richtlinie seien auf Betreiben der deutschen Delegation und gegen den Willen der anderen Mitgliedsstaaten aufgenommen worden[530]. Daher müsse man den Schluss ziehen, dass der bei der Verabschiedung der Richtlinie bestehenden Rechtslage[531] in Deutschland Rechnung getragen werden sollte[532]. Selbst wenn man dieser Argumentation folgt, kann daraus ein Verstoß gegen die Richtlinie nur dann abgeleitet, wenn ein allgemeiner Grundsatz der Umkehrmaßgeblichkeit im Jahre der Verabschiedung (1978) noch nicht existierte[533].

Ein solcher Schluss ist jedoch keineswegs zwingend, denn die Rechtslage in Deutschland war zu dieser Zeit im Hinblick auf den sachlichen Anwendungsbereich der umgekehrten Maßgeblichkeit stark umstritten[534]. Nach der wohl

---

[527] Ebenso *Plewka/Schmidt* in Lademann, EStG, § 5 Rn. 507; vgl. auch *Vogt*, S. 507.

[528] Für diejenigen, die bereits in § 6 ASB. 3 EStG a.F. eine allgemeine Niederlegung der Umkehrmaßgeblichkeit sahen, stellt schon diese Norm eine unzulässige Umsetzung dar.

[529] So etwa *Schulze-Osterloh*, StuW 1991, S. 294; *Stobbe*, DStR 1991, S. 166; *Deutsche Steuerjuristische Gesellschaft e.V.*, BB 1988, S. 1091; *Küting/Haeger*, BB 1988, S. 599.

[530] Vgl. *Plewka/Schmidt* in Lademann, EStG, § 5 Rn. 503; *Biener* (1979), S. 124; *Krieger*, S. 336; *Schulze-Osterloh*, StuW 1991, S. 293; *Haller*, RIW 1992, S. 48.

[531] Nicht entscheidend ist der Zeitpunkt der Transformation der Richtlinie in deutsches Recht, weil die Rechtslage zu diesem Zeitpunkt bei der Verabschiedung der Richtlinie noch nicht bekannt war.

[532] Vgl. *Biener* (1979), S. 124 f.; *Deutsche Steuerjuristische Gesellschaft e.V.*, BB 1988, S. 1090; *Lischer/Märkl*, WPK-Mitt., Sonderheft Juni 1997, S. 108 f..

[533] So etwa *Schulze-Osterloh*, StuW 1991, S. 294; *Stobbe*, DStR 1991, S. 166; *Deutsche Steuerjuristische Gesellschaft e.V.*, BB 1988, S. 1091; *Küting/Haeger*, BB 1988, S. 599.

[534] Vgl. oben unter Kapitel 1 C. II..

h.M.[535] war die Geltung zur Zeit der Verhandlungen über die Richtlinie und ihrer Verabschiedung auf die speziell geregelten Fälle beschränkt, so dass von einer umfassenden umgekehrten Maßgeblichkeit im deutschen Steuerrecht keine Rede sein konnte. Demzufolge könne der Richtlinie ein allgemeiner Grundsatz auch nicht zugrunde gelegt werden. Die allgemeingültige Fassung des § 5 Abs. 1 Satz 2 EStG sei daher nicht mit diesen Bestimmungen zu vereinbaren; vielmehr stelle die Regelung eine unzulässige Erweiterung des Anwendungsbereichs der umgekehrten Maßgeblichkeit dar. Art. 35 Abs. 1 Buchstabe d und 39 Abs. 1 Buchstabe e der 4. EG-Richtlinie gestatteten es dem nationalen Gesetzgeber nicht, uneingeschränkt alle steuerrechtlichen Sonderabschreibungen von einem entsprechenden Handelsbilanzansatz abhängig zu machen. Es liege eine nachträgliche und indirekte Korrektur handelsrechtlicher Vorschriften vor, die insbesondere für die Sicherung der Steuerneutralität im Zuge der Transformation der 4. EG-Richtlinie nicht erforderlich gewesen sei[536].

Nach der Gegenansicht[537] bestand ein allgemeiner Grundsatz dagegen bereits zum entscheidungserheblichen Zeitpunkt und wurde nicht erst durch § 6 Abs. 3 EStG a.F. bzw. durch § 5 Abs. 1 Satz 2 EStG n.F. angeordnet. Demzufolge enthalte auch die 4. EG-Richtlinie keine Beschränkungen, so dass die Vorschrift des § 5 Abs. 1 Satz 2 EStG als richtlinienkonform einzustufen sei[538]. Mögen die besseren Argumente – jedenfalls vor der Kodifizierung des § 6 Abs. 3 i.F. des BiRiLiG – für die h.M. sprechen, war die Rechtslage zum Zeitpunkt der Verabschiedung der Richtlinie gleichwohl nicht eindeutig. Der Schluss, die Richtlinie umfasse nur die explizit geregelten Fälle, ist daher nicht zwingend.

Wenngleich die Ausnahmevorschriften im wesentlichen auf die Initiative der Bundesregierung zurückgingen, und es zudem plausibel erscheint, dass der Richtliniengeber aus Gründen der Vergleichbarkeit so wenige nationale steuerrechtliche Wahlrechte wie möglich in die Handelsbilanz übernehmen wollte, lassen sich hieraus keine Argumente für die Literaturmeinung generieren. Denn es ist zu berücksichtigen, dass die Richtlinie als Kompromiss zustande gekommen ist, wobei sich die Länder durchgesetzt haben, die eine Beibehaltung der umgekehrten Maßgeblichkeit befürworteten. Dies legt aber den Schluss nahe, dass der Richtliniengeber einige seiner Vorstellungen aufgeben musste, um die Umsetzung der Richtlinie als Ganzes sicherzustellen.

---

535 Vgl. *Mathiak*, StuW 1986, S. 177; *Merkert/Koths*, BB 1985, S. 1766 f.; *Dziadkowski*, BB 1986, S. 330; ders., WPg 1988, S. 413; BFH vom 24.4.1985 – I R 65/80, BStBl. II 1986, S. 324.

536 Vgl. *Stobbe*, DStR 1991, S. 166; *Deutsche Steuerjuristische Gesellschaft e.V.*, BB 1988, S. 1091; *Küting/Haeger*, BB 1988, S. 599.

537 Vgl. *Bordewin*, FR 1986, S. 281 ff.; ders., DStR 1988, S. 670; *Söffing*, DB 1988, S. 245; *Küting/Haeger*, BB 1988, S. 592.

538 So etwa *Plewka/Schmidt* in Lademann, EStG, § 5 Rn. 503; *Biener* (1979), S. 127.

Von der Gegenansicht wird auch angeführt, dass die Bundesregierung eine steuerneutralen Transformation der Richtlinie in deutsches Recht ermöglichen wollte[539]. Daraus lässt sich indessen nicht zwingend ableiten, dass man nur solche Steuerverschärfungen für Kapitalgesellschaften verhindern wollte, die im Falle einer Auflösung der bestehenden „außerordentlichen Wertberichtigungen" angefallen wären, so dass die Absicherung existenter steuerrechtliche „Subventionen" ausreichend gewesen wäre. Es erscheint überzeugender, wenn man die Begründung so versteht, dass den Kapitalgesellschaften generell die Möglichkeit der Bilanzpolitik erhalten bleiben sollte.

Für dieses Ergebnis lässt sich auch der Charakter der in Frage stehenden steuerrechtlichen Wahlrechte anführen. Bei den der Handelsbilanz widersprechenden Bestimmungen handelt es sich regelmäßig um steuerrechtliche Sonderbewertungsvorschriften, mit den außerfiskalische Zielsetzungen verfolgt werden. Diese wirtschaftslenkenden Maßnahmen zur Unterstützung der Struktur-, Konjunktur-, Arbeitsmarkt- und Umweltpolitik hängen jedoch in ihren Anforderungen und Ausrichtungen von sich stetig ändernden Umständen ab und bedürfen daher einer gewissen Flexibilität. Geht man nun weiter davon aus, dass die Bundesregierung von den Vorzügen der umgekehrten Maßgeblichkeit überzeugt war, so folgt, dass sie sich die Möglichkeit sichern wollte, auch bei der notwendigen Schaffung neuer steuerrechtlicher Wahlrechte deren Anerkennung von einem gleichlautenden Ansatz in der Handelsbilanz abhängig zu machen. Eine Beschränkung auf den status quo macht insofern wirtschaftspolitisch keinen Sinn. Es ist weiter davon auszugehen, dass auch die anderen Nationalstaaten ihre Kompetenzen bei der Förderung der Konjunktur behalten wollten und daher nicht an einer Beschränkung der Ausbau- oder der Anpassungsmöglichkeiten bei steuerrechtlichen Wahlrechten interessiert waren. Konnte sich die Bundesregierung – wie es den Anschein hat – mit diesen Vorstellung durchsetzen, so ist davon auszugehen, dass jedenfalls beliebig neue, explizit geregelte Fälle der umgekehrten Maßgeblichkeit geschaffen werden konnten. Dann aber macht es prinzipiell kaum noch einen Unterschied, ob jeweils explizite Regelungen oder ein allgemeiner Grundsatz kodifiziert werden.

Ob die dargestellte Interessenlage bei der Abfassung der Richtlinie berücksichtigt wurde, ist letztlich kaum noch zu klären. Mit Blick auf den offenen Wortlaut der Vorschriften spricht allerdings einiges dafür, dass die Möglichkeiten einer späteren Weiter- und Neuentwicklung von Wahlrechten bei dem Erlass der Richtlinie toleriert werden sollten. Dieses Ergebnis lässt sich dadurch bekräftigen, dass trotz des bekannten Meinungsstreites über den Anwendungsbereich der umgekehrten Maßgeblichkeit von einer expliziten Einschränkung oder ei-

[539] Vgl. BT-Drucks. 9/1878, S. 66; 10/317, S. 68; 10/4268, S. 3, 88, 90. Vgl. auch *Vogt*, S. 311f.; *Mathiak* in K/S, § 5 A 199.

nem entsprechenden Hinweis in den Begründungen abgesehen wurde. Die Frage, ob sich Deutschland durch die Kodifizierung der umgekehrten Maßgeblichkeit in § 5 Abs. 1 Satz 2 EStG illoyal gegenüber der EU verhalten hat[540], steht auf einem anderen Blatt.

Zusammenfassend lässt sich festhalten, dass sich aus der Entstehungsgeschichte jedenfalls keine eindeutigen Argumente gegen eine Konformität des § 5 Abs. 1 Satz 2 EStG finden lassen. Es spricht ganz im Gegenteil vieles dafür, dass die Richtlinie einer Kodifizierung eines allgemeinen Grundsatzes nicht entgegensteht. Der Richtliniegeber musste jedenfalls mit der Schaffung neuer steuerrechtlicher Wahlrechte oder der Kodifizierung eines Grundsatzes rechnen.

III. Teleologische Auslegung

Trotz divergierender Meinungen in der Literatur wird man letztlich zu dem Ergebnis kommen, dass die umgekehrte Maßgeblichkeit auch mit dem Sinn und Zweck der 4. EG-Richtlinie zu vereinbaren ist.

1. Vereinbarkeit mit dem „true and fair view" – Prinzip

In der Literatur wird teilweise die Vereinbarkeit des § 5 Abs. 1 Satz 2 EStG mit der 4. EG-Richtlinie im Hinblick auf die überragende Bedeutung des **„true and fair view" – Prinzips** bezweifelt[541]. Dieser Grundsatz ist sowohl in der Präambel wie auch in Art. 2 Abs. 3 der 4. EG-Richtlinie niedergelegt und wird vielfach als deren Generalnorm[542] oder oberster Grundsatz der Bilanzierung[543] angesehen. Da im Zuge des § 5 Abs. 1 Satz 2 EStG außerordentliche Wertberichtigungen in Form von steuerrechtlichen Subventionen Eingang in die Handelsbilanz von Kapitalgesellschaften finden, ist im wesentlichen unstreitig[544], dass die

---

540 So etwa *Knobbe-Keuk* (1986), S. 27; ähnlich *Haller*, RIW 1992, S. 48.

541 So etwa *Dziadkowski* in Beck HdR, B 120 Rn. 165; *Lischer/Märkl*, WPK-Mitt., Sonderheft Juni 1997, S. 114 f..

542 Vgl. etwa *Dziadkowski* in Beck HdR, B 120 Rn. 165; *Hulle* (1995), S. 325. Vgl. auch *Großfeld* in L/R/G, S. 202 f.; *Knobbe-Keuk* (1993), S. 41 ff.; *Beisse* (1988), S. 27; *Budde/Karig* in BilKomm, § 264 Rn. 32 ff., insb. Rn. 34; *Baetge/Commandeur* in *Küting/Weber* (1995), § 264 Rn. 9; *Hinz* in HDR, B 106 Rn. 2; *Budde/Steuber*, AG 1996, S. 544, *van Hulle*, S. 313 ff..

543 Vgl. EuGH vom 14.9.1999 – Rs. C-274/97, StuB 1999, S. 1046. Ähnlich *Tubbesing*, AG 1979, S. 94 f; *Kort*, FR 2001, S. 58; *Claussen* (1987), S. 82. Vgl. auch *Forster*, S. 111 ff.; *Kramer*, S. 70 f.; *Hoffmann*, StuB 2000, S. 823.

544 Vgl. *Raupach*, BFuP 1990, S. 519; *Hoffmann* in L/B/H, §§ 4, 5, Rn. 345; *Döllerer*, BB 1971, S. 1335; *Dziadkowski*, WPg 1988, S. 418; ders., DB 1989, S. 438; ders., StuW 1979, S. 234; ders., BB 1986, S. 329 ff.; *Henscheid*, BB 1992, S. 105; *Havermann*, WPg 1988, S. 614 f.; *Knobbe-Keuk* (1993), S. 32; *Küting*, BFuP 1989, S. 112; *Plewka/Schmidt* in Lademann, EStG, § 5 Rn. 511; *Robisch/Treisch*, WPg 1997, S. 167; *Schildbach*, BFuP 1989, S. 135; ders., BB

Umkehrmaßgeblichkeit jedenfalls i.R.d. Bilanz grundsätzlich dem „true and fair view" – Prinzip widerspricht. Die einkommensteuerrechtliche Vorschrift fördert die Bildung stiller Reserven und behindert so die Vermittlung eines den tatsächlichen Verhältnissen entsprechenden Bildes des Unternehmens.

In dieselbe Richtung geht die Argumentation einer weiteren Literaturansicht[545]: Eine uneingeschränkte umgekehrte Maßgeblichkeit i.S.v. § 5 Abs. 1 Satz 2 EStG sei mit dem restriktiven Ansatz der 4. EG-Richtlinie unvereinbar, weil der Richtlinie eine eindeutige Tendenz zur **Einschränkung der Bildung stiller Reserven** zu entnehmen sei[546]. Das genannte Ziel würde jedoch durch die unbeschränkte Zulassung höherer steuerrechtlicher Abschreibungen verfehlt werden. Da ein solcher Widerspruch dem Richtliniengeber nicht unterstellt werden könne und die Sonderregelung, wie bereits dargestellt[547], nur auf Druck der deutschen Delegation eingefügt wurde, sei die pauschale Verweisung in § 5 Abs. 1 Satz 2 EStG, wie bereits schon § 6 Abs. 3 EStG a.F., nicht richtlinienkonform. Bei steuerrechtlichen Sonderabschreibungen dürfe die umgekehrte Maßgeblichkeit Geltung nur in solchen Fällen haben, in denen für die Verknüpfung ein besonderes Bedürfnis bestehe.

Fraglich ist bereits, ob überhaupt ein Verstoß gegen das „true and fair view" – Prinzip i.S.d. Richtlinie vorliegt, wenn man richtigerweise davon ausgeht, dass sich der Grundsatz auf den Jahreabschluss als Ganzes bezieht. Der Zweck der 4. EG-Richtlinie ist in der Herstellung der Vergleichbarkeit und Gleichwertigkeit der Jahresabschlüsse in ihrer Gesamtheit zu sehen, denn das „true and fair view" – Prinzip gilt nach Art. 2 Abs. 3 der Richtlinie ausdrücklich für den Jahresabschluss als Ganzes[548]. In der Richtlinie wird nicht vorgeschrieben, in welchem Maße die einzelnen Bestandteile des Jahresabschlusses zum Zustandekommen

---

1989, S. 1452; *Schulze-Osterloh*, StuW 1991, S. 293; *Streim*, BFuP 1990, S. 530; *Thiel* (1990), Rn. 232; *Wacker*, S. 240 f..

[545] Vgl. *Schulze-Osterloh*, StuW 1991, S. 294; ders., FR 1986, S. 547; *Deutsche Steuerjuristische Gesellschaft*, BB 1988, S. 1090 f.; *Raupach*, BFuP 1990, S. 520; *Kort*, FR 2001, S. 61; *Dziadkowski*, DB 1989, S. 438. A.A. *Plewka/Schmidt* in Lademann, EStG, § 5 Rn. 504. Vgl. auch *Küting/Haeger*, BB 1988, S. 599; *Lischer/Märkl*, WPK-Mitt., Sonderheft Juni 1997, S. 115; Heymann/*Walz*, Einl., Rn. 82; *Vogt*, S. 281 f..

[546] Dies zeige sich insbesondere an dem Zuschreibungszwang nach Art. 35 Abs. 1 Buchstabe c dd und Art. 39 Abs. 1 Buchstabe d der Richtlinie sowie der Begründung zu Art. 33 Abs. 1 Buchstabe c dd (abgedruckt bei *Schruff*, S. 166 f.). Vgl. *Schulze-Osterloh*, StuW 1991, S. 294, Fn. 134.

[547] Vgl. oben unter Kapitel 3 B. II..

[548] Da die Bilanz, die GuV-Rechnung und der Anhang in Art. 2 Abs. 1 der Richtlinie als „Einheit" bezeichnet werden, stellt der Anhang einen gleichberechtigten Teil des Jahresabschlusses dar. Das geforderte Gesamtbild kann demnach von dem Jahresabschluss in seiner vorbezeichneten Einheit erbracht werden. Vgl. *Vogt*, S. 311; *Plewka/Schmidt* in Lademann, EStG, § 5 Rn. 504; *Beisse* (1988), S. 38.

des Gesamtbildes beitragen sollen. Daraus lässt sich der Schluss ziehen, dass der „true and fair view" auch durch die obligatorischen Angaben[549] im Anhang gewahrt werden kann[550]. Der deutsche Gesetzgeber hat das Einblicksgebot[551] des „true and fair view" als „overriding principle" zwar nicht direkt übernommen, er hat aber durch die Kodifikation in § 264 Abs. 2 HGB dafür Sorge getragen, dass dieses Prinzip zumindest im Ergebnis durch den Anhang gewahrt werden kann und muss[552]. Diese Auslegung entspricht auch dem Sinn und Zweck der 4. EG-Richtlinie, der in der Verbesserung der Informationsfunktion der Abschlüsse besteht. Dem ist der deutsche Gesetzgeber aber in ausreichender Weise nachgekommen, weil er bei der Umsetzung von Richtlinien nicht die grundsätzliche Struktur des nationalen Rechts zu verändern braucht[553]. Somit kann auch aus der Entwicklungsgeschichte nicht der Schluss gezogen werden, dass das Einblicksgebot in der Handelsbilanz eine vorrangige Bedeutung hat[554].

Zur Wahrung des Einblicksgebotes wäre dann jedoch grundsätzlich eine Anhangspflicht erforderlich, die den Anforderungen des in Art. 2 Abs. 3 der Richtlinie niedergelegten Prinzips gerecht wird und entsprechend ins deutsche Handelsrecht transformiert wurde. Nun könnte man mit großen Teilen der Literatur[555]annehmen, dass die im deutschen Handelsrecht vorgesehenen Erläuterungspflichten den deformierenden Einfluss der umgekehrten Maßgeblichkeit nicht hinreichend auszugleichen vermögen[556]. Doch selbst wenn man die Anhangsangaben für ungenügend hält, ergibt sich hieraus nicht zwangsläufig ein Verstoß der umgekehrten Maßgeblichkeit gegen die 4. EG-Richtlinie. Denn die unzureichende Transformierung der vorgesehenen Anhangsangaben führt nicht per se zur Europarechtswidrigkeit der umgekehrten Maßgeblichkeit. Vielmehr

---

[549] Vgl. die Erläuterungspflichten in Art. 35 Abs. 1 Buchstabe d und Art. 39 Abs. 1 Buchstabe e der 4. EG-Richtlinie.

[550] So etwa *Plewka/Schmidt* in Lademann, EStG, § 5 Rn. 504; *Vogt*, S. 311. Der Richtliniengeber sei davon ausgegangen, dass die zur Erreichung der Zielsetzung dieses Grundsatzes notwendigen Angaben auch im Anhang gemacht werden könnten.

[551] Dieser Begriff wird synonym zum „true and fair view" – Prinzip verwandt.

[552] Ebenso *Beisse*, BB 1999, S. 2183.

[553] Vgl. *Beckmann* in L/R/G, S. 20; *Beisse*, BB 1999, S. 2183.

[554] Anders als für die Bilanz und GuV-Rechnung ist die Generalklausel des § 264 Abs. 2 Satz 1 HGB für den Anhang bezüglich der Informationsvermittlung dominant. Vgl. *Streim* in BHR, § 264 Rn. 24; *ADS*, § 264 Rn. 86; *Baetge/Commandeur* in K/W (1995), § 264 Rn. 32; *Budde/Karig* in BilKomm, § 264 Rn. 31.

[555] Vgl. *Dziadkowski* in Beck HdR, B 120 Rn. 164; ders., DB 1989, S. 438; *Küting*, BFuP 1989, S. 120 f.; *Haeger*, S. 292 f.; *Haller*, RIW 1992, S. 47; *Lischer/Märkl*, WPK-Mitt., Sonderheft Juni 1997, S. 114 f.; *Raupach*, BFuP 1990, S. 521.

[556] Zur Gegenansicht vgl. *Plewka/Schmidt* in Lademann, EStG, § 5 Rn. 504; *Vogt*, S. 311; BR-Drucks. 257/83, S. 90; *ADS*, § 264 Rn. 110; *Börner*, S. 169. Ähnlich *Eigenstetter*, WPg 1993, S. 579; *Niessen*, RIW 1992, S. 292; *Lause/Sievers*, BB 1990, S. 32; *Baetge/Commandeur* in K/W (1995), § 264 Rn. 39. So wohl auch *Schmidt*, WPg 1991, S. 606 f..

ist lediglich die Konformität der betroffenen Erläuterungsvorschriften in Frage zu stellen.

Für die Vereinbarkeit des § 5 Abs. 1 Satz 2 EStG spricht darüber hinaus folgendes: Richtig ist zwar, dass dem „true and fair view" – Prinzip in der Richtlinie tatsächlich ein übergeordneter Stellenwert zukommen und in diesem Zusammenhang auch die Bildung stiller Reserven, soweit wie möglich, eingeschränkt werden sollte. Indessen ist abermals zu berücksichtigen, dass die schließlich verabschiedete Richtlinie von den ursprünglichen Vorstellungen und Wünschen des Richtliniengebers abweicht und sich nur als Kompromiss durchsetzen ließ. Aus diesem Grunde konnte auch das angelsächsische „true and fair view" – Prinzip nicht uneingeschränkt übernommen werden. Dessen Verankerung gelang gerade nur mit der Einschränkung der Zulassung außerordentlicher Wertberichtigungen in der Handelsbilanz in Art. 35 Abs. 1 Buchstabe d und Art. 39 Abs. 1 Buchstabe e der Richtlinie. Damit sollte, wie bereits dargestellt[557], insbesondere dem deutschen Gesetzgeber Raum für die Beibehaltung des Grundsatzes der umgekehrten Maßgeblichkeit geschaffen werden. Durch die Kodifizierung der genannten Vorschriften hat der Richtliniengeber deutlich gemacht, dass die außerordentlichen Wertberichtigungen eine Art Ausnahmeregelung zum grundsätzlich vorrangigen „true and fair view" darstellen sollen[558]. Gleiches wird man für das Anliegen der Beschränkung der Bildung stiller Reserven annehmen müssen.

2. Sonderposten mit Rücklageanteil

Schließlich wird in der Literatur angeführt, dass § 5 Abs. 1 Satz 2 EStG die 4. EG-Richtlinie verletze, soweit steuerrechtliche Ansatzwahlrechte betroffen seien, die handelsrechtlich in den „Sonderposten mit Rücklageanteil" (vgl. § 247 Abs. 3 i.V.m. § 273 HGB) einzustellen sind, da ein solcher Posten europarechtlich nicht zugelassen sei[559]. Diese Auffassung wird damit begründet, dass sich die Position insbesondere nicht aus der Berichterstattungspflicht im Anhang gem. Art. 43 Nr. 10 der 4. EG-Richtlinie rechtfertigen lasse, weil diese Vorschrift sich lediglich auf die Bewertung von Posten in Abweichung von den Grundsätzen der Art. 31 und 34 bis 42 im Hinblick auf Steuererleichterungen

[557] Vgl. oben unter Kapitel 3 B. II..

[558] Dies musste der Richtliniengeber zwangsläufig in Kauf nehmen, um die Durchsetzung der 4. EG-Richtlinie zu ermöglichen. Denn das angelsächsische „true and fair view" – Prinzip wäre sonst, vor allem aus deutscher Sicht, kaum durchsetzbar gewesen.

[559] Vgl. *Deutsche Steuerjuristische Gesellschaft e.V.*, BB 1988, S. 1091; *Schulze-Osterloh*, FR 1986, S. 546; ders., StuW 1991, S. 295; *Kort*, FR 2001, S. 61; *Wassermeyer*, DStJG 1991, S. 44 f.; *Knobbe-Keuk* (1993), S. 31; *Raupach*, BFuP 1990, S. 520; ders., „Blick durch die Wirtschaft" Nr. 59 vom 24.3.1988, S. 7; *Haller*, RIW 1992, S. 47. A.A. *Vogt*, S. 312.

beziehe[560]. Zudem müsse sich die Wertberichtigung, wie der Hinweis in Art. 35 der 4. EG-Richtlinie nahe lege, auf einen bestimmten Posten der Aktivseite der Bilanz beziehen; dies sei bei steuerrechtlichen Sonderposten aber gerade nicht der Fall[561].

Dem kann jedoch nicht zugestimmt werden. Die rechtliche Grundlage für einen Sonderposten mit Rücklageanteil gem. § 247 Abs. 3 HGB ist in Art. 4 Abs. 1 Satz 3 der Bilanz-Richtlinie zu verorten[562]. Nach dieser Vorschrift ist es den Mitgliedsstaaten erlaubt, ihren nationalen Regelungen „neue Posten" hinzufügen, soweit ihr Inhalt nicht von einem in den Schemata vorgesehenen Positionen gedeckt wird. Dem wird zwar entgegengehalten, dass § 247 Abs. 3 HGB insoweit keinen neuen Posten darstelle, als in dem Sonderposten mit Rücklageanteil auch eine Steuerrückstellung enthalten sei, die durch den bereits vorhandenen Posten „Rückstellungen" abgedeckt werde[563]. Infolgedessen decke sich der Sonderposten mit Rücklageanteil wenigsten teilweise mit der Position Rückstellungen. Eine Teildeckung kann allerdings allenfalls dazu führen, den Posten auf einen „neuen" Posten und einen Schema-Posten aufzuteilen[564]. Es ist aber nicht ersichtlich, dass der Richtliniengeber neue Positionen neben den Schema-Posten habe zulassen, während er Mischposten habe verwerfen wollen.

Diese Auslegung ist auch mit dem Sinn und Zweck des Art. 4 Abs. 1 der Richtlinie zu vereinbaren. Zwar kann es nicht Funktion der Vorschrift sein, Positionen zuzulassen, die der Zielsetzung der Richtlinie zuwiderlaufen[565]. Jedoch ist eine solche Unvereinbarkeit vorliegend nicht anzunehmen: Die für die Vergleichbarkeit und Gleichartigkeit der Jahresabschlüsse von Kapitalgesellschaften notwendigen Angaben in Bezug auf gebildete stille Reserven können im Anhang – als einem gleichwertigen Bestandteil des Jahresabschlusses – gemacht werden[566]. Zudem lässt die Richtlinie bewusst die Vornahme „außerordentlicher Wertberichtigungen" zu, so dass ein widersprüchliches Verhalten vorläge, wenn nicht auch die Einstellung in entsprechend gebildeten Posten ermöglicht würde.

Dem Argument der Gegenansicht im Hinblick auf Art. 35 der Richtlinie ist entgegenzuhalten, dass die Art der Wertberichtigung und deren technische Vor-

560 Vgl. *Knobbe-Keuk* (1993), S. 32.
561 Vgl. *Wassermeyer*, DStJG 1991, S. 45.
562 So auch BT-Drucks. 9/1878, S. 83 und 10/317, S. 83; *Kempermann* in K/S, § 5 B 149; *Mathiak* (1994), S. 330; ähnlich *Schreiber* in Blümich, § 5 Rn. 188
563 Vgl. *Raupach*, BFuP 1990, S. 520; *Schulze-Osterloh*, FR 1986, S. 546.
564 Vgl. *Mathiak* (1994), S. 330; *Kempermann* in K/S, § 5 B 149.
565 Vgl. *Schulze-Osterloh*, FR 1986, S. 546; *Knobbe-Keuk* (1993), S. 32. A.A. BT-Drucks. 10/317, S. 83.
566 Ebenso *Plewka/Schmidt* in Lademann, EStG, § 5 Rn. 508. Vgl. oben unter Kapitel 3 B. III. 1..

nahme durch die 4. EG-Richtlinie gerade nicht vorgegeben werden[567]. Der Richtlinie kann insbesondere nicht entnommen werden, dass sich die „Wertberichtigung" auf einen bestimmten Aktivposten beziehen muss. So lässt auch der Hinweis in der Vorschrift des Art. 35 auf das Aktivvermögen diesen Schluss keineswegs zwingend erscheinen. Wenn schon Wertberichtigungen bei einem einzelnen Gegenstand zulässig sind, muss dies erst recht für das Aktivvermögen in seiner Gesamtheit gelten. Im übrigen führen die Ausführungen der Gegenansicht auch nicht zwangsläufig zur Europarechtswidrigkeit des § 5 Abs. 1 Satz 2 EStG. Selbst wenn der Sonderposten mit der 4. EG-Richtlinie nicht vereinbar sein sollte, folgt daraus nicht unbedingt auch die Nichtkonformität der gesamten Umkehrmaßgeblichkeit. So ließe sich der Grundsatz in weiten Teilen auch ohne diesen Posten aufrechterhalten. Der Posten dient insofern lediglich der technischen Umsetzung.

IV. Ergebnis

Gemäß ihrer Rechtsgrundlage zielt die 4. EG-Richtlinie nicht auf eine vollständige Standardisierung der Rechnungslegungsgrundsätze ab[568]. Sie sieht ausdrücklich eine Vielzahl von Wahlrechten vor und gestattet die unterschiedliche Behandlung der Posten. Erst durch zusätzliche Angaben im Anhang wird die Vergleichbarkeit der verschiedenen Wahlrechte gewährleistet[569].

Als Ergebnis der Auslegung der 4. EG-Richtlinie lässt sich festhalten, dass auch die weite Fassung der Vorschrift des § 5 Abs. 1 Satz 2 EStG als richtlinienkonform einzustufen ist. Die vorgebrachten Bedenken lassen sich weder auf den Wortlaut, noch auf die Entstehungsgeschichte stützen. Für die vorgebrachten Verstöße gegen den Sinn und Zweck der Richtlinie finden sich keine überzeugenden Anhaltspunkte.

C. Beurteilung aus handelsrechtlicher Sicht

Der Grundsatz der umgekehrten Maßgeblichkeit wird in der Literatur primär wegen seines deformierenden Einflusses auf den handelsrechtlichen Einzelabschluss kritisiert[570]. Im folgenden wird der Einfluss des § 5 Abs. 1 Satz 2 EStG auf die einzelnen Abschlussfunktionen untersucht.

567 Vgl. *Plewka/Schmidt* in Lademann, EStG, § 5 Rn. 507; Blümich/*Schreiber*, § 5 Rn. 188.

568 Vgl. hierzu *Küting*, FAZ Nr. 66 vom 19.03.2001, S. 32.

569 Vgl. hierzu *Kommission der EG*, COM 95 (508), S. 3; *Biener* (1997), S. 396.

570 Vgl. etwa *Plewka/Schmidt* in Lademann, EStG, § 5 Rn. 511; *Robisch/Treisch*, WPg 1997, S. 167; *Küting*, BFuP 1989, S. 112; *Winnefeld*, C Rn. 602; *Königbauer*, S. 41; *Knobbe-Keuk*, StbJb 1985/86, S. 162; *Söffing* (1995), S. 670.

I. Beeinträchtigung der Informationsfunktion der Handelsbilanz

Als Argument gegen die umgekehrte Maßgeblichkeit wird in der Literatur vorwiegend ihr negativer Einfluss auf die **Informationsfunktion** der Handelsbilanz angeführt. Der Grundsatz führe zu einer Beeinträchtigung der Aussagekraft des handelsrechtlichen Einzelabschlusses[571]. Bei der Überprüfung der Berechtigung dieser Kritik ist zwischen den verschiedenen Erwerbsgesellschaften zu trennen, weil sich die Anforderungen an deren Jahresabschluss unterschiedlich darstellen.

1. Einzelunternehmen und Personengesellschaften

Zunächst ist festzustellen, ob der Jahresabschluss von Nichtkapitalgesellschaften überhaupt beeinträchtigt wird. Falls eine Deformation vorliegt, ist in einem zweiten Schritt ihre Bedeutung zu bewerten.

a) Vorliegen einer Deformation

(1.) Umfang der Darstellungspflicht

Der Umfang der kaufmännischen Darstellungspflicht ergibt sich grundsätzlich aus § 238 Abs. 1 HGB. Während es in Satz 1 der Vorschrift heißt, dass er verpflichtet ist, die *„Lage seines Vermögens“* ersichtlich zu machen, wird in Satz 2 allgemein von der Vermittlung der *„Lage des Unternehmens“* gesprochen. Aufgrund dieser Wortlautdivergenz ist nicht unstrittig, was der Bilanzersteller im Jahresabschluss darzustellen hat. Zwar wird in der Literatur vereinzelt vertreten[572], dass die Anforderungen des § 238 Abs. 1 HGB trotz des divergenten Wortlauts nicht entscheidend anders seien als die des § 264 Abs. 2 Satz 1 HGB. Wenngleich vom Kaufmann in § 238 Abs. 1 Sätze 1 und 2 HGB lediglich die Vermittlung eines Bildes der *„Lage seines Vermögens“* bzw. der *„Lage des Unternehmens“* gefordert werde, müsse der Jahresabschluss aller Unternehmen eine Vorstellung auch von der Ertrags- und Finanzlage vermitteln[573]. Auf andere

[571] Vgl. *Plewka/Schmidt* in Lademann, EStG, § 5 Rn. 511; *Robisch/Treisch*, WPg 1997, S. 167; *Küting*, BFuP 1989, S. 112; *Lauth*, DStR 2000, S. 1369; *Winnefeld*, C Rn. 602; *Königbauer*, S. 41; *Knobbe-Keuk*, StbJb 1985/86, S. 162; *Söffing* (1995), S. 670; *Eigenstetter*, WPg 1993, S. 579; *Robisch*, DStR 1993, S. 1001; *Henscheid*, BB 1992, S. 105; *Loitz/Klein*, BuW 2001, S. 49. Für Österreich auch *Gassner*, S. 725.

[572] Vgl. *Tenhof* in Helmrich (1986), S. 37 f.; vgl. auch *Leffson* (1987a), S. 322 f..

[573] Insofern auch Glanegger/*Niedner*, §§ 238, 239 Rn. 7; wohl auch *Baumbach/Hopt*, § 238 Rn. 14.

Weise sei kein Einblick in die „*Lage*" zu gewinnen[574]. Aufgrund eines Wortlautvergleichs mit § 264 Abs. 2 Satz 1 HGB ist dieser Ansicht indes die Gefolgschaft zu verweigern[575]. Während Kapitalgesellschaften ihre „*Vermögens-, Finanz- und Ertragslage*" offen zu legen haben, wird bei den anderen Kaufleuten, wie sich aus der Gesetzesbegründung ergibt[576], ausdrücklich nur auf die „*Lage schlechthin*" abgestellt. Die „*Lage des Unternehmens*" bezieht sich daher nur auf die „*Lage des Vermögens*" in § 238 Abs. 1 Satz 1 HGB. Ausreichend ist somit die Darstellung der **Vermögenslage**[577] durch die Erfassung der Vermögensgegenstände und Schulden, sowie die vollständige, laufende und geordnete Dokumentation aller durch Geschäftsvorfälle eintretenden Veränderungen[578]. Mithin hat der Kaufmann nach § 238 Abs. 1 HGB weder seine Finanz- noch seine Ertragslage darzustellen.

(2.) Beeinträchtigung der Darstellung der Vermögenslage

Da gesetzlich nur die Vermögenslage darzustellen ist, soll im folgenden auch nur insofern eine Beeinträchtigung der Darstellung untersucht werden[579].

Eine Verzerrung der Vermögenslage im Zuge der umgekehrten Maßgeblichkeit scheidet jedenfalls insoweit aus, als vom Grundsatz **korrespondierende Wahlrechte** erfasst werden. § 5 Abs. 1 Satz 2 EStG führt hier lediglich zu einem identischen Ansatz in Handels- und Steuerbilanz. Da die betroffenen Wahlrechte explizit auch im Handelsrecht vorgesehen sind, kann von einer Deformation nicht gesprochen werden. Die zu wählenden Ansätze bzw. Bewertungen sind allesamt auch nach Handelsrecht zulässig. Demgegenüber führt die Umkehrmaßgeblichkeit bei den **nicht korrespondierenden Wahlrechten** zu einer unzutreffenden Darstellung der „*Vermögenslage*" i.S.v. § 238 Abs. 1 Satz 1

[574] Nach dieser Ansicht wird der erforderliche Einblick in die Ertragslage durch die GuV-Rechnung gewährt. Die Finanzlage eines Unternehmens sei zwar schwer zu erkennen, jedoch müsse zumindest der Verschuldensgrad des Unternehmens aus dem Jahresabschluss zu erkennen sein. Im übrigen seien die erforderlichen Informationen durch eine ergänzende Berichterstattung zu gewähren. Vgl. hierzu *Leffson* (1987a), S. 323 f..

[575] Ebenso *Beisse* (1988), S. 31; Heymann/*Walz*, § 238 Rn. 1; *Leffson* in L/R/G, S. 272; *Ellerich* in K/W (1995), § 238 Rn. 15; *Streim* in BHR, § 238 Rn. 41; *Hüffner* in Staub, § 238 Rn. 57 a.E.; ähnlich *ADS*, § 238 Rn. 15

[576] Vgl. BT-Drucks. 10/4268, S. 96; vgl. auch *Leffson* in L/R/G, S. 272.; ders., in L/R/G, S. 272; *Streim* in BHR, § 238 Rn. 41; *Hüffner* in Staub, § 238 Rn. 57 a.E..

[577] Die Darstellung der Vermögenslage soll Informationen über den Stand und die Entwicklung des Unternehmens geben. Vgl. *Federmann*, S. 49; *Schulze-Osterloh* (1996), S. 124; *Thiel* (1990), Rn. 186; *Olfert*, S. 23.

[578] Vgl. *Leffson* in L/R/G, S. 272; ders. (1987), S. 65.

[579] Die Auswirkungen auf die Finanz- und Ertragslage werden im Zusammenhang mit den Kapitalgesellschaften dargestellt.

HGB[580], weil der betroffene Vermögensgegenstand durch die Vornahme „überhöhter" (Sonder-) Abschreibungen[581] in der Handelsbilanz mit einem zu niedrigen Wert[582] ausgewiesen wird[583]. Die Bilanzierung des Vermögensgegenstandes erfolgt entgegen den handelsrechtlichen Bestimmungen allein unter steuerrechtlichen Gesichtspunkten.

Vereinzelt wird eine Deformation in diesem Bereich abgelehnt, weil sich der Kaufmann i.R.d. nicht korrespondierenden Wahlrechte letztlich im handelsrechtlich zulässigen Rahmen bewege[584]. Die Bildung und Beibehaltung von stillen Reserven aufgrund von Sonderabschreibungen verstoße gerade nicht gegen handelsrechtliche Vorschriften, da das Handelsrecht eine solche Bilanzierung in den handelsrechtlichen Öffnungsklauseln vorsehe. Die Konformität mit handelsrechtlichen Grundsätzen werde insofern über diese Vorschriften hergestellt.

Diese Argumentation kann jedoch allenfalls formal überzeugen, weil es materiell-rechtlich bei einer Deformation der Bilanz bleibt[585]. Zunächst zeigt schon der Wortlaut der handelsrechtlichen Öffnungsklauseln, dass hier Ansätze und Bewertungen erlaubt werden, die handelsrechtlich ansonsten nicht zu rechtfertigen wären[586]. Zudem wird der handelsrechtlich unrichtige Ansatz überhaupt erst durch die handelsrechtlichen Öffnungsklauseln ermöglicht. Daraus kann allerdings nicht der Schluss gezogen werden, dass diese Ansätze nunmehr dem Handelsrecht entsprechen. Denn gesetzeshistorisch erfolgte die Kodifizierung in erster Linie, um die steuerrechtliche Inanspruchnahme der Wahlrechte i.S.v. § 5 Abs. 1 Satz 2 EStG zu ermöglichen, nicht, um das Handelsrecht an „veränderte"

---

580 Vgl. *Gail* (1995), S. 133; *Vogt*, S. 268 ff.; *Küting*, BFuP 1989, S. 113 f.; *Karsten*, BB 1967, S. 426; *Bippus*, DStZ 1998, S. 641. Vgl. auch *Woerner*, BB 1976, S. 1569 m.w.N..

581 Spiegelbildlich ist die Bildung handelsrechtlich nicht gebotener Passivposten zu beurteilen. Vgl. hierzu *Vogt*, S. 268 ff.; *Küting*, Beilage 2 zu NWB Heft 6/1998, S. 7 f.. Vgl. auch *Eberhartinger*, S. 187, Fn. 869.

582 Diese Unterbewertung ist im Jahr der Inanspruchnahme am höchsten. Obwohl sie in den Folgejahren durch entsprechend niedrigere Abschreibungsbeträge ausgeglichen wird, bleibt eine Divergenz während des gesamten Abschreibungszeitraumes bestehen. Eine Deformation scheidet nicht schon deshalb aus, weil die Ergebnisbeeinflussung nach Ablauf der „Subventionierung" weitgehend neutralisiert wird. Eine solche Betrachtung stellt lediglich auf den Gesamtzeitraum ab und vernachlässigt die Auswirkungen und deren Bedeutung in den einzelnen Geschäftsjahren. Vgl. *Kühnberger/Schmidt*, BB 1999, S. 2605 f..

583 Die Inanspruchnahme der Sonderabschreibung führt bei der „aktivischen" Absetzung darüber hinaus zu einer Verkürzung der Bilanzsumme, wodurch sich zahlreiche Bilanzkennzahlen ändern. Demgegenüber wird sie bei einem passivischen Ausweis verlängert. Vgl. *Vogt*, S. 271; *Küting*, Beilage 2 zu NWB Heft 6/1998, S. 8 f..

584 Vgl. *Hauser/Meurer*, WPg 1998, S. 274; *Tiedtke*, S. 327.

585 Ähnlich *Bippus*, DStZ 1998, S. 643. Vgl. auch Schmidt/*Weber-Grellet*, § 5 Rn. 43.

586 Vgl. z.B. § 247 Abs. 3 HGB: *„für Zwecke der Steuern vom Einkommen und vom Ertrag zulässig"*; § 254 Satz 1 HGB *„der auf einer nur steuerrechtlich zulässigen Abschreibung beruht"*.

Zielsetzungen anzupassen[587]. Dieses These wird dadurch bekräftigt, dass die Wahlrechte einer Rechtsgrundlage im Steuerrecht bedürfen, dort also nicht als bloßer Ausdruck handelsrechtlicher GoB anerkannt werden[588].

Vielmehr verstoßen die nicht konformen steuerrechtlichen Wahlrechte nach einhelliger Auffassung[589] gegen die GoB i.S.v. § 243 HGB[590]. Da die handelsrechtlichen Öffnungsklauseln nach vorzugswürdiger Ansicht[591] nicht als GoB zu qualifizieren sind[592], kommt auch eine Heilung des Verstoßes oder eine Art „Umqualifizierung" nicht in Betracht.

Gegen die Anerkennung der handelsrechtlichen Öffnungsklauseln als GoB spricht zunächst, dass mit der überwiegenden Ansicht in der Literatur[593] und der

---

587 Vgl. BT-Drucksache IV/3296, S. 31; vgl. auch *Kempermann* in K/S, § 5 B 148.

588 Ebenso *Schildbach*, BB 1989, S. 1448; ders. BFuP 1989, S. 134.

589 Vgl. etwa *Plewka/Schmidt* in Lademann, EStG, § 5 Rn. 509; *H/H/R*, § 5 Rn. 49 j [4]; *Wagner/Hawlitzky*, DBW 1991, S. 312; *Winnefeld*, C 595; *Dziadkowski*, DB 1989, S. 437, 439; ders., WPg 1988, S. 412; ders. in HdR, B 120, Rn. 125; Heymann/*Walz*, Einl., Rn. 81; *IDW*, FN 1989, S. 160; *Knobbe-Keuk* (1993), S. 29 ff.; dieselbe, StbJb 1985/86, S. 163; *Küting/Haeger*, S. 594; *Raupach*, BFuP 1990, S. 519 f.; *Sarrazin*, DB 1987, S. 1597; *Schildbach*, BFuP 1989, S. 134; ders. BB 1989, S. 1448, 1451; ders. (1997), S. 137; *Stobbe*, DStR 1988, Beilage Heft 20, S. 5; *Wöhe* (1992), S. 85; ders. (1997), S. 167 f.; ders., StKongrRep 1973, S. 308.

590 Konkret wird etwa ein Verstoß gegen das Vorsichtsprinzip (übervorsichtige Bilanzierung) und das Willkürverbot (willkürliche Unterbewertung) angeführt. Der Verstoß dieser aus Subventionsgründen gewährten Wahlrechte gegen die GoB ist im wesentlichen unstreitig, da sie dem durch handelsbilanzielle Rechnungslegung verfolgten Kernzweck der Informationsvermittlung widersprechen. Aus diesem Grunde greift auch nicht bereits die formelle Maßgeblichkeit ein.

591 Vgl. *Sarrazin*, DB 1987, S. 1597; *Kieschke*, WPg 1986, S. 694; *Schildbach*, BB 1989, S. 1448; ders., BFuP 1989, S. 134; *Wassermeyer*, DStJG 1991, S. 36, 43; *Kempermann* in K/S, § 5 B 143; wohl auch Heymann/*Walz*, Einl., Rn. 81; *Kort*, FR 2001, S. 61. Vgl. auch *Plewka/Schmidt* in Lademann, EStG, § 5 Rn. 367, 477; 481.

592 Zur a.A. vgl. *Döllerer*, BB 1987, S. 12; *Mathiak*, BFuP 1990, S. 548; Blümich/*Schreiber*, § 5 EStG Rn. 207; *Clemm*, BFuP 1990, S. 558; *Söffing*, DB 1988, S. 244, 301. so wohl auch die Finanzverwaltung (vgl. Abschn. 29 Abs. 1 Satz 2 EStR 1987); ähnlich *Kempermann* in K/S, § 5 B 40. Vgl. auch *Weber-Grellet*, StbJb 1994/95, S. 103, Fn. 17, 165; *Beisse*, BB 1980, S. 638 f..

593 Vgl. *Plewka/Schmidt* in Lademann, EStG, § 5 Rn. 314; *Euler*, StuW 1998, S. 17; *Hoffmann* in L/B/H, §§ 4, 5 Rn. 349, 355; *Baetge/Apelt* in HdJ, Abt. I/2, Rn. 6; *Schildbach*, BFuP 1989, S. 126; *Leffson* (1987), S. 152; *Kühnberger/Keßler*, WPg 2000, S. 1008; *Ballwieser*, BFuP 1990, S. 479; ders. in HDR, B 105 Rn. 82, 84; *Beisse*, StVj 1989, S. 297 ff.; ders., BFuP 1990, S. 506; ders., BB 1999, S. 2186; *Schroller*, S. 366; *Stobbe*, S. 79 ff. (81); ders., DStR 1991, S. 55; ders. in H/H/R, § 5 Rn. 15; *Tipke/Lang*, § 9 Rn. 311; *Winnefeld*, C 545; *Söffing* (1995), S. 642; *Schulze-Osterloh*, DStJG 1991, S. 129; *Hennrichs*, StuW 1999, S. 150; zweifelnd *Siegel*, BFuP 1990, S. 548. Ähnlich *Börner*, StbJb 1986/87, S. 207; *Clemm*, BFuP 1990, S. 548; *Sarrazin*, DB 1987, S. 1597.

Rechtsprechung[594] richtigerweise nur solche Normen als GoB in Betracht kommen, die allgemeingültigen Charakter haben[595]. Zu begründen ist dies zunächst mit der Strukturentscheidung des Gesetzgebers, die im Aufbau des Gesetzes zum Ausdruck kommt. Denn mit der Trennung der Vorschriften in einen allgemeinen und einen ergänzenden Teil soll sichergestellt werden, dass den rechtsformspezifischen Vorschriften gerade nicht die Qualität allgemeinen Bilanzrechts und somit von GoB beigelegt wird[596]. Nichts anderes ergibt sich, wenn man das Problem aus steuerrechtlicher Sicht mit Blick auf § 5 Abs. 1 Satz 1 EStG betrachtet: Eine rechtsformabhängige Definition steuerpflichtiger Gewinne wäre ebenso sachfremd wie eine informationsgeprägte Modifikation der steuerrechtlichen Bemessungsgrundlage durch die §§ 264 ff. HGB. Einen weiteren Anhaltspunkt für diese Ansicht kann man in § 141 Abs. 1 Satz 2 AO sehen, nach dem nur *„Die §§ 238, 240 bis 242 Abs. 1 und die §§ 243 bis 256 des Handelsgesetzbuches [sinngemäß] gelten ..., sofern sich nicht aus den Steuergesetzen etwas anders ergibt“*[597]. Die GoB stellen demzufolge ein übergeordnetes Normengefüge für die Buchführung und den Jahresabschluss von Unternehmen dar, die unabhängig von deren Größe, Branche und Rechtsform gelten[598].

Die §§ 247 Abs. 3, 254 Satz 1 HGB sind jedoch nur eingeschränkt auf Kapitalgesellschaften und die §§ 273 Satz 1, 279 Abs. 2 HGB nicht auf Einzelunternehmen und Personengesellschaften anzuwenden. Des weiteren sind diese Vorschriften allesamt als Wahlrechte ausgestaltet. Wenn indes schon handelsrechtli-

594 Vgl. BFH vom 23.6.1997 – GrS 2/93, DStR 1997, S. 1442 ff. (1443). Allerdings hat der BFH in einer älteren Entscheidung die branchenspezifische Vorschrift des § 25 HypBG jedenfalls mit Blick auf § 5 Abs. 1 Satz 1 EStG als GoB für maßgeblich gehalten. Vgl. BFH vom 25.9.1968 – I 52/64, BStBl. II 1969, S. 18 ff. (21); vgl. hierzu auch Blümich/*Schreiber*, § 5 EStG Rn. 207; *Hennrichs*, StuW 1999, S. 150.

595 Auf das zweite Kriterium der „Zweckbezogenheit“ kommt es daher vorliegend nicht mehr an. Vgl. hierzu BFH vom 25.9.1968 – I 52/64, BFHE Bd. 93, S. 444 ff.; *Eigenstetter*, WPg 1993, S. 576, Fn. 7; vor allem *Plewka/Schmidt* in Lademann, EStG, § 5 Rn. 317 ff..

596 Ebenso *Beisse*, StVj 1989, S. 297; *Plewka/Schmidt* in Lademann, EStG, § 5 Rn. 316.

597 Ebenso *Stobbe*, DStR 1991, S. 54 f.. Dieses Ergebnis lässt sich seiner zuzustimmenden Ansicht nach im Hinblick auf § 5 Abs. 1 Satz 1 EStG auch mit verfassungsrechtlichen Argumenten bekräftigen: Würden die branchen- und rechtsformspezifischen, handelsrechtlichen Bestimmungen bei § 5 Abs.1 Satz 1EStG zu beachten sein, so könnten die Ergebnisse der Gewinnermittlung, je nach der Rechtsform oder Branche, unterschiedlich ausfallen. Dies würde jedoch gegen den Grundsatz der Gleichmäßigkeit der Besteuerung (vgl. Art. 3 Abs. 1 GG) verstoßen.

598 Teleologisch lässt sich gegen die Geltung des „true and fair view“ – Prinzips als GoB anführen, dass den Nichtkapitalgesellschaften das Recht, stille Rücklagen zu bilden, erhalten geblieben ist. Dies ist aber gerade unvereinbar mit der Norm des § 264 Abs. 2 Satz 1. Denn diese Rücklagen heißen „stille“, weil ein den tatsächlichen Verhältnissen entsprechendes Bild gerade nicht vermittelt wird. Vgl. *Helmrich* (1988), S. 223; ders., GmbHR 1986, S. 8; *Döllerer*, Beilage 12 zu BB Heft 16/1987, S. 12.

che Wahlrechte keine GoB darstellen[599], so muss das erst recht für Vorschriften gelten, welche die Ausübung von handelsrechtsfremden Wahlrechten in der Handelsbilanz gestatten.

b) Bedeutung der Deformation

(1.) Kein Ausgleich durch Anhangsangaben

Ein Ausgleich der Deformierungen in der Bilanz von Nichtkapitalgesellschaften durch erläuternde **Anhangsangaben** scheidet aus, weil der Jahresabschluss dieser Unternehmen i.d.R.[600] lediglich aus Bilanz und GuV-Rechnung besteht (vgl. § 242 Abs. 3 HGB; § 264 Abs. 1 Satz 1 HGB e contrario). Zwar haben auch diese Gesellschaften die Möglichkeit, dem Informationsdefizit durch freiwillige Zusatzangaben entgegenzuwirken, jedoch können damit die Auswirkungen der umgekehrten Maßgeblichkeit auf die Handelsbilanz nicht gerechtfertigt werden[601]. Die freiwillige Erstellung eines Anhangs dürfte in der Praxis die Ausnahme darstellen. Ihr Wert hängt zudem sehr von der Informationsbereitschaft des Erstellers ab.

(2.) Kein Ausgleich durch Einstellung in den Sonderposten mit Rücklageanteil

Gem. § 247 Abs. 3 HGB haben alle Kaufleute[602] in der Handelsbilanz das Wahlrecht, einen Sonderposten mit Rücklageanteil[603] zu bilden[604]. Wenngleich § 247 Abs. 3 (i.V.m. § 273 Satz 1 HGB) grundsätzlich nur Rücklagen erfasst, eröffnet

---

[599] Dafür spricht, dass ein Grundsatz eine eindeutige Handlungsempfehlung aufweisen muss, um seinem Namen gerecht zu werden. Zudem bliebe ansonsten unverständlich, weshalb Aktivierungs- und Passivierungsgrundsätzen nicht auch steuerrechtlich relevant sind. Vgl. *Ballwieser* in HdJ, B 105 Rn. 80; ders., BFuP 1990, S. 485; *Schildbach*, BFuP 1989, S. 127 f.; *Siegel*, BFuP 1990, S. 549 f.. Vgl. auch *Plewka/Schmidt* in Lademann, EStG, § 5 Rn. 321.

[600] Eine Anhangspflicht besteht grundsätzlich für solche Gesellschaften, die unter das Publizitätsgesetz fallen (vgl. §§ 1 – 3 PublG). Sie entfällt jedoch gem. § 5 Abs. 2 PublG gerade für Einzelkaufleute und Personenhandelsgesellschaften.

[601] So aber *Vogt*, S. 310.

[602] Für Kapitalgesellschaften wird diese Möglichkeit gem. § 273 Satz 1 HGB davon abhängig gemacht, dass das Steuerrecht einen derartigen handelsbilanziellen Sonderposten vorschreibt (vgl. § 5 Abs. 1 Satz 2 EStG). Vgl. Heymann/*Herrmann*, § 273 Rn. 1; *ADS*, § 247 Rn. 138, 273 Rn. 1. Die Bestimmung gilt auch für Unternehmen i.S.d. § 5 Abs. 1 Satz 2 PublG, für Kreditinstitute (§ 340 a HGB) und für Versicherungsunternehmen (§ 321 a HGB) unabhängig von ihrer Rechtsform.

[603] Der Sonderposten mit Rücklageanteil setzt sich materiell aus zwei Komponenten zusammen: dem Eigenkapital- und dem Ertragsteueranteil (Fremdkapitalanteil).

[604] Vgl. *ADS*, § 247 Rn. 137; *Kupsch* in BHR, § 247 Rn. 27; *Winnefeld*, D Rn. 1985 ff..

§ 281 Abs. 1 Satz 1 HGB Kapitalgesellschaften – nach der h.L. aber auch allen anderen Kaufleuten[605] – die Möglichkeit, auch den Unterschiedsbetrag zwischen der nach § 253 i.V.m. § 279 Abs. 1 HGB handelsrechtlich und der nach § 254 i.V.m. § 279 Abs. 2 HGB steuerrechtlich zulässigen Abschreibung in den Sonderposten mit Rücklageanteil einzustellen. In der Literatur wird teilweise argumentiert, dass im Fall des „offenen" Bilanzausweises durch Einstellung der Abschreibung in den Sonderposten mit Rücklageanteil (sog. „**indirekte Methode**") zumindest der kundige Bilanzleser in der Lage sei, die Bilanzierung zu durchschauen und die Informationen über subventionelle Steuervergünstigungen bei der Einschätzung des Unternehmens zu berücksichtigen[606].

Diese These ist insofern richtig, als die „indirekte" Abschreibung diverse Vorteile im Hinblick auf das Einblicksgebot entfaltet: Im Vergleich zur sog. „**direkten Methode**", bei der stille Reserven gelegt werden und deren Entwicklung für den externen Betrachter nur schwer nachvollziehbar ist, werden bei der Einstellung in den Sonderposten die allein auf Grund steuerrechtlicher Vorschriften bestehenden (und entfallenden) Reserven in der Bilanz offengelegt[607]. Die Posten des Anlage- und des Umlaufvermögens werden mit den handelsrechtlich zulässigen Werten angesetzt, so dass der verzerrte Einblick in die Vermögenslage durch den ungekürzten Ausweis der Aktiva auf der Aktivseite der Bilanz ausgeglichen wird[608]. Da der Sonderposten grundsätzlich Eigen- und Fremdkapitalanteile erfasst, die bei einem direkten Bilanzausweis nicht zutage getreten wären, kann ein passivischer Ausweis in der Bilanz verdeutlichen, dass in Höhe dieses Position Aufwendungen aufgrund der Steuerstundung vorverrechnet wurden. Auf der Passivseite ist die Einstellung in den Sonderposten allerdings problematisch, weil in dem Posten die charakterlich heterogenen unversteuerten Rücklagen und Wertberichtigungen zusammengefasst werden können und eine Aufteilung kaum möglich ist[609]. Dadurch ist der Inhalt des Sonderpostens für einen Bilanzadressaten jedoch häufig nicht sinnvoll interpretierbar. Nachteil einer Passivierung i.S.d. §§ 247 Abs. 3, 273 Satz 1 HGB ist schließlich, dass sie die Bi-

[605] Vgl. *Heni* in BHR, § 281 Rn. 4; *Ballwieser* in HdR, B 134 Rn. 26; Heymann/*Herrmann*, § 247 Rn. 20; *ADS*, § 247 Rn. 144 ff., § 281 Rn. 7; *Winnefeld*, D Rn. 1995; *Tietze* in K/W (1995), § 281 Rn. 3. Für eine analoge Anwendung des § 281 Abs. 1 Satz 1 HGB spricht in erster Linie, dass mit der Passivierung der Einblick in die Vermögens-, Finanz- und Ertragslage tendenziell verbessert wird.

[606] Vgl. *Plewka/Schmidt* in Lademann, EStG, § 5 Rn. 512; *Wagner* StuW 1990, S. 9; zurückhaltender *Vogt*, S. 242.

[607] Vgl. hierzu *Lauth*, BB 1982, S. 2023; *ADS*, § 281 Rn. 17.

[608] Vgl. *Küting*, BFuP 1989, S. 119; *Vogt*, S. 242, 305; *Wöhe* (1997), S. 166. Etwas zurückhaltender *ADS*, § 281 Rn. 17.

[609] Vgl. *Mundt* in HdR, B 232 Rn. 76.

lanzsumme vergrößert und demzufolge insbesondere bei den Größenkriterien des § 267 HGB zu Auswirkungen führen kann[610].

Im Hinblick auf die steuerrechtlichen Abschreibungen i.S.v. § 254 HGB ergibt sich jedoch vor allem das Problem, dass der Ausweis im Sonderposten mit Rücklageanteil im Gesetz lediglich als Wahlrecht ausgestaltet ist[611], womit diese Art der Bilanzierung im Ermessen des Bilanzerstellers steht[612]. Der Einfluss der steuerrechtlichen Vergünstigungen ist daher in der Handelsbilanz jedenfalls dann nicht erkennbar, wenn das Unternehmen von dieser Möglichkeit keinen Gebrauch macht.

(3.) Verzerrungen aufgrund Handelsrecht

In der Literatur werden diverse Argumente angeführt, warum die Verzerrungen im Zuge des § 5 Abs. 1 Satz 2 EStG als verhältnismäßig unbedeutend anzusehen seien: Argumentiert wird zunächst, dass der Grundsatz der umgekehrten Maßgeblichkeit keineswegs die einzige Ursache für eine Verzerrung der Handelsbilanz sei, sondern die willkürlich ausgeübten **handelsrechtlichen Wahlrechte** einen viel größeren Anteil an der Deformation hätten[613]. Dem ist zwar insoweit zuzustimmen, als die Bildung stiller Reserven vielfach bereits nach handelsrechtlichen Vorschriften erforderlich ist. Es wird indes verkannt, dass es sich um charakterlich heterogene Fällen handelt, mit der Folge, dass auch hinsichtlich der Qualität der Verzerrungen zu unterscheiden ist. Während die handelsrechtlichen Wahlrechte den GoB entsprechen, weil sie dem Gläubigerschutz und damit letzten Endes der Zahlungsbemessungsfunktion der Handelsbilanz dienen, werden mit den ausschließlich steuerrechtlichen Wahlrechte regelmäßig keine han-

---

610 Vgl. *Vogt*, S. 243.

611 Vgl. *Heni* in BHR, § 281 Rn. 1; Heymann/*Herrmann*, § 281 Rn. 1; *Ellrott/Gutike* in BilKomm., § 281 Rn. 1 f.; *ADS*, § 281 Rn. 10; *Mundt* in HdR, B 232 Rn. 39; *Winnefeld*, D Rn. 1987. Problematisch ist insofern, dass die Erfassung der in dem Sonderposten zu verrechnenden Abschreibungen und insbesondere die Kontrolle der vorzunehmenden Auflösungen einen zusätzlichen Verwaltungsaufwand jedenfalls für die Unternehmen darstellt, welche die Erläuterungspflicht des § 285 Nr. 5 HGB nicht trifft. Insofern wird der Vereinfachungszweck der umgekehrten Maßgeblichkeit teilweise konterkariert. Vgl. hierzu auch *ADS*, § 281 Rn. 20.

612 Vgl. *Ellerich* in K/W (1995), I, Rn. 191; *Plewka/Schmidt* in Lademann, EStG, § 5 Rn. 511. Ebenso *Vogt*, S. 305 f.: Dieser sieht hierin das Hauptproblem, kommt jedoch zu dem Ergebnis, dass dieser Mangel nicht der umgekehrten Maßgeblichkeit zuzuschreiben sei, sondern der formellen Handelsbilanzpolitik. Von diesem Wahlrecht wird in der Praxis jedoch kaum Gebrauch gemacht. Vgl. hierzu *Groh*, DB 1985 S. 1851.

613 Vgl. *Kempermann* in K/S, § 5 B 163; *Streim*, BFuP 1990, S. 531; *Krawitz*, S. 208; ähnlich *Schulze-Osterloh*, ZHR 1986, S. 537. Darüber hinaus könne es wegen der Berücksichtigung des „Geschäftswertes" ohnehin zu einem völlig unzutreffenden Bild der wirtschaftlichen Verhältnisse kommen. So etwa *Moxter*, BB 2000, S. 2143 f..

delsrechtliche Zielsetzungen verfolgt. Daher werden dem Handelsrecht fremde Wahlrechte eingeschleust. Aufgrund des unterschiedlichen Charakters der handels- bzw. steuerrechtlichen Wahlrechten sollte daher auch deren Zweckmäßigkeit getrennt voneinander beurteilt werden. Eine Rechtfertigung der Auswirkungen der Umkehrmaßgeblichkeit durch andere Verzerrungen kann daher nicht überzeugen.

Vereinzelt wird auch behauptet[614], ein nur steuerrechtlich zulässiger Wertansatz könne häufig auch mit den handelsrechtlichen Bewertungsvorschriften begründet werden, weil Nichtkapitalgesellschaften bereits über die Vorschrift des § 253 Abs. 4 und 5 HGB stille Reserven legen dürften. Infolgedessen sei eine klare **Abgrenzung zu den steuerrechtlichen Abschreibungen** i.S.v. § 254 HGB kaum möglich. Diese Ansicht kann jedoch nicht überzeugen, weil nicht ersichtlich ist, warum eine Isolierung von GoB-fremden steuerrechtlichen Wahlrechten große Schwierigkeiten verursachen sollte. In der Regel wird ein Blick in das entsprechende Gesetz bereits die erforderliche Auskunft geben.

Als Argument für die geringe Bedeutung der negativen Auswirkung auf die Handelsbilanz wird auch angeführt, dass die **Handelsbilanz als Informationsinstrument** ohnehin nicht sonderlich geeignet sei[615]. Dem ist zwar insofern zuzustimmen, als sich bereits aus dem Geheimhaltungserfordernis für Unternehmenspläne eine gewisse Kluft zwischen den entscheidungsrelevanten, erwünschten Informationsinhalten und den rechtlich durchsetzbaren Informationsansprüchen ergibt[616]. Richtig sein mag auch, dass insbesondere die Bilanz und die GuV-Rechnung aufgrund ihrer Vergangenheitsbezogenheit nur begrenzt geeignet sind, die für die Adressaten erforderlichen Daten zu liefern[617]. Dieser Umstand verdeutlicht allerdings gerade die Notwendigkeit, die handelsrechtlichen Vorschriften soweit wie möglich auf die Gewährleistung unverzerrter Informationen auszurichten, um die Bilanz nicht vollkommen irreal werden zu lassen.

Schließlich wird kritisch vorgebracht, der Gedanke der Beeinträchtigung des Informationsgehalts beruhe auf der Annahme, dass der Bilanzadressat die Handelsbilanz trotz der Maßgeblichkeitsumkehrung als unverzerrt ansehe und darauf basierend falsche Entscheidungen treffe[618]. Dieser These ist insoweit beizupflichten, als bei den internen Bilanzadressaten von einer herabgesetzten Schutzwürdigkeit ausgegangen werden kann: Diese haben die steuerrechtlichen

---

614 Vgl. *Küting*, Beilage 2 zu NWB Heft 6/1998, S. 5; *ADS*, § 254 Rn. 5.

615 Vgl. *Lause/Sievers*, BB 1990, S. 32; ähnlich *Schulze-Osterloh*, ZHR 1986, S. 536 f.. Vgl. auch *Küting*, FAZ Nr. 66 vom 19.03.2001, S. 32.

616 Vgl. *Moxter*, BB 2000, S. 2148.

617 Hier wird von *Moxter*, BB 2000, S. 2148, ein Paradigmenwechsel in Richtung einer prognoseorientierten Erläuterung der GuV-Rechnung vorgeschlagen.

618 Vgl. *Wagner*, StuW 1990, S. 9; *Eigenstetter*, WPg 1993, S. 579.

Wahlrechte selbst ausgenutzt und können sie im Rahmen einer Bilanzanalyse berücksichtigen. Die Auffassung vermag jedoch letztlich nicht zu überzeugen, weil es zweifelhaft erscheint, dass der durchschnittliche externe Bilanzadressat den erforderlichen Wissensstand hat[619]. Zudem ist dem Bilanzadressaten auch nicht allein mit der Feststellung geholfen, dass die Bilanz verzerrt ist, da von einer Offensichtlichkeit der einzelnen Deformationen keine Rede sein kann. Dies gilt aufgrund der internationalen Einzigartigkeit des Rechtsinstituts vor allem für ausländische Adressaten[620].

(4.) Vorrang der Zahlungsbemessungsfunktion im „einfachen" Jahresabschluss

In der Literatur wird die Beeinträchtigung der Informationsfunktion vereinzelt auch deshalb als geringfügig eingeschätzt, weil der Gesetzgeber der Ausschüttungssperre als Grundidee der Umkehrmaßgeblichkeit Vorrang vor der Informationsaufgabe eingeräumt habe[621]. Es ist daher der Frage nachzugehen, ob sich eine Dominanz der Zahlungsbemessungsfunktion im Jahresabschluss von Einzelunternehmen und Personengesellschaften feststellen lässt.

(a) Anwendbarkeit des „true and fair view" – Prinzips

Gegen eine solche Vorrangigkeit könnte zunächst die Geltung des „true and fair view" – Prinzips im „einfachen" Jahresabschluss angeführt werden. Während dieses in § 264 Abs. 2 Satz 1 HGB niedergelegte Prinzip bei Kapitalgesellschaften eine große Bedeutung hat, stellt sich die Frage, ob es von Einzelunternehmen und Personengesellschaften[622] überhaupt zu beachten ist.

---

[619] So wendet sich die deutsche Rechnungslegung nach *Moxter*, BB 2000, S. 2149, sowohl an „Fachleute" wie auch an „Nichtfachleute".

[620] Vereinzelt wird auch vorgetragen, der Steuerpflichtige habe die Möglichkeit, für einen individuellen Adressaten eine „interne" bilanzrechtliche Korrektur des Jahresabschlusses vorzunehmen, soweit die Steuerbilanz die Handelsbilanz nachteilig verändert. So etwa *Bippus*, DStZ 1998, S. 650. Dieses Argument ist nicht überzeugend, denn es bewirkt die Aufstellung eines zusätzlichen Jahresabschlusses, wodurch die Praktikabilität weiter eingeschränkt würde. Zudem wird dadurch die primäre Funktion der externen Handelsrechnung untergraben.

[621] Vgl. *Kühnberger/Schmidt*, BB 1999, S. 2602.

[622] Aufgrund des KapCoRiLiG vom 24.2.2000 werden alle OHG und KG, bei denen nicht wenigstens ein persönlich haftender Gesellschafter eine natürliche Personen oder eine Personenhandelsgesellschaft mit einer natürlichen Person als persönlich haftender Gesellschafter vorhanden ist, in die für Kapitalgesellschaften geltenden Rechnungslegungsvorschriften einbezogen. Für diese Gesellschaften finden gem. § 264 a HGB grundsätzlich die §§ 264 ff. Anwendung.

i. Herleitung aus § 264 Abs. 2 HGB

In Betracht kommt zunächst eine **Übernahme des § 264 Abs. 2 Satz 1 HGB** in den Anwendungsbereich der Nichtkapitalgesellschaften. Jedoch kann diese Vorschrift hier grundsätzlich[623] weder direkte noch analoge Anwendung finden[624]. Die Ablehnung einer **direkten Anwendung** ergibt sich vor allem aus der systematischen Stellung der Regelung in dem mit *„Ergänzende Vorschriften für Kapitalgesellschaften“* überschriebenen zweiten Abschnitt des 3. Buches. Dieses Ergebnis wird durch die Gesetzesgeschichte bestätigt: Zwar hatte der Regierungsentwurf zum BiRiLiG in § 237 HGB-E[625] vorgesehen, den Jahresabschluss allgemein unter das Prinzip des „true and fair view“ zu stellen. Die Forderung nach einem „angemessenen Bild“ wurde indessen vom Rechtsausschuss auf den Jahresabschluss der Kapitalgesellschaften beschränkt[626]. Man wollte bei der Umsetzung der 4. EG-Richtlinie[627] nicht über das gemeinschaftsrechtlich gebotene Maß hinausgehen und sah auch keinen Anlass, das Gros der bilanzierungspflichtigen Unternehmen – die Nichtkapitalgesellschaften – mit neuen, zusätzlichen Anforderungen zu belasten[628]. Für eine **analoge Anwendung** des § 264 Abs. 2 HGB auf Nichtkapitalgesellschaften fehlt es bereits am Vorliegen einer Gesetzeslücke. Die Vorschrift des § 243 Abs. 1 HGB schreibt vor, dass der Jah-

[623] Durch gesetzliche Verweisung findet die Vorschrift jedoch ausnahmsweise ohne Rücksicht auf die Rechtsform auf eingetragene Genossenschaften (§ 336 Abs. 2 HGB), Kreditinstitute (§ 340 a Abs. 1 und 2 HGB) und Versicherungsunternehmen (§ 341 a Abs. 1 und 2 HGB, § 55 Abs. 1 VAG) Anwendung.

[624] Vgl. *Hinz* in HdR, B 106 Rn. 7; *ADS*, § 264 Rn. 6 und 145; *Baetge/Commandeur* in K/W (1995), § 264 Rn. 11; *Baumbach/Hopt*, § 264 Rn. 9; *Glanegger*, § 243 Rn. 2; *Claussen* (1987), S. 85. Die Vorschrift gilt auch nicht für Unternehmen, die dem Publizitätsgesetz unterliegen, weil § 5 Abs. 1 PublG nicht auf § 264 Abs. 2 HGB verweist. Vgl. *ADS*, § 264 Rn. 145; *Hinz* in HdR, B 106 Rn. 8; *Baetge/Commandeur* in K/W (1995), § 264 Rn. 2.

[625] Vgl. Regierungsentwurf 1982 (BR-Drucks. 61/82; BT-Drucks. 9/878) und Regierungsentwurf 1983 (BR-Drucks. 257/83; BT-Drucks. 10/317 (S. 76 f.)).

[626] Vgl. *Beisse (*1996), S. 29; vgl. auch BT-Drucks. 10/4268, S. 97.

[627] Die Umsetzung der Bestimmungen der 4. EG-Richtlinie erfolgte durch eine Aufteilung: Soweit die Bestimmungen der Richtlinie deutschen GoB entsprechen, geschah ihrer Umsetzung durch Aufnahme in den 1. Abschnitt („Umsetzungsmasse I“). Dagegen wurden die nur für Kapitalgesellschaften anzuwendenden, rechtsformspezifischen Bestimmungen im Zweiten Abschnitt umgesetzt („Umsetzungsmasse II“). Vgl. hierzu *Beisse* (1996), S. 34; ders. (1988), S. 32. Ähnlich *Küting*, FAZ Nr. 66 vom 19.03.2001, S. 32 („Zwei-Klassen-Bilanzrecht“). Die Einfügung des „true and fair view“ – Prinzips in den Zweiten Abschnitt zeigt die Intention des Gesetzgebers, den Einfluss dieses Prinzips auf die Vorschriften den 1. Abschnitts auszuschließen.

[628] Bekräftig wird die Argumentation dadurch, dass auch der zweite Teil dieser Grundsatznorm für Nichtkapitalgesellschaften keine Geltung haben sollte. Für Einzelkaufleute und Personengesellschaften über die Hintertür die Aufstellung eines Anhanges zu erzwingen, sollte gerade ausgeschlossen sein. Vgl. hierzu *Helmrich*, GmbHR 1986, S. 8; *Helmrich* (1988), S. 223.

resabschluss nach den GoB aufzustellen ist. Dabei handelt es sich um eine Verweisung auf das System der GoB, so dass von einer Gesetzeslücke nicht mehr gesprochen werden kann[629].

ii. „True and fair view" als Generalnorm für Nichtkapitalgesellschaften

Ob das „true and fair view" – Prinzip dennoch Einfluss auf die Anforderungen an den Jahresabschluss bei Nichtkapitalgesellschaften hat, ist umstritten. Diskutiert wird dabei zunächst, ob das „true and fair view" – Prinzip als Generalnorm, hergeleitet aus § 264 Abs. 2 Satz 1 HGB, von allen Rechtsformen zu beachten ist. So wird von Teilen der Literatur[630] behauptet, der Grundsatz habe eine zusätzliche, spezifisch bilanzrechtliche Bedeutung und gelte daher für alle Kaufleute. Der Grundsatz überlagere als übergeordnete **Generalnorm** die GoB und sei daher auch von Nichtkapitalgesellschaften zu beachten. Diese Ansicht wird insbesondere mit einen Vergleich der Generalnormen der §§ 238 Abs. 1 und 264 Abs. 2 HGB begründet[631]. Die Bestandteile und Anforderungen des § 238 Abs. 1 HGB (i.V.m. § 243 Abs. 1 HGB) seien – abgesehen von der Vorschrift des § 253 Abs. 4 HGB – nicht entscheidend anders als die des § 264 Abs. 2 HGB. Der Unterschied zwischen Kapital- und Nichtkapitalgesellschaften käme im wesentlichen in den Einzelvorschriften, nicht aber in der Generalnorm zum Ausdruck.

Dieser Ansicht ist jedoch mit großen Teilen der Literatur entgegenzutreten, da eine Generalnorm für alle Unternehmen nicht aus § 264 Abs. 2 Satz 1 HGB hergeleitet werden kann[632]. Gegen die Annahme eines Grundprinzips „true and fair

[629] Ebenso *Beisse* (1996), S. 48. Den Nichtkapitalgesellschaften steht zwar grundsätzlich frei, das Einblickspostulat freiwillig zu erfüllen, jedoch kann daraus nicht der Schluss gezogen werden, dass das „true and fair view" – Prinzip als Grundlage für die Betrachtung des Jahresabschlusses aller Einzelunternehmen und Personengesellschaften dient. Vgl. *Hinz* in HdR, B 106 Rn. 9; *ADS*, § 264 Rn. 146. Vgl. hierzu auch *Küting*, FAZ Nr. 66 vom 19.03.2001, S. 32.

[630] Vgl. *Leffson* (1987a), S. 324 f.; *Großfeld* in L/R/G, S. 202 f.; *Schulze-Osterloh*, ZHR 1986, S. 538; *Biener* (1989), S. 161; *Kort*, FR 2001, S. 58 f.; *Weber-Grellet*, StuW 1999, S. 315; ders. (1997), S. 98; *Budde/Steuber*, AG 1996, S. 544; weniger deutlich *Budde/Förschle* (1988), S. 27 ff.; *Budde/Karig* BilKomm § 264 Rn. 31, 34; wohl auch *Schwark*, BB 1982, S. 1151. Vgl. auch *Claussen* in Helmrich (1986), S. 45 f.; *Beisse* (1994), S. 6.

[631] Vgl. hierzu *Leffson* (1987a), S. 324; *Weber-Grellet* (1996), § 5 Rn. 4.

[632] Vgl. *Beisse* (1994), S. 6; ders. (1988), S. 27; ders., StuW 1999, S. 2182; ders. (1989), S. 17 ff.; *Moxter* (1994), S. 716; *Helmrich* (1988), S. 222; *Baumbach/Hopt*, § 264 Rn. 9. Innerhalb dieser Ansicht ist jedoch umstritten, ob § 264 Abs. 2 Satz 1 HGB als Generalnorm für Kapitalgesellschaften angesehen werden kann. So etwa *Großfeld* in L/R/G, S. 202 f.; *Knobbe-Keuk* (1993), S. 41 ff.; so laut *Beisse* (1988), S. 27 auch *Budde/Karig* in BilKomm, § 264 Rn. 32 ff., insb. Rn. 34; *Baetge/Commandeur* in *Küting/Weber* (1995), § 264 Rn. 9; *Hinz* in HDR, B 106 Rn. 2. Für diese Ansicht lässt sich anführen, dass sie zur Herausbildung eines „Zwei-Klassen-Bilanzrechts" führt. Ebenso *Beisse* (1988), S. 27; *Kort*, FR 2001, S. 59. Für die hier zu beur-

view" spricht zunächst die besondere Bedeutung der GoB im deutschen Handelsrecht[633], die sich aus dem **Wortlaut** einer Vielzahl von Vorschriften herleiten lässt[634]. Des weiteren ist an dieser Stelle erneut[635] die **Entstehungsgeschichte** des § 264 Abs. 2 Satz 1 HGB anzuführen. Neben der Kodifizierung des noch im Regierungsentwurf vorgesehenen § 237 HGB-E wurde vom Rechtsausschuss auch die Übernahme des früheren § 149 Abs. 1 Satz 2 AktG a.F. abgelehnt[636]. Mit § 243 Abs. 1 HGB sollte zum Ausdruck gebracht werden, dass Einzelkaufleute und Personengesellschaften ihren Jahresabschluss nur an den anerkannten Grundsätzen ordnungsmäßiger Buchführung auszurichten haben[637]. Die Gegenansicht widerspricht dem hierdurch zum Ausdruck gekommenen gesetzgeberischen Willen[638]. Gegen dieses historische Argument wird vorgebracht, dass der Gesetzgeber keine Veranlassung hatte, die Regelung des „true and fair view" – Prinzips unter die Allgemeinen Vorschriften aufzunehmen, weil die 4. EG-Richtlinie lediglich Vorschriften für Kapitalgesellschaften zum Gegenstand hatte. Damit sei aber noch keine abschließende Aussage über die Relevanz dieses Grundsatzes bei Nichtkapitalgesellschaften getroffen. Dieser Ansicht kann nicht zugestimmt werden. Richtig ist zwar, dass die 4. EG-Richtlinie nur Vorschriften für Kapitalgesellschaften enthält. Hätte der Gesetzgeber das „true and fair view" – Prinzip jedoch umfassend i.S. einer Generalnorm verankern wollen, hätte er das Postulat gerade nicht in dem nur für Kapitalgesellschaften geltenden Teil normiert. Ein solch inkonsequentes Handeln kann dem Gesetzgeber nicht unterstellt werden.

Gegen die Annahme einer Generalnorm spricht vor allem die **systematische Auslegung**. Aufgrund der klaren Fassung der Überschriften in den betroffenen Abschnitten („*Vorschriften für alle Kaufleute*" bzw. „*Ergänzende Vorschriften für Kapitalgesellschaften*") liegt es nahe, eine Generalnorm im Ersten Abschnitt

---

teilenden Frage kommen beide Ansicht jedoch zu demselben Ergebnis, so dass der Meinungsstreit hier keiner Entscheidung bedarf.

633 Vgl. *Beisse* (1988) S. 30.

634 So beginnt der Erste Abschnitt des Dritten Buches mit einer Verweisung auf die GoB. Des weiteren enthalten sowohl § 243 Abs. 1 HGB auch § 264 Abs. 2 HGB einen Verweis auf die GoB. Das Gesetzt verweist letztlich auch in mehreren Einzelvorschriften auf die GoB (vgl. §§ 239 Abs. 4 Satz 1, 241 Abs. 1 Satz 2, Abs. 2, Abs. 3 Nr. 2, 256 Satz 1, 257 Abs. 3 Satz 1 HGB).

635 Vgl. oben unter Kapitel 3 C. I. 1. b) (4.) (a) i..

636 Vgl. *Beisse* (1988), S. 30; ders. (1989), S. 19; *Helmrich* (1986), S. 43 f.; ders., GmbHR 1986, S. 8; *Hennrichs*, StuW 1999, S. 149 f.. § 149 Abs. 1 Satz 2 AktG a.F. enthält die Forderung nach einem „möglichst sicheren Einblick in die Vermögens- und Ertragslage".

637 Vgl. *Glanegger*, § 243 Rn. 2; *Helmrich*, GmbHR 1986, S. 8.

638 Auch der Sinn und Zweck des § 264 Abs. 2 Satz 1 HGB spricht nach Ansicht von *Beisse* (1994), S. 6; ders. (1988), S. 27, gegen eine gegenläufige Auslegung, weil eine das „true and fair view" – Prinzip als bilanzrechtliche Generalnorm die GoB relativieren würde.

des Dritten Buches des HGB zu suchen. Gesetzessystematisch ist es nicht vertretbar, eine Generalnorm unter den Ergänzungsvorschriften finden zu wollen[639]. Dieses Ergebnis wird letztlich durch eine **teleologische Auslegung** bestätigt, da sich die divergierenden Anforderungen an den Jahresabschluss mit ihren teilweise abweichenden Aufgaben erklären lassen. Während bei Einzelunternehmen und Personengesellschaften die Selbstinformation der Gesellschafter im Vordergrund steht, hat bei den Kapitalgesellschaften die Fremdinformation der Anteilseigner eine größere Bedeutung[640]. Der Gesetzgeber geht bei den Kapitalgesellschaften davon aus, dass die Jahresabschlüsse einem breiteren und u.U. internationalen Gesellschafter- und Kreditgeberkreis vorgelegt werden müssen[641]. Da die gesetzlichen Informationsrechte der Anteilseigner hier nicht so stark ausgeprägt sind und die Geschäftsführung regelmäßig nicht in ihren Händen liegt, ist das Informationsbedürfnis der Anteilseigner höher und bedarf eines zusätzlichen Schutzes. Zudem haben die Kapitalgesellschaften einen besseren Einblick zu gewähren als Personengesellschaften, weil die Vorstände und Geschäftsführer fremdes Vermögen ohne eine persönliche Haftung verwalten. Die Inhaber von Nichtkapitalgesellschaften disponieren dagegen i.d.R. zumindest (auch) über eigenes Vermögen[642]. Damit lassen sich allerdings wiederum die höhern Anforderungen an die Qualität der gelieferten Informationen bei Kapitalgesellschaften erklären. Aus diesem Grunde ist es durchaus verständlich, wenn auch nicht unbedingt wünschenswert, bei Nichtkapitalgesellschaften auf die Anwendung des „true and fair view" – Prinzips zu verzichten.

Dem aus § 264 Abs. 2 Satz 1 HGB hergeleiteten „true and fair view" kommt somit nicht die Bedeutung einer übergeordneten Generalnorm zu.

iii. „True and fair view" als GoB i.S.v. § 243 Abs. 1 HGB

Der Jahresabschluss aller Kaufleute ist gem. § 243 Abs. 1 HGB nach den GoB aufzustellen ist. Infolgedessen wäre das Einblicksgebot auch von Einzelunternehmen und Personengesellschaften zu berücksichtigen, wenn man es als einen solchen GoB zu qualifizieren hätte. Von Teilen der Literatur wird argumentiert, in seinem Urteil „*Tomberger*"[643] habe der EuGH die Beachtung des „true and fair view" – Prinzips als Hauptzielsetzung der 4. EG-Richtlinie herausgestellt[644].

---

[639] Ebenso *Beisse* (1988), S. 29 f.; vgl. auch BT-Drucks. 10/4268, S. 102.

[640] Vgl. *Brönner/Bareis*, Kap. I, Rn. 22; *ADS*, § 238 Rn. 15.

[641] Vgl. *Leffson* (1987a), S. 321.

[642] Vgl. *Claussen* (1987), S. 85.

[643] Rs. C-234/94, DB 1986, 1400. Für Anmerkungen zum Urteil vgl. etwa *Haselmann/Schick*, DB 1996, 1529 ff; *Weber-Grellet* (1997), S. 95 ff.; *Hoffmann*, BB 1997, 1679 ff.; *Klinke*, ZGR 1998, 228 ff; *Müller*, S. 87 ff.; *Schulze-Osterloh*, ZIP 1996, 1453 ff..

[644] Vgl. *Heymann/Walz*, § 243 Rn. 9; *Heymann/Herrmann*, § 264 Rn. 8.

Damit habe das Gericht das Gebot als zentralen Bilanzierungsgrundsatz statuiert, was einem Koordinatenwechsel für das deutsche Bilanzrecht gleichkomme[645]. Diese Rechtsprechung habe unmittelbare Auswirkung auf die Auslegung und Fortbildung des deutschen Bilanzrechts, so dass das Prinzip nunmehr in die GoB des § 243 Abs. 1 HGB integriert sei[646].

Die besseren Argumente sprechen jedoch gegen diese Ansicht[647]. Abzulehnen ist zunächst der Gedanke, dass das „true and fair view" – Prinzip als Teil des GoB der **Bilanzwahrheit**[648] anzusehen sei und ihm daher GoB-Charakter zukomme[649]. Nicht bestritten werden soll, dass sich im Einzelfall aus dem Grundsatz der Bilanzwahrheit gleiche Anforderungen wie aus dem „true and fair view" – Prinzip ergeben können und dass sich wichtige Einzelvorschriften inhaltlich sowohl mit § 243 Abs. 1 HGB als auch mit § 264 Abs. 2 HGB vereinbaren lassen[650]. Daraus kann indes nicht geschlossen werden, dass dem Prinzip der Rang eines allgemeinen Auslegungsgrundsatzes zukommt. Denn der Grundsatz der Bilanzwahrheit besagt lediglich, dass der Jahresabschluss richtig und willkürfrei sein muss[651]. Die Bilanz inklusive der GuV-Rechnung darf hiernach nichts im Rechtssinne Falsches enthalten[652]. Darüber hinaus stellt dieser GoB jedoch keine weiteren Anforderungen. Insbesondere wird der Kaufmann nicht

---

645 Vgl. *Weber-Grellet* (1997), S. 99

646 So etwa *Claussen* in Helmrich (1986), S. 45 f.; *Kort*, FR 2001, S. 58; *Heymann/Walz*, § 243 Rn. 9; *Walz*, FS Kübler 1997, S. 557, 575; *Groh*, DStR 1998, 813; laut *Beisse* (1996), auch *Leffson* (1987a), S. 315; ähnlich *Schulze-Osterloh*, ZHR 1986, S. 539. Teilweise wird sogar vertreten, dass es sich hierbei um den wichtigsten GoB handele. Vgl. *Weber-Grellet* (1996), § 5 Rn. 4; *Claussen* (1987), S. 89; *van Hulle*, S. 325; *Großfeld*, AG 1997, S. 439.

647 Ebenso *Beisse* (1988) S. 27; ders. (1993), S. 78; ders., (1994), S. 6; ders. (1996), S. 29; ders., BB 1999, S. 2182; *Helmrich*, GmbHR 1986, S. 8; ders. (1988), S. 223; *Kühnberger/Keßler*, WPg 2000, S. 1009; *Moxter* (1995), S. 428; ders. (1994), S. 716; ders. (1997), S. 513; *Biener* (1989), S. 160; *Baetge/D. Fey/G. Fey* in Küting/Weber (1995), § 243 Rn. 2; *Hinz* in HDR, B 106 Rn. 32 ff.; *Hennrichs*, StuW 1999, S. 141; *Müller*, S. 90.

648 Das Prinzip der Bilanzwahrheit wird zumeist aus § 243 Abs. 1 HGB hergeleitet, kommt aber auch in § 242 Abs. 1 und § 246 Abs. 1 HGB zum Ausdruck. Vgl. *Kort*, FR 2001, S. 59. Teilweise wird auch ein sog. „Grundsatz der Redlichkeit" als ungeschriebener GoB postuliert und dem „true and fair view" - Prinzip gleichgesetzt. Vgl. *Weber-Grellet* (1996), S. 54 f.; *Kort*, FR 2001, S. 59; a.A. *Ballwieser* in HdR, B 105, Rn. 11.

649 Ebenso *Beisse* (1988), S. 30. Selbst wenn „true and fair view" vielfach mit „Bilanzwahrheit" übersetzt wird (so etwa *Bippus*, DStZ 1998, S. 641; *Herzig/Dautzenberg*, BFuP 1998, S. 29 m.w.N.; a.A. *Leffson* (1987), S. 196), lässt sich daraus kein Schluss für die Anerkennung des angelsächsischen Prinzips als GoB herleiten.

650 Vgl. *Baumbach/Hopt*, § 264 Rn. 9; *Baetge/Apelt*, HdJ Abt. I/2 Rn. 14; ähnlich *Kort*, FR 2001, S. 59; *Döllerer* Beilage 12 zu BB Heft 16/1987, S. 12.

651 Vgl. *Lang* in L/R/G, S. 243; *Knobbe-Keuk*, S. 45. *Leffson* (1987), S. 193 ff., unterteilt daher in die Grundsätze der Richtigkeit und der Willkürfreiheit.

652 Vgl. *Knobbe-Keuk*, S. 45; *Kort*, FR 2001, S. 59.

verpflichtet, seine wirkliche „Vermögens-, Finanz- und Ertragslage“ darzustellen[653].

Gegen die Charakterisierung als „eigenständigen“ GoB spricht zunächst der **Wortlaut der Vorschrift des § 264 Abs. 2 Satz 1 HGB**. Denn dort heißt es, das „true and fair view“ – Prinzip sei gerade „*unter Beachtung der Grundsätze ordnungsmäßiger Buchführung*“ anzuwenden. Dies legt aber nahe, dass der Gesetzgeber von einem Spannungsverhältnis zwischen dem Grundsatz „true and fair view“ und den GoB ausgegangen ist[654]. Dem wird vereinzelt[655] entgegengehalten, dass es sich bei dieser Argumentation um eine Tautologie handle. Die Vorschrift enthalte zum einen die Inkraftsetzung der GoB und zum anderen die Verankerung des „true and fair view“ – Prinzips. Diese Verdoppelung relativiere nichts, sondern unterstreiche lediglich die Bedeutung des GoB des Einblicks. Diese Ansicht ist nicht überzeugend, weil eine Erwähnung des „true and fair view“ – Prinzips nicht erforderlich gewesen wäre, wenn es sich hierbei bereits um einen GoB gehandelt hätte. Zur Unterstreichung der besonderen Bedeutung des Prinzips wäre ein entsprechender Hinweis notwendig und ausreichend gewesen[656].

Gegen eine Qualifikation des „true and fair view“ – Prinzips als GoB spricht aufgrund seiner Kodifizierung in § 264 Abs. 2 Satz 1 HGB zudem seine **systematische Stellung**. Wie bereits dargestellt[657], kommen nach richtiger Ansicht nur solche Normen als GoB in Betracht, die allgemeingültigen Charakter haben. Die Kodifizierung des „true and fair view“ – Prinzips i.R.d. § 264 Abs. 2 Satz 1 HGB ist aus systematischer Sicht daher als Argument gegen seine Einordnung als GoB anzuführen[658], denn der Gesetzgeber hat ausdrücklich[659] darauf verwiesen, dass die Spezialvorschriften der §§ 264 ff. HGB regelmäßig nicht als Grundsätze ordnungsmäßiger Buchführung interpretiert werden können. Zwar sei es grundsätzlich nicht ausgeschlossen, dass auch im Zweiten Abschnitt des HGB Regelungen gefunden werden, denen der Rang eines GoB zukomme[660].

---

653 Vgl. *Beisse* (1996), S. 28. A.A. *Kort*, FR 2001, S. 59

654 Vgl. *Beisse* (1996), S. 34; *Kühnberger/Keßler*, WPg 2000, S. 1009..

655 Vgl. *Claussen* (1987), S. 87.

656 Die Vorschrift hätte dann etwa folgenden Wortlaut erhalten: „Der Jahresabschluss der Kapitalgesellschaft ist nach den Grundsätzen ordnungsmäßiger Buchführung aufzustellen, wobei er insbesondere ein den tatsächlichen Verhältnissen entsprechendes Bild ... zu vermitteln hat.“

657 Vgl. oben unter Kapitel 3 C. I. 1. a) (2.).

658 Vgl. *Beisse* (1996), S. 46 f.; ders., StuW 1999, S. 2182. In der Vorschrift wird zudem mehrfach ausdrücklich auf die „Kapitalgesellschaft“ Bezug genommen, so dass an seiner Rechtsformabhängigkeit kaum zu zweifeln ist.

659 Vgl. BT-Drucks. 10/4268, S. 88 f.; *Leffson* (1987a), S. 317; *Kühnberger/Keßler*, WPg 2000, S. 1009.

660 Vgl. *Beisse* (1996), S. 48; *Baetge/D. Fey/G. Fey* in Küting/Weber (1995), § 243 Rn. 2.

Aufgrund der erklärten Absicht des Gesetzgebers, durch die Aufteilung der Bilanzvorschriften auf den Ersten und Zweiten Abschnitt des Dritten Buches zu verhindern, dass in größerem Umfang rechtsformspezifische Bilanznormen zu GoB ernannt werden, könne es sich hierbei jedoch grundsätzlich nur um eine Ausnahme handeln. Soll eine bestimmte, nur für Kapitalgesellschaften geltende Regelung ausnahmsweise dennoch als GoB qualifiziert und deren Geltungsbereich damit auf alle Kaufleute ausgedehnt werden, müssen sehr gute Gründe hierfür vorliegen, wobei der bloße Verweis, dass die entsprechende Regelung für Kapitalgesellschaften gilt, nicht ausreicht[661]. Eine solche Ausnahme kommt hier jedoch wegen der bewussten Entscheidung des Gesetzgebers für eine rechtsformspezifische Regelung nicht in Betracht. Ein Hinwegsetzen über den klaren Willen des Gesetzgebers und die Gesetzessystematik ist nicht akzeptabel[662]. Schließlich macht die Niederlegung in diesem Abschnitt auch nur dann einen Sinn, wenn man davon ausgeht, dass der Grundsatz nicht bereits aus § 243 Abs. 1 HGB als GoB für alle Kaufleute gilt[663].

Das „true and fair view" – Prinzip ist somit allenfalls bei der Auslegung bilanzrechtlicher Vorschriften und zur Schließung von Gesetzeslücken heranzuziehen[664].

iv. Herleitung aus § 238 Abs. 1 Satz 2 HGB

Aufgrund der bereits beschriebenen Wortlautdivergenz zwischen § 238 Abs. 1 Satz 2 HGB und § 264 Abs. 2 Satz 1 HGB kommt auch eine Herleitung des „true and fair view" – Prinzips aus der erstgenannten Vorschrift nicht in Betracht. Nach dieser Regelung muss die Buchführung lediglich so beschaffen sein, dass der Kaufmann oder ein sachverständiger Dritter sich ein zutreffendes Bild machen kann. § 238 Abs. 1 Satz 2 HGB besagt insbesondere nicht, dass dieses Bild für einen externen Bilanzleser darzustellen ist[665]. Eine dem „true and fair view" – Prinzip gerecht werdende Darstellung ist bei Einzelunternehmen und Personengesellschaften zudem technisch kaum möglich, weil dafür regelmäßig ein Anhang erforderlich wäre. Ein solcher wird aber von Nichtkapitalgesellschaften grundsätzlich nicht verlangt (vgl. § 264 Abs. 1 Satz 1 HGB e contrario).

661 Vgl. *Baetge/Apelt*, HdJ Abt. I/2 Rn. 6.
662 Vgl. *Beisse* (1996), S. 48.
663 Vgl. *Beisse* (1996), S. 46 f.; ders., StuW 1999, S. 2182.
664 Vgl. *Budde/Karig* in BilKomm, § 264 Rn. 25; *Baetge/Apelt*, HdJ Abt. I/2 Rn. 14; *Biener* (1989), S. 160; ähnlich *ADS*, § 264 Rn. 45 ff.. Vgl. auch Schmidt/*Weber-Grellet*, § 5 Rn. 83; *Beisse* (1996), S. 38; *Leffson* (1987a), S. 315; *Claussen* (1987), S. 79; *Biener* (1989), S. 159 f.; *Kühnberger/Kessler*, WPg 2000, S. 1009.
665 Vgl. *Beisse* (1988), S. 31.

v. Erfordernis einer richtlinienkonformen Auslegung der §§ 238 ff. HGB

Das „true and fair view" – Prinzip ist schließlich auch nicht deshalb von Nichtkapitalgesellschaften zu beachten, weil die §§ 238 ff. HGB richtlinienkonform zu interpretieren sind[666]. Für eine solche Auffassung spricht, dass die §§ 238 ff. HGB zu einem großen Teil aus Bestimmungen der 4. EG-Richtlinie resultieren[667] und grundsätzlich alle Vorschriften der Umsetzungsmasse richtlinienkonform auszulegen sind[668]. Die für alle Kaufleute geltenden Bilanzvorschriften sind auch von den Kapitalgesellschaften zu beachten. Infolgedessen könnten auch die GoB ihren nationalen Charakter verloren haben und daher nicht mehr zur Disposition des deutschen Gesetzgebers stehen[669].

Eine Ausdehnung der europarechtlichen Auslegung auf die Nichtkapitalgesellschaften weitet den Anwendungsbereich der 4. EG-Richtlinie jedoch unzulässigerweise aus, da das Handelsbilanzrecht nur im Bereich der Kapitalgesellschaften harmonisiert ist. Der 1. Abschnitt des Dritten Buches besitzt insofern eine Art „Doppelnatur"[670]: In Bezug auf die Nichtkapitalgesellschaften handelt es sich bei den §§ 238 ff. HGB um Vorschriften, die ausschließlich nach deutschem Recht zu beurteilen sind, während sie im Bezug auf die Kapitalgesellschaften einen Teil der gemeinschaftsrechtlichen Umsetzungsmasse darstellen[671]. Daran kann auch die neuere Rechtsprechung des EuGH[672] nichts ändern, denn Handlungen und Entscheidungen der Organe der EU gelten nach der Rechtsprechung des BVerfG nur, soweit sie ihrem Kompetenzbereich entspringen[673]. Im Fall der Bilanzrichtlinie werden jedoch nur Kapitalgesellschaften erfasst, so dass die für alle Kaufleute geltenden Vorschriften unberührt bleiben.

---

[666] Vgl. *Beisse*, BB 1999, 2182; ders. (1988), S. 31.

[667] Vgl. *Herzig*, WPg 2000, S. 107; *Beisse* (1988), S. 31; ders. (1996) S. 49; ders., BB 1999, S. 2182.

[668] Vgl. BVerfGE 75, S. 223 ff. (237); EuGH vom 13. November 1990 – RS C-106/89, EuGHE 1990, S. 416; Art. 5 EWG-Vertrag.

[669] So etwa *Herzig*, WPg 2000, S. 107. Vgl. auch *Beisse* (1988) S. 32, Fn. 29; ders., BB 1999, S. 2182.

[670] Ebenso *Beisse* (1988), S. 31. Ähnlich BFH vom 9.9.1998 – I R 6/96, DB 1999, S. 259 ff..

[671] Ob die §§ 238 ff. HGB bei Kapitalgesellschaften richtlinienkonform auszulegen sind, kann vorliegend dahinstehen, weil jedenfalls im Bereich der Nichtkapitalgesellschaften das GoB-System vorrangig bleibt. Ein Einfluss des „true and fair view" – Prinzips auf Einzelunternehmen und Personengesellschaften scheidet aus. Zu einer „gespaltenen Auslegung" vgl. *Beisse* (1988), S. 31 ff.; ders. (1996), S. 50 ff..

[672] Vgl. insbesondere EuGH vom 27.06.1996 – Rs. C-234/94, DB 1986, S. 1400, und EuGH vom 14.09.1999 – Rs. C 275/97, DStR 1999, S. 1645.

[673] Vgl. Maastricht-Urteil des BVerfG vom 12.10.1993, BVerfGE 89, S. 155 ff. (insb. S. 186 ff. und S. 194 ff.).

Die EuGH-Rechtsprechung, nach der das „true and fair view“ – Prinzip eine maßgebende Rolle spielt, vermag die nationalen GoB daher nicht zu ändern[674].

vi. Zwischenergebnis

Wenngleich der Druck der Internationalisierung der Rechnungslegung und die Rechtsprechung des EuGH für die Verankerung eines übergeordneten Prinzips sprechen mögen, so argumentiert man – zumindest zum jetzigen Zeitpunkt – (noch) contra legem. Bislang entspricht es lediglich dem Anliegen einer Minderheit, den Informationsgehalt deutscher Handelsbilanzen auch bei Nichtkapitalgesellschaften zu erhöhen[675]. Das „true and fair view“ – Prinzip findet hier bis dato keine Anwendung. Mit *Leffson*[676] ist davon auszugehen, dass die Anforderungen der §§ 238 und 243 HGB als Mindest- und die des § 264 Abs. 2 HGB als Maximalanforderungen anzusehen sind. Infolgedessen hat der Jahresabschluss von Nichtkapitalgesellschaften in seiner Aussagefähigkeit deutlich niedrigere Anforderungen als der von Kapitalgesellschaften[677].

(b) Aufgabenrangordnung

Die Nichtanwendbarkeit des „true and fair view“ – Prinzips auf Nichtkapitalgesellschaften spricht zwar gegen einen Vorrang der Informationsfunktion. Sie lässt allerdings keinen Schluss auf eine Dominanz der Zahlungsbemessungsfunktion zu. Daher ist zu klären, ob sich im Jahresabschluss der Einzelunternehmen und Personengesellschaften eine Aufgabenrangordnung feststellen lässt.

In der Literatur wird insbesondere von *Baetge*[678] vertreten, dass die handelsrechtlichen Vorschriften in ihrer Gesamtheit **keine Dominanz eines der Jahresabschlusszwecke** erkennen ließen. Weder die Entstehungsgeschichte des Gesetzes, noch die Gesetzesmaterialien, noch betriebswirtschaftliche Erwägungen lägen eine Zweckdominanz nahe. Betrachte man einzelne handelsrechtliche Vorschriften, so sei zwar häufig die Hervorhebung eines einzelnen Zweckes erkennbar. Jedoch würden die verschiedenen und divergierenden Interessen dadurch relativiert, dass dem handelsrechtlichen Jahresabschluss ein bilanzrechtliches Leitbild der ausgewogenen Interessenregelung übergeordnet sei. Der Gesetzgeber intendiere einen Interessenausgleich, der durch die ausgewogene Ge-

---

[674] Vgl. *Beisse*, BB 1999, S. 2184.
[675] Vgl. *Leffson* (1987a), S. 318, 322; ähnlich *Niehus*, WPg 1986, S. 117.
[676] Vgl. *Leffson* (1987), S. 65.
[677] Vgl. *Leffson* (1987a), S. 320; *Claussen* (1987), S. 85; *Glade*, § 264 Rn. 5; *Lätsch*, S. 27; *Helmrich* (1986), S. 42; BT-Drucks. 10/4268, S. 96.
[678] Vgl. *Baetge* (1996), S. 64; *Baetge/Kirsch* in K/W (1995), Kap. I, Rn. 279; *Wisotzki/Schulze-Osterloh/Baetge/Adelt*, Abt. I 2, Rn. 48.

wichtung der Zwecke zu einem relativierten Schutz aller Adressaten führe. Die Ausgewogenheit der Ziele sei danach erforderlich, um nicht einzelne Interessen von Adressaten oder Adressatengruppen einseitig zu berücksichtigen. Nach der wohl h.M. besteht dagegen eine **Aufgabenrangordnung** zwischen den einzelnen Bilanzfunktionen, da die Auslegung der handelsrechtlichen Vorschriften eine unterschiedliche Gewichtung der einzelnen Jahresabschlusszwecke vorgebe[679]. Zudem konnte bereits *Schmalenbach* feststellen, dass eine gleichrangige Verfolgung verschiedener Ziele in einer Bilanz unmöglich sei[680]. Umstritten bleibt indes, welcher Bilanzfunktion die übergeordnete Rolle zuzuschreiben ist:

Im Vordringen befindet sich eine Meinung, die den Gläubigerschutzgedanken und damit letztlich die Zahlungsbemessungsfunktion zurückdrängen will[681]. Begründet wird diese Ansicht mit neuen Erkenntnissen über die Aufgaben und Zwecke des Jahresabschlusses. Danach würde der Gläubigerschutz durch moderne Zwecksetzungen des Jahresabschlusses überlagert, die sich aus betriebswirtschaftlichen und rechtlichen Gründen herleiten ließen[682]. Für die besondere Bedeutung der Informationsfunktion sprächen mit Blick auf das Gesetz zunächst die ausführlichen Gliederungsvorschriften für den Einzelabschluss. Mangels Gewinnausschüttungs- und Besteuerungsfunktion des Konzernabschlusses mache seine Ableitung aus den Einzelabschlüssen zudem nur dann einen Sinn, wenn auch letzteren eine dominierende Informationsfunktion auszeichne.

Wenngleich der zunehmende Druck einer Verstärkung der Informationsfunktion nicht zu unterschätzen ist, kann diese Ansicht jedenfalls noch nicht überzeugen, weil ihre Argumente im wesentlichen Hoffnungen und Erwartungen wiederspiegeln. Die Argumentation kann vor allem im Bereich der Nichtkapitalgesellschaften nicht durchschlagen, weil sich ihre Vertreter primär auf die besondere Bedeutung des „true and fair view" – Prinzips stützen. Eine Geltung des Einblicksgebotes wurde jedoch für diese Gesellschaften gerade widerlegt. Zudem erfolgt die Begründung primär mit Blick auf die Anforderungen des Kapitalmarkes. Ein großer Teil der Einzelunternehmen und Personengesellschaften nimmt diesen Markt indessen (noch) nicht in Anspruch.

---

[679] Vgl. *Moxter* (1984), S. 156; *Schmalenbach/Bauer*, S. 44 f.; *Schön*, ZHR 1997, S. 158; *Krawitz*, S. 218; *Beisse* (1994), S. 15; ähnlich *Thiel* (1990), Rn. 182; *Winnefeld*, Einl. Rn. 16. Vgl. aber auch die folgenden Literaturangaben.

[680] Vgl. *Schmalenbach/Bauer*, S. 44 f..

[681] Vgl. Ballwieser/*Busse von Colbe*, S. 375 f.; *Coenenberg*, S. 13; so wohl auch *Krawitz*, S. 218; *Schmidt*, S. 909 f.; *Schmalenbach-Gesellschaft*, DB 2001, S. 161. Vgl. auch *Beisse* (1993), S. 77.

[682] So sei insbesondere der Gesichtspunkt des Gesellschafterschutzes neben das Gläubigerschutzprinzip getreten. Vgl. *Beisse* (1993), S. 89

Die wohl h.L. vertritt zurecht einen **Vorrang der Zahlungsbemessungsfunktion** in der Handelsbilanz[683]. Dies wird damit begründet, dass die Bilanz in erster Linie die Aufgabe erfüllt, einen Vermögenszuwachs zu ermitteln, der unter Ausschüttungsgesichtspunkten als überschüssig gelten darf[684]. Aus der gesetzlichen Verankerung des Vorsichtsprinzips ergibt sich, dass es dem Gesetz primär nicht um die Information über den „wirklichen", sondern um die Ermittlung eines unbedenklich ausschüttbaren Vermögenszuwachses geht. Die kodifizierten GoB zeigen, dass sie sich im wesentlichen am maximal ausschüttbaren Betrag orientieren und Informationsaspekte eher zurücktreten[685]. Bei einer Betrachtung der Vorschriften über die Aktivierung und Passivierung ergibt sich, dass Informationen über die Ausschüttungswirkungen und deren Veränderung dagegen im Hintergrund stehen[686]. Daraus kann nur gefolgert werden, dass der Informationsfunktion in der Bilanz nur eine sekundäre Bedeutung zukommt. Diese Ergebnis lässt sich schließlich auch mit Schutzwürdigkeitserwägungen begründen: Eine Vorrangstellung der Informationsfunktion trägt in besonderem Maße den mitunter kurzfristigen Gewinninteressen spekulativer Art Rechnung. Diese Interessen sind jedoch als nicht besonders schutzwürdig zu erachten. Vielmehr steht die Erhaltung und Sicherung des Unternehmens sowohl im Interesse der Gläubiger wie auch des Unternehmers selbst im Vordergrund.

683 Vgl. *Moxter* (1984), S. 156; ders. (1986), S. 17 f.; ders. (1997), S. 509; *Beisse* (1994), S. 15; ders. (1993), S. 79; *Börner*, StbJb 1986/87, S. 205 f.; Budde/*Karig*, § 264 Rn. 35; *Bippus*, DStZ 1998, S. 641; *Thiel* (1995), S. 93; *Grund*, DB 1996, S. 1293; *Kühnberger/Keßler*, WPg 2000, S. 1008; *Kessler*, DB 1997, S. 1 f., 7; *Kübler* (1995), S. 363; *Glaum/Mandler*, S. 86; *Vogt*, S. 46 f., S. 309 f.; *Niehus*, WPg 2001, S. 737; ähnlich *Havermann* (1994), S. 663; *Strobl*, S. 393; *Kleekämper/König*, DStR 2000, S. 569; *Siepe*, S. 625 f.; *Strobl-Haarmann*, S. 629 f.. Vgl. auch *Weber-Grellet*, DB 1997, S. 387; *Kübler* (1995), S. 363.

684 Sog. „verteilbarer", „entziehbarer", „entnahmefähiger" oder „ausschüttungsfähiger Gewinn". Vgl. *Weber-Grellet*, DB 1994, S. 289; *Wacker*, S. 240; *Knobbe-Keuk* (1993), S. 18; *Moxter* (1995), S. 34; ders. (1984), S. 158; *Schulze-Osterloh* (1996), S. 124; *Winnefeld*, Einf. Rn. 40.

685 Vgl. *Beisse* (1993), S. 80, 97; *Schulze-Osterloh* (1996), S. 129.

686 Vgl. *Moxter* (1984), S. 156; *Beisse* (1994), S. 17.

(5.) Nachrangigkeit der Fremdinformation

Ein weiteres Argument für die verhältnismäßig geringe Bedeutung der Deformation lässt sich zudem bei einer isolierten Betrachtung der Informationsfunktion im Jahresabschluss von Einzelunternehmen und Personengesellschaften generieren. Hier dient der Jahresabschluss anders als bei den Kapitalgesellschaften in erster Linie der Selbstinformation der am Unternehmen Beteiligten. Die Fremdinformation spielt insofern nur eine untergeordnete Rolle[687]. Das Informationsdefizit aufgrund der umgekehrten Maßgeblichkeit trifft bei Nichtkapitalgesellschaften primär die internen Bilanzadressaten (Gesellschafter). Diese haben die steuerrechtlichen Wahlrechte allerdings selber in Anspruch genommen, so dass es ihnen möglich ist, die Auswirkungen in der Handelsbilanz zu beurteilen. Ihre Schutzwürdigkeit ist daher beschränkt und eine Offenlegung oder Erklärung nicht unbedingt erforderlich. Der Informationsanspruch außenstehender Dritter ist bei Nichtkapitalgesellschaften herabgesetzt, so dass auch die hier entgegenstehenden Interessen verhältnismäßig unbedeutend sind.

c) Ergebnis

Trotz Vorliegens einer Deformation der Handelsbilanz bei Personengesellschaften und Einzelunternehmen ist diese aus handelsrechtlicher Sicht als nicht schlagkräftig genug anzusehen, um die umgekehrte Maßgeblichkeit aufgrund ihrer Auswirkungen abzulehnen.

2. Kapitalgesellschaften

Fraglich ist zunächst, ob an den Jahresabschluss von Kapitalgesellschaften dieselben Anforderungen wie bei den zuvor erörterten Gesellschaften zu stellen sind.

a) Vorliegen einer Deformation

(1.) Umfang der Darstellungspflicht

Ohne an dieser Stelle bereits auf die Bedeutung des „true and fair view" – Prinzips bei Kapitalgesellschaften einzugehen, geht der Umfang der Darstellungspflicht hier über den bei Einzelunternehmen und Personengesellschaften hinaus: Gem. § 264 Abs. 2 Satz 1 HGB soll der Jahresabschluss einen, wenn auch stich-

---

[687] Vgl. *Vogt*, S. 46 f.; *Börner*, StbJb 1986/87, S. 205 f.; *Heinhold*, S. 7 f.; *Brönner/Bareis*, S. 9 ff..

tagsbezogenen, Einblick in die drei für die Beurteilung der wirtschaftlichen Leistungsfähigkeit eines Unternehmens wichtigsten Daten, die **Vermögens-**, **Finanz-**[688] und **Ertragslage**[689], vermitteln[690].

(2.) Beeinträchtigung der Darstellung der Vermögens-, Finanz- und Ertragslage

Die umgekehrte Maßgeblichkeit führt durch die Legung stiller Reserven auch und gerade bei den Kapitalgesellschaften im Falle der Inanspruchnahme ausschließlich steuerrechtlicher Wahlrechte zu einer Verzerrung des den tatsächlichen Verhältnissen entsprechenden Bildes der Vermögens-, Finanz und Ertragslage[691]. Daher läuft die Umkehrmaßgeblichkeit der Schutzfunktion des § 264 Abs. 2 Satz 1 HGB zuwider.

Bezüglich der Auswirkungen auf die **Vermögenslage** kann im wesentlichen auf die Ausführungen im Rahmen der Einzelunternehmen und Personengesellschaften verwiesen werden[692]. Zu beachten ist bei den Kapitalgesellschaften jedoch, dass eine aus der Inanspruchnahme der Sonderabschreibung resultierende Ver-

---

[688] Die Finanzlage gibt Auskunft über die Herkunft und die Verwendung der im Unternehmen eingesetzten Finanzmittel und über deren Laufzeit (Kapitalstruktur, Zahlungsmittel, Fälligkeiten von Verbindlichkeiten, Sicherungspotential). Zweck dieser Darstellung ist die Ermittlung der Zahlungsfähigkeit des betreffenden Unternehmens. Vgl. *Winnefeld*, Einf. Rn. 30; *Olfert*, S. 23; *Federmann*, S. 49; *Schulze-Osterloh* (1996), S. 124; *Thiel* (1990), Rn. 191; *Heinhold*, S. 16; *Moxter* (1984), S. 86 ff..

[689] Ziel der Darstellung der Ertragslage ist das Aufzeigen von Eigenkapitalveränderungen während des Geschäftsjahres durch Aufwendungen und Erträge. Die Darstellung der Ertragslage erfolgt in erster Linie durch die GuV-Rechnung. Ergänzend ist jedoch auch der Anhang von Bedeutung, weil das Ergebnis der GuV-Rechnung durch Bilanzierungs- und Bewertungsmethoden beeinflusst sein kann. Vgl. *Winnefeld*, Einf. Rn. 35; *Thiel* (1990), Rn 193.

[690] Vgl. etwa *Baumbach/Hopt*, § 238 Rn. 14; *Winnefeld*, Einf. Rn. 20.

[691] Ebenso *Ballwieser*, BFuP 1990, S. 490; *Döllerer*, BB 1971, S. 1335; *Dziadkowski*, WPg 1988, S. 418; ders., DB 1989, S. 438; ders., StuW 1979, S. 234; ders., BB 1986, S. 329 ff.; ders. in HdR, B 120, Rn. 128; *Ellerich* in K/W (1995), I, Rn. 191; *Flämig*, DB 1968, S. 2047 f.; *Havermann*, WPg 1988, S. 614 f.; *Henscheid*, BB 1992, S. 105; *Hoffmann* in L/B/H, §§ 4, 5, Rn. 345; *Karsten*, BB 1967, S. 426 f.; *Knobbe-Keuk* (1993), S. 32; *Krawitz*, S. 207; *Kempermann* in K/S, § 5 B 163; *Küting*, BFuP 1989, S. 112, 115; ders., Beilage 2 zu NWB Heft 6/1998, S. 2, 5; *Leucht*, DB 1989, S. 2242; *Merkert/Koths*, BB 1985, S. 1765; *Meilicke*, StbJb 1965/66, S. 146 ff.; *Plewka/Schmidt* in Lademann, EStG, § 5 Rn. 511; *Raupach*, BFuP 1990 S. 519; *Robisch/Treisch*, WPg 1997, S. 167; *Schildbach*, BFuP 1989, S. 135; ders., BB 1989, S. 1452; *Schneider*, DB 1970, S. 1697, 1705; *Schruff*, BFuP 1993, S. 409; *Schulze-Osterloh*, StuW 1991, S. 293; *Siegel* in HdR, B 167, Rn. 48; *Streim*, BFuP 1990, S. 530; *Wacker*, S. 240 f.; *Wagner*, StuW 1990, S. 9; *Wagner/Hawlitzky*, DBW 1991, S. 312; *Winnefeld*, C Rn. 595; *Woerner*, BB 1976, S. 1569; *Thiel* (1990), Rn. 232. Ebenso für eingetragenen Genossenschaften *Kühnberger/Kessler*, WPg 2000, S. 1011.

[692] Vgl. oben unter Kapitel 3 C. I. 1. a) (2.).

kürzung der Bilanzsumme, insbesondere bei der Einteilung der Größenklassen gem. § 267 HGB eine Rolle spielen kann. Darüber hinaus wird aber auch die **Finanzlage** falsch dargestellt[693], weil die subventionellen Steuervergünstigungen regelmäßig nur einen Gewinnverschiebungs- und daher Steuerstundungseffekt haben. Im Falle von Sonderabschreibungen werden die liquiden Mittel des Unternehmens im Jahr ihrer erstmaligen Inanspruchnahme weniger beansprucht als bei linearer Abschreibung (positiver Liquiditätseffekt). In den späteren Folgeperioden kehrt sich dieser Effekt aufgrund der Erhöhung der Steuerzahlung demgegenüber um (negativer Liquiditätseffekt). Diese zukünftigen finanziellen Mehrbelastungen sind indes sowohl im Fall der aktivischen Absetzung[694] als auch bei der Inanspruchnahme steuerfreier Rücklagen weder aus der Bilanz noch aus der GuV erkennbar[695]. Letztlich ist auch die **Ertragslage** betroffen[696]: In den Jahren der Inanspruchnahme der Steuervergünstigungen findet eine zu hohe und in den Folgejahren eine zu geringe Aufwandsverrechnung statt. Diese temporäre Verlagerung von Aufwendungen und Erträgen kann zu einer bedenklichen[697] Fehleinschätzung der Ertragslage und damit der Kreditwürdigkeit führen[698].

b) Bedeutung der Deformation

Auch beim Jahresabschluss der Kapitalgesellschaften stellt sich die Frage, wie die festgestellten Deformationen zu bewerten sind. Da diese Gesellschaften, anders als die Einzelunternehmen und Personengesellschaften, zusätzlich einen

---

[693] Vgl. *Vogt*, S. 273; *Gail* (1995), S. 133; *Küting*, BFuP 1989, S. 114 f.; *Schulze-Osterloh*, StuW 1991, S. 293; *Haeger*, S. 58 f.; differenzierend *Küting*, Beilage 2 zu NWB Heft 6/1998, S. 8.

[694] Bei der „direkten“ Methode werden infolge der aktivischen Absetzung der Mehrabschreibungen sowohl Eigen- als auch Fremdkapital zu gering ausgewiesen.

[695] Vgl. Vgl. *Küting*, Beilage 2 zu NWB Heft 6/1998, S. 21; *Haeger*, S. 58 f.; *Vogt*, S. 273.

[696] Vgl. *Karsten*, BB 1967, S. 426 f.; *Haeger*, S. 56 ff.; *Gail* (1995), S. 133; *Vogt*, S. 272 f.; *Schulze-Osterloh*, StuW 1991, S. 293; *Küting*, BFuP 1989, S. 114; *Schildbach*, BB 1989, S. 1451; differenzierend *Küting*, Beilage 2 zu NWB Heft 6/1998, S. 8. Vgl. auch *Woerner*, BB 1976, S. 1569.

[697] Nach einer Untersuchung von *Küting*, Beilage 2 zu NWB Heft 6/1998, S. 22 ff., betragen die Veränderungen des Jahresergebnisses bei der Eliminierung der aktivisch abgesetzten Mehrabschreibungen (§ 281 Abs. 2 Satz 1 HGB) je nach Abschreibungsmethode im Durchschnitt zwischen 33 und 41 %.

[698] Insbesondere in den der Inanspruchnahme folgenden Jahren kann eine erhebliche Rentabilität vorgetäuscht werden, während betriebswirtschaftlich bereits ein Verlust erwirtschaftet wird. Vgl. *Küting*, BFuP 1989, S. 114; ders., Beilage 2 zu NWB Heft 6/1998, S. 8, 22 f.; *Karsten*, BB 1967, S. 427; *Haeger*, S. 57.

Anhang[699] aufzustellen haben (vgl. § 264 Abs. 1 Satz 1 HGB), kommt hier zunächst ein Ausgleich durch entsprechende Angaben in diesem Teil des Jahresabschlusses in Betracht. Sollte jedoch kein vollständiger Ausgleich der Verzerrungen zu verzeichnen sein, wird man sich damit auseinander zusetzen haben, welchen Stellenwert die Informationsvermittlung im Jahresabschluss der Kapitalgesellschaften hat.

(1.) Kein Ausgleich durch Anhangsangaben

Ein Ausgleich der Deformationen in der Handelsbilanz durch zusätzliche Anhangsangaben wäre nur dann möglich, wenn die Inanspruchnahme steuerrechtlicher Subventionen und deren Auswirkungen in Handels- und Steuerbilanz durch entsprechende Aufklärungen für Dritte ohne weiteres sichtbar würden. Dies ist aber letztlich abzulehnen:

(a) Möglichkeit des Ausgleichs von Verzerrungen durch andere Teile des Jahresabschlusses

Problematisch ist zunächst, ob Verzerrungen in der Bilanz einer Kapitalgesellschaft bei abstrakter Betrachtung überhaupt durch Angaben in einem anderen Teil des Jahresabschlusses ausgeglichen werden können. So könnte man daran zweifeln, dass wichtige Informationen über den Geschäftsverlauf eines Unternehmens durch den Anhang vermittelt werden können, weil dies eine Gleichwertigkeit der Unternehmensinformationen auf rein erläutender Grundlage im Anhang und ohne Einstellung in das Zahlenwerk des Jahresabschlusses voraussetzt[700]. Gegen eine solche Äquivalenz lassen sich insbesondere mit Blick auf internationale Bilanzleser die sprachlichen Übersetzungsprobleme anführen, die mit einer textlichen Darstellung einhergehen[701]. Da der durchschnittliche Bilanzadressat zudem oftmals keine Kenntnis von den Zusammenhängen von Han-

[699] Der Anhang eine Erläuterungs-, Entlastungs- und Ergänzungsfunktion. Vgl. hierzu *Schildbach* (1997), S. 353 f.; *Schülen* in HDR, B 400, Rn. 12 f.

[700] So etwa *Schön*, ZHR 1997, S. 156; ähnlich *Krumnow*, S. 695 f.; *Weber-Grellet* (1997), S. 99. A.A. *Schildbach* (1994), 718 f.; ders., BFuP 1998, S. 12. Er argumentiert, dass es im Rahmen der Informationsfunktion gerade nicht darauf ankäme, in welcher Form die Angabe offengelegt werde. Insbesondere sei nicht entscheidend, ob sie im Jahresabschluss selbst oder in Form einer Zusatzangabe bereitgestellt werde.

[701] Ähnlich *Luttermann*, ZIP 2000, S. 1322; ders., S. 498 f.. Vgl. auch *Großfeld*, WPg 2001, S. 132.

dels- und Steuerbilanz haben dürfte, könnte man argumentieren, er könne deshalb mit den Anhangsangaben auch wenig anfangen[702].

Dem stehen jedoch die Vertreter des sog. „**Funktionsteilungsmodells**"[703] oder der sog. „**Abkopplungsthese**"[704] gegenüber. Da die Bilanz, die GuV-Rechnung und der Anhang als Einheit anzusehen seien, müsse die wirtschaftliche Lage des Unternehmens auch nicht allein durch die Bilanz vermittelt werden. Für diese These spricht zunächst der Gesetzeswortlaut des § 264 Abs. 2 Satz 1 HGB, demzufolge der Jahresabschluss (und nicht nur die Bilanz) das Bild der Vermögens-, Ertrags- und Finanzlage vermitteln soll. Diese Auslegung wird durch die Entstehungsgeschichte der Norm als transformiertes EG-Recht bestätigt, denn in Art. 2 Abs. 1 der 4. EG-Richtlinie werden Bilanz, GuV-Rechnung und Anhang als „*Einheit*" bezeichnet. Das legt den Schluss nahe, dass der Anhang auch nach deutschem Recht als ein gleichberechtigter Teil des Jahresabschlusses anzusehen ist[705]. Infolgedessen ist mit der h.M.[706] davon auszugehen, dass jedenfalls theoretisch die Möglichkeit besteht, Verzerrungen in der Bilanz durch Anhangsangaben gerade zu rücken. Ob dieses Modell wünschenswert ist, steht auf einem anderen Blatt. Entscheidend ist im Einzelfall daher nur, ob der Jahresabschluss insgesamt den Anforderungen als Informationsinstrument gerecht wird. Infolgedessen sind Anhangsangaben erforderlich, welche die Deformationen in der Bilanz tatsächlich ausgleichen können. Aus diesem Grunde ist im folgenden die Qualität der im Hinblick auf die umgekehrte Maßgeblichkeit vorgesehenen Anhangsangaben zu untersuchen.

(b) Tatsächlicher Ausgleich durch die Anhangsangaben

Fraglich ist jedoch, ob die vorgeschriebenen Anhangsangaben diesem Erfordernis gerecht werden. Für den Einzelabschluss[707] sind die §§ 273 Satz 2 letzter Hs., 280 Abs. 3, 281 Abs. 1 Satz 2, Abs. 2 Satz 1, 285 Nr. 5 HGB zu beach-

[702] Vgl. *Lischer/Märkl*, WPK-Mitt., Sonderheft Juni 1997, S. 114. A.A. *Schildbach*, BFuP 1998, S. 12.

[703] Vgl. *Börner*, S. 205 f.; *Vogt*, S. 47, 305; *Kühnberger/Keßler*, WPg 2000, S. 1008; krit. *Küting*, S. 124. Vgl. auch *Krawitz*, S. 208; *Euler*, DStZ 1998, S. 19 f..

[704] Vgl. *Moxter* (1996), S. 67 f.. Vgl. auch *Beisse*, BB 1999, S. 2180; *Krawitz*, S. 208. Krit. *Herzig*, WPg 2000, S. 113; *Küting*, S. 124; *Großfeld*, WPg 2001, S. 130 ff.; *Kort*, FR 2001, S. 58 mit Hinweis auf EuGH vom 27.06.1996 – Rs. C-234/94, DStR 1996, S. 1093.

[705] Vgl. oben unter Kapitel 3 B. II..

[706] Vgl. *Schildbach* (1994), 718 f.; ders., BFuP 1998, S. 12; *Börner*, S. 205 f.; *Vogt*, S. 47, 305; *Kühnberger/Keßler*, WPg 2000, S. 1008; *Moxter* (1996), S. 67 f..

[707] Für den Konzernabschluss gelten darüber hinaus die §§ 308 Abs. 3 Satz 2 und 314 Nr. 5 HGB.

ten[708]. Die Ansichten in der Literatur darüber, ob die Anhangspflichten die durch die Umkehrmaßgeblichkeit verursachten Verzerrungen auszugleichen vermögen, sind kontrovers. So wird teilweise vertreten, die Angaben im Anhang könnten die oben aufgezeigten Beeinträchtigungen der Bilanz und der GuV-Rechnung im vollen Umfang beseitigen[709]. Mehrheitlich wird indes davon ausgegangen, dass die Anhangsangaben den Informationsgehalt von Bilanz und GuV-Rechnung zwar ergänzten, die Verzerrungen aber nicht gänzlich beseitigten, so dass man lediglich von Abmilderungen sprechen könne[710]. Im folgenden sind daher die einzelnen Vorschriften zu untersuchen:

Gem. **§ 273 Satz 2 letzter Hs. HGB** sind alternativ in der Bilanz oder dem Anhang die Vorschriften anzugeben, nach denen ein Sonderposten mit Rücklageanteil gebildet worden ist. Über die Angabe der steuerrechtlichen Vorschriften hinaus ist der Sonderposten grundsätzlich nicht zu erläutern[711]. Die Vorschrift kann jedoch nur begrenzt dazu beitragen, die Auswirkungen des § 5 Abs. 1 Satz 2 EStG zu egalisieren, weil vom Gesetzgeber keine Untergliederung zwischen den erfassten steuerrechtlichen Wertberichtigungen (vgl. hierzu § 281 Abs. 1 Satz 2 HGB) und den unversteuerten Rücklagen verlangt wird[712]. Obwohl sie in betriebswirtschaftlicher Sicht erhebliche Unterschiede ausweisen[713], können beide Angaben zusammengefasst werden, so dass weder eine Unterteilung nach der Art der steuerrechtlichen Vergünstigung noch eine betragsmäßige Unterglie-

---

708 Von der Anwendung der §§ 280, 281 Abs. 2 Satz 1 und 285 Nr. 5 HGB sind eingetragenen Genossenschaften gem. § 336 Abs. 2 Satz 1 letzter Hs. HGB befreit.

709 Vgl. BR-Drucks. 257/83, S. 90; *ADS*, § 264 Rn. 110; *Börner*, S. 169; ähnlich *Eigenstetter*, WPg 1993, S. 579; *Niessen*, RIW 1992, S. 292; *Baetge/Commandeur* in K/W (1995), § 264 Rn. 39; *Lause/Sievers*, BB 1990, S. 32; wohl auch *Schmidt*, WPg 1991, S. 606 f.; *Kühnberger/Kessler*, WPg 2000, S. 1017.

710 Vgl. *Krumnow*, S. 695 f.; *Plewka/Schmidt* in Lademann, EStG, § 5 Rn. 512; *Ellerich* in K/W (1995), I, Rn. 191; *Lück*, S. 75; *Ballwieser*, BFuP 1990, S. 490 f.; *Haller*, RIW 1992, S. 47 f; *Lauth*, DStR 2000, S. 1369; *Küting*, Beilage 2 zu NWB Heft 6/1998, S. 7, 32; *Gail* (1995), S. 133; *Baetge* (1996), S. 277; *Dziadkowski*, DB 1989, S. 438; ders. in HdR, B 120, Rn. 129; *Dziadkowski/Robisch*, BB 1997, S. 357; *Winnefeld*, C Rn. 596, 604; *Schildbach* (1997), S. 352; *Kühnberger/Schmidt*, BB 1999, S. 2604; *Schruff*, BFuP 1993, S. 409; *Wiedemann* § 254 Rn. 2; ähnlich *Havermann*, WPg 1988, S. 614; *Krawitz*, S. 208 f.; *Schulze-Osterloh*, StuW 1991, S. 293; ders., ZHR 1986, S. 537 f.; *Schmidt*, S. 909; ders., WPg 1991, S. 607; ders., WP-Handbuch, Kapitel B, Rn. 326. Kritisch auch *Schön*, ZHR 1997, S. 156 f.; *Robisch*, DStR 1993, S. 1001; *Wöhe* (1992), S. 93.

711 Es können sich jedoch weitere Erläuterungspflichten aus § 281 Abs. 2 HGB und § 285 Nr. 5 HGB ergeben.

712 Vgl. *ADS*, § 273 Rn. 20; *Hoyos/Gutike* in BilKomm., § 273 Rn. 8; *Mundt* in HdR, B 232 Rn. 76. Vgl. auch *Haller*, RIW 1992, S. 47.

713 Z.B. die unterschiedlichen Bindungsdauern. Vgl. *ADS*, § 281 Rn. 55.

derung erforderlich ist[714]. Aufgrund des heterogenen Charakters wäre zur Erhöhung der Klarheit und Übersichtlichkeit der Darstellung eine solche Trennung indes erforderlich[715].

Gem. **§ 280 Abs. 3 HGB** ist im Anhang der Betrag der im Geschäftsjahr aus steuerrechtlichen Gründen unterlassenen Zuschreibungen[716] anzugeben und hinreichend zu begründen, wobei die Angabe der steuerrechtlichen Vorschriften nach h.M. erforderlich und ausreichend ist[717]. Ein vollständiger Ausgleich der Verzerrungen des Einblicks in die Vermögenslage[718] gelingt über diese Vorschrift jedoch aus zweierlei Gründen nicht. Zum einen bezieht sich die Angabepflicht nach h.M. allein auf die im Geschäftsjahr unterlassenen Zuschreibungen und nicht auch auf solche, die in Vorjahren unter Inanspruchnahme der Ausnahmeregelung des § 280 Abs. 2 HGB unterlassen wurden[719]. Zum anderen verlangt § 280 Abs. 3 HGB lediglich die Angabe des Gesamtbetrages und nicht auch dessen Aufteilung auf die Vermögensgegenstände des Anlage- und des Umlaufvermögens[720]. Ohne freiwillige Zusatzangaben kann der externe Bilanzleser daher den Betrag der unterlassenen Zuschreibungen nicht dem Anlage- oder Umlaufvermögen zuordnen[721].

Eine weitere Pflichtangabe findet sich in **§ 281 Abs. 1 Satz 2 HGB**[722]. Danach sind, soweit nicht bereits in der Bilanz geschehen, bei einem „passivischen Ausweis" von Wertberichtigungen i.S.d. § 254 HGB die einschlägigen Vorschriften in der Bilanz oder im Anhang anzugeben, nach denen sie gebildet worden ist. Die Schwäche dieser Vorschrift besteht darin, dass sich weder eine Verpflichtung zur betragsmäßigen Aufteilung nach den einzelnen Vorschriften und den einzelnen Bilanzposten oder Vermögensgegenständen, noch zur Aufstellung

---

[714] Dies ist damit zu begründen, dass der Sonderposten hinsichtlich des Ausweises eine Einheit bildet, weil der Gesetzgeber jeweils von dem Sonderposten im Singular spricht (vgl. §§ 273, 281 HGB). Vgl. *ADS*, § 273 Rn. 20; *Küting*, Beilage 2 zu NWB Heft 6/1998, S. 11.

[715] Ebenso *Mundt* in HdR, B 232 Rn. 76.

[716] § 280 Abs. 2 HGB wird aufgrund des Steuerentlastungsgesetzes vom 5.3.1999 (BGBl. I, S. 402) weitgehend leer laufen. Vgl. Heymann/*Herrmann*, § 280 Rn. 2.

[717] Vgl. *ADS*, § 280 Rn. 81; *Hofbauer* in BHR, § 280 Rn. 21. A.A. *Küting/Zündorf* in K/W (1995), § 280 Rn. 90 ff..

[718] Hierin besteht aber der vorrangige Zweck der Regelung. Vgl. *Haeger*, S. 248.

[719] Vgl. *ADS*, § 280 Rn. 78; *Küting/Zündorf* in K/W (1995), § 280 Rn. 87; *Haeger*, S. 248; *Schülen* in HdR, B 420 Rn. 97. A.A. *Budde/Karig* in BilKomm., § 280 Rn. 34.

[720] Vgl. *Küting/Zündorf* in K/W (1995), § 280 Rn. 83 f.; *ADS*, § 280 Rn. 80. Teilweise a.A. *Budde/Karig* in BilKomm., § 280 Rn. 36.

[721] A.A. *Vogt*, S. 305 f..

[722] Nach *Heni* in BHR, § 281 Rn. 20, zählt die Verletzung dieser Angabepflicht zu den häufigsten Mängeln, die bei der jährlich stattfindenden Durchsicht der im Bundesanzeiger publizierten Jahresabschlüsse durch die Wirtschaftsprüferkammer festgestellt und beanstandet werden.

eines Sonderpostenspiegels über die Entwicklung herleiten lässt[723]. Gleichwohl ist die Aufgliederung des Gesamtbetrages in vertikaler oder horizontaler Form als sinnvoll anzusehen[724]. Hinzu kommen die zuvor dargestellten Probleme im Hinblick auf die Zusammenfassung der Angaben aus § 281 Abs. 1 Satz 2 HGB und § 273 Satz 2 HGB.

Gemäß **§ 281 Abs. 2 Satz 1 HGB** ist im Anhang eine Betragsangabe und Begründung[725] der im Geschäftsjahr[726] in Anspruch genommenen Bewertungsvergünstigungen nach § 254 HGB erforderlich, sofern der Betrag nicht bereits aus der Bilanz oder GuV-Rechnung ersichtlich ist. Einzustellen sind dabei sowohl die aktivisch abgesetzten Abschreibungen wie auch die Beträge, die nach § 281 Abs. 1 HGB in den Sonderposten mit Rücklageanteil eingestellt wurden[727]. Angabepflichtig ist lediglich der Mehrabschreibungsbetrag, der sich als die Differenz zwischen dem niedrigeren steuerrechtlichen Wertansatz und dem höheren handelsrechtlich möglichen oder zulässigen Wertansatz darstellt[728]. Auch § 281 Abs. 2 Satz 1 HGB wird in der Literatur aus verschiedenen Gründen als nicht ausreichend betrachtet. Zunächst wird kritisiert, dass nicht die Einzelbeträge der zu jedem einzelnen Aktivposten oder zu jeder einzelnen steuerrechtlichen Vorschrift vorgenommenen steuerrechtlichen Mehrabschreibung, sondern nur der Gesamtbetrag aller steuerrechtlichen Mehrabschreibungen anzugeben sind[729]. Darüber hinaus sieht die Angabepflicht lediglich eine Trennung nach Anlage- und Umlaufvermögen vor. Eine darüber hinausgehende Aufgliederung, etwa nach den angewandten steuerrechtlichen Vorschriften, ist nicht erforderlich[730]. Keine Angabepflicht besteht zudem über die Höhe der im laufenden Geschäftsjahr aufgelösten steuerrechtlichen Mehrabschreibungen[731]. Schließlich müssen die Auswirkungen der umgekehrten Maßgeblichkeit lediglich im Jahr der Inanspruchnahme, nicht jedoch in den Folgejahren ersichtlich gemacht werden. Aus

[723] Vgl. *Küting*, Beilage 2 zu NWB Heft 6/1998, S. 10; *ADS*, § 281 Rn. 69; *Heni* in BHR, § 281 Rn. 20.

[724] Vgl. *ADS*, § 281 Rn. 53 ff., 69.

[725] Hierbei ist nach h.M. die Angabe der steuerrechtlichen Vorschriften ausreichend. Vgl. *Küting*, Beilage 2 zu NWB Heft 6/1998, S. 10; *Ellrott* in BilKomm., § 281 Rn. 11; *ADS*, § 281 Rn. 74. Teilweise wird ergänzend gefordert, dass erkennbar sein müsse, welchen Vermögensgegenständen die steuerrechtliche Abschreibung zuzurechnen sei. Vgl. *Ellrott* in BilKomm., § 281 Rn. 11. Vgl. auch *Tietze* in K/W (1995), § 281 Rn. 78.

[726] Vgl. *Schülen* in HdR, B 420 Rn. 97; *Tietze* in K/W (1995), § 281 Rn. 78.

[727] Vgl. *Ellrott* in BilKomm., § 281 Rn. 7; *Tietze* in K/W (1995), § 281 Rn. 78; *ADS* § 281 Rn. 5; *Schülen* in HdR, B 420 Rn. 97. Nicht darunter fallen jedoch die Einstellungen in den eigentlichen Sonderposten mit Rücklageanteil i.S.d. § 273 HGB.

[728] Vgl. *Tietze* in K/W (1995), § 281 Rn. 78; *Ellrott* in BilKomm., § 281 Rn. 8; *Heni* in BHR, § 281 Rn. 20; *Schülen* in HdR, B 420 Rn. 97.

[729] Vgl. *Heni* in BHR, § 281 Rn. 20; *Tietze* in K/W (1995), § 281 Rn. 78.

[730] Vgl. *Ellrott* in BilKomm., § 281 Rn. 10; *Heni* in BHR, § 281 Rn. 20.

[731] Vgl. *Heni* in BHR, § 281 Rn. 20.

alledem wird deutlich, dass die vorgenannte Berichtspflicht nicht geeignet ist, die Deformation der Vermögenslage vollständig zu kompensieren[732].

Eine weitere bedeutende Anhangspflicht ergibt sich aus **§ 285 Nr. 5 HGB**. Zweck der Vorschrift ist es, den sich aus der Anwendung steuerrechtlicher Bilanzierungs- und Bewertungsvorschriften ergebenden Einfluss der umgekehrten Maßgeblichkeit auf das Jahresergebnis erkennbar zu machen[733]. Die Regelung soll damit der Verbesserung des Einblicks in die Vermögens- und Ertragslage des Unternehmen dienen[734]. Von dem persönlichen Anwendungsbereich der Vorschrift sind allerdings gem. § 288 S. 1 HGB *„kleine Kapitalgesellschaften"* (vgl. § 267 Abs. 1 HGB) ausgenommen[735], so dass die Regelung von vornherein nur für *„mittelgroße"* (vgl. § 267 Abs. 2 HGB) und *„große Kapitalgesellschaften"* (vgl. § 267 Abs. 3 HGB) gilt[736]. Des weiteren wird der Anwendungsbereich in der Praxis durch § 327 Nr. 2 HGB eingeschränkt, wonach *„mittelgroße Kapitalgesellschaften"* den Anhang durch die gesetzlichen Vertreter insbesondere ohne die Angaben des § 285 Nr. 5 HGB zum Handelsregister einreichen können. Die Anhangspflicht kommt daher bei diesen Gesellschaften u.U. lediglich den internen Bilanzadressaten zugute. Kritisch ist somit festzuhalten, dass eine „Berichtigung" der Bilanz durch die Anhangsangaben des § 285 Nr. 5 HGB längst nicht in allen Fällen in Betracht kommt, so dass sie per se nur eingeschränkt als Rechtfertigung dienen kann.

§ 285 Nr. 5 Halbsatz 1 HGB sieht vor, dass die Auswirkungen der Inanspruchnahme steuerrechtlicher Bewertungsvergünstigungen, einschließlich „steuerfreier" Rücklagen, auf das Jahresergebnis nach Ertragsteuern erläutert werden[737]. Die Berichterstattungspflicht wird ausgelöst, wenn steuerrechtliche Abschreibungen gem. § 254 HGB vorgenommen worden sind, wenn ein niedrigerer steuerrechtlicher Wertansatz nach § 280 Abs. 2 HGB beibehalten worden ist oder wenn gem. § 273 Satz 1 HGB Sonderposten mit Rücklageanteil nach steuer-

---

[732] Ebenso *Haeger*, S. 56; *Kühnberger/Kessler*, WPg 2000, S. 1011.

[733] Vgl. *Ellrott* in BilKomm, § 285 Rn. 85; *Wehrheim*, BB 1994, S. 1458; *ADS*, § 285 Rn. 102; *Krawitz* in BHR, § 285 Rn. 81; *Karrenbrock*, BB 1993, S. 534; *Haeger*, S. 250 f.; *Vogt*, S. 306; *Schildbach* (1997), S. 353.

[734] Vgl. *Karrenbrock*, BB 1993, S. 534; *Krawitz* in BHR, § 285 Rn. 82.

[735] Allerdings muss die „kleine AG" auf Verlangen eines Aktionärs diese Angaben in der HV vorlegen. Die „kleine GmbH" muss auf Verlangen eines Gesellschafters hierüber Auskunft erteilen (§ 51 GmbHG).

[736] Vgl. *ADS*, § 285 Rn. 104; *Krawitz* in BHR, § 285 Rn. 85; *Haeger*, S. 250. Dies stellt nach *Vogt*, S. 309, aber kein Problem der umgekehrten Maßgeblichkeit dar; vielmehr betreffe dieser Aspekt das Recht der größenabhängigen Erleichterungen.

[737] *Krawitz*, S. 212, stellt hierzu fest, dass nur ca. 50 % der von ihm untersuchten Unternehmen derartige Angaben im Einzelabschluss vornehmen, wobei sich die Qualität der Angaben zum Ausmaß der steuerrechtlichen Beeinflussung erheblich unterscheidet.

rechtlichen Vorschriften gebildet (oder aufgelöst[738]) worden sind. § 285 Nr. 5 Halbsatz 1 HGB verlangt die Angabe des Ausmaßes, in dem das handelsrechtliche Jahresergebnis durch steuerrechtliche Bewertungsmaßnahmen beeinflusst wurde. Unter Beeinflussung des Jahresergebnisses ist die Summe aller Auswirkungen[739], die sich aus der Anwendung von steuerrechtlichen Vorschriften im Geschäftsjahr und aus steuerrechtlichen Bilanzierungs- und Bewertungsmaßnahmen früherer Geschäftsjahre ergeben, zu verstehen[740]. Dadurch werden sowohl Mehr- wie auch Minderabschreibungen berücksichtigt. Haben die nach steuerrechtlichen Vorschriften vorgenommenen Abschreibungen in der Zukunft erhebliche Belastungen zur Folge, so ist gem. **§ 285 Nr. 5 Halbsatz 2 HGB** auch deren „*Ausmaß*" anzugeben, wobei jedoch lediglich die negativen Auswirkungen einzubeziehen sind[741].

Aufgrund diverser nur schwer zu lösender Auslegungsprobleme bestehen erhebliche Zweifel, ob die Berichtspflicht nach § 285 Nr. 5 HGB ihrer Intention gerecht wird. Im Hinblick auf den ersten Halbsatz ist zunächst zu kritisieren, dass eine Aufschlüsselung der Ergebnisbeeinflussung auf einzelne Arten der steuerrechtlichen Vorschriften wünschenswert ist[742]. Bei § 285 Nr. 5 Halbsatz 2 lässt das Gesetz indes völlig offen, wann eine erhebliche künftige Belastung vorliegt. Problematisch ist hierbei zum einem die Bestimmung der Bezugsgröße(n)[743], zum anderen die Quantifizierung der „Erheblichkeit"[744].

Wesentlich bedeutender und folgenschwerer ist jedoch der bestehende Meinungsstreit über die Bedeutung des Begriffs „*Ausmaß*" in beiden Halbsätzen der Regelung. Einigkeit besteht im wesentlichen darüber, dass der Gesetzgeber zumindest von einer betragsmäßigen Angabe abgesehen hat[745]. Damit ist allerdings

---

738 Vgl. *Ellrott* in BilKomm., § 285 Rn. 87; *ADS*, § 285 Rn. 115; *Dörner/Wirth* in K/W (1995), §§ 284 – 288, Rn. 204.

739 Sog. „kumulierte Netto-Auswirkungen". Vgl. *ADS* § 285 Rn. 108; *Ellrott* in BilKomm., § 285 Rn. 89; *Haeger*, S. 259; *Krawitz* in BHR, § 285 Rn. 89; *Dörner/Wirth* in K/W (1995), §§ 284 – 288, Rn. 206.

740 Vgl. *Küting*, Beilage 2 zu NWB Heft 6/1998, S. 11; *ADS* § 285 Rn. 108.

741 Vgl. *Haeger*, WPg 1989, S. 609; *Küting*, Beilage 2 zu NWB Heft 6/1998, S. 12. In seiner Untersuchung stellt *Krawitz*, S. 213, fest, dass Aussagen zu den künftigen Belastungen selten sind.

742 Vgl. *Krawitz* in BHR, § 285 Rn. 94; *Haeger*, S. 252. *Ellrott* in BilKomm § 285 Rn. 90, fordert dagegen zumindest den globalen Hinweis auf die Art der steuerrechtlichen Vorschrift.

743 *ADS* § 285 Rn. 122 stellt lediglich auf die Vermögens- und Finanzlage ab. Nach *Ellrott* in BilKomm., § 285 Rn. 110, können darüber hinaus die Ertragslage und das ausgewiesene Jahresergebnis berücksichtigt werden. Vgl. auch *Haeger*, S. 290 f.; ders., WPg 1989, S.616.

744 Vgl. *ADS* § 285 Rn. 122; *Haeger*, S. 291 f.; ders., WPg 1989, S.616. Vgl. auch *Krawitz* in BHR, § 285 Rn. 105 ff.; *Dörner/Wirth* in K/W (1995), §§ 284 – 288, Rn. 208.

745 Begründet wird diese Ansicht damit, dass das HGB an anderen Stellen ausdrücklich von „Betrag" spricht (z.B. §§ 281 Abs. 2 Satz 1, 284 Abs. 2 Nr. 4, 285 Nr. 1 HGB). Vgl. *Ellrott* in

noch nicht endgültig geklärt, wie die Angabe des Ausmaßes zu erfolgen hat. Dazu werden die folgenden drei Ansichten vertreten: Ein Teil der Literatur vertritt den Standpunkt, dass eine rein verbale Erläuterung den Anforderungen der Vorschrift des § 285 Nr. 5 Halbsatz 1 HGB genügt, soweit sie die Größenordnung erkennen lässt (z.B. „(un-) wesentliche“, „(un-) erhebliche“, „beträchtliche/geringe“ Ergebnisbeeinflussung)[746]. Für diese Ansicht lässt sich insbesondere der offenen Wortlaut der Regelung und sein systematisches Verhältnis zu § 281 Abs. 2 HGB anführen. Die Gegenansicht hält indessen eine prozentuale Umschreibung des Einflusses für notwendig[747]. Die rein verbale Auskunft sei nicht ausreichend, weil sie für den externen Adressaten – insbesondere aufgrund ihres subjektiven Charakters – kaum Informationswert habe[748]. Problematisch sei insoweit auch, dass ein verbale Umschreibung kaum einheitlich verstanden werden könne und sie zu ungenau erscheine, um dem Gesetzeswortlaut zu genügen[749]. Gegen diese Auffassung spricht jedoch, dass eine Prozentualangabe letztlich einer Betragsangabe gleichkommt, die vom Gesetz aber nach einhelliger Ansicht gerade nicht gefordert wird. Auch lässt sich aus dem Wortlaut des § 285 Nr. 5 eine solche Verpflichtung nicht sicher herleiten. Eine vermittelnde Meinung hält schließlich eine verbale Grobeinschätzung im Regelfall für ausreichend; lediglich für den Fall einer wesentlichen Beeinträchtigung des Bildes der Vermögens-, Ertrags- und Finanzlage werden strengere Anforderungen gestellt[750]. Diese Ansicht ist aber abzulehnen, weil eine solche differenzierte Auslegung dem Gesetzeswortlaut nicht zu entnehmen ist. Beim derzeitigen Stand der Gesetzgebung erscheint daher die erstgenannte Auffassung vorzugswürdig.

Für eine Beurteilung dieser Anhangspflicht kann letztlich sogar dahinstehen, welche der zuvor dargestellten Auffassungen man im Hinblick auf den Meinungsstreit vertritt. Denn die unklare Interpretation lässt dem Bilanzersteller einen zu großen Spielraum, um verlässliche, ergänzende Angaben im Anhang si-

---

BilKomm § 285 Rn. 94; *ADS* § 285 Rn. 105; *Dörner/Wirth* in K/W (1995), §§ 284 – 288, Rn. 189; *Siegel* in Wysocki/Schulze-Osterloh, Abt. III/4, Rn. 151; *Krawitz* in BHR, § 285 Rn. 92; *Schulze-Osterloh*, StuW 1991, S. 293.

[746] Vgl. *Ellrott* in BilKomm § 285 Rn. 94; *Schildbach* (1997), S. 362; Heymann/*Herrmann*, § 285 Rn. 15; krit. *Siegel* in Wysocki/Schulze-Osterloh, Abt. III/4, Rn. 151. Ähnlich *ADS* § 285 Rn. 105; *Leker/Möhlmann*, S. 126.

[747] Vgl. *Dörner/Wirth* in K/W (1995), §§ 284 – 288, Rn. 189; *Siegel* in Wysocki/Schulze-Osterloh, Abt. III/4, Rn. 151 f.; *Kühnberger/Schmidt*, BB 1999, S. 2605; *Krawitz* in BHR, § 285 Rn. 93; *Haeger*, S. 257. Ähnlich *Karrenbrock* BB 1993, S. 543. *Küting*, Beilage 2 zu NWB Heft 6/1998, S. 11 und *Ellrott* in BilKomm, § 285 Rn. 94, halten eine prozentuale Angabe lediglich für wünschenswert.

[748] Ebenso *Wehrheim* BB 1994, S. 1459; *Haeger*, S. 256; *Leker/Möhlmann*, S. 126 (jedenfalls bei allgemeinen Angaben).

[749] Vgl. *Siegel* in Wysocki/Schulze-Osterloh, Abt. III/4, Rn. 152.

[750] Vgl. Heymann/*Herrmann*, § 285 Rn. 15.

cherzustellen[751]. Darüber hinaus kann die Regelung des § 285 Nr. 5 HGB inhaltlich auch im übrigen nicht überzeugen: Einer vorzugswürdigen Literaturmeinung zufolge ist eine vollständige Korrektur der bestehenden Verzerrungen durch die gem. § 285 Nr. 5 HGB erforderlichen Angaben im Anhang nur dann uneingeschränkt möglich, wenn der Abschlussersteller alle steuerrechtlichen Beeinflussungen durch die Angabe der zugrundeliegenden steuerrechtlichen Vorschriften nennt, die Höhe der Unterschiedsbeträge nach den einzelnen Maßnahmen oder Vorschriften beziffert[752] und deren Natur erläutert[753]. Mit den derzeit geforderten Angaben können allenfalls die Auswirkungen auf das Jahresergebnis, nicht jedoch die insgesamt bestehenden stillen Reserven ermittelt werden[754]. Die bestehenden gesetzlich geforderten Anhangsangaben sind daher in keinem Falle ausreichend, die Deformierung der Bilanz auszugleichen[755].

(c) Zwischenergebnis

Die Untersuchung hat gezeigt, dass das Informationsdefizit durch das bestehende Anhangssystem zwar abgemildert, nicht jedoch vollständig beseitigt werden kann[756], insbesondere weil die zu gebenden Erläuterungen wenig aussagekräftig sind[757]. Die Anhangsvorschriften sind nicht ausreichend differenziert ausgestaltet, da charakterlich heterogene Angaben zum Teil in einer Position zusammengefasst werden können. Dem Bilanzleser ist es dann indessen nicht mehr möglich, die Angaben aufzuschlüsseln und entsprechenden Sachverhalten zuzuordnen. Der externe Bilanzadressat wird anhand dieser Angabe zwar eine Idee vom Umfang der Ausnutzung steuerrechtlicher Wahlrechte erhalten, nicht jedoch eine genaue Interpretation vornehmen können. Hinzukommen die beschriebenen Auslegungsschwierigkeiten insbesondere im Hinblick auf § 285 Nr. 5 HGB. Die diversen Meinungsstreitigkeiten führen zu Unklarheiten und mindern das Vertrauen in die Anhangsangaben.

---

751 Ebenso *Königbauer* S. 41; *Haeger* S. 292 f.; *Haller*, RIW 1992, S. 47.

752 Insofern auch *Vogt*, S. 306. Vgl. auch *Niessen*, RIW 1992, S. 292 f..

753 Vgl. *Krawitz* S. 208; *Haeger*, S. 252. Vgl. auch *Niessen*, RIW 1992, S. 292 f..

754 Vgl. *Haller*, RIW 1992, S. 47; *Ballwieser*, BFuP 1990, S. 491. Ähnlich *Küting*, Beilage 2 zu NWB Heft 6/1998, S. 11; *Ellrott* in BilKomm, § 285 Rn. 94.

755 Als weitere Schwachstelle der Regelung des § 285 Nr. 5 HGB wird die Nichtberücksichtigung der Auswirkungen der umgekehrten Maßgeblichkeit aus der Zeit vor Inkrafttreten des BiRiLiG und der aus steuerrechtlichen Gründen unterlassenen Zuschreibungen vergangener Wirtschaftsjahre genannt. Vgl. *Vogt*, S. 307.

756 Dieses Ergebnis wird bei Betrachtung der Anhangsangaben in veröffentlichten Jahresabschlüssen bestätigt. In der Praxis fallen die Erläuterungen regelmäßig äußerst spärlich aus und sind zudem oftmals so formuliert, dass sie selbst fachkundigen Bilanzlesern nicht ohne weiteres verständlich sind. Vgl. hierzu *Haller*, RIW 1992, S. 47; *Gail* (1995), S. 135; *Königbauer*, S. 41.

757 Ebenso *Born* (1999), S. V; *Plewka/Schmidt* in Lademann, EStG, § 5 Rn. 512.

Dem kann auch nicht entgegengehalten werden, dass der Bilanzersteller zusätzliche freiwillige Informationen zur Verfügung stellen kann, um einer Deformation zu begegnen[758]. Denn zum einen zeigt die Praxis, dass von zusätzlichen freiwilligen Angaben i.d.R. abgesehen wird[759]. Des weiteren ist der externe Bilanzadressat dabei auf den Willen und Sachverstand des Bilanzerstellers angewiesen, so dass als Ausgangspunkte der Untersuchung nur die gesetzlichen (Mindest-) Anforderungen in Betracht kommen können.

(2.) Bedeutung der Informationsfunktion

Die Beurteilung der Auswirkungen der umgekehrten Maßgeblichkeit auf die Handelsbilanz und GuV-Rechnung von Kapitalgesellschaften hängt, wie schon bei den Einzelunternehmen und Personengesellschaften, von der Bedeutung der Informationsfunktion im Jahresabschluss ab. Ein Vergleich der einschlägigen Vorschrift des § 264 Abs. 2 Satz 1 HGB mit den §§ 238 Abs. 1, 243 Abs. 1 HGB legt den Schluss auf (teilweise) heterogene Anforderungen nahe.

(a) Stellenwert im Jahresabschluss als „Ganzes“

Fraglich ist, ob die für Nichtkapitalgesellschaften vorgenommenen Ausführungen zum Rang der Informationsfunktion ohne weiteres übertragen werden können. Macht man die einzelnen Jahresabschlussfunktionen und deren Bedeutung an den GoB fest, so dürften im Grundsatz keine Unterschiede zwischen den einzelnen Rechtsformen bestehen, da die GoB rechtsformneutral gelten. Für einen Vorrang der Zahlungsbemessungsfunktion lässt sich deren besondere Bedeutung zur Sicherung des Haftungskapitals anführen. Da den Gläubigern des Unternehmens anders als bei Einzelunternehmen und Personengesellschaften das Privatvermögen der Anteilseigner nicht haftet, muss durch die Bilanzierung sichergestellt werden, dass jedenfalls das Gesellschaftskapital erhalten bleibt. Dies geschieht durch die Legung stiller Reserven und restriktive Ausschüttungsvorschriften[760].

Andererseits sind die Informationsbedürfnisse der Adressaten bei Kapital- und Nichtkapitalgesellschaften unterschiedlich. Während die Information „Dritter“ beim Jahresabschluss von Einzelunternehmen und Personengesellschaften nur eine untergeordnete Rolle spielt, ist die **Bedeutung der Fremdinformation** bei Kapitalgesellschaften wesentlich größer[761]. Dies hängt in erster Linie mit der

[758] So aber *Krawitz* S. 208; vgl. auch *Börner*, S. 169 f..
[759] Vgl. *Küting*, Beilage 2 zu NWB Heft 6/1998, S. 17 f..
[760] Vgl. oben unter Kapitel 2 C. I. 2..
[761] Vgl. *Vogt*, S. 46 f.; *Börner*, StbJb 1986/87, S. 205 f.; *Heinhold*, S. 7 f.; *Brönner/Bareis*, S. 9 ff..

Struktur der Gesellschaft zusammen: Die Gesellschafter sind hier regelmäßig von der Geschäftsführung ausgeschlossen. Diese Adressatengruppe ist aber besonders auf aussagekräftige Informationen angewiesen.

Auch erscheint es mit Blick auf die §§ 264 ff. HGB zweifelhaft, ob sich das Ergebnis auf die Nichtkapitalgesellschaften ohne weiteres übertragen lässt. Hier ist vor allem die bereits dargestellte Vorschrift des § 264 Abs. 2 Satz 1 HGB zu nennen, durch die das „true and fair view" – Prinzip i.S.d. 4. EG-Richtlinie in deutsches Recht transformiert wurde. Danach hat der Jahresabschluss „*ein den tatsächlichen Verhältnissen entsprechendes Bild der Vermögens-, Finanz- und Ertragslage der Kapitalgesellschaft zu vermitteln*". Aufgrund dessen könnte man geneigt sein, der Informationsfunktion im Jahresabschuss von Kapitalgesellschaften eine dominierende Stellung zuzuschreiben. Jedoch ist der „true and fair view" dem Gesetzeswortlaut nach nur „*unter Beachtung der Grundsätze ordnungsmäßiger Buchführung*" zu erzeugen. Dies wiederum mag für den übergeordneten Rang der Zahlungsbemessungsfunktion angeführt werden[762]. Aus der Vorschrift wird daher nicht eindeutig ersichtlich, wie das Verhältnis von „true and fair view" und den GoB ausgestaltet ist. Dazu werden verschiedene Auffassungen vertreten:

Vereinzelt wird in der Literatur vertreten, dass die GoB und der „true and fair view" – Grundsatz in einem „**Parallelverhältnis**" stünden. Nach dieser Ansicht trete die Generalnorm des § 264 Abs. 2 Satz 1 HGB nicht an die Stelle des § 243 Abs. 1 HGB, vielmehr hätten beide Normen „nebeneinander Geltung"[763]. Nach einer anderen Ansicht in der Literatur hat das angelsächsische Prinzip im deutschen Jahresabschluss nur eine **untergeordnete Bedeutung**[764]. Die Nennung des „true and fair view" – Prinzips habe lediglich ergänzenden Charakter, der die Geltung der allgemeinen Grundsätze nicht berühre. Schließlich wird in der Literatur auch vertreten, dass § 243 Abs. 1 HGB im Bereich der Kapitalgesellschaften nur abgeschwächt und unter dem **Vorbehalt des „true and fair view"** gelte[765]. Begründet wird diese Ansicht neben den bereits im Zusammenhang mit

[762] Vgl. auch oben unter Kapitel 3 C. I. 1. b) (4.)..

[763] Vgl. *Baetge/Commandeur* in K/W (1995), § 264 Rn. 32; wohl auch Glanegger/*Niedner*, § 264 Rn. 4; *Kort*, FR 2001, S. 58.

[764] Vgl. Ensthaler/*Marsch-Barner*, GK-HGB, § 264 Rn. 9 f.; *Hinz* in Beck HDR, B 106 Rn. 32; Baetge/*Commandeur* in K/W (1995), § 264 Rn. 32; *Budde/Karig* in BilKomm, §§ Rn. 25; *Beisse*, BB 1999, S. 2182 f.; *ADS*, § 264 Rn. 50 ff., 86; *Niehus*, DB 2001, S. 57; für die Bilanz und GuV-Rechnung auch *Streim* in BHR, § 264 Rn. 24. Krit. Heymann/*Herrmann*, § 264 Rn. 8.

[765] Vgl. *Weber-Grellet* (1996), § 5 Rn. 4; ders. (1997), S. 98; ders., BB 1999, S. 2662; ders. DB 1996, S. 2090; *Claussen* (1987), S. 89; *van Hulle*, S. 325; *Großfeld*, AG 1997, S. 439; ders. in L/R/G, S. 199; *Großfeld*, WPg 2001, S. 130. Vgl. hierzu auch *Beisse*, BB 1999, S. 2182. Zur Annäherung der deutschen und angelsächsischen Vorstellung vom „true and fair view" durch

dem Jahresabschluss von Einzelunternehmen und Personengesellschaften angeführten Argumenten[766] mit der Globalisierung der Kapitalmärkte und der wachsenden Bedeutung von Wertpapierfonds[767]. Letztlich sei das PublG und die Pflicht zur Zwischenberichterstattung für Börsengesellschaften nach den für den Jahresabschluss geltenden Vorschriften und die Vorschriften des Wertpapierhandelsgesetzes auch nur mit dem hohen Stellenwert der Informationsfunktion zu erklären[768]. Die Präferenzordnung der Ziele sei unter dem Gesichtspunkt der Informationsfunktion neu zu überdenken. Der Jahresabschluss sei daher in erster Linie an dem Einblicksgebot des § 264 Abs. 2 Satz 1 HGB auszurichten.

Gegen die erstgenannte Meinung spricht, dass sie im Konfliktfall von GoB und „true and fair view“ nicht zu praktikablen Lösungen führt. Sie ist daher abzulehnen. Damit ist jedoch noch nicht geklärt, welches Rangverhältnis die beiden „Grundsätze“ haben. Die besseren Argumente sprechen aufgrund einer Auslegung des § 264 Abs. 2 Satz 1 HGB jedenfalls gegen einen Vorrang des „true and fair view“ – Prinzips.

Zu begründen ist diese These zunächst mit dem **Wortlaut** des § 264 Abs. 2 Satz 1 HGB. Zwar ist die gewählte Formulierung („*Beachtung*“) schwächer als „Anwendung“[769], indes legt die Wortwahl jedenfalls eine Einschränkung des „true and fair view“ – Prinzips nahe und lässt sich daher nicht als überzeugendes Argument für einen Vorrang verwenden[770]. Hierfür spricht auch der nochmalige Hinweis auf die GoB in der Vorschrift, obwohl diese bereits über § 243 Abs. 1 HGB zu beachten sind. Aus **systematischer Sicht** sprechen die besseren Argumente gegen eine überragende Stellung des angelsächsischen Grundsatzes: Das Normensystem der §§ 238 ff. HGB legt eine überragende Bedeutung der GoB nahe, was durch § 334 Abs. 1 Nr. 1 Buchst. a HGB bestätigt wird, wonach die Nichtbeachtung des § 243 Abs. 1 HGB sanktionsbewehrt ist. Angeführt werden kann zudem, dass eine Primärfunktion des „true and fair view“ die Existenz des Satzes 2 überflüssig machen würde. Gegen eine Vorrangstellung spricht schließlich, dass sie zu einer unzulässigen Ausdehnung des Rechts der Kapitalgesellschaften auf andere Rechtsformen führen würde[771]. Ein Vorrang des „true and fair view“ – Prinzips hätte zwangsläufig Auswirkungen auf die GoB, die per de-

die EuGH-Rechtsprechung vgl. EuGH vom 27.06.1996 – Rs. C 234/94 , DB 1986, S. 1400; vgl. auch *Budde/Karig* in BilKomm, § 264 Rn. 24 a.E.; *Baumbach/Hopt*, § 264 Rn. 9 a.E..

[766] Vgl. oben unter Kapitel 3 C. I. 1. b) (4.) (a).

[767] Vgl. Ballwieser/*Busse von Colbe*, S. 386.

[768] Vgl. Ballwieser/*Busse von Colbe*, S. 375 f..

[769] Vgl. *Großfeld* in L/R/G, S. 199; vgl. auch *Beisse*, BB 1999, S. 2182. Beachtenswert ist zudem der Wortlaut des § 243 Abs. 1 HGB; dort heißt es „nach den Grundsätzen ordnungsmäßiger Buchführung“.

[770] Ebenso *Beisse*, BB 1999, S. 2182; *Kühnberger/Keßler*, WPg 2000, S. 1009.

[771] Ebenso *Kühnberger/Kessler*, WPg 2000, S. 1009.

finitionem allgemein sind und daher für alle Kaufleute gelten. Dann aber wären die GoB rechtsformspezifisch auszulegen, was jedoch mit der Konzeption allgemeiner Rechnungslegungsgrundsätze unvereinbar wäre[772].

Überzeugende Argumente gegen den Vorrang des „true and fair view" – Prinzips lassen sich auch aus der **Entstehungsgeschichte** der Norm herleiten, denn im deutschen Bilanzrecht wurde kein Einblicksgebot mit der Qualität eines „overriding principle" i.S.d. angelsächsischen Bilanzrechts eingeführt[773]. Zwar wurde die Generalklausel des Art. 2 Abs. 3 der 4. EG-Richtlinie, wie sich aus Art. 2 Abs. 5 derselben Richtlinie ergibt, als „overriding principle" konzipiert[774] und besitzt dort einen übergeordneten Stellenwert[775]. Der deutsche Gesetzgeber hat hingegen auf die ausdrückliche Übernahme des Art. 2 Abs. 5 der 4. EG-Richtlinie verzichtet[776]. Das „true and fair view" – Prinzip hat daher im Zuge der Transformation der 4. EG-Richtlinie an Bedeutung verloren[777]. Der Vorschrift des § 264 Abs. 2 Satz 1 HGB kommt, wie bereits dargestellt[778], lediglich die Aufgabe zu, Lücken zu schließen und Zweifelsfragen zu klären, welche die Einzelvorschriften offen lassen[779]. Unter europarechtlichen Aspekten wird vereinzelt vertreten, die Vorschrift des § 264 Abs. 2 Satz 1 HGB sei richtlinienkonform auszulegen, weil der deutsche Gesetzgeber seiner Verpflichtung aus der Richtlinie getreulich habe nachkommen wollen[780]. Diese These kann jedoch nicht überzeugen, weil die Vorrangstellung des Einblickgebotes gem. Art. 2 Abs. der Richtlinie vom Gesetzgeber – wie sich aus dem Wortlaut des § 264 Abs. 2 Satz 1 HGB ergibt – bewusst nicht umgesetzt wurde[781]. In diesem Fall geht der Wille des nationalen Gesetzgebers einer richtlinienkonformen Ausle-

[772] Vgl. oben unter Kapitel 3 C. I. 1. a) (2.).

[773] Ebenso die wohl h.M.: Vgl. BT-Drucks. 10/317, S. 76 f.; *Streim* in BHR, § 264 Rn. 26; *Budde/Karig* in BilKomm, § 264 Rn. 25; *Kühnberger/Schmidt*, BB 1999, S. 2602; *Kühnberger/Keßler*, WPg 2000, S. 1009; *ADS*, § 265, Rn. 50 f.; *Beisse* (1996), S. 55; ders. (1999), S. 2183; Glanegger/*Niedner*, § 264 Rn. 4.

[774] Vgl. *Streim* in BHR, § 264 Rn. 26; *Herzig/Dautzenberg*, BFuP 1998, S. 29 m.w.N. und mit Hinweis auf EuGH vom 27.06.1996 – Rs. C 234/94, DB 1986, S. 1400.

[775] Vgl. *Budde/Karig* in BilKomm, § 264 Rn. 24 – 26; *Baumbach/Hopt*, § 264 Rn. 9 a.E..

[776] Vgl. Ensthaler/*Marsch-Barner*, § 264 Rn. 10; *ADS*, § 264 Rn. 107; *Baumbach/Hopt*, § 264 Rn. 16; *Schulze-Osterloh*, ZHR 1986, S. 543; *Budde/Karig* in BilKomm, Rn. 28 f.; *Streim* in BHR, § 264 Rn. 21, 27 f.; *Beisse* (1988), S. 42; *Schildabach* (1987), S. 7; Heymann/*Herrmann*, § 264 Rn. 11. Vgl. auch *Müller*, S. 90.

[777] Vgl. *Lischer/Märkl*, WPK-Mitt., Sonderheft Juni 1997, S. 109.

[778] Vgl. oben unter Kapitel C I. 1. b) (4.) (a) iii..

[779] Vgl. *Budde/Karig* in BilKomm, § 264 Rn. 25; *Biener* (1989), S. 159 f.; *ADS* § 264 Rn. 103; vgl. auch Schmidt/*Weber-Grellet*, § 5 Rn. 83.

[780] Vgl. *Großfeld* in L/R/G, S. 194.

[781] Vgl. RegEntw zu § 237 HGB-E, BT-Drucks. 10/317, S. 77.

gung vor[782], so dass die Norm eigenständig nach deutschem Recht auszulegen ist[783].

Die Ablehnung eines Vorranges des „true and fair view" – Prinzips lässt allerdings nicht den Schluss zu, dass die Einfügung dieses Grundsatzes keinerlei Bedeutung auf den Stellenwert der Informationsfunktion hat. Zwar ist der Zahlungsbemessungsfunktion auch bei Kapitalgesellschaften der Vorrang einzuräumen[784], jedoch ist das Kräfteverhältnis hier zugunsten der Informationsfunktion verschoben. Die Kodifizierung des „true and fair view" – Prinzips in § 264 Abs. 2 Satz 1 HGB lässt nur den Schluss zu, dass der Jahresabschluss einer Kapitalgesellschaft soweit wie möglich an den tatsächlichen Verhältnissen auszurichten ist. Folglich hat die Informationsfunktion – wenn auch keine dominierende – so aber doch eine bedeutende Stellung.

(b) Stellenwert in der Bilanz und der GuV-Rechnung

Da der Jahresabschluss von Kapitalgesellschaften aus Bilanz, GuV-Rechnung und Anhang besteht (vgl. § 264 Abs. 1 Satz 1 HGB) stellt sich die Frage, ob das „true and fair view" – Prinzip in all diesen Teilen denselben Einfluss hat. Diese Problematik ergibt sich, weil der Gesetzeswortlaut des § 264 Abs. 2 Satz 1 HGB in Übereinstimmung mit der Art 2 Abs. 1 der 4. EG-Richtlinie zulässt, dass das geforderte Bild durch den Jahresabschluss als Ganzes vermittelt wird[785]. In der Richtlinie ist auch nicht vorgeschrieben, in welchem Maß die einzelnen Bestandteile des Jahresabschlusses zum Zustandekommen des Gesamtbildes beitragen sollen. Eine bedeutende Beeinträchtigung der Informationsfunktion im Zuge der umgekehrten Maßgeblichkeit wäre indes nur dann zu bejahen, wenn das Einblicksgebot gerade in der von § 5 Abs. 1 Satz 2 EStG beeinflussten Bilanz und der GuV-Rechnung Anwendung findet.

---

[782] Vgl. *ADS*, § 264 Rn. 51; *Bleckmann*, BB 1984, S. 1526.

[783] Der Gesetzesvorbehalt des Art. 24 Abs. 1 GG ist strikt. Ein Rückgriff auf die Richtlinie und die Motive des Richtliniengebers ist nur zulässig, soweit das Gesetz Zweifelsfragen offen lässt und die Motive des nationalen Gesetzgebers nicht eindeutig sind. Vgl. *ADS*, § 264, Rn 51; *Biener/Berneke*, S. 132.

[784] Vgl. *Moxter* (1984), S. 156; ders. (1986), S. 17 f.; ders. (1997), S. 509; *Beisse* (1994), S. 15; ders. (1993), S. 79; *Börner*, StbJb 1986/87, S. 205 f.; Budde/*Karig*, § 264 Rn. 35; *Bippus*, DStZ 1998, S. 641; *Thiel* (1995), S. 93; *Glaum/Mandler*, S. 86; *Vogt*, S. 46 f., S. 309 f.. Zur a.A. vgl. *Claussen* (1987), S. 89; Schmidt/*Weber-Grellet*, § 5 Rn. 83; *Weber-Grellet*, DB 1996, S. 2089; Ballwieser/*Busse von Colbe*, S. 375.

[785] Vgl. *ADS*, § 264 Rn. 86; *Streim* in BHR, § 264 Rn. 24; *Vogt*, S. 311; *Plewka/Schmidt* in Lademann, EStG, § 5 Rn. 504; *Beisse* (1988), S. 38. Vgl. oben Kapitel 3 B. II..

Von den Vertretern des „Funktionsteilungsmodells“ werden den einzelnen Teilen des Jahresabschlusses unterschiedliche Funktionen zugeschrieben[786]. Während in der Bilanz und GuV-Rechnung die Zahlungsbemessungsfunktion dominiere, sei der Anhang die Domäne der Informationsfunktion[787]. Der Gesetzgeber habe bewusst zwischen Bilanz und GuV-Rechnung einerseits sowie Anhang und Lagebericht andererseits getrennt, so dass die Verwirklichung des „true and fair view“ im wesentlichen dem Anhang überlassen werden könne.

Dieser Ansicht kann jedoch nicht uneingeschränkt gefolgt werden. Das in § 264 Abs. 2 Satz 1 HGB geforderte Bild soll zwar keineswegs allein durch die Bilanz und GuV-Rechnung, aber genauso wenig allein vom Anhang gewährt werden[788]. Richtig ist zwar, dass der Anhang Informationsdefizite in anderen Teilen des Jahresabschlusses beheben soll und insofern im Sinne seiner Erläuterungsfunktion[789] vor allem der Informationsvermittlung dient. Daraus kann aber nicht der Schluss gezogen werden, dass Bilanz und GuV-Rechnung das „true and fair view“ – Prinzip unbeachtet lassen können. Eine Verdrängung der Informationsfunktion in den Anhang kommt daher nicht in Betracht. Anderenfalls hätte man das Postulat des § 264 Abs. 2 Satz 1 HGB auf den Anhang beschränken oder systematisch im Fünften Teil des 2. Abschnitts bei den Vorschriften zum „Anhang“ verorten müssen. Somit müssen alle Bestandteile des Jahresabschlusses einen Beitrag leisten, das Postulat zu erfüllen. Dieses Ergebnis wird durch die Ausnahmeregelung des § 264 Abs. 2 Satz 2 HGB bestätigt. Infolgedessen kann die Norm nur so verstanden werden, dass Bilanz und GuV-Rechnung, zumindest im Rahmen der GoB, das Einblicksgebot wahren müssen.

Aufgrund der erhöhten Bedeutung der Informationsfunktion im Jahresabschluss von Kapitalgesellschaften[790] und der Geltung des „true and fair view“ – Prinzips in Bilanz und GuV-Rechnung ist die Deformationswirkung der umgekehrten Maßgeblichkeit negativer zu beurteilen als bei Einzelunternehmen und Personengesellschaften.

---

[786] Vgl. oben unter Kapitel 3 C. I. 2 b) 1. (a).

[787] Vgl. *Schulze-Osterloh* (1996), S. 134; *Euler*, StuW 1998, S. 19; zweifelnd *Schön*, ZHR 1997, S. 156; *Siepe*, S. 625 f..

[788] Ebenso *Kort*, FR 2001, S. 58; *Baetge/Commandeur* in K/W (1995), § 264 Rn. 39; *Beine*, WPg 1995, S. 475; *Streim*, S. 403 f.; *Budde/Förschle*, S. 27, 45, 42; *Großfeld*, Rn. 57, 62.

[789] Vgl. auch oben unter Kapitel 3 I. 2. b) (1.).

[790] Ebenso *Siepe*, S. 624.

3. Auswirkungen im Konzernabschluss

Ausgangspunkt der bisherigen Darstellung war der handelsrechtliche Einzelabschluss. Soweit die Konzernleitung vom Beibehaltungswahlrecht des § 308 Abs. 3 Satz 1 HGB Gebrauch macht[791], findet die umgekehrte Maßgeblichkeit jedoch auch im Konzernabschluss Anwendung[792]. In diesem Fall wird in der Literatur zurecht eine Beeinträchtigung der Informationsfunktion angenommen[793]. Ein vollständiger Ausgleich der Verzerrungen in der Konzernbilanz und GuV-Rechnung scheidet aus[794], obwohl auch das Konzernrechnungslegungsrecht diverse Erläuterungspflichten (z.B. §§ 308 Abs. 3 Satz 2, 314 Nr. 5 HGB) kennt. Da sich die Vorschriften jedoch im wesentlichen mit denen für den handelsrechtlichen Einzelabschluss von Kapitalgesellschaften decken[795], ergeben sich die bereits dort dargestellten Probleme[796]. Die Bedeutung der Deformation ist als besonders hoch einzuschätzen, weil sich die im Einzelabschluss festgestellten Nachteile aufgrund der „Zusammenfassung" der Beeinträchtigungen der Einzelabschlüsse im Konzernabschluss kumulieren können[797]. Diese These wird dadurch bekräftigt, dass die Informationsfunktion im Konzernabschluss dominiert[798]. Da dem Konzernabschluss keine direkte Zahlungsbemessungsfunktion

---

[791] Nach einer Untersuchung von *Küting*, Beilage 2 zu NWB Heft 6/1998, S. 13, übernahmen die meisten der untersuchten Konzerne die von den Mutter- und Tochterunternehmen in Anspruch genommenen steuerrechtlichen Vergünstigungen auch in den Konzernabschluss. A.A. *Hoyos/Lechner* in BilKomm., § 308 Rn. 37.

[792] Zur Kritik vgl. *Krawitz*, S. 209; *Küting*, BFuP 1989, S. 121 f.; *Kühnberger/Schmidt*, BB 1999, S. 2602; *Haeger*, S. 294 ff.. Vgl. auch *Niehus*, WPg 1997, S. 655; *ADS*, § 308 Rn. 50 ff..

[793] Gem. § 297 Abs. 2 Satz 2 HGB ist auch im Konzernabschluss das Einblicksgebot zu beachten. Vgl. *Krawitz*, S. 209; *Kühnberger/Schmidt*, BB 1999, S. 2602; *Haeger*, S. 313 f.; *Küting*, NWB Beilage 2/1998, S. 7 ff., 32.

[794] Vgl. *Haeger*, S. 303 ff.; *Küting/Haeger*, BB 1987, S. 1289 f., 1292; *Dörner/Wirth* in K/W (1989), §§ 313, 314 Rn. 234; ähnlich *Stobbe*, DB 1986, S. 1839.

[795] Gem. § 308 Abs. 3 Satz 2 HGB sind bestimmte Angabe- und Begründungspflichten zu beachten, welche im wesentlichen mit denen nach § 273 und § 281 HGB übereinstimmen. Daneben sind diese Vorschriften beim Konzernabschluss auch gem. § 298 Abs. 1 HGB entsprechend anzuwenden. § 273 HGB wird ergänzt durch § 314 Abs. 1 Nr. 5 HGB, der im wesentlichen die gleichen Anforderungen wie § 285 Nr. 5 HGB stellt. Weitere Erläuterungspflichten enthält der § 313 Abs. 1 Nr. 1, 3 HGB. Vgl. *Küting*, Beilage 2 zu NWB Heft 6/1998, S. 12, 16 ff.; vgl. auch *Krawitz*, S. 213.

[796] Aus diesem Grunde wird auf eine ausführliche Darstellung der konzernbilanzrechtlichen Anhangspflichten verzichtet. Diesbezüglich sei insbesondere auf die ausführliche Darstellung bei *Haeger*, S. 296 ff. verwiesen. Zu den Problemen des § 308 Abs. 3 Satz 2 HGB vgl. zudem *ADS*, § 308 Rn. 59 ff.; *Scherrer* in BHR, § 308 Rn. 43; *Küting/Haeger*, BB 1987, S. 1287 ff..

[797] Andererseits führt dies zu einem erheblichen konzernbilanzpolitischen Gestaltungsspielraum. Vgl. *Küting/Haeger*, BB 1987, S. 1285; *Haeger*, S. 296.

[798] Vgl. oben unter Kapitel 2 C. II..

zukommt, kann das Übernahmewahlrecht auch nicht mit dem Interesse des Fiskus an der Ausschüttungssperre begründet werden[799].

4. Zwischenergebnis

Zusammenfassend bleibt festzuhalten, dass sowohl im Einzel- wie auch im Konzerabschluss eine Deformation vorliegt. Unterschiede bestehen allerdings bei der Bewertung dieser Auswirkungen: Während man die deformierende Wirkung im Einzelabschluss von Kapitalgesellschaften als bedeutend einzustufen hat, stellt sich die Lage bei den Einzelunternehmen und Personengesellschaften als weniger schwerwiegend dar. Aufgrund der Dominanz der Informationsfunktion im Konzernabschluss sind die Auswirkungen der umgekehrten Maßgeblichkeit besonders negativ zu beurteilen. Dies legt den Schluss nahe, zumindest im Einzelabschluss der Kapitalgesellschaften und im Konzernabschluss[800] für die Abschaffung der umgekehrten Maßgeblichkeit zu stimmen. Alternativ wäre über eine wesentliche Verbesserung der Anhangsangaben nachzudenken.

II. Beeinträchtigung der Zahlungsbemessungsfunktion

Die zweite wesentliche Funktion der Handelsbilanz liegt in der Zahlungsbemessung[801]. Fraglich ist, ob der Grundsatz des § 5 Abs. 1 Satz 2 EStG mit dieser Funktion zu vereinbaren ist oder ob auch insofern eine Beeinträchtigung festgestellt werden kann. Unproblematisch ist auch hier der Bereich der **korrespondierenden Wahlrechte**, weil sich der Bilanzersteller im auch nach Handelsrecht zulässigen Rahmen bewegt. Anders könnte die Situation jedoch bei den **nicht korrespondierenden Wahlrechten** sein.

Im Hinblick auf die Unterfunktion „**Ausschüttungssperre**" ist auf den ersten Blick eine Beeinträchtigung nicht festzustellen, weil die umgekehrte Maßgeblichkeit die Bildung stiller Reserven fördert. § 5 Abs. 1 Satz 2 EStG führt in den „Anfangsjahren" der Inanspruchnahme einer rein steuerrechtlichen Subvention zur Bildung „überhöhter" stiller Reserven, die in den Folgejahren nach und nach abgebaut werden. Über den gesamten Zeitraum der Inanspruchnahme bleibt es indes bei einem im Vergleich zum Handelsrecht erhöhten Bestand stiller Reserven. Infolgedessen intensiviert die Umkehrmaßgeblichkeit die Bedeutung der

[799] Vgl. *Krawitz*, S. 209; *Haeger*, S. 313; *Küting*, BFuP 1989, S. 121 f.; *Küting/Haeger*, BB 1987, S. 1286; *Kühnberger/Schmidt*, BB 1999, S. 2602; *Ballwieser*, S. 389. Vgl. auch *Schmidt*, WP-Handbuch, Kapitel B, Rn. 330.

[800] Ebenso *Küting/Haeger*, BB 1987, S. 1292; *Siepe*, S. 633; *Ballwieser*, S. 389. Vgl. auch *Strobl*, S. 391.

[801] Vgl. oben unter Kapitel 2 C. I. 2..

Ausschüttungssperrfunktion und den damit verbundenen Kapital- und Substanzerhaltungsgedanken.

Eine Beeinträchtigung der Ausschüttungssperrfunktion ließe sich allenfalls unter dem Aspekt der **Übererfüllung einer Bilanzaufgabe** anerkennen. Dafür spricht, dass die Gesamtheit der Bilanzfunktionen ein in sich ausgewogenes System darstellen, welches nicht nur durch die Behinderung, sondern auch durch die funktionswidrige Verstärkung einer Aufgabe aus dem Gleichgewicht gebracht werden kann. Die Bilanz als „Vielzweckinstrument"[802] muss einer Vielzahl von Adressaten und Zielsetzungen gerecht werden, so dass der Gesetzgeber bei der Errichtung des Systems eine Interessenabwägung danach vornehmen musste, welche Interessen rechtmäßig sind und welches Gewicht ihnen im System zukommen sollte[803]. Das Handelsbilanzrecht enthält daher viele Kompromisslösungen, um den diversen, teilweise heterogenen Interessen soweit wie möglich gerecht zu werden. Führt ein außerhandelsrechtlicher Eingriff in das Bilanzsystem zu einer Verschiebung der Bedeutung der einzelnen Aufgaben, gerät das handelsrechtliche Bilanzsystem aus dem Gleichgewicht. Daher ist nicht allein die Behinderung, sondern auch die Verstärkung einer Bilanzaufgabe als Eingriff in das Bilanzaufgabensystem kritisch zu beurteilen.

Im Falle der umgekehrten Maßgeblichkeit führt die nach Handelsrecht nicht zulässige Bildung stiller Reserven faktisch zu einer Erhöhung der Bedeutung der Ausschüttungssperrfunktion und verschiebt daher die Gewichtung der Bilanzaufgaben nicht unerheblich in Richtung der Zahlungsbemessungsaufgabe. Wenngleich dies aus Sicht der Gläubiger kaum nachteilig sein mag, so werden die Interessen anderer Adressaten, wie z.B. der Unternehmenseigner, jedoch u.U. beeinträchtigt, weil zusätzliche Mittel im Unternehmen gebunden werden. Eine solche Verschiebung wäre aus handelsrechtlicher Sicht nur dann zu rechtfertigen, wenn man die Zahlungsbemessungsaufgabe in der Handelsbilanz als nicht ausreichend verwirklicht ansehe. Dafür ist aber nichts ersichtlich[804]. Letztlich lässt sich hieraus jedoch kein neues Argument für die negativen Auswirkungen der umgekehrten Maßgeblichkeit auf die Handelsbilanz herleiten, weil die genannten Effekte lediglich die Kehrseite der Beeinträchtigung der Informationsfunktion darstellen. Beide Vorgänge sind hier derart miteinander verwoben, dass sich eine isolierte Betrachtung nicht vornehmen lässt.

Aufgrund der Zweischneidigkeit der Zahlungsbemessungsaufgabe ist weiter zu überprüfen, ob die umgekehrte Maßgeblichkeit zu einer Beeinträchtigung von garantierten **Mindestausschüttungen** führt. Die Funktion der Zahlungsbemes-

---

[802] Vgl. oben unter Kapitel 2 C. I. 3..

[803] Vgl. *Moxter*, BB 2000, S. 2148.

[804] Vgl. hierzu etwa *Beisse* (1994), S. 14 ff.; ähnlich *Watrin*, DB 2001, S. 938; *Salzberger*, DBW 2000, S. 213.

sung hat einerseits zu hohe Ausschüttungen zu verhindern, anderseits aber – im Interesse der Unternehmenseigner – einen Mindestumfang an möglichen Ausschüttungen sicherzustellen[805]. Während die stillen Reserven während des Gesamtzeitraums erhöht sind, betrifft die Minderung der Ausschüttungen nur einige Jahre: § 5 Abs. 1 Satz 2 EStG führt lediglich in den Anfangsjahren nach der erstmaligen Inanspruchnahme durch die Bildung zusätzlicher stiller Reserven zu einer Verminderung des eigentlichen handelsrechtlichen Gewinns. Dieser Effekt kehrt sich demgegenüber bereits in den Folgejahren um, wenn die stillen Reserven wieder abgebaut werden und dadurch ein „erhöhter" handelsrechtlicher Gewinn ausgeschüttet werden kann[806]. Infolgedessen kann allenfalls von einer Verschiebung von Gewinnausschüttungen, nicht jedoch von einer endgültigen Beschränkung gesprochen werden. Darüber hinaus liegt eine Beeinträchtigung der von der Handelsbilanz zu garantierenden Mindestausschüttung auch nur dann vor, wenn im Einzelfall kein ausreichender Gewinn anfällt. Die genannte Unterfunktion wird dadurch insgesamt nur marginal beeinträchtigt.

III. Steuerrecht als unerwünschte Rechtsquelle des Handelsrechts

In der Literatur wird der Vorwurf erhoben, das Steuerrecht störe das Handelsrecht[807], weil die umgekehrte Maßgeblichkeit des § 5 Abs. 1 Satz 2 EStG (i.V.m. den handelsrechtlichen Öffnungsklauseln) zur Einschleusung steuerrechtlicher Wahlrechte in die Handelsbilanz führe. Das Steuerbilanzrecht würde so zu einer unerwünschten Rechtsquelle des Handelsbilanzrechts. Dieser These soll im folgenden nachgegangen werden.

1. Dominanz des Steuerrechts / Aushöhlung der GoB

In der Literatur wird vielfach beklagt, die umgekehrte Maßgeblichkeit führe zu einer (faktischen) **Dominanz des Steuerrechts**[808], weil die Bilanzierungsentscheidung in der Handelsbilanz sowohl bei korrespondierenden wie auch bei

---

805 Vgl. oben unter Kapitel 2 C. I. 2..

806 Vgl. hierzu *Vogt*, S. 272; *Küting*, BFuP 1989, S. 114..

807 Vgl. *Knobbe-Keuk* (1986), S. 1 ff.; *Raupach* (1994), S. 101 ff.; ders. (1995), S. 105; *Groh* (1998), S. 185. Vgl. auch *Schulze-Osterloh*, AcP 1990, S. 140.

808 Vgl. *Dziadkowski*, DB 1989, S. 437; ders., WPg 1988, S. 409; ders., in HdR, B 120, Rn. 102; ders., DStZ 2001, S. 9; *Dziadkowski/Robisch*, BB 1997, S. 356; *Lauth*, DStR 2000, S. 1369; *Herzig/Dautzenberg*, BFuP 1998, S. 24; *Küting*, DStR 1997, S. 84; ders., BFuP 1989, S. 116; *Raupach*, BFuP 1990, S. 525; *Kemper/Beyschlag*, DStR 1999, S. 742; *Haller*, RIW 1992, S. 48; *Gail* (1995), S. 132; *Groh*, Gastkomm., DB 1998, Heft 47, S. I; *Merkert/Koths*, DStR 1987, S. 510; *Tiedtke*, S. 327; *Söffing* (1995), S. 671; *Plewka/Schmidt* in Lademann, EStG, § 5 Rn. 479; *Tanzer*, S. 91; *Hennrichs*, StuW 1999, S. 152; *Selchert*, S. 919 f.; *Born* (1999a), S. 31; *Wetzel*, S. 55; *Siepe*, S. 629.

nicht korrespondierenden steuerrechtlichen Wahlrechten i.S.d. § 5 Abs. 1 Satz 2 EStG unter steuerrechtlichen Gesichtpunkten vorgenommen werde. Dies wird primär damit begründet, dass die Steuerbarwertminimierung das vorrangige Ziel der unternehmerischen Entscheidung sei[809].

Dieser Ansicht kann allerdings nicht uneingeschränkt zugestimmt werden. Tatsächlich müssen Steuerpflichtige, die steuerrechtliche Ansatz- und Bewertungswahlrechte in Anspruch nehmen wollen, diese aufgrund des § 5 Abs. 1 Satz 2 EStG zunächst in der Handelsbilanz geltend machen[810]. Im Bereich der umgekehrten Maßgeblichkeit i.w.S. bleibt der Grundsatz der formellen Maßgeblichkeit zwar formell gewahrt. Materiell ist die Situation hier jedoch umgekehrt[811]: Zwar wird die Entscheidung über den Bilanzausweis nach dem Grundsatz der direkten Maßgeblichkeit im Handelsrecht getroffen. Die Umkehrmaßgeblichkeit setzt indes faktisch einen umgekehrt verlaufenden Entscheidungsprozess voraus, wonach die Bilanzierungsentscheidung regelmäßig zunächst im Steuerrecht fällt. Erst im Anschluss wird das Handelsrecht mit der im Steuerrecht gefällten Entscheidung in Einklang gebracht[812]. Die Ausnutzung von nicht korrespondierenden Wahlrechten erfolgt ebenfalls primär unter steuerrechtlichen Gesichtspunkten[813]. Über die handelsrechtlichen Öffnungsklauseln wird der steuerpolitischen Zielsetzungen verfolgende Bilanzierende faktisch gezwungen, steuerbilanziell opportune Wertansätze in der Handelsbilanz nachzuvollziehen.

Aus den dargestellten Auswirkungen jedoch generell die Dominanz des Steuerrechts herleiten zu wollen, geht entscheidend zu weit[814], denn die angeführte

[809] Vgl. *Haller*, RIW 1992, S. 48.

[810] Dabei ist gleichgültig, ob der Steuerpflichtig eine Einheitsbilanz oder eine getrennte Handels- und Steuerbilanz aufstellt. Bei der Aufstellung einer Einheitsbilanz spielt das Argument der Dominanz eine besondere Rolle, weil gerade in diesem Fall von vornherein nur die steuerrechtlichen Vorschriften berücksichtigt werden. Hierbei entscheiden regelmäßig reine Zweckmäßigkeitsüberlegungen. Vgl. *Haller*, RIW 1992, S. 48; *Gail* (1995), S. 131; *Hennrichs*, StuW 1999, S. 152; *Küffner/Hock*, BFuP 1998, S. 67; *Siepe*, S. 626 f.. Die Einheitsbilanz sollte jedoch ursprünglich im Rechtssinne eine Handelsbilanz sein (vgl. §§ 140 AO, 60 EStDV). In ihrer rechtstatsächlichen Ausformung aber stellt sie vielmehr eine auf die steuerrechtlichen Ansatz- und Bewertungsvorschriften abgestimmte Bilanz dar. Vgl. *Bippus*, DStZ 1998, S. 649. Den Steuerpflichtigen ist es auch versagt, die steuerrechtlichen Wahlrechte lediglich in einer steuerlichen Ergänzungsrechnung i.S.d. § 60 Abs. 2 EStDV geltend zu machen. Vgl. *Raupach*, BFuP 1990, S. 525.

[811] Vgl. *Merkert/Koths*, DStR 1987, S. 510; *Wöhe*, StKongrRep 1973, S. 308; ders. (1997), S. 168; ders. (1992), S. 85; ders., DStR 1971, S. 392.

[812] Vgl. *Plewka/Schmidt* in Lademann, EStG, § 5 Rn. 479; *Meincke*, StuW 1990, S. 16; *Küffner/Hock*, BFuP 1998, S. 67. Vgl. auch *Hennrichs*, StuW 1999, S. 152.

[813] Vgl. *Schmidt*, S. 905; *Raupach*, BFuP 1990, S. 519; *Dziadkowski*, DB 1989, S. 437.

[814] Ebenso *Schmidt*, WPg 1991, S. 606 f.; *Kort*, FR 2001, S. 55; ähnlich *Frotscher* in Frotscher, § 5 Rn. 28.

Dominanz ist lediglich auf den Bereich des § 5 Abs. 1 Satz 2 EStG beschränkt[815]. Das Steuerrecht drückt dem Handelsrecht zwar im Bereich der umgekehrten Maßgeblichkeit seinen Stempel auf, aber in weiten Teilen bleibt es bei der Maßgeblichkeit der Handels- für die Steuerbilanz. Der Grundsatz der direkten Maßgeblichkeit wird durch seine Umkehrung nicht derart eingeschränkt, dass das Regel-Ausnahme-Verhältnis sich umkehrt. Bei aller Kritik ist die Handelsbilanz weiterhin grundsätzlich nach den GoB auszurichten[816], da die Dominanz steuerrechtlicher Vorschriften auf gesetzlich klar umrissene Ausnahmen begrenzt ist[817]. Es bleibt somit bei dem Grundsatz der Steuerbilanz als einer berichtigten Handelsbilanz[818], von einer generellen Dominanz kann daher nicht gesprochen werden.

In die gleiche Richtung geht die Argumentation, dass die umgekehrte Maßgeblichkeit zu einer **Aushöhlung der GoB** führe[819]. Eine Entwertung der GoB kommt per se allerdings nur im Bereich der nicht korrespondierenden Wahlrechte in Betracht, weil sich der Ansatz bzw. die Bewertung anderenfalls dort im Rahmen der GoB bewegt. Bei den ausschließlich steuerrechtlichen Wahlrechten erfolgt ein nicht den GoB entsprechender Ansatz in der Handelsbilanz. Daran können, wie bereits dargestellt[820], auch die handelsrechtlichen Öffnungsklauseln nichts ändern, weil auch sie nicht den Rang dieser Grundsätze haben. Dieser Umstand wird kritisch betrachtet, weil im Zuge der umgekehrten Maßgeblichkeit i.e.S. „Fremdkörper“ in den handelsrechtlichen Jahresabschluss „infiltriert“ würden und dies zu einer Entwertung der GoB führe. Daraus resultiere letztlich eine Zweckentfremdung der Handelsbilanz[821], die allein von Handels-

[815] Es kann jedoch u.U. erforderlich sein, die Entscheidung unter handelsrechtlichen Aspekten, insbesondere mit Blick auf die Auswirkungen der Ausschüttungssperre zu überprüfen. Vgl. Kapitel 3 C. I..

[816] Außer Betracht bleiben sollen hier andersartige Durchbrechungen der direkten Maßgeblichkeit, die nichts mit der Umkehrmaßgeblichkeit zu tun haben.

[817] Zudem besteht à priori keine gesetzliche Verpflichtung, steuerrechtliche Bestimmungen bei der Bilanzierung im handelsrechtlichen Jahresabschluss zu beachten. Die Verdrängung der GoB erfolgt immer erst aufgrund einer Entscheidung des Bilanzierenden.

[818] Insofern a.A. *Bippus*, DStZ 1998, S. 649.

[819] So etwa *Krawitz*, S. 207; *Plewka/Schmidt* in Lademann, EStG, § 5 Rn. 509; *Krieger*, S. 345 f.; *Küting*, BFuP 1989, S. 116; *Wetzel*, S. 59; *Raupach* (1989), S. 117. Vgl. auch *Dziadkowski*, DB 1989, S. 437; *Robisch*, DStR 1993, S. 1000; *Schmidt*, S. 905; ders. WPg 1991, S. 605; ders. in WP-Handbuch, Kapitel B Rn. 326; *Lück*, S. 75.

[820] Vgl. oben unter Kapitel 3 C. I. 1. a) (2.).

[821] Vgl. *Hennrichs*, StuW 1999, S. 152; *Küting*, DStR 1997, S. 84; *Dziadkowski*, StuW 1979, S. 235; *Wöhe*, BFuP 1977, S. 220.

recht und Kaufmannsbrauch bestimmt werden sollte[822], da ansonsten die Gefahr eines allzu fiskalischen Handelsbilanzrechts bestünde[823].

Dieser recht plakativen Literaturmeinung kann nur bei einer isolierten Betrachtung der GoB-fremden steuerrechtlichen Wahlrechte des § 5 Abs. 1 Satz 2 EStG zugestimmt werden[824]. Die einschlägigen Fälle sind jedoch auf einen überschaubaren Kreis von Wahlrechten beschränkt. Der weitaus größte Teil der handelsrechtlichen Normen entspricht weiterhin den GoB und stellt das Gerüst einer jeden Handelsbilanz dar. Der durchaus richtige Ansatz der Kritiker schießt daher über sein Ziel hinaus.

2. Rechtfertigung der Einflussnahme des Steuerrechts

Die angeführte Dominanz des Steuerrechts und der Einfluss der umgekehrten Maßgeblichkeit auf die GoB ließe sich aus rechtssystematischer Sicht dann rechtfertigen, wenn dem Steuerrecht insofern ein Vorrang zukäme oder der Grundsatz der Einheit der Rechtsordnung eingriffe.

a) Kein Vorrang des Steuerrechts

Zu klären ist zunächst, in welchem Verhältnis das Zivil- zum Steuerrecht, insbesondere das Handelsbilanz- zum Steuerbilanzrecht[825], steht. Im Gesamtrechtssystem ist das Steuerrecht[826], nach fast einhelliger Meinung Teil des öffentlichen

[822] Vgl. *Merkert/Koths*, DStR 1987, S. 511 sprechen insofern von einem „bilanzielle[n] Einheitsbrei".

[823] Vgl. auch *Weber-Grellet*, DB 1994, S. 290; *Stobbe*, DStR 1991, S. 166.

[824] Aus praktischer Sicht könnte man dem Argument der Aushöhlung entgegenhalten, dass der Anwendungsbereich der umgekehrten Maßgeblichkeit mit Blick auf die auslaufenden Sonderabschreibungen nach dem Fördergebietsgesetz (vgl. Gesetz zur Fortsetzung der wirtschaftlichen Förderung in den neuen Ländern vom 18.8.1997, BGBl. I 1997, S. 2070) erheblich eingeschränkt wird. Dieser Argumentation kann jedoch nicht gefolgt werden, da politische Entwicklungen i.d.R. nur kurzzeitig sind, so dass ein Übergang zu einer Subventionsgewährung in Form von Investitionszulagen keineswegs als endgültig gesichert angesehen werden kann. Ähnlich *Robisch*, DStR 1993, S. 1001; *Stobbe*, DStR 1991, S. 166.

[825] Trotz seiner Orientierung am Handelsrecht aufgrund des Maßgeblichkeitsprinzips gem. § 5 Abs. 1 Satz 1 EStG ist das Bilanzsteuerrecht als Steuerrecht zu qualifizieren und stellt keineswegs nur eine „Unterabteilung" des Handelsrechts dar. Das Bilanzsteuerrecht muss daher den besonderen Regeln der steuerrechtlichen Teilrechtsordnung entsprechen. Vgl. *Weber-Grellet*, DB 2000, S. 166.

[826] Unter Steuerrecht ist die Gesamtheit der Rechtsnormen zu verstehen, die Rechte und Pflichten im Steuerrechtsverhältnis regeln Vgl. *Tipke/Lang*, § 1 Rn. 10; *Tipke* (2000), S. 77.

Rechts[827], während das Handelsrecht dem Privatrecht angehört[828]. Trotz ihres unterschiedlichen Charakters ist jedoch unstreitig, dass das Steuerrecht eine enge Beziehung zum Zivilrecht hat[829]. Wie diese Beziehung ausgestaltet ist und welches Rangverhältnis beiden (Teil-) Rechtsgebieten zukommt, konnte bislang nicht endgültig geklärt werden[830]. Diese Fragen werden, vor allem im Hinblick auf die Auslegung steuergesetzlicher Begriffe zivilrechtlicher Herkunft, kontrovers diskutiert:

Teilweise wird in der Literatur auch heute noch[831] ein **Primat des Zivilrechts** vertreten[832], wonach das Steuerrecht nur die Stellung eines Annexrechts oder Folgerechts zukomme[833]. Aufgrund der zivilrechtlichen Ordnungsfunktion[834] sei

[827] Vgl. *Tipke/Lang*, § 1 Rn. 10, 16; *Tipke* (2000), S. 79; ders., JuS 1970, S. 149; *List*, S. 370; *Crezelius* (1983), S. 179; *Weber-Fas*, S. 86. Zur Herleitung aus der Subjekts- oder Sonderrechtstheorie, der Interessen- und der Subordinationstheorie vgl. *Tipke/Lang*, § 1 Rn. 10, Fn. 10; *Tipke* (2000), S. 79 f.; *Kopp/Schenke*, § 40 Rn. 11; *Maurer*, § 3 Rn. 14 ff.. A.A. jedenfalls für den Bereich der Rechtswissenschaft *Birk* (1994), § 3 Rn. 5.

[828] Vgl. *Baumbach/Hopt*, Einl. v. § 1 Rn. 1; Heymann/*Horn*, Einl. Rn. 2; Ensthaler/*Ensthaler*, Einl. Rn. 17. A.A. für das Handelsbilanzrecht *Weber-Grellet*, BB 2001, S. 35, Fn. 3. Vgl. aber auch *Claussen* (1997), S. 437.

[829] So hat auch das BVerfG in einigen älteren Entscheidungen den systematischen Zusammenhang zwischen Bürgerlichem Recht und Steuerrecht betont. Vgl. BVerfGE 13, S. 331 ff. (340); BVerfGE 29, S. 104 ff. (117).

[830] In den zuvor genannten Entscheidung hat das BVerfG keine Regeln für das Verhältnis beider Rechtsgebiete aufgestellt, sondern nur den Gleichheitssatz (Art. 3 GG) konkretisiert. Vgl. *Kirchhof*, JbFSt. 1979/80, S. 255.

[831] Nach der h.M. war das Steuerrecht bis zum Ersten Weltkrieg als strenges Folgerecht des Privatrechts zu verstehen. Erst die Einführung der §§ 4, 5, und 80 RAO (1919) bildete für die h.M. den Anlass für die Aufstellung der These von der „methodischen und terminologischen Verselbständigung des Steuerrechts". Eine neuerliche Gegenbewegung setzte nach dem Zweiten Weltkrieg ein: Insbesondere die Rechtsprechung sprach in dieser Zeit von einem Primat des bürgerlichen Rechts (vgl. BFH vom 12.7.1960 – I 96/59 S, BStBl. S. 387; BFH vom 5.12.1961 – I 106/60 U, BStBl. 1962, S. 52; BFH vom 20.10.1965 – II 119/62 U, BStBl. S. 697; BFH vom 12.7.1967 – I 204/64, BStBl. S. 781). Nach dieser Judikatur kommt im Interesse der Rechtssicherheit dem bürgerlichen Recht eine maßgebende Ordnungsfunktion für die gesamte Rechtsordnung einschließlich des Steuerrechts zu. Auch in der Literatur fanden die Prinzipien der Rechtssicherheit und Rechtseinheit wieder mehr Zuspruch. Vgl. hierzu *Ruppe* in Herrmann/Heuer/Raupach, Einf. ESt, Rn. 452 ff.; *von Wallis*, NWB Nr. 30 vom 23.7.1979, Fach 2, S. 3537; *Crezelius* (1983), S. 180 ff..

[832] Vgl. *Söffing*, DStJG 1978, S. 139; *Crezelius* (1983), S. 330 ff., 334; ähnlich *von Wallis*, NWB Nr. 30 vom 23.7.1979, Fach 2, S. 3542; *Groh*, BB 1996, S. 1488 f.; *Flume* (1995), S. 70 ff.. Krit. *Klein*, FA 1953/54, S. 6; *Hallerbach*, DStR 1999, S. 2126; differenzierend *Grimm*, DStZ 1978, S. 286 f.. Vgl. auch *Weber-Fas*, S. 87; *Meincke*, StuW 1990, S. 20; *Merkert/Koths*, DStR 1987, S. 510.

[833] Auch der BFH hat gelegentlich vom „Primat des Bürgerlichen Rechts vor dem Steuerrecht" gesprochen. Vgl. BFH vom 12.07.1967 – I 204/64, BStBl. III 1967, S. 781 (782). Es ist aber nicht ersichtlich, dass durch diese Wortwahl ein rechtslogisches Junktim zwischen den beiden

das Steuerrecht unselbständig, weil es weder einen eigenen Rechtswert noch eine eigene Teleologie besitze.

Trotz der unzweifelhaft bestehenden, wechselseitigen Einflüsse beider Rechtsgebiete[835] ist eine Rangpriorität des Zivilrechts vor dem Steuerrecht mit der h.M.[836] abzulehnen. Vielmehr soll mit dem BVerfG[837] davon ausgegangen werden, dass das Steuer- und das Zivilrecht als **„nebengeordnete, gleichrangige Rechtsgebiete"** zu beurteilen sind[838]. Entgegen der vorangegangen Literaturmeinung enthält das Steuerrecht sehr wohl seine eigenen Prinzipien und Wertungen, sowie eine eigene Teleologie und Terminologie[839]. Neben der Systematik des Steuerrechts lässt sich für die h.M. auch ein gleichrangiger Geltungsgrund anführen, denn sowohl nach dem Gegenstand als auch hinsichtlich ihrer Adressaten stehen Zivil- und Steuerrecht nebeneinander: Während das Zivilrecht die Güterzuordnung und Güterbewegung unter Privaten regelt, ermächtigt das Steuerrecht den Staat zu Eingriffen in die Vermögenssphäre des Bürgers[840]. Darüber hinaus unterscheiden sich auch ihre Zwecke[841]: Das Steuerrecht will den steuerberechtigten Körperschaften die benötigten Mittel durch eine angemessene Verteilung der Gesamtsteuerlast auf die einzelnen Steuerpflichtigen verschaffen, wohingegen das Zivilrecht dem Interessenausgleich zwischen pri-

---

Rechtsgebieten hergestellt werden sollte. Vielmehr ist der BFH dahingehend zu verstehen, dass dem Zivilrecht eine Alarm- und Warnfunktion zukommen soll. Ebenso *Kirchhof*, JbFSt. 1979/80, S. 256.

834 Vgl. *Crezelius* (1983), S. 191.

835 Vgl. BFH vom 23.7.1957 – I 50/55 U, BStBl. III S. 306; *Walz*, StuW 1984, S. 173; *Gail*, WPg 1971, S. 325; *Tipke/Lang*, § 1 Rn. 29; ähnlich *Raupach* (1995), S. 112.

836 Vgl. *Tipke* (2000), S. 50; ders., JuS 1970, S. 149; ders. (1996), S. 742; *Birk* (2000), § 1 Rn. 62; *Tipke/Lang*, § 1 Rn. 19; *Ruppe* in Herrmann/Heuer/Raupach, Einf. ESt, Rn. 455; *Kirchhof* in K/S, § 2 A 226; ders., JbFSt. 1979/80, S. 256; ders., NJW 1987, S. 3221; ders., StuW 1983, S. 181; *Beisse*, StuW 1981, S. 14; *Raupach* (1995), S. 106 f.; *List* (1988), S. 381; *Hennrichs*, StuW 1999, S. 145; *Weber-Grellet*, DB 1997, S. 389; *Hallerbach*, DStR 1999, S. 2129.

837 Vgl. BVerfG vom 27.12.1991 – 2 BvR 72/90, BStBl. II 1992, S. 212. Vgl. hierzu auch *Ruppe* in Herrmann/Heuer/Raupach, Einf. ESt, Rn. 455; ders., JbFSt. 1979/80, S. 255 f.; *Hallerbach*, DStR 1999, S. 2129.

838 Dem Zivilrecht kommt nach dieser Ansicht lediglich eine Präzedenz zu. Darunter ist die bloße Vorherigkeit der Anwendung des Privatrechts gegenüber dem Steuerrecht zu verstehen, die sich aus der zeitlichen Anwendungsfolge ergibt, wonach der steuerrechtlich erfasste Sachverhalt individueller Leistungsfähigkeit zunächst mit der Hilfe des Zivilrechts frei gestaltet wird. Das Steuerrecht bedient sich des Zivilrechts zwar als Hilfsmittel bei der Erfassung der wirtschaftlichen Sachverhalte. Jedoch lässt sich eine Abhängigkeit daraus nicht herleiten. Vgl. *Ruppe* in Herrmann/Heuer/Raupach, Einf. ESt, Rn. 455; *Tipke* (2000), S. 44 f.; *Kirchhof* in K/S, § 2 A 226; ders., JbFSt. 1979/80, S. 255; ders., NJW 1987, S. 3221; *Raupach* (1995), S. 106 f..

839 Vgl. *Ruppe* in Herrmann/Heuer/Raupach, Einf. ESt, Rn. 455.

840 Vgl. *Kirchhof*, JbFSt. 1979/80, S. 254.

841 Vgl. *Tipke*, JuS 1970, S. 149; *Hallerbach*, DStZ 1999, S. 2127.

vaten Rechtssubjekten dient. Zudem beurteilen beide Rechtsgebiete einen Sachverhalt aus unterschiedlicher Perspektive. Während das Zivilrecht regelt, wie die Leistungsfähigkeit individuell willentlich neu geordnet wird, will das Steuerrecht die individuell zugeordnete Leistungsfähigkeit erfassen[842]. Angeführt werden kann mit *Kirchhof* letztlich die parallele Ausformung der verfassungsrechtlichen Eigentumsgarantie durch das Privatrecht und das Steuerrecht[843]. Mithin ist grundsätzlich von einer Gleichrangigkeit und Eigenständigkeit beider Rechtsgebiete auszugehen.

Da sich keine Argumente für einen **Vorrang des Steuerrechts** finden lassen und eine Priorität in diesem Sinne weder in der Rechtsprechung noch in der Literatur vertreten wird, kann die eingangs beschriebene Einflussnahme des Steuerbilanzrechts auf das Handelsbilanzrecht jedenfalls nicht mit dem Verhältnis beider Teilrechtsgebiete begründet werden.

b) Einheit der Rechtsordnung

Der Grundsatz der umgekehrten Maßgeblichkeit wird zum Teil auch mit dem Grundsatz der **Einheit der Rechtsordnung** gerechtfertigt[844]. Dabei wird argumentiert, die umgekehrte Maßgeblichkeit sichere den Gleichlauf von Handels- und Steuerbilanz, indem der identische Ansatz eines steuerrechtlichen Wahlrechts in der Handelsbilanz gefordert werde. Fraglich ist daher, ob der Einfluss des Steuerrechts auf das Handelsrecht im Anwendungsbereich des § 5 Abs. 1 Satz 2 EStG durch dieses Postulat gerechtfertigt werden kann.

Wenngleich es sich beim Steuer- und Zivilrecht richtigerweise um gleichrangige Rechtsgebiete handelt, sind sie Teile einer einheitlichen Gesamtrechtsordnung. Ein Grundpfeiler dieser Gesamtrechtsordnung ist die Widerspruchsfreiheit der Grundwertungen der Teilrechtsordnungen[845]. Hat der Gesetzgeber in einem Teil der Rechtsordnung Grundwertungen vorgenommen, so muss er diese konsequenterweise auch in anderen Teilen beachten. Dieser als „Einheit der Rechtsordnung“[846] bezeichnete Grundsatz der wertungsmäßigen Widerspruchfreiheit

[842] Ebenso *Kirchhof*, JbFSt. 1979/80, S. 256; *Walz* (1980), O 91 f.; *Raupach* (1995), S. 106 f..
[843] Vgl. *Kirchhof*, StuW 1983, S. 180 f.; ders., NJW 1987, S. 3221; ders. in K/S, § 2 A 225; *Tipke* (2000), S. 44 f.. Vgl. auch *Schön*, StuW 1995, S. 375.
[844] Vgl. *Winnefeld*, C Rn. 596; *Knepper*, DStR 1987, S. 690. Vgl. auch *Döllerer*, Beilage zu BB 12/1987, S. 15; *Meincke*, StuW 1990, S. 16, 20; *Wöhe* (1992), S. 92; *Stobbe*, FR 1997, S. 364; *Söffing* (1995), S. 659; *Merkert/Koths*, DStR 1987, S. 510.
[845] Vgl. *Tipke/Lang*, § 1 Rn. 29; *Walz*, StuW 1984, S. 173.
[846] Vgl. *Tipke* (2000), S. 57; *Tipke/Lang*, § 1 Rn. 29. Die Einheit der Rechtsordnung dient insbesondere der Vereinfachung des Rechtssystems und der Erleichterung der Anwendung des Rechts für die Exekutive, die Jurisdiktion sowie für die Staatsbürger. Vgl. *Söffing* (1995), S. 659; *Tipke* (1996), S. 743.

führt dazu, dass Handels- und Steuerrecht keineswegs absolut unabhängig voneinander existieren[847]. Nun könnte man vertreten, dass die umgekehrte Maßgeblichkeit i.V.m. den handelsrechtlichen Öffnungsklauseln den Grundsatz der Rechtseinheitlichkeit fördere, weil die Übernahme steuerrechtlicher Wertungen in die Handelsbilanz sichergestellt würde[848].

Dagegen spricht allerdings zunächst, dass es sich bei den betroffenen steuerrechtlichen Wahlrechten nicht um Grundwertungen des Steuerrechts handelt, die vom Handelsrecht zu beachten wären. Vor allem aber sind dem Prinzip der „Einheit der Rechtsordnung" dort **Grenzen** gesetzt, wo die Übernahme von Grundsätzen anderer Teilrechtsordnungen zu einer Beeinträchtigung der eigenen führt. Das Postulat greift daher nur dann ein, wenn sich keine unterschiedlichen Wertungsgesichtspunkte gegenüberstehen, d.h. sich die tragenden Prinzipien der verschiedenen Teilrechtsordnungen nicht „beißen"[849]. Für das Steuerrecht bedeutet dies, dass es Grundwertungen anderer Teile der Rechtsordnung nicht ohne gewichtigen Grund durchkreuzen oder unterlaufen darf[850]. Die durch die GoB gekennzeichneten, tragenden Prinzipien des Handelsbilanzrecht werden durch die umgekehrte Maßgeblichkeit i.e.S. untergraben[851], weil die „infiltrierten" Wahlrechte als GoB-widrig zu qualifizieren sind[852]. Da die genannten Wahlrechte rein steuerrechtlichen Erwägungen und Zielen unterliegen, sind sie aufgrund (teilweise) heterogener Zielsetzungen[853] von Handels- und Steuerbilanz nicht mit handelsrechtlichen Wertungen zu vereinbaren.

---

847 Vgl. BFH vom 23.7.1957 – I 50/55 U, BStBl. III S. 306; *Walz*, StuW 1984, S. 173; *Gail*, WPg 1971, S. 325; *Tipke/Lang*, § 1 Rn. 29; ähnlich *Raupach* (1995), S. 112.

848 Vgl. *Winnefeld*, C Rn. 596; *Knepper*, DStR 1987, S. 690.

849 Vgl. *Tipke* (1996), S. 742.

850 Vgl. *Walz*, StuW 1984, S. 173; *Tipke/Lang*, § 1 Rn. 31; *Raupach* (1995), S. 112; *Tipke* (2000), S. 101; *Bohne*, StVj 1993, S. 68. Für das Familienrecht ebenso *Tipke* (1996), S. 743. Demgegenüber rückt die Autonomie der Steuerrechtsordnung dann in den Vordergrund, wenn wesentliche Steuergerechtigkeitsgesichtspunkte auf dem Spiel stehen. In diesen Fällen muss eine „Werteabwägung" vorgenommen werden. Wertungen anderer Teilrechtsordnungen dürfen zumindest dann beeinträchtigt werden, wenn andernfalls ein Steuergerechtigkeitsprinzip unerträglich verletzt würde. Vgl. *Tipke* (2000), S. 57; *Tipke/Lang*, § 1 Rn. 31 ff..

851 Die unterschiedlichen Wertungen von Handels- und Steuerbilanzrecht resultieren insbesondere aus den unterschiedlichen Zielsetzungen dieser Jahresabschlüsse. Vgl. oben unter Kapitel 2 C..

852 Darüber kann auch die steuerrechtliche Übernahme der GoB gem. § 5 Abs. 1 Satz 1 EStG nicht hinwegtäuschen, wie sich in den zahlreichen „Anpassungen" im Steuerrecht zeigt.

853 Vgl. Schmidt/*Weber-Grellet*, § 5 Rn. 27; *Weber-Grellet*, DB 1994, S. 288 ff.; ders., BB 1994, S. 33; ders., StbJb 1994/95, S. 104 f.; ders. (1993), S. 169 ff.; *Bareis*, WPg 1972, S. 498 ff.; *Hallerbach*, DStR 1999, S. 2129; *Hölscher*, StuB 00, S. 413; *Pezzer*, DStJG 1991, S. 17 ff.; *Siegel*, BB 1994, 2243; ders., StuB, 1999, S. 195 f.; *Wöhe* (1992), S. 82; *Marettek*, StuW 1971, S. 344 ff.; *Saelzle*, AG 1977, S. 188; *Glade*, BFuP 1989, S. 161; *Wassermeyer*, DStJG 1991, S. 45; *Beisse*, Jahrbuch für Betriebswirte 1984, S. 246; *Schiedmeyer*, S. 43.

Schließlich lässt sich auch ein **systematisches Argument** anführen, denn es erscheint im Hinblick auf dieses Postulat bedenklich, dass § 5 Abs. 1 Satz 2 EStG seinen Ursprung im Steuerrecht hat[854]. Denn daraus kann nur der Schluss gezogen werden, dass das Steuerrecht dem Handelsrecht die Vereinheitlichung „aufnötigt", nicht aber, dass sich das Handelsrecht insofern anpasst[855]. Einheit der Rechtsordnung kann aber nur meinen, dass bei der Gesetzgebung und der Auslegung des Steuerrechts durch die Einbeziehung der Ziele der berührten anderen Teilrechtsordnungen Widersprüche und Brüche vermieden werden[856]. Mit dem Argument der Einheit der Rechtsordnung werden in erster Linie Sachverhalte gerechtfertigt, in denen ein Teil der Rechtsordnungen an Wertungen eines anderen anknüpft[857]. Im Fall der umgekehrten Maßgeblichkeit hat das Steuerrecht jedoch unmittelbare Einwirkungen auf das Handelsrecht[858]. Dagegen ließe sich zwar anführen, dass das Handelsrecht durch die handelsrechtlichen Öffnungsklauseln sehr wohl Vorschriften vorsehe, die eine Übernahme von steuerrechtlichen Wahlrechten in die Handelsbilanz ausdrücklich zuließe[859]. Das Handelsrecht öffne sich mit anderen Worten selbst, so dass von einem „Aufdrängen" keine Rede sein könne. Dagegen spricht indes, dass die Vereinheitlichung historisch gesehen vom Steuerrecht ausging, und im Handelsrecht nur eine Anpassung an die veränderten Umstände erfolgte[860]. Die handelsrechtlichen Öffnungsklauseln wurden nicht kodifiziert, um das Handelsrecht an das Steuerrecht i.S.d. Einheit der Rechtsordnung anzupassen, sondern um dem Steuerpflichtigen die Inanspruchnahme der Steuervergünstigungen formal zu ermöglichen[861].

Es ist festzustellen, dass das Argument der Einheit der Rechtsordnung vorliegend nicht zur Rechtfertigung des Übergriffs des Steuer- auf das Handelsrecht angeführt werden kann, da eine Vereinheitlichung der Grundwertungen jeweils nur von dem betroffenen Teilrechtsgebiet ausgehen kann. Eine Umkehrung die-

---

[854] Ebenso *Krawitz*, S. 202.

[855] Im Gegensatz dazu passt sich das Steuerrecht im Falle der direkten Maßgeblichkeit an die Verhältnisse des Handelsrechts an.

[856] Vgl. *Raupach* (1995), S. 112; *Walz*, StuW 1984, S. 173.

[857] Vgl. *Walz*, StuW 1984, S. 173; *Tipke* (2000), S. 58 f.; ähnlich *Gail*, WPg 1971, S. 325; vgl. auch *Kirchhof*, NJW 1987, S. 3221; *Schulze-Osterloh*, AcP 1990, S. 140.

[858] *Schulze-Osterloh*, AcP 1990, S. 141 f., 161 ff. benennt weiter Fälle, in denen sich steuerliche Rechtsfolgen unmittelbar auf die zivilrechtliche Rechtslage auswirken.

[859] Vgl. hierzu *Tiedtke*, S. 327.

[860] Ebenso *Lischer/Märkl*, WPK-Mitt., Sonderheft Juni 1997, S. 111; wohl auch *Mathiak* (1994), S. 316 f.. A.A. wohl Kirchhof/*Crezelius*, § 5 Rn. 53. Vgl. auch die Gesetzesbegründung zu den §§ 152 Abs. 5, 154 Abs. 2 Nr. 2 und 155 As. 3 Nr. 2 AktG (1965) (abgedruckt bei *Kropff*, S. 235, 245, 247) und die Begründung der Regierungsentwürfe (BT-Drucks. 9/1878, S. 83 und 90 sowie 10/317, S. 83 und 89 f.).

[861] Nach *Bippus*, DStZ 1998, S. 643 dienen die handelsrechtlichen Öffnungsklauseln lediglich als formale Grundlage der Inanspruchnahme steuerrechtlicher Wahlrechte in der Handelsbilanz. Vgl. auch Schmidt/*Weber-Grellet*, § 5 Rn. 43.

ser Umstände führt zu einem Zuständigkeitseingriff in ein fremdes Rechtsgebiet, der bei einer Eigenständigkeit der Teilrechtsordnungen regelmäßig nicht zu rechtfertigen ist. Vielmehr müssen beide Rechtsgebiete aufgrund ihrer Gleichordnung so ausgestaltet und angewandt werden, dass deren jeweilige Zielsetzungen so wenig wie möglich beeinträchtigt werden[862].

IV. Ergebnis

Die umgekehrte Maßgeblichkeit ist nach alledem aus handelsrechtlicher Sicht, vor allem bei den Kapitalgesellschaften und im Konzernabschluss, abzulehnen.

D. Beurteilung aus steuerrechtlicher Sicht

I. Geeignetheit zur Zweckerfüllung

In einem ersten Schritt wird überprüft, ob die mit der umgekehrten Maßgeblichkeit verfolgten Zielsetzungen überhaupt erreicht werden.

1. Stärkung der Unternehmenssubstanz

Mehrheitlich wird das primäre Ziel der umgekehrten Maßgeblichkeit, wie bereits dargestellt[863], in der **Stärkung der Unternehmenssubstanz**[864] und der Ertragskraft[865] durch eine „stillen Innenfinanzierung"[866] gesehen. Diese „betriebsbezogene"[867] Funktion des steuerrechtlichen Wahlrechts würde verfehlt, wenn die gewährten Mittel unter Ausnutzung handelsrechtlicher Instrumente aus dem

---

[862] Der Gesetzgeber hat eine weiten Gestaltungsspielraum bei der Ausgestaltung des jeweiligen Rechtsgebietes. Zu beachten hat er lediglich, dass beide Rechtsgebiete ihre verfassungsrechtliche Verankerung haben, also nicht eines inhaltlich aushöhlt werden darf. Vgl. *Hallerbach*, DStR 1999, S. 2129 f..

[863] Vgl. oben unter Kapitel 1 B..

[864] Vgl. BT-Drucks. 11/2157, S. 139; BT-Drucks. 10/4268, S. 146; *Mathiak*, StbJb 1986/87, S. 86 f.; *Haller*, RIW 1992, S. 46; *Streim*, BFuP 1990, S. 528; *Plewka/Schmidt* in Lademann, EStG, § 5 Rn. 513; *Sarrazin* (1989), S. 146; ähnlich *Börner*, S. 168; a.A. *Vogt*, S. 313. Vgl. auch *Wagner*, StuW 1990, S. 8.

[865] Vgl. BT-Drucks. IV/2400, S. 41.

[866] Vgl. *Winnefeld*, C Rn. 595; *Meincke*, StuW 1990, S. 17; *Börner*, S. 168. Vgl. auch *Hauser/Meurer*, WPg 1998, S. 275.

[867] Als weiterer Aspekt kommt die „personenbezogenen" Argumentation hinzu: Darunter werden die negativen handelsrechtlichen Auswirkungen bei der Inanspruchnahme von Steuervergünstigungen verstanden. Vgl. *Meincke*, StuW 1990, S. 18.

Betrieb entzogen würden[868]. Durch die Herabsetzung des steuerrechtlichen Gewinns aufgrund subventionsmotivierter Unterbewertungen wird das Unternehmensvermögen vor höheren Steueraufwendungen und entsprechenden Liquiditätsabflüssen bewahrt. Da dieser Steuerverzicht bei den Unternehmen jedoch nicht zu einer Erhöhung der Ausschüttungen an die Anteilseigner führen soll, fordert der Fiskus die entsprechende Kürzung des ausschüttungsfähigen Gewinns[869]. *„Dem Steuerverzicht des Staates entspricht der Ausschüttungsverzicht der Unternehmenseigner,...“*[870]. Das für die direkte Maßgeblichkeit geprägte Bild vom Fiskus als „stillem Teilhaber“ [871] des Unternehmens, der keinen höheren Anteil am unternehmerischen Erfolg haben kann als die Anteilseigner, gilt hier in umgekehrter Richtung[872].

Fraglich ist jedoch, ob die umgekehrte Maßgeblichkeit überhaupt geeignet ist, die Unternehmenssubstanz nachhaltig zu stärken. Dagegen spricht zunächst ihre nur temporäre Wirkung, denn diese geht aufgrund des Abbaus der stillen Reserven bereits in den Jahren nach der Inanspruchnahme des steuerrechtlichen Wahlrechts wieder verloren[873]. Da die Ausschüttungsmöglichkeiten insbesondere bei den Einzelunternehmen und Personengesellschaften[874], eingeschränkt aber auch bei der GmbH, indes nicht nur auf den Gewinn begrenzt sind[875] und zudem bilanzpolitische Möglichkeiten bestehen, die Sperre zu umgehen[876], kann die Zwangsthesaurierung kaum erfolgreich sichergestellt werden[877]. Dann aber ist

868 Vgl. *Meincke*, StuW 1990, S. 18; *Lause/Sievers*, BB 1990, S. 31; wohl auch *Börner*, StbJb 1986/87, S. 232. Vgl. auch *Krieger*, S. 337 f..

869 Vgl. BT-Drucks. 10/4268, S. 146; *Mathiak*, StbJb 1986/87, S. 86 f.; *Haller*, RIW 1992, S. 46; *Streim*, BFuP 1990, S. 528; *Plewka/Schmidt* in Lademann, EStG, § 5 Rn. 513.

870 Vgl. BT-Drucks. 10/4268, S. 146. *Lause/Sievers*, BB 1990, S. 31, bezeichnen diese als „Philosophie des Gebens und Nehmens bei Steuervergünstigungen“.

871 Vgl. hierzu insbesondere *Döllerer* (1983), S. 172; ders., BB 1988, S. 238; *Streim* BFuP 1990, S. 534; *Stobbe*, FR 1997, S. 362; *Hauser/Meurer*, WPg 1998, S. 275.

872 Die Anteilseigner sollen nicht einen vergleichsweise höheren Anteil am Unternehmenserfolg haben als der Fiskus. Vgl. *Hauser/Meurer*, WPg 1998, S. 275; *Oestreicher/Spengel*, S. 544.

873 Vgl. oben unter Kapitel 3 C. I. 2. a) (2.).

874 Die Ausschüttungssperre kommt von vorneherein bei 90 bis 95 % der steuerpflichtigen Unternehmen nicht zur Anwendung, wenn man die Einzelunternehmen und Personengesellschaften herausrechnet. Vgl. *Esser* (1999), S. 225.

875 Vgl. oben unter Kapitel 3 A. I. 2. b).

876 Vgl. oben unter Kapitel 3 A. I. 2. b) (2.). Vgl. *Plewka/Schmidt* in Lademann, EStG, § 5 Rn. 516; *Eigenstetter*, WPg 1993, S. 577; *Oestreicher/Spengel*, S. 567; *Esser* (1999), S. 225; *Wagner*, StuW 1990, S. 7; *Heurung*, RIW 2000, S. 423, für „personenbezogene Kapitalgesellschaften“; einschränkend auch *Vogt*, S. 275. Vgl. auch *Bareis*, WPg 1972, S. 501.

877 Vgl. *Dziadkowski*, BB 1986, S. 333; ders., DStZ 2001, S. 9; *Meincke*, StuW 1990, S. 19; *Schildbach*, BFuP 1989, S. 137. Vgl. auch *Plewka/Schmidt* in Lademann, EStG, § 5 Rn. 511; *Söffing* (1995), S. 668.

auch aus steuerrechtlicher Sicht nach dem Sinn einer solchen Regelung zu fragen.

In der Literatur wird der Sinn der Ausschüttungssperre zurecht auch deshalb angezweifelt, weil sie u.U. zu einem **Verzicht auf die Wahrnehmung** von Steuervorteilen führen kann, so dass der steuerrechtliche Förderungszweck verfehlt wird[878]. Insbesondere Unternehmen mit einem niedrigen Gewinn verzichten wegen der aus der umgekehrten Maßgeblichkeit resultierenden Ausschüttungssperre u.U. auf die Inanspruchnahme des steuerrechtlichen Wahlrechts[879]. Gerade bei Publikumsgesellschaften muss berücksichtigt werden, dass eine Kürzung der Gewinnausschüttungen oftmals nicht zu verantworten ist, um die Emissionsfähigkeit des Unternehmens zu erhalten[880]. Diese Gesellschaften sind zur Aufnahme von Eigenkapital im Wege der Beteiligungsfinanzierung gezwungen, die am Kapitalmarkt jedoch nur möglich ist, wenn kontinuierlich Ausschüttungen vorgenommen werden. Denkbar ist auch, dass auf die Inanspruchnahme verzichtet werden muss, weil die erforderliche Rücklagenbildung in der Handelsbilanz durch die Gesellschaft im Gesellschaftsvertrag ausgeschlossen wurde[881]. Aus diesen Gründen kann die beabsichtigte Wirkung des Grundsatzes eingeschränkt sein.

Dem wird zwar entgegengehalten, dass die umgekehrte Maßgeblichkeit in den Jahren nach der Inanspruchnahme durch den Abbau der stillen Reserven zu einer Erhöhung des ausschüttbaren Gewinns führe. Daher könnten in „späteren" Jahren wieder Ausschüttungen vorgenommen werden und über den Gesamtzeitraum sei per saldo keine Verkürzung gegeben[882]. Die Inanspruchnahme der steuerrechtlichen Wahlrechte könnte dadurch sichergestellt werden, dass den von der Ausschüttungssperre betroffenen Gesellschaftern die zeitlich befristete Wirkung der umgekehrten Maßgeblichkeit erklärt würde[883]. Diese Argumentati-

---

[878] Vgl. *Knepper*, DStR 1987, S. 690; *Plewka/Schmidt* in Lademann, EStG, § 5 Rn. 515; *Meincke*, StuW 1990, S. 18; *Lischer/Märkl*, WPK-Mitt., Sonderheft Juni 1997, S. 115 f.; *Merkert/Koths*, BB 1985, S. 1765; *Schildbach* (1994), S. 708; *Vogt*, S. 277; *Wacker*, S. 249. Vgl. auch *Ballwieser*, BFuP 1990, S. 491; *Woerner*, BB 1976, S. 1570.

[879] Ein Verzicht ist insbesondere dann anzunehmen, wenn von vornherein eine bestimmte Mindestausschüttung festgelegt worden ist. Vgl. *Robisch*, DStR 1993, S. 1003; *Wagner*, StuW 1990, S. 10.

[880] Vgl. *Knepper*, DStR 1987, S. 690; *Vogt*, S. 277; *Meincke*, StuW 1990, S. 18.

[881] Sollte das steuerrechtliche Wahlrecht dennoch ausgeübt werden, könnte dies im Falle der Erstellung einer eigenständigen Handelsbilanz u.U. die Anfechtung von Gesellschaftern zur Folge haben, weil dann die Bilanzierung von subventionellen Steuerwahlrechten in der Handelsbilanz unzulässig wäre. Vgl. hierzu *Wittig*, DStR 19866, S. 530 mit Verweis auf BGH, WM 1966, S. 1132 und BGH, WM 1974, S. 392.

[882] Vgl. hierzu die Argumente der Finanzverwaltung im Verfahren I R 65/80 (BFH vom 24.4.1985 – I R 65/80, BStBl. 1986 II, S. 326).

[883] So etwa *Ballwieser*, BFuP 1990, S. 492.

on kann unterdessen nur formal überzeugen, denn sie lässt die möglicherweise bestehenden Nachteile einer „Aufschiebung“ der Ausschüttungen für die Gesellschafter außer acht. Mögen zwar tatsächlich nur solche Anteilseigner betroffen sein, die aufgrund von Konsumwünschen auf die Ausschüttungen angewiesen sind[884], so stellt die Umkehrmaßgeblichkeit jedenfalls eine **zusätzliche Hürde** für die Erlangung von Steuervorteilen auf[885]. Abgesehen von der „Ausschüttungsproblematik“ kann sich nicht jedes Unternehmen eine „verfälschte“ Handelsbilanz erlauben[886]. Insbesondere wenn ein Unternehmen Fremdkapital benötigt, kann der aus § 5 Abs. 1 Satz 2 EStG resultierende, niedrigere Vermögensausweis zu einer Beschränkung des Kreditspielraums und somit zu einer Erschwerung der Beschaffung zusätzlicher Mittel führen[887]. Aus diesen Gründen wird sich jedes Unternehmen zweimal überlegen, ob es von dem Wahlrecht Gebrauch macht.

Aufgrund der bestehenden Umgehungsmöglichkeiten bei der Ausschüttungssperre und den negativen Auswirkungen auf die Inanspruchnahmebereitschaft von Unternehmen steht das Argument der Stärkung der Unternehmenssubstanz auf schwachen Beinen.

2. Subventionszwecksicherungsinstrument

Die Berechtigung der Umkehrmaßgeblichkeit wird vom Gesetzgeber darüber hinaus mit der Erforderlichkeit einer Ausschüttungssperre zur Sicherung des mit einer Subvention verfolgten Zwecks begründet[888]. Nur auf diesem Wege könne

---

[884] Vgl. *Ballwieser*, BFuP 1990, S. 492.

[885] Vgl. *Plewka/Schmidt* in Lademann, EStG, § 5 Rn. 515; *Lauth*, DStR 2000, S. 1369; *Meincke*, StuW 1990, S. 18; *Merkert/Koths*, BB 1985, S. 1765; *Schildbach*, BFuP 1989, S. 139; ders., BB 1989, S. 1450, 1452.

[886] Ebenso *Knobbe-Keuk* (1986), S. 27; *Wagner/Hawlitzky*, DBW 1991, S. 312.

[887] Vgl. *Merkert*, DStZ 1988, S. 145; *Haeger*, S. 57; *Wagner*, StuW 1990, S. 9. Dies ist jedoch nur dann der Fall, wenn die Auswirkungen des § 5 Abs. 1 Satz 2 EStG nicht aufgeklärt werden können. Denn während eine Offenlegung der stillen Reserven bei bilateralen Kreditverhandlungen, wie z.B. mit Kreditinstituten, durchaus möglich erscheint, sind die Gläubiger am anonymen Kapitalmarkt von zusätzlichen Erklärungspflichten abhängig. Vgl. *Dziadkowski* in HdR, B 120, Rn. 135; *Wagner*, StuW 1990, S. 9; *Robisch*, DStR 1993, S. 1003; *Robisch/Treisch*, WPg 1997, S 167; *Lischer/Märkl*, WPK-Mitt. Sonderheft Juni 1997, S. 115 f.. Im letzten Fall ergeben sich daher lediglich die Nachteile zusätzlicher Kosten für die Information bei der Kreditvergabeentscheidung. Vgl. *Wagner*, StuW 1990, S. 9.

[888] Vgl. BT-Drucks. IV/2400, S. 64 und BT-Drucks. 19/5268, S. 146. Ebenso *Biener*, DStZ 1997, S. 346.

sichergestellt werden, dass der angestrebten Handlungsweise nicht die finanzielle Grundlage im Wege von Ausschüttungen entzogen werde[889].

Mit Blick auf dieses Motiv wird von Teilen der Literatur[890] angezweifelt, dass die vorrangige Zielsetzung der umgekehrten Maßgeblichkeit in der Stärkung der Unternehmenssubstanz zu sehen sei. Denn viele Subventionen seien nicht auf die Förderung der Betriebssubstanz, sondern auf bestimmte Verhaltensanreize i.S. einer (qualifizierten) Investitionstätigkeit gerichtet[891]. Sinn und Zweck steuerrechtlicher Vergünstigungen bestehe regelmäßig[892] in wirtschafts-, umwelt- oder sozialpolitischen Interessen des Gesetzgebers[893]. Stünde der Zweck der Substanzstärkung tatsächlich im Vordergrund, so wäre anzunehmen, dass sich die steuerrechtlichen Wahlrechte in erster Linie an solche Kaufleute richteten, die sich in der Gewinnzone befänden[894]. Denn eine Stärkung der Substanz über die Ausschüttungssperre könnte von vornherein nur dann eintreten, wenn ein Gewinn erwirtschaftet würde. Eine solche Annahme ließe sich aus den Gesetzesmaterialien allerdings kaum nachvollziehen und erscheine auch rechtspolitisch bedenklich[895]. Infolgedessen sei die Zwecksicherung der jeweiligen Subvention als Hauptziel des Grundsatzes einzustufen.

Der Literaturansicht ist nur insofern zuzustimmen, als der Zweck eines steuerrechtlichen Wahlrechts i.S.d. § 5 Abs. 1 Satz 2 EStG regelmäßig in der Förderung eines bestimmten Verhaltens zur Verfolgung außersteuerrechtlicher Zielsetzungen und nicht in der Substanzstärkung zu sehen ist. Es wird jedoch verkannt, dass vorliegend streng zwischen dem Zweck des eigentlichen Wahlrechts und dem der umgekehrten Maßgeblichkeit getrennt werden muss. Aufgrund der eindeutigen Gesetzesbegründung[896] sprechen die besseren Argumente dafür, die Subventionszwecksicherung lediglich als ein weiteres Ziel der umgekehrten Maßgeblichkeit zu sehen.

---

[889] Vgl. hierzu BT-Drucks. 10/4268, S. 146; *Dziadkowski*, BB 1986, S. 333; *Meincke*, StuW 1990, S. 19; *Schildbach*, BFuP 1989, S. 137; ders., BB 1989, S. 1452; *Flämig*, DB 1968, S. 2046; *Schulze-Osterloh*, FR 1986, S. 551; *H/H/R*, § 5 Rn. 49 j [3]; *Vogt*, S. 278 f.; *Knobbe-Keuk*, StbJb 1985/86, S. 164; *Raupach* (1995), S. 117; *Winnefeld*, C Rn. 595.

[890] Vgl. *Meincke*, StuW 1990, S. 20; *Eberhartinger*, S. 185; *Woerner*, BB 1976, S. 1572; ähnlich *Flämig*, DB 1968, S. 2046.

[891] Vgl. etwa die Gesetzesbegründung zu § 6 b EStG in BT-Drucks. 4/2400, S. 64; dagegen aber die Rspr.: BFH vom 30.3.1989 – IV R 81/87, BStBl. 1989, S. 558 (559).

[892] Nicht alle steuerrechtlichen Einzelnormen, die das Gesetz mit der Anordnung der umgekehrten Maßgeblichkeit verbindet, weisen überhaupt einen Subventionscharakter auf (z.B. Lifo-Bewertung nach § 6 Abs. 1 Nr. 2 a EStG). Vgl. *Meincke*, StuW 1990, S. 19.

[893] Vgl. *Küting*, Beilage 2 zu NWB Heft 6/1998, S. 2; *Wöhe* (1997), S. 764 ff..

[894] Vgl. *Krieger*, S. 339; *Meincke*, StuW 1990, S. 18; *Vogt*, S. 277.

[895] Vgl. *Meincke*, StuW 1990, S. 20.

[896] Vgl. BT-Drucks. 11/2157, S. 139.

Mit Recht wird indessen die Erforderlichkeit einer Ausschüttungssperre und damit letztlich auch der umgekehrten Maßgeblichkeit zur Erreichung dieses Zwecks abgelehnt. Da der Förderungszweck der Subvention regelmäßig bereits mit der Durchführung der Reinvestition erreicht ist, besteht später grundsätzlich keine Veranlassung mehr für eine steuerrechtlich erzwungene Zwangsthesaurierung[897]. Nachträgliche Ausschüttungen können den Subventionszweck nicht mehr ernstlich berühren[898]. Daher ist die umgekehrte Maßgeblichkeit als Instrument zur Sicherung eines Subventionszwecks nicht haltbar.

3. Vereinfachung

Die umgekehrte Maßgeblichkeit wird teilweise auch mit **Vereinfachungseffekten** begründet, die sowohl für den Steuerpflichtigen als auch den Fiskus zu Arbeitserleichterungen führen sollen. Zunächst erleichtere der Grundsatz dem Fiskus die Anwendung und Nachprüfbarkeit der steuerrechtlichen Wahlrechte i.S.d. § 5 Abs. 1 Satz 2 EStG[899]. Darüber hinaus sichere die umgekehrte Maßgeblichkeit dem Steuerpflichtigen die Möglichkeit der Erstellung einer Einheitsbilanz[900]. Dieses zunächst für die direkte Maßgeblichkeit angeführte Argument ließe sich auf dessen Umkehrung übertragen, denn auch sie fordere bei steuerrechtlichen Wahlrechten den gleichlautenden Ansatz in Handels- und Steuerbilanz. Die Aufstellung einer Einheitsbilanz stärke wiederum die Praktikabilität und Wirtschaftlichkeit der Rechnungslegung im Unternehmen. Die Beseitigung des § 5 Abs. 1 Satz 2 EStG könne daher eine erhebliche, unverhältnismäßige Steigerung der Kosten der Rechnungslegung zur Folge haben[901].

---

[897] Vgl. *Knobbe-Keuk* (1993), S. 32; dies. (1986), S. 27, Fn. 111; *Dziadkowski*, BB 1986, S. 333; *Zweigert*, S. 140; BFH vom 24.4.1985 – I R 65/80, BStBl. II 1986, S. 324. Nach *Schulze-Osterloh*, FR 1986, S. 551 und *Merkert/Koths*, BB 1985, S. 1768, rechtfertigen die obigen Argumente jedenfalls nicht die Passivierung in voller Höhe der Rücklage, sondern allenfalls in Höhe der zunächst eintretenden Steuerersparnis. Ähnlich *Woerner*, BB 1976, S. 1572. A.A. *Vogt*, S. 314.

[898] Vgl. *Meincke*, StuW 1990, S. 20; eingeschränkt auch Institut „Finanzen und Steuern" e.V., DB 1982, S. 613.

[899] So etwa BT-Drucks. 7/1470, S. 247; *Mathiak*, StbJb 1986/87, S. 104.

[900] Vgl. *Meincke*, StuW 1990, S. 18; *Mathiak*, StbJb 1986/87, S. 104; *Schildbach*, BB 1989, S 1452; *Eigenstetter*, WPg 1993, S. 578, Fn. 29; *Haller*, RIW, 1992, S. 46; *Biener*, Steuerberater-Handbuch 1995/1996, S. 33.

[901] Zu berücksichtigen sind ein höherer Personalaufwand und höhere Anschaffungskosten für eine umfangreichere Software. Vgl. *Krieger*, S. 338; *Schildbach*, BFuP 1998, S. 17. Der dadurch bewirkte Mehraufwand hängt jedoch davon ab, wie sehr sich handels- und steuerbilanzielle Rechnungslegung voneinander entfernen. Vgl. *Plewka/Schmidt* in Lademann, EStG, § 5 Rn. 138.

Gegen diese Argumentation lässt sich folgendes anführen: Zunächst ist nicht ersichtlich, worin die Vereinfachung und Erleichterung für den Steuergläubiger in den Fällen der umgekehrten Maßgeblichkeit bestehen soll[902]. Im Hinblick auf die Steuerpflichtigen ist fragwürdig, ob infolge der aus dem Grundsatz resultierenden, vorgeschriebenen Zusatzangaben im Anhang überhaupt von einer Arbeitserleichterung gesprochen werden kann[903]. Denn aufgrund der umfangreichen Erläuterungspflichten hat ein gewissenhafter Steuerpflichtiger mehr zu tun, als bloß eine Bilanz aufzustellen. So bedarf es insbesondere für die Anhangspflicht gem. § 285 Nr. 5 HGB[904] zusätzlicher Informationen, die eine Nebenbuchhaltung für diese Zwecke erfordern[905]. Die Argumentation ist auch deshalb nicht überzeugend, weil es aus heutiger Sicht zweifelhaft erscheint, ob sich aus der Erstellung nur einer Bilanz überhaupt bedeutsame Kostenvorteile ergeben[906]. Jedenfalls aus technischer Sicht dürfte eine doppelte Gewinnermittlung für Handels- und Steuerrecht aufgrund der Möglichkeiten der EDV kaum mehr ein Problem darstellen[907]. Die geltend gemachten Vereinfachungseffekte werden zudem dadurch beschnitten, dass die umgekehrte Maßgeblichkeit eine Ursache für die Nichtverwendbarkeit der externen Rechnungslegung für das interne Rechnungswesen ist und daher zusätzliche Kosten verursacht[908]. Da die steuerrechtliche Prägung der handelsrechtlichen Rechnungslegung im Zuge der umgekehrten Maßgeblichkeit zu betriebswirtschaftlichen Defiziten führt, ist eine Übernahme für die interne Rechnungslegung nicht ohne weiteres möglich[909]. Schließlich sollten Praktikabilitätsgründe in ihrer Überzeugungskraft generell

---

902 Vgl. *Meincke*, StuW 1990, S. 18; *Eigenstetter*, WPg 1993, S. 577 f..

903 Ebenso *Schildbach*, BB 1989, S 1452; *Eigenstetter*, WPg 1993, S. 578, Fn. 29; *Wiedemann*, § 281 Rn. 10; *Kühnberger/Schmidt*, BB 1999, S. 2603; *Vogt*, S. 308.

904 Der Sinn und Zweck des Beibehaltungswahlrechts im Konzernabschluss wird ebenfalls in der hiermit verbunden wesentlichen Vereinfachung der Konzernrechnungslegung gesehen. Doch auch § 314 Nr. 5 HGB macht regelmäßig eine Art Nebenrechnung erforderlich. Dies ist insbesondere dann der Fall, wenn es sich bei dem einbezogenen Unternehmen um einen Einzelkaufmann, eine Personengesellschaft oder eine kleine Kapitalgesellschaft handelt, weil bei mittelgroßen und großen Kapitalgesellschaften regelmäßig auf deren Anhangsangaben gem. § 285 Nr. 5 HGB zurückgegriffen werden kann. Vgl. hierzu *Küting/Haeger*, BB 1987, S. 1291 f..

905 Vgl. *Kühnberger/Schmidt*, BB 1999, S. 2603; *ADS*, § 281 Rn. 20; *Leker/Möhlmann*, S. 125.

906 Vgl. *Meincke*, StuW 1990, S. 18; *Mellwig*, BFuP 1989, S. 173; *Selchert*, S. 929.

907 Vgl. *Hennrichs*, StuW 1999, S. 144; *Weber-Grellet*, DStR 1998, S. 1349; *Kühnberger/Schmidt*, BB 1999, S. 2603; *Selchert*, S. 929. A.A. *Plewka/Schmidt* in Lademann, EStG, § 5 Rn. 139.

908 Eine einheitliche Rechnungslegung wäre jedoch wegen ihrer Kosteneinspareffekte wünschenswert. Vgl. *Born* (1999a), S. 24; *Moxter*, BB 2000, S. 2149. Vgl. auch *Hebeler*, StuB 2001, S. 685.

909 Neben der umgekehrten Maßgeblichkeit sind aber auch die direkte Maßgeblichkeit und die Entscheidungen des BFH für die Nichtverwendbarkeit verantwortlich. Vgl. *Born* (1999), S. 23.

nicht überschätzt werden, denn Vereinfachung macht nur dann einen Sinn, wenn dabei nicht verschiedene übergeordnete Grundsätze zum gegenseitigen Nachteil vermengt werden.

4. Bestehen weiterer Zwecke

Ausweislich der Gesetzesbegründung[910] zu § 6 Abs. 3 EStG a.F. ergibt sich als weiterer Zweck der umgekehrten Maßgeblichkeit die Sicherstellung der Möglichkeit einer **flexiblen Bilanzpolitik** für Kapitalgesellschaften[911]. Wie bereits dargestellt[912], wurde die fakultative Legung stiller Reserven für Kapitalgesellschaften im Zuge der Transformation der 4. EG-Richtlinie durch das BiRiLiG eingeschränkt (vgl. §§ 273 Satz 1, 279 Abs. 2, 280 Abs. 2 HGB). Die Vorschrift des § 5 Abs. 1 Satz 2 EStG war erforderlich, um die Übernahme steuerrechtlicher Wahlrechte in den handelsrechtlichen Jahresabschluss zu ermöglichen. Sie stellt insofern sicher, dass Kapitalgesellschaften weiterhin etwa Sonderabschreibungen vornehmen oder unversteuerte Rücklagen bilden und beibehalten können. Eine flexible Bilanzpolitik ermöglicht Unternehmen, den Gewinnstrom durch die Ausnutzung steuerrechtlicher Wahlrechte zu glätten. Dies ist im Hinblick auf die abschnittweise Besteuerung und die progressiven Einkommensteuersätze vor allem für Gesellschaften mit schwankendem Einkommen vorteilhaft[913].

In der Literatur wird vereinzelt[914] die Auffassung vertreten, die umgekehrte Maßgeblichkeit diene der **Bestandssicherung der direkten Maßgeblichkeit**, da die letztere ohne ihre Umkehrung kaum zu haben sei. In formaler Hinsicht ist mit der ganz h.M. davon auszugehen, dass die direkte auch ohne die umgekehrte Maßgeblichkeit weiterbestehen könnte[915]. Aus diesem Grunde hat das Argument eher politischen und ideologischen Wert, weil im Zuge einer Abschaffung der Umkehrmaßgeblichkeit auch die direkte Form des Grundsatzes zur Diskussion

[910] Vgl. BT-Drucks. 10/4268.
[911] Vgl. *Wittig*, DStR 1986, S. 526; *Bippus*, DStZ 1998, S. 644; *Schmidt*, S. 912; ders., WPg 1991, 607; *Mathiak*, StbJb 1986/87, S. 104; *Meincke*, StuW 1990, S. 17; *Leucht*, DB 1989, S. 2242; *Hauser/Meurer*, WPg 1998, S. 274; *Thiel* (1990), Rn. 234; ders., DB 1989, S. 537 f.; *Dziadkowski* in HdR, B 120, Rn. 103; *Winnefeld*, C Rn. 602. Vgl. auch *Schildbach*, BB 1989, S. 1452 f.; *Söffing* (1995), S. 670; *Küting*, Beilage 2 zu NWB Heft 6/1998, S. 26.
[912] Vgl. oben unter Kapitel 3 B. II..
[913] Vgl. *Schildbach*, S. 709; *Küting*, Beilage 2 zu NWB Heft 6/1998, S. 16.
[914] Vgl. *Knepper*, DStR 1987, S. 690.
[915] Vgl. *Schmidt*, S. 911. Vgl. auch *Küting*, BB 1993, S. 38; *van de Loo*, DStR 2000, S. 511; *Dziadkowski*, StuW 1979, S. 235; ders., BB 1986, S. 329; *Treptow*, S. 87.

gestellt werden könnte[916] und ein großer Teil der Literatur die Aufhebung beider Formen fordert[917]. Im Gegenzug können allein diese Befürchtungen nicht als Argumente für die Beibehaltung der umgekehrten Maßgeblichkeit überzeugen, weil beide Grundsätze getrennt voneinander beurteilt und bewertet werden müssen. Vor allem aber konnte bislang auch nicht der Nachweis geführt werden, dass in der Bestandssicherung überhaupt ein Zweck der umgekehrten Maßgeblichkeit zu sehen ist. Insofern dürfte es sich hierbei allenfalls um einen unbedeutenden Nebeneffekt handeln.

Die gesetzgeberische Neuregelung wurde im Finanzbericht 1989 in der Liste von Maßnahmen *„zum Abbau von Steuersubventionen und zur Verbreiterung der steuerlichen Bemessungsgrundlage“* aufgeführt[918]. Daraus wird teilweise geschlossen, dass man von fiskalischer Seite von der Umkehrmaßgeblichkeit ein **erhöhtes Steueraufkommen** erwartet habe[919]. Dem kann jedoch nicht gefolgt werden: Da die Umkehrmaßgeblichkeit als solche nicht zum Abbau von Steuervergünstigungen beitragen kann, macht die These nur dann einen Sinn, wenn der Fiskus von einer Nichtinanspruchnahme der steuerrechtlichen Subventionen aufgrund der strengen Anforderungen und der handelsrechtlichen Auswirkungen ausgegangen ist. Es lässt sich allerdings kaum der Nachweis führen, dass der Steuergesetzgeber den Grundsatz mit der Hoffnung eingeführt hat, die Unternehmen würden auf die Inanspruchnahme der steuerrechtlichen Wahlrechte verzichten. Dagegen sprechen zunächst die Gesetzesbegründungen[920], aus denen sich dafür keine Anhaltspunkte ergeben. Darüber hinaus wäre ein solches Vorgehen widersprüchlich, wenn gleichzeitig ein Angebot an Steuervergünstigungen aufrechterhalten wird[921]. Aus diesem Grunde sollte die Einstellung der Vorschrift in dem oben genannten Abschnitt des Finanzberichts nicht überbewertet werden.

---

[916] Vgl. *Schmidt*, WPg 1991, S. 608. Zum Stand der Diskussion vgl. etwa Schmidt/*Weber-Grellet*, § 5 Rn. 27; *Wöhe* (1992), S. 82 ff.; *Hoffmann* in L/B/H, §§ 4, 5, Rn. 345; *Vogt*, S. 255 ff.; *Mössner*, Stbg 1998, S. 147 ff..

[917] Vgl. etwa *Esser* (1998), S. 89; *Hennrichs*, StuW 1999, S. 152; *Thiel* (1995), S. 99; ders., StbJb 1997/98, S. 311; *Weber-Grellet*, DB 1998, S. 2438; ders., BB 1999, S. 2666; ders., StuW, 1999, S. 315; *IDW*, FN. 1998, S. 608; *Lauth*, DStR 2000, S. 1370; *Schruff*, BFuP 1993, S. 409; *Wagner*, DB 1998, S. 2076 f.; *Wöhe*, DStR 1971, S. 392 f..

[918] Vgl. *BMF*, Finanzbericht 1989, S. 206 mit Anmerkung 9.

[919] Vgl. *Robisch*, DStR 1993, S. 1003; *Robisch/Treisch*, WPg 1997, S. 167; *Dziadkowski* in HdR, B 120, Rn. 136; *Knobbe-Keuk* (1993), S. 32; *Meincke*, StuW 1990, S. 18.

[920] Vgl. insbesondere BT-Drucks. 11/2157, S. 139; BT-Drucks. 10/4268, S. 146.

[921] Insofern auch *Robisch*, DStR 1993, S. 1004; *Stobbe*, StuW 1991, S. 26; *Knobbe-Keuk* (1993), S. 32; *Dziadkowski* in HdR, B 120, Rn. 139.

5. Zwischenergebnis

Die Zwecksetzungen der umgekehrten Maßgeblichkeit können kaum überzeugen und rechtfertigen die Fortführung dieses Grundsatzes nicht. Man gewinnt leicht den Eindruck, dass bei der Rechtfertigung der umgekehrten Maßgeblichkeit weniger steuerrechtliche als vielmehr politische Argumente im Vordergrund stehen. Die politische Durchsetzung von Unternehmenssubventionen in Deutschland erscheint nur dann möglich zu sein, wenn gleichzeitig die Ausschüttungsmöglichkeiten beschränkt werden. Dies kann jedoch insofern nicht überzeugen, als keine Steuerersparnis, sondern nur eine Steuerverlagerung gewährt wird, so dass, unter der Annahme der Kontinuität eines Unternehmens und unveränderter Umstände, insgesamt von einer in etwa gleichbleibenden Steuerbelastung ausgegangen werden muss.

II. Weitere steuerrechtliche Kritikpunkte

Nicht überzeugen kann der vereinzelt[922] angeführte Vorwurf, die umgekehrte Maßgeblichkeit sei ein **systemfremdes Element** im Einkommensteuerrecht, da die Gewährung einer Steuervergünstigung an einen freiwilligen Konsumverzicht der Anteilseigener gebunden sei. Das deutsche Einkommensteuersystem sei auf die Erfassung des durch den Vermögenszuwachs gemessenen Einkommens zugeschnitten, womit die Gewährung einer Steuervergünstigung bei freiwilligem Konsumverzicht nicht zu vereinbaren sei. Diese Argumentation kann indes nicht überzeugen, weil ihr die Prämisse zugrunde liegt, dass der Fiskus die Umkehrmaßgeblichkeit als eine „*Methode der Sparförderung*"[923] konstruiert habe. Dahinter wird die Absicht vermutet, dass nur dem Unternehmer Steuervorteile zugewandt werden sollen, der mit seinem Entnahmeverzicht ein Konsumopfer bringt. Der Nachweis eines entsprechenden gesetzgeberischen Willens kann jedoch nicht geführt werden. Vielmehr besteht der Zweck der umgekehrten Maßgeblichkeit vornehmlich in der Stärkung der Unternehmenssubstanz, der Subventionszwecksicherung und der Vereinfachung der Rechnungslegung. Für eine Förderung der Sparquote ist dagegen nichts ersichtlich.

Aus rechtssystematischen Gründen wird von einer weiteren Meinung auch beklagt, dass die Gewährung wirtschaftspolitischer Förderungsmaßnahmen aufgrund der umgekehrten Maßgeblichkeit von der Ordnungsmäßigkeit der Buchführung durch den Steuerpflichtigen abhängig gemacht werde. Die steuerrechtliche Vergünstigung sei quasi als **Belohnung für buchhalterisches Wohlverhalten** ausgestaltet, was aber nicht mit der Zielsetzung der Vergünstigung zu ver-

[922] Vgl. *Wagner*, StuW 1990, S. 8. Vgl. auch *Vogt*, S. 284.
[923] Vgl. *Wagner*, StuW 1990, S. 8.

einbaren sei[924]. Diese Ansicht ist abzulehnen, weil sie das Zwecksystem der umgekehrten Maßgeblichkeit auf den Kopf stellt. Sinn und Zweck des Grundsatzes ist es nicht, den Steuerpflichtigen formal an eine bestimmte Bilanzierung zu binden, sondern die Ausschüttungssperre sicherzustellen. Der korrespondierende Ansatz erfolgt nicht um seiner selbst Willen; er ist vielmehr erforderlich, um jedenfalls die Ausschüttung von Gewinnen zu begrenzen.

Schließlich wird vereinzelt vertreten, dass § 5 Abs. 1 Satz 2 EStG der **Übersichtlichkeit des Steuerrechts** und der **Einheitlichkeit seiner Systematik** entgegenwirke, da aufgrund des Grundsatzes Steuervorschriften erlassen würden, die vorwiegend handelsrechtliche Zielsetzungen hätten[925]. Richtig daran ist, dass die steuerrechtlichen Wahlrechte i.S.v. § 5 Abs. 1 Satz 2 EStG prinzipiell wirtschafts-, umwelt- oder sozialpolitischen, somit also außersteuerrechtliche Ziele verfolgen[926]. Die Kritik müsste dann jedoch an eben diesen Wahlrechten ansetzen, denn zwischen ihnen und dem Grundsatz der umgekehrten Maßgeblichkeit muss unterschieden werden. Auch kann die Umkehrmaßgeblichkeit nicht als Ursache der Kodifizierung steuerrechtlicher Wahlrechte angesehen werden. Vor allem aber haben diese Vorschriften regelmäßig keine handelsrechtliche Funktion, was sich vor allem in ihrer Nichtkonformität mit den GoB zeigt.

Darüber hinaus wird kritisiert, dass durch die Vorschrift des § 5 Abs. 1 Satz 2 EStG die vor seiner Kodifizierung bestehenden Unklarheiten keineswegs überwunden werden konnten, so dass hinsichtlich seines Anwendungsbereichs immer noch eine gewisse **Rechtsunsicherheit** bestehe[927]. Obgleich tatsächlich noch einige Meinungsstreitigkeiten diesbezüglich ausgetragen werden, ist der Anwendungsbereich, wie bereits dargelegt werden konnte[928], im wesentlichen unstreitig. Infolgedessen halten sich die Unsicherheiten in sehr engen Grenzen und können kaum als Argument gegen den Grundsatz angeführt werden[929].

Kritisiert wird schließlich, dass die umgekehrte Maßgeblichkeit eine eigenständige – d.h. independente – **Handels- und Steuerbilanzpolitik** verhindere[930]. Dies könne allerdings aufgrund der heterogenen Funktionen und Adressaten

---

924 Vgl. *Maaßen*, FR 1972, S. 147; ders. DB 1970, S. 853; *Funcke*, DStR 1989, S. 418.
925 Vgl. *Meincke*, StuW 1990, S. 19.
926 Vgl. oben unter Kapitel 1 B..
927 Vgl. *Raupach*, BFuP 1990, S. 523; *Mathiak*, DStR 1988, S. 274 f.; *Dziadkowski*, DB 1989, S. 437; *van de Loo*, DStR 2000, S. 511. Zu § 6 Abs. 3 EStG a.F. vgl. *Dziadkowski*, BB 1986, S. 333.
928 Vgl. oben unter Kapitel 1 D. II..
929 Ebenso *Lause/Sievers*, BB 1990, S. 31 f.; *Leucht*, DB 1989, S. 2240.
930 Vgl. *Winnefeld*, C Rn. 605; *Eigenstetter*, WPg 1993, S. 582; *Haller*, RIW 1992, S. 48; *Krawitz*, S. 205.

beider Rechenwerke zu Zielkonflikten des Bilanzierenden führen[931]. Richtig daran ist, dass die Verknüpfung von Handels- und Steuerbilanz in Form der formellen und umgekehrten Maßgeblichkeit es nahezu unmöglich macht, eine eigenständige Bilanzpolitik in der jeweiligen Bilanz auszuüben[932]. Dieser Umstand ist jedoch in erster Linie Folge der formellen Maßgeblichkeit[933]. Nur bei der Ausübung ausschließlich steuerrechtlicher Wahlrechte erfolgt über § 5 Abs. 1 Satz 2 EStG zugleich eine weitgehende Festlegung für die Handelsbilanz. Bei diesen Wahlrechten wäre aus Sicht der Steuerpflichtigen ein nicht korrespondierender Ansatz wünschenswert, um so die steuerrechtliche Anerkennung sicherzustellen und im selben Moment die negativen Auswirkungen auf handelsrechtlichen Gewinn zu verhindern. Dies widerspricht indes gerade den Hauptzwecken der umgekehrten Maßgeblichkeit, so dass der Gesetzgeber bewusst die Unabhängigkeit beider Rechenwerke eingeschränkt hat. Das Ziel der Stärkung der Unternehmenssubstanz wird vom Gesetzgeber insofern höher bewertet als die Independenz der Handels- und Steuerbilanzpolitik.

III. Ergebnis

Deutlich wurde einerseits, dass die mit der umgekehrten Maßgeblichkeit verfolgten Zielsetzungen nur sehr eingeschränkt realisiert werden. Andererseits ergeben sich aus steuerrechtlichen Sicht aber kaum bedeutende Argumente gegen den Grundsatz.

E. Beurteilung aus ökonomischer Sicht

Die Beurteilung der umgekehrten Maßgeblichkeit aus ökonomischer Sicht erfordert eine eingehende Analyse der Auswirkungen der Ausschüttungssperre auf die einzelnen Betroffenen.

[931] Vgl. *Haller*, RIW 1992, S. 48; *Krawitz*, S. 205; *Winnefeld*, C Rn. 605; *Eigenstetter*, WPg 1993, S. 582.

[932] Vgl. *Haller*, RIW 1992, S. 48; *Eigenstetter*, WPg 1993, S. 582; *Krawitz*, S. 205. Vgl. auch *Wacker*, S. 241.

[933] Die formelle Maßgeblichkeit fordert den korrespondierenden Ansatz bei allen handelsrechtlichen und GoB-konformen steuerrechtlichen Wahlrechten.

I. Perspektive der Gesellschafter

Die ökonomischen Auswirkungen des § 5 Abs. 1 Satz 2 EStG bei den Gesellschaftern des Unternehmens hängen von der beabsichtigten Verwendung einer Ausschüttung ab. Dabei lassen sich folgende Möglichkeiten unterscheiden[934]:

1. Reinvestition der Ausschüttung

Beabsichtigt der Anteilseigner eine Reinvestition der ausgeschütteten Gewinne, so erweist sich die Ausschüttungssperre als **Allokationsbremse**, wenn die zwangsthesaurierten Mittel innerhalb des Unternehmens eine geringere Rendite generieren als außerhalb zu erzielen wäre[935]. Aufgrund der Zwangsthesaurierung der Mittel müssen individuelle Präferenzen der Anteilseigner und Rentabilitätsbetrachtungen der Reinvestition außer Betracht bleiben, so dass eine optimale Asset Allocation verhindert wird und weniger vorteilhafte Investitionen getätigt werden müssen[936]. Eine Kapitalfehlleitung ist auch deshalb möglich, weil für die Rentabilität der auf diesem Wege finanzierten Investitionen nicht auch die Berücksichtigung von Fremdkapitalzinsen erforderlich ist. Insofern werden u.U. Investitionen vorgenommen, die im Falle einer Fremdfinanzierung nicht getätigt worden wären. Darüber hinaus besteht die Gefahr, dass durch die Begünstigung von Investitionen in die eigene Branche die Förderung zukunftsträchtiger Branchen verhindert wird (**Versteinerungseffekt**)[937].

Die Argumentation verliert jedoch an Überzeugungskraft, wenn man sich vor Augen führt, dass die Ausschüttungssperre lediglich auf einen bestimmten Zeitraum begrenzt ist und in den folgenden Jahren sogar eine konträre Wirkung entfaltet. Die zwangsthesaurierten Mittel stehen somit in späteren Jahren wieder voll zur Verfügung und können unter Renditegesichtspunkten neu angelegt werden. Dann aber lässt sich eine Allokationsbremse nur noch dann feststellen, wenn die „Verzögerung“ der Ausschüttungen zu Renditeeinbußen führen würde. Ein solcher Nachweis dürfte aber nur schwerlich zu führen sein. Zudem hat der

---

[934] Vgl. *Wagner*, StuW 1990, S. 6 ff.; *Robisch/Treisch*, WPg 1997, S 167; *Robisch*, DStR 1993, S. 1003; *Lischer/Märkl*, WPK-Mitt., Sonderheft Juni 1997, S. 115.

[935] Vgl. *Plewka/Schmidt* in Lademann, EStG, § 5 Rn. 514; *Dziadkowski* in HdR, B 120, Rn. 132; ders., DB 1989, S. 437; *Schildbach*, BFuP 1989, S. 137; *Ballwieser*, BFuP 1990, S. 491 f.; *Heurung*, RIW 2000, S. 423; *Lischer/Märkl*, WPK-Mitt., Sonderheft Juni 1997, S. 115; *Krawitz*, S. 206; *Robisch*, DStR 1993, S. 1002; *Robisch/Treisch*, WPg 1997, S 167; *Eigenstetter*, WPg 1993, S. 578; *Vogt*, S. 283 f.; *Wagner*, StuW 1990, S. 6.; *Wagner/Hawlitzky*, DBW 1991, S. 317 ff.; *Weber-Grellet*, DB 1997, S. 388; eingeschränkt auch *Börner*, S. 168.

[936] Vgl. *Wagner*, StuW 1990, S. 7; eingeschränkt auch *Krieger*, S. 339. Vgl. auch *Schreiber* (1999), S. 880 f..

[937] Vgl. *Eberhartinger*, S. 186; *Loitlsberger*, S. 157.

Gesellschafter vielfach die Möglichkeit, sich den Auswirkungen der Ausschüttungssperre zu entziehen[938], so dass die Nachteile umgangen werden können. Aber auch im übrigen hängt die These der Kapitalfehlleitung sehr stark von den Bedingungen des Einzelfalls ab, so dass sich hier kaum allgemeingültige Aussagen machen lassen. Zwar ist es nahezu unvorstellbar, dass sich außerhalb der betroffenen Unternehmung keine Investitionsmöglichkeit auffinden lässt, die eine bessere Rendite verspricht. Jedoch ist eine abstrakte Vergleichbarkeit äußerst schwierig, weil sich die genaue Rendite einer Investition erst im Nachhinein ermitteln lässt. Gerade im Fall von Unternehmensbeteiligungen hängt sie von vielfältigen Einzelfaktoren ab, die eine Vorhersage erschweren. Die Betrachtung lässt auch die Risikobereitschaft des Gesellschafters außer Betracht, weil die Rendite einer Anlage in der Regel mit dem eingegangen Wagnis korrelieren wird. Aus diesem Grunde sollte das Argument nicht überbewertet werden.

2. Konsumtive Verwendung der Ausschüttung

In der Literatur wird teilweise argumentiert, das die umgekehrte Maßgeblichkeit zu einem **Konsumverzicht** führen könne, wenn ein Gesellschafter eine konsumtive Verwendung der Gewinne wünscht. Aus volkswirtschaftlicher Sicht sei die Ausschüttungssperre daher abzulehnen, weil sie in diesem Fall die Binnennachfrage verringere und infolgedessen das Wirtschaftswachstum bremse[939].

Diese These ist indessen nicht ohne weiteres haltbar, weil der Konsumverzicht nicht notwendige Folge des § 5 Abs. 1 Satz 2 EStG ist, sondern kumulativ die subjektive Abkehr der Intention des Gesellschafters von der Vornahme der Verwendung erfordert. Allein die Zwangsthesaurierung kann allenfalls zu einem temporären **Konsumaufschub** führen, weil die gesperrten Mittel im Zuge der Auflösung stiller Reserven ausgeschüttet werden können. Somit stehen dem betroffenen Anteilseigner die Mittel – wenn auch zeitlich verzögert – zur freien Verfügung. Die behaupteten, gesamtwirtschaftlichen Nachteile sind damit zumindest in Frage zu ziehen; auf jeden Fall hängen sie stark von den Umständen des Einzelfalls ab. Verwiesen sei zudem erneut auf die Möglichkeit der Kapitalausschüttung und der Umgehung der Ausschüttungssperre[940].

---

[938] Vgl. oben unter Kapitel 3 A. I. 2. b) (2.).

[939] Vgl. *Plewka/Schmidt* in Lademann, EStG, § 5 Rn. 514; *Wagner*, StuW 1990, S. 7; *Wagner/Hawlitzky*, DBW 1991, S. 312 ff..

[940] Im diesem Fall wird der Anteilseigner regelmäßig Fremdkapital zur Befriedigung seiner Konsumwünsche aufnehmen müssen. Dieser „Ersatz" der Ausschüttung durch die Fremdmittel hat letztlich allokative Wirkungen, die durch die Gegenwartspräferenz des Konsums, den Steuersatz und die Zinshöhe geprägt ist.

II. Perspektive der Geschäftsführung

In der Literatur wird beklagt, dass die umgekehrte Maßgeblichkeit bei Kapitalgesellschaften[941] zu einer **Kompetenzverlagerung**[942] von den Gesellschaftern zur Geschäftsführung führe[943]: Mit Hilfe des Grundsatzes könne eine zusätzliche Thesaurierung von Gewinnen zu Lasten der den Gesellschaftern zustehenden Ausschüttungen vorgenommen werden. Infolge der Verringerung des ausschüttbaren Gewinns werde das den Gesellschaftern zustehende Recht der Bilanzfeststellung und der Verteilung des Jahresüberschusses entwertet[944]. Dies sei jedoch problematisch, weil die Ausschüttungsinteressen von Geschäftsführung und Kapitaleignern aufgrund der Trennung von Kapital und Verfügungsmacht voneinander abweichen könnten[945]. Folgenschwer sei die Kompetenzverlagerung insbesondere dann, wenn etwa die Anteilseigner einer Aktiengesellschaft auf regelmäßige und gleichförmige Ausschüttungen angewiesen seien, da für das Management – zumindest theoretisch – die Möglichkeit bestünde, die Anteilseigner durch eine entsprechende Dividendenpolitik „auszuhungern"[946]. Dieser Effekt werde auch nicht dadurch entkräftet, dass der Wert der Anteile infolge der Thesaurierung steigen müsste[947], denn am Kapitalmarkt werde die Nichtvornahme von Ausschüttungen keineswegs immer durch einen entsprechenden

---

[941] Bei den Personengesellschaften kommt der Vorwurf nicht in Betracht, weil die Bildung steuerrechtlicher Sonderabschreibungen prinzipiell nur durch alle Gesellschafter gemeinsam getroffen werden kann. Darüber hinaus ist die Feststellung des Jahresabschlusses im Gegensatz zu dessen Aufstellung keine Geschäftsführungsmaßnahme. Vgl. hierzu *K. Schmidt*, § 47 IV 2; *Baumbach/Hopt*, § 114 Rn. 3; Heymann/*Emmerich*, § 120 Rn. 10; Glanegger/*Stuhlfelner*, § 114 Rn. 2.

[942] Dieses Problemfeld wird teilweise unter dem Schlagwort „Principal-Agent-Problem" diskutiert. Vgl. *Heurung*, RIW 2000, S. 423; *Eberhartinger*, S. 185 m.w.N..

[943] Vgl. *Bareis*, WPg 1972, S. 500; *Wagner*, StuW 1990, S. 9 ff.; *Lischer/Märkl*, WPK-Mitt. Sonderheft Juni 1997, S. 115; *Vogt*, S. 280, 314; *Henscheid*, BB 1992, S. 1245; *Salzberger*, DBW 2000, S. 213.

[944] Vgl. *Meilicke*, StbJb 1958/59, S. 344 f.; *Henscheid*, BB 1992, S. 1245; *Merkert/Koths*, BB 1985, S. 1768.

[945] Vgl. *Dziadkowski* in HdR, B 120, Rn. 134; *Robisch*, DStR 1993, S. 1003; *Robisch/Treisch*, WPg 1997, S 167; *Heurung*, RIW 2000, S. 423; *Lause/Sievers*, BB 1990, S. 32; *Wagner*, StuW 1990, S. 10; *Lischer/Märkl*, WPK-Mitt., Sonderheft Juni 1997, S. 115. Vgl. auch *Weber-Grellet*, DB 1997, S. 388.

[946] Vgl. BT-Drucks. V/1080, S. 7; *Flämig*, DB 1968, S. 2048; *Meilicke*, StbJb 1958/59, S. 344 f.; *Merkert*, DStZ 1988, S. 145; *Robisch*, DStR 1993, S. 1002; *Salzberger*, DBW 2000, S. 213; *Vogt*, 324 f.. Vgl. auch *Wacker*, S. 249; *Ballwieser*, BFuP 1990, S. 491; Söffing (1995), S. 672; *Lischer/Märkl*, WPK-Mitt., Sonderheft Juni 1997, S. 115; *Kühnberger/Schmidt*, BB 1999, S. 2607. A.A. *Vogt*, S. 315, meint dagegen, dass die umgekehrte Maßgeblichkeit in der Praxis nicht zwangsläufig zu einer verkürzten Dividende führe, weil die Ausschüttungen oftmals verstetigt seien.

[947] So aber *Krieger*, S. 339; *Vogt*, S. 315.

Kursaufschlag honoriert[948]. Vor allem aber gewährleiste ein Wertzuwachs keine kontinuierliche Mittelversorgung[949]. Für die Geschäftsführung ergäbe sich daraus im Gegenzug der Vorteil des Schutzes vor den Dividendeninteressen der Aktionäre und der Vergrößerung ihrer Unabhängigkeit von den Anteilseigener[950]. Der Grundsatz diene darüber hinaus den monetären Interessen des Managements, wenn seine Vergütung an das Unternehmenswachstum gebunden sei[951].

Diese These ist allerdings nur dann haltbar, wenn die Gesellschafter einer Kapitalgesellschaft keinen Einfluss auf die bilanzrechtliche Ausübung der steuerrechtlichen Wahlrechte haben. Zwar wird der Jahresabschluss prinzipiell von der Geschäftsführung der Kapitalgesellschaft aufgestellt[952], ein Einfluss der Gesellschafter kann sich jedoch bei seiner Feststellung ergeben. So erfolgt die Feststellung des Jahresabschlusses bei der **GmbH** gem. § 42 a Abs. 1 und 2 GmbHG grundsätzlich[953] durch die Gesellschafter[954]. Bei der **Aktiengesellschaft** liegt die Kompetenz im Regelfall beim Vorstand und Aufsichtsrat. Der Vorstand hat den Jahresabschluss nach dessen Aufstellung dem Abschlussprüfer und nach Eingang des Prüfungsberichts dem Aufsichtsrat vorzulegen[955]. Die Feststellung erfolgt dann durch Billigungsbeschluss des Aufsichtsrates, sofern nicht Vorstand und Aufsichtsrat beschließen, die Feststellung der Hauptversammlung zu überlassen (vgl. § 173 Satz 1 AktG)[956]. Billigt der Aufsichtsrat den Jahresabschluss nicht, kann dessen Feststellung ebenfalls nur durch die Hauptversammlung erfolgen (vgl. § 173 Abs. 1 AktG). Infolgedessen hat in allen Fällen zumindest der Aufsichtsrat als Überwachungsorgan des Vorstandes (vgl. § 111 Abs. 1 AktG)[957] die Möglichkeit, den vorgelegten Jahresabschluss zu überprüfen. Der Einfluss

---

948 Ebenso *Kühnberger/Schmidt*, BB 1999, S. 2608.

949 Vgl. *Robisch*, DStR 1993, S. 1002; differenzierend *Vogt*, S. 314 f..

950 Anders ist dies jedoch dann, wenn eine Mindestausschüttung von vorne herein festgelegt ist: Gegebenfalls muss auf die Steuervorteile verzichtet werden, um die Dividende auszahlen zu können. Vgl. *Dziadkowski* in HdR, B 120, Rn. 134; *Robisch*, DStR 1993, S. 1003; *Robisch/Treisch*, WPg 1997, S 167; *Wagner*, StuW 1990, S. 10.

951 Vgl. *Dziadkowski* in HdR, B 120, Rn. 134; *Wagner*, StuW 1990, S. 10; *Robisch*, DStR 1993, S. 1003; *Robisch/Treisch*, WPg 1997, S 167; *Lischer/Märkl*, WPK-Mitt. Sonderheft Juni 1997, S. 115; krit. *Ballwieser*, BFuP 1990, S. 492.

952 Vgl. Rowedder/*Koppensteiner*, § 46 Rn. 3; Rowedder/*Wiedmann*, § 41 Rn. 43; *K. Schmidt*, § 29 IV 3 a; § 37 VI 1 b; *Hüffner*, § 172 Rn. 2; *ADS*, § 172 Rn. 2.

953 Abweichende Bestimmungen im Gesellschaftsvertrag sind möglich. Vgl. Rowedder/*Koppensteiner*, § 46 Rn. 3; Rowedder/*Wiedmann*, § 42 a Rn 53; *Schulze-Osterloh* in Baumbach/Hueck, § 42 a Rn. 17.

954 Vgl. *K. Schmidt*, § 37 VI 1 b; Rowedder/*Wiedmann*, § 42 a Rn. 56 ff.; Scholz/*Crezelius*, § 42 a Rn. 29 ff.; *Schulze-Osterloh* in Baumbach/Hueck, § 42 a Rn. 13 ff..

955 Vgl. *K. Schmidt*, § 29 IV 3 a – c; *Hüffner*, § 170 Rn. 1 ff.; *Kübler* (1998), S. 208 f..

956 Vgl. *Hüffner*, § 172 Rn. 1 f.; *K. Schmidt*, § 29 IV 3 c; ADS, § 172 Rn. 8.

957 Vgl. *Kraft/Kreutz*, S. 298; *Kübler* (1998), S. 189; *K. Schmidt*, § 28 III 1 a.

der Gesellschafter auf die Feststellung hängt bei der Aktiengesellschaft entscheidend von der Zusammensetzung des Aufsichtsrates ab (vgl. hierzu §§ 96 und 101 AktG). Da aber jedenfalls ein Teil dieses Gremiums von Seiten der Hauptversammlung gewählt wird[958], besteht zumindest eine begrenzte Einflussnahmemöglichkeit. Aus diesen Gründen kann bei der GmbH gar nicht und bei der Aktiengesellschaft allenfalls eingeschränkt von einer Kompetenzverlagerung gesprochen werden[959].

Das Problem der Befugnisverlagerung bei Aktiengesellschaften wird indes zusätzlich dadurch entschärft, dass sich die Auswirkungen der umgekehrten Maßgeblichkeit im Laufe der Zeit umkehren. Außerdem hängt das Management bei Kapitalgesellschaften stark von der Unterstützung der Anteilseigner ab[960], so dass die Verkürzung von Ausschüttungen gegen den Willen der Eigentümer allenfalls kurzfristige Vorteile bringen kann. Durch ihre Kontrolle über das Management können die Anteilseigner daher letztlich auch Einfluss auf die Ausschüttungspolitik des Managements nehmen[961].

III. Perspektive der Gläubiger und weiterer Unternehmensbeteiligter

Aus der Perspektive der Unternehmensgläubiger stellt sich die umgekehrte Maßgeblichkeit zweischneidig dar. Während sie anfänglich durch die Legung

---

[958] Zur Besetzung des Aufsichtsrates vgl. *Kübler* (1998), S. 190, 409 ff.; *K. Schmidt*, § 28 III 2; *Hüffner*, § 96 Rn. 4 ff..

[959] Insoweit auch *Vogt*, S. 314 f.. Seiner Ansicht nach sei die Kompetenzverlagerung jedoch aus gesellschaftsrechtlichen Gründen gewollt. Dem ist zwar zuzustimmen, jedoch lässt dies nicht den Schluss zu, dass ein außerhandelsrechtlicher Eingriff in das bestehende System gerechtfertigt ist. Dies ließe nämlich unberücksichtigt, dass § 5 Abs. 1 Satz 2 EStG zu einer zusätzlichen „Verschiebung" der handelsrechtlichen Kompetenzstruktur aus steuerrechtlichen Gründen führt. Die bestehenden handelsrechtlichen Kontroll- und Schutzrechte sind jedoch nur auf das bestehende handelsrechtliche Kompetenzsystem abgestimmt, so dass der Eingriff zu einer ungewollten Verschiebung führt.

[960] Die Vorschrift des § 120 AktG stellt klar, dass die Hauptversammlung zur Kontrolle von Vorstand und Aufsichtsrat berufen ist. Vgl. Kölner Komm/*Zöllner*, § 120 Rn. 25; *Kübler*, S. 196. Dies ist jedoch nicht unproblematisch im Hinblick auf die Arbeitnehmervertreter im Aufsichtsrat, die ihr Mandat gerade nicht dem Vertrauen der Kapitalgeber verdanken. Zwar fällt die Wahl und Abberufung von Vorstandsmitgliedern nicht in die Zuständigkeit der Hauptversammlung , sondern des Aufsichtsrates (vgl. § 84 Abs. 1 und 3 AktG). Jedoch entscheidet die Hauptversammlung jährlich über die Entlastung des Vorstandes (vgl. § 119 Abs. 1 Nr. 3, § 120 AktG). Im Falle einer Entlastungsverweigerung liegt ein wichtiger Grund für den Widerruf der Bestellung gem. § 84 Abs. 1 Satz 2 3. Fall AktG vor. Vgl. *Hüffner* § 120 Rn. 16; *Karsten* § 14 VI 2; § 28 II 2.

[961] Vgl. *Lischer/Märkl*, WPK-Mitt. Sonderheft Juni 1997, S. 115; *Henscheid*, BB 1992, S. 1245.

stiller Reserven zusätzliche Sicherheiten schafft[962], wandelt sich das vergrößerte Sicherheitspotential in den Folgejahren in ein **Gewinnproduzierungspotential** um[963]. Die Auflösung der stillen Reserven erhöht den Jahresüberschuss, wodurch sich die Geschäftssituation für die Gläubiger verwässert darstellen kann. In Extremfällen kann es so zum Ausweis eines Jahresüberschusses kommen, obwohl das Unternehmen tatsächlich bereits mit Verlust arbeitet[964].

Da den **erfolgsbeteiligten Unternehmensteilnehmern,** wie z.B. den stillen Gesellschaftern und Gebern partiarischer Darlehen, der Handelsbilanzgewinn regelmäßig als Anspruchsgrundlage dient, führt die Legung stiller Reserven im Zuge der umgekehrten Maßgeblichkeit zunächst zu einer Kürzung ihrer Ansprüche[965]. Dadurch werden sich aber in der Regel[966] keine endgültigen Gewinnschmälerungen ergeben, denn der spätere Ausgleich erfolgt normalerweise durch zukünftig geringere Abschreibungssätze, höhere Veräußerungsgewinne oder höhere erfolgswirksam aufzulösende Passivposten. Die Beurteilung von Gewinnverlagerungen in die Zukunft hängt daher von Zinsaspekten, Progressionseffekten und Tarifänderungen ab.

Für alle anderen Bilanzadressaten, die nicht schon in eine der vorgenannten Gruppen fallen (z.B. potentielle Lieferanten und Kunden), ergeben sich die

---

962 Vgl. *Robisch*, DStR 1993, S. 1003; *Wagner*, StuW 1990, S. 9; *Lischer/Märkl*, WPK-Mitt. Sonderheft Juni 1997, S. 116. *Schreiber* (1999), S. 882 f., bezweifelt, dass Ausschüttungssperren in jedem Fall im Interesse der Gläubiger liegen. Die Gläubiger seien nicht davor gefeit, dass die Eigentümer Investitionen wählen, deren Überschüsse ihnen zufallen, während sie Zahlungsdefizite auf die Gläubiger abwälzen und damit deren Position verschlechtern können.

963 Vgl. *Dziadkowski* in HdR, B 120, Rn. 135; *Schneeloch*, DStR 1988, S. 761; *Schmidt*, 1994, S. 167 ff.; *Robisch*, DStR 1993, S. 1003; *Robisch/Treisch*, WPg 1997, S 167; *Siepe*, S. 630; *Ballwieser*, S. 390.

964 Vgl. *Küting*, BFuP 1989, S. 114; ders., Beilage 2 zu NWB Heft 6/1998, S. 8, 22 f.; *Karsten*, BB 1967, S. 427; *Haeger*, S. 57.

965 Vgl. *Dziadkowski* in HdR, B 120, Rn. 130; *Wagner*, StuW 1990, S. 5 ff.; *Robisch*, DStR 1993, S. 1004. Vgl. auch *Vogt*, S. 281; *Wittig*, DStR 1984, S. 530.

966 Etwas anderes gilt, soweit stille Reserven für nicht abnutzbare, dauerhaft vom Unternehmen genutzte Wirtschaftsgüter gebildet werden: Die stillen Reserven werden perpetuiert und damit die Ansprüche der Erfolgsbeteiligten bis zur Liquidation hinausgeschoben. Der Barwert dieser Ansprüche beträgt bei „ewiger“ Unternehmensfortführung Null. Betroffen sind vor allem erfolgsbeteiligte Mitarbeiter, stille Gesellschafter und Geber partiarischer Darlehen, da bei den Anteilseignern eventuelle Wertsteigerungen der Anteile zu berücksichtigen sind. Vgl. *Dziadkowski* in HdR, B 120, Rn. 131; *Vogt*, S. 281; *Robisch*, DStR 1993, S. 1003 f.. Zur Lösung dieser Problematik schlägt *Vogt*, S. 316, vor, dass die gewinnabhängigen Zahlungen an normalisierte Erfolgsgrößen gebunden werden sollten, welche die Legung stiller Reserven berücksichtigten.

Mängel lediglich aus dem durch die umgekehrte Maßgeblichkeit getrübten Bilanzbild[967].

IV. Gesamtwirtschaftliche Beurteilung

In der Literatur wird vereinzelt[968] vorgebracht, die umgekehrte Maßgeblichkeit sei aus gesamtwirtschaftlicher Sicht überwiegend positiv zu beurteilen, da die Ausschüttungssperre den Fortbestand von Unternehmen sichere. Eine vollständige Ausschüttung der Gewinne würde die Fortführung von Unternehmen gefährden, weil dann kein Eigenkapital zur Überbrückung einer Notlage vorhanden sei. Dadurch würden Unternehmen schneller insolvent, was negative Auswirkungen auf den Arbeitsmarkt hätte und eine Konzentration der Unternehmen mit der Folge der Einschränkungen des Wettbewerbs fördere. Richtig daran ist, dass die Legung stiller Reserven und die damit verbundene Einschränkung von Kapitalausschüttungen die Existenz von Unternehmen unterstützen mag. Wie bereits dargestellt[969], existieren im Handels- und Gesellschaftsrecht jedoch ausreichende Vorschriften, die den Bestand eines Unternehmens sicherstellen, indem zu einer vorsichtigen Bilanzierung angeregt wird und übermäßige Ausschüttungen verhindert werden. Aus ökonomischer Sicht lässt sich eine Notwendigkeit der Legung zusätzlicher stiller Reserven daher nicht herleiten. Aus volkswirtschaftlicher Sicht ist vielmehr zu beklagen, dass die umgekehrte Maßgeblichkeit zu einer Fehlleitung von Investitionsmitteln beitragen kann. Da die Zwangsthesaurierung allen Unternehmen unabhängig von der erwirtschafteten Rendite zugute kommt, wird die Förderung der renditestärksten Unternehmen verhindert[970].

V. Ergebnis

Zwar ist die umgekehrte Maßgeblichkeit auch aus ökonomischer Sicht kritisch zu beurteilen. Die meisten Kritikpunkte sind allerdings stark von den Umständen des Einzelfalls abhängig und relativieren sich in der Regel im Laufe der Zeit, so dass jedenfalls kaum endgültige Nachteile entstehen.

---

[967] Vgl. *Robisch/Treisch*, WPg 1997, S 167.
[968] Vgl. *Vogt*, S. 316.
[969] Vgl. oben unter Kapitel 3 C. II..
[970] Vgl. *Plewka/Schmidt* in Lademann, EStG, § 5 Rn. 514; *Wagner*, StuW 1990, S. 8.

F. Ergebnis

Zwar ist der Grundsatz der umgekehrten Maßgeblichkeit sowohl mit Verfassungs- wie auch Europarecht zu vereinbaren, jedoch überwiegen – vor allem aus handelsrechtlicher Sicht – seine Nachteile.

Kapitel 4: Auswirkungen einer Internationalisierung der Rechnungslegung auf den Grundsatz der umgekehrten Maßgeblichkeit

Aufgrund der zu beobachtenden Internationalisierungstendenzen in der deutschen Rechnungslegung stellt sich die Frage nach den Auswirkungen einer solchen Bewegung auf den Grundsatz der umgekehrten Maßgeblichkeit. Vor diesem Hintergrund wird § 5 Abs. 1 Satz 2 EStG von der wohl überwiegenden Meinung kritisch betrachtet[971]. Die Regelung stelle einen erheblichen Störfaktor im internationalen Handels- und Steuerrecht dar[972], habe das deutsche Bilanzrecht im besonderen Maße in Misskredit gebracht[973] und biete gleichzeitig dessen größte Angriffsfläche[974]. Sie verhindere zudem eine Weiterentwicklung des Handelsrechts in Deutschland[975]. Aus diesem Grunde werden nach der Darstellung des status quo die weiteren Perspektiven der Entwicklung im Konzern- und Einzelabschluss sowie in der Steuerbilanz untersucht. Abschließend werden die Auswirkungen auf die umgekehrte Maßgeblichkeit de lege ferenda erarbeitet.

A. Stand der Internationalisierung

Bislang hat die Internationalisierung der Rechnungslegung im wesentlichen nur die Vorschriften der **Konzernrechnungslegung** beeinflusst[976]: Zwar ist der deutsche Konzernabschluss im Grundsatz weiterhin nach den Vorschriften des

[971] Vgl. *Gail* (1995), S. 134 f.; *Groh*, Gastkommentar DB 1998, Heft 47, S. I; *Schön*, ZHR 1997, S. 156 f.; *Krumnow*, S. 216 f.; *Schmidt*, S. 908 f.; ders., WPg 1991, S. 607 f.; *Schruff*, BFuP 1993, S. 408 f.; *Küting*, Beilage 2 zu Heft 28/1989, S. 5; ders., S. 104; *Haller*, RIW 1992, S. 48; Küting, DStR 1997, S. 84; *Tanzer*, S. 87; Heymann/*Walz*, Einl., Rn. 81. Vgl. auch *Schreiber* (1999), S. 880; *Busse von Colbe*, BFuP 1995, S. 383; *Lischer/Märkl*, WPK-Mitt., Sonderheft Juni 1997, S. 114.

[972] Vgl. *Küting*, Beilage 2 zu Heft 28/1989, S. 5; *Schmidt*, WPg 1991, S. 607; ders., S. 909; *Lischer/Märkl*, WPK-Mitt., Sonderheft Juni 1997, S. 114.

[973] Im Hinblick auf die europäische Entwicklung komme der umgekehrten Maßgeblichkeit eine „*deharmonisierende Wirkung*" zu. Vgl. *Schmidt*, S. 908; ders., WPg 1991, S. 607; ähnlich *Knobbe-Keuk* (1993), S. 31; *Kort*, FR 2001, S. 62.

[974] Vgl. *Küting*, DStR 1997, S. 84; ders., S. 104; *Schruff*, BFuP 1993, S. 408.

[975] Vgl. *Tanzer*, S. 87.

[976] Vgl. *Schreiber* (1999), S. 879 f.; *Lauth*, DStR 2000, S. 1370; *Spanheimer/Koch*, WPg 2000, S. 301; *Küffner/Hock*, BFuP 1998, S. 58, 70; ähnlich *Kußmaul/Klein*, DStR 2001, S. 548. Vom deutschen Justizministerium und von der Kommission der EU wird nach *Busse von Colbe*, BFuP 1995, S. 388, der Konzernabschluss als der primäre Gegenstand einer Anpassung an internationale Regeln angesehen.

HGB (§§ 290 – 315 HGB) aufzustellen[977]. Jedoch wurden insbesondere durch das **Kapitalaufnahmeerleichterungsgesetzes (KapAEG)** vom 20.04.1998[978] für den Konzernabschluss Regelungen geschaffen, die es ermöglichen, diesen Abschluss nach internationalen Rechnungslegungsstandards zu erstellen. § 292 a HGB i.d.F. des KapAEG gewährt börsennotierten[979] deutschen Mutterunternehmen (vgl. § 290 Abs. 1 HGB) das Wahlrecht, unter bestimmten Voraussetzungen[980], an Stelle eines HGB-Konzernabschlusses[981] einen solchen nach „*international anerkannten Rechnungslegungsgrundsätzen*" (vgl. § 292 Abs. 2 Nr. 2 a HGB) aufzustellen[982]. Als internationale Standards kommen im wesentlichen die International Accounting Standards (**IAS**) und die US-amerikanischen Generally Accepted Accounting Standards (**US-GAAP**)[983] in Betracht[984]. Ziel dieser Regelung war es, den Anschluss der deutschen Rechnungslegung an internationale Regeln und Gepflogenheiten zu finden. Daneben sollte die deutschen Wirtschaft von der Doppelbelastung der Erstellung eines HGB- und eines internatio-

---

[977] Einer der ersten Schritte in Richtung einer Harmonisierung der Rechnungslegung ist in der Kodifizierung des „true and fair view" – Prinzips in § 297 Abs. 1 Satz 2 HGB zu sehen. Genannt sei zudem das Gesetz zur Kontrolle und Transparenz im Unternehmensbereich (KonTraG) vom 27.04.1998.

[978] Gesetz zur Verbesserung der Wettbewerbsfähigkeit deutscher Konzerne an Kapitalmärkten und zur Erleichterung der Aufnahme von Gesellschafterdarlehen (Kapitalaufnahmeerleichterungsgesetz – KapAEG) vom 20.04.1998; BGBl. I 1998, S. 707.

[979] Börsennotiert ist ein Unternehmen, wenn es die Voraussetzungen des § 3 Abs. 2 AktG erfüllt. Vgl. BT-Drucks. 13/9909, S. 12; Ensthaler/*Marsch-Barner*, GK-HGB, § 292 a Rn. 3. Es genügt somit eine Notierung im amtlichen Handel oder Geregelten Markt einschließlich des Neuen Marktes. Vgl. *Herzig*, WPg 2000, S. 104; *Schildbach*, BFuP 1998, S. 2; *Wollmert/Oser*, DB 2000, S. 729 f.; *Mujkanovic*, BB 1999, S. 999 f..

[980] Hier geht es insbesondere um das Einklangserfordernis mit den EU-Richtlinien und der Gleichwertigkeit mit der HGB-Bilanzierung (vgl. § 292 a Abs. 2 Nr. 2 b und Nr. 3 HGB). Zu den Problemen im Hinblick auf das Einklangserfordernis gem. § 292 a Abs. 2 Nr. 2 b HGB vgl. *Erdbrügger*, DStR 2001, S. 104; *Havermann*, WPg 2000, S. 124. Krit. auch *Busse von Colbe*, S. 426; *Strobl-Haarmann*, S. 608; *Wollmert/Oser*, DB 2000, S. 732.

[981] Der Referentenentwurf des KapAEG sah zunächst vor, internationale Rechnungslegungsgrundsätze auch für den Einzelabschluss zuzulassen. Vgl. zum Entwurf *BMJ*, WPg 1996, S. 564; vgl. auch *Herzig*, WPg 2000, S. 106.

[982] Zur Verfassungsmäßigkeit vgl. *Kirchhof*, zitiert nach FAZ Nr. 23 vom 28.01.2000, S. 22. Zur Vereinbarkeit mit den EU-Rechnungslegungsvorschriften vgl. *Budde* (1997), S. 110 ff. und *Busse von Colbe*, BFuP 1995, S. 389. Zu den Problemen des Einklangserfordernis vgl. insbesondere *Erdbrügger*, DStR 2001, S. 99 ff..

[983] Zwar handelt es sich bei den US-GAAP eigentlich um rein national verbindliches Recht. Sie haben jedoch aufgrund der Bedeutung des amerikanischen Kapitalmarktes weltweit Verbreitung gefunden und werden daher als Rechnungslegungsgrundsätze i.S.v. § 292 Abs. 2 Nr. 2 a HGB anerkannt. Vgl. BT-Drucks. 12/9909, S. 16 f.; *Herzig*, WPg 2000, S. 104.

[984] Vgl. BT-Drucks. 13/9909, S. 12; Ensthaler/*Marsch-Barner*, GK-HGB, § 292 a Rn. 5; *Herzig*, WPg 2000, S. 104; *Küting*, FAZ Nr. 66 vom 19.03.2001, S. 32; wohl auch *Mujkanovic*, BB 1999, S. 1002.

nalen Abschlusses entlastet werden. Schließlich sollte die bestehende Inländerdiskriminierung gegenüber Mutterunternehmen mit Sitz in anderen Mitgliedsstaaten der EU beseitigt werden[985]. Das in § 292 a HGB vorgesehene Wahlrecht ist indes nur als Übergangslösung konzipiert, bis die deutschen Konzernrechnungslegungsvorschriften an internationale Standards angeglichen sind[986].

Ein weiterer Schritt in Richtung Internationalisierung der deutschen Konzernrechnungslegung erfolgte durch das **Gesetz zur Kontrolle und Transparenz im Unternehmensbereich (KonTraG)** vom 27.04.1998[987]. Es sieht in § 342 Abs. 1 HGB die Errichtung eines privaten Rechnungslegungsgremiums als „Standard Setting Body" vor[988], welches in Form des „*DRSC – Deutsches Rechnungslegungs Standards Committee e.V.*" geschaffen wurde[989]. Die Einrichtung hat insbesondere die Aufgabe, Empfehlungen für die Konzernrechnungslegung zu entwickeln (vgl. § 342 Abs. 1 Satz 1 Nr. 1 HGB)[990].

Der Anwendungsbereich des § 292 a HGB wurde schließlich durch das **Kapitalgesellschaften und Co.-Richtlinie-Gesetz (KapCoRiLiG)**[991] vom 24.02.2000 erheblich erweitert[992]. Die Möglichkeit zur Aufstellung des Konzernabschlusses nach international anerkannten Rechnungslegungsgrundsätzen haben nunmehr auch Mutterunternehmen, die selbst oder deren Tochterunternehmen durch von ihnen ausgegebene Wertpapieren einen organisierten Kapitalmarkt in Anspruch nehmen (vgl. § 292 a Abs. 1 Satz 1 HGB n.F.).

Durch die Kodifizierung des § 292 a HGB haben internationale Rechnungslegungsgrundsätze endgültig Eingang in die deutsche Konzernrechnungslegung

---

985 Vgl. *Havermann*, WPg 2000, S. 121; *Siepe*, S. 634; *Biener* (1997), S. 401.

986 Aus diesem Grunde tritt die Vorschrift des § 292 a HGB am 31.12.2004 außer Kraft (vgl. Art. 3 Satz 2 KapAEG). Vgl. BT-Drucks. 13/9909, S. 11, 14 ff.; Ensthaler/*Marsch-Barner*, GK-HGB, § 292 a Rn. 2; *Herzig*, WPg 2000, S. 104; *Krawitz* S. 217; *Strobl-Haarmann*, S. 607.

987 Vgl. BGBl. 1998 I, S. 786 ff. (insb. S. 791 f.).

988 Des weiteren schreibt das Gesetz nunmehr für deutsche Konzernabschlüsse börsennotierter Unternehmen eine Kapitalflussrechnung und eine Segmentberichterstattung als Pflichtbestandteil des Konzernabschlusses vor (vgl. § 297 Abs. 1 Satz 2 HGB).

989 Es handelt sich hierbei um einen gemeinnützigen eingetragenen Verein, der international unter der Bezeichnung „GASC – German Accounting Standards Committee" auftritt.

990 Die Beschränkung auf den Konzernabschluss ist erst im Laufe der parlamentarischen Beratungen vorgenommen worden. Vgl. *Havermann*, WPg 2000, S. 124 f..

991 Vgl. BT-Drucks. 14/2353 vom 14.12.1999. Das Gesetz dient vor allem der Angleichung der deutschen Vorschriften an die Richtlinie 90/605/EWG vom 8.11.1990, welche die Ausdehnung der Anwendung der 4. und 7. EG-Richtlinie auf bestimmte Kapitalgesellschaften und Co. vorschreibt. Vgl. *Küting*, FAZ Nr. 66 vom 19.03.2001, S. 32.

992 Vgl. *Scheffler*, DStR 2000, S. 530; *Kleekämper/König*, DStR 2000, S. 569; *Küting*, FAZ Nr. 266 vom 15.11.1999, S. 41; *Heurung*, RIW 2000, S. 422. Vgl. auch *Theile*, GmbHR 1999, S. 1247 f..

gefunden. Folge des Wahlrechts ist, dass von deutschen Konzernen, die in den persönlichen Anwendungsbereich fallen, nunmehr verschiedenartige Jahresabschlüsse erstellt werden können. Durch eine entsprechende Ausübung des Wahlrechts können die Konzerne somit vorhandene Divergenzen zu den entsprechenden Abschlüssen im Ausland beseitigen und auf Zweitabschlüsse verzichten[993]. Wenngleich eine Ausrichtung an einen bestimmten Standard bislang ausblieb, hat § 292 a HGB zu einer Harmonisierung mit internationalen Abschlüsse beigetragen[994]. Da Konzernabschlüsse im Anwendungsbereich des § 292 a HGB nunmehr grundsätzlich alternativ nach HGB, IAS und US-GAAP aufgestellt werden können, hat das Wahlrecht jedoch gleichzeitig zur Zulassung einer Vielzahl heterogener Jahresabschüsse auf nationaler Ebene geführt und damit deren Vergleichbarkeit beschränkt[995]. Darüber hinaus reißt die Vorschrift zusätzliche Gräben zu den Einzelabschlüssen und Steuerbilanzen dieser Unternehmen auf[996]. Schließlich vergrößern sich die Unterschiede zu den Abschlüssen der anderen – meist kleineren deutschen Unternehmen – die von dem Wahlrecht des § 292 a HGB keinen Gebrauch machen können[997].

Der handelsrechtliche **Einzelabschluss** blieb (bislang) von Harmonisierungsbestrebungen weitgehend unberührt. So erfolgt sein Aufstellung weiterhin ausschließlich nach den nationalen handelsrechtlichen Vorschriften, insbesondere den GoB[998]. Dennoch lassen sich bereits jetzt auch beim Einzelabschluss Tendenzen einer Internationalisierung ausmachen[999]: Wenngleich er bislang nicht in den Harmonisierungsprozess der EU einbezogen worden ist, lässt sich ein gewisser Einfluss der europäischen Richtlinien und der Rechtsprechung des EuGH

[993] Vgl. auch *Niehus*, DB 2001, S. 53. Damit sind insbesondere die erheblichen finanziellen und zeitlichen Zusatzkosten für die Aufstellung eines Zweitabschlusses oder eines dualen Abschlusses entfallen. Vgl. hierzu *Siepe*, S. 622.

[994] A.A. *Schildbach*, BFuP 1998, S. 11, 21: Dagegen spreche die vergleichsweise eingeschränkte Ausbreitung der US-GAAP und die Erhöhung der Vielfalt möglicher Regelwerke für Jahresabschlüsse aufgrund der Annäherung an verschiedene internationale Vorbilder.

[995] Vgl. *Busse von Colbe*, S. 422. Das Nebeneinander verschiedener Bilanzierungssysteme ist aus der Sicht von Anlegern als verwirrend zu beurteilen. Vgl. *Kommission der EG*, KOM (2000), S. 5 f.; *Lischer/Märkl*, WPK-Mitt. Sonderheft Juni 1997, S. 116; *Scheffler*, DStR 1999, S. 1285; FAZ Nr. 194 vom 22.08.2000, S. 29 („Selbstkontrolle für das reformierte EU-Bilanzrecht"); *Küting/Hayn*, AG 1996, S. 51.

[996] Nach Ansicht von *Budde/Steuber*, AG 1996, S. 548, wird der Konzernabschluss durch diese Abkoppelung zu einem bloßen Werbemittel degradiert. Insofern a.A. *Busse von Colbe*, S. 428.

[997] Vgl. *Schildbach*, BFuP 1998, S. 21; *Spanheimer/Koch*, WPg 2000, S. 310.

[998] Vgl. *Wagner*, DB 1998, S. 2074; *Schreiber* (1999), S. 880; *Kußmaul/Klein*, DStR 2001, S. 548. *Herzig*, WPg 2000, S. 105, spricht von einer „*vom Gesetzgeber ausdrücklich intendierten Spaltung der Rechnungslegungsprinzipien zwischen einem informationsorientierten Konzernabschluss einerseits und einem ausschüttungsorientierten Einzelabschluss andererseits*".

[999] Vgl. *Kußmaul/Klein*, DStR 2001, S. 548; *Biener*, StbJb 1995/96, S. 33 ff..

auf die Entwicklung des nationalen Handelsbilanzrechts ausmachen[1000]. Dieser Einfluss zeigt sich insbesondere an der bereits dargestellten Diskussion über die Anwendung und Bedeutung des „true and fair view“ – Prinzips im Einzelabschluss[1001].

In Bezug auf die **Steuerbilanz** ist zunächst festzuhalten, dass international einheitliche steuerrechtliche Rechnungslegungsgrundsätze (noch) nicht bestehen[1002], und die Regelungen zur steuerrechtlichen Gewinnermittlung bei den direkten Steuern auch vom Gemeinschaftsrecht nicht unmittelbar betroffen werden[1003]. Streitigkeiten über steuerrechtliche Sondervorschriften sind grundsätzlich[1004] auch nicht vor dem EuGH, sondern vor den nationalen Finanzgerichten zu klären[1005]. Dennoch lassen sich bereits heute aufgrund des **Wettbewerbs der Steuersysteme** internationale Einflüsse ausmachen[1006]. So wurde das Steuerentlastungsgesetz 1999/2000/2002 u.a. damit begründet, dass die Maßnahmen zur Verbreiterung der Bemessungsgrundlage nicht zuletzt eine Angleichung der Steuerbilanz an internationale Rechnungslegungsgrundsätze bewirken sollten[1007]. Ein weiteres Einfallstor für Internationalisierungstendenzen stellt zudem der Grundsatz der direkten Maßgeblichkeit dar, da sich Veränderungen im handelsrechtlichen Einzelabschluss unmittelbar auf die Steuerbilanz niederschlagen, soweit keine steuerrechtlichen Sondervorschriften bestehen[1008].

[1000] Vgl. *Herzig*, WPg 2000, S. 106.

[1001] Vgl. oben unter Kapitel 3 C. I. 1. b) (4.) (a).

[1002] Vgl. *Herzig*, WPg 2000, S. 109; *Esser* (1999), S. 213. Vgl. auch *Herzig/Dautzenberg*, BFuP 1998, S. 32; *Kußmaul/Klein*, DStR 2001, S. 548.

[1003] Vgl. *Theile*, GmbHR 1999, S. 1245; *Ebling*, zitiert nach Handelsblatt Nr. 14 vom 19./20.1.2001, S. 8 („BFH-Präsidentin plädiert für Steuerangleichung in der EU“). Im März 1988 wurde von der EG-Kommission ein Vorentwurf einer EG-Richtlinie zur Harmonisierung der steuerrechtlichen Gewinnermittlungsvorschriften vorgelegt. In der Leitlinie zur Unternehmensbesteuerung vom 23.4.1990 (vgl. BR-Drucks. 360/90) entschloss man sich jedoch, von einer Harmonisierung der nationalen Unternehmensbesteuerungssysteme der Mitgliedsstaaten abzusehen, was insbesondere mit dem Grundsatz der Subsidiarität begründet wurde. Vgl. hierzu *Weber-Grellet*, DB 1997, S. 387; *Esser* (1999), S. 213 m.w.N.. Vgl. aber auch Handelsblatt Nr. 247 vom 21.12.2000, S. 11 („Schärfere Regeln bieten Anlegern mehr Transparenz“).

[1004] Ausgenommen sind insbesondere Fragen im Zusammenhang mit dem Maßgeblichkeitsprinzip und mit Abweichungen von der Handelsbilanz. Vgl. *Theile*, GmbHR 1999, S. 1245.

[1005] Vgl. *Theile*, GmbHR 1999, S. 1245.

[1006] Vgl. *Loitz/Klein*, BuW 2001, S. 51; vgl. auch *Hölscher*, StuB 2000, S. 413.

[1007] Vgl. hierzu den Gesetzesentwurf der Bundesregierung, Entwurf eine Steuerentlastungsgesetzes 1999/2000/2002, BT-Drucks. 14/265 vom 13.1.1999, S. 171 und BT-Drucks. 14/23 vom 9.11.1998, S. 126 f.; anders noch in BT-Drucks. 13/7141, S. 8. Ebenso *Herzig*, WPg 2000, S. 108; ders., S. 128; *Heurung*, RIW 2000, S. 422.

[1008] Ähnlich *Dziadkowski*, DStZ 2001, S. 16; *Sigloch*, BFuP 2000, S. 179; *Heyd*, ZfB 2001, S. 380 f..

Zwischenergebnis

Die Internationalisierung der Rechnungslegung beschränkt sich bis zum jetzigen Zeitpunkt vornehmlich auf die Konzernrechnungslegung. Hier besteht nunmehr unter bestimmten Voraussetzungen die Möglichkeit der (befreienden) Aufstellung eines Jahresabschlusses nach internationalen Standards. Wird von dem Wahlrecht Gebrauch gemacht, bedeutet dies eine Einschränkung des Anwendungsbereichs der umgekehrten Maßgeblichkeit im Konzernabschluss, da die Beibehaltungswahlrechte (§§§ 308 Abs. 1 Satz 2, Abs. 3 HGB) nicht mehr zur Anwendung kommen.

B. Perspektive

Die Harmonisierung der Rechnungslegung ist im vollen Gange und keineswegs als abgeschlossen zu betrachten. Für eine Fortsetzung dieser Entwicklung setzt sich auf **globaler Ebene** insbesondere das *International Accounting Standards Committee* (IASC) ein[1009]. Während auf **europäischer Ebene**[1010] zunächst die Errichtung und der Ausbau eigener Standards gefördert wurde, entschloss sich die EU-Kommission[1011] – nach einer Stagnation ihrer Harmonisierungsbestrebungen[1012] Anfang der 90er Jahre[1013] – zu einer Änderung ihrer Politik[1014]. Der

[1009] Daneben hat aber auch die *International Organization of Securities Commissions* (IOSCO) einen großen Einfluss. In der IOSCO haben sich die nationalen Börsenaufsichtsbehörden zusammengeschlossen, um die grenzüberschreitende Zusammenarbeit bei der Börsenzulassung und der Börsenaufsicht zu fördern. Die Organisation hat Anforderungen an die Rechnungslegungs-, Offenlegungs- und Prüfungsvorschriften für Unternehmen formuliert, die an der Börse gelistet sind. Weit geringeren Einfluss haben dagegen die *Organisation für wirtschaftliche Zusammenarbeit und Entwicklung* (OECD), die *Vereinten Nationen* (UN) und die WTO-Arbeitsgruppe „Professional Services". Vgl. *Kommission der EG*, COM 95 (508), S. 4; *Biener* (1997), S. 398.

[1010] Die Harmonisierung der Vorschriften über die Jahresabschlüsse von Kapitalgesellschaften stützt sich auf Art. 54 Abs. 3 Buchst. g) EG-Vertrag (nach in Kraft treten des Amsterdamer Vertrages am 1.5.1999 nunmehr Art. 44 Abs. 2). Sie ist Teil des Programms zur Aufhebung von Beschränkungen bei der Niederlassungsfreiheit. In Europa lässt sich der Anfang einer Harmonisierungsbewegung bereits in den 60er Jahren ausmachen. Diese Bewegung führte zu den in 1978 bzw. 1983 verabschiedeten 4. (78/660/EWG), 7. (83/349/EWG) und 8. EG-Richtlinie (84/253/EWG). Vgl. *Kleekämper/König*, DStR 2000, S. 570; *Theile*, GmbHR 1999, S. 1241; *Biener* (1997), S. 396.

[1011] Zur Rolle des EuGH vgl. etwa *Herzig/Dautzenberg*, BFuP 1998, S. 29 ff..

[1012] Die Umsetzung insbesondere der 4. EG-Richtlinie in die nationalen Rechtsordnungen zeigt, dass eine vollständige Harmonisierung bislang nicht erreicht wurde. Vgl. *Beisse* (1993), S. 94; *Bippus*, DStZ 1998, S. 639; *Küting*, Beilage 1 zu NWB Heft 28/1989, S. 16.; ders., BB 1993, S. 32; *Krumnow*, S. 216; *Havermann*, WPg 2000, S. 122; *Esser* (1999), S.213; *Küting*, FAZ Nr. 66 vom 19.03.2001, S. 32. Nach *Weber-Grellet*, DB 1997, S. 387, enthalten die 62 Artikel der 4. EG-Richtlinie 76 Wahlrechte, so dass von einer echten Harmonisierung keine Rede

Gedanke einer eigenen unabhängigen Normierung von Rechnungslegungsstandards wurde fallengelassen. Ziel ist es nunmehr, den in den Mitgliedsstaaten ansässigen, multinational agierenden Unternehmen die Option einer kapitalmarktorientierten Rechnungslegung nach den IAS bei gleichzeitiger Wahrung der EG-Bilanzrichtlinien zu ermöglichen[1015]. Dazu werden die existierenden Richtlinien anhand der bestehenden und noch festzulegenden IAS überprüft und ggf. angepasst[1016]. In **Deutschland** zeigt sich die Bereitschaft zur Internationalisierung der deutschen Rechnungslegung vor allem in der dargestellten Öffnung der handelsrechtlichen (Konzern-) Rechnungslegung für internationale Standards und der Gründung des DRSC[1017].

Im folgenden werden die Perspektiven einer weiteren Internationalisierung der Rechnungslegung in den einzelnen Abschüssen erarbeitet.

I. Konzernabschluss

Der Übergangscharakter des § 292 a HGB führt zu der Frage, wie sich die Konzernrechnungslegung in den kommenden Jahren weiter entwickeln wird. Aufgrund der unterschiedlichen Bedürfnisse ist bei der Beurteilung zwischen Konzernen i.S.d. § 292 a HGB und anderen Konzernen zu unterscheiden:

---

sein könne. Weniger kritisch *Busse von Colbe*, BFuP 1995, S. 374; *Krumnow*, S. 687. Vgl. hierzu auch *Küting*, BB 1993, S. 31; *Lauth*, DStR 2000, S. 1365 f..

[1013] Vgl. *Kleekämper/König*, DStR 2000, S. 570; hinsichtlich der Harmonisierung des Einzelabschlusses auch *Theile*, GmbHR 1999, S. 1241.

[1014] Vgl. *Kommission der EG*, COM 95 (508); *Biener*, DStZ 1997, S. 346; *Erdbrügger*, DStR 2001, S. 99; *Luttermann*, ZIP 2000, S. 1318; *Niehus*, DB 2001, S. 56.

[1015] Die *Kommission der EG*, 501PC0080, hat mittlerweile Gesetzesvorschläge erarbeitet, die alle börsennotierten EU-Unternehmen zu einer Aufstellung ihrer konsolidierten Abschlüsse nach IAS verpflichtet. Vgl. *Kommission der EG*, KOM (2000), S. 2, 11; *FAZ* Nr. 194 vom 22.08.2000, S. 29 („Selbstkontrolle für das reformierte EU-Bilanzrecht"); *Baetge/Beermann*, BB 2000, S. 2088.

[1016] Bei der bis Ende 2000 vorgesehenen Überarbeitung der 7. EG-Richtlinie geht es um die Behebung von Konflikten mit den Standards des IASC. Vgl. hierzu *Kommission der EG*, COM 95 (508), S. 2; *Kleekämper/König*, DStR 2000, S. 570; *Schildbach*, BFuP 1998, S. 18 f.; *Herzig/Dautzenberg*, BFuP 1998, S. 32; *Niehus*, DB 2001, S. 56; *Bippus*, DStZ 1998, S. 639; *Küting*, DStR 2000, S. 38 f.; *van Hulle*, WPg 1998, S. 141; *Havermann*, WPg 2000, S. 122; *Großfeld*, WPg 2001, S. 134; *Biener* (1997), S. 402; krit. *Luttermann*, S. 505.

[1017] Vgl. auch die Beschlussempfehlung und den Bericht des Rechtausschusses zu dem Gesetzentwurf der Bundesregierung, Entwurf eines Gesetzes zur Kontrolle und Transparenz im Unternehmensbereich (KonTraG), BT-Drucks. 13/10038 vom 4. März 1998, S. 40.

1. Konzerne i.S.d. § 292 a Abs. 1 Satz 1 HGB

a) Überblick über die möglichen Szenarien

Für diese Konzerne kommen grundsätzlich folgende Szenarien in Betracht:

Szenario Nr.:	
1	Konzernabschluss nur noch nach HGB
2	Verpflichtung zur Erstellung von parallelen Konzernabschlüssen
3	Fortführung des Wahlrechts nach § 292 a HGB
4	Einschränkung des Wahlrechts auf einen bestimmten internationalen Rechnungslegungsstandard
5	Obligatorische Erstellung nach internationalen Rechnungslegungsstandards (Wahlrecht zwischen IAS oder US-GAAP[1018])
6	Obligatorische Erstellung nach einem bestimmten internationalen Rechnungslegungsstandard

b) Erhaltung des HGB-Konzernabschlusses

Den aufgeführten Szenarien 1 – 4 ist gemein, dass weiterhin die Möglichkeit bestehen wird, einen Konzernabschluss nach den Vorschriften des HGB aufzustellen.

(1.) Grundsätzliche Bedenken

Wenngleich die wohl überwiegende Meinung in der Literatur[1019] die Öffnung der deutschen Rechnungslegung – jedenfalls für Konzerne i.S.d. § 292 a Abs. 1 Satz 1 HGB – für notwendig erachtet und daher begrüßt, werden von einigen

[1018] Die Untersuchung beschränkt sich auf die Rechnungslegungssysteme nach IAS und US-GAAP, weil zu erwarten ist, dass sich diese Standards international durchsetzen werden. Vgl. *Budde* (1997), S. 105; *Schreiber* (1997), S. 491; *Scheffler*, DStR 1999, S. 1285; vgl. auch *Kommission der EG*, KOM (2000), S. 6. Für IAS als Weltstandard: *Goebel*, DStR 1995, S. 1037; *Schmalenbach-Gesellschaft*, zitiert nach FAZ Nr. 223 vom 25.09.2000, S. 32 („Zehn Thesen zur Zukunft der Rechnungslegung"); dies., DB 2001, S. 160 f. (These 4); ähnlich *Kommission der EG*, KOM (2000), S. 7.

[1019] Vgl. *Born* (1999a), S. 23; *Glaum/Mandler*, S. 39; *Bippus*, DStZ 1998, S. 637; *Wala*, S. 100 f.; *Luttermann*, S. 494; *Küting*, DStR 2000, S. 39; ders., FAZ Nr. 266 vom 15.11.1999, S. 41; *Goebel*, DStR 1995, S. 1037; *Strobl-Haarmann*, S. 607; *Schreiber* (1999), S. 890; *Lauth*, DStR 2000, S. 1370; *Treptow*, S. 81 f. ; *Spanheimer/Koch*, WPg 2000, S. 305; *Kommission der EG*, KOM (2000), S. 3; *Küffner/Hock*, BFuP 1998, S. 60; ähnlich *Haller*, RIW 1992, S. 48.

Stimmen in der Literatur auch grundsätzliche Bedenken gegen diese Bewegung geäußert:

So wird die Harmonisierung der Rechnungslegung vereinzelt[1020] generell für nicht erforderlich oder sogar unmöglich gehalten, weil sich allenfalls die Rechnungslegungsvorschriften, nicht aber alle im Zusammenhang mit dem Bilanzrecht relevanten Rechtsvorschriften, die Einstellungen zum Rechnungswesen, die Praktiken und Traditionen harmonisieren ließen. Daher würden selbst bei völlig identischen und detaillierten Gesetzesvorschriften in verschieden Ländern unterschiedliche Handelbilanzen entstehen. Ausgangspunkt dieser These ist, dass sich die verschiedenen Rechnungslegungssysteme im Laufe der Zeit aus den **landesspezifischen Rahmenbedingungen** entwickelt hätten und diejenigen Informationen anböten, die vom betreffenden finanzwirtschaftlichen Umfeld angefordert würden[1021]. Infolgedessen stießen Harmonisierungsbestrebungen immer dann auf Grenzen, wenn sich die Wertvorstellungen, Rechtsordnungen und Wirtschaftspraktiken der betroffenen Staaten nicht entsprächen[1022]. Da diese heterogenen Rahmenbedingungen aber weiterhin bestünden, sei es nur konsequent, auch diversifizierte Bilanzierungssysteme aufrechtzuerhalten[1023]. Dieser Argumentation ist – jedenfalls im hier zu beurteilenden Fall – entgegenzuhalten, dass sich die nationalen Finanzmärkte mittlerweile weitestgehend angenähert haben[1024], so dass die landesspezifischen Rahmenbedingungen immer mehr ein „globalisiertes Kleid“ bekommen haben.

In dieselbe Richtung geht die Argumentation einer Meinung, nach der einer Harmonisierung die erhebliche Bedeutung der Bankenfinanzierung in Deutschland entgegenstehe[1025]. Die Übernahme internationaler Standards mit ihrer Orientierung am Aktionärsschutz könne bei den Kreditinstituten zu Unsicherheiten bei der Kreditvergabe und daher zu einer **Erschwerung der Fremdkapitalauf-**

[1020] Vgl. *Schildbach* (1994), S. 720; ders., BFuP 1998, S. 1; eingeschränkt auch *Luttermann*, ZIP 2000, S. 1324; ders., S. 501. A.A. *Havermann*, WPg 2000, S. 127,

[1021] Vgl. *Küffner/Hock*, BFuP 1998, S. 58; *Biener*, BFuP 1993, S. 350 f.; *Glaum/Mandler*, S. 79. Vgl. auch *Siepe*, S. 621; *Luttermann*, S. 489, 498.

[1022] Vgl. *Schildbach*, BFuP 1998, S. 16; ähnlich *Schruff*, BFuP 1993, S. 410; *Busse von Colbe*, BFuP 1995, S. 391, schlägt deshalb vor, die nationalen Eigenheiten der Rechnungslegung insoweit zu erhalten, als sie die Vergleichbarkeit nicht verhindern und den Informationswert nicht beeinträchtigen. Allerdings erscheint hier ein praktische Abgrenzung kaum durchführbar, so dass eine internationale Harmonisierung nur halbherzig durchgeführt werden könnte.

[1023] Vgl. *Glaum/Mandler*, S. 79; *Schruff*, BFuP 1993, S. 410; *Wala*, S. 100; wohl auch *Luttermann*, S. 499. *Küffner/Hock*, BFuP 1998, S. 69, befürchten deshalb, dass der handelsrechtliche Jahresabschluss unter Berücksichtigung der derzeitigen wirtschaftlichen und rechtlichen Rahmenbedingungen seine Zwecksetzung nicht erfüllen könnte, wenn er an internationale Standards angeglichen würde. Insofern a.A. *Kübler*, ZHR 1995, S. 558.

[1024] Vgl. *Küting*, DStR 2000, S. 39; *Goebel*, DStR 1995, S. 1037; *Strobl-Haarmann*, S. 607.

[1025] Vgl. *Küffner/Hock*, BFuP 1998, S. 62. A.A. *Busse von Colbe*, S. 419.

nahme führen. Diese Kritik vermag aber nicht zu überzeugen. Zunächst ist herauszustellen, dass der hohe Stellenwert der Bankenfinanzierung im wesentlichen auf die mittelständischen Unternehmen zutrifft[1026]. Vor allem aber ist damit zu rechnen, dass die nationalen Kreditinstitute sich sehr schnell an die veränderten Rahmenbedingungen anpassen könnten, da sie regelmäßig selber schon Abschlüsse nach internationalem Vorbild erstellen. Gerade für international tätige Kreditinstitute würde die Kreditwürdigkeitsprüfung erleichtert, was zu einer verbesserten Verteilung finanzieller Ressourcen führt[1027].

Aus der Sicht deutscher Unternehmen sei eine Harmonisierung der Rechnungslegung auch deshalb nachteilig, weil sie zu einer **Einschränkung der Möglichkeiten der Bilanzpolitik** führen könne[1028]: Eine Anpassung der deutschen Rechnungslegung an internationale Standards hätte den Verlust von diversen handels- und steuerrechtlichen Wahlrechten zur Folge. Infolgedessen sei zu befürchten, dass die Möglichkeit der Legung stiller Reserven beschränkt würde[1029]. Für viele Unternehmen sei dies jedoch die einzige Möglichkeit zur Erhöhung des Eigenkapitals[1030]. Dem ist entgegenzuhalten, dass die Bilanzpolitik kaum als beachtenswertes Interesse der Unternehmen eingestuft werden kann. Die Bildung stiller Reserven ist insofern kein schutzwürdiger Bestandteil der Rechts- und Wirtschaftsordnung[1031].

Aufgrund der gegenwärtigen Diskussion um die Übernahme von IAS und US-GAAP[1032] wird zudem befürchtet, eine Internationalisierung der Rechnungslegung könne zu einem **Verlust an nationaler politischer Souveränität** füh-

---

1026 Insoweit auch *Küffner/Hock*, BFuP 1998, S. 62.

1027 Vgl. hierzu *Krumnow*, S. 685.

1028 Vgl. *Küffner/Hock*, BFuP 1998, S. 61; *Goebel*, DStR 1995, S. 1039; ähnlich *Born* (1999a), S. 26 f..

1029 So beurteilt die Europäische Kommission den Stand der Harmonisierung insbesondere deshalb als mangelhaft, weil in den Einzelstaaten (noch) zu viele Wahlrechte existierten. Vgl. *Luttermann*, ZIP 2000, S. 1320. Ebenso *Niehus*, DB 2001, S. 53.

1030 Der Ausweg über die Kodifizierung nationaler Ausnahmeregelungen müsse ausscheiden, weil sie eine umfangreiche Nebenrechnung nach sich ziehen würde. Vgl. *Küffner/Hock*, BFuP 1998, S. 60.

1031 Ebenso *Born* (1999a), S. 26; *Kübler*, ZHR 1995, S. 560.

1032 Die US-GAAP gelten für Unternehmen, die der staatlichen Börsenaufsicht unterliegen, wobei sie freiwillig auch von anderen Unternehmen verwendet werden können. Dies geschieht etwa aufgrund gesellschaftsrechtlicher Verpflichtungen gegenüber den Gesellschaftern einer Personengesellschaft oder durch Klauseln in Darlehensverträgen mit Banken. Sie sind ferner verbindlich, soweit das bundesstaatliche Gesellschaftsrecht ausnahmsweise die Erstellung und Hinterlegung von Abschlüssen verlangt. Jedoch dürfen Wirtschaftsprüfer nur Jahresabschlüsse nach US-GAAP testieren. Vgl. hierzu *Born* (1999), S. 21; ders. (1999a), S. 268; *Hayn/Waldersee*, S. 8; *Kahle*, StuW 1997, S. 324.

ren[1033]. Dies wird zunächst damit begründet, dass die genannten Standards im wesentlichen an angelsächsischen Rechnungslegungsprinzipien ausgerichtet seien. Deutsche Grundsätze würden insofern ins Hintertreffen geraten[1034]. Vor allem aber sei mit Blick auf die genannten Systeme nicht auszuschließen, dass die Festlegung von Standards zukünftig an privatwirtschaftliche Institutionen im Ausland abgegeben werden müsste[1035]. Dem ist insofern zuzustimmen, als eine global harmonisierte Rechnungslegung einer international abgestimmten Fortentwicklung bedarf und nicht damit zu rechnen ist, dass Deutschland diese Standards wird (alleine) bestimmen können. Richtig daran ist auch, dass sowohl die US-GAAP als auch die IAS von privatwirtschaftlichen Gremien entwickelt werden. Erstere werden vor allem vom *Financial Accounting Standards Board* (FASB) [1036] ausgeformt und sind weder ein Gesetz[1037] noch gesetzlich definiert[1038]. Die IAS[1039] sind das Ergebnis der Arbeit des international besetzten *International Accounting Standards Committee* (IASC), das die Formulierung und Veröffentlichung von allgemein anerkannten Rechnungslegungsgrundsätzen zum Ziel hat. Aus politischer Sicht wäre daher sicherzustellen, dass bei der Besetzung eines internationalen Gremiums der nationale Einfluss gewährleistet wird. Den rechtlichen Legitimationsproblemen könnte durch einen gesetzgeberischen Umsetzungsakt begegnet werden[1040].

1033 Vgl. *Glaum/Mandler*, S. 81; Moxter, DB 2001, S. 606; *Schmalenbach-Gesellschaft*, zitiert nach FAZ Nr. 223 vom 25.09.2000, S. 32 („Zehn Thesen zur Zukunft der Rechnungslegung"); dies., DB 2001, S. 160 f. (These 4). Vgl. auch *Lischer/Märkl*, WPK-Mitt. Sonderheft Juni 1997, S. 117.

1034 Vgl. *Born* (1999a), S. 26; nach *Bippus*, DStZ 1998, S. 640 heißt „Internationalisierung" kritisch „Amerikanisierung" der Rechnungslegung.

1035 Vgl. *Glaum/Mandler*, S. 81; *Schmalenbach-Gesellschaft*, zitiert nach FAZ Nr. 223 vom 25.09.2000, S. 32 („Zehn Thesen zur Zukunft der Rechnungslegung"); dies., DB 2001, S. 160 f. (These 4). Insofern A.A. *Scheffler*, DStR 1999, S. 1291.

1036 Das FASB ist ein Gremium von unabhängigen Sachverständigen, dass zunächst nur seine Empfehlungen als Financial Accounting Standards (FAS) veröffentlicht. Diese gelten erst dann als „generally accepted", wenn sie in der Praxis in einem bestimmten Umfang angewendet werden. Vgl. *Scheffler*, DStR 1999, S. 1285.

1037 Als Ausfluss des Nebeneinanders der Rechtshoheiten in Form von Bundes- und Einzelstaatenrecht in den USA bestehen keine bundeseinheitlichen gesetzlichen Rechnungslegungsvorschriften für alle Unternehmen. Vgl. *Kahle*, StuW 1997, S. 324.

1038 Andererseits haben sie aufgrund der Anerkennung durch die SEC praktisch Gesetzeskraft („*substantial authorative support*"). Vgl. *Born* (1999a), S. 268.; ähnlich *Kahle*, StuW 1997, S. 324; *Budde* (1997), S. 107. Krit. *Luttermann*, S. 490 f..

1039 Da die IAS keine international verbindliche Rechtsgrundlage haben, kommen sie grundsätzlich nur auf freiwilliger Basis zur Anwendung, soweit sie nicht in nationales Recht transformiert wurden oder anstelle des nationalen Rechts gelten bzw. einzelne Börsenordnungen die Anwendung erfordern. Vgl. *Hayn/Waldersee*, S. 9; *Oestreicher/Sprengel* (1999), S. 65.

1040 Auf EU-Ebene wird diesbezüglich die Durchführung eines Anerkennungsverfahrens („Endorsement Mechanism") diskutiert. Vgl. hierzu *Kommission der EG*, 501PC0080; dies., KOM

Vereinzelt[1041] wird weiter angeführt, dass eine Öffnung der deutschen Rechnungslegung langfristig die **Begehrlichkeiten des Fiskus** wecken könnte, wenn die Gewinne im Konzernabschluss aufgrund einer Darstellung nach internationalen Standards höher als in den Einzelabschlüssen ausfallen.

Hauptproblem einer Internationalisierung der Rechnungslegung ist unterdessen die zu befürchtende verstärkte Auseinanderentwicklung von Einzel- und Konzernabschluss[1042], soweit ersterer weiterhin nach HGB erstellt wird. Aufgrund des § 292 a HGB besteht bereits gegenwärtig eine **vertikale Divergenz**, wenn im Konzern nach internationalen, in den Einzelabschlüssen indessen nach nationalen Rechnungslegungsgrundsätzen bilanziert wird[1043]. Der Stellenwert dieser Bedenken hängt jedoch von der weiteren Entwicklung des handelsrechtlichen Einzelabschlusse ab.

(2.) Notwendigkeit einer Harmonisierung der Rechnungslegung

Obgleich die gegen eine Harmonisierung vorgebrachten Argumente teilweise stichhaltig sind, überwiegen die Gründe, die für eine Öffnung des Konzernabschlusses im persönlichen Anwendungsbereich des § 292 a HGB sprechen.

Die Ursache der Harmonisierungsbestrebungen ist primär in der **Internationalisierung der Wirtschaft** zu sehen[1044]. In den letzten Jahrzehnten ist der grenz-

(2000), S. 2, 8 f.; *Luttermann*, ZIP 2000, S. 1320; *Niehus*, DB 2001, S. 56; *Schmalenbach-Gesellschaft*, DB 2001, S. 161; *Großfeld*, WPg 2001, S. 134 f.; *Ernst*, BB 2001, S. 823; *Göthel*, DB 2001, S. 2060. Im Falle einer Übernahme der IAS durch die EU könnte die Transformation in das HGB jeweils durch einen gesonderten nationalen Gesetzgebungsakt oder aber über eine „dynamische" Öffnungsklausel erfolgen. Letztere hätte den Vorteil, dass die Dynamik der wirtschaftlichen Entwicklung besser berücksichtigt könnte und dass die Rechtsentwicklungskosten minimiert werden könnten. Problematisch erscheint jedoch die verfassungsrechtliche Beurteilung. Vgl. *Niehus*, DB 2001, S. 56; vgl. auch *Scheffler*, DStR 1999, S. 1291. Die Durchführung eines Anerkennungsverfahren auf europäischer oder deutscher Ebene hätte den Nachteil, dass eine „eingedeutschte" oder „europäisierte" US-GAAP oder IAS keine internationale Anerkennung finden würden. Ähnlich *Erdbrügger*, DStR 2001, S. 100. Vgl. auch *Luttermann*, ZIP 2000, S. 1321; *Niehus*, DB 2001, S. 56; *Schmalenbach-Gesellschaft*, DB 2001, S. 161; *Kirchhof*, zitiert nach FAZ Nr. 23 vom 28.01.2000, S. 22; krit. auch *Siepe*, S. 636 f..

1041 Vgl. *Goebel*, DStR 1995, S. 1039.

1042 Vgl. *Thiel* (1995), S. 94 f.; *Groh*, Gastkommentar DB 1998, Heft 47, S. I; *Schmidt*, S. 910; *Havermann* (1997), S. 543; *Lischer/Märkl*, WPK-Mitt. Sonderheft Juni 1997, S.117. Vgl. auch *Erdbrügger*, DStR 2001, S. 104.

1043 Dies könnte sogar dazu führen, dass nunmehr für deutsche Konzerunternehmen eine Handelsbilanz II eingeführt werden müsste. Vgl. *Wala*, S. 102; *Seeberg*, S. 139.

1044 Der Einzug internationaler Rechnungslegung ist jedoch keineswegs nur auf die sog. „Global Player" beschränkt. Aufgrund des hohen Konzernierungsgrades und der Zulassungsvoraussetzungen des Neuen Marktes betrifft diese Tendenz verstärkt auch kleine und mittelgroße überschreitende Handel mit Gütern und Dienstleistungen stark angestiegen. Mit dieser Entwicklung ging eine Internationalisierung der Unternehmensstruktur und der -standorte sowie die Entstehung global tätiger Konzerne einher[1045]. Auch die Schaffung übernationaler Wirtschaftsräume – z.B. EU, NAFTA, Anden-Pakt und Mercosur – haben für eine Verstärkung dieser Bewegung gesorgt[1046].

Aus der Sicht börsennotierter Unternehmen spricht vor allem die **Internationalisierung der Kapitalmärkte** für eine weitere Harmonisierung der Rechnungslegung[1047]. Für einheimische Unternehmen ist die Bedeutung und Nutzung internationaler Finanzplätze in den letzten Jahren stark gestiegen[1048]. Zur Verbreiterung der Aktionärsbasis, zur Deckung des gestiegenen Kapitalbedarfs und zur Ermöglichung von Kurssteigerungen durch die Erhöhung der Nachfrage nach den Wertpapieren[1049], lassen immer mehr deutsche Aktiengesellschaften ihre Papiere an ausländischen Börsen notieren[1050]. Von den ausländischen Börsenaufsichtsbehörden wird indes oftmals die Unterwerfung unter die lokalen Zulassungsvorschriften gefordert, was insbesondere für die Rechnungslegung zutrifft. Insofern stellt die Beibehaltung nationaler Rechnungslegungsstandards ein **Marktzugangshindernis** dar[1051].

Unternehmen. Vgl. *Born* (1999), S. V; *Baetge/Beermann*, BB 2000, S. 2088. Vgl. auch *Esser* (1998), S. 78.

1045 Vgl. *Born* (1999a), S. 23; *Glaum/Mandler*, S. 39; *Bippus*, DStZ 1998, S. 637; *Wala*, S. 100; *Luttermann*, S. 494; *Küting*, FAZ Nr. 66 vom 19.03.2001, S. 32. Vgl. auch *Strobl-Haarmann*, S. 607; *Herzig*, WPg 1998, S. 280; *Krawitz*, StuB 2001, S. 629.

1046 Vgl. *Born* (1999a), S. 24.

1047 Vgl. *Küting*, DStR 2000, S. 39; ders., FAZ Nr. 66 vom 19.03.2001, S. 32*Goebel*, DStR 1995, S. 1037; *Strobl-Haarmann*, S. 607.

1048 Vgl. *Wörner*, Rn. 761; *Weber-Grellet*, DB 1997, S. 387; *Hauser/Meurer*, WPg 1998, S. 277; *Thiel* (1995), S. 91; *Luttermann*, ZIP 2000, S. 1318; *Lehwald*, Stbg 2001, S. 377.

1049 Vgl. *Baetge/Beermann*, BB 2000, S. 2088; insoweit zweifelnd *Glaum/Mandler*, S. 58 ff.. Als weitere Gründe sind der Prestigegewinn, die Erwerbsbeschränkungen ausländischer Investmentgesellschaften und der operative Vorteil an den Beschaffungs- und Absatzmärkten zu nennen. Vgl. *Glaum/Mandler*, a.a.O..

1050 Vgl. *Glaum/Mandler*, S. 55 f.; *Born* (1999a), S. 24; *Wala*, S. 101. Vgl. hierzu auch *Kübler* (1995), S. 368; *Krawitz*, StuB 2001, S. 629.

1051 Insbesondere in den USA werden deutsche Jahres- und Konzernabschlüsse als nicht ausreichend betrachtet und deshalb auch nicht akzeptiert. So verlangt beispielsweise die SEC für die Zulassung zur NYSE die Beachtung der US-GAAP. Vgl. *Glaum/Mandler*, S. 62; *Born* (1999a), S. 24; *Scheffler*, DStR 1999, S. 1285; *Siepe*, S. 635; *Biener* (1997), S. 399. Doch auch für eine Zulassung am Neuen Markt in Deutschland ist die Aufstellung eines Jahresabschlusses nach US-GAAP oder IAS erforderlich (vgl. Ziffer 4.1.9. (3) des Regelwerkes des Neuen Marktes). Vgl. hierzu *Hauser/Meurer*, WPg 1998, S. 269, 277; *Spanheimer/Koch*, WPg 2000, S. 301.

Die Notwendigkeit einer Internationalisierung der Rechnungslegung ergibt sich auch unter dem Aspekt der **Erleichterung der Eigenkapitalaufnahme,** denn das Vordringen internationaler Grundsätze ist auch Ausdruck geänderter Verhältnisse am Kapitalmarkt. So sind insbesondere die US-GAAP auf einem Kapitalmarkt entstanden, auf dem die Beteiligungsfinanzierung eine überragende Rolle spielt[1052]. Demgegenüber sind die GoB auf die in Deutschland (noch) dominierende Fremdfinanzierung ausgerichtet. Die Entwicklung deutet jedoch darauf hin, dass die Beteiligungsfinanzierung in Deutschland einen immer höheren Stellenwert einnehmen wird[1053]. Aus diesem Grunde erscheint es notwendig, die Rechnungslegung an diese verlagerten Interessen anzupassen[1054]. Die Ausrichtung der deutschen Rechnungslegung auf den Gläubigerschutz führt zu einer Benachteiligung der Unternehmen, die am internationalen Finanzmarkt Kapital nachfragen, weil sie mit Abschlüssen nach deutschem Recht weniger aussagefähige Informationen über ihre Vermögens-, Ertrags- und Liquiditätslage zur Verfügung stellen[1055]. Dies hat zur Folge, dass diese Gesellschaften aufgrund des Informationsdefizits u.U. mit der Gewährung einer zusätzlichen Risikoprämie zu rechnen haben[1056]. Eine Internationalisierung der Rechnungslegung kann insofern zu einer Reduktion der Eigenkapitalkosten beitragen.

Nichts anderes ergibt sich aus der Perspektive der Investoren, da heterogene Bilanzierungssysteme die Bewertung und Vergleichbarkeit von Unternehmen aus verschiedenen Ländern behindern. Trotz des Wunsches vieler Anleger nach einer internationalen Diversifikation ihrer Finanzanlagen zur Risikostreuung ist festzustellen, dass sie immer noch dazu neigen, vornehmlich im eigenen Land zu investieren[1057]. Ein Grund für diese Zurückhaltung ist die Heterogenität der

---

[1052] Vgl. *Schreiber* (1999), S. 890. Vgl. auch *Strobl-Haarmann*, S. 607.

[1053] Vgl. Handelblatt Nr. 59 vom 23./24.03.2001, S. 48 („Firmen-Kredite gelten als Auslaufmodell").

[1054] Vgl. *Schreiber* (1999), S. 890; *Lauth*, DStR 2000, S. 1370; *Wala*, S. 101. Krit. *Schildbach*, BFuP 1998, S. 1.

[1055] Darüber hinaus müssen sich deutsche Unternehmen in der Bilanz aufgrund der umgekehrten Maßgeblichkeit weniger optimistisch präsentieren als ihre „angelsächsische" Konkurrenz, weil bei Kapitalgesellschaften der an die Eigenkapitalgeber momentan ausschüttungsfähige Gewinn gemindert wird. Infolgedessen sind sie für ausländische Investoren nicht so attraktiv. Vgl. *Haller*, RIW 1992, S. 48. Dadurch wird der internationale Vergleich deutscher Bilanzen behindert. Vgl. *Lischer/Märkl*, WPK-Mitt., Sonderheft Juni 1997, S. 114.

[1056] Vgl. *Küffner/Hock*, BFuP 1998, S. 60; *Spanheimer/Koch*, WPg 2000, S. 301; *Glaum/Mandler*, S. 53 f..

[1057] Dem könnte man entgegenhalten, dass sich bereits hohe Anteile von Aktien deutscher Unternehmen im ausländischen, vor allem amerikanischen Besitz befinden. Daraus sollte jedoch nicht der Schluss gezogen werden, dass die internationalen Informationsbedürfnisse bereits durch die nationale Rechnungslegungsstandards befriedig werden könnten. Denn ein erhöhter Anteil ausländischer Investoren ist vor allem bei denjenigen Unternehmen zu beobachten, die bereits einen (parallelen) Abschluss nach internationalen Standards aufstellen

Rechnungslegungsnormen und Bilanzierungspraktiken[1058], die insofern zu einer Segmentierung der Kapitalmärkte beitragen. Zur **Erleichterung der Asset Allocation** benötigen potentielle Anleger vergleichbare Informationen über die Unternehmen. Nur so lassen sich die besonderen Unsicherheiten, die mit einem Engagement in ausländische Finanzanlagen verbunden sind, verringern[1059]. Ein weltweit einheitlicher Kapitalmarkt verlangt daher nach einheitlichen Maßstäben[1060]. Eine Anpassung der Jahresabschlüsse an die nationalen rechtlichen und steuerrechtlichen Bedingungen war nur solange gerechtfertigt, wie Anleger und andere Interessengruppen im wesentlichen die Staatsangehörigkeit des Landes besaßen, in dem sich der Sitz des Unternehmens befand. Heute ist die Gruppe der Bilanzadressaten aber um ausländische Investoren und Finanzanalysten erweitert, so dass eine internationale Ausrichtung erforderlich wird[1061]. Dieses Argument spielt vor allem aus deutscher Sicht[1062] eine entscheidende Rolle, weil Deutschland seit einigen Jahren ein von ausländischen Investoren abhängiges Kapitalimportland ist[1063]. Diese werden aber nur dann verstärkt bereit sein, Geld in Deutschland zu investieren, wenn die Rechnungslegung bei ihren Beteiligungen nicht hinter den gewohnten einheimischen Standards zurückbleibt[1064].

(z.B. Daimler-Chrysler). A.A. *Busse von Colbe*, BFuP 1995, S. 375; *Goebel*, DStR 1995, S. 1038. Vgl. auch *Lauth*, DStR 2000, S. 1370; Handelsblatt Nr. 58 vom 22.3.2001, S. 22.

1058 Ebenso *Lauth*, DStR 2000, S. 1370; *Busse von Colbe*, BFuP 1995, S. 376. A.A. *Schildbach*, BFuP 1998, S. 12: Investoren mit weltweiter Erfahrung hätten mit der Vielfalt der Bilanzierungs- und Bewertungsmethoden keine Probleme.

1059 Vgl. hierzu *Krumnow*, S. 685; *Oestreicher/Spengel*, S. 517; *Born* (1999a), S.23. Vgl. auch *Busse von Colbe*, BFuP 1995, S. 376; *Bippus*, DStZ 1998, S. 637; *Esser* (1999), S. 208; *Kübler* (1995), S. 368.

1060 Vgl. *Treptow*, S. 81 f. ; *Lauth*, DStR 2000, S. 1370; *Küting*, FAZ Nr. 266 vom 15.11.1999, S. 41; *Spanheimer/Koch*, WPg 2000, S. 305; *Kommission der EG*, KOM (2000), S. 3; *Küffner/Hock*, BFuP 1998, S. 60; ähnlich *Haller*, RIW 1992, S. 48. A.A. *Esser* (1998), S. 73: Der Wert von Unternehmen und die Wertschätzung von Investoren hänge nicht von dem verwendeten Rechnungslegungssystem ab. Vielmehr sei die Unternehmensstrategie, die Tätigkeitsbereiche, die Wettbewerbsposition und die Tüchtigkeit des Managements für internationale Investoren ausschlaggebend.

1061 Vgl. *Wala*, S. 101 f.; *Siepe*, S. 635. Vgl. auch *Kommission der EG*, KOM (2000), S. 3; *Kommission der EG*, 501PC0080.

1062 Vgl. *Thiel* (1995), S. 96; *Esser* (1999), S. 208, 218; *Lauth*, DStR 2000, S. 1370. Differenzierend bei den Auswirkungen auf die Wettbewerbsposition: *Oestreicher/Spengel*, S. 457 ff.. Vgl. auch die Untersuchung von *Spanheimer/Koch*, WPg 2000, S. 305.

1063 Vgl. *Thiel* (1995), S. 96.

1064 Eine Harmonisierung der Rechnungslegung könnte deutsche Aktien auch aus einem weiteren Grunde attraktiver machen: Nach einer Studie von Morgan Stanley aus dem Jahre 1992 (zitiert nach *Großfeld*, WPg 1994, S. 797) würde das Kurs-Gewinn-Verhältnis (KGV) deutscher Aktien z.Zt. der Untersuchung von durchschnittlich 14.8 auf 9.7 sinken, wenn die deutschen Aktiengesellschaften nach englischer Methoden bilanzieren würden, denn der höhere Gewinnausweis lässt die Aktien billiger erscheinen.

Aus der Sicht international tätiger Konzerne kann die Harmonisierung der Rechnungslegung auch zu einer **Vereinfachung der externen Rechnungslegung** führen. Sie sind derzeit regelmäßig verpflichtet, sog. „Weltabschlüsse"[1065] zu erstellen, die zu umfangreichen Arbeiten führen können, weil zur Aufstellung die Einzelabschlüsse der verschiedenen ausländischen Tochtergesellschaften zunächst auf das nationale Recht übergeleitet werden müssen (sog. Handelsbilanz II). Diese Kosten könnten erheblich reduziert werden, wenn weltweit einheitliche Rechnungslegungsstandards etabliert würden, weil die Anpassung der Einzelabschlüsse an das nationale Bilanzrecht der Muttergesellschaft unnötig würde[1066].

Wenngleich sowohl den Aufstellern wie auch den Adressaten der Jahresabschüsse zunächst aufgrund der Umstellung zusätzliche[1067] Kosten[1068] entstehen könnten[1069], ist im Falle einer Harmonisierung letztlich mit einer **Verringerung der finanziellen Belastung** zu rechnen[1070]. Insbesondere Unternehmen, die bislang – etwa wegen des Listings an einer ausländischen Börse – zwei Abschlüsse oder Übergangsrechnungen aufstellen müssen, können die Kosten durch die Erstellung eines international anerkannten Abschlusses senken[1071]. Die Kostenvor-

1065 Vgl. *Glaum/Mandler*, S. 43.

1066 Vgl. *Glaum/Mandler*, S. 43; *Born* (1999a), S. 23; *Wörner*, Rn. 761; *Weber-Grellet*, DB 1997, S. 387; *Hauser/Meurer*, WPg 1998, S. 277; *Thiel* (1995), S. 91; *Wala*, S. 102. Vgl. auch *Scheffler*, DStR 1999, S. 1292. Ein Mehraufwand ist jedoch dann zu erwarten, wenn der nationale Einzelabschluss anderen Standards unterliegt als der Konzernabschluss. Die Einsparungen würden insofern relativiert. Vgl. *Wala*, a.a.O.; *Seeberg*, S. 139.

1067 Zweifelhaft ist dagegen, ob, wie etwa von *Küffner/Hock*, BFuP 1998, S. 68, behauptet, mit beachtlichen Anpassungsfolgekosten zu rechnen ist, weil aufgrund der ständigen Fortentwicklung von Standards Einzelregelungen verstärkt Änderungen erfahren würden.

1068 Die Kosten resultieren vornehmlich aus dem Erfordernis der Erlernung neuer Bilanzierungsregeln und der Anpassung der Bilanzanalyse. Darüber hinaus muss das gesamte EDV-Rechnungslegungssystem umgestellt und das Personal geschult werden. Schließlich müssen die neuen Standards mit Steuerberatern, Wirtschaftsprüfern, Banken und Behörden abgestimmt werden. Die Probleme der Umstellung treffen vor allem Unternehmen aus solchen Ländern, die bislang noch keine international anerkannten Abschlüsse erstellen, wodurch sich insbesondere für deutsche Unternehmen zeitweise Nachteile im internationalen Wettbewerb ergeben können. Vgl. *Küffner/Hock*, BFuP 1998, S. 68; *Glaum/Mandler*, S. 80, 82. Vgl. auch *Schildbach*, BFuP 1998, S. 16 ff..

1069 Vgl. *Glaum/Mandler*, S. 80; *Küffner/Hock*, BFuP 1998, S. 67; ähnlich *Biener* (1997), S. 396. A.A. *Busse von Colbe*, BFuP 1995, S. 375. Ob dadurch allerdings, wie *Küffner/Hock*, a.a.O., behaupten, der Unternehmensfortbestand gefährdet wird, ist zu bezweifeln.

1070 Ebenso *Kommission der EG*, COM 95 (508), S. 2; *Kübler* (1995), S. 368.

1071 Bislang müssen international tätige Konzerne, die an ausländischen Börsen gelistet sind, einen Einzelabschluss nach deutschem Recht aufstellen. Daneben ist aber ein Konzernabschluss nach ausländischen Vorschriften (z.B. US-GAAP bei einem Listing in den USA) zu erstellen. Diese Zweispurigkeit verursacht nicht nur Kosten, sondern kann auch zu Irritationen bei den Gläubigern, Anteilseigern und potentiellen Investoren führen. Vgl. hierzu *Li-*

teile ergeben sich dabei nicht nur bei der Aufstellung, sondern auch bei den Ausgaben für den Bereich Investor Relations[1072].

Positive Kosteneffekte lassen sich auch aus der gesteigerten **Konvergenz von internem und externem Rechnungswesen** erzielen[1073]. Ein nach internationalen Rechnungslegungsstandards aufgestellter Jahresabschluss kommt dem Ziel der Konvergenz wesentlich näher als ein nach den Regeln des deutschen HGB aufgestellter Abschluss. Da die interne Rechnungslegung in der Regel (eher) ein den tatsächlichen Verhältnissen entsprechendes Bild vermittelt, könnte sie im Falle einer Internationalisierung weitgehend auch für die externe benutzt werden[1074].

Geht man davon aus, dass die Jahresabschlüsse ausländischer Tochtergesellschaften zur Leistungsbeurteilung der Konzerneinheiten herangezogen werden, so kann eine Harmonisierung der Rechnungslegung – wegen der besseren Vergleichbarkeit – darüber hinaus zu einer **Verbesserung der internen Kapitalallokation** führen[1075]. Vorteile können sich die Unternehmen auch bei internationalen Unternehmenskäufen oder -verkäufen versprechen, weil die Prüfung potentieller Kandidaten erleichtert wird[1076].

(3.) Beurteilung der Szenarien 1 – 4

Aufgrund des bereits fortgeschrittenen Internationalisierungsgrades und der beschriebenen Vorteile einer Harmonisierung ist eine Rückführung des Konzernabschlusses an die Vorschriften des HGB (**Szenario 1**) bei Konzernen i.S.d. §

---

scher/Märkl, WPK-Mitt. Sonderheft Juni 1997, S. 116; *Scheffler*, DStR 1999, S. 1285; FAZ Nr. 194 vom 22.08.2000, S. 29 („Selbstkontrolle für das reformierte EU-Bilanzrecht"); *Küting/Hayn*, AG 1996, S. 51.

1072 Vgl. *Goebel*, DStR 1995, S. 1037.

1073 Vgl. *Baetge/Beermann*, BB 2000, S. 2088; *Küting*, DStR 2000, S. 39 f.. Vgl. auch *Schmalenbach-Gesellschaft*, DB 2001, S. 160; *Gentz* und *Wenning*, zitiert nach Handelsblatt Nr. 182 vom 20.09.2000 („Deutsche Unternehmen für globalen Kapitalmarkt gerüstet"); *Schuler*, zitiert nach Handelsblatt Nr. 77 vom 20./21.04.2001, S. K 3 („Berichte ohne Falten"); *Hebeler*, StuB 2001, S. 684.

1074 Vgl. *Born* (1999a), S. 25. Dem könnte man allenfalls entgegenhalten, dass nicht jedes Unternehmen über eine detaillierte interne Rechnungslegung verfügt, die internationalen Standards genügt. Andererseits hätten diese Unternehmen dann jedoch eine externe Rechnungslegung, die sie auch für interne Zwecke verwenden könnten.

1075 Vgl. *G. Klein* in K/W (1989), Kapitel II, Rn. 859 ff.; *Glaum/Mandler*, S. 43 f.; *Baetge/Beermann*, BB 2000, S. 2088.

1076 Zu den Problemen im Hinblick auf die rechtliche Due Diligence Prüfung sehr instruktiv: *Schulte*, DStR 2000, 1437 ff.; *Spill*, DStR 1999, S. 1786 ff. (1788); *Raffel*, S. 44. Eine Angleichung der Rechnungslegungssysteme ist insbesondere für eine vergleichende Bilanzanalyse sehr nützlich, vor allem wenn man bedenkt, dass bis zu 90 % der Direktinvestitionen in grenzüberschreitende Akquisitionen fließt. Vgl. *Glaum/Mandler*, S. 43.

292 a HGB aus heutiger Sicht geradezu ausgeschlossen. Ein solcher Rückschritt steht zudem nicht im Einklang mit der Rechnungslegungspolitik der EU[1077].

Unwahrscheinlich ist auch die Einführung einer gesetzlichen Verpflichtung zur Erstellung eines parallelen Konzernabschlusses nach HGB und nach internationalen Standards (**Szenario 2**). Den Unternehmen wäre insofern kaum geholfen, weil die Aufstellung eines zweiten Abschlusses nicht unerhebliche zusätzliche Kosten verursachen würde; damit wäre jedoch ein wesentliches Ziel der Harmonisierung konterkariert. Zudem ergäben sich voraussichtlich Irritationen bei den Anlegern, weil ihnen nunmehr zwei Abschlüsse mit unterschiedlichen Ergebnissen vorliegen würden[1078]. Fehlinterpretationen wären dann nicht mehr auszuschließen. Auch hier handelt es sich letztlich um einen Rückschritt in die Zeit vor Einführung des § 292 a HGB.

Gegen eine Fortführung des derzeitigen Wahlrechts nach § 292 a HGB (**Szenario 3**) spricht zunächst der bereits dargestellte Übergangscharakter der Vorschrift. Vor allem aber führt die Vorschrift zum Nebeneinander einer Vielzahl von unterschiedlichen Rechnungslegungsstandards im deutschen Konzernbilanzrecht[1079]. Gegen dieses Szenario spricht auch die Entscheidung der EU-Kommission für die IAS[1080].

Für die Beschränkung des Wahlrechts nach § 292 a HGB auf ein internationales Rechnungslegungssystem (**Szenario 4**) lässt sich anführen, dass auf diese Weise in Deutschland nur noch zwei Konzernabschlüsse nebeneinander stünden[1081]. Für diese Alternative kann die skizzierte Entwicklung in der europäischen Gemeinschaft ins Treffen geführt werden. Die Beschränkung des Wahlrechts auf die IAS ist allerdings problematisch, solange dieser Abschluss von der SEC noch nicht anerkannt wird[1082]. Denn in diesem Fall wären Konzerne, die an der NYSE zugelassen sind oder sich dort notieren lassen wollen, gezwungen, einen

1077 Vgl. *Kommission der EG*, COM 95 (508); *Kommission der EG*, KOM (2000).

1078 Vgl. *Küffner/Hock*, BFuP 1998, S. 71 f.; *Goebel*, DStR 1995, S. 1037, *Kommission der EG*, COM 95 (508), S. 5; *Biener* (1997), S. 399, *IDW*, FN 2000, S. 457.

1079 Zum Vorwurf der Bilanzkosmetik durch die Wahlrechtsausübung vgl. auch *Küting*, zitiert nach Handelsblatt Nr. 77 vom 20./21.04.2001, S. 18 („ Kamps hält an seinen ehrgeizigen Zielen fest“).

1080 Vgl. *Kommission der EG*, COM 95 (508); dies., KOM (2000); dies., 501PC0080; *Luttermann*, ZIP 2000, S. 1319. A.A. *IDW*, FN 2000, S. 457. Vgl. auch *Lehwald*, Stbg 2001, S. 377 f.; *Ekkenga*, BB 2001, S. 2362 ff..

1081 Ähnlich *Kommission der EG*, KOM (2000), S. 11; dies., 501PC0080.

1082 Die SEC hat jedoch bereits im Februar 2000 signalisiert, in den USA auch IAS anzuerkennen. Vgl. *SEC*, Concept Release No. 34-42320 on IAS (16.2.2000) zitiert nach *Luttermann*, ZIP 2000, S. 1319.

weiteren (parallelen) Abschluss nach US-GAAP zu erstellen[1083]. Dies würde jedoch dem Vereinfachungszweck der Vorschrift widerstreben.

Von den hier aufgezeigten Szenarien kommt allenfalls das letztgenannte in Betracht, weil es sich als eine konsequente Fortführung des eingeschlagenen Weges darstellt.

(4.) Auswirkungen auf die umgekehrte Maßgeblichkeit

Selbst unter Zugrundelegung des Eintritts des Szenarios 4 hätte diese Entwicklung keine weiteren Auswirkungen auf die umgekehrte Maßgeblichkeit als die bereits beim status quo genannten Resultate auf die Beibehaltungswahlrechte. Allenfalls die Anzahl derjenigen Konzerne, die das Wahlrecht des § 292 a HGB ausnutzen, könnte sich aufgrund des internationalen Drucks weiter ausweiten.

c) Aufgabe des HGB-Konzernabschlusses

(1.) Beurteilung der Szenarien 5 – 6

Die **Szenarien 5 und 6** hätten zwangsläufig die Aufgabe eines Konzernabschlusse nach HGB zur Folge. Für die Förderung eines dieser Szenarien spricht zunächst, dass bereits ein Großteil der hier betrachteten deutschen Konzerne eine Rechnungslegung nach internationalen Standards durchführt[1084]. Die obligatorische Erstellung nach internationalen Standards hätte den Vorteil einer weiteren Vereinheitlichung der Konzernrechnungslegung bei Konzernen i.S.d. § 292 a HGB. Durch den Wegfall des HGB-Abschlusses stünden sich nur noch Abschlüsse nach IAS und US-GAAP gegenüber[1085]. Bei Eintritt des Szenarios 6 wäre sogar ein einheitlicher Konzernabschluss garantiert, der insbesondere deren Vergleichbarkeit fördern würde. Für das letztgenannte Szenario spricht erneut die Entscheidung der EU-Kommission für die obligatorische Einführung

[1083] Ebenso *IDW*, FN 2000, S. 458; *Lückmann*, S. 15. Nach der Vorstellung der EU-Kommission soll die Anwendung der US-GAAP künftig nicht mehr möglich sein. Vgl. *Ernst*, BB 2001, S. 824 f..

[1084] In der Praxis wird von dem Wahlrecht des § 292 a HGB sowohl bei den DAX-Gesellschaften, als auch bei denen des MDAX und des Neuen Marktes, in besonderem Maße Gebrauch gemacht. Vgl. die Untersuchung bei *Spanheimer/Koch*, WPg 2000, S. 303 ff.. Vgl. auch *Baetge/Beermann*, BB 2000, S. 2088; Handelsblatt Nr. 77 vom 20./21.04.2001, S. K 3 („Berichte ohne Falten").

[1085] Dies kann jedoch dazu führen, dass an der gleichen Börse notierte Unternehmen nach unterschiedlichen Regelwerken bilanzieren. Vgl. *Kommission der EG*, KOM (2000), S. 5 f.; dies., 501PC0080.

der IAS[1086]. Zur Erreichung eines weltweit anerkannten Rechnungslegungsstandards wäre eine Festlegung zu begrüßen[1087].

(2.) Auswirkungen auf die umgekehrte Maßgeblichkeit

In beiden Fällen spielen die Beibehaltungswahlrechte im Konzernabschluss keine Rolle mehr[1088], so dass die umgekehrte Maßgeblichkeit – jedenfalls hier – auch nicht wahlweise fortgeführt werden könnte.

Letztlich kann sogar dahinstehen, ob die US-GAAP oder die IAS in das Konzernbilanzrecht eindringen, da keines dieser Rechnungslegungssysteme das Institut der Umkehrmaßgeblichkeit bislang kennt[1089] und sich mit diesem vereinbaren ließe. Bereits aus formalen Aspekten käme eine Verankerung des Grundsatzes – jedenfalls bei der bestehenden Rechtslage – nicht in Betracht, weil weder US-GAAP noch die IAS die erforderlichen Öffnungsklauseln und den Sonderposten mit Rücklageanteil vorsehen[1090]. Aber auch eine Anwendung der umgekehrten Maßgeblichkeit i.R. dieser Standards müsste ausscheiden, weil sich der Grundsatz mit deren tragenden Prinzipien nicht verträgt[1091]: Eine entsprechende Anpassung von US-GAAP und IAS scheidet bereits aus, weil beide Standards streng **zwischen handels- und steuerrechtlicher Rechnungslegung trennen**[1092] und eine gegenseitige Beeinflussung unerwünscht ist[1093]. Im Gegen-

[1086] Vgl. *Kommission der EG*, KOM (2000), S. 2, 11; *FAZ* Nr. 194 vom 22.08.2000, S. 29 („Selbstkontrolle für das reformierte EU-Bilanzrecht“); *Baetge/Beermann*, BB 2000, S. 2088; *Ernst*, BB 2001, S. 823. Diese Empfehlung wird laut *Kommission der EG*, 501PC0080, von 79% der Finanzvorstände börsennotierter Unternehmen unterstützt. Vgl. hierzu auch *Lehwald*, Stbg 2001, S. 378; ders., Stbg. 2001, S. 376 ff.; *Geiger*, StuB 2001, S. 914 ff..

[1087] Die Entscheidung für einen Rechnungslegungsstandard kann auch als Beitrag zur Harmonisierung der internationalen Grundsätze gesehen werden.

[1088] Vgl. *Krawitz*, S. 217. Die Auswirkungen der umgekehrten Maßgeblichkeit im Konzernabschluss waren vielen Konzernen bereits vor der Einführung des § 292 a HGB ein Dorn im Auge. Vgl. *Schruff*, BFuP 1993, S. 412; *Strobl*, S. 391.

[1089] Vgl. *Born* (1999), S. 39; ders. (1999a), S. 714 f..

[1090] Vgl. für US-GAAP: *Hayn/Waldersee*, S. 66, 126. Für IAS: *Förschle* in BilKomm, § 243 Rn. 146; *Schreiber* (1999), S. 880; *Schmidt*, S. 910; *Oestreicher/Sprengel* (1999), S. 539, 565; dies., DB 1999, S. 599; *Weber-Grellet*, DB 1997, S. 388; *Hayn/Waldersee*, S. 67, 127. So erfolgt im „Preface“ zum Framework der IAS der Hinweis, dass die Aufstellung eines Jahresabschlusses nach IAS grundsätzlich nicht durch Regelungen beeinflusst werden darf, die sich an einen von den Vorschriften des IASC abweichenden Adressatenkreis richten.

[1091] Vgl. *Schreiber* (1999), S. 880; *Heurung*, RIW 2000, S. 423; wohl auch *Schildbach*, BFuP 1998, S. 16 f.; *Bippus*, DStZ 1998, S. 649; *Heyd*, ZfB 2001, S. 381. Die Vereinbarkeit dieser Standards mit der einfachen Maßgeblichkeit ist umstritten, soll aber an dieser Stelle nicht weiter betrachtet werden.

[1092] Sowohl nach IAS als auch nach US-GAAP ist die Bilanzierung für die steuerliche Gewinnermittlung unbedeutend. Vgl. *Schön*, ZHR 1997, S. 155; *Hauser/Meurer*, WPg 1998, S. 277

satz zur Rechnungslegung nach HGB, ist der Fiskus weder beim Jahresabschluss nach US-GAAP[1094] noch nach IAS[1095] als Adressat der Rechnungslegung zu qualifizieren[1096].

Darüber hinaus lässt sich der Grundsatz der umgekehrten Maßgeblichkeit auch nicht mit der **Bedeutung der Informationsfunktion** in diesen Rechnungslegungssystemen in Einklang bringen. Denn in beiden Standards dominiert die Informationsfunktion, während das Gläubigerschutzprinzip nur eine untergeordnete Rolle spielt[1097]: Nach dem „*Conceptual Framework*" [1098] des FASB ist die Zielsetzung der externen US-Rechnungslegung nach **US-GAAP** die Sicherstellung der effizienten Funktionsweise des Kapitalmarktes[1099]; dadurch soll eine adäquate Allokation der Ressourcen erreicht werden. Ziel ist „*[to] provide information that is useful to make business and economic decisions*"[1100] (sog. „*de-*

f.; *Kleekämper/König*, DStR 2000, S.569; *IDW*, FN. 1998, S. 607; *Strobl-Haarmann*, S. 629 f.; *Strobl*, S. 393; *Ballwieser*, S. 379.

1093 Vgl. *Wörner*, Rn. 775; *Kleekämper/König*, DStR 2000, S. 569.

1094 Die Zielgruppe der externen Rechnungslegung nach US-GAAP ist primär auf die Geldgeber, d.h. die gegenwärtigen und zukünftigen Eigen- und Fremdkapitalgeber, begrenzt. Die Informationen sollen vor allem denjenigen zugute kommen, die keine wirtschaftliche Macht im Unternehmen haben. Aus der Sicht des FASB sind die so zur Verfügung gestellten Informationen aber auch für andere Interessenten nützlich. Vgl. *Wörner*, Rn. 762, 782; Ballwieser/*Haller*, S. 9; *Bippus*, DStZ 1998, S. 644; *Born* (1999), S. 14; *Hayn/Waldersee*, S. 10. Vgl. auch *Kübler*, ZHR 1995, S. 554 f.; ders. (1995), S. 364 f..

1095 Der Adressatenkreis des Abschlusses nach IAS ist zunächst allgemein die „interessierte Öffentlichkeit", zu der neben den derzeitigen und potentiellen Kapitalanlegern etwa die Arbeitnehmer, Kreditgeber oder Lieferanten zählen. Die Rechnungslegung ist jedoch in erster Linie auf die Belange von Investoren auf konkurrierenden Kapitalmärkten ausgerichtet. Ihnen sollen dabei entscheidungsrelevante und vergleichbare Daten zur Verfügung gestellt werden, um sie bei der Suche nach der für sie günstigsten Kapitalanlage zu unterstützen. Vgl. *Wörner*, Rn. 774, 782; *Oestreicher/Spengel*, S. 73, 77; *Strobl*, S. 392; Ballwieser/*Kleekämper*, S. 357; *Schroller*, S. 367; *Born* (1999), S. 23.

1096 Für US-GAAP: Vgl. *Weber-Grellet*, DB 1997, S. 388; Ballwieser/*Haller*, S. 10; Ballwieser/*Schreiber*, S. 87 ff.; *Wörner*, Rn. 766; *Kleekämper/König*, DStR 2000, S. 569. Teilweise a.A. *Schildbach*, BFuP 1998, S. 8 f.. Für IAS: Vgl. *Oestreicher/Spengel*, S. 77; *Born* (1999), S. 23.

1097 Vgl. *Küffner/Hock*, BFuP 1998, S. 59 f.; *Wörner*, Rn. 782; *Hauser/Meurer*, WPg 1998, S. 278; *Haller*, RIW 1992, S. 45; *Herzig*, WPg 2000, S. 111; *Kleekämper/König*, DStR 2000, S. 570; *Scheffler*, DStR 1999, S. 1285; *Moxter*, BB 2000, S. 2145; *Strobl-Haarmann*, S. 629 f.; *Strobl*, S. 392; *Siepe*, S. 621.

1098 Das „Conceptual Framework" enthält die Grundprinzipien der Rechnungslegung und ist bei der Auslegung der prinzipiell vorrangigen Standards heranzuziehen.

1099 Vgl. auch *Kübler* (1995), S. 364; *Kahle*, StuW 1997, S. 324; Ballwieser/*Haller*, S. 9.

1100 Vgl. *FASB*, SFAC No. 1, Abs. 33.

cision usefulness"[1101]). Damit soll ein möglichst sicherer Einblick in die finanzwirtschaftliche Unternehmenslage („*fair presentation*" als „*overriding principle*") gesichert werden[1102]. Aufgrund der Einkommenserwartung der Kapitalgeber muss die Rechnungslegung sicherstellen, dass durch die Informationen eine fundierte Analyse der Situation des Unternehmens möglich ist. Dem Regelungsziel der Ermöglichung informierter Entscheidungen werden alle anderen Bilanzzwecke untergeordnet[1103]. Wegen der zentralen Bedeutung der Informationsgewährung fehlt der US-amerikanischen Rechnungslegung eine Ausschüttungsbemessungsfunktion[1104]. Der Gedanke der Kapitalerhaltung als Ziel der Rechnungslegung ist den USA fremd; dem Gläubigerschutz wird kaum Bedeutung beigemessen[1105]. Nicht die Konkursvorsorge, sondern die Information des Publikums steht im Vordergrund[1106]. Die US-amerikanische Rechnungslegung hat daher die periodengerechte Erfolgsermittlung von Unternehmen zu gewährleisten, während die Erhaltung des unternehmerischen Kapitals – anders als in Deutschland – in den Hintergrund tritt[1107].

Die Zwecke der Rechnungslegung nach **IAS** sind im wesentlichen mit denen nach US-GAAP identisch[1108]. So ist das primäre Ziel die Ermittlung der wirtschaftliche Leistungsfähigkeit eines Unternehmens, die für „*economic decisions*" erforderlich ist[1109]. Da die Informationsfunktion auch im Jahresabschluss nach IAS eine hervorragende Bedeutung hat[1110], kann dem Vorsichtsprinzip

---

[1101] Vgl. Ballwieser/*Haller*, S. 9; *Weber-Grellet*, DB 1997, S. 388; *Schön*, ZHR 1997, S. 156; *Born* (1999a), S. 341; *Bippus*, DStZ 1998, S. 644; *Kübler* (1995), S. 364; *Kahle*, StuW 1997, S. 324; vgl. auch *Born* (1999), S. 15; *Hayn/Waldersee*, S. 11.

[1102] Vgl. *Weber-Grellet*, DB 1997, S. 388; *Wörner*, Rn. 762, 765; *Hauser/Meurer*, WPg 1998, S. 277; *Esser* (1998), S. 77; *Born* (1999a), S. 341; *Kahle*, StuW 1997, S. 324; *Scheffler*, DStR 1999, S. 1285.

[1103] Vgl. *FASB*, SFAC No. 1, Abs. 26: „*The central role of decision making leads straight to the overriding criterion by which all accounting choices must be judged. The better choice is the one that, subject to consideration of cost, produces from the available alternatives information that is most useful for decision making.*" Vgl. *Kübler* (1995), S. 365; *Ballwieser*, S. 380.

[1104] Vgl. Ballwieser/*Haller*, S. 10, Fn. 31; *Hayn/Waldersee*, S. 10 f.; ähnlich *Kahle*, StuW 1997, S. 324. Teilweise a.A. *Kübler* (1995), S. 363.

[1105] Vgl. *Kahle*, StuW 1997, S. 324; *Kübler* (1995), S. 365.

[1106] Vgl. *Schön*, ZHR 1997, S. 156.

[1107] Vgl. *Bippus*, DStZ 1998, S. 647; *Scheffler*, DStR 1999, S. 1285.

[1108] Vgl. *Ballwieser*, S. 380; ähnlich *Biener* (1997), S. 400.

[1109] Daneben spielt die Darstellung der Vermögens- und Finanzlage, einschließlich deren Veränderungen, eine wesentliche Rolle. Vgl. Ballwieser/*Kleekämper*, S. 357; *Weber-Grellet*, DB 1997, S. 387 f.; *Born* (1999), S. 9; ders. (1999a), S. 50; *Strobl*, S. 392.

[1110] Vgl. *Weber-Grellet*, DB 1997, S. 388; *Schroller*, S. 367; Ballwieser/*Kleekämper*, S. 357, *Kleekämper/König*, DStR 2000, S. 570; *Schreiber* (1999), S. 879; *IDW*, FN. 1998, S. 607. Vgl. hierzu *Scheffler*, DStR 1999, S. 1286.

nicht die Stellung eines übergeordneten Grundsatzes zukommen[1111]. Vielmehr tritt es hinter dem Gedanken des periodengerechten Erfolgsausweises zurück[1112]. Die bewusste Bildung stiller Reserven wird verhindert, weil sie den Informationsanforderungen des Investors widerspricht[1113].

Die überragende Bedeutung der Informationsfunktion ist jedoch nicht mit den handelsrechtlichen Auswirkungen des § 5 Abs. 1 Satz 2 EStG zu vereinbaren, weil dieser Zweck – wie bereits dargestellt[1114] – durch die Legung (zusätzlicher) stiller Reserven beeinträchtigt wird. Ein Anpassung der US-GAAP oder der IAS würde daher ausscheiden.

d) Zwischenergebnis

Die voraussichtlich fortschreitende Internationalisierung des Konzernabschlusses führt demzufolge höchstwahrscheinlich zu einer weiteren Zurückdrängung der umgekehrten Maßgeblichkeit aus dem Konzernabschluss. Selbst wenn nicht endgültig geklärt ist, welcher internationaler Standard sich durchsetzen wird, so steht allerdings fest, dass die Informationsfunktion des Konzernabschlusses im Zuge der Internationalisierung noch weiter in den Mittelpunkt gerückt wird[1115], so dass der Grundsatz des § 5 Abs. 1 Satz 2 EStG auch aus funktioneller Sicht keine Berechtigung mehr im Konzernabschluss hat.

2. Andere Konzerne

Fraglich ist, ob die Harmonisierungsbestrebungen im Konzernbilanzrecht bald auch solche Konzerne erfassen werden, die nicht in den Anwendungsbereich des § 292 a HGB fallen.

[1111] Vgl. *Weber-Grellet*, DB 1997, S. 388; Ballwieser/*Kleekämper*, S. 359; *Wörner*, Rn. 774; *Biener* (1997), S. 401.

[1112] Das Vorsichtsprinzip beschränkt sich auf die strengen Anforderungen an den Ansatz und die Bewertung von Aktiva und Passiva. Vgl. *Wörner*, Rn. 782; *Hauser/Meurer*, WPg 1998, S. 278; *Haller*, RIW 1992, S. 45; *Herzig*, WPg 2000, S. 111; *Kleekämper/König*, DStR 2000, S. 570; *Scheffler*, DStR 1999, S. 1285; *Moxter*, BB 2000, S. 2145; *Strobl-Haarmann*, S. 629 f.; *Strobl*, S. 392; *Siepe*, S. 621.

[1113] Vgl. Ballwieser/*Kleekämper*, S. 360; *Strobl*, S. 393.

[1114] Vgl. oben unter Kapitel 3 C. I..

[1115] Vgl. *Schmalenbach-Gesellschaft*, DB 2001, S. 160 (These 2).

a) Überblick über die möglichen Szenarien

Bei diesen Konzernen sind folgende Szenarien vorstellbar:

Szenario Nr.:	
1	Konzernabschluss weiterhin nur nach HGB
2	Verpflichtung zur Erstellung von parallelen Konzernabschlüssen
3	Fakultative Erstellung nach internationalen Rechnungslegungsstandards (Wahlrecht zwischen IAS und US-GAAP)
4	Fakultative Erstellung nach einem bestimmten internationalen Rechnungslegungsstandard
5	Obligatorische Erstellung nach internationalen Rechnungslegungsstandards (Wahlrecht zwischen IAS oder US-GAAP)
6	Obligatorische Erstellung nach einem bestimmten internationalen Rechnungslegungsstandard

b) Beurteilung der Szenarien und Auswirkungen auf die umgekehrte Maßgeblichkeit

Gegen die Internationalisierung der Rechnungslegung im Bereich dieser Konzerne (**Szenario 1**) werden im wesentlichen die bereits dargestellten[1116] grundsätzlichen Bedenken vorgebracht. Darüber hinaus sind hier höhere Umstellungskosten zu befürchten, weil eine Vielzahl dieser Unternehmen bislang keinen Abschluss nach internationalen Standards aufgestellt hat, so dass entsprechende Erfahrungen fehlen. Vor allem aber entfallen hier alle diejenigen Argumente der Gegenansicht, die mit den Anforderungen der Kapitalmärkte im Zusammenhang stehen[1117]. Aus diesem Grunde wird in der Literatur darüber nachgedacht, ob nicht eine zweigeteilte Rechnungslegung – für börsennotierte Unternehmen einerseits und nichtbörsennotierte andererseits – sinnvoll ist[1118].

Auf der anderen Seite macht die zunehmend globale Ausrichtung der Unternehmen im Zuge der Internationalisierung der Wirtschaft[1119] nicht davor halt, ob ein Unternehmen börsennotiert ist oder nicht. Die wachsende Globalisierung

[1116] Vgl. oben unter Kapitel 4 B. I. 1. b) (1.).

[1117] Vgl. *Küffner/Hock*, BFuP 1998, S. 74: Die Abkehr von einem einheitlichen Konzernbilanzrecht sei vertretbar, weil der ganz überwiegende Teil der konzernrechnungslegungspflichtigen Unternehmen durch die Änderung nicht betroffen und insoweit die Vergleichbarkeit unter Berücksichtigung der unterschiedlichen finanziellen Rahmenbedingungen nicht bedeutend eingeschränkt werde.

[1118] Vgl. *Küting*, FAZ Nr. 66 vom 19.03.2001, S. 32.

[1119] Vgl. oben unter Kapitel 4 B. I. 1. b) (2.).

lässt sich daher auch hier als Argument für eine Harmonisierung anführen[1120]. Die zunehmende Bedeutung der Kapitalmärkte[1121] und der Beteiligungsfinanzierung[1122] wird auch diejenigen Unternehmen erfassen, die (noch) nicht an einem Finanzmarkt notiert sind[1123]. Ein wesentlicher Vorteil liegt in der Ermöglichung einer Vereinheitlichung des gesamten Konzernbilanzrechts und der Beseitigung der ansonsten zu befürchtenden Rechtsunsicherheiten[1124]. Dies hätte den Vorteil, dass die Vergleichbarkeit der Rechnungslegung deutscher Konzerne untereinander wieder gewährleistet wäre und mögliche Rechtsunsicherheiten beseitigt würden. Nur eine Öffnung des Konzernabschlusses stellt einen richtigen Schritt in Richtung einer **horizontalen Vergleichbarkeit** von Konzernabschlüssen dar. Für die Internationalisierung spricht vor allem das Vorhaben der EU-Kommission, auch nicht börsennotierten Unternehmen die Aufstellung ihres Jahresabschlusses nach internationalen Regeln zu ermöglichen[1125].

Vieles spricht somit dafür, dass die Möglichkeit der Anwendung internationaler Grundsätze bald nicht mehr von dem Listing eines Konzernunternehmens an einer Börse abhängig gemacht wird[1126]. Im Falle einer Öffnung ist davon auszugehen, dass letztendlich eine gemeinsame Regelung für alle Konzerne konzipiert wird, um das Konzernbilanzrecht zu vereinheitlichen. Aus diesem Grunde erscheint der Eintritt der **Szenarien 4 – 6** am wahrscheinlichsten[1127], wobei die

---

[1120] Im übrigen wird auf die obigen Ausführungen verwiesen. Vgl. oben unter Kapitel 4 B. I. 1. b) (2.).

[1121] Im Zuge der zunehmenden Globalisierung der Märkte gewinnen die Auslandsaktivitäten deutscher Unternehmen immer mehr an Bedeutung. Damit geht häufig der Wunsch der Unternehmen einher, den internationalen Kapitalmarkt in Anspruch zu nehmen. Vgl. *Küting*, FAZ Nr. 66 vom 19.03.2001, S. 32.

[1122] Vgl. Handelsblatt Nr. 59 vom 23./24.03.2001, S. 48 („Firmen-Kredite gelten als Auslaufmodell"); Handelsblatt Nr. 65 vom 02.04.2001, S. 1 („Geldhäuser planen Mittelstands-Fonds"), S. 30 („Neues Eigenkapital für Mittelständler"). Vgl. auch *Heyd*, ZfB 2001, S. 380.

[1123] Für eine deutliche Änderung der Ausrichtung der Rechnungslegung wird auch das weitere Vordringen der Informationstechnologie genannt. *Küting*, FAZ Nr. 66 vom 19.03.2001, S. 32. Vgl. auch *Niehus*, WPg 2001, S. 740.

[1124] Vgl. *Busse von Colbe*, S. 422; *Kommission der EG*, KOM (2000), S. 5 f.; dies., 501PC0080; *Lischer/Märkl*, WPK-Mitt. Sonderheft Juni 1997, S. 116; *Scheffler*, DStR 1999, S. 1285; *Heyd*, ZfB 2001, S. 380; FAZ Nr. 194 vom 22.08.2000, S. 29 („Selbstkontrolle für das reformierte EU-Bilanzrecht"); *Küting/Hayn*, AG 1996, S. 51. Vgl. auch *Luttermann*, ZIP 2000, S. 1320; *Niehus*, DB 2001, S. 56; *Siepe*, S. 636; *Busse von Colbe*, S. 423.

[1125] Vgl. Nach den Vorstellungen der *Kommission der EG* (KOM (2000), S. 2, 7 und 501PC0080) soll künftig auch für nicht börsennotierte Unternehmen die Möglichkeit der Anwendung der IAS im konsolidierten Abschluss geschaffen werden. Vgl. hierzu auch *Kommission der EG*, COM 95 (508), S. 8; *Biener* (1997), S. 403; *IDW*, FN 2000, S. 458; *Lehwald*, Stbg 2001, S. 378.

[1126] Vgl. *Ernst*, BB 2001, S. 823.

[1127] Im Hinblick auf die Beurteilung der einzelnen Szenarien wird auf die obigen Darstellungen verwiesen.

vollständige Übernahme eines internationalen Rechnungslegungsstandards (**Szenario 6**) für alle Konzerne die konsequenteste Lösung i.S. einer Harmonisierung der Rechnungslegung wäre[1128].

Im Zuge einer – wie auch immer ausgestalteten – Öffnung des Konzernabschlusses ist jedoch zumindest mit der Einschränkung der Bedeutung des Beibehaltungswahlrechts zu rechnen. Dies wird – analog dem bereits Dargestellten[1129] – zu einer Verdrängung der umgekehrten Maßgeblichkeit aus der Konzernbilanz führen.

II. Einzelabschluss

Für die Aussichten der umgekehrten Maßgeblichkeit bedeutender sind die Perspektiven eines Übergreifens der Internationalisierung auf den Einzelabschluss.

1. Überblick über die möglichen Szenarien

Szenario Nr.	
1	Beibehaltung des HGB-Einzelabschlusses
2	Verpflichtung zur Erstellung von parallelen Abschlüssen
3	Fakultative Erstellung nach internationalen Rechnungslegungsstandards (Wahlrecht zwischen IAS und US-GAAP)
4	Fakultative Erstellung nach einem bestimmten internationalen Rechnungslegungsstandard
5	Obligatorische Erstellung nach internationalen Rechnungslegungsstandards (Wahlrecht zwischen IAS oder US-GAAP)
6	Obligatorische Erstellung nach einem bestimmten internationalen Rechnungslegungsstandard

2. Beurteilung der Szenarien

Inwiefern die bislang im wesentlichen auf den Konzernabschluss begrenzten Harmonisierungsbestrebungen auf den handelsrechtlichen Einzelabschluss überspringen werden und sollten, wird in der Literatur unterschiedlich beurteilt:

[1128] Vgl. *Strobl-Haarmann*, S. 634; *Siepe*, S. 636; *Pellens*, zitiert nach Handelsblatt Nr. 48 vom 08.03.2001, S. 18 („Bilanzexperten befürchten Isolierung der EU"); *Kommission der EG*, KOM (2000), S. 2, 7; a.A. noch *BMJ*, WPg 1996, S. 564 ff.; *Biener* (1997), S. 405; krit. auch *IDW*, FN 2000, S. 458. Vgl. auch *Luttermann*, ZIP 2000, S. 1319; *Niehus*, WPg 2001, S. 740.

[1129] Vgl. oben unter Kapitel 4 B. I. 1. c) (2.).

a) Beibehaltung des HGB-Abschlusses (Szenarien 1 und 2)

Ein nicht unbedeutender Teil der Literatur[1130] lehnt die Übernahme internationaler Standards für den Einzelabschluss ab:

(1.) Erforderlichkeit bei kleineren Unternehmen

Neben den bereits dargestellten[1131] generellen Bedenken wird eine Internationalisierung des Einzelabschlusses für **nicht erforderlich** gehalten, weil die ganz überwiegende Anzahl deutscher Unternehmen klein oder mittelgroß sei[1132]. Die Notwendigkeit einer Internationalisierung ergäbe sich indes im wesentlichen nur für die als Konzern organisierten Großunternehmen[1133]. Im Falle einer Harmonisierung des Einzelabschlusses würden jedoch auch ausschließlich national tätige Unternehmen gezwungen, einen Abschluss nach internationalen Regeln aufzustellen. Bei diesen Unternehmen sei allerdings eine Notwendigkeit gerade nicht gegeben und würde zu nicht unerheblichen Umstellungskosten führen[1134]. Zudem stünde für die Berichterstattung international tätiger Unternehmen der Konzernabschluss im Vordergrund, so dass ein nach globalen Standards erstellter Einzelabschluss schon generell nicht erforderlich sei[1135].

Gegen eine Internationalisierung des Einzelabschlusses werden des weiteren **Befürchtungen der mittelständischen Wirtschaft** ins Rennen geführt: Aufgrund erweiterter Publizitätspflichten und eines hohen Detaillierungsgrades der Informationen nach internationalen Standards bestünde die Gefahr, Wettbewerbsvorteile aufzudecken, weil Konkurrenten aus den Rechnungslegungsdaten

[1130] Vgl. etwa *Küffner/Hock*, BFuP 1998, S. 69 f.; *Goebel*, DStR 1995, S. 1039; *Küting/Hayn*, Blick durch die Wirtschaft, 7.3.1995, S. 7; *Scheffler*, DStR 1999, S. 1292; *Schildbach*, BFuP 1998, S. 22.

[1131] Vgl. oben unter Kapitel 4 B. I. 1. b) (1.).

[1132] Bei ca. 90 % der etwa 3 Mio. deutschen Unternehmen handelt es sich um kleine oder mittelgroße Unternehmen. Vgl. *Küffner/Hock*, BFuP 1998, S. 75; *Schildbach*, BFuP 1998, S. 1.

[1133] Lediglich bei den ca. 8000 Großunternehmen ergäbe sich das Bedürfnis der Internationalisierung ihrer Rechnungslegung. Vgl. *Küffner/Hock*, BFuP 1998, S. 75; *Schildbach*, BFuP 1998, S. 1; *Gassner*, S. 732; *Watrin*, DB 2001, S. 935. A.A. *Havermann*, WPg 2000, S. 121; ders. (1997), S. 544; *Spanheimer/Koch*, WPg 2000, S. 302; *Niehus*, WPg 2001, S. 741.

[1134] Vgl. oben unter Kapitel 4 B. I. 1. b) (1.).

[1135] Vgl. *Busse von Colbe*, BFuP 1995, S. 387; *Kühnberger/Schmidt*, BB 1999, S. 2603; *Schmidt*, WP-Handbuch, Kapitel B, Rn. 330; *Küffner/Hock*, BFuP 1998, S. 70. Vgl. auch den Geschäftsbericht (Kurzfassung) 1998/99 der Degussa-Hüls AG („Berichterstattung nach US-GAAP").

Rückschlüsse auf die Ursache des Unternehmenserfolges ableiten könnten[1136]. Zudem stelle sich die Frage, ob die bislang nach Handelsrecht gewährten, größenabhängigen Erleichterungen bei einem internationalen Abschluss Bestand haben könnten[1137]. Bei mittelständischen Unternehmen könne eine Internationalisierung der Rechnungslegung zudem zu einer Erschwerung der Fremdkapitalaufnahme führen, weil die Umstellung in Unsicherheiten bei der Kreditvergabe resultiere[1138]. Schließlich wird erwartet, dass die Einführung eines internationalen Standards im Ergebnis zu einer höheren Steuerbelastung führe[1139].

Für die Erforderlichkeit einer Internationalisierung der Rechnungslegung des Einzelabschlusses bei kleineren und mittleren Unternehmen spricht, dass immer mehr mittelständische Unternehmen Geschäftsbeziehungen mit ausländischen Unternehmen unterhalten[1140], die jedoch häufig Jahresabschlüsse nach international vergleichbaren Rechnungslegungsregeln fordern[1141]. Aus diesem Grunde beginnen zunehmend auch diese Unternehmen – und zwar unabhängig von einer entsprechenden Verpflichtung – nach US-GAAP oder IAS zu bilanzieren. Zur Umgehung der negativen Kostenfolgen der Erstellung eines parallelen Abschlusses (*Szenario 2*) ist die Öffnung des Einzelabschlusses für einen immer größer werdenden Kreis nationaler Unternehmen vorteilhaft[1142]. Die Zweifel an der von der Gegenansicht konstatierten Erschwerung der Fremdkapitalaufnahme wurden im wesentlichen bereits dargelegt[1143]. Hinzu kommt hier, dass sich auch

[1136] Vgl. *Schildbach* (1994), S. 706; *Küffner/Hock*, BFuP 1998, S. 69; *Goebel*, DStR 1995, S. 1039; *Biener* (1997), S. 396; *Grotherr/Jorewitz*, S. 150; Vgl. auch *Schildbach*, StuB 2001, S. 857 ff..

[1137] Vgl. *Goebel*, DStR 1995, S. 1039. A.A. für IAS: *Born* (1999), S. 21. Darüber hinaus wird vereinzelt der Vorwurf erhoben, dass von einer Internationalisierung der Rechnungslegung negative Auswirkungen auf die Investitionstätigkeit und die Möglichkeit einer finanzierungsschonenden Nutzung von betrieblich erforderlichen Wirtschaftsgütern ausginge. Diese Kritik bezieht sich auf die Leasingfinanzierung und wird damit begründet, dass nach der handelsrechtlichen Rechnungslegung die Bilanzierung des Leasinggegenstandes in der Regel beim Leasinggeber erfolge, während internationale Standards wie US-GAAP und IAS diese Möglichkeit einschränkten. Vgl. *Küffner/Hock*, BFuP 1998, S. 63.

[1138] Vgl. *Küffner/Hock*, BFuP 1998, S. 62. A.A. *Busse von Colbe*, S. 419.

[1139] Vgl. *Kußmaul/Klein*, DStR 2001, S. 549; *Oestreicher/Sprengel*, DB 1999, S. 593 ff.; ähnlich *Goebel*, DStR 1995, S. 1039.

[1140] Vgl. *Bassen/Behnam/Gilbert*, ZfB 2001, S. 413. Nach *Havermann*, WPg 2000, S. 121, nimmt die Anzahl deutscher Unternehmen, die einen Großteil ihrer Aktivitäten außerhalb der bundesdeutschen Grenzen haben, stetig zu. Vgl. hierzu auch *Busse von Colbe*, S. 160.

[1141] Vgl. *Baetge/Beermann*, BB 2000, S. 2088; *Havermann*, WPg 2000, S. 121; *Niehus*, WPg 2001, S. 741 f.; *Andreßen*, DB 2001, S. 2565.

[1142] Ein weiterer Grund für die freiwillige Bilanzierung nach IAS oder US-GAAP durch mittelständische Unternehmen ist die Verbesserung der eigenen Präsentation. Vgl. *Born* (1999), S. V; *Baetge/Beermann*, BB 2000, S. 2088. Vgl. auch *Esser* (1998), S. 78.

[1143] Vgl. oben unter Kapitel 4 B. I. 1. b) (1.).

nicht konzernierte Unternehmen zunehmend am Kapitalmarkt um Ressourcen bemühen müssen, so dass die Fremdfinanzierung an Gewicht verlieren dürfte[1144]. Auch der Argumentation eines höheren Gewinnausweises kann nicht uneingeschränkt gefolgt werden, weil ein nach internationalen Standards berechneter Gewinn – jedenfalls über einen längeren Zeitraum betrachtet – nicht zwangsläufig höher ausfällt[1145]. Da sich die Auswirkungen im Hinblick auf die Auflösung stiller Reserven auf das Jahr der Umstellung beschränken, ist lediglich mit einer Vorverlagerung der Steuerlast zu rechnen[1146].

(2.) Unterschiedliche Zielsetzungen von Konzern- und Einzelabschluss

Darüber hinaus werden die unterschiedlichen Zielsetzungen von Konzern- und Einzelabschluss ins Rennen geführt[1147]. Da der Konzernabschluss im wesentlichen der Information diene[1148], sei die Übernahme der auf diesen Aspekt ausgerichteten US-GAAP oder IAS hier sinnvoll. Demgegenüber habe der handelsrechtliche Einzelabschluss zusätzlich die Zahlungsbemessungsfunktion zu erfüllen, so dass im Falle einer Übernahme dieser Standards mit gesellschaftsrechtlichen Problemen zu rechnen sei[1149].

Da weder US-GAAP noch IAS das Ausschüttungsvolumen präjudizieren[1150], ist es zweifelhaft, ob sie die Zahlungsbemessungsaufgabe erfüllen können[1151]. Daher hat man bei der Übernahme eines internationalen Standards die gesellschaftsrechtlichen Konsequenzen stets im Auge zu behalten. Das Argument wird

---

[1144] Ebenso *Niehus*, DB 2001, S. 57; *Heyd*, ZfB 2001, S. 380; Handelsblatt Nr. 59 vom 23./24. 3.2001, S. 48 („Firmen-Kredite gelten als Auslaufmodell"); Handelsblatt Nr. 65 vom 02.04.2001, S. 1 („Geldhäuser planen Mittelstands-Fonds"), S. 30 („Neues Eigenkapital für Mittelständler").

[1145] Vgl. *Busse von Colbe*, BFuP 1995, S. 386; *Born* (1999), S. 121; *Heyd*, ZfB 2001, S. 392.

[1146] Zur Abfederung dieser Wirkung wäre im Fall einer Öffnung eine Übergangsregelung denkbar und wünschenswert.

[1147] Vgl. *Scheffler*, DStR 1999, S. 1292; *Watrin*, DB 2001, S. 936. Vgl. auch *Havermann*, WPg 2000, S. 125; *Erdbrügger*, DStR 2001, S. 101.

[1148] Vgl. oben unter Kapitel 2 C. II..

[1149] Vgl. etwa *Eberhartinger*, S. 104; *Watrin*, DB 2001, S. 936.

[1150] Vgl. *Schön*, ZHR 1997, S. 155; *Hauser/Meurer*, WPg 1998, S. 277 f.; *Kleekämper/König*, DStR 2000, S.569; *IDW*, FN. 1998, S. 607; *Strobl-Haarmann*, S. 629 f.; *Strobl*, S. 393; *Ballwieser*, S. 379; *Krawitz*, StuB 20001, S. 631 f..

[1151] Ebenso *Eberhartinger*, S. 104. A.A. *Herzig/Dautzenberg*, BFuP 1998, S. 33: Da der Einzelabschluss bereits jetzt auch der Information diene, sei eine Übernahme internationaler Rechnungslegungsstandards grundsätzlich nicht ausgeschlossen.

allerdings dann an Bedeutung verlieren, wenn die Bedeutung der Informationsfunktion im Einzelabschluss weiter zunimmt[1152].

(3.) Maßgeblichkeit für die steuerrechtliche Gewinnermittlung

Vor allem die Besteuerungsfunktion des Einzelabschlusses spricht nach einer bedeutenden Literaturansicht[1153] gegen dessen Internationalisierung: Es sei zweifelhaft, ob ein Abschluss nach internationalen Standards der Unternehmensbesteuerung zugrunde gelegt werden könnte[1154]. Zunächst wird dabei auf **Legitimationsprobleme** verwiesen, weil die Gefahr bestehe, dass die Ausgestaltung der handelsrechtlichen Rechnungslegungsvorschriften einem privaten Gremium übertragen werde[1155]. Da die steuerrechtliche Gewinnermittlung einen zentralen Bestandteil der Steuerberechnung darstelle, sei es unmöglich, die Belastungsentscheidung nicht auf ein förmliches nationales Gesetzgebungsverfahren[1156], sondern auf die Beschlüsse eines privaten Gremiums zu stützen. Eine unmittelbare Anknüpfung der steuerrechtlichen Gewinnermittlungsregeln an internationale Standards über eine Generalverweisung sei aus rechtstechnischer Sicht ausgeschlossen[1157]. Zudem gefährde der Maßgeblichkeitsgrundsatz bei einer engen Bindung an ein weltweit harmonisiertes Handelsrecht die **Steuerho-**

[1152] Vgl. auch Schmidt/*Weber-Grellet*, § 5 Rn. 83; *Weber-Grellet*, DB 1996, S. 2089; *Leffson* (1987), S. 60; *Schön*, ZHR 1997, S. 158; Ballwieser/*Busse von Colbe*, S. 375; *Claussen* (1987), S. 89; *Havermann* (1994), S. 662.

[1153] Vgl. *Robisch/Treisch*, WPg 1997, S. 156; *Herzig/Dautzenberg*, BFuP 1998, S. 32 f.; *Küffner/Hock*, BFuP 1998, S. 58; *Küting/Hayn*, Blick durch die Wirtschaft, 7.3.1995, S. 7; *Goebel*, DStR 1995, S. 1039; *Kußmaul/Klein*, DStR 2001, S. 548; *Raupach*, BFuP 1990, S. 515 ff.; *Esser* (1998), S. 89; *Hennrichs*, DStJG 2001, S. 307. Vgl. auch *Lehwald*, Stbg 2001, S. 384.

[1154] Internationale Standards würden nach derzeitigem Rechtsstand überhaupt nur dann eine unmittelbare Wirkung für die Unternehmensbesteuerung entfalten, wenn sie den Rang von GoB erhielten. Nur in diesem Fall würde sich das Verweisungsziel des Maßgeblichkeitsprinzips verändern. Vgl. *Heurung*, RIW 2000, S. 430; *Euler*, StuW 1998, S. 23.

[1155] Diese Gefahr ist nicht von der Hand zu weisen, weil die dominierenden internationalen Rechnungslegungssysteme US-GAAP und IAS von unabhängigen Komitees (FASB bzw. IASC) entwickelt werden und weil eine ähnliche Entwicklung in Deutschland durch die Errichtung des DRSC gem. §§ 342 f. HGB ihren Anfang gefunden hat. Vgl. oben unter Kapitel 4 A..

[1156] Steuern dürfen nur auf Grundlage eines Gesetzes erhoben werden (sog. Vorbehalt des Gesetzes). Vgl. hierzu etwa *Tipke/Lang*, § 4 Rn. 150 f.; *Tipke* (2000), S. 120, 126 f.; *Kirchhof*, zitiert nach FAZ Nr. 23 vom 28.01.2000, S. 22; *Hennrichs*, DStJG 2001, S. 311.

[1157] So etwa *Herzig*, WPg 2000, S. 115 f.; *Kirchhof*, zitiert nach FAZ Nr. 23 vom 28.01.2000, S. 22; *Dziadkowski*, DStZ 2001, S. 16; ähnlich *Hennrichs*, DStJG 2001, S. 311. Vgl. auch *Niehus*, DB 2001, S. 506; *Luttermann*, S. 500 f.. A.A. *Großfeld*, WPg 2001, S. 130.

heit[1158]. Sollte sich das deutsche Handelsrecht einem solchen Abschluss öffnen, würden die Entwicklung der Standards aus nationaler Hand gegeben.

Diese Probleme könnten jedoch durch eine gesonderte Normierung im EStG[1159] oder eine statische Verweisung[1160] behoben werden[1161], so dass die Regelungskompetenz dann bei der deutschen Legislative verbliebe. Im Vordergrund sollte daher die Frage stehen, ob ein nach internationalen Standards erstellter Jahresabschluss prinzipiell dazu geeignet ist, die **Leistungsfähigkeit** des Steuerpflichtigen zu bemessen. Für die Übernahme spricht zunächst, dass US-GAAP und IAS kaum Wahlrechte beinhalten[1162]. Beide Standards sind zudem wesentlich detaillierter und determinierter als die Regelungen des HGB[1163]. Dadurch würde eine gleichmäßige Besteuerung gefördert[1164]. Schließlich kann die stärkere Orientierung an einer periodengerechten Gewinnermittlung[1165] im Sinne der Besteuerungsfunktion gewertet werden[1166].

Die Verwendung eines internationalen Rechnungslegungsstandards für die Besteuerung hätte einen Koordinatenwechsel im Steuerrecht zur Folge. Die steuerrechtlichen Sondervorschriften würden eine anderes Gewand bekommen. Da das Steuerrecht – falls notwendig – angepasst werden könnte, wird auch eine Rechnungslegung nach IAS oder US-GAAP als Ausgangsbasis für die steuerrechtliche Gewinnermittlung verwendbar sein[1167]. Es ist nicht ersichtlich, dass die Anpassungen ein Ausmaß einnehmen, welches die Verknüpfung der Rechenwerke als sinnlos erscheinen lässt. Im Ergebnis bleibt daher festzuhalten, dass das Maßgeblichkeitsprinzip des § 5 Abs. 1 Satz 1 EStG nicht unbedingt fallen gelas-

---

1158 Diese Gefahr bestehe zunächst aufgrund der Besetzung der Gremien, welche die internationalen Standards entwickeln; so ist insbesondere das IASC mit Experten aus verschiedenen Ländern besetzt. Vgl. *Sigloch*, BFuP 2000, S. 157; *Heyd*, ZfB 2001, S. 376; krit. auch *Herzig/Dautzenberg*, BFuP 1998, S. 31.

1159 Dagegen spricht jedoch, dass der Fiskus verleitet würde, ein originär steuerrechtliches Regelwerk zu schaffen. Vgl. *Eberhartinger*, S. 253 f..

1160 Vgl. hierzu insbesondere *Eberhartinger*, S. 259 f.. Vgl. zur Umsetzung auch Kapitel 4 B. I. 1. b) (1.).

1161 Zu erwarten ist dann jedoch, dass die Kontinuität, die bislang vom Handelsbilanzrecht ausging, verloren ginge, weil sich die internationalen Standards fortlaufend in Bewegung befinden. Zusätzlich steht zu befürchten, dass die Schutzfunktion der Rechnungslegung konterkariert würden, wenn die zur Rechnungslegung Verpflichteten, auch über den Umweg eines von ihnen beherrschten privaten Rechnungslegungsgremiums, selbst Rechnungslegungsinhalte festlegen könnten. Vgl. *Moxter*, BB 2000, S. 2148.

1162 Vgl. *Ballwieser*, S. 381 f.; *Eberhartinger*, S. 263.

1163 Vgl. *Ballwieser*, S. 382 f.; *Eberhartinger*, S. 263.

1164 Vgl. *Eberhartinger*, S. 263; a.A. *Heyd*, ZfB 2001, S.379.

1165 Vgl. oben unter Kapitel 4 B. I. 1. c) (2.).

1166 Vgl. *Eberhartinger*, S. 264.

1167 Ähnlich *Kort*, FR 2001, S. 60; a.A. *Kußmaul/Klein*, DStR 2001, S. 548.

sen werden müsste, wenn sich internationale Rechnungslegungsgrundsätze auch im Einzelabschuss durchsetzen[1168]. Es ist allerdings erforderlich, die künftige Entwicklung der Handelsbilanz aus der Sicht des Steuerrechts zu beobachten. Erst wenn die steuerrechtlichen Ausnahmeregelungen eine Quantität annehmen, die eine Übernahme der Handelbilanz als nicht mehr sinnvoll erscheinen lässt, sollte die „Notleine" gezogen und die direkte Maßgeblichkeit abgeschafft werden. Im übrigen wird das Maßgeblichkeitsprinzip – jedenfalls längerfristig – nicht vor einer Internationalisierung der Rechnungslegung schützen können[1169].

b) Fakultative Öffnung (Szenarien 3 und 4)

Aufgrund der geltend gemachten unterschiedlichen Interessenlage bei den Unternehmen kommt auch eine nur fakultative Öffnung des Einzelabschlusses in Betracht (*Szenarien 3 und 4*)[1170]. Für diesen Weg spricht neben der Möglichkeit der Berücksichtigung der einzelnen Interessen und Wünsche die Flexibilität der Regelung. Ausschließlich national agierende Unternehmen wären so nicht gezwungen, einen internationalen Abschluss anzufertigen. Gleichzeitig hätten insbesondere Konzernunternehmen (vgl. § 18 Abs. 1 Satz 1 letzter Hs., § 18 Abs. 2 Satz 1 letzter Hs. AktG), bei denen das Mutterunternehmen einen Konzernabschluss nach internationalen Standards aufstellt (vgl. § 292 a Abs. 1 Satz 1 HGB), die Möglichkeit, eine **vertikale Vereinheitlichung** der Rechnungslegung im Konzern herzustellen[1171]. Können sowohl im Konzern als auch in den einzelnen Konzernunternehmen dieselben Standards angewandt werden, würde die Ableitung des Konzernabschluss aus den Einzelabschlüssen vereinfacht, Kostenvorteile generiert und die Vergleichbarkeit erleichtert[1172].

Die Einführung eines Wahlrechts zur Übernahme eines internationalen Standards im Einzelabschluss kann aber letztlich nicht überzeugen, weil dies zu einer

[1168] Vgl. *Oestreicher/Spengel*, S. 567; *Bippus*, DStZ 1998, S. 650; *Ballwieser*, BFuP 1990, S. 489; *Heurung*, RIW 2000, S. 424; *Schreiber*(1997), S. 509; *Biener*, DStZ 1997, S. 347 f., 351; wohl auch *Dziadkowski*, DStZ 2001, S. 14.

[1169] Vgl. *Sigloch*, BFuP 2000, S. 171; vgl. auch *Kußmaul/Klein*, DStR 2001, S. 549.

[1170] Die Einführung eines Wahlrechts i.S.v. § 292 a HGB für den Einzelabschluss war im Referentenentwurf des Justizministeriums (Az.: III A3 – 35.507/17-32 09940/96, abgedruckt in WPg 1996, S. 564) für das KapAEG vorgesehen. Krit. *IDW*, FN 2000, S. 458. Vgl. auch *Selchert*, S. 916.

[1171] Vgl. *Lehwald*, Stbg 2001, S. 379. Nach *Lischer/Märkl*, WPK-Mitt. Sonderheft Juni 1997, S. 117, ist nicht auszuschließen, dass die Tochterunternehmen international tätiger Konzerne dazu übergehen, ihre Einzelabschlüsse an den internationalen Standards auszurichten, um Kosten zu sparen und Konfusionen zu vermeiden.

[1172] Wenn die internationalen Standards vom Kapitalmarkt und den Kreditinstituten als besser empfunden werden, stellt sich nach *Busse von Colbe*, BFuP 1995, S. 389, die Frage, warum sie nicht auch für die Einzelabschlüsse übernommen werden.

horizontalen Divergenz auf der Ebene der Einzelabschlüsse führen würde. Neben Vergleichbarkeits- und Legitimationsproblemen[1173] wäre eine solche Praxis jedoch vor allem wegen der Bedeutung des Einzelabschlusses für die Besteuerung nach § 5 Abs. 1 Satz 1 EStG äußerst problematisch. Denn unterschiedliche Bilanzierungssysteme führen i.d.R. auch zu einem unterschiedlichen Gewinnausweis[1174], so dass die Einführung eines handelsrechtlichen Wahlrechts unter Gleichheitsgesichtspunkten (Art. 3 Abs. 1 GG) äußerst prekär wäre[1175]. Solange der Grundsatz des § 5 Abs. 1 Satz 1 EStG Bestand hat, müssen die hier dargestellten Szenarien ausscheiden.

c) Übernahme internationaler Standards (Szenario 5 und 6)

Wenngleich für die nahe Zukunft davon auszugehen ist, dass bei der Erstellung des Einzelabschlusses weiterhin nur die handelsrechtlichen Vorschriften zu beachten sind, spricht einiges dafür, dass sich auch dieser Abschluss den Harmonisierungsbestrebungen bald nicht mehr wird entziehen können[1176]. Zunächst scheint die „Macht des Faktischen" einen anderen Weg auszuschließen[1177]. Dies ergibt sich zunächst aus der Zunahme der Bedeutung der Kapitalmärkte für alle Unternehmen wie auch aus der historischen Leitbildfunktion der Rechnungslegung großer Unternehmen[1178]. Sobald sich internationale Abschlüsse eingebür-

---

1173 Vgl. auch oben unter Kapitel 4 B. I. 1. b) (1.).

1174 Vgl. *Robisch/Treisch*, WPg 1997, S. 156.

1175 Geht man jedoch von einer ewigen Unternehmensfortführung aus, so ist dieser Ansicht entgegenzuhalten, dass die Unterschiede entfallen, weil die Umstellung auf internationale Standards lediglich zu einer Gewinnverschiebung führt. Vgl. auch *Watrin*, DB 2001, S. 938.

1176 Ebenso *Kleekämper/König*, DStR 2000, S. 572; *Groh*, Gastkommentar DB 1998, Heft 47, S. I; *Thiel* (1995), S. 95; *v. Garnier*, StuB 1999, S. 988; *Loitz/Klein*, BuW 2001, S. 51; *Dziadkowski*, DStZ 2001, S. 10, 14; *Lauth*, DStR 2000, S. 1370; *Heurung*, RIW 2000, S. 421f.; *Herzig/Dautzenberg*, BFuP 1998, S. 33; *Herzig*, Gastkommentar DB 1996, Heft 42, S. I; *Oestreicher/Spengel*, S. 36, S. 537; *Eberhartinger*, S. 107; *Grotherr/Jorewitz*, S. 150; *Niehus*, DB 2001, S. 55; ders., WPg 2001, S. 752; *Spanheimer/Koch*, WPg 2000, S. 301; *Scheffler*, DStR 1999, S. 1291; *Selchert*, S. 914; *Luttermann*, ZIP 2000, S. 1323; *Weber-Grellet*, FAZ Nr. 117 vom 20.5.2000; ders. (1997), S. 104. Ähnlich *Schreiber* (1997), S. 491; *IDW*, FN. 1998, S. 608; *Erdbrügger*, DStR 2001, S. 99; *Großfeld*, WPg 2001, S. 134; *Wollmert/Oser*, DB 2000, S. 730; *Luttermann*, S. 494; *Kommission der EG*, KOM (2000), S. 7 f.. Vgl. auch *Glaum/Mandler*, S. 83 f.; *Küting/Hayn*, BB 1995, S. 666; *Krawitz*, StuB 2001, S. 630.

1177 Der Einfluss der internationalen Kapitalmärkte dürfte zu einer faktischen Harmonisierung auf der Basis international anerkannter Rechnungslegungsstandards führen. Vgl. *Schmidt*, S. 913; *Goebel*, DStR 1995, S. 1037; *Robisch/Treisch*, WPg 1997, S. 156; *Glaum/Mandler*, S. 47 f.; *Grotherr/Jorewitz*, S. 150. Vgl. auch *Kübler* (1995), S. 367.

1178 So geht von dem Konzernabschluss ein indirekter Einfluss auf den Einzelabschluss aus, weil die Rechnungslegung der großen Kapitalgesellschaften eine Vorbildfunktion für die gesamte Kaufmannschaft hat (z.B. Ausstrahlung des Aktiengesetzes auf die Abschlüsse der Pergert haben, werden es die Unternehmen zudem als Vorteil empfinden, mindestens zusätzlich einen Einzelabschluss nach internationalen Standards zu erstellen[1179].

Hinzu kommt, dass die **Arbeit des GASC** – jedenfalls faktisch – zu einer Internationalisierung des Einzelabschlusses beitragen dürfte[1180]. § 342 h Abs. 1 Satz 1 HGB weist dem privaten Rechnungslegungsgremium die Aufgabe zu, Empfehlungen über die Konzernrechnungslegung zu entwickeln[1181]. In den Aufgabenbereich des GASC fällt damit auch die Weiterentwicklung der GoB für die Konzernrechnungslegung[1182]. Ein faktischer Einfluss auf den Einzelabschluss ergibt sich aus dem Umstand, dass die GoB auch den Einzelabschluss erfassen, da sie nach herrschender Auffassung[1183] weder rechtsformspezifisch sind noch zwischen Einzelunternehmen und Konzernen unterscheiden[1184]. Verlautbarungen zu den konzernrechtlichen GoB werden daher regelmäßig auch den Einzelabschluss erfassen.

Für eine Öffnung des Einzelabschlusses lässt sich vor allem die zu beobachtende **Auseinanderentwicklung von Einzel- und Konzernabschluss** anführen[1185].

---

sonengesellschaften. Vgl. *Euler*, StuW 1998, S. 23; *Schildbach*, BFuP 1998, S. 22; *Eberhartinger*, S. 105; ähnlich *Luttermann*, S. 494.

1179 Der Gedanke lässt sich auch auf die Bilanzleser übertragen. Vgl. *Herzig/Dautzenberg*, BFuP 1998, S. 33 f.; ähnlich *Euler*, StuW 1998, S. 16; *Niehus*, DB 2001, S. 57; *Siepe*, S. 623.

1180 Ebenso *Schreiber* (1999), S. 903; *Havermann*, WPg 2000, S. 124 f.; *Hoffmann*, DB 2001, S. 452; *Esser* (1999), S. 225 ; a.A. *Moxter*, DB 1998, S. 1425. Vgl. zum Konfliktpotential mit dem HGB *Niehus*, DB 2001, S. 54 f.. Vgl. auch *Lehwald*, Stbg 2001, S. 385.

1181 Dies ergibt sich bereits sowohl aus dem Wortlaut des § 342 Abs. 1 Satz 1 Nr. 1 HGB wie auch aus der Begründung des Rechtsausschusses des Deutschen Bundestages. Vgl. hierzu BT-Drucks. 13/10038; *Moxter*, DB 1998, S. 1425. Außerdem wurde vom Justizministerium betont, dass sich das Gremium mit den Konzernabschlüssen befassen werde, und diese Fragen auf absehbare Zeit keine Auswirkungen auf die Einzelabschlüsse hätten. Vgl. *Scheffler*, DStR 1999, S. 1292. A.A. *Esser* (1999), S. 212: Schon der Wortlaut des § 342 Abs. 1 Satz 1 Nr. 1 HGB spreche von der „Konzernrechnungslegung" und nicht etwa vom „Konzernabschluss". Auch die Kodifizierung der entsprechenden Vorschriften in einem eigenen Abschnitt und nicht etwa bei den „Ergänzende(n) Vorschriften für Kapitalgesellschaften" spreche eher für einen weiteren Aufgabenbereich. Schließlich impliziere auch der Wortlaut des § 342 Abs. 1 Satz 1 Nr. 2 eine weite Auslegung

1182 Vgl. Ensthaler/*Schröer*, GK-HGB, § 342 Rn. 5; *Scheffler*, DStR 1999, S. 1291.

1183 Vgl. oben unter Kapitel 3 C. I. 1. a) (2.).

1184 Bei einer konsequenten Einhaltung des Aufgabenbereichs des GASC besteht dagegen die Gefahr des (weiteren) Auseinanderlaufens der beiden Abschlüsse durch die Ausbildung gespaltener GoB. Vgl. Ensthaler/*Schröer*, GK-HGB, § 342 Rn. 5; *Wiedmann*, § 342 Rn. 9.

1185 Vgl. *Thiel* (1995), S. 94 f.; *Schmidt*, S. 910; *Groh*, Gastkommentar DB 1998, Heft 47, S. I; *Havermann* (1997), S. 543; *Lischer/Märkl*, WPK-Mitt. Sonderheft Juni 1997, S.117. Vgl. auch *Erdbrügger*, DStR 2001, S. 104. teilweise a.A. *IDW*, zit. nach: FAZ vom 30.06.2000, S. 46 („Vorschläge zur Führung und Überwachung von Unternehmen").

Diese Bewegung ist insofern kritisch zu beurteilen[1186], als in den jeweiligen Abschlüssen nunmehr völlig verschiedene Bilanzierungsgrundsätze Anwendung finden, die jeweils unterschiedlichen Systemzusammenhängen und Zweckvorstellungen entspringen[1187]. Die Verwendung unterschiedlicher Bilanzierungsregeln ist problematisch, weil die Konzernrechnungslegung Verzerrungen beseitigen soll, die aus dem Vorliegen mehrerer rechtlich selbständiger Einheiten resultieren[1188]. Dem Bilanzleser soll ein Bild geboten werden, dass sich bei Vorliegen eines rechtlich einheitlichen Unternehmens geboten hätte[1189]. Im Falle einer Abkoppelung der Einzelabschlüsse kann der Konzerabschluss allerdings nicht mehr uneingeschränkt als zusätzliches Informationsinstrument betrachtet werden[1190]. Darüber hinaus würde eine Trennung die Vergleichbarkeit von Einzel- und Konzernabschluss erschweren[1191].

Die Anwendung unterschiedlicher Grundsätze für Konzern- und Einzelabschluss wirft neben den ansonsten bestehenden Problemen in der Lehre[1192] jedoch nahezu unlösbare **Legitimationsprobleme** auf[1193]. Es ist auf Dauer schwierig zu argumentieren, dass ein und dieselbe Bilanzierung im Konzernabschluss richtig und im Einzelabschluss falsch ist[1194]. Des weiteren lässt es sich nicht begründen,

[1186] Dieser Aspekt ist auch aus internationaler Sicht problematisch, weil jedenfalls die angelsächsische Welt nicht zwischen Einzel- und Konzernabschluss unterscheidet. Vgl. *Niehus*, DB 2001, S. 57.

[1187] Aus der Sicht der Konzerne würde eine Vereinheitlichung die Aufstellung konsolidierter Abschlüsse erleichtern. Vgl. *Kommission der EG*, KOM (2000), S. 8. *Herzig*, WPg 2000, S. 104 f., spricht insoweit von einer *„Diversifizierung der Rechnungslegung"* und dem Einzug eines *„Wettbewerb[s] der Systeme"*.

[1188] Teilweise wird die rechtliche Anbindung des Konzernabschlusses an den Jahresabschluss jedoch für eine rechtliche Fehlentwicklung gehalten. Vgl. hierzu *Erdbrügger*, DStR 2001, S. 101.

[1189] Vgl. *Herzig/Dautzenberg*, BFuP 1998, S. 33; *Baetge* (2000), S. 28; vgl. auch *Busse von Colbe*, BFuP 1995, S. 388.

[1190] Dieses Argument halten *Küffner/Hock*, BFuP 1998, S. 74, für nicht bedeutsam, weil ergänzende Angaben im Anhang möglich sind und weil sich der Kenntnisstand der Adressaten entsprechend anpassen würde.

[1191] Vgl. *Busse von Colbe*, BFuP 1995, S. 388; *Baetge/Beermann*, BB 2000, S. 2089; *Schmalenbach-Gesellschaft*, DB 2001, S. 161.

[1192] Für die Lehre hätte dies zur Folge, dass auf längere Zeit sowohl ein *„eher provinzielles"* als ein *„globales"* Bilanzrecht an den Universitäten zu lehren wäre. Vgl. *Groh*, Gastkommentar DB 1998, Heft 47, S. I;

[1193] Für Investoren wird sich die Frage stellen, welches Rechenwerk nun als glaubwürdiger und damit als relevant einzustufen ist. Vgl. *Herzig/Dautzenberg*, BFuP 1998, S. 33; *Esser* (1999), S. 212; *Eberhartinger*, S. 105; *Strobl*, S. 391. Vgl. auch *Siepe*, S. 622; *Kommission der EG*, KOM (2000), S. 5 f..

[1194] Mit Blick auf die Steuerbilanz könnte dies auch zu Rechtfertigungsproblemen führen, wenn etwa die Einzelabschlüsse im Gegensatz zum Konzernabschluss aus bilanzpolitischen Gründen einen Verlust ausweisen.

denjenigen Großunternehmen, die rechtlich als Einheitsunternehmen organisiert sind, zusätzliche Informationskosten aufzubürden, um ihnen eine kapitalmarktadäquate Rechnungslegung zu ermöglichen[1195]. Eine Harmonisierung des Einzelabschlusses wäre schließlich als Beitrag zur Förderung der internationalen Vergleichbarkeit dieses Abschlusses zu qualifizieren[1196]. Es ist daher anzuzweifeln, ob sich ein duales Bilanzrecht für den Einzel- und den Konzernabschluss langfristig aufrechterhalten lässt[1197].

Zudem richtet sich die **internationale Kritik** an der deutschen Rechnungslegung nicht nur gegen den Konzernabschluss, sondern gegen das Rechnungslegungssystem als solches und damit auch gegen den Einzelabschluss[1198]. So wird insbesondere die Erhebung des Gläubigerschutzes zum obersten Ziel der Rechnungslegung international kritisch betrachtet[1199]. Auch die Gläubiger seien an rechtlich abgesichertem Datenmaterial interessiert[1200], um hinreichend fundierte Prognosen über die Entwicklung der Haftungsmasse treffen zu können[1201]. Aber

[1195] Vgl. *Heurung*, RIW 2000, S. 423; *Herzig/Dautzenberg*, BFuP 1998, S. 33.

[1196] Es ist zu vermuten, dass auch nicht börsennotierte Unternehmen im Interesse der Vergleichbarkeit in ihren Abschlüssen auf internationale Grundsätze zurückgreifen. Vgl. auch *Kommission der EG*, KOM (2000), S. 7.

[1197] Vgl. *Wagner*, DB 1998, S. 2076 f.; *Heurung*, RIW 2000, S. 422; *Groh* (1998), S. 186; *Schreiber* (1999), S. 879; *Herzig/Dautzenberg*, BFuP 1998, S. 33; *Selchert*, S. 916; *Thiel* (1995), S. 95; *Treptow*, S. 83; ähnlich *Herzig*, WPg 2000, S. 105; ders., zitiert nach FAZ Nr. 218 vom 19.09.2000, S. 19 („Manfred Gentz: Amerikanische Standards sind IAS vorzuziehen"). Die Abkehr vom HGB beim Einzelabschluss lässt sich nach *Spanheimer/Koch*, WPg 2000, S. 301 auch aus dem Umstand entnehmen, dass der Einzelabschluss nicht mehr im Geschäftsbericht veröffentlicht wird, sondern nur noch auf gesonderte Anfrage zur Verfügung gestellt wird.

[1198] Vgl. *Niehus*, DB 2001, S. 55.

[1199] Vgl. Financial Times vom 19.03.1992, S. 26: "*It takes years to make sense of German accounting. Indeed, the more sceptical say it can never be done – that the very term German accounting is a contradiction in terms. ... German accounting does not aim to give outsiders such as analysts or investors a "true" or merely "fair" picture of a company's financial condition.*"; The Economist, 17.09.1994, S. 89: "*German accounts are still a mystery to many. ... German firms are obsessed with conservative accounting, and their standards allow managers to hide huge reserves.*"; *Lischer/Märkl*, WPK-Mitt., Sonderheft Juni 1997, S. 107: "*Furthermore, the distinctiveness of German accounting law often leads to uncertainty regarding German financial statements and to the frustration of foreign accountants and investors seeking to evaluate German companies on the basis of their financial statements.*"; Reuter Textline Computergram vom 23.4.1995, zitiert nach *Luttermann*, S. 489: "*German accounting is arcane and abstruse, but the Germans like it that way.*"

[1200] Das Argument, mit vorsichtiger Gewinnermittlung Gläubiger zu schützen, war stets umstritten. Insbesondere die durch die Auflösung stiller Reserven mögliche Gewinnglättungspolitik ist als gläubigerschädlich zu qualifizieren. Vgl. hierzu *Ballwieser*, S. 390 m.w.N..

[1201] Vgl. *Heurung*, RIW 2000, S. 427; *Großfeld*, WPg 2001, S. 130; *Strobl*, S. 393; *Heyd*, ZfB 2001, S. 375; vgl. auch *Siepe*, S. 630; *Claussen* (1997), S. 441. Das amerikanische Verständauch Kommanditisten einer publikumsgeprägten Personengesellschaft benötigten zügige und präzise Informationen zur Entwicklung des handelsrechtlichen Jahresabschlusses. Die mit einer Übernahme von IAS oder US-GAAP einhergehende Stärkung der Informationsfunktion komme daher auch diesen Gruppen zugute[1202].

Die Entwicklung hin zu einer Öffnung des Einzelabschlusses für internationale Standards wird durch die **Rechnungslegungspolitik der EU** unterstützt[1203]. Nach der Vorstellung der EU-Kommission soll den Mitgliedsstaaten – in einem ersten Schritt – die Option gewährt werden, die von ihr präferierten IAS auch auf Einzelabschlüssen anzuwenden[1204]. Es ist daher nicht mehr auszuschließen, das die auf Informationsvermittlung ausgerichteten angelsächsischen Grundsätze der Rechnungslegung von der Konzernrechnungslegung auf den Einzelabschluss überspringen und die handelsrechtlichen GoB verdrängen[1205].

3. Auswirkungen auf die umgekehrte Maßgeblichkeit

Wie bereits dargestellt[1206], steht der Grundsatz der umgekehrten Maßgeblichkeit internationalen Standards konfliktär gegenüber. Sein Hauptanliegen, der Ausschüttungssperreffekt, ist mit US-GAAP und IAS unvereinbar, weil diesen

---

nis umschreibt *Kübler* (1995), S. 365, wie folgt: „*Aber die Gläubiger werden nicht als Objekt paternalistischer Fürsorge, sondern als zu rationaler Entscheidung befähigte Akteure behandelt, die nicht so sehr an den verborgenen Finanzpolstern abgelagerter Erträge, sondern wie die Eigenkapitalgeber primär an möglichst präziser Information über den finanziellen Zustand des Unternehmens interessiert sind.*“

1202 Aus amerikanischer Sicht ist der Gläubigerschutz durch Kapitalbindung und Vorsichtsprinzip nicht mehr erforderlich, weil in den letzten Jahrzehnten eine Reihe von Vorkehrungen getroffen wurde, die zu einer weitgehenden Verringerung der Gläubigerrisiken geführt hat, wie etwa die modernen Sicherungsrechte (Garantie; Haftpflichtversicherungen etc.). Diese Instrumente würden eine größere Sicherheit bieten als die Kapitalsicherung. Vgl. *Kübler* (1995), S. 370.

1203 Nach *Küffner/Hock*, BFuP 1998, S. 74 setzt eine Harmonisierung von Einzel- und Konzernabschluss voraus, „*dass durch eine zunehmende Einflussnahme europäischer Organisationen im Wege der Vereinheitlichung der Rechnungslegungsgrundsätze auch kontinentaleuropäische Grundprinzipien des Bilanzrechts Berücksichtigung finden und die Anpassung durch eine Änderung wirtschaftlicher und rechtlicher Rahmenbedingungen begleitet wird.*“.

1204 Die EU-Kommission empfiehlt, dass „*die Mitgliedsstaaten soweit wie möglich die Anwendung der IAS bei der Aufstellung von Einzelabschlüssen fördern bzw. sogar so weit gehen, sie vorzuschreiben.*“ Vgl. *Kommission der EG*, KOM (2000) 359, Punkt 17; *Luttermann*, ZIP 2000, S. 1319; *Niehus*, DB 2001, S. 55; *Küting*, FAZ Nr. 66 vom 19.03.2001, S. 32.

1205 Ebenso *Schreiber* (1999), S. 880; *Thiel* (1995), S. 95.

1206 Vgl. oben unter Kapitel 4 B. I. 1. c) (2.).

Standards eine Ausschüttungssperrfunktion fremd ist[1207]. Infolgedessen besteht die Möglichkeit einer Fortführung des Grundsatz nur, wenn der Einzelabschluss von einer Internationalisierung isoliert werden kann. Die vorangegangene Untersuchung hat indes ergeben, dass die besseren Argumente für eine Öffnung des Einzelabschlusses sprechen. Daher wird die Fortführung des Grundsatzes der umgekehrten Maßgeblichkeit – jedenfalls mittelfristig – ausscheiden[1208].

4. Auswirkungen auf die Informationsfunktion

Selbst wenn sich der Einzelabschluss – entgegen der Prognose – nicht für internationale Standards öffnen sollte, wird die umgekehrte Maßgeblichkeit über kurz oder lang dennoch aufgegeben werden müssen. Trotz der dargestellten Kritik an der umgekehrten Maßgeblichkeit wurden die Auswirkungen des Grundsatzes bislang - insbesondere bei Einzelunternehmen und Personengesellschaften – als nicht sonderlich störend empfunden, weil der Informationsfunktion im handelsrechtlichen Einzelabschluss kein übergeordneter Stellenwert zugeschrieben wird. Es ist aber davon auszugehen, dass sich diese Einschätzung in den nächsten Jahren umkehren wird[1209]. In diesem Fall sind die Auswirkungen des § 5 Abs. 1 Satz 2 EStG nicht mehr zu rechtfertigen, so dass die Aufgabe dieses Grundsatzes erforderlich wird.

Obwohl die Internationalisierung der Märkte bis dato keine einheitlichen Rechnungslegungsstandards hervorgebracht hat, ist eine Angleichung der Bilanzziele im internationalen Vergleich zu beobachten[1210]. So zeichnet sich seit Anfang bis Mitte der Neunziger Jahre[1211] in Europa – insbesondere in Deutschland[1212] – eine

---

[1207] Ähnlich *Heurung*, RIW 2000, S. 423 f.. Er vertritt jedoch die Auffassung, dass die Ausschüttungssperre bei Kapitalgesellschaften nicht vollends entfallen würde. Denn die Inanspruchnahme steuerrechtlicher Sonderabschreibungen würde ohne umgekehrte Maßgeblichkeit zur Begründung einer Rückstellung für latente Steuern i.S.v. § 274 Abs. 1 i.V.m. § 249 Abs. 1 HGB führen. Aufgrund von temporären Differenzen zwischen Handels- und Steuerbilanz würde in der Steuerbilanz ein (handelsrechtliches) Passivierungsgebot für latente Steuern ausgelöst.

[1208] Dabei kann dahinstehen, ob die direkte Maßgeblichkeit im Zuge einer Internationalisierung fallen müsste. Bejahendenfalls wäre die umgekehrte Maßgeblichkeit als Reflex der formellen ohnehin hinfällig. Andernfalls wäre die Umkehrmaßgeblichkeit aufgrund ihrer Unvereinbarkeit mit IAS/US-GAAP abzuschaffen.

[1209] Vgl. *Loitz/Klein*, BuW 2001, S. 50; ähnlich *Strobl-Haarmann*, S. 630 f.; *Kort*, FR 2001, S. 60; *Niehus*, DB 2001, S. 57; *Küting*, FAZ Nr. 66 vom 19.03.2001, S. 32. Vgl. auch *BMJ*, WPg 1996, S. 564 f.; *Siepe*, S. 621.

[1210] Vgl. *Großfeld*, WPg 1994, S. 801; ders., Bericht über die Fachtagung 1994 des IDW., S. 32 f..

[1211] Zur vergleichbaren Diskussion über die Gesamtausrichtung der Rechnungslegung im Zusammenhang mit dem Aktiengesetz von 1965 vgl. *Ballwieser*, S. 373.

Veränderung in der Zielorientierung der Rechnungslegung ab[1213], wobei sich eine Annäherung an die angelsächsischen Standards[1214] feststellen lässt[1215]. Infolgedessen stehen nicht etwa die traditionellen Gläubigerschutzvorschriften, sondern die Anforderungen des Kapitalmarktes und der Anlegerschutz im Vordergrund[1216].

Hintergrund des gegenwärtig zu beobachtenden Wandels in der Rechnungslegung ist nicht nur die Internationalisierung der Märkte, sondern auch ein sich zunehmend änderndes Selbstverständnis der Unternehmen[1217]. Die Ausrichtung ist internationaler – wenn nicht sogar global – und nicht lediglich auf den Heimatmarkt beschränkt. Die Rechnungslegung orientiert sich mehr an den Bedürfnissen des Kapitalmarktes als an der traditionellen Banken- und Selbstfinanzierung. Kommunikation und Transparenz, nicht Verschwiegenheit, stehen im Vordergrund. Der angelsächsische Einfluss könnte zudem zu einem veränderten Verständnis des Gläubigerschutzes beitragen. In Deutschland herrscht noch das Verständnis vor, dass die Gläubiger mehr durch die Zahlungsbemessungs- als durch die Informationsfunktion geschützt werden. Nach angelsächsischem Verständnis kommt eine Dominanz der Informationsfunktion dagegen beiden Gruppen in gleicher Weise zugute; einer paternalistischen Fürsorge der Gläubiger bedürfe es insoweit nicht[1218]. Folgt man dieser Auffassung, muss eine Ausrichtung an die angelsächsischen Rechnungslegungsstandards keineswegs die Absenkung des Stellenwertes der Gläubigerinteressen bedeuten.

1212 In Deutschland zeigt sich diese Tendenz in einer Begrenzung der Bedeutung des Vorsichtsprinzips unter Verstärkung des Stellenwertes des Einblicksgebotes. Dies geschieht insbesondere durch die Zurückdrängung von handelsrechtlichen Abschreibungen und Rückstellungen. Vgl. *Herzig*, WPg 2000, S. 110; ähnlich *Niehus*, DB 2001, S. 58; *Küting*, FAZ Nr. 66 vom 19.03.2001, S. 32. Vgl. auch *Siepe*, S. 621.

1213 Vgl. *Havermann*, WPg 2000, S. 122; *Theile*, GmbHR 1999, S. 1182; *Scheffler*, DStR 1999, S. 1285.

1214 Die Rechnungslegungsgrundsätze im angelsächsischen Raum sind von vornherein im wesentlichen auf die Information gegenwärtiger und potentieller Eigen- und (nachrangig auch) Fremdkapitalgeber ausgerichtet und sollen diesen als Entscheidungsgrundlage dienen. Vgl. *Küting*, BB 1993, S. 36; *Schön*, ZHR 1997, S. 155; *Heurung*, RIW 2000, S. 426; *Hauser/Meurer*, WPg 1998, S. 277; *Esser* (1998), S. 77; *Lischer/Märkl*, WPK-Mitt., Sonderheft Juni 1997, S. 114.; *Hölscher*, StuB 2000, S. 413; *Herzig*, WPg 2000, S. 111; *Scheffler*, DStR 1999, S. 1286; *Weber-Grellet*, FAZ Nr. 115 vom 20.05.2000; *Kleekämper/König*, DStR 2000, S. 569; krit. *Schildbach*, BFuP 1998, S. 1.

1215 Vgl. *Scheffler*, DStR 1999, S. 1285; *Wöhe* (1999), S. 87; *Küting*, FAZ Nr. 66 vom 19.03.2001, S. 32. Vgl. auch *Horn*, ZIP 2000, S. 484.

1216 Vgl. *Havermann*, WPg 2000, S. 122; *Scheffler*, DStR 1999, S. 1289.

1217 Vgl. *Küting*, FAZ Nr. 66 vom 19.03.2001, S. 32.

1218 Vgl. hierzu *Kübler*, ZHR 1995, S. 554 f.; ders. (1995), S. 365; *Heurung*, RIW 2000, S. 427; *Großfeld*, WPg 2001, S. 130; *Strobl*, S. 393; *Heyd*, ZfB 2001, S. 375; vgl. auch *Siepe*, S. 630; *Claussen* (1997), S. 441.

Die Internationalisierungstendenzen werden in Deutschland voraussichtlich eine Umorientierung weg vom länderspezifischen, rechenschaftsorientierten „financial accounting", hin zum globalen, kapitalmarktorientierten „**business reporting**" fördern[1219]. Der Wechsel zu einer stärker kapitalmarktorientierten Rechnungslegung wird dabei zu mehr Transparenz und zu einem nachthaltig verbesserten Publizitätsniveau führen[1220]. Unabhängig von der Beurteilung einer Öffnung des handelsrechtlichen Einzelabschlusses spricht daher vieles dafür, dass die Bedeutung der Informationsfunktion in Zukunft weiter zunehmen wird[1221].

Dann aber dürfte die Bildung stiller Reserven – jedenfalls in derzeitigem Umfang – immer mehr in Frage gestellt werden: Während stille Reserven unter der Vorherrschaft des Gläubigerschutzprinzips noch in das Bilanzbild passten, entsprechen diese Unterbewertungen nicht mehr den Anforderungen an ein den tatsächlichen Verhältnissen angemessenem Bild. Bereits unter der derzeitigen Vorherrschaft des Gläubigerschutzprinzips lässt sich § 5 Abs. 1 Satz 2 EStG nur schwerlich mit dem handelrechtlichen Bilanzsystem vereinbaren. Im Falle einer Neuausrichtung der Funktionen der Handelsbilanz im aufgezeigten Sinne ist der Grundsatz aufgrund der sich ergebenden Unterbewertungen erst recht nicht mehr haltbar. Eine Stärkung der Bedeutung der Informationsfunktion wird zu einer weitestgehenden Beseitigung handelsrechtlicher Wahlrechte und zu einer Zurückdrängung des steuerrechtlichen Einflusses in der Handelsbilanz führen, so dass sich insbesondere die handelsrechtlichen Öffnungsklauseln nicht mehr halten ließen[1222].

5. Zwischenergebnis

Der Grundsatz der umgekehrten Maßgeblichkeit wird sich aus dem Einzelabschluss verabschieden müssen. Diese Notwendigkeit ergibt sich sowohl aus der

[1219] Vgl. *Hölscher*, StuB 00, S. 413. Vgl. auch *Küting*, FAZ Nr. 66 vom 19.03.2001, S. 32. Krit. *Herzig*, WPg 2000, S. 105: Das Rechnungslegungsrecht mutiere *„zum Kapitalmarktinstrument, das den Jahresabschluss in den Dienst der Performance-Messung und der Informationsansprüche der Kapitalmarktteilnehmer stellt"*. Ähnlich *Großfeld*, WPg 2001, S. 129.

[1220] Vgl. *Spanheimer/Koch*, WPg 2000, S. 309. Vgl. auch *Küting*, FAZ Nr. 66 vom 19.03.2001, S. 32. Solche Tendenzen sind etwa beim Regelwerk des Neuen Marktes (vgl. Handelsblatt Nr. 247 vom 21.12.2000, S. 27 („Schärfere Regeln bieten Anlegern mehr Transparenz")) oder i.R.d. Bankenaufsicht (vgl. Handelsblatt Nr. 10 vom 15.01.2001, S. 36: „Baseler Bankenausschuss legt dicken Wälzer vor") erkennbar.

[1221] In der Literatur mehren sich die Stimmen, die eine Verstärkung des Informationsgehaltes deutscher Bilanzen fordern. Vgl. Schmidt/*Weber-Grellet*, § 5 Rn. 83; *Weber-Grellet*, DB 1996, S. 2089; *Leffson* (1987), S. 60; *Schön*, ZHR 1997, S. 158; Ballwieser/*Busse von Colbe*, S. 375; *Claussen* (1987), S. 89; *Havermann* (1994), S. 662.

[1222] Ebenso *Niehus*, DB 2001, S. 58.

Öffnung des deutschen Handelsbilanzrechts für internationale Standards als auch aus der Zunahme der Bedeutung der Informationsfunktion.

III. Steuerbilanz

Wie bereits dargestellt ist das Steuerrecht bislang nicht harmonisiert. Fraglich ist jedoch, wie die weitere Entwicklung zu beurteilen ist.

1. Fortbestand der nationalen Souveränität bei den direkten Steuern

Denkbar ist zunächst, dass die nationale Souveränität bei den direkten Steuern – insbesondere den Ertragsteuern – erhalten bleibt. In diesem Fall könnte der Grundsatz der umgekehrten Maßgeblichkeit theoretisch fortgeführt werden, weil ein Konflikt mit internationalen Grundsätzen nicht besteht. Doch auch ohne eine europäische Harmonisierung ist das deutsche Steuerrecht, wie bereits beschrieben[1223], nicht frei von internationalem Druck. Vor allem das Fortschreiten des Wettbewerbs der Steuersysteme führt zu gewissen Anpassungstendenzen auch im nationalen Steuerrecht. Zu beobachten ist, dass der internationale Steuerwettbewerb derzeit regelmäßig zu einer Senkung der tariflichen Steuersätze für Gewinne bei gleichzeitiger Verbreiterung der Bemessungsgrundlage führt[1224]. Zur Sicherung des Steueraufkommens müssen allerdings gleichzeitig die Möglichkeiten eingeschränkt werden, eine effektive Steuerbelastung durch die Gewinnermittlung zu mindern[1225]. Zur Erreichung dieses Ziels werden steuerrechtliche Wahlrechte beseitigt und die Legung stiller Reserven eingeschränkt[1226]. Führt man diesen Gedanken fort, so ist es nur eine Frage der Zeit, wann auch die steuerrechtlichen Wahlrechte i.S.v. § 5 Abs. 1 Satz 2 EStG dem Steuerwettbewerb zum Opfer fallen und durch niedrigere Steuersätze ausgeglichen werden. Dann aber würde der sachliche Anwendungsbereich der umgekehrten Maßgeblichkeit immer weiter eingeschränkt. Diese Entwicklung dürfte daher zum Verlust der Bedeutung des Grundsatzes beitragen.

[1223] Vgl. oben unter Kapitel 4 A..

[1224] Eine solche Ausrichtung der Unternehmensbesteuerung soll die Bedingungen für unternehmerische Investitionen verbessern und die Lenkung von Kapitalströmen zugunsten der inländischen Wirtschaft bewirken. Vgl. *Heurung*, RIW 2000, S. 422; *Dziadkowski*, DStZ 2001, S. 10; *Siepe*, S. 623. Vgl. auch *Wagner*, Handelsblatt Nr. 18 vom 25.01.2001, S. 2.

[1225] Vgl. *Schreiber* (1999), S. 901.

[1226] Vgl. auch *Lauth*, DStR 2000, S. 1370; *Siepe*, S. 621.

2. Steuerharmonisierung auf europäischer Ebene

Jedenfalls mittelfristig kann die europäische Harmonisierung der direkten Steuern nicht mehr ausgeschlossen werden, da die Forderung nach einer Vereinheitlichung immer lauter wird[1227]. Im Zuge dieses Prozesses würde die umgekehrte Maßgeblichkeit einer europäischen Harmonisierung jedoch zum Opfer fallen, weil sie im europäischen[1228] Ausland[1229] weitgehend[1230] unbekannt ist: Sie wird zurecht als *„ein deutsches Kuriosum"*[1231] bezeichnet, da sie – jedenfalls in ihrer strengen Form[1232] – lediglich noch in Österreich existiert[1233].

C. Ergebnis

Der Grundsatz der umgekehrten Maßgeblichkeit stellt vor dem Hintergrund einer fortschreitenden Internationalisierung der handelsrechtlichen Rechnungslegung und einer Angleichung der Steuersysteme einen Störfaktor dar. Jedenfalls in seiner jetzigen Form wird der Grundsatz in naher Zukunft daher nicht mehr zu halten sein.

[1227] Vgl. *Luttermann*, ZIP 2000, S. 1319; *Ebling*, zitiert nach Handelsblatt Nr. 14 vom 19./20.1.2001, S. 8 („BFH-Präsidentin plädiert für Steuerangleichung in der EU"); Handelsblatt Nr. 247 vom 21.12.2000, S. 11 („Deutsche Firmen bei der Europa AG im Nachteil"); a.A. *Wiegard*, zitiert nach Handelsblatt Nr. 32 vom 14.02.2001, S. 6 („Ein Meister der Differenzierung").

[1228] Vor der Umsetzung der 4. EG-Richtlinie wurde die umgekehrte Maßgeblichkeit neben Deutschland auch in Belgien, Frankreich, Italien und Luxemburg praktiziert. Vgl. *Krieger*, S. 336.

[1229] Außerhalb der EU findet der Grundsatz in Einzelfällen auch in Japan, Norwegen, der Schweiz, der Türkei und in den USA Anwendung. Vgl. *Krieger*, S. 336; *Sigloch*, BFuP 2000, S. 168; vgl. auch *Schmidt*, WPg 1991, S. 607; *Küting/Weber* (1994), 266 f.. Teilweise a.A. zu Japan bzw. zur Schweiz: *Sigloch*, BFuP 2000, S. 168 und *Oestreicher/Sprengel* (1999), S. 342. Für die USA sehr instruktiv: *Schildbach*, StuB 1999, S. 424; *Oestreicher/Sprengel* (1999), S. 343; *Hayn/Waldersee*, S. 10; *Pellens*, S. 73 f.; *Born* (1999a), S. 337; *Lischer/Märkl*, WPK-Mitt. Sonderheft Juni 1997, S. 100 f.; *Kahle*, StuW 1997, S. 327; *Ballwieser*, S. 380.

[1230] Vgl. *Küting*, S. 104 m.w.N.. Nach *Schmidt*, WP-Handbuch, Kapitel B, Rn. 326 wird die umgekehrte Maßgeblichkeit jedoch in 14 von 22 OECD-Mitgliedsstaaten beachtet.

[1231] So *Kempermann* in K/S, § 5 B 158; ähnlich *Küting*, S. 104; ders., DStR 1997, S.84; *Haller*, RIW 1992, S. 44; *Schruff*, BFuP 1993, S. 408; *Oestreicher/Sprengel* (1999), S. 341 f. (für Frankreich, Großbritannien und die Schweiz); a.A. für Italien: *Sigloch*, BFuP 2000, S. 168.

[1232] In der EU findet sie in Einzelfällen auch in Finnland, Frankreich und Schweden Anwendung. Vgl. *Krieger*, S. 336; *Sigloch*, BFuP 2000, S. 168; *Kempermann* in K/S, § 5 B 158; *Küting/Weber* (1994), 266 f.. A.A. für Frankreich *Oestreicher/Spengel* (1999), S. 341. Vgl. auch *Schmidt*, WPg 1991, S. 607.

[1233] Vgl. *Kempermann* in K/S, § 5 B 158; *Haller*, RIW 1992, S. 48; zur umgekehrten Maßgeblichkeit in Österreich vgl. *Wala*, S. 58 ff.; vgl. auch *Krumnow*, S. 215.

Kapitel 5: Reform des Verhältnisses der Handels- zur Steuerbilanz

Nach alledem stellt sich die umgekehrte Maßgeblichkeit als reformbedürftiges Rechtsinstitut dar. Im diesem Kapitel wird untersucht, ob zum Ausgleich der beschriebenen Nachteile eine Reformierung des Grundsatzes ausreicht oder ob er ersatzlos gestrichen werden sollte. Leitgedanke einer Reform sollte dabei sowohl die Dauerhaftigkeit einer Neuregelung als auch die Berücksichtigung der aufgezeigten Internationalisierungstendenzen sein.

A. Reformvorschläge unter Beibehaltung der umgekehrten Maßgeblichkeit

Im Sinne eines mildesten Mittels werden zunächst Lösungswege diskutiert, welche die Erhaltung der Umkehrmaßgeblichkeit ermöglichen[1234]:

I. Einstellung sämtlicher steuerrechtlicher Bewertungsabschläge in den Sonderposten mit Rücklageanteil

Zur Verringerung der mit der umgekehrten Maßgeblichkeit verbundenen Nachteile wird in der Literatur die Kodifizierung einer Ausweispflicht von Bewertungsabschlägen im Sonderposten mit Rücklageanteil befürwortet[1235], weil dies eine deutlichere Trennung zwischen handelsrechtlichen und rein steuerrechtlichen Abschreibungen i.S.v. § 254 HGB herbeiführe. Fraglich ist aber, ob allein die Umstellung des Wahlrechts in § 281 Abs. 1 HGB ausreicht, um den Informationsbedürfnissen genüge zu tun. Zunächst ist anzumerken, dass der Gedanke allenfalls die Argumente im Hinblick auf die Informationsfunktion – nicht jedoch die weiteren Kritikpunkte – entkräften kann.

Darüber hinaus bietet die „indirekte" gegenüber der „direkten Methode" zwar diverse Vorteile bei der Darstellung der Vermögens-[1236], aber auch der

[1234] Diskutiert wird diesbezüglich auch die Vereinheitlichung der Bilanzierungs- und Bewertungsvorschriften in Handels- und Steuerbilanz. Vgl. *Wöhe* (1992), S. 89; ders., StKongrRep 1973, S. 311. Eine Übernahme von bislang rein steuerrechtlichen Wahlrechten in das Handelsbilanzrecht ist jedoch abzulehnen, weil sie die Bedeutung der GoB konterkarieren würde.

[1235] So etwa *Robisch*, DStR 1993, S. 1001; *IDW*, FN 1989, S. 160; *Küting*, BFuP 1989, S. 119; *Wöhe* (1992), S. 92; *Schmidt*, WPg 1991, S. 609; *Plewka/Schmidt* in Lademann, EStG, § 5 Rn. 518; *Lause/Sievers*, BB 1990, S. 31; *Haller*, RIW 1992, S. 47; *Krawitz*, S. 208 f. ; *Siepe*, S. 632; ähnlich *Weilbach*, DB 1989, S. 1303. Vgl. auch *Börner*, S. 170.

[1236] Vgl. hierzu etwa *Küting*, BFuP 1989, S. 119; *Vogt*, S. 242; *Haeger*, S. 191.

Finanz-[1237] und Ertragslage[1238], allerdings führt auch sie nicht zu einer vollständigen Beseitigung der Verzerrungen[1239]. Die bei Kapitalgesellschaften gesetzlich vorgesehenen Anhangsangaben können die verbliebenen Deformationen teilweise entschärfen, nicht aber egalisieren[1240]. Noch weniger überzeugt der Vorschlag jedoch bei Einzelunternehmen und Personengesellschaften[1241], da hier flankierende Anhangsangabe schon gar nicht vorgesehen sind und eine entsprechende Erweiterung der Rechnungslegungspflichten rechtlich fragwürdig und politisch nur schwer durchsetzbar erscheint.

Vor allem aber spricht der Gedanke der Internationalisierung der Rechnungslegung gegen diesen Schritt, denn der Sonderposten mit Rücklageanteil ist in der internationalen Bilanzierungspraxis weitestgehend unbekannt[1242]. Von den zusätzlichen Angaben profitieren insofern nur diejenigen, die sich mit der deutschen Bilanzierungspraxis auskennen. Sollte man sich dazu entschließen, die Bedeutung des Postens zu erhöhen, würde seine ohnehin schon deharmonisierende Wirkung noch verstärkt. Sowohl die umgekehrte Maßgeblichkeit, als auch der Sonderposten, konterkarieren die Bemühungen um eine internationale Ausrichtung der deutschen Rechnungslegung. Die internationale Akzeptanz der deutschen Rechnungslegung würde damit kaum gefördert[1243].

Zusammenfassend lässt sich daher festhalten, dass eine Einstellungspflicht in den Posten die Informationsdefizite zwar aus nationaler Sicht – jedenfalls bei den Kapitalgesellschaften – mildern könnte, jedoch aus internationaler Sicht zu

---

1237 Vgl. *ADS*, § 281 Rn. 18; ähnlich *Vogt*, S. 242.

1238 Wenngleich die Wahl der Ausweisform nicht die Höhe des Jahresergebnisses beeinflusst, so sind doch Verbesserungen im Hinblick auf die Erfolgsstruktur der GuV erkennbar. Während bei der direkten Methode die handels- und steuerrechtlichen Abschreibungen zusammengefasst werden, erfolgt bei der Einstellung in den Sonderposten eine Trennung der Abschreibungen. Vgl. *Küting*, BFuP 1989, S. 119; *ADS*, § 281 Rn. 18. Diese Vorteile erfassen jedoch nur den Steueraufwand des laufenden Jahres. Vgl. *Haeger*, S. 193; *Vogt*, S. 243; vgl. auch *Groh*, DB 1985, S. 1851.

1239 Vgl. oben unter Kapitel 3 C. I. 2. b) (1.); im Hinblick auf die Finanzlage vgl. *ADS*, § 281 Rn. 18; *Vogt*, S. 242.

1240 Erforderlich wäre daher zusätzlich eine weitere Detaillierung der zugrunde gelegten Vorschriften und eine Auflistung der Teilbeträge im Anhang. Ebenso *Lause/Sievers*, BB 1990, S. 31; *Haller*, RIW 1992, S. 47.

1241 So auch *Börner*, S. 170. Vgl. hierzu auch *IDW*, FN 1989, S. 160.

1242 Insbesondere IAS und US-GAAP kennen diesen Posten nicht. Vgl. *Hayn/Waldersee*, S. 126 f.; *Küting*, Beilage 2 zu NWB Heft 6/1998, S. 7; *Busse von Colbe*, BFuP 1995, S. 379. Aus diesem Grunde ordnen im Konzernabschluss viele Unternehmen diesen Posten je zur Hälfte den Gewinnrücklagen und den Steuerrückstellungen zu. In BR-Drucks. 257/83, S. 83, 90, wird die Einführung des Sonderpostens mit Rücklageanteil irrtümlich damit begründet, dass dieser eine bessere Vergleichbarkeit internationaler Jahresabschlüsse fördern solle.

1243 Ebenso *Schmidt*, S. 911; a.A. *IDW*, FN 1989, S. 160.

einer Vergrößerung der Unterschiede zu anderen Standards führen würde und daher abzulehnen ist[1244].

II. Erweiterung und Präzisierung der Anhangspflichten

Es wurde bereits dargestellt[1245], dass die gesetzlich vorgesehenen Anhangspflichten die negativen Auswirkungen der umgekehrten Maßgeblichkeit auf die Handelsbilanz nicht egalisieren können. Aus diesem Grunde erscheint es naheliegend, die obligatorischen Anhangsangaben zu erweitern und dadurch aufzuwerten[1246].

Sicherlich würde ein Ausbau des Anhangssystems den Informationsgehalt des handelsrechtlichen Jahresabschlusses verbessern. Zweifelhaft ist indes, ob überarbeitete Anhangspflichten imstande sind, das Defizit vollständig zu beseitigen[1247]. Zunächst sei erneut[1248] darauf hingewiesen, dass die Konkretisierung der Anhangspflichten per se lediglich bei den Kapitalgesellschaften zu Verbesserungen führen kann und ihr Anwendungsbereich selbst hier teilweise eingeschränkt ist. Nachteilig ist zudem der zusätzliche Arbeitsaufwand, der mit einer Erweiterung der Anhangsangaben einherginge. Vor allem aber stellt sich die Frage, wie sinnvoll eine Verstärkung der Ausprägung des „Funktionsteilungsmodells" ist. Bereits aus nationaler Sicht ist die „Verdrängung" der Informationsfunktion in den Anhang kritisch zu beurteilen[1249]. Denn dieser Vorschlag kann zwar die Erfüllung der Informationsfunktion im Jahresabschluss als Ganzes, nicht jedoch im Bereich Handelsbilanz verbessern. Vor dem Hintergrund einer Internationalisierung der Rechnungslegung lässt sich diese These erst recht nicht halten[1250]. Bei den dominierenden internationalen Standards hat die Informationsfunktion bereits in den Bilanzen einen übergeordneten Stellenwert. Der Anhang dient vor allem der Ergänzung und der Erläuterung, nicht aber der Verwirklichung des Einblicksgebotes. Daher ist eine Verbannung des „true and fair view" – Prinzips in den Anhang mit den Rechnungslegungsstandards US-GAAP und IAS nicht vereinbar[1251]. Gegen eine Erweiterung des Anhangs spricht aus

[1244] Denkbar wäre dieser Schritt allenfalls als Übergangslösung bis zu einer endgültigen Abschaffung des Grundsatzes.

[1245] Vgl. oben unter Kapitel 3 C. I. 2. b) (1.).

[1246] Vgl. *Robisch*, DStR 1993, S. 1001; *Vogt*, S. 305, 308; *Wöhe* (1992), S. 89; *Schildbach*, StuB 1999, S. 425; *Beisse* (1994), S. 22. Vgl. auch *Born* (1999), S. V.

[1247] So etwa *Schildbach*, BB 1989, S. 1452: Eine gänzliche Korrektur lässt sich seiner Ansicht nach nur durch die Aufstellung eines Zweitabschlusses nach rein handelsrechtlichen Grundsätzen erreichen.

[1248] Vgl. oben unter Kapitel 3 C. I. 2. b) (1.).

[1249] Vgl. oben unter Kapitel 3 C. I. 2. b) (1.) (a).

[1250] Vgl. *Moxter*, DB 1998, S. 1426; *Beisse* (1996), S. 38, 42, 45.

[1251] Vgl. *Herzig*, WPg 2000, S. 112.

internationaler Sicht zudem, dass dieser Teil des Jahresabschlusses aufgrund seiner sprachlichen – nicht zahlenmäßigen – Darstellung zu Verständnisproblemen führen kann, weil bestimmte Begriffe in den verschiedenen Sprachen eine unterschiedliche Bedeutung haben[1252]. Unberücksichtigt bleiben bei diesem Vorschlag zudem die nicht mit der Informationsfunktion im Zusammenhang stehenden Kritikpunkte. Ein Ausbau der Anhangspflichten kann daher allenfalls die Symptome lindern, nicht jedoch die grundsätzlichen Mängel des § 5 Abs. 1 Satz 2 EStG beseitigen. Insofern läge nur ein Stückwerk, nicht aber eine endgültige Lösung vor.

III. Einschränkung des Anwendungsbereiches der umgekehrten Maßgeblichkeit

Im Zusammenhang mit der Zwecksicherung steuerrechtlicher Subventionen durch die umgekehrte Maßgeblichkeit wurde bereits kritisiert[1253], dass aus steuerrechtlicher Sicht eine Ausdehnung der Ausschüttungssperre über das Jahr der erstmaligen Inanspruchnahme des steuerrechtlichen Wahlrechts regelmäßig nicht notwendig ist. Der Subventionszweck ist in der Regel erfüllt, wenn die geförderte Maßnahme durchgeführt wurde. Aus diesem Grunde wird in der Literatur vereinzelt[1254] vorgeschlagen, den negativen Auswirkungen des § 5 Abs. 1 Satz 2 EStG mit einer zeitlichen Begrenzung seines Anwendungszeitraumes zu begegnen. Andere[1255] gehen noch weiter und schlagen vor, die umgekehrte Maßgeblichkeit als allgemeinen Grundsatz aufzuheben, damit der Gesetzgeber im Einzelfall überprüfen kann, ob und inwieweit eine korrespondierende Bilanzierung zur Subventionssicherung überhaupt erforderlich und eine Durchbrechung der GoB verhältnismäßig ist.

Beiden Vorschlägen ist gemein, dass sie die Zweifel an dem Sinn der umgekehrten Maßgeblichkeit als Subventionszwecksicherungsinstrument beseitigen wollen. Die negativen handelsrechtlichen Auswirkungen des Grundsatzes könnten so auf das Jahr der Inanspruchnahme der Subvention bzw. auf bestimmte Subventionen beschränkt werden. Der erste Vorschlag kann allerdings nicht überzeugen, weil in der Handelsbilanz im der Inanspruchnahme folgenden Geschäftsjahr „außerplanmäßig" zugeschrieben werden müsste, wodurch der Gewinn und damit die Ausschüttungsmöglichkeit „außerordentlich" hoch wäre.

[1252] Ähnlich *Erdbrügger*, DStR 2001, S. 101; *Luttermann*, ZIP 2000, S. 13; ders., S. 498 f.. Vgl. auch *Großfeld*, WPg 2001, S. 132.

[1253] Vgl. oben unter Kapitel 3 D. I. 2..

[1254] Vgl. *Zweigert*, S. 104; Vgl. auch *Mathiak*, StbJb 1986/87, S. 84; *Schmidt*, WPg 1991, S. 608 f..

[1255] Vgl. *IDW*, FN 1988, S. 416; *Döllerer*, BB 1971, S. 1333; vgl. auch *Schmidt*, WPg 1991, S. 608.

Die Stärkung der Unternehmenssubstanz würde nur kurzfristig erreicht und damit die vom Steuergesetzgeber intendierten Ziele der Ausschüttungssperre schon im Folgejahr konterkariert. Dadurch aber verliert das Hauptargument für die umgekehrte Maßgeblichkeit wesentlich an Wert und stellt den Sinn des Grundsatzes allgemein in Frage. Begrenzt man die zeitliche Geltungsdauer der umgekehrten Maßgeblichkeit auf das Jahr der Inanspruchnahme der Subvention, so wäre auch die Verhältnismäßigkeit des Eingriffs in das Handelsrecht kritisch zu überprüfen. Beim zweiten Vorschlag handelt es sich letztlich um eine Verkomplizierung, da jede einzelne Übernahme steuerrechtlicher Subventionen von einer Entscheidung des Gesetzgebers abhängig gemacht wird; einer Steuervereinfachung würde hierdurch entgegengewirkt. Dieser Weg stellt einen Rückschritt in die Jahre vor der Kodifizierung des allgemeinen Grundsatzes mit den schon damals bestehenden Problemen dar[1256]. In beiden Fällen handelt es sich darüber hinaus um Stückwerk, weil sie nur einzelne Aspekte der Kritik berühren. Die Beseitigung einer allgemeinen Umkehrmaßgeblichkeit wäre lediglich ein halbherziger Schritt in Richtung vollständiger Abschaffung des Grundsatzes. Aus internationaler Sicht könnten die beklagten Nachteile auf diesem Wege keineswegs beseitigt werden – die bestehenden Unsicherheiten würden sogar verstärkt. Die Verkomplizierung würde dem Harmonisierungsprozess widerstreben.

IV. Änderung der Ausschüttungsvorschriften

Aufgrund der eingeschränkten Wirksamkeit der mit der umgekehrten Maßgeblichkeit bezweckten Ausschüttungssperre und ihrer Umgehungsmöglichkeiten[1257] wird in der Literatur die Anpassung der betroffenen Ausschüttungsvorschriften diskutiert[1258]. Ziel ist dabei die rechtsformneutrale Sicherstellung der Zwangsthesaurierung. Gegen diesen Lösungsansatz spricht aus rechtssystematischer Hinsicht bereits, dass handelsrechtliche Normen zur Erreichung steuerrechtlicher Zielsetzungen geändert würden, ohne dass ein handelsrechtlicher Bedarf besteht[1259]. Insofern läge erneut ein unzulässiger Übergriff des Steuer- auf das Handelsrecht vor. Darüber hinaus macht dieser Weg im Gesamtkontext nur dann einen Sinn, wenn gleichzeitig die Beseitigung der Deformation der Handelsbilanz sichergestellt werden könnte. Ziel wäre dann eine rechtsformunabhängige und unumgängliche handelsrechtliche Regelung, die bei steuerrechtlichen Subventionen lediglich die Ausschüttungen, nicht aber die Bilanz als sol-

---

[1256] Vgl. oben unter Kapitel 1 C. II..

[1257] Vgl. oben unter Kapitel 3 A. I. 2. b).

[1258] Vgl. *Mathiak*, StbJb 1986/87, S. 87; *Havermann*, WPg 2000, S. 125; *Busse von Colbe*, BFuP 1995, S. 386; *Krumnow*, S. 694. Vgl. auch *Schildbach*, BB 1989, S. 1452.

[1259] Anders wäre dies nur dann, wenn man die Ausschüttungsbegrenzungen auch aus handelsrechtlicher Sicht für unzureichend hält.

che, betrifft. Ein Beseitigung der Umgehungsmöglichkeiten der Ausschüttungssperre ohne eine Beeinträchtigung der Handelsbilanz wäre jedoch nur bei der Erstellung einer gesonderten „Ausschüttungsbilanz“ erreichbar[1260]. Zwar könnte die Handelsbilanz im Falle der Abspaltung besser an der Informationsfunktion ausgerichtet werden, weil die Zahlungsbemessungsfunktion entfiele („Informationsbilanz“). Die „Ausschüttungsbilanz“ könnte demgegenüber mehr an den Erfordernissen gegenüber den Gesellschaftern und dem Fiskus ausgerichtet und dann Grundlage der Besteuerung werden. Auf diesem Wege könnten zudem den Bedenken gegen eine zu starke Ausrichtung der eigentlichen Handelsbilanz an der Informationsaufgabe begegnet werden[1261].

Die Erfordernisse der umgekehrten Maßgeblichkeit können indes nicht die Aufstellung einer zusätzlichen Bilanz begründen, weil die Anfertigung einer weiteren Bilanz für die Unternehmen zu zusätzlichen Kosten und einem nicht unerheblichen Arbeitsaufwand führt. Belastet würde darüber hinaus das Vertrauen der Bilanzadressaten, weil unterschiedliche Zahlenwerke nach verschiedenen Gewinnermittlungssystemen zu erstellen wären[1262]. Eine zusätzliche Bilanz würde die Rechnungslegung daher eher verkomplizieren als vereinfachen. Weiter kann insbesondere bei der Zugrundelegung der „Ausschüttungsbilanz“ für die Ertragsbesteuerung der Eindruck entstehen, dass diese allein aus steuerrechtlichen Gründen aufgestellt wird[1263]. Zudem dürfte die Verschärfung der handelsrechtlichen Ausschüttungsvorschriften vor allem auf den Widerstand von Einzelunternehmen und Personengesellschaften stoßen. Die bislang recht freien Ausschüttungsmöglichkeiten sind vor allem mit der Haftung des Privatvermögens zu erklären[1264]; eine Verschärfung ist daher rechtlich kaum zu rechtfertigen[1265]. Schließlich kann eine „Ausschüttungsbilanz“ auch aus internationaler Sicht nicht überzeugen, denn es würde bei internationalen Anlegern auf Unverständnis stoßen und insbesondere bei international tätigen Publikumsgesellschaften am Kapitalmarkt zu Nachteilen führen, wenn sich aus der „Ausschüttungsbilanz“ eine niedrigere ausschüttbare Dividende als aus der Informations-

---

[1260] Vgl. *Schön*, ZHR 1997, S. 158 f.; ähnlich *Strobl*, S. 411 f.; *von Garnier*, StuB 1999, S. 988; *Schildbach*, BB 1989, S. 1452. Nach *Busse von Colbe*, BFuP 1995, S. 386, könnte die GuV-Rechnung zweistufig in einer Staffelrechnung ein „erzieltes“ Ergebnis nach internationalen Standards und ein „verwendbares“ Ergebnis ausweisen. Kritisch *Groh* (1998), S. 192.

[1261] Nach Ansicht von *Bippus*, DStZ 1998, S. 644, wäre es bei Übernahme internationaler Grundsätze sinnvoll, einen zweiten Abschluss mit der Ausschüttungsbemessungsfunktion aufzustellen.

[1262] Vgl. *Ballwieser* (1996), S. 21; *Groh* (1998), S. 192; Mitteilung der EU-Kommission: „Harmonisierung auf dem Gebiet der Rechnungslegung“, abgedruckt in *Schruff*, S. 27 ff. (33 f.). Vgl. auch *Schön*, ZHR 1997, S. 159.

[1263] Vgl. *Groh* (1998), S. 192.

[1264] Vgl. oben unter Kapitel 3 A. I. 3. b).

[1265] Insofern ist fraglich, ob dieser Vorschlag politisch überhaupt durchsetzbar ist.

bilanz ergibt. Nach alledem ist die Aufspaltung der Handelsbilanz in eine „Informations-“ und eine „Ausschüttungsbilanz“ weder aus nationaler noch aus internationaler Sicht zu befürworten. Eine Verschärfung der Ausschüttungsvorschriften muss daher ausscheiden.

V. Zwischenergebnis

Die genannten Reformvorschläge stellen zwar Verbesserungen im Regelungsbereich der umgekehrten Maßgeblichkeit dar, können jedoch bereits isoliert betrachtet nicht überzeugen und allenfalls als symptombezogene Einzellösungen angesehen werden. Prüft man die Vorschläge als Summe von Einzelmaßnahme in ihrer Gesamtheit, so können sie zwar die einzelnen Kritikpunkte teilweise entschärfen, jedoch erfolgt aufgrund der beschriebenen Mängel lediglich eine Verlagerung der Probleme, nicht aber deren Lösung. Vorbehalte bestehen vor allem vor dem Hintergrund einer Internationalisierung der Rechnungslegung. Die Modifizierung der handelsrechtlichen Vorschriften ist demzufolge nicht ausreichend[1266].

B. Abschaffung der umgekehrten Maßgeblichkeit

Mangels überzeugender Reformvorschläge ist die vollständige Aufgabe der umgekehrten Maßgeblichkeit de lege ferenda die einzig sinnvolle Lösung[1267]. Dann aber stellt sich die Frage, wie die Streichung gesetzestechnisch durchzuführen ist und in welcher Form zukünftig subventionelle Steuervergünstigungen gewährt werden können.

I. Gesetzestechnischer Vollzug der Aufgabe der umgekehrten Maßgeblichkeit

Problematisch und daher umstritten ist, ob die Abschaffung des Grundsatzes der umgekehrten Maßgeblichkeit bereits mit der Streichung des § 5 Abs. 1 Satz 2 EStG vollzogen wäre. Dies hängt davon ab, wo man die Rechtsgrundlage des Grundsatzes verortet und ob man ihn als eigenständiges Rechtsinstitut begreift.

[1266] Im Ergebnis auch *Plewka/Schmidt* in Lademann, EStG, § 5 Rn. 519; *Dziadkowski*, StuW 1979, S. 235; ders., BB 1986, S. 437; *Weber-Grellet*, BB 1994, S. 33; ders., BB 1999, S. 2666.

[1267] Ähnlich *Dziadkowski*, StuW 1979, S. 235; ders., BB 1986, S. 437; *Herzig*, WPg 2000, S. 116; *Plewka/Schmidt* in Lademann, EStG, § 5 Rn. 519; *Kort*, FR 2001, S. 62; *Sigloch*, BFuP 2000, S. 179; *Stobbe*, DStR 1991, S. 166; *Esser* (1998), S. 89; *Thiel* (1995), S. 99; *Weber-Grellet*, BB 1994, S. 33; ders., BB 1999, S. 2666. Zur a.A. vgl. *Vogt*, S. 323.

Zur Rechtsgrundlage des Grundsatzes werden indes verschieden Auffassungen vertreten:

Vereinzelt[1268] wird bei der Erörterung der Rechtsgrundlage der umgekehrten Maßgeblichkeit auf **§ 254 Satz 1 HGB** verwiesen. Rein rechtssystematisch könne man sich auf den Standpunkt stellen, dass die Abhängigkeit der Handelsbilanz von der Steuerbilanz nur im Handelsrecht geregelt sein dürfte[1269]. Dem ist allerdings entgegenzuhalten, dass diese Vorschrift lediglich eine handelsrechtliche Öffnungsklausel darstellt und daher nicht als gesetzliche Grundlage der umgekehrten Maßgeblichkeit angesehen werden kann[1270]. Sie stellt vielmehr nur den Inhalt der Abhängigkeit dar und setzt sowohl nach ihrem Wortlaut als auch nach ihrem Sinn und Zweck einen statuierten Gleichschritt von Handels- und Steuerbilanz voraus, ohne einen solchen gleichwohl begründen zu können. Zudem sind sämtliche handelsrechtlichen Vorschriften zur umgekehrten Maßgeblichkeit als Wahlrechte ausgestaltet, so dass sie per se nicht als Rechtsgrundlage in Betracht kommen[1271].

Von einer bedeutenden Literaturansicht[1272] wird die gesetzliche Grundlage der umgekehrten Maßgeblichkeit in **§ 5 Abs. 1 Satz 1 EStG** gesehen. Nach dieser Auffassung hat § 5 Abs. 1 Satz 2 EStG für die umgekehrte Maßgeblichkeit lediglich deklaratorische Bedeutung (**Theorie der uneingeschränkten formellen Maßgeblichkeit**). Dies wird damit begründet, dass bereits vor Einfügung des Satzes 2 eine uneingeschränkte formelle Maßgeblichkeit bestanden habe, die sich aus dem § 5 Abs. 1 EStG a.F. ergeben habe[1273]. Da die handelsrechtlichen Öffnungsklauseln als GoB i.S.d. § 5 Abs. 1 Satz 1 EStG anzuerkennen seien[1274], sei bei Steuervergünstigungen aufgrund steuerrechtlicher Bewertungswahlrechte bereits der Maßgeblichkeitsgrundsatz des § 5 Abs. 1 Satz 1 EStG anzuwenden. Nach dieser Ansicht handelt es sich bei der umgekehrten Maßgeblichkeit nicht um eine selbständiges Rechtsinstitut, sondern um einen bloßen Reflex und damit

---

[1268] Vgl. *Großfeld*, WPg 1994, S. 797.

[1269] Der umgekehrte Fall, der direkten Maßgeblichkeit, ist systematisch korrekt im Steuergesetz verankert. Vgl. *Krawitz*, S. 202.

[1270] Vgl. *Gail*, S. 127; *Merkert/Koths*, BB 1985, S. 1767.

[1271] Ebenso *Stobbe*, DStR 1991, S. 164; *Gail*, S. 127; *Merkert/Koths*, BB 1985, S. 1767.

[1272] Vgl. BFH vom 25.4.1985 – I R 65/80, BStBl. II 1986, S. 350; *Plewka/Schmidt* in Lademann, EStG, § 5 Rn. 367, 477; 481, 483; Blümich/*Schreiber*, § 5 EStG Rn. 186, 201 ff.; *Bordewin*, DStR 1988, S. 669; *Mathiak*, StuW 1986, S. 176; *Küting/Haeger*, DStR 1988, S. 159; *Weilbach*, BB 1989, S. 1302. Vgl. auch *Söffing*, DB 1988, S. 241; *Döllerer*, BB 1987, Beilage 12/1987, S. 14.

[1273] Vgl. *Bordewin*, FR 1986, S. 281 ff.; ders. DStR 1988, S. 670; *Söffing*, DB 1988, S. 245; *Küting/Haeger*, BB 1988, S. 592.

[1274] Vgl. *Plewka/Schmidt* in Lademann, EStG, § 5 Rn. 367, 477; 481; *Clemm*, BFuP 1990, S. 558; *Mathiak*, BFuP 1990. S. 559; *Söffing*, DB 1988, S. 244, 301.

Teilaspekt der formellen Maßgeblichkeit[1275]. Nach der **Theorie der eingeschränkten formellen Maßgeblichkeit**[1276] hat § 5 Abs. 1 Satz 2 EStG lediglich für die nicht GoB-konforme – ausschließlich steuerrechtlichen – Wahlrechte konstitutiven Charakter, während seine Bedeutung im Falle der Konformität mit den GoB nur klarstellend ist[1277]. Im Gegensatz zur zuvor genannten Ansicht werden die handelsrechtlichen Öffnungsklauseln richtigerweise nicht als GoB qualifiziert[1278], so dass eine Erfassung der ausschließlich steuerrechtlichen Wahlrechte durch die bereits unter § 5 Abs. 1 EStG a.F. existente formelle Maßgeblichkeit ausscheidet[1279]. Nach einer weiteren Ansicht ergibt sich die Rechtsgrundlage der umgekehrten Maßgeblichkeit insgesamt aus **§ 5 Abs. 1 Satz 2 EStG**, weil die Regelung auch für die formelle konstitutiven Rang habe. Aus § 5 Abs. 1 EStG a.F. sei eine formelle Maßgeblichkeit nicht abzuleiten gewesen, weil für eine Bindung an den konkreten Handelsbilanzansatz in der alten Regelung die Rechtsgrundlage fehle[1280].

Aus alledem wird deutlich, dass zur Abschaffung der umgekehrten Maßgeblichkeit neben der Streichung des § 5 Abs. 1 Satz 2 EStG auch die Eliminierung der handelsrechtlichen Öffnungsklauseln erforderlich ist[1281].

[1275] Vgl. Schmidt/*Weber-Grellet*, § 5 Rn. 40; *Dziadkowski* in Castan/Edgar, B 120, Rn. 101; *Wassermeyer*, DStJG 1991, S. 42; *Vogelgesang*, S. 135; *Schmidt* in WP-Handbuch, Kap. B Rn. 322; *Robisch*, DStR 1993, S. 1000; *Meincke*, StuW 1990, S. 16; *Federmann*, S. 171; *Plewka/Schmidt* in Lademann, EStG, § 5 Rn. 477, 481; Blümich/*Schreiber*, § 5 EStG Rn. 188; *Mathiak*, StbJb 1986/87, S. 87; *Stahlschmidt*, DStZ 2000, S. 415.

[1276] Vgl. *Kempermann* in K/S, § 5 B 141 ff.; *Knobbe-Keuk* (1993), S. 22; *Döllerer*, BB 1987 Beilage 12/87, S. 16; *Schneider*, BB 1978, S. 1578; *Mellwig*, BB 1983, S. 1613; *Schmitz*, DB 1986, S. 14; *Woerner*, BB 1976, S. 1570. Vgl. auch *Plewka/Schmidt* in Lademann, EStG, § 5 Rn. 372.

[1277] Sieht man die historische Begründung des § 5 Abs. 1 Satz 1 EStG in der Vereinfachung der Gewinnermittlung, so lässt sich zwar die formelle, nicht jedoch die umgekehrte Maßgeblichkeit hieraus herleiten, weil letztere vor allem Ausschüttungsrestriktionen erzeugen soll. Vgl. hierzu *Kempermann* in K/S, § 5 B 141.

[1278] Vgl. *Wassermeyer*, DStJG 1991, S. 43; *Kempermann* in K/S, § 5 B 143; *Schildbach*, BFuP 1989, S. 134; *Sarrazin*, DB 1987, S. 1597; Heymann/*Walz*, Einl., Rn. 81; *Kort*, FR 2001, S. 61.

[1279] Die Regeln der formellen Maßgeblichkeit seien nur bei GoB-konformen Wahlrechten anwendbar, weil der Grundsatz nur bei Übereinstimmung mit den handelsrechtlichen GoB anwendbar ist. Vgl. *Wittstock/Klein*, WPg 1988, S. 388; *Kempermann* in K/S, § 5 B 143.

[1280] Vgl. *Tanzer*, DStJG 1984, S. 86 f., 93; *Schildbach*, BB 1989, S. 1447; *Kort*, FR 2001, S. 61. Vgl. auch *Stobbe* in H/H/R, § 6 Rn. 79 m.w.N.. Für die a.A. vgl. etwa *Plewka/Schmidt* in Lademann, EStG, § 5 Rn. 366, 368.

[1281] Die GoB-konformen Wahlrechte würden weiterhin in den Anwendungsbereich der formellen Maßgeblichkeit fallen, jedoch hätte sich dabei die Steuerbilanz nach der Ausübung in der Handelsbilanz zu richten.

II. Auswirkungen auf den Grundsatz der direkten Maßgeblichkeit

Aus der Streichung des § 5 Abs. 1 Satz 2 EStG ergeben sich grundsätzlich keine unmittelbaren Auswirkungen auf die direkte Maßgeblichkeit, so dass die materielle und formelle Form des Grundsatzes ohne Einschränkung beibehalten werden könnte[1282], weil deren Rechtsgrundlage nach der herrschenden Ansicht in der Literatur in § 5 Abs. 1 Satz 1 EStG zu sehen ist[1283]. Trotzdem ist damit zu rechnen, dass die Streichung des § 5 Abs. 1 Satz 2 EStG die im Zuge der Internationalisierung der Rechnungslegung ohnehin schon in Gang gekommene Diskussion über die Zukunft des Grundsatzes noch verstärken wird[1284]. Dieser Umstand kann jedoch nicht dazu führen, von der erforderlichen Streichung der umgekehrten Maßgeblichkeit abzusehen.

III. Verbleibende staatliche Förderungsmöglichkeiten

Für den Fall einer Aufgabe der umgekehrten Maßgeblichkeit ist zu klären, ob und ggf. in welcher Form der Steuergesetzgeber zukünftig wirtschaftslenkende steuerrechtliche Subventionen gewähren kann[1285]. Hauptanliegen ist dabei, einen Weg zu finden, steuerrechtliche Erleichterungen ohne Auswirkungen auf die handelsrechtliche Bilanzierung aufzuzeigen. In der Literatur werden zu diesem Zweck diverse Subventionsformen vorgeschlagen[1286]: Zunächst kommt die Fortsetzung der Gewährung steuerrechtlicher Subventionen in Form von Sonderabschreibungen und unversteuerten Rücklagen – allerdings ohne die Vorausset-

---

1282 Vgl. *Schmidt*, S. 911; *Kempermann* in K/S, § 5 Rn. 163. So konnten beide Grundsätze auch unabhängig voneinander kodifiziert werden. A.A. wohl *Mathiak*, StbJb 1986/87, S. 104. Dies ist – wie bereits unter Kapitel 5 B. I. – dargestellt für die formelle Maßgeblichkeit umstritten. Folgt man der Meinung, welche die Rechtsgrundlage dieses Grundsatzes in § 5 Abs. 1 Satz 2 EStG sieht, würde bei dessen Streichung sowohl die umgekehrte wie auch die formelle Maßgeblichkeit entfallen. Wenngleich es sich hierbei sicherlich um eine Meinung handelt, sollte jedenfalls in der Gesetzesbegründung ein entsprechender Hinweis zur Klarstellung erfolgen. Denkbar und klärender wäre aber eine Abänderung des Satzes 1 in der Weise, dass nunmehr unmittelbar und eindeutig die Geltung der formellen Maßgeblichkeit vorgeschrieben wird.

1283 Vgl. oben unter Kapitel 5 B. I..

1284 Vgl. *Schmidt*, WPg 1991, S. 608. Dazu beitrage würde auch die Fortführung rein steuerrechtlicher Wahlrechte ohne korrespondierenden Ansatz, weil sie ein Auseinanderlaufen von Handels- und Steuerbilanz verstärken würde.

1285 Zu der grundsätzlichen Beurteilung wirtschaftspolitischer Lenkungsmaßnahmen i.F. der Gewährung von Steuervergünstigungen vgl. *Eberhartinger*, S. 185 und *Wagner*, Handelsblatt Nr. 18 vom 25.01.2001, S. 2.

1286 Vgl. *Robisch*, DStR 1993, S. 1002; *Karsten*, BB 1967, S. 428; *Einkommensteuer-Kommission*, Beilage 24 zu Heft 34/1994, S. 4 f.; *Leucht*, DB 1989, S. 2242; *Wöhe* (1992), S. 88; *Schildbach*, BFuP 1989, S. 137; ders. (1994), S. 708; *Schneider*, DB 1970, S. 1705. Vgl. auch *Woerner*, BB 1976, S. 1569.

zung der Übernahme in die Handelsbilanz – in Betracht. Die hätte indes – jedenfalls aus der Sicht des Fiskus – den Nachteil, dass die höheren Gewinne sofort wieder ausgeschüttet werden könnten und die Sicherung des Subventionszwecks in Gefahr geriete[1287]. Gewichtiger erscheint das Problem, dass in diesem Fall die Auseinanderentwicklung von Handels- und Steuerbilanz verstärkt würde[1288]. Abgesehen von ihren Auswirkungen aufgrund der umgekehrten Maßgeblichkeit gerät diese Art der Steuervergünstigung jedoch zunehmend in Kritik, weil sie das Steuerrecht verkompliziere, die Kontrolle des Subventionsumfanges erschwere, Instabilität des Wirtschaftsablaufs erzeuge und die Begünstigung von der Höhe des Einkommens des Steuerpflichtigen abhängig mache[1289]. Aus diesem Grunde wird in der Literatur – auch unabhängig von der Kritik im Zusammenhang mit der umgekehrten Maßgeblichkeit – die Ablösung der Subventionsgewährung in dieser Form gefordert[1290].

Der Steuergesetzgeber ist aber nicht auf diese Art der Gewährung angewiesen: In Betracht kommt zunächst eine Ablösung der steuerrechtlichen Wahlrechte i.S.v. § 5 Abs. 1 Satz 2 EStG durch **direkte Zuschüsse oder Zulagen**[1291]. Ein Vorteil dieser Art der Förderung ist – neben der Entschärfung der Maßgeblichkeitsproblematik – die Erhöhung der Transparenz und Effizienz staatlicher Förderpolitik[1292], da der Gesetzgeber die Bezuschussung zur Zwecksicherung an spezielle, auf den Einzelfall abgestimmte, Voraussetzungen binden kann. Im gegenwärtigen Recht finden sich bereits Hinweise auf eine verstärkte Ausnutzung dieser Form der Subventionierung: So laufen die Sonderabschreibungen nach dem Fördergebietsgesetz aus und werden künftig durch sog. Investitionszulagen ersetzt[1293]. Vereinzelt[1294] wird jedoch an diesem Weg kritisiert, dass er keine Rentabilität des begünstigten Unternehmens voraussetze, so dass die Abgrenzung förderungswürdiger Wirtschaftssubjekte bzw. -objekte Schwierigkeiten bereiten könnte. Aus diesem Grunde wäre der Gesetzgeber gezwungen, vor der Gewährung der Begünstigung eine entsprechende Prüfung zu unternehmen. Dem kann indessen nur gefolgt werden, wenn man den Subventionszweck – zu Unrecht – in der Förderung bestimmter Unternehmen und nicht in der Durchfüh-

[1287] Vgl. oben unter Kapitel 3 D. I. 1. und Kapitel 3 D. I. 2..
[1288] Vgl. auch oben unter Kapitel 3 C. III. 2. b).
[1289] Vgl. *Wagner/Hawlitzky*, DBW 1991, S. 309.
[1290] Teilweise wird auch generell die Einschränkung von Wahlrechten gefordert, um den Informationsgehalt der deutschen Bilanzen zu erhöhen. Vgl. *Schildbach*, StuB 1999, S. 425; ders. (1994), S. 702 ff.; *Busse von Colbe*, BFuP 1995, S. 381 f.. A.A. *Maaßen*, FR 1972, S. 149.
[1291] Vgl. *Robisch*, DStR 1993, S. 1002; *Dziadkowski* in HdR, B 120, Rn. 167; *Leucht*, DB 1989, S. 2242; *Schneider*, DB 1970, S. 1705; *Wöhe* (1992), S 88.
[1292] Ebenso *Dziadkowski* in HdR, B 120, Rn. 167.
[1293] Vgl. Gesetz zur Fortsetzung der wirtschaftlichen Förderung in den neuen Ländern vom 18.8.1998; BGBl. I 1997, S. 2070.
[1294] Vgl. *Börner*, S. 168.

rung einer besonderen Investitionstätigkeit sieht. Zudem kann auf diese Weise der Begünstigtenkreis wesentlich erweitert werden, weil – anders als bei den steuerrechtlichen Wahlrechten i.S.v. § 5 Abs. 1 Satz 2 EStG – auch solche Unternehmen in den Genuss von Zuschüssen kommen können, die zur Zeit der Gewährung keinen Überschuss erzielen[1295].

Darüber hinaus besteht die Möglichkeit einer **offenen Kürzung der Steuerschuld**[1296]. In diesem Fall erfolgen die Abschläge direkt von der Bemessungsgrundlage, so dass das Jahresergebnis zunächst korrekt ermittelt werden kann und der Subventionscharakter deutlich hervortritt. Auf diese Weise kann man zudem die Höhe in absoluten Beträgen fixieren und den Einfluss unterschiedlicher Steuersätze verhindern.

Insgesamt ist erkennbar, dass die steuerrechtlichen Wahlrechte i.S.v. § 5 Abs. 1 Satz 2 EStG keineswegs die einzige Möglichkeit ist, wirtschaftslenkende Subventionen zu gewähren. Dem Fiskus stehen daher genügend Ausweichmöglichkeiten offen.

Endergebnis

Der Grundsatz der umgekehrten Maßgeblichkeit sollte aufgehoben werden.

[1295] Vgl. oben unter Kapitel 3 D. I. 2.. Gerade diese sind jedoch oftmals in besonderem Maße von der „Zuwendung“ abhängig. Vgl. *Vogt*, S. 277; *Knepper*, DStR 1987, S. 690.

[1296] Vgl. *Karsten*, BB 1967, S. 428; *Leucht*, DB 1989, S. 2242; *Wöhe* (1992), S 88.

Literaturverzeichnis

A

Adler, Hans
Düring, Walter
Schmaltz, Kurt
Rechnungslegung und Prüfung der Unternehmen, 5., völlig neu bearb. Aufl., Stand der 9. Teillieferung, Stuttgart 1987 (ADS)

Ahmann, Karin-Renate
Die Bilanzrichtlinie und die steuerliche Gewinnermittlung - Eine Zwangsehe, in: Ertragsbesteuerung, FS für Ludwig Schmidt, München 1993, S. 269 ff.

Alsheimer, Herbert
Einhundert Jahre Prinzip der Maßgeblichkeit der Handelsbilanz für die Steuerbilanz, ZfB 1974, S. 841 ff.

Andreßen, Rüdiger
Birgt der § 292a HGB Ausstiegspotenzial aus der HGB-Rechnungslegung in sich?

Arthur Andersen
Körperschaftsteuergesetz, 23. Aktualisierung, Stand Juni 2001, Bonn 2000

B

Baetge, Jörg
Bilanzen, 4. überarb. Aufl., Düsseldorf 1996 (1996)

Baetge, Jörg
Beermann, Thomas
Vergleichende Bilanzanalyse von Abschlüssen nach IAS/US-GAAP und HGB, BB 2000, S. 2088 ff.

Baetge, Jörg
Kirsch, Hans-Jürgen
Thiele, Stefan
Konzernbilanzen, 5., überarb. und erw. Auflage, Düsseldorf 2000 (2000)

Ballwieser, Wolfgang
Ist das Maßgeblichkeitsprinzip überholt?, BFuP 1990, S. 477 ff.

Grenzen des Vergleichs von Rechnungslegungssystemen – dargestellt anhand von HGB, US-GAAP und IAS, in: Aktien und Bilanzrecht, FS für Bruno Kropff, Düsseldorf 1997, S. 371 ff.

US-amerikanische Rechnungslegung, 3., überarb. und erw. Aufl., Stuttgart 1998 (Ballwieser/Bearbeiter)

Bareis, Peter — Zur Reform des Maßgeblichkeitsprinzips, WPg 1972, S. 498 ff.

Bareis, Peter
Brönner, Herbert — Die Bilanz nach Handels- und Steuerrecht 9., grundlegend neubearb. Aufl., Stuttgart 1991

Bassen, Alexander
Behnam, Michael
Gilbert, Dirk Ulrich — Internationalisierung des Mittelstandes, ZfB 2001, S. 413 ff.

Bauch, Günter
Oestreicher, Andreas — Handels- und Steuerbilanzen, 5. neubearb. und erw. Auflage, Heidelberg 1993

Baumbach, Adolf
Hopt, Klaus J. — Handelsgesetzbuch, 30., neubearb. und erw. Aufl., München 2000

Baumbach, Adolf
Hueck, Alfred — GmbH-Gesetz, 17., erw. und völlig überarb. Aufl., München 2000 (Bearbeiter in Baumbach/Hueck)

Bleckmann, Albert — Staatsrecht II – Die Grundrechte, 3., erw. Aufl., Köln, Berlin, Bonn, München 1989

Beine, Frank — Scheinkonflikte mit dem True and Fair View, WPg 1995, S. 467 ff.

Beisse, Heinrich — Handelsrecht in der Rechtsprechung des Bundesfinanzhofs, BB 1980, S. 637 ff.

Die wirtschaftliche Betrachtungsweise bieder Auslegung der Steuergesetze in der neueren deutschen Rechtsprechung, StuW 1981, S. 1 ff.

Das Verhältnis von Bilanzrecht und Betriebswirtschaftslehre, StuW 1984, S. 1 ff.

Generalnorm des neuen Bilanzrechts, in: Handels und Steuerrecht, FS für Georg Döllerer, Düsseldorf 1988, S. 25 ff.
(1988)

Die Generalnorm des neuen Bilanzrechts und ihre steuerrechtliche Bedeutung, in: Handelsbilanz und Steuerbilanz, Hrsg.: Winfried Mellwig, Adolf Moxter, Dieter Ordelheide, Wiesbaden 1989, S. 15 ff.
(1989)

Die steuerrechtliche Bedeutung der neuen deutschen Bilanzgesetzgebung, StVj 1989, S. 295 ff.

Grundsatzfragen der Auslegung des neuen Bilanzrechts, BB 1990, S. 2007 ff.

Gläubigerschutz – Grundprinzip des deutschen Bilanzrechts, in: Festschrift für Karl Beusch zum 68. Geburtstag am 31. Oktober 1993, Berlin, New York 1993
(1993)

Zum neuen Bild des Bilanzrechtssystems, In: Bilanzrecht und Kapitalmarkt, FS für Adolf Moxter, Düsseldorf 1994, S. 3 ff.
(1994)

Zehn Jahre „True and fair view", in: Rechnungslegung – Warum und wie, FS für Hermann Clemm, München 1996, S. 27 ff.
(1996)

Normqualität und Normstruktur von Bilanzvorschriften und Standards, BB 1999, S. 2180 ff.

Biener, Herbert AG – KGaA – GmbH – Konzerne, Köln 1979
(1979)

Interessenkonflikte bei der Anpassung der Rechnungslegungsvorschriften in der Europäischen Wirtschaftsgemeinschaft (EWG), in: Der Jahresabschluss im Widerstreit der Interessen, Hrsg.: Jörg Baetge, Düsseldorf 1983, S. 21 ff.
(1983)

Fragen zum Bilanzrichtlinien-Gesetz, in: Handelsbilanz und Steuerbilanz, Hrsg.: Winfried Mellwig u.a., Wiesbaden 1989, S. 157 ff.
(1989)

Die Rechnungslegungsempfehlungen des IASC und deren Auswirkungen auf die Rechnungslegung in Deutschland, BFuP 1993, S. 345 ff.

Bilanzierung im Spannungsfeld von Europa-, Umwandlungs- und Steuerrecht, Steuerberater-Handbuch 1995/1996, S. 29 ff.

Stand und künftige Entwicklung der Harmonisierung der Vorschriften über die Rechnungslegung und deren Prüfung in der Europäischen Union, in: Aktien und Bilanzrecht, FS für Bruno Kropff, Düsseldorf 1997, S. 393 ff.
(1997)

Internationalisierung des Bilanzsteuerrechts-Was wird auf uns zukommen?, DStZ 1997, S. 345 ff.

Biener, Herbert
Berneke, Wilhelm
Bilanzrichtlinie-Gesetz, Düsseldorf 1986

Bippus, Birgit Elsa
US-amerikanische Grundsätze der Rechnungslegung von Unternehmen und die Maßgeblichkeit im deutschen Bilanzrecht – keine unvereinbaren Bilanzierungsphilosophien!, DStZ 1998, S. 637 ff.

Birk, Dieter	Steuerrecht I – Allgemeines Steuerrecht, 2. Aufl., München 1994 (1994)
	Steuerrecht, 3., neubearb. Aufl., Heidelberg 1999 (2000)
Bitz, Michael Schneeloch, Dieter Wittstock, Wilfried	Der Jahresabschluss, 3., überarb. Auflage, München 2000
Bleckmann, Albert	Gemeinschaftsrechtliche Probleme des Entwurf des Bilanzrichtlinie-Gesetzes, BB 1984, S. 1525 ff.
Blümich	Einkommensteuergesetz, 70. Ergänzungslieferung, Stand Mai 2001, München (Blümich/Autor)
Bohne, Gotthold	Steuerrecht - Teil der Rechtsordnung, StVj 1993, S. 68 f.
Bordewin, Arno Brandt, Jürgen	Kommentar zum Einkommensteuergesetz, Band 2; 210. Ergänzungslieferung, Heidelberg, Juli 2001
Börner, Dietrich	Bilanzrichtlinien-Gesetz und Steuerbilanzpolitik – Zur Neuordnung der Handlungsspielräume, StbJb 1986/87, S. 201 ff.
	Bilanzpolitik im Spannungsfeld der Jahresabschlussaufgaben: Zur Zukunft des deutschen Einzelabschlussrechts, in: Rechnungslegung Prüfung und Beratung, FS für Rainer Ludewig, Düsseldorf 1996, S. 143 ff.
Born, Karl	Rechnungslegung nach IAS, US-GAAP und HGB im Vergleich, Stuttgart 1999 (1999)

Rechnungslegung international, 2., akt., überarb. und erw. Aufl., Stuttgart 1999 (1999a)

Bucholz, Rainer
Weis, Regina
Maßgeblichkeitsprinzip ade? Zur inhaltlichen Vereinbarkeit der Gewinnermittlung nach IAS und EStG, DStR 2002, S. 512 ff. und 559 ff.

Budde, Wolfgang Dieter (Bearb.)
eck´scher Bilanz-Kommentar, Handels- und Steuerrecht - §§ 238 bis 339 HGB, 4., neubearb. Aufl., München 1999

Budde, Wolfgang Dieter
Steuber, Elgin
Rechnungslegung im Spannungsfeld zwischen Gläubigerschutz und Information der Gesellschafter, AG 1996, S. 542 ff.

Budde, Wolfgang Dieter
Förschle, Gerhart
Das Verhältnis des „True and Fair View" zu den Grundsätzen ordnungsmäßiger Buchführung und zu den Einzelrechnungslegungsvorschriften, in: Einzelabschluss und Konzernabschluss, Winfried Mellwig u.a. (Hrsg.), Wiesbaden 1988, S. 27 ff.

Bühler, Ottmar
Scherpf, Peter
Bilanz und Steuer, 7., neubearb. und erw. Aufl., München 1971

Bundesministerium der Justiz
Entwurf eines Gesetze zur Verbesserung der Wettbewerbsfähigkeit deutscher Konzern an internationalen Kapitalmärkten und zur Erleichterung der Aufnahme von Gesellschafterdarlehen (Kapitalaufnahmeerleichterungsgesetz – KapAEG) vom 27.11.1996, WPg 1996, S. 564 ff.

Bundesministerium der Finanzen
Finanzbericht 1989, Bonn, abgeschlossen am 4.8.1988

Bundesminister für Wirtschaft und Finanzen (Hrsg.)
Gutachten der Steuerreformkommission 1971, Schriftenreihe des Bundesministeriums der Finanzen, Bonn 1971 (BMWF)

Busse von Colbe, Walther Zur Anpassung der Rechnungslegung von Kapitalgesellschaften an internationale Normen, BFuP 1995, S. 373 ff.

Internationalisierung der deutschen Konzernrechnungslegung als Kür oder Pflicht? – zum Regierungsentwurf eines KapAEG –, in: Aktien und Bilanzrecht, FS für Bruno Kropff, Düsseldorf 1997, S. 417 ff.

Busse von Colbe, Walther
Ordelheide, Dieter Konzernabschlüsse, 6., vollständig neu bearb. Auflage, Wiesbaden 1993

C

Castan, Edgar (u.a.) (Hrsg.) Beck´sche Handbuch der Rechnungslegung, Band I, Stand Juli 2000, München

Coenenberg, Adolf Gerhard Jahresabschluss und Jahresabschlussanalyse, 16., überarb. u. erw. Aufl., Landsberg, Lech 1997

Claussen, Carsten P. Zum Stellenwert des § 264 Abs. 2 HGB, in: Bilanz und Konzernrecht, FS für Reinhard Goerdeler, Düsseldorf 1987, S. 79 ff.
(1987)

Zum Stellenwert des Rechnungslegungsrechts, in: Aktien und Bilanzrecht, FS für Bruno Kropff, Düsseldorf 1997, S. 431 ff.
(1997)

Clemm, Hermann Unternehmerische Rechnungslegung – Aufgaben, Möglichkeiten und Grenzen –, in: Bilanz und Konzernrecht, FS für Reinhard Goerdeler, Düsseldorf 1987, S. 93 ff.
(1987)

GoB in Handels- und Steuerrecht in der Diskussion, Meinungsspiegel, BFuP 1990, S. 546 ff.

Steuerbilanz in der Krise, in: Steuerrechtsprechung, Steuergesetz, Steuerreform, FS für Klaus Offerhaus
Köln 1999, S. 631 ff.
(1999)

Creisfelds, Carl Rechtswörterbuch, 16., neubearb. Aufl., München 2000

Crezelius, Georg Steuerrechtliche Rechtsanwendung und allgemeine Rechtsordnung, Berlin 1983

Steuerrecht II, 2. Auflage, München 1994

Maßgeblichkeitsgrundsatz in Liquidation?, DB 1994, S. 689 ff.

D

Dankmeyer, Udo
Giloy, Jörg Einkommensteuer – Kommentar, Band 1, Stand: 92. Lieferung - November 1999, Neuwied, Kriftel

Deutsche Steuerjuristische Gesellschaft e.V. Stellungnahme zum Entwurf eines Steuerreformgesetzes 1990, BB 1988, S. 1089 ff.

Dieterlen, Joachim
Haun, Jürgen Gewinnmindernde Rücklagen nach den Übergangsregelungen des Steuerentlastungsgesetzes 1999/2000/2002, BB 1999, S. 2020 ff.

Döllerer, Georg Maßgeblichkeit der Handelsbilanz in Gefahr, BB 1971, S. 1333 ff.

Handelsbilanz ist gleich Steuerbilanz, in: Jahresabschluss im Widerstreit der Interessen, Hrsg.: Jörg Baetge, Düsseldorf 1983, S. 155 ff.

Handelsbilanz und Steuerbilanz, Beilage 12 zu BB Heft 16/1987, S. 1 ff.
Steuerbilanz und Beutesymbol, BB 1988, S. 238 ff.

Dötsch, Ewald
Eversberg, Horst
Jost, Werner F.
Witt, Georg
Die Körperschaftsteuer, 37. Ergänzungslieferung, Dezember 1999, Stuttgart 2000 (Autor in D/E/J/W)

Dolzer, Rudolf (Hrsg.)
Vogel, Klaus (Hrsg.)
Bonner Kommentar zum Grundgesetz, 96. Lieferung / Stand: Mai 2001, Heidelberg 1999

Dreier, Horst
Grundgesetz : Kommentar, Band 1, Art. 1 – 19, Tübingen 1996

Drüen, Klaus-Dieter
Der Maßgeblichkeitsgrundsatz im Wechselspiel zwischen Gesetzgeber und Rechtsprechung, FR 2001, S. 992 ff.

Dziadkowski, Dieter
Betriebswirtschaftliche Überlegungen zur Anpassung des deutschen Handelsbilanzrechts und Bilanzsteuerrechts an die EG-Bilanzrichtlinie, StuW 1979, S. 228 ff.

Die steuergesetzliche „Verankerung" der „umgekehrten" Maßgeblichkeit i.R.d. Bilanzreform, BB 1986, S. 329 ff.

Zur Dominanz der Steuerbilanz über die Handelsbilanz - Umkehrung des Maßgeblichkeitsprinzips durch das Steuerreformgesetz 1990, WPg 1988, S. 409 ff.

Wider die Aushöhlung der Grundsätze ordnungsmäßiger Buchführung durch Kodifizierung einer totalen Umkehrmaßgeblichkeit, DB 1989, S. 437 ff.

DE + ES: Quo vadis, Steuerbilanz?, IStR 1999, S. 636

Die Überschussrechnung - eine Alternative zur Steuerbilanz?, BB 2000, S. 399 ff.

Die Diskussion über das Verhältnis von Handels- und Steuerbilanz – Alter Wein in neuen Schläuchen?, DStZ 2001, S. 9

Dziadkowski, Dieter Robisch, Martin Gebäudebilanzierung in Handels- und Steuerbilanz, BB 1997, S. 355 ff.

E

Eberhartinger, Eva Ertragsteuerliche Konsequenzen der Internationalisierung der Rechnungslegung, Wien 2000

Egner, Henning Bilanzen, München 1974

Eigenstetter, Hans Die Verknüpfung von Handels- und Steuerbilanz, WPg 1993, S. 575 ff.

Einkommensteuer-Kommission Thesen der Einkommensteuer- Kommission zur Steuerfreistellung des Existenzminimums ab 1996 und zur Reform der Einkommensteuer, Beilage 24 zu Heft 34/1994, S. 1 ff.

Ehrhardt-Rauch, Andrea Die Einnahmen-Überschuss-Rechnung als einheitliche Gewinnermittlungsart?, DStZ 2001, S. 423 ff.

Ekkenga, Jens Neuordnung des Europäischen Bilanzrechts für börsennotierte Unternehmen: Bedenken gegen die Strategie der EG-Kommission, BB 2001, S. 2362 ff.

Ensthaler, Jürgen (Hrsg.) Gemeinschaftskommentar zum Handelsgesetzbuch, 6., neu bearb. und erw. Aufl., Neuwied, Kriftel, Berlin 1999 (Ensthaler/Bearbeiter, GK-HGB)

Erdbrügger, Andreas Die Auswirkung des Einklangerfordernisses auf die praktische Umsetzbarkeit des § 292 a HGB, DStR 2001, S. 99 ff.

Ernst, Christoph EU-Verordnungsentwurf zur Anwendung der IAS: Europäisches Bilanzrecht vor weitreichenden Änderungen, BB 2001, S. 823 ff.

Esser, Klaus Auswirkungen internationaler Standards auf die Rechnungslegung deutscher Unternehmen, in: Weltweite Rechnungslegung und Prüfung. Bericht über die IDW-Fachtagung 1. und 2. Oktober 1997 in Hannover, hrsg. v. IDW, Düsseldorf 1998, S. 73 ff.
(1998)

Internationale Rechnungslegung und Wettbewerbsfähigkeit des deutschen Steuersystems, in: Steuerrecht und europäische Integration, FS für Albert J. Rädler, München 1999, S. 207 ff.
(1999)

Euler, Roland Steuerbilanzielle Konsequenzen der internationalen Rechnungslegung, StuW 1998, S. 15 ff.

F

Falterbaum, Hermann
Beckmann, Heinz
Bolk, Wolfgang Buchführung und Bilanzen, 18. Aufl., Achim 2001
(Falterbaum)

Federmann, Rudolf Bilanzierung nach Handelsrecht und Steuerrecht, 11. neubearb. und erw. Aufl., Berlin 1994

Feuerbaum, Ernst Die „Stunde der Wahrheit" in der Handels- und Steuerbilanz – eine Utopie? (II), DB 1967, S. 1466 ff.

Financial Accounting Standards Board Statements of Financial Accounting Concepts – Accounting Standards, SFAC No. 1, 1990/1991 Edition

Flämig, Christian Die Umkehrung des Maßgeblichkeitsprinzips der Handelsbilanz für die Steuerbilanz, DB 1968, S. 2045 ff.

Flume, Werner | Allgemeiner Teil des Bürgerlichen Rechts, Erster Band, Zweiter Teil, Die juristische Person, Berlin; Heidelberg; New York, Tokio 1983 (1983)

Steuerwesen und Rechtsordnung, in: Rechtsprobleme in Staat und Kirche, FS für Rudolf Smend, Göttingen 1995, S. 59 ff. (1995)

Forster, Karl-Heinz | Rechnungslegung und Prüfung im Wandel, in: Bericht über die Fachtagung 1978 des IDW in Deutschland e.V., Düsseldorf 1979, S. 111 ff.

Frotscher, Gerrit (Hrsg.) | Kommentar zum Einkommensteuergesetz, 6. Aufl., Stand: 105. Lieferung, Freiburg 2001

Funcke, Liselotte | Ist die neue Rechtsprechung des BFH zur Frage der Ordnungsmäßigkeit der Buchführung mit den Erfordernissen des modernen Rechnungswesen vereinbar?, DStR 1969, S. 412 ff.

G

Gadow, W.
Heinichen, E. | Aktiengesetz – Großkommentar, 3., neu bearbeite Auflage, Berlin 1970

Gail, Winfried | Zur Einführung des Begriffs einer eigenständigen Steuerbilanz, WPg 1971, S. 320 ff.

Zur Diskussion über die Einführung einer eigenständigen Steuerbilanz, WPg 1972, S. 493 ff.

Rechtliche und faktische Abhängigkeiten von Steuer- und Handelsbilanz, in: Internationale Wirtschaftprüfung, FS für Hans Havermann, Düsseldorf 1995, S. 109 ff.

Gail, Winfried
Greth, Michael
Schumann, Roland | Maßgeblichkeit der Handelsbilanz für die Steuerbilanz in der EG, DB 1991, 1389 ff.

Garnier, Sebastian von Die Zukunft des deutschen Bilanzrechts - Eine vorausschauende Nachlese, StuB 1999, S. 987 ff.

Gassner, Wolfgang Bilanzsteuerreform in Österreich, in: Steuer und Staaten, FS für Klaus Vogel, Heidelberg 2000, S. 717 ff.

Geiger, Thomas IAS-Bilanzierung als Grundlage der Besteuerung, StuB 2001, S. 914 ff.

Geitner, Stefan
Heim, Michaela
Hollfelder, Markus Der Maßgeblichkeitsgrundsatz im Steuerrecht, SteuerStud 1990, S. 327 ff.

Gelhausen, Wolf
Fey, Gerd Maßgeblichkeit der Staatsfinanzen für das Bilanzrecht?, BB 1994, S. 603 ff.

Geßler, Ernst
Hefermehl, Wolfgang
Eckhardt, Ulrich
Kropff, Bruno Aktiengesetz: Kommentar, Band 1: §§ 1 – 75, München 1984

Glade, Anton Meinungsspiegel, BFuP 1989, S. 159 ff.

Praxishandbuch der Rechnungslegung und Prüfung, 2. Auflage, Berlin 1995

Glanegger, Peter (u.a.) Heidelberger Kommentar zum Handelsgesetzbuch, 5., neubearb. Aufl., Heidelberg 1999 (Glanegger)

Glaum, Martin
Mandler, Udo Rechnungslegung auf globalen Kapitalmärkten, Wiesbaden 1996

Goebel, Andrea Möglichkeiten und Probleme einer Anwendung der International Accounting Standards, DStR 1995, S. 1037 ff.

Göthel, Stephan R. Europäisches Bilanzrecht im Umbruch, DB 2001, S. 2057 ff.

Grimm, Claus — Das Steuerrecht im Spannungsfeld zwischen wirtschaftlicher Betrachtungsweise und Zivilrecht, DStZ 1978, S. 283 ff.

Groh, Manfred — Das werdende Bilanzrecht in steuerlicher Sicht, DB 1985, S. 1849 ff.

Bauten auf fremdem Grundstück: BGH versus BFH?, BB 1996, S. 1487 ff.

Bilanzrecht vor dem EuGH, DStR 1996, S. 1206 ff.

Der Kampf um das Maßgeblichkeitsprinzip, in: Unternehmensrechnung und -besteuerung, FS für Dietrich Börner, Wiesbaden 1998, S. 177 ff. (1998)

Sechs Thesen und in Nachwort zum Maßgeblichkeitsprinzip, Gastkommentar DB 1998, Heft 47, S. I

Großfeld, Bernhard — Bilanzziele und kulturelles Umfeld, WPg 1994, S. 795 ff.

Bilanzrecht, 3., neubearb. und erweiterte Auflage, Heidelberg 1997

Internationales Bilanzrecht / Internationale Rechnungslegung, AG 1997, S. 433 ff.

Wirtschaftsprüfer und Globalisierung: Zur Zukunft des Bilanzrechts, WPg 2001, S. 129 ff.

Grotherr, Siegfried
Jorewitz, Gitta — Einflüsse der internationalen Rechnungslegung auf das zukünftige deutsche Bilanzsteuerrecht, in: Die Rechnungslegung und Wirtschaftsprüfung im Umbruch, FS für Wilhelm Theodor Strobel, München 2001, S. 123 ff.

Grund, Matthias — Internationale Entwicklung und Bilanzrecht – Reform oder Resignation?, DB 1996, S. 1293 ff.

Grunewald, Barbara Gesellschaftsrecht, 2., völlig überarb. Aufl., Tübingen 1996

H

Haeger, Bernd Der Grundsatz der umgekehrten Maßgeblichkeit in der Praxis, Stuttgart 1989

Angabe der künftigen Belastungen durch steuerrechtliche Sachverhalte nach § 285 Nr. 5 HGB, WPg 1989, S. 608 ff.

Haller, Axel Der Grundsatz der Maßgeblichkeit der Handels- für die Steuerbilanz, RIW 1992, S. 43 ff.

Hallerbach, Dorothee Der Einfluss des Zivilrechts auf das Steuerrecht, DStR 1999, S. 2125 ff.

Haselmann, Detlev
Schick, Rainer Phasengleiche Aktivierung von Dividendenansprüche: Das Verwirrspiel im EuGH-Verfahren ist noch nicht beendet, DB 1996, S. 1529 ff.

Hauser, Hansgeorg
Meurer, Ingetraut Die Maßgeblichkeit der Handelsbilanz im Lichte neuer Entwicklungen, WPg 1998, S. 269 ff.

Havermann, Hans Der Aussagewert des Jahresabschlusses, WPg 1988, S. 612

Internationale Entwicklungen in der Rechnungslegung, in: Bilanzrecht und Kapitalmarkt, FS für Adolf Moxter, Düsseldorf 1994, S. 655 ff.
(1994)

Tendenzen zur Internationalisierung der deutschen Konzernrechnungslegung, in: Jahresabschluss und Jahresabschlussprüfung, FS für Jörg Baetge, Düsseldorf 1997, S. 519 ff.
(1997)

Konzernrechnungslegung – quo vadis?, WPg 2000, S. 121 ff.

Hayn, Sven
Waldersee, Georg Graf
IAS / US-GAAP / HBG im Vergleich, Stuttgart 2000

Hebeler, Christian
Harmonisierung des internen und externen Rechnungswesens, StuB 2001, S. 681 ff.

Heinhold, Michael
Der Jahresabschluss, 4., durchgesehene Auflage, München, Wien 1996

Helmrich, Herbert
Bilanzrichtlinien-Gesetz: Amtliche Texte und Entwürfe, Begründungen, Stellungnahmen und Protokolle, München 1986
(1986)

Aufbau und Auslegung des Bilanzrichtlinien-Gesetzes, GmbHR 1986, S. 6 ff.

Gesetzgeberische Grundsatzentscheidungen beim Bilanzrichtlinien-Gesetz, in: Handels und Steuerrecht, FS für Döllerer, Düsseldorf 1988, S. 219 ff.
(1988)

Maßgeblichkeitsgrundsatz oder eigenständige Prinzipien für die Steuerbilanz, DStJG 24 (2001), S. 301 ff.

Hennrichs, Joachim
Der steuerrechtliche sog. Maßgeblichkeitsgrundsatz gem. § 5 EStG – Stand und Perspektiven –, StuW 1999, S. 138 ff.

Henscheid, Matthias
Die Umkehrung des Maßgeblichkeitsprinzips – Begründung, Änderung und Wirkung nach neuer Rechtslage, BB 1992, S. 98 ff.

Herlinghaus, Andreas
„Tomberger“ und die Folgen – ein Beitrag zur Frage der Entscheidungskompetenz des EuGH im Handels- und Steuerbilanzrecht, IStR 1997, S. 529 ff.

Hermanns, Tillmann Ist der EuGH für Fragen des deutschen Bilanzsteuerrechts zuständig?, GmbHR 1999, S. 1123 ff.

Herrmann, Dagmar Das Verhältnis zwischen Handels- und Steuerbilanz, BuW 1992, S. 209 ff.

Herzig, Norbert Europäisierung der Handels- und Steuerbilanz, Gastkommentar DB 1996, Heft 42, S.

Globalisierung und Besteuerung, WPg 1998, S. 280 ff.

Neuorientierung im Bilanzsteuerrecht, in: Harzburger Steuerprotokoll 1999, Köln 2000, S. 127 ff.

Internationalisierung der Rechnungslegung und steuerliche Gewinnermittlung, WPg 2000, S. 104 ff.

Herzig, Norbert
Dautzenberg, Norbert Auswirkungen der Internationalisierung der Rechnungslegung auf die Steuerbilanz, BFuP 1998, 23 ff.

Heurung, Rainer Führt die Internationalisierung der Rechnungslegung zu einer Erosion der steuerlichen Gewinnermittlung? RIW 2000, S. 421 ff.

Heyd, Reinhard Internationale Rechnungslegungsnormen in Deutschland – erschwert das Maßgeblichkeitsprinzip ihre Anwendung?, ZfB 2001, S. 371 ff.

Hölscher, Luise Maßgeblichkeit – quo vadis?, StuB 00, S. 412 ff.

Hofbauer, Max A. (u.a.) (Hrsg.) Bonner Handbuch der Rechnungslegung, Band II, 17. Aktualisierung März 2000, Bonn 2000
(Bearbeiter in BHR)

Hoffmann, Wolf-Dieter Phasengleiche Vereinnahmung von Dividenden, BB 1997, S. 1679 ff.

	Der EuGH als Mentor deutschen Bilanzrechts – Anmerkungen zum EuGH-Urteil vom 14.9.1999, DStR 1999, S. 1686 ff. Die ökonomischen Grenzen der Aussagekraft einer Bilanz, StuB 2000, S. 822 ff.
	Die Unmaßgeblichkeit der GoB für die Steuerbilanz, StuB 2000, S. 1039 f.
	Quo vadis deutsches Bilanzsteuerrecht?, DB 2001, S. 452 f.
Hoffmann, Wolf-Dieter **Rüsch, Christian**	Praxisfragen zur geplanten steuerlichen Gewinnermittlung durch „Un"-Vermögensvergleich, DStR 1999, S. 45 ff.
Holzapfel, Hans-Joachim **Pöllath, Reinhard**	Unternehmenskauf in Recht und Praxis, 9., neubearbeitete Auflage, Köln 2000
Horn, Norbert (Hrsg.)	Handelsgesetzbuch, 2., neubearb. und erw. Auflage, Berlin, New York 1999 (Heymann/Autor)
Hueck, Götz	Gesellschaftsrecht, 19., völlig neubearb. Aufl., München 1991
Hüffer, Uwe	Aktiengesetz, 4., neubearb. Aufl., München 1999
Hulle, Karel van	„True and Fair View", im Sinne der 4. Richtlinie, in: Rechenschaftslegung im Wandel, FS für Wolfgang Dieter Budde, München 1995, S. 313 ff.
	Die Zukunft der europäischen Rechnungslegung im Rahmen einer sich ändernden internationalen Rechnungslegung, WPg 1998, S.138 ff.

I

Institut der Wirtschaftsprüfer in Deutschland e.V. (IDW) Über die 69. Sitzung des Steuerfachausschusses, FN 1988, S. 416

Schreiben des Steuerfachausschusses des IDW vom 7.4.1989, FN 1989, S. 160 f.

WP-Handbuch der Unternehmensbesteuerung 1994, Abschn. B, Erläuterungen zu § 5 EStG, 2. Aufl., Düsseldorf 1994
(Verf. in WP-Handbuch)

169. Sitzung des Hauptfachausschusses, FN 1999, S. 431 ff.

Stellungnahme des IDW zur Mitteilung der EU-Kommission über eine neue Rechnungslegungsstrategie der EU, FN 2000, S. 457 ff.

Institut „Finanzen und Steuern“ e.V. Zur Maßgeblichkeit der Handelsbilanz für die Steuerbilanz, DB 1982, S. 613

J

Jachmann, Monika Besteuerung von Unternehmen als Gleichheitsproblem – Unterschiedliche Behandlung von Rechtsformen, Einkunftsarten, Werten und Steuersubjekten im Ertrag- und Erbschaftsteuerrecht, DStJG 23 (2000), S. 9 ff.

Jarass, Hans D.
Pieroth, Bodo Grundgesetz für die Bundesrepublik Deutschland: Kommentar, 5. Aufl., München 2000

K

Kahle, Holger Steuerliche Konsequenzen der Trennung handels- und steuerrechtlicher Rechnungslegung in den USA, StuW 1997, S. 323 ff.

Karrenbrock, Holger Angaben im Anhang bei steuerrechtlich begründeten Bilanzierungsmaßnahmen, BB 1993, S. 534 ff.

Karsten, Johann-Friedrich Die Deformierung der handelsrechtlichen Rechnungslegung durch steuerliche Maßnahmen der Wirtschaftsförderung, BB 1967, S. 425 ff.

Kemper, Nicolas
Beyschlag, Georg Abkehr von der Maßgeblichkeit - Änderungen des Bilanzsteuerrechts und ihre Auswirkungen auf die Personengesellschaft, DStR 1999, S. 737 ff.

Kessler, Harald Die Wahrheit über das Vorsichtsprinzip?!, DB 1997, S. 1 ff.

Anmerkungen (zum BFH-Beschluss vom 9.9.1998), StuB 1999, S. 91 f.

Kiehne, Hans-Erich Das Verhältnis zwischen Handels- und Steuerbilanz, BB 1968, S. 553 ff.

Kilger, Hans Durchbrechung des Maßgeblichkeitsgrundsatzes bei der formwechselnden Umwandlung von einer Personenhandelsgesellschaft in eine Kapitalgesellschaft, DB 2001, S. 230

Kirchhof, Paul Die Planung der Rechtsnachfolge bei Personengesellschaften am Maßstab des Ertragsteuerrechts, JbFSt 1979/80, S. 254 ff.

Steuerumgehung und Auslegungsmethoden, StuW 1983, S. 173 ff.
Die Kunst der Steuergesetzgebung, NJW 1987, S. 3217 ff.

Rückwirkung von Steuergesetzen, StuW 2000, S. 221 ff.

EStG KompaktKommentar, Heidelberg 2001 (Kirchhof/Bearbeiter)

Kieschke, Hans-Urich Anmerkungen zu aktuellen Fragen des Bilanzsteuerrechts aus der Sicht der Verwaltung, WPg 1986, S. 692 ff.

Kleekämper, Heinz
König, Sibylle Die Internationalisierung der deutschen Rechnungslegung, DStR 2000, S. 569 ff.

Klein, Friedrich Steuerwesen und Rechtsordnung, FA 1953/54, S. 1 ff.

Klinke, Ulrich Europäisches Unternehmensrecht und EuGH – Die Rechtsprechung in den Jahren 1996 – 1997, ZGR 1998, S. 212 ff.

Knepper, Karl Heinz Das Maßgeblichkeitsprinzip als Alibi des Fiskus für rechtswidrige finanzielle Maßnahmen, DStR 1987, S. 688 ff.

Knobbe-Keuk, Brigitte Aktuelle Rechts- und Steuerprobleme der mittelständischen Unternehmen, StbJb 1985/86, S. 157 ff.

Das Steuerrecht – eine unerwünschte Rechtsquelle des Gesellschaftsrechts?, in: Rechtsordnung und Steuerwesen, Bd. 4, Köln 1986 (1986)

Bilanz- und Unternehmenssteuerrecht, 9. Aufl. 1993,
(1993)

Königbauer, Frank Das Maßgeblichkeitsprinzip im Spannungsfeld zwischen Handelsrecht und Steuerrecht, Aachen 1998

Kommission der Europäischen Gemeinschaften Mitteilung der Kommission, Harmonisierung auf dem Gebiet der Rechnungslegung:
Eine neue Strategie im Hinblick auf die internationale Harmonisierung, COM 95 (508) vom 14.11.1995,
http://europa.eu.int/comm/internal_market/en/company/account/official/acts/701195de.pdf

Mitteilung der Kommission zu Auslegungsfragen im Hinblick auf bestimmte Artikel der Vierten und der Siebenten Richtlinie des Rates auf dem Gebiet der Rechnungslegung, XV/7009/97 DE, http://europa.eu.int/comm/internal_market/en/company/account/official/acts/7009de.pdf

Mitteilung der Kommission an den Rat und das Europäische Parlament, Rechnungslegungsstrategie der EU: Künftiges Vorgehen, KOM (2000) 359 endgültig vom 13.06.2000, http://europa.eu.int/eur-lex/de/com/cnc/2000/com2000_0359de01.pdf

Vorschlag für eine Verordnung des Europäischen Parlaments und des Rates betreffend die Anwendung internationaler Rechnungslegungsgrundsätze, Dokument 501PC0080, http://europa.eu.int/eur-lex/de/com/dat/2001/de_501PC0080.html

Kommission Rechnungswesen im Verband der Hochschullehrer für Betriebswirtschaft e.V. Reformvorschläge zur handelsrechtlichen Rechnungslegung, DBW 1979, S. 3 ff.

Kopp, Ferdinand; Schenke, Wolf-Rüdiger Verwaltungsgerichtsordnung, 12., neubearb. Aufl., München 2000

Kort, Michael Der Maßgeblichkeitsgrundsatz des § 5 Abs. 1 EStG – Plädoyer für dessen Aufgabe, FR 2001, S. 53 ff.

Kramer, Gerrit Die Abschlussprüfung in der Europäischen Gemeinschaft, in: Bericht über die Fachtagung 1978 des IDW in Deutschland e.V., Düsseldorf 1979, S. 67 ff.

Krawitz, Norbert Steuerliche Determinierung der Handelsbilanzpolitik - Ein Beitrag zur umgekehrten Maßgeblichkeit, in: Unternehmensrechnung und -besteuerung, FS für Dietrich Börner, Wiesbaden 1998, S. 197 ff.

Die Rechnungslegungsvorschriften nach HGB, IAS und US-GAAP im kritischen Vergleich – Teil A: Konzeptionelle Unterschiede, StuB 2001, S. 629 ff.

Krieger, Albrecht Der Grundsatz der Maßgeblichkeit der Handelsbilanz für die steuerliche Gewinnermittlung, in: Handels und Steuerrecht
FS für Döllerer, Düsseldorf 1988, S. 327 ff.

Kropff, Bruno Aktiengesetz, Düsseldorf 1965

Phasengleiche Gewinnvereinnahmung aus der Sicht des Europäischen Gerichtshofs, ZGR 1997, S. 115 ff.

Kroschel, Jörg US-Einkommensteuerrecht: Systematische Unterschiede zum deutschen Recht, RIW 2000, S. 286 ff.

Krumnow, Jürgen Die deutsche Rechnungslegung auf dem Weg ins Abseits? Ein Ausblick nach der vorläufig abgeschlossenen EG-Harmonisierung, in: Bilanzrecht und Kapitalmarkt, FS für Adolf Moxter, Düsseldorf 1994, S. 681 ff.

Kübler, Friedrich Vorsichtsprinzip versus Kapitalmarktinformation, in: Internationale Wirtschaftprüfung, FS für Hans Havermann, Düsseldorf 1995, S. 361 ff. (1995)

Institutioneller Gläubigerschutz oder Kapitalmarkttransparenz? – Rechtsvergleichende Überlegungen zu den „stillen Reserven“, ZHR 1995, S. 550 ff.

	Gesellschaftsrecht, 5., neubearb. und erw. Aufl., Heidelberg 1998 (1998)
Küffner, Peter Hock, Burkhard	Internationalisierung der Rechnungslegung aus der Sicht mittelständischer Unternehmen, BFuP 1998, S. 57 ff.
Kühnberger, Manfred	Der Jahresabschluss, München, Wien 1996
Kühnberger, Manfred Keßler, Jürgen	Stille Reserven und das True-and-fair-view-Gebot: Besonderheiten der Genossenschaftsbilanz und ihre Folgen, WPg 2000, S. 1007 ff.
Kühnberger, Manfred Thorsten Schmidt	Auswirkungen der Umkehrmaßgeblichkeit – eine theoretische und empirische Bestandsaufnahme, BB 1999, S. 2602 ff.
Küting, Karlheinz	Auswirkungen der umgekehrten Maßgeblichkeit auf die handelsrechtliche Rechnungslegung, BFuP 1989, S. 109 ff.
	Europäisches Bilanzrecht und Internationalisierung der Rechnungslegung, BB 1993, S. 30 ff.
	Der Wahrheitsgehalt deutscher Bilanzen, in: Das Rechnungswesen auf dem Prüfstand, Hrsg.: Karlheinz Küting; Claus-Peter Weber, Frankfurt am Main 1997, S. 103 ff.
	Der Wahrheitsgehalt deutscher Bilanzen, DStR 1997, S. 84 ff.
	Der Einfluss des Steuerrechts auf die Handelsbilanz, Beilage 2 zu NWB Heft 6/1998, S. 1 ff.
	Das Rechnungswesen des Konzerns im Umbruch, FAZ Nr. 266 vom 15.11.1999, S. 41

Die Rechnungslegung in Deutschland an der Schwele zu einem neuen Jahrtausend, DStR 2000, S. 38 ff.

Die deutsche Rechnungslegung wird immer dynamischer, FAZ Nr. 66 vom 19.03.2001, S. 32

Küting, Karlheinz
Kessler, Harald
Zur geplanten Reform des bilanzsteuerlichen Rückstellungsrechts nach dem Entwurf eines Steuerentlastungsgesetzes 1999/2000/2002, DStR 1998, S. 1937 ff.

Küting, Karlheinz
Haeger, Bernd
Die Auswirkungen des SteuerreformG 1990 auf die handelsbilanzielle Rechnungslegung, BB 1988, 591 ff.

Die Berücksichtigung steuerrechtlich bedingter Sachverhalte im Konzernabschluss – Eine kritische Analyse des § 308 Abs. 3 HGB, BB 1987, S. 1285 ff.

Küting, Karlheinz
Hayn, Sven
Die deutsche Rechnungslegung kann die Globalisierung des Kapitalmarktes nicht länger ignorieren, Blick durch die Wirtschaft vom 7.3.1995, S. 7

Der internationale Konzernabschluss als Eintrittskarte zum weltweiten Kapitalmarkt, BB 1995, S. 662 ff.

Der Aussagewert eines angelsächsischen Konzernabschlusses im Vergleich zum HGB-Abschluss, AG 1996, S. 49 ff.

Küting, Karl-Heinz
Weber, Claus-Peter
Handbuch der Konzernrechnungslegung, Stuttgart, 1989
(Bearbeiter in K/W (1989))

Internationale Bilanzierung, Herne/Berlin 1994 (1994)

Handbuch der Rechnungslegung: Kommentar zur Bilanzierung und Prüfung; Band 1 a, 4., grundlegend überarb. und wesentlich erw. Aufl., Stuttgart 1995
(Bearbeiter in K/W (1995))

Kußmaul, Heinz
Klein, Nicole
Überlegungen zum Maßgeblichkeitsprinzip im Kontext jüngerer nationaler sowie internationaler Entwicklungen, DStR 2001, S. 546 ff.

Kußmaul, Heinz
Schäfer, René
Die Option eines Personenunternehmens für die Körperschaftsteuer, DStR 2000, S. 901 ff.

L

Lademann, Fritz
Söffing, Günter
Kommentar zum Einkommensteuergesetz, 4. Aufl., Nachtrag 129, Stand: Oktober 2000, Stuttgart, München, Hannover, Berlin, Weimar, Dresden 2000
(Bearbeiter in Lademann)

Lätsch, Roland
Die Rechnungslegung nach dem neuen Bilanzrichtlinien-Gesetz, 2., überarb. Aufl., Freiburg im Breisgau 1987

Lang, Joachim
Die Bemessungsgrundlage der Einkommensteuer, Köln 1988

Besteuerung der Unternehmen in Staaten der Europäischen Union, DStJG 16 (1994), S. 295 ff.

Die Unternehmenssteuerreform – eine Reform pro GmbH, GmbHR 2000, S. 453 ff.

Lause, Berthold
Sievers, Hauke
Maßgeblichkeitsprinzip und Steuerreform 1990, BB 1990, S. 24 ff.

Lauth, Bernd — Buchhaltungs- und Bilanzierungsprobleme im Gefolge des geplanten Bilanzrichtlinie-Gesetzes, BB 1982, S. 2022 ff.

Endgültige Abschied von der Einheitsbilanz, DStR 2000, S. 1365 ff.

Leffson, Ulrich — Die Grundsätze ordnungsmäßiger Buchführung, 7. revidierte und erw. Aufl., Düsseldorf 1987 (1987)

Die beiden Generalnormen, in: Bilanz- und Konzernrecht, FS für Reinhard Goerdeler, Düsseldorf 1987, S. 315 ff.
(1987a)

Leffson, Ulrich
Rückle, Dieter
Großfeld, Bernhard — Handwörterbuch unbestimmter Rechtsbegriffe im Bilanzrecht des HGB, Köln 1986
(Verfasser in L/R/G)

Lehwald, Klaus-Jürgen — Jahresabschlüsse nach IAS?, Stbg 2001, S. 376 ff.

Leker, Jens
Möhlmann, Thomas — Die Berichterstattung in Anhang und Konzernanhang von Kapitalgesellschaften, Düsseldorf 1997

Leucht, Axel — Die umgekehrte Maßgeblichkeit und ihre geplante gesetzliche Neufassung, DB 1989, S. 2237 ff.

Lischer, Henry J.
Märkl, Peter — Conformity Between Financial Accounting and Tax Accounting the United States and Germany, WPK-Mitt. Sonderheft Juni 1997, S. 91 ff.

List, Heinrich — Privatrecht und Steuerrecht, in: Handelsrecht und Steuerrecht, FS für Georg Döllerer, Düsseldorf 1988, S. 369 ff.

Littmann, Eberhard
Bitz, Horst
Hellwig, Peter

Das Einkommensteuerrecht: Kommentar zum Einkommensteuerrecht, 15. Aufl., 47. Ergänzungslieferung, April 2001, Stuttgart 2001 (Autor in L/B/H)

Loitlsberger, Erich

Grundriss der Betriebswirtschaftslehre, 2., völlig neu bearbeitete Aufl., Wien 1996

Loitz, Rüdiger
Klein, Burkhard

Ende der Maßgeblichkeit als Anfang für eine neue handelsrechtliche Rechnungslegung in Deutschland, BuW 2001, S. 48 ff.

Loo, Petra van de

Abzinsung von Verbindlichkeiten in der Steuerbilanz und Folgen für die Handelsbilanz, DStR 2000, S. 508 ff.

Luckey, Günter

Bilanzen und Steuern, 5., vollständig überarb. Aufl., Stuttgart 1997

Lück, Wolfgang

Rechnungslegung nach Handels- und Steuerrecht, 9. Aufl., Bonn 2000

Lückmann, Reinhard

Hürden für einheitliche Bilanzierungsregeln liegen hoch, Handelsblatt Nr. 48 vom 08.03.2001, S. 15

Lutter, Marcus
Hommelhoff, Peter

GmbH-Gesetz: Kommentar, 15., neubearb. und erw. Aufl., Köln 2000

Luttermann, Claus

Zum Rechtsgebiet der internationalen Konzernrechnungslegung, in: Aktien und Bilanzrecht, FS für Bruno Kropff, Düsseldorf 1997, S. 485 ff.

International Accounting Standards in der Europäischen Union, ZIP 2000, S. 1318 ff.

M

Maaßen, Kurt

Weiterentwicklung der Grundsätze ordnungsmäßiger Buchführung (§ 1 Abs. 2, 3 StAnpG), DB 1970, S. 847 ff.

Trennung von Handelsbilanz und Steuerbilanz?, FR 1972, S. 145 ff.

Mangoldt, Hermann von
Klein, Friedrich
Starck, Christian
Das Bonner Grundgesetz, Band 1: Präambel, Artikel 1 bis 19, 4., vollst. neubearb. Auflage, München 1999

Marettek, Alexander
Bemerkungen zum Sinn des Maßgeblichkeitsprinzips, StuW 1971, S. 342 ff.

Mathiak, Walter
Maßgeblichkeit der tatsächlichen Handelsbilanzansätze für die Steuerbilanz und umgekehrte Maßgeblichkeit, StbJb 1986/87, S. 92 ff.

Mängel der beabsichtigten Neuregelung der formellen und umgekehrten Maßgeblichkeit in § 5 I 2 EStG eines RegEntw, DStR 1988, S. 274 ff.

GoB in Handels- und Steuerrecht in der Diskussion, Meinungsspiegel, BFuP 1990, S. 546 ff.

Handelsrechtliche Öffnungsklauseln und gewinnerhöhende Steuervergünstigungen, in: Bilanzrecht und Kapitalmarkt , FS für Adolf Moxter, Düsseldorf 1994, S. 313 ff.
(1994)

Maurer, Hartmut
Allgemeines Verwaltungsrecht, 12., überarb. und erg. Aufl., München 1999

Maunz, Theodor
Dürig, Günter
Grundgesetz Kommentar, Stand: 36. EL / Oktober 1999, München 2000

Meilicke, Heinz
Auf der Grenzlinie zwischen Steuerrecht und Privatrecht, StbJb 1958/59, S. 341 ff.
Jüngste Wechselwirkungen zwischen Steuerrecht und Privatrecht, StbJb 1965/66, S. 141 ff.

Meilicke, Wienand
Zur Vorlagepflicht des BFH in Bilanzierungsfragen, BB 1999, S. 890 ff.

Mellwig, Wolfgang Bilanzrechtsprechung und Betriebwirtschaftslehre, BB 1983, S. 1613 ff.

Meinungsspiegel, BFuP 1989, S. 159 ff.

Mentel, Thomas
Schulz, Andreas Diskussionsforum Unternehmessteuerreform: Option von Personengesellschaften und Einzelunternehmen zur Körperschaftsteuer – steuerliche Auswirkungen und handelsrechtliche Aspekte, DStR 2000, S. 489 ff.

Merkert, Hubert Die Maßgeblichkeit der Handels- für die Steuerbilanz, DStZ 1988, S. 142 ff.

Merkert, Hubert
Koths, Daniel Verfassungsrechtlich gebotene Entkopplung von Handels- und Steuerbilanz, BB 1985, S. 1765 ff.

Das Maßgeblichkeitsprinzip als Alibi des Fiskus für rechtswidrige bilanzielle Einflussmaßnahmen, DStR 1987, S. 508 ff.

Meincke, Jens Peter Die sog. umgekehrte Maßgeblichkeit der Handelsbilanz für die Steuerbilanz aus rechtswissenschaftlicher Sicht, StuW 1990, S. 15 ff.

Mössner, J. M. Ist die Maßgeblichkeit tot?, Stbg 1998, S. 145 ff.

Moxter, Adolf Bilanzlehre, Bd. 1: Einführung in die Bilanztheorie, 3., vollst. umgearb. Aufl., Wiesbaden 1984
(1984)

Bilanzlehre, Bd. 2: Einführung in das neue Bilanzrecht, 3., vollst. umgearb. Aufl., Wiesbaden 1986
(1986)

Die Helmrich-Konzeption des Bilanzrichtlinien-Gesetzes, in: Für Recht und Staat, FS für Herbert Helmrich, München 1994, S. 709 ff.
(1994)

Zum Verhältnis von handelsrechtlichen Grundsätzen ordnungsmäßiger Buchführung und True-and-fair-view-Gebot bei Kapitalgesellschaften, in: Rechenschaftslegung im Wandel, München 1995
(1995)

Fehlentwicklungen im Rechnungslegungsrecht, in: Aktien und Bilanzrecht, FS für Bruno Kropff, Düsseldorf 1997, S. 507 ff.
(1997)

Deutsches Rechnungslegungs Standards Committee: Aufgaben und Bedeutung, DB 1998, S. 1425 ff.

Rechnungslegungsmythen, BB 2000, S. 2143 ff.

Lifo-Methode: Durch Vereinfachungszweck eingeschränkter Geltungsbereich in der Steuerbilanz?, DB 2001, S. 157 ff.

Die Zukunft der Rechnungslegung?, DB 2001, S. 605 ff.

Müller, Welf
Der Europäische Gerichtshof und die Grundsätze ordnungsmäßiger Buchführung, in: Europäisierung des Bilanzrechts, Hrsg.: Norbert Herzig, Köln 1997, S. 87 ff.

Die Ausnahme und die Regel – Ein Lehrstück, dargestellt am so genannten Maßgeblichkeitsprinzip, DStR 2001, S. 1858 ff.

Münch, Ingo von
Kunig, Philip
Grundgesetz-Kommentar, Band 1 (Präambel bis Art. 20), 4., neubearb. Aufl., München 1992

Mujkanovic, Robin
Befreiende Konzernabschlüsse und Konzernlageberichte, BB 1999, S. 999 ff.

N

Niehus, Rudolf

Entwicklungstendenzen in der Rechnungslegung, WPg 1986, S. 117 ff.

Die Zukunft der Standards des DRSC, DB 2001, S. 53 ff.

„Auch für Einzelabschlüsse gelten grundsätzlich die IAS“? – Ein Beitrag zu den (möglichen) Grenzen einer „Internationalisierung“ der Rechnungslegung im Einzelabschluss –, WPg 2001, S. 737 ff.

Niessen, Hermann

Der Grundsatz der Maßgeblichkeit der Handels- für die Steuerbilanz und das europäische Bilanzrecht, RIW 1992, S. 292 f.

O

Oestreicher, Andreas
Spengel, Christoph

Maßgeblichkeit der International Accounting Standards für die steuerliche Gewinnermittlung?, Baden-Baden, 1999
(1999)

International Accounting Standards, Maßgeblichkeitsprinzip und Besteuerung, DB 1999, S. 593 ff.

P

Palandt

Bürgerliches Gesetzbuch, bearb. von Bassenge u.a., 60. neubearb. Aufl., München 2001
(Palandt/Bearbeiter)

Papier, Hans-Jürgen

Der Bestimmtheitsgrundsatz, DStJG 12 (1989), S. 61 ff.

Pelka, Jürgen

Rechtsformneutralität im Steuerrecht – Verfassungsmäßigkeit der Steuersatzsenkung für Kapitalgesellschaften, StuW 2000, S. 389 ff.

Pellens, Bernhard Internationale Rechnungslegung, 3., überarb. und erw. Aufl., Stuttgart, 1999

Pezzer, Hans-Jürgen Bilanzierungsprinzipien als sachgerechte Maßstäbe der Besteuerung, DStJG 14 (1991), S. 3 ff.

Pieroth, Bodo
Schlink, Bernhard Grundrechte Staatsrecht II, 12., überarb. Aufl., Heidelberg 1996

Pohl, Klaus Die Entwicklung des ertragsteuerlichen Maßgeblichkeitsprinzips, Köln 1983

R

Rädler, Albert, J. Überlegungen zur Harmonisierung der Unternehmensbesteuerung in der Europäischen Gemeinschaft, DStJG 16 (1994), S. 290

Raffel, Frank Internationales Management, Hrsg.: Dr. Wieselhuber & Partner, München 1998

Raupach, Arndt Der Niedergang des deutschen Einkommensteuerrechts – Möglichkeiten der Neubesinnung, in: Raupach, Tipke, Uelner, Niedergang oder Neuordnung des deutschen Einkommensteuerrechts?, Köln 1985, S. 15 ff.

Handelsbilanz und Steuerbilanz – Maßgeblichkeit und umgekehrte Maßgeblichkeit, in: Handelsbilanz und Steuerbilanz, Hrsg.: Winfried Mellwig, Adolf Moxter, Dieter Ordelheide, Wiesbaden 1989, S. 105 ff.
(1989)

Von der Maßgeblichkeit der Handelsbilanz für die steuerliche Gewinnermittlung zur Prädominanz des Steuerrechts in der Handelsbilanz, BFuP 1990, S. 515 ff.

Das Steuerrecht als unerwünschte Rechtsquelle der Handelsbilanz, in: Bilanzrecht und Kapitalmarkt, FS für Adolf Moxter, Düsseldorf 1994, S. 101 ff.
(1994)

Darf das Steuerrecht andere Teile der Rechtsordnung stören? in: Die Steuerrechtsordnung in der Diskussion; FS für Klaus Tipke, Köln 1995, S. 105 ff.
(1995)

Rebmann, Kurt
Säcker, Franz Jürgen
Rixecker, Roland
Münchener Kommentar zum Bürgerlichen Gesetzbuch, Band 5, Schuldrecht, Besonderer Teil III (§§ 705 – 853), 3. Auflage, München 1997
(Bearbeiter in MünchKomm)

Robisch, Martin
Die Umkehrung des Maßgeblichkeitsprinzips – Eine kritische Bestandsaufnahme unter besonderer Berücksichtigung der Situation in den neuen Bundesländern, DStR 1993, S. 998 ff.

Robisch, Martin
Treisch, Corinna
Neuere Entwicklungen des Verhältnisses von Handelsbilanz und Steuerbilanz – Anhaltspunkte für eine Trendwende, WPg 1997, S. 156 ff.

Roth, Günter H.
Handels- und Gesellschaftsrecht, 5. Aufl., München, 1998

Rowedder, Heinz
Gesetz betreffend die Gesellschaften mit beschränkter Haftung (GmbHG): Kommentar, 3. neubearbeitete Auflage, München 1997
(Rowedder/Bearbeiter)

S

Saelzle, Rainer
Steuerbilanzziele und Maßgeblichkeitsprinzip, AG 1977, S. 181 ff.

Salzberger, Wolfgang Wechselwirkungen zwischen Corporate Governance and Besteuerung, DBW 2000, S. 210 ff.

Sarrazin, Viktor Die Maßgeblichkeit der Handelsbilanz für die Steuerbilanz und ihre Umkehrung bei steuerlichen Bilanzierungs- und Bewertungswahlrechten, DB 1987, S. 1597 ff.

Ertragsteuerliche Fragen der umgekehrten Maßgeblichkeit der Handelbilanz für die Steuerbilanz, Institut für Ausländisches und Internationales Finanz- und Steuerwesen der Universität Hamburg, Hefte zur internationalen Besteuerung: Heft 33, Hamburg 1987
(1987)

Entwicklungen in der Gesetzgebung zum Maßgeblichkeitsgrundsatz, in: Handelsbilanz und Steuerbilanz, Hrsg.: Winfried Mellwig, Adolf Moxter, Dieter Ordelheide, Wiesbaden 1989, S. 145 ff.
(1989)

Umgekehrte Maßgeblichkeit bei ausschließlich steuerlichem Bilanzierungswahlrecht, DB 1992, S. 849 f.

Sauer, Klaus Peter Zu den Divergenzen zwischen Handels- und Steuerrecht bei der Bilanzierung und Bewertung von Wirtschaftsgütern, AG 1978, S. 341 ff.

Konsequenzen aus der umgekehrten Maßgeblichkeit nach § 6 Abs. 3 EStG für die Bilanzierungspraxis, DB 1987, S. 2369 ff.

Scheffler, Eberhard Internationale Rechnungslegung und deutsches Bilanzrecht, DStR 1999, S. 1285 ff.

Neue Vorschriften zur Rechnungslegung, Prüfung und Offenlegung nach dem Kapitalgesellschaft & Co.-Richtlinie-Gesetz, DStR 2000, S. 529 ff.

Scheipers, Thomas Diskussionsforum Unternehmenssteuerreform: Überlegungen zur Vorteilhaftigkeit der Option i.S. des § 4 a KStG-E, DStR 2001, S. 709 ff.

Scherrer, Gerhard Konzernrechnungslegung, München 1994

Schiedmeyer, Walter Maßgeblichkeit, in: Erste Erfahrungen mit den neuen Rechnungslegungsvorschriften, Hrsg.: Walther Busse von Colbe und Herbert Reinhard im Auftrag der Schmalenbach-Gesellschaft, Stuttgart 1990

Schildbach, Thomas Maßgeblichkeit - Rechtslage und Perspektiven, BB 1989, S. 1443 ff.

Überlegungen zur Zukunft des Verhältnisses von Handels- und Steuerbilanz, BFuP 1989, S. 123 ff.

Internationale Rechnungslegungsstandards auch für deutsche Einzelabschlüsse?, in: Bilanzrecht und Kapitalmarkt, FS für Adolf Moxter, Düsseldorf 1994, S. 699 ff.
(1994)

Der handelsrechtliche Konzernabschluss, 3., überarb. Aufl., München, Wien 1994
(1994a)

Der handelsrechtliche Jahresabschluss, 5. Aufl., Berlin 1997
(1997)

Harmonisierung der Rechnungslegung – ein Phantom, BFuP 1998, S. 1 ff.

Öffnung der Jahresabschlüsse für IAS und US-GAAP – ein Fortschritt, StuB 1999, S. 421 ff.

Die Zukunft der deutschen Rechnungslegung, StuB 2001, S. 857 ff.

Schmalenbach, Eugen
Bauer, Richard Dynamische Bilanz, 13., verbesserte und erweiterte Auflage Köln, Opladen 1962

Schmalenbach-Gesellschaft Zehn Thesen zur Zukunft der Rechnungslegung für Betriebswirtschaft, FAZ Nr. 223 vom 25.09.2000, S. 32

Die Zukunft der Rechnungslegung aus Sicht von Wissenschaft und Praxis – Fachprogramm des Arbeitskreises Externe Unternehmensrechnung im Rahmen des 54. Deutschen Betriebswirtschafter-Tags, DB 2001, S. 160 f.

Schmidt, Karsten Gesellschaftsrecht, 3., neubearb. Aufl., Köln; Berlin; Bonn; München 1997
(K. Schmidt)

Schmidt, Ludwig Einkommensteuergesetz, 20., völlig neubearb. Aufl. 2001
(Schmidt/Autor)

Schmidt, Lutz Maßgeblichkeitsprinzip und Einheitsbilanz, Heidelberg 1994
(L. Schmidt)

Schmidt, Peter-Jürgen Wird die Handelsbilanz zur Steuerbilanz?, WPg 1991, S. 605 ff.

Wie maßgeblich bleibt die Maßgeblichkeit, in: Rechnungslegung Prüfung und Beratung, FS für Rainer Ludewig, Düsseldorf 1996, S. 901 ff.

Schmitz, Theo Maßgeblichkeitsprinzip und Steuervergünstigungen, DB 1986, S. 14 ff.
Steuerentlastungsgesetz 1999/2000/2002 und (umgekehrte) Maßgeblichkeit, DB 1999, S. 1974 f.

Schneider, Dieter Sieben Thesen zum Verhältnis von Handels- und Steuerbilanz, DB 1970, S. 1697 ff.

Eine Reform der steuerlichen Gewinnermittlung?, StuW 1971, S. 326 ff.

Maßgeblichkeit der Handelsbilanz für die Steuerbilanz und Besteuerung nach der Leistungsfähigkeit, BB 1978, S. 1577 ff.

Schöberle, Horst
Hofmeister, Ferdinand
Körperschaftsteuergesetz, 13. Ergänzungslieferung, Dezember 1999, Neuwied, Kriftel, 1999
(Autor in Schöberle/Hofmeister)

Schön, Wolfgang
Steuerlich Einkünfteermittlung, Maßgeblichkeitsprinzip und Europäisches Bilanzrecht, in: Unternehmen Steuern, FS für Hans Flick, Köln 1997, S. 573 ff.

Entwicklung und Perspektiven des Handelsbilanzrechts: vom ADHGB zum IASC, ZHR 1997, S. 133 ff. (154 ff.)
Zum Entwurf eines Steuersenkungsgesetzes, StuW 2000, S. 151 ff.

Zur Unternehmenssteuerreform, Stbg 2000, S. 1 ff.

Scholz, Franz
Kommentar zum GmbH-Gesetz: mit Anhang Konzernrecht, Bd. 1. §§ 1 – 44, 9., neubearb. und erweiterte Aufl., Köln 2000

Schreiber, Ulrich
Hat das Maßgeblichkeitsprinzip noch eine Zukunft, in: Handelsbilanzen und Steuerbilanzen, FS für Heinrich Beisse, Düsseldorf 1997, S. 491 ff.
(1997)

Rechnungslegung im Einzelabschluss nach internationalen Grundsätzen, in: Unternehmenspolitik und Internationale Besteuerung, FS für Lutz Fischer, Berlin 1999, S. 879 ff.
(1999)

Schroller, Wolfgang Die Zukunft des Maßgeblichkeitsgrundsatzes im Hinblick auf das Steuerentlastungsgesetz 1999/2000/2002 und die geplante Unternehmenssteuerreform, in: Bilanzierung und Besteuerung der Unternehmen, FS für Herbert Brönner, Stuttgart 2000, S. 361 ff.

Schruff, Lothar (Hrsg.) Entwicklung der 4. EG-Richtlinie, Düsseldorf 1986

Schruff, Wienand Die internationale Vereinheitlichung der Rechnungslegung nach den Vorschlägen des IASC – Gefahr oder Chance für die deutsche Rechnungslegung, BFuP 1993, S. 400 ff.

Schwark, Eberhard Grundsätzliche rechtliche Aspekte des Bilanzrichtlinie-Gesetzentwurfs, BB 1982, S. 1149 ff.

Schulte, Knut Rechtliche Due Diligence-Untersuchungen über Internet-Anbieter, DStR 2000, S. 1437 ff.

Schulze-Osterloh, Joachim Jahresabschluss, Abschlussprüfung und Publizität der Kapitalgesellschaften nach dem Bilanzrichtlinien-Gesetz, ZHR 1986, S. 532 ff. (536 ff.)

Die Maßgeblichkeit der Handelsbilanz für die Steuerbilanz, ihre Umkehrung und das BilanzrichtlinienG, FR 1986, S. 545 ff.

Zivilrecht und Steuerrecht, AcP 1990, S. 139 ff.
Handelsbilanz und steuerrechtliche Gewinnermittlung, StuW 1991, S. 284 ff.

Die Steuerbilanz als Tatbestandsmerkmal im Einkommen- und Körperschaftsteuergesetz, DStJG 14 (1991), S. 123 ff.

Vorabentscheidung des Europäischen Gerichtshofs zum Handelsbilanzrecht, ZGR 1995, S. 170 ff.

Harmonisierung der Rechnungslegung und Kapitalschutz, in: Bilanzrecht unter dem Einfluss internationaler Reformzwänge, Düsseldorf 1996, S. 121 ff.
(1996)

Der Europäische Gerichtshof zur phasengleichen Aktivierung von Dividendenansprüchen, ZIP 1996, S. 1453 ff.

Deutsches Bilanzrecht und Ertragsteuerrecht vor dem Europäischen Gerichtshof, DStZ 1997, S. 281 ff.

Handels- und Steuerbilanz, ZGR 2000, S. 594 ff.

Seeberg, Thomas Probleme der Harmonisierung der Rechnungslegung aus der Sicht eines international tätigen Unternehmens, in: Die deutsche Rechnungslegung vor dem Hintergrund internationaler Entwicklungen, Hrsg.: Jörg Baetge, Düsseldorf 1994

Segebrecht, Helmut Die Einnahme-Überschussrechnung nach § 4 Abs. 3 EStG, 10. Aufl., Berlin 2000

Seibt, Christoph H. Optionsmodell für Personengesellschaften - Gesellschaftsvertragliche Regelungen tun Not, DStR 2000, S. 825 ff.

Selchert, Friedrich Wilhelm Internationalisierung der Rechnungslegung und Maßgeblichkeitsprinzip, in: Unternehmenspolitik und Internationale Besteuerung, FS für Lutz Fischer, Berlin 1999, S. 913 ff.

Siegel, Theodor GoB in Handels- und Steuerrecht in der Diskussion, Meinungsspiegel, BFuP 1990, S. 546 ff.

Saldierungsprobleme bei Rückstellungen und die Subventionswirkung des Maßgeblichkeitsprinzips, BB 1994, S. 2237

	Rückstellungen, Teilwertabschreibungen und Maßgeblichkeitsprinzip, StuB 1999, S. 195 ff.
Sielaff, Meinhard	Meinungsspiegel, BFuP 1989, S. 159 ff.
Siepe, Günter	Steuerorientierter Jahresabschluss – anlegerorientierter Konzernabschluss?, in: Aktien und Bilanzrecht, FS für Bruno Kropff, Düsseldorf 1997, S. 619 ff.
Sigloch, Jochen	Ein Valet dem Maßgeblichkeitsprinzip?, BFuP 2000, S. 157 ff.
Söffing, Günter	Möglichkeiten und Grenzen der Übertragung von Einkunftsquellen durch Bestellung eines unentgeltlichen Nießbrauchs für Familienangehörige, in: Übertragung von Einkunftsquellen im Steuerrecht, Hrsg. v. d. Deutschen Steuerjuristischen Gesellschaft e.V., 1. Aufl., Köln 1978
	Offene Fragen beim umgekehrten Maßgeblichkeitsgrundsatz, DB 1988, S. 241 ff. (Teil 1), S. 297 ff. (Teil 2)
	Für und Wider den Maßgeblichkeitsgrundsatz, in: Rechnungslegung im Wandel, FS für Wolfgang Dieter Budde, München 1995, S. 635 ff. (1995)
Spanheimer, Jürgen **Koch, Christian**	Internationale Bilanzierungspraxis in Deutschland, WPg 2000, S. 301 ff.
Spill, Joachim	Due Diligence – Praxishinweise zur Planung, Durchführung und Berichterstattung, DStR 1999, S. 1786 ff.
Stahlschmidt, Michael	Die Maßgeblichkeit – Glücksfall oder Störfaktor, DStZ 2000, S.415 ff.

Staub, Hermann

Handelsgesetzbuch – Großkommentar, 4., neubearb. Aufl.; 11. Lieferung: §§ 238 – 245 und §§ 257 – 263, Bearbeiter: Hüffner
Berlin, New York 1988
(Verfasser in Staub)

Stobbe, Thomas

Die konzernrechtliche Bewertung – Eine Herausforderung für Theorie und Praxis?, DB 1986, S. 1833 ff.

Offene Problem des Maßgeblichkeitsgrundsatzes nach dem Steuerreformgesetz 1990, DStR 1988, Beilage zu Heft 20, S. 1 ff.

Die Verknüpfung handels- und steuerrechtlicher Rechnungslegung: Maßgeblichkeitsausprägungen de lege lata et ferenda, Berlin 1991

Das Verhältnis von handels- und steuerrechtlicher Rechnungslegung unter Berücksichtigung der Neuregelung des § 5 Abs. 1 Satz 2 EStG, DStR 1991, S. 53 ff. (Teil 1), S. 162 ff. (Teil 2)

Neue Koordination des Steuerbilanzrechts?, FR 1997, S. 363 ff.

Strahl, Martin

Gestaltungshinweise zu denkbaren Steuerrechtsänderungen auf Grund des Entwurfs eines Steuerentlastungsgesetzes 1999/2000/2002, KÖSDI 1998, 11786 ff.

Streim, Hannes

Plädoyer für die Einheitsbilanz, BFuP 1990, S. 534 ff.

Die Generalnorm des § 264 Abs. 2 HGB – Eine kritische Analyse, in: Bilanzrecht und Kapitalmarkt, FS für Adolf Moxter, Düsseldorf 1994, S. 392 ff.

Streck, Michael

Körperschaftsteuergesetz, 5., völlig neubearb. Aufl., München 1997

Strobel, Wilhelm Entwurf eines DRS 1 zur Konzernrechungslegung nach § 292 a HGB, DB 1999, S. 1127 ff.

Strobl, Elisabeth IASC-Rechnungslegung und Gläubigerschutzbestimmung nach deutschem Recht, in: Rechnungslegung – Warum und Wie, FS für Hermann Clemm, München 1996, S. 389 ff.

Strobl-Haarmann, Elisabeth Zur Notwendigkeit eines einheitlichen europäischen Bilanzrechts, in: Steuerrecht und europäische Integration, FS für Albert J. Rädler, München 1999, S. 607 ff.

T

Tanski, Joachim S.
Kurras, Klaus P.
Weitkamp, Jürgen Der gesamte Jahresabschluss, 3., völlig neu bearb. und wesentlich erw. Aufl., München, Wien 1991

Tanzer, Michael Die Maßgeblichkeit der Handelsbilanz für die Bewertung in der Steuerbilanz, DStJG 7 (1984), S. 55 ff.

Theile, Carsten Maßgeblichkeitsprinzip, europäisches und internationales Bilanzrecht: die Bilanzierung bei der GmbH & Co. im Umbruch
GmbHR 1999, S. 1182 ff. (Teil I) und S. 1241 ff. (Teil II)

Thiel, Jochen Zur formellen Maßgeblichkeit der Handelsbilanz - Ein Vorschlag de lege ferenda, DB 1989, S. 537 ff.

Bilanzrecht: Handelsbilanz, Steuerbilanz, 4., völlig neubearb. u. erw. Aufl., Heidelberg 1990 (1990)

Maßgeblichkeit und internationale Bilanzierung, in: Weltweite Rechnungslegung und Prüfung, Bericht über die IDW-Fachtagung 1. und 2. Oktober 1997 in Hannover, hrsg. v. IDW, Düsseldorf 1995, S. 91 ff.
(1995)

Die Maßgeblichkeit im Umwandlungssteuerrecht, GmbHR 1997, S. 145 ff.

Objektivierung der Gewinnermittlung, StbJb 1997/98, S. 309 ff.

Tiedtke, Klaus Einkommensteuer- und Bilanzsteuerrecht, 2. Auflage, Berlin 1995

Tipke, Klaus Steuerrecht und bürgerliches Recht, JuS 1970, S. 149 ff.

Die Steuerrechtsordnung, Band 2, Köln 1993
(1993)

Über die Einheit der Steuerrechtsordnung, in: Staat Wirtschaft Steuern, FS für Karl Heinrich Friauf, Heidelberg 1996, S. 741 ff.
(1996)

Die Steuerrechtsordnung, Band 1, 2., völlig überarb. Aufl., Köln 2000
(2000)

Tipke, Klaus
Lang, Joachim Steuerrecht, 16., völlig überarbeitete Aufl., Köln 1998

Tjaden, Markus Genanalyse als Verfassungsproblem. Zulässigkeit genanalytischer Anwendungen im Lichte von Menschenwürde und genetischem Selbstbestimmungsrecht, Frankfurt 2001

Treptow, Harald Gefährdung der Maßgeblichkeit durch die internationale Rechnungslegung, StbJb 1998/99, S. 81 ff.

V

Vogelgesang, Horst — Der Maßgeblichkeitsgrundsatz in der Krise, in: Die Bilanzbuchhalter-Prüfung, FS für Horst Walter Endriss, Herne, Berlin 1998, S. 124 ff.

Vogt, Stefan — Die Maßgeblichkeit des Handelsbilanzrechts für die Steuerbilanz, Düsseldorf 1991

W

Wacker, Wilhelm H. — Relative Maßgeblichkeit im Rahmen der bilanziellen und pagatorischen steuerlichen Gewinnermittlung, in: Unternehmensrechnung und -besteuerung; FS für Dietrich Börner, Wiesbaden 1998, S. 231 ff.

Wagner, Franz W. — Die umgekehrte Maßgeblichkeit der Handelsbilanz für die Steuerbilanz, StuW 1990, S. 3ff

Kann es eine Beseitigung aller steuerlichen Ausnahmen geben, wenn es keine Regel gibt?, DStR 1997, S. 517 ff.

Aufgabe der Maßgeblichkeit bei einer Internationalisierung der Rechnungslegung?, DB 1998, S. 2073 ff.

Den Wehklagen über Abschreibungstabellen fehlt die Glaubwürdigkeit, Handelsblatt Nr. 18 vom 25.01.2001, S. 2

Wagner, Franz W.
Hawlitzky, Jürgen — Zum Einfluss der Umkehrung des Maßgeblichkeitsprinzips auf Investitionsförderung und Gewinnverwendung, DBW 1991, S. 309 ff.

Wala, Thomas — Die Zukunft des Maßgeblichkeitsprinzips gemäß § 5 Abs. 1 öEStG vor dem Hintergrund einer internationalen Harmonisierung, Wien 1998

Wallis, Hugo von Steuerrecht und Privatrecht in der höchstrichterlichen Rechtsprechung, NWB Nr. 30 vom 23.7.1979, Fach 2, S. 3537 ff.

Walz, Rainer Verhandlungen des 53. Deutschen Juristentages Berlin 1980, Band II, Sitzungsberichte, O 91 ff., München 1980

„Der Buchstabe tötet, aber der Geist macht lebendig“ – 2. Korinther, 3, Vers 6, StuW 1984, S. 170 ff.

Wassermeyer, Franz Die Maßgeblichkeit der Handelsbilanz für die Steuerbilanz und die Umkehr dieses Grundsatzes, DStJG 14 (1991), S. 29 ff.

Watrin, Christoph Sieben Thesen zur künftigen Regulierung der Rechnungslegung, DB 2001, S. 933 ff.

Weber-Fas, Rudolf Grundzüge es allgemeinen Steuerrechts der Bundesrepublik Deutschland, Tübingen 1979

Weber-Grellet, Heinrich Zeit und Zins im Bilanzsteuerrecht, in: Ertragsbesteuerung, FS für Ludwig Schmidt, München 1993, S. 161 ff.

Maßgeblichkeitsschutz und eigenständige Zielsetzung der Steuerbilanz, DB 1994, S. 288 ff.

Handelsrechtliche Bewertungswahlrechte in der Steuerbilanz, DB 1994, S. 2405 ff.

Adolf Moxter und die Bilanzrechtsprechung, BB 1994, S. 30 ff.

Handelsrechtliche Bewertungswahlrechte in der Steuerbilanz – Reichweite des steuerrechtlichen Bewertungsvorbehalts, StbJb 1994/95, S. 97 ff.
Europäisiertes Steuerrecht, StuW 1995, S. 336 ff.

Steuerbilanzrecht, München 1996
(1996)

Bilanzrecht im Lichte, Bilanzsteuerrecht im Schatten des EuGH, DB 1996, S. 2089 ff.

Europäisierung des deutschen Bilanzrechts – Perspektiven und Entwicklungen, in: Europäisierung des Bilanzrechts, Hrsg.: Norbert Herzig, Köln 1997, S. 95 ff.
(1997)

Maßgeblichkeitsgrundsatz in Gefahr?, DB 1997, S. 385 ff.

Die Unmaßgeblichkeit der Maßgeblichkeit im Umwandlungsrecht, BB 1997, S. 653 ff.

Bestand und Reform des Bilanzsteuerrechts, DStR 1998, S. 1343 ff.

Fairness, Aufklärung und Transparenz Wege zu einer leistungsgerechten Besteuerung, StuW 1999, S. 311 ff.

Der Maßgeblichkeitsgrundsatz im Lichte aktueller Entwicklungen, BB 1999, S. 2659 ff.

Die Gewinnermittlungsvorschriften des Steuerentlastungsgesetzes 1999/2000/2002- Ein Fortschritt?, DB 2000, S. 165 ff.

Nachgefragt bei: Heinrich Weber-Grellet, FAZ Nr. 117 v. 20.5.2000, S. 22

Rechtsprechung des BFH zum Bilanzsteuerrecht im Jahre 2000, BB 2001, S. 35 ff.

Wehrheim, Michael — Dokumentation ergebniswirksamer Konsequenzen der Umkehrmaßgeblichkeit im Anhang, BB 1994, S. 1458 ff.

Weilbach, Erich A. Bipolarität der Bilanzierungsvorschriften des AktG 1965, DB 1967, S. 255 ff.

Wankt das Maßgeblichkeitsprinzip, BB 1986, S. 1677 ff.

Das Gewicht der "materiellen" Maßgeblichkeit der Handelsbilanz, DB 1989, S. 1299 ff.

Wendt, Rudolf Spreizung von Körperschaftssteuersatz und Einkommensteuerspitzensatz als Verfassungsproblem, in: Staat Wirtschaft Steuern, FS für Karl Heinrich Friauf, Heidelberg 1996, S. 859 ff.

Wetzel, Hans-Peter Die Auswirkungen des Bilanzrichtlinie-Gesetz auf den Maßgeblichkeitsgrundsatz der Handelsbilanz für die Steuerbilanz und umgekehrt, Konstanz 1984

Wichmann, Gerd Das Maßgeblichkeitsprinzip in der Diskussion, Stbg 1996, S. 107 ff.

Wiedmann, Harald Bilanzrecht: Kommentar zu den §§ 238 - 342 a HGB, München 1999

Winnefeld, Robert Bilanz-Handbuch, 2. Auflage, München 2000

Wittig, Goetz Zur umgekehrten Maßgeblichkeit der Steuerbilanz für die Handelsbilanz, DStR 1986, S. 527 ff.

Wöhe, Günter Sind die Anforderungen an die Ordnungsmäßigkeit der Buchführung noch zeitgemäß?, StKongrRep 1967, S. 213 ff.

Zur Reform der Unternehmensbesteuerung – Dritter Teil: Die Gewinnermittlungsvorschriften des Einkommensteuergesetzes, DStR 1971, S. 391 ff.

Handelsbilanz und Steuerbilanz, StKongrRep 1973, S. 291 ff.

Bemerkungen zur Steuerbilanzpolitik, BFuP 1977, S. 216 ff.

Betriebswirtschaftliche Steuerlehre, 7. völlig neubearb. Aufl., München 1992, Bd. 1, Halbband 2
(1992)

Bilanzierung und Bilanzpolitik, 9. völlig überarb. Aufl., München 1997
(1997)

Wörner, Georg Handels- und Steuerbilanz nach neuem Recht, 5., überarb. und erw. Aufl., Landsberg/Lech 1998

Woerner, Lothar Das Verhältnis von Handels- und Steuerbilanz bei Inanspruchnahme subventioneller Steuervergünstigungen, BB 1976, S. 1569 ff.

Wollmert, Peter
Oser, Peter Befreiender internationaler Konzernabschluss (§ 292 a HGB), DB 2000, S. 729 ff.

Wysocki, Klaus von
Schulze-Osterloh, Joachim Handbuch des Jahresabschlusses in Einzeldarstellungen, 2. Aufl., 26. Lieferung, Stand: August 2000, Köln 1992, Abt. I/2, III/4, V/2
(Verfasser in HdJ)

Wysocki, Klaus von
Wohlgemuth, Michael Konzernrechnungslegung, 4., völlig neu bearb. Aufl., Düsseldorf 1996

Z

Zimmermann, Peter Zur Zukunft des Maßgeblichkeitsprinzips aus dem Blickwinkel seiner Entstehung, StuB 2001, S. 806 ff.

Zweigert, Walter-Erich Zur Maßgeblichkeit der Handelsbilanz für die Steuerbilanz, Institut „Finanzen und Steuern“ e.V., Heft 121, Bonn 1981

Peter Lang · Europäischer Verlag der Wissenschaften

Beate Elisabeth Jüttner-Nauroth

Definition, Verständnis und Relevanz des Fair Value von Aktienoptionsrechten in der Internationalen Rechnungslegung

Eine theoretische und empirische Analyse

Frankfurt/M., Berlin, Bern, Bruxelles, New York, Oxford, Wien, 2002. XXII, 188 S., 36 Abb., 17 Tab.
Beiträge zum Rechnungs-, Finanz- und Revisionswesen.
Verantwortlicher Herausgeber: Hans Peter Möller. Bd.51
ISBN 3-631-39067-X · br: € 35.30*

IAS 39 fordert, dass ein Finanzinstrument grundsätzlich mit dem Fair Value anzusetzen ist. Unbestimmt bleibt, was unter dem Fair Value im Sinne der IAS zu verstehen ist. Umstritten ist auch, ob dieses Bewertungskonzept sinnvoll ist. Vor dem Hintergrund der IAS interpretiert die vorliegende Arbeit für ein Finanzinstrument den Begriff Fair Value und vergleicht diese Begriffsbestimmung mit dem Verständnis des Fair Value von Derivaten in der Praxis. Weiterhin wird aus theoretischer Perspektive für Aktienoptionsrechte die Relevanz des Bewertungskonzepts überprüft. Die Ergebnisse sind, dass das Bewertungskonzept grundsätzlich nur in einem arbitragefreien und vollständigen Markt Aufschluss über den Unternehmenswert gibt und dass der Fair Value von Derivaten nur unter bestimmten Bedingungen von der Praxis im Sinne der IAS verstanden wird.

Aus dem Inhalt: Aktienoptionen als Finanzinstrumente im Sinne der IAS · Zugangs- und Folgebewertung von Aktienoptionsrechten · Wertbegriffe · Fair Value · Wertrelevanz · Fair Value und die Bilanzierungspraxis deutscher Unternehmen

Frankfurt/M · Berlin · Bern · Bruxelles · New York · Oxford · Wien
Auslieferung: Verlag Peter Lang AG
Moosstr. 1, CH-2542 Pieterlen
Telefax 00 41 (0) 32 / 376 17 27

*inklusive der in Deutschland gültigen Mehrwertsteuer
Preisänderungen vorbehalten

Homepage http://www.peterlang.de

FSC
www.fsc.org
MIX
Papier | Fördert gute Waldnutzung
FSC® C083411

Kolibri 360 GmbH
Ferdinand-Jühlke-Straße 7
99095 Erfurt, Deutschland
produktsicherheit@kolibri360.de

Druck:
CPI Druckdienstleistungen GmbH
im Auftrag der
Kolibri 360 GmbH
Ferdinand-Jühlke-Str. 7
99095 Erfurt